牛 津

春秋兮 易易生辉
唯我牛津不变 我乃时閒兮
天地兮 道道轮回
唯我牛津至大 我乃空閒兮

汝问我兮 我在否
我在我不在兮
汝问我兮 我是谁
我是我不是兮

（2016/08/28 金城兰屋）

中国现象学文库
现象学研究丛书

在－是

海德格尔与维特根斯坦

李 菁 著

创于1897　商务印书馆
The Commercial Press

图书在版编目（CIP）数据

在-是：海德格尔与维特根斯坦 / 李菁著. — 北京：商务印书馆，2021
（中国现象学文库·现象学研究丛书）
ISBN 978-7-100-18791-6

Ⅰ. ①在… Ⅱ. ①李… Ⅲ. ①海德格尔（Heidegger, Martin 1889－1976）－哲学思想－研究②维特根斯坦（Wittgenstein, Ludwig 1889－1951）－哲学思想－研究 Ⅳ. ① B516.54 ② B561.59

中国版本图书馆CIP数据核字（2020）第136146号

中国现象学文库
现象学研究丛书
在-是
——海德格尔与维特根斯坦
李菁 著

商 务 印 书 馆 出 版
（北京王府井大街36号　邮政编码 100710）
商 务 印 书 馆 发 行
三 河 市 尚 艺 印 装 有 限 公 司 印 刷
ISBN 978-7-100-18791-6

2021年1月第1版　　　　开本 880×1230　1/32
2021年1月第1次印刷　　印张 19　1/8

定价：76.00元

《中国现象学文库》总序

自 20 世纪 80 年代以来，现象学在汉语学术界引发了广泛的兴趣，渐成一门显学。1994 年 10 月在南京成立中国现象学专业委员会，此后基本上保持着每年一会一刊的运作节奏。稍后香港的现象学学者们在香港独立成立学会，与设在大陆的中国现象学专业委员会常有友好合作，共同推进汉语现象学哲学事业的发展。

中国现象学学者这些年来对域外现象学著作的翻译、对现象学哲学的介绍和研究著述，无论在数量还是在质量上均值得称道，在我国当代西学研究中占据着重要地位。然而，我们也不能不看到，中国的现象学事业才刚刚起步，即便与东亚邻国日本和韩国相比，我们的译介和研究也还差了一大截。又由于缺乏统筹规划，此间出版的翻译和著述成果散见于多家出版社，选题杂乱，不成系统，致使我国现象学翻译和研究事业未显示整体推进的全部效应和影响。

有鉴于此，中国现象学专业委员会与香港中文大学现象学与当代哲学资料中心合作，编辑出版《中国现象学文库》丛书。《文库》分为"现象学原典译丛"与"现象学研究丛书"两个系列，前者收译作，包括现象学经典与国外现象学研究著作的汉译；后者收中国学者的现象学著述。《文库》初期以整理旧译和旧作为主，逐步过渡到出版首版作品，希望汉语学术界现象学方面的主要成果能以《文库》统一格式集中推出。

我们期待着学界同人和广大读者的关心和支持，藉《文库》这个园地，共同促进中国的现象学哲学事业的发展。

《中国现象学文库》编委会

2007 年 1 月 26 日

序

本书完成之际，友人悦问起："你觉得（这书）有什么新意？"

我想——或者更准确地说——我希望——作为本人写作计划"在-是-易"①中的头两部，《在-是》在以下几个相互关联的方面有一点新意。但究竟有没有，一切只能静待未来读者之检阅批评。

（1）本书试图对 Sein（在-是）本身展开某种别开生面之深入研究，而主要路径则是对 20 世纪最伟大、最深刻、最富生命力与影响力的"一对"哲人-思人-诗人②——海德格尔（Martin Heidegger, 1889-1976）与维特根斯坦（Ludwig Wittgenstein, 1889-1951）——之 Sein（在-是）哲学-思想③展开系统重构与比较研究；从笔者目前掌握的材料看，本书既是汉语世界第一部系统比较海氏与维氏哲学-思想的研究专著，同时也是全世界第一部系统比较海氏与维氏

---

① 笔者计划中的下一部书稿即《易现象学》，可参见本书第七章、第十二章的相关前瞻预告。

② 姑且这么一说吧。

③ "哲学"（Philosophie）与"思想"（Denken）有着某种奇妙的"亲密-区分"或"诸家族相似性"（Familienähnlichkeiten，维特根斯坦语，请参考本书 5.22 节的相关讨论）：哲学即形而上学或存在学，成于"学"（逻辑学），亦受制于"学"，而思想则更为原始、凭空缘起；哲学或许起先只是被指派给希腊人，但思想却被分派给诸多智慧民族；哲学归属于思想，命运性地还乡于思想；思想也难以割舍哲学，这从海氏后期与维氏后期虽然一方面不断地声言"哲学的终结"，但另一方面却还在有意或无意地继续使用"哲学"来命名自己独一无二的思想文本-道路（如海氏《朝向哲学的诸文献（从兴有而来）》与维氏《哲学研究》）即可见一斑。要之，本书尝试以在"哲学"与"思想"之间加上连字符"-"的方式来凸显这一微妙关联。

Sein 哲学-思想的研究专著。

（2）尝试以"真理-存在-语言"三元结构来重新理解"存在思想"，并将"存在思想史"重构为三阶或"三个相互家族相似着的家族"——"前-存在学的存在之思"（无蔽-涌现-逻各斯）、"存在学"（作为命题之正确性的真理-作为某种现成存在者的实体或主体-逻辑地说［命题］）与"后-存在学的存在之思"；海氏与维氏哲学-思想即为两种"完全不同"、但又"相互应和"着的"后-存在学的存在之思"（"疏敞地-兴有-道说"与"诸世界图象-诸生活形式-诸语言游戏"）。

（3）从事对海氏思想整体与某些细节的合理重构：如连接"存在历史两个开端"的"海氏虫洞"、"兴有地志学"、隐藏着的"第三个海德格尔"（密林）等。

（4）重新精细思忖西方哲学最基本语词 Sein/Being 之意义用法及其汉译；深刻溯源比较有、在、存、是之古汉语字形原象；证明一切系词包括现代汉语里的系词都是无可争议地内含存在义；笔者可谓"首先"是"存在（有）派"，"其次"亦是"系词派"——所以，笔者"最后""只能"返璞归真于"是派"——因为"是"实乃"存在"与"系词"之"中道"或"真理"。

（5）重新精细思量海氏诸基本语词之汉译，包括 Sein（是）、Ereignis（兴有）、Lichtung（疏敞地）、Da（閞①）和 Dasein（閞是）等。

（6）借用海氏"是史魔眼"开展对维氏前后期思想整体与某些细节的合理重构：如"一门关于'我'的先验现象学"（维氏前期）、"千高原地志学"（维氏后期）等。

_____

①　本书中出现的"閞"与"親"，由于具有特殊含义，采用繁体。详见本书 3.121 节和 12.4 节的专门讨论。

（7）在《逻辑哲学论》的背景地基上，构想并解决一种崭新的集合论悖论——世界-语言悖论。

（8）在适度批判海氏与维氏 Sein 哲学-思想的基础上，初步探索未来汉语是学（本体论）、后-是学之是思、亲亲-现象学与未来现象学的诸可能性。

以上可谓本书"明面"上力图开展的工作。这些工作连带"自行隐卷"的"诸暗面"或"诸暗线"上的工作——一切唯待未来读者之检阅批评。

以下将对本书上下卷十二章做一最必要之先行前瞻。

本书上卷（第一章到第六章）研究"存在"（Sein/Being）问题，具体路径可谓是对海德格尔与维特根斯坦的新-存在思想三元结构整体进行批判性之系统而细腻的重构暨比较研究。

在上卷首章"导论"中，笔者首先对上卷题目及"比较"方法做了先行必要阐释，接着对国内外海氏与维氏比较研究进行扼要述评，最后预告了上卷的基本思路。"存在思想/存在之思"可被理解为"真理-存在-语言"之三元结构。存在思想经历了从古希腊早期的"前-存在学的存在之思"即"无蔽-涌现-逻各斯"向"存在学"即"作为命题之正确性的真理-作为某种现成存在者的实体或主体-逻辑地说（命题）"的演历。海氏与维氏哲学-思想归属于某种"后-存在学的存在之思"，二者以十分不同但又确呈某种有趣"对映"的方式对"存在学整体"（即"存在学作为存在学"）实现了某种深刻的超越。他们以各自不同的"新-存在思想的三元素"分别超越了"存在学的三元素"。上卷正是从"分别"展示比较他们的"新-存在思想三元素"出发来"整体"展示比较他们的"新-存在思想"的。根据笔者对国内外相关研究的综述，如是展示比较之原初视野或方法论，迄今未被赢获。

在第二章，笔者对海氏与维氏之前的存在思想史做了非常简要的勾画，其目的是为比较他们的新-存在思想提供最起码的游戏背景。在简述它们之前的存在思想史后，笔者特别：（1）以康德在《纯粹理性批判》里进行的"哲学与科学的可能性之间的循环证明"作为存在学元素"逻辑地说"之范例凸出描画存在学；（2）从马克思的"实践-存在思想""观看""另一种"可能的非-海式和非-维式的"后-存在学的存在之思"。

在第三章，笔者重构和比较了二者新-存在思想"真理"元素的演历。他们都选取"真理"元素作为各自超越存在学的直接突破口。海氏"真理"元素演历如下：作为形式指引的自行-显示→Dasein之展开状态→绽-出之自由→自行遮蔽着的庇护之疏敞地。而维氏"真理"则衍化为：诸不可说者的自行显示→诸生活形式的自行显示→诸世界图象。他们的"真理"都朝着越来越"原始"的某个方向"还原"，分别以极为不同，但又呈有趣"对撑"的方式（比如"疏敞地"和"诸世界图象"都具有某种原始的"游戏-拓扑空间性"）超越了存在学的"作为命题之正确性的真理"，并且在更原始的地带中给予了后者。

在第四章，笔者重构和比较了二者对于存在学的"存在"元素的不同超越。海氏对新"存在"探寻的路标如下：原始-东西→存在者之存在→存在本身（存有-兴有-Seyn）。海氏一直在努力为我们打开这个告别第一开端（形而上学）-朝向另一开端（兴有之思）之"思想通道"——笔者将之喻为"海氏虫洞"。本章亦对此"海氏虫洞"做一批判性重构暨反思。而维氏新"存在"路标则为：诸不可说者→诸生活形式。他们的新"存在"相映成趣（比如兴有乃某种原始的"一"，生活形式则为某种原始的"多"），并且都绝不再是任何存在学领地内的某种"现成存在者"（实体或主体）。

在第五章，笔者重构和比较了他们对于新-存在思想的新"语言"元素的不断回溯。海氏对新"语言"追溯的路径如下：Dasein之言谈→兴有之道说。维氏对新"语言"的追溯则为：八种语言方式（尤其包括"诸命题的澄清活动"和"沉默"）→诸语言游戏。这些新"语言"都不再是存在学的命题，反而是奠基后者的某种原始语言。道说和诸语言游戏确有着某种十分有趣的"共鸣"关联，比如它们都具有某种原始的"诗化游戏性"。

在上卷末章（第六章）"共鸣"里，笔者首先分别回顾-收拢了二者各自的新-存在思想三元结构，然后对它们进行总结性比对。二者都依凭各自"新-存在思想"的"新三元素"全面而深刻地超越了一切"存在学"的"旧三元素"。他们虽然"直接"面对的是大不相同的存在学，但从更宽广和更原始的视野看来，他们面对的就是"存在学整体"或"存在学作为存在学"也即"命题之真-实体或主体-逻辑地说"了。二者分别以十分不同，但又确呈某种有趣"对映"的"后-存在学的存在之思"即"疏敞地-兴有-道说"（"兴有地志学"）和"诸世界图象-诸生活形式-诸语言游戏"（"千高原地志学"）成就着对于"存在学作为存在学"的深刻超越……可是另一方面，我们为何一定要去执着超越"存在学作为存在学"呢？海氏与维氏真的已经成就此等"超越"了吗？存在学与后-存在学的存在之思真的可以"划清界线"吗？……

这一切仍亟待追问……

本书下卷（第七章到第十二章）研究"是"（Sein/Being）问题，具体进路可谓主要是"与"维特根斯坦暨海德格尔一道从头思考是。下卷既有对维氏与海氏 Sein 思想的某种同情和欣赏，亦更有对它们的某种反思与批判。

下卷首章（第七章）"导论"尝试集中解决 Sein/Being 的汉译难题。笔者粗略地将 Being 汉译混战诸方简划为是派与存在（有）派。两派虽主张各异，却大概分享如下之共同预设：（1）名词 Being 源于动词 to be，故欲理解 Being 须回返 to be；（2）to be 具备两种不同，甚至互不相干的用法即系词用法和非-系词的存在用法。笔者原则上赞同预设（1），但将论证预设（2）是值得我们认真商榷的。to be 的系词用法和存在用法不但非截然二分，而且在根底处纠结一体。所有系词包括现代汉语里的系词是本就无可争议地内嵌存在义。正因此用是译 Being 根本不会遗漏 Being 原有存在之义。比较两派对海德格尔 Sein 之汉译可知两派正是基于错误共同预设（2），从而可能阻碍了从 Sein 而来之更佳领会。另一方面，本章亦从字源形训视角比较有、在、存、是的古汉语字形原象，论证了：（1）有、在、存、是俱含原始在场之象，且各有千秋；（2）是通周易之大有卦，日正或日止实指时中之象，唯在时中，才能维系真善美，才能悬止在大有-元亨之态；（3）要之，相比于有在存，是不仅同样明确地葆藏原始在场义，而且更能直摄真善美与时中之象——再者，倘若尤其考虑到海氏对 Sein 与时之本质关系的独特领会——是实乃 Sein 之最佳汉译选择也。本章最后亦初步讨论了一种未来的中文是学（本体论）的可能性问题。

在第七章（暂时）解决 Sein 之汉译难题后，第八章将尝试借用海氏是史魔眼，揭露一种崭新的维氏思想整体面貌。借用康德式的说法，海氏毕生所思之连带问题可重构为：（1）任何一种后-是学之是思是可能的吗；（2）如果它是可能的，它又是如何可能的呢？那么，维氏思想可以被作为一种后-是学之是思吗？如果可以，它又是如何可能的呢？在海氏描绘的是史谱系下，维氏思想的独一天命位置究竟身在何方呢？海氏在勘探维氏是史位置之际，维氏会做出如何的本能反应呢？维氏是乖乖地被吸入海氏是史，还是最终竟会完全拒绝前者的收编呢？……本章尝试对上述连带问题做一可能回应。如是，《逻辑哲学论》可被思为一门关于我的是思（一门关于我的先验现象学）。该我系实践之我与逻辑之我的二重性。同时作为逻辑之我和实践之我的我正是终极的不可说之神秘，也即《逻辑哲学论》所牵挂之是也。而与《逻辑哲学论》关于我执-超越的是思正相呼应的是维氏后期代表作《哲学研究》破-我执的关于诸他者-穿越的新是思。要之，针对海氏提出的"任何一种后-是学之是思是否可能暨如何可能？"的"元-元-本体论"（meta-meta-ontological）难题，维氏实际同时展示了上述两种可能的互构互摄、彼此对冲对消着的新回应。

第九章试图探讨如何从是者返回是的有趣问题。我们该如何从最日常、最日用之是者（比如一把扫帚或者一个讲台）出发，溯源到作为某种原初情境的该是者之是呢？本章通过重构维氏对扫帚的语言分析和海氏对讲台体验的现象学分析，对分析哲学的与现象学的不同考察方式做一具体而微的展示比对。两种具体分析方式虽有巨大差异，但其分析效果却可以具有某种惊人的一致性：它们在破除某种单向度理论分析幻象的同时，都在力图构造-滋养某种原初的情境化格局。而该格局亦正形式指引着该扫帚之是或该讲台之是也。

第十章则尝试与第九章相反的思路：该如何从是回返是者呢？从某种意义上说，是给予了诸是者，那么，到底有多少是者呢？基于维氏《逻辑哲学论》的基本语境，我们可以把全部是者划分为两类：（1）作为事实的是者；（2）作为命题的是者。那么，由所有事实组成的世界和由所有命题组成的语言，究竟孰大孰小呢？我们可从该书语言图象论同时严格推出：（1）世界和语言等势；（2）世界和语言不等势。笔者把该矛盾命名为世界-语言悖论。本章立足《逻辑哲学论》文本之严格分析，借助康托尔"素朴集合论"和公理化的包含"选择公理"的"策梅洛-弗兰克尔集合论"等技术资源，扼要展示和评估了两种可能的悖论解决方案：（1）诉诸无穷的数学方案；（2）诉诸事实即命题的哲学方案。

第十一章试图与海氏一道重新追问是之来源问题，发现是原来最终归藏于 Ereignis 或 Lichtung。本章不仅直涉 Ereignis 汉译之深入讨论，且将直逼 Ereignis 本身以及 Ereignis 与 Lichtung 之天命关系。笔者尝试把 Ereignis 译为兴有，即分别以兴和有对译 Ereignis 之前缀 er- 和词根 eignis。兴-有即有-兴，此乃后-后物理学原始二元（如天和地，神和人，是和时，显和隐，兴有和去有，等等）之对生-共属格局也。该格局即"兴见"（Eräugnis），兴见亦即"疏敞地"（Lichtung）。兴有即"自行兴有"（sich ereignen），它意味的正是"自行兴见"（sich eräugen），亦即"自行疏敞"（sich lichten）。那么，问题凸显出来了——给予是的 Ereignis 或 Lichtung 又该从何而来、归藏于何呢？——我们可以有意义地提出这样的问题吗？海氏对此似乎并没有给出明确答案。笔者以为 Lichtung 或 Ereignis 或许归藏于作为其心脏的去有或密林（稠密）。考虑到海氏 Ereignis 暨 Lichtung 对自行遮蔽-自行密藏的极度强调，或可将之对勘于隶属中华古三易之一的、以地坤（纯阴）为首卦的"归藏易"。

下卷末章（第十二章）则实践了与第十一章完全不同的另一条追问是之源头的道路：通过回顾-重构整个现象学的自身衍化历史而把是之源头还原到亲亲之上。笔者尝试把现象学的实际辩证发展历程划分为五阶或"五个相互家族相似着的家族"：意识-是-身体-他者-亲亲。身体即意识与是之合题，而亲亲亦可视作身体和他者之真理。与电影《星际穿越》共鸣-互启的亲亲-现象学以本源地显示亲亲现象为目标。亲亲含藏着亲亲的原始横向空间结构关系（阴-阳／

夫-妇）即亲偶关系，和亲亲的原始纵向时间发生关系（孝-慈／亲-子）即亲子关系。亲亲现象作为诸细密源头种子化成-构造-给予着有诗有乐、有情有礼、有仁有义的天下世界。（西方的）现象学如果真要往前发展，或许的确主动须要一些时中的（东方的）儒家资源的帮助。但须注意的是：传统儒家的亲亲思想并非直接就是现象学第五阶；经历过前四阶现象学的亲亲-现象学和单纯的儒家亲亲思想是根本不同的东西；这里的确须要引入某种黑格尔式的历史慧眼。作为中华古三易之首的"连山易"以艮山为首卦，刻画山山肩并相连不绝、山上山下相连不绝之原初易象。这山山相连中的每一座山难道不正是一个家（庭／族）或亲亲吗？亲亲相连着的山山不绝、出云入云、若隐若现之易象——难道不正是是之最初源头吗？而进一步问，亲亲的源头又在何方呢？现象学诸阶之间究竟是怎样的本质关系？究竟何谓现象学？现象学本身真的是可能的吗？——再跳一步问，我们竟然可以合法提出上述连带之追问吗？……

　　这一切仍亟待追问……

前　言

（1）本书《在-是 —— 海德格尔与维特根斯坦》研究 Sein/Being（在-[①] 是）问题。本书同时既是汉语世界第一部系统比较海氏与维氏哲学-思想的研究专著，也是世界上第一部系统比较海氏与维氏 Sein 哲学-思想的研究专著。本书无意对海氏暨维氏文本展开任何烦琐或经院的"注释解释活动"（exegesis）[②]，而是通过邀请海氏与维氏一道开展某种鲜活暨本质性之思想对话的方式来迂回或径直追问 Sein 问题本身。

（2）本书由上卷《在 —— 海德格尔与维特根斯坦》和下卷《是 —— 维特根斯坦与海德格尔》相互构成。上卷《在》脱胎于笔者博士论文"海德格尔与维特根斯坦存在思想的一种尝试比较"（浙江大学，2008 年 6 月），在基本保留后者结构（存在思想作为"真理-存在-语言"之三元结构整体）的同时（十年过去了，笔者仍然对此结构保持某种肯定或欣赏），充分利用国外最近十年涌现的相关重要材料（比如 2017 年由 Wiley-Blackwell 出版的 *A Companion to Wittgenstein*），对后者展开了无休止的增删、修改或重写，所以我们

---

① 书名"在-是"中之连字符"-"形式指引的诸歧义是：道路、转向、互戏、互构、互属、互含、趋合、趋离、斗争、和解、思念、回顾、踌躇、救赎、补偿、转渡、褶皱、隐卷、"虫洞"（参阅本书 4.1 节）……

② 这里绝非是在说 exegesis 类的工作不重要，其重要性、基础性自然毋庸置疑，古今中外历代大哲们大都对之倍加重视。这里只是在说本书之初始志趣并不在此罢了。但另一方面，有可能"事实上"本书的有些章节仍然在做着一些 exegesis 类的重要工作。

有充足理由认为《在》相对于博士论文已经算是一部完全的新著了。而下卷《是》则是对笔者博士毕业后陆续撰写的与博士论文主题有直接关系的系列新文的重构新编，代表笔者在充分利用国外最近十年出版的相关重要文献（比如 2009 年由 Vittorio klostermann 出版的海氏核心著述 GA 71: *Das Ereignis*），在不顾或挣脱存在思想三元结构的不同新情境下，对 Sein 问题暨维氏海氏思想之比较问题的重新思考。因此，《是》可能包含对《在》的某种（隐秘或曲折之）内在批判，比如对 Sein 汉译名的重新考虑。此外，《是》可能也同时较《在》更多葆藏对维氏暨海氏思想本身的某种内在批判——可谓某种"告别维特根斯坦与海德格尔"之"预告"或"宣言"也。从笔者个人口味看，《是》或许较《在》更为自由与精彩，正因此才想预先恳求读者耐心审读到下卷。而另一方面，如果没有上卷的必要铺垫，下卷亦如空中楼阁，无所依凭。要之，恳求读者能对照审阅上下两卷。先行致谢！

（3）因此，笔者蓄意尝试在上卷《在》中仍保留 Sein 之"（存）在"译名，而在下卷《是》里则一律将 Sein 译为"是"——这亦可谓本书蓄意尝试之某种"思想实验"也。这并不代表笔者的某种"心猿意马"或者"举棋不定"，反而正好显示着笔者在 Sein 之理解暨汉译思考上的某种自然而然之曲折心路历程，同时也印证着 Sein 这个西方哲学传统核心问题本身之无比艰难与回转隐卷。

（4）本书以某种形式"包含"了作为本书之先行准备或阶段性成果的笔者之前在国内外著名哲学杂志上发表的某些论文，但细心的读者亦会十分容易地发现这些论文和本书对应的一些章节内容其实是有非常之不同的，质言之，笔者在完成本书时绝非是将已发表的论文简单地照搬拼凑在一起，而是对它们展开某种意义上"完全自由"地重写或重构，并且本书相当部分内容事实上从未以任何形式出现在笔者已发表的任何论文中。与上卷《在》直接关涉的论文有"Both Wittgenstein and Kant Beg the Question"（*Philosophical Investigations* 42[1], Oxford: Wiley-Blackwell, 2019 ）、"维特根斯坦与梅洛-庞蒂'语言观'的一种尝试比较"（《自然辩证法研究》2006 年第 1 期）、"论马克思对古典存在论的二重超越"（《上海交通大学学报》[哲社版] 2007 年第 1 期）、"哲学与科学的可能性之间的循环证明 —— 从康德《纯粹理性批判》的视域看"（《同济大学学报》[哲社版] 2007 年第 5 期）、"维特根斯坦存在之思 ——《逻辑哲学论》的一种现象学素描"（《世界哲学》2008 年第 2 期）、"海德格尔与维特根斯坦比较研究述评"（《自然辩证法研究》2008 年第 5 期）、"虫洞？ —— 海德格尔的存在之旅"（《世界哲学》2009 年第 2 期）、"什么是真理？ —— 海德格尔和维特根斯坦的不同应答"（《世界哲学》2011 年第 3 期）以及 "维特根斯坦的'千高原'——《哲学研究》的一种现象学素描"（《现代哲学》2011 年第 4 期）等。而与下卷《是》直接关涉的论文有 "The Hidden Set-Theoretical Paradox of the *Tractatus*"（*Philosophia* 46 [1], The Netherlands: Springer-Nature, 2018 ）、"扫帚与讲台 —— 语言的和现象学的分析"（《浙江社会科学》2010 年第 6 期）、"《逻辑哲学论》思想结构之谜 —— 从'语言的球（囚）笼'到'诸对象的逻辑建筑学'"（《哲学研究》2012 年第 1 期）、"任何一种后-存在学的存在之思是如何可能的？ —— 勘探维特根斯坦的存在历史位置"（2012 年赵敦华主编《外国哲学》第 23 辑 "北京大学纪念熊伟诞辰 100 周年现象学专号"）、"何谓 Ereignis？ —— 略论作为'兴有'的 Ereignis"（2015 年倪梁康主编《中国现象学与哲学评论》第 16 辑 "现象学与中国思想"）、"另一种集合论悖论 WSP——《逻辑哲学论》之世界-语言悖论"（《世界哲学》2015 年第 6 期）、"親親：现象学第五阶"（姚新中暨中国人民大学哲学院主编《哲学家 2017》）、"从形训看为何要把 Sein 译为是"（《现代哲学》2020 年第 2 期）和 "论 Being 汉译两派之共同预设"（《自然辩证法通讯》2020 年第 12 期）等。

发表论文不易，借此时机笔者须对所有相关杂志编辑、审稿人和约稿人表达最崇高、最真挚的敬意和谢意！

（5）本书所涉古希腊词句，皆照通行转换方式以拉丁字母表达。

（6）凡引用文献，除在第一次给予详细注释外，其后出现时只标注作者（或编者）、文献名暨页码信息。援引文献的详细信息请见书末主要参考文献。

（7）凡对海氏暨维氏著述（主要包括海氏 GA 系列和维氏 Werkausgabe 系列）的援引，为便于读者查考（不同汉译版本越来越多），仅注明西文原著页码或节数。相比于常见汉译本，本书引用的译文有时会有（较大）改动，有时几近重译，不再另行说明。重要译名的改动都会专做解释。笔者使用的西文原著暨汉译版本的详细信息请见书末主要参考文献。西哲译事艰难（尤其如海氏这般深邃之诗思），借此时机笔者须对所有参与相关汉译事业的同行师友致以最崇高、最真挚的敬意和谢意！

（8）本书注释采用脚注形式，脚注系本书的重要组成部分，其意义绝不下于正文。因为脚注实为某种对于正文的当场素描–札记–对话–反思–批判，脚注和正文从来就互戏互释、互斗互争着。脚注与正文一起缘构成某种复调而紧张的行文结构。素描–札记的确是思的一种绝佳方式–姿态：它当场构成–发生–缘起，于具身处境中凭空起舞，毫无拖泥带水，无滞无着。反观系统、规则、八股的正文则始终重负缠身，气喘吁吁，难以跟得上思峰回路转、曲径通幽、柳暗花明的节奏即思的原生态。论文–专著或许原本是是学–形而上学或者科学的理想方式，而不宜于海氏与维氏所实际倡导暨实践的"后–是学之是思"。随–时（机）作注，打补丁，打补丁的补丁，或许亦是对论文–专著方式缺陷的一种有限暨有效之补救或补偿。

（9）书内插入之无署名诗歌与图片的作者皆为笔者本人。

目　　录

在　海德格尔与维特根斯坦 （上卷）

是　维特根斯坦与海德格尔（下卷）

在

海德格尔与维特根斯坦

（上卷）

三一

诗者 史兮
史者 思兮
思者 诗兮

诗诗兮 史史兮
史史兮 思思兮
思思兮 诗诗兮

诗兮史兮思兮 三位一体兮
思兮诗兮史兮 三位一体兮
史兮思兮诗兮 三位一体兮

三位一体者 周易兮 周易兮 周易兮
三位一体者 归藏兮 归藏兮 归藏兮
三位一体者 连山兮 连山兮 连山兮
（2017/08/25 剑桥三一学院巨廷）

我或许能想象，海德格尔用在（Sein）和畏（Angst）所指的东西。人有一种碰撞语言边界（Grenzen der Sprache）的本能。比如您对此等惊异的思索：某物实存着（etwas existiert）。此等惊异不能以某种问题的形式得到表达，也根本没有答案。（对此）我们所能说的一切，从先天上说都只能是无意义（Unsinn）。虽如此，我们仍在碰撞着语言的边界。克尔凯郭尔早已看清此等碰撞，甚至给出了完全类似的说法（对悖谬的碰撞）。对语言边界的这种碰撞就是**伦理学**（*Ethik*）。

——摘自魏斯曼记录的维特根斯坦于 1929 年 12 月 30 日在石里克家中的谈话 [1]

海德格尔：维特根斯坦讲过如下话语。思想立于其内的困境，就好比一个在房间内的人想要从这个房间出去。首先他想要从窗户爬出去，但是窗户对他来说太高了。然后他想要从烟囱里钻出去，可是烟囱对他来说又太窄了。如果他现在转过身来，他会发现，门一直是开着的。——至于解释学循环（hermeneutischen Zirkel），我们总是在其中运动，陷于其中。现在我们的困难在于，我们寻求关于赫拉克利特的核心残篇中 *ta panta*（**万物**）意义之线索，却没有让我们自己进入到这个残篇的深入阐释之中。因此我们关于赫拉克利特 *ta panta*（**万物**）意义之探究也须保持为暂时的。

——摘自海德格尔与芬克主持的赫拉克利特讨论班（1966/1967 年冬季学期第二次课程）[2]

---

[1]　L. Wittgenstein, Werkausgabe 3: *Ludwig Wittgenstein und der Wiener Kreis: Gespräche, aufgezeichnet von Friedrich Waismann*, Frankfurt am Main: Suhrkamp, 1984, S. 68–69.（本书引用海德格尔、维特根斯坦原著，仅在第一次注全，下文出现时用简写）

[2]　M. Heidegger, GA 15: *Seminare*, Frankfurt am Main: Vittorio klostermann, 1986, S. 33.

对我们来说，存在者整体（das Seiende im Ganzen）——
ta onta——只是一个空洞的词。对我们来说，这里不再有希腊
意义上的存在者经验。相反，用维特根斯坦的话来说就是："现
实的是，是事实者"（Wirklich ist, was der Fall ist）（这意味着：
那个落入某种规定的东西，让自身被设定，可规定者），多么诡
异惊悚的陈述啊。

——摘自海德格尔勒托尔讨论班（Le Thor Seminar，
1969 年 9 月 2 日）①

---

① M. Heidegger, GA 15, S. 327.

1. 导论

我们用"**存在着**"（*seiend*）意味什么？我们今天对这个问题有答案了吗？没有。所以现在要重提**存在之意义的问题**（*die Frage nach dem Sinn von Sein*）。①

—— 海德格尔

TLP 6.44 并非这个世界**如何**存在，而是——**这个世界存在**——是神秘者（Nicht *wie* die Welt ist, ist das Mystische, sondern *daß* sie ist）。②

—— 维特根斯坦

1.1 题解

关于本书上卷题目"在——海德格尔与维特根斯坦"，顾名思义即为：通过海氏暨维氏（哲学–思想）来研究存在问题，更具体地说就是，以贯通二者早期晚期思想，广涉二者诸多重要路标作品的作为"真理–③

---

① M. Heidegger, GA 2: *Sein und Zeit*, Frankfurt am Main: Vittorio klostermann, 1977, S. 1.

② 本书对《逻辑哲学论》的引用出自 Werkausgabe 1:*Tractatus logico-philosophicus; Tagebücher 1914-1916; Philosophische Untersuchungen*, Frankfurt am Main: Suhrkamp, 1989，亦有参考韩林合中译本（北京：商务印书馆，2014 年）与贺绍甲中译本（北京：商务印书馆，2002 年）。笔者在引用该书时只标明该书缩写符 TLP 和节数，如 TLP 4.2，不再另行说明。

③ 本书在行文中将于必要时运用连字符"–"，它显示被联结诸语词之间的"分环钩连"，它们彼此"互戏–互释–互撑–互争–互构"——向对方绽开–溢出、区分着地共属一体。本书对连字符的如是运用显然受到海氏文风的直接影响，或与之有着某种"先天共鸣"。

存在-语言"之"存在思想三元结构"的整体视野来展开对二者哲学-思想的系统比较研究。

一方面,"真理"(Wahrheit)、"存在"(Sein)和"语言"(Sprache)分别是人类包括我们为之殚精竭虑的终极问题,然而对其中任一问题的追问都不可能"单独"做到,只能在与其他两个问题的连带思考里我们才能为其中任一问题的反思赢获实际进展,因此笔者将这三个连带的问题表达为"真理-存在-语言"。"真理-存在-语言"正是本书上卷探问之"主题",或可谓是上卷追问之"存在问题"的某种拓扑形变。另一方面,笔者要尝试比较的分别是海氏存在思想与维氏存在思想。所谓"存在思想"(Denken des Seins),简单地说,即是"从存在之真理而来的语言"或"语言存在之真理"(其中"语言"为动词)。真理、存在和语言正是存在思想的三个"元素"(Elemente),存在思想即作为"真理-存在-语言"的原始三元结构整体。说"海氏存在思想",这当然是很"自然"的,而要说"维氏存在思想",这却可能会让有些人感到诧异、费解。笔者的确是将"整个"的维氏哲学-思想依照其本来面目从而作为"一种"存在思想来重解、重构和展示的。因此,上卷思路所显示的是如下的一种"复调"结构:作为"存在思想"三元结构的"真理-存在-语言"本身既是我们追究的"终极问题"(笔者一直期望海氏暨维氏在此问题上能对我们有所启发和帮助),同时也是我们重解-重构-比较海氏与维氏哲学-思想的根本"视野"和"方法"。

我们比较的存在思想是"海德格尔"与"维特根斯坦"的存在思想。这里的海氏(作为[欧陆]广义现象学运动的领袖之一)和维氏(作为[英美]广义分析哲学传统的开创者暨代表人物之一)首要地乃是分别作为不同的"存在之思者"(Denker des Seins)。泛泛地说,(欧陆)广义现象学和(英美)广义分析哲学也分别是存在思想自行显示于现时代的不同姿态,它们分别以不同的方式思考-语言着"存在"。而海氏与维氏都是回应"存在之要求"的本质性思者，他们以极不相同而又确呈某种有趣"对撑"的方式语言着"同一者"（das Selbe）即"存在"。[①]

　　所谓"比较"（vergleichen）并非是去"系统"地罗列"同"和"异"，而是试图执行"比"-"较"原始力量之"绝对命令"[②]，尽力去应和-维持-看护那种原始的双方争斗-较量-对撑-相属-亲和-嬉戏的局面。笔者试图首先"分别"比较存在思想三元素真理、存在和语言如何"之于"[③] 海氏与维氏，然后再"整体"比较他们的存在思想；在分别解释-展开每一个分部（比如"存在"之于海氏）时，会适时地连带-指引出别的分部（比如"语言"与"真理"之于海氏，和"存在"之于维氏）；对二者各自不同的存在思想及其三元素的"展示"进程，也正是对二者存在思想及其三元素的"比较"进程，这两个进程是"一体两面"、"同时"开展的。笔者对海氏与维氏存在思想的追踪将试图在他们思想的"开端时期"（至迟在"一战"前后）与"完成时期"（维氏：20世纪 40-50 年代，海氏：20 世纪 60-70 年代）之间"反复迂回"，因为笔者从不认为其间发生过什么根本性的断裂："因为你如何开端，你就将如何保持"（荷尔德林语）；海氏暨维氏从一开始就已经游移-筑居在存在思想"另一开端"的邻近处，虽然他们还操持着易为旁人所误解的、为"形而上学"（Metaphysik）[④] 或"存在学"（Ontologie）所长期占

---

　　① "存在范畴是西方哲学史上长期讨论而含义又极不统一的重要范畴之一。"自古希腊以来西方的本质性的哲学-思想家们都或多或少、或有意或无意地参与着"存在范畴"之讨论，以不同的方式应答着"存在之要求"。（参见庞学铨：《存在范畴探源》，上海：上海三联书店，1994 年，第 261 页）

　　② "比"在古汉语里的原始意义是"紧靠-和顺-亲近"，而"较"则是"竞逐-较量-显明"。因此我们可以把"比-较"的原始意义理解为："紧靠-较量-亲近-显明"。（参见《辞源》[合订本 1-4]，北京：商务印书馆，1998 年，第 916、1643 页）

　　③ "之于"表示：真理、存在和语言分别在海氏或维氏那里如何"自行真理（显示）"或者"自行存在（在场）"或者"自行语言（言说）"。

　　④ 关于 Metaphysik，本书将时机化地将之译为"形而上学"或者"后物理学"。因为笔者实在不舍其中的任何一个，二者各擅胜场也。

用过的话语：如海氏"基础存在学"（Fundamentalontologie）、"存在"（Sein）和"真理"（Wahrheit）等，维氏"逻辑形式"（logische Form）、"命题"（Satz）、"现实性"（Wirklichkeit）、"对象-实体"（Gegenstand-Substanz）等。当然笔者只能尝试采集引导他们存在思想道路的数个最重要的思想-文本作为比较的"路标"，而不可能直接关涉二者所有的文本著述。[①] 此外，本书依据存在思想三元结构原始视野所做的比较研究自然只是所有海氏与维氏哲学-思想之可能比较研究径路当中的重要"一种"而已，而非"唯一"之路。

以上是对上卷之名的先行简释，在下一小节笔者将扼要综述国内外海氏与维氏哲学-思想比较研究的基本情况。

1.2 海德格尔与维特根斯坦比较研究述评

1.21 国外

泛泛地说，"欧陆哲学"（Continental Philosophy）和"英美哲学"（Anglo-American Philosophy）、"（广义）现象学"（Phenome-

---

① 如：海氏《宗教生活现象学》（GA 60）（1918-1922 年）、《哲学之规定》（GA 56/57）（1919-1923 年）、《路标》（GA 9）（1919-1958 年）、《存在与时间》（GA 2）（1927 年）、《现象学的基本问题》（GA 24）（1927 年）、《形而上学导论》（GA 40）（1935 年）、《林中路》（GA 5）（1935-1946 年）、《朝向哲学的诸文献（从兴有而来）》（GA 65）（1936-1938 年）、《存有之历史》（GA 69）（1938-1940 年）、《尼采 II》（GA 6.2）（1939-1946 年）、《兴有》（GA 71）（1941/1942 年）、《演讲与论文集》（GA 7）（1936-1953 年）、《通向语言之途》（GA 12）（1950-1959 年）、《讨论班》（GA 15）（1951-1973 年）和《面向思的事情》（GA 14）（1962-1964 年）等；维氏《逻辑笔记》（1913 年）、《挪威口述摩尔笔记》（1914 年）、《战时笔记：1914-1916 年》（1914-1916 年）、《逻辑哲学论》（1913-1918 年）、《一场关于伦理学的讲演》（1929 年）、《蓝皮书与棕皮书》（1933-1935 年）、《哲学研究》（1929-1949 年）和《论确实性》（1949-1951 年）等。

nology）和"（广义）分析哲学"（Analytic Philosophy）[①] 之间的对话交融在 20 世纪下半叶已愈渐成为西方哲学-思想界的一个关键性课题。众所周知的是：所谓欧陆哲学、英美哲学、（广义）现象学和（广义）分析哲学这些概念其实都是非常含混的，根本没有任何明确的内涵和外延，它们相互间的界线完全不清晰，它们在外延上是"相叠互交的"（overlapping）复杂关系。欧陆哲学与英美哲学从字面上看是以"地域-国别-文化传统"区分的，但这样的区分是难以泾渭分明的，比如维氏在某种意义上说来就既属于欧陆哲学，也属于英美哲学。而欧陆哲学也绝不等同于广义现象学，无论现象学如何扩大自己的可能地盘（外延），终究也无法涵盖 20 世纪以来所有在欧陆发生发展的哲学-思想。现象学亦可在英美蓬勃发展，而分析哲学生发的一些最重要源头（比如弗雷格与"维也纳学派"等）原本就在欧陆，而在最近二三十年，分析哲学又正在发生着某种强烈的重归欧陆的思想运动。这些概念都难以维持某种内在之"绝对同一性"内涵，它们各自内部都是充满着各种"异质性-歧义性"或"（绝对）否定性"的，它们相互之间以及它们内部的各成员之间都充满着各种"诸家族相似性"（Familienähnlichkeiten），它们都一直不断地在"重新生成着-变异着-自行否定着"。因此，我们这里所谓的"（欧陆）广义现象学和（英美）广义分析哲学之间的对话交融"只是一个非常宽泛的、温柔的或者含混的说法，而本书也根本

---

① 在当代西方学界，最为常见的说法是"欧陆（大陆）哲学"（Continental Philosophy）与"分析哲学"（Analytic Philosophy）二传统的区分暨比较。与笔者类似，不少当代西方哲学家对如是概念的区分亦持严肃之批判态度，但同时这绝不意味着我们不能在某种语境（比如本书）中"合理"地"有限"使用类似说法。参见 S. Mulhall, "Wittgenstein and Continental Philosophy", in *A Companion to Wittgenstein*, Hans-Johann Glock and John Hyman, eds., West Sussex: Wiley Blackwell, 2017, pp. 757–770; J. A. Bell, A. Culrofello, and P. M. Livingston, eds., *Beyond the Analytic-Continental Divide: Pluralist Philosophy in the Twenty-First Century*, New York: Routledge, 2016。

无意亦无力对二者展开任何实质比较的宏大叙事。在笔者看来，海氏和维氏更多的或者更本质的不是分别作为 20 世纪"欧陆哲学-广义现象学"和"英美哲学-广义分析哲学"中的诸多代表性人物中的"随便两位"——而是——作为"同时代"的两位本质性的"对生-对构-对成"着的"存在之思者"——所谓天降大任于"斯"（海德格尔"与"维特根斯坦）也！ ①

因此，我们有理由认为：海氏与维氏哲学-思想的比较研究将在一定程度上牵动西方哲学-思想的未来走向。正因此，托马斯·伦奇（Thomas Rentsch）在其 2003 年新版大作《海德格尔与维特根斯坦：对哲学人类学基础的实存的和语言的分析》导论中就对 1982-2002 年的海氏与维氏比较研究做了缜详的述评 ②：总结了 20 年间海氏与维氏系统比较研究所确认的八点共识，如第一点共识："海德格尔与维特根斯坦一道摧毁了某种现成在手状态的存在学（Vorhandenheitsontologie）或者某种现成在手状态的语义学（Vorhandenheitssemantik）"；回顾了哈贝马斯（J. Habermas）、阿佩尔（K. O. Apel）、罗蒂（R. Rorty）、泰勒（C. Taylor）、杜布斯基（R. S. Dubsky）、爱德华兹（J. C. Edwards）、费依（T. A. Fay）、斯坦迪什（P. Standish）、马尔霍尔（S. Mulhall）、古田裕清（H. Furuta）、格劳纳（F. Glauner）、施特恩（D. Stern）等 12 位学者的比较研究工作；列出了 1963-2001 年海氏与维氏比较研究的文献凡

① 这里的"斯"和"与"都可理解为 Da。此外，从某种意义上说，笔者非常赞同 Lee Braver 对海氏与维氏的"定位"：二者都是质疑或探讨游戏最基本自明观念或前提规则，从而创造全新游戏的"天才"（geniuses）或"伟大思者"（Great thinkers）——而绝不仅仅是循规蹈矩的、在游戏正反立场中明确选取一边来竭力争辩争胜的"好的哲学家"（good philosophers）而已。参见 L. Braver, *Groundless Grounds: A Study of Wittgenstein and Heidegger*, Cambridge, MA: the MIT Press, 2012, pp. 5–6。

② 参见 T. Rentsch, *Heidegger und Wittgenstein: Existential- und Sprachanalysen zu den Grundlagen philosophischer Anthropologie*, Stuttgart: Klett-Cotta, 2003, S. 9–74。

A NOTE ON HEIDEGGER

Well, it has finally happened. The ice has been broken. Heidegger has quoted Wittgenstein. (M. Heidegger & E. Fink, *Heraklit* (Frankfurt a.M., 1970), 31. Also see the remarks of an unidentified seminar-participant at 234. Significantly, Heidegger relates Wittgenstein's observations to the problems of the thinker and of thought or thinking in general, as well as to the "hermeneutic circle.") This should greatly please the burgeoning number of devotees of both thinkers, and especially those who have dedicated themselves to making comparisons between the two philosophers (see the list of References compiled below). Now there is that much more to talk about.

BIBLIOGRAPHY

Apel, K.-O. "Wittgenstein und Heidegger. Die Frage nach dem Sinn von Sein und der Sinnlosigkeits verdacht gegen alle Metaphysik," *Philosophisches Jahrbuch* 75 (1967-68), 56-94.

Behl, L. "Wittgenstein and Heidegger," **Duns Scotus Philosophical Association** 27 (1963), 70-115.

Chiodi, P. "Essese e linguaggio in Heidegger e nel 'Tractatus' di Wittgenstein," **Rivista di Filosofia** 46 (1955), 170-191.

Erickson, S. A. **Language and Being.** New Haven, 1970.

Goff, R. A. "Wittgenstein's Tools and Heidegger's Implements," **Man and World** 1 (1968), 447-462.

Harries, K. "Wittgenstein and Heidegger: The Relationship of the Philosopher to Language," **Journal of Value Inquiry** 2 (1968), 281-291.

Horgby, I. "The Double Awareness in Heidegger and Wittgenstein," **Inquiry** 2 (1959), 235-264.

Luebbe, H. "Wittgenstein — ein Existentialist?" **Philosophisches Jahrbuch** 69 (1962), 311-324.

Mood, J. J. "Poetic Languaging and Primal Thinking: A Study of Barfield, Wittgenstein, and Heidegger," **Encounter** 26 (1965), 417-433.

Naess, A. **Four Modern Philosophers.** Tr. A. Hannay. Chicago, 1968.

Weil, G. M. "Esotericism and the Double Awareness," **Inquiry** 3 (1960), 61-72.

Wisdom, J. O. "Esotericism," **Philosophy** 34 (1959), 338-354.

AND WITTGENSTEIN

by
dennis anthony rohatyn

69

　　图 1　1971 年 *Philosophy Today* 15（1）刊出由 Dennis Anthony Rohatyn 撰写的 "A Note on Heidegger and Wittgenstein" 上说："啊，这终于发生了。坚冰终于被打破了。海德格尔终于引用维特根斯坦了……"

91 种，涉及研究者 64 人。

（1）历时长久，著述丰厚。从 Pietro Chiodi 发表于 1955 年的"海德格尔与维特根斯坦《逻辑哲学论》中的存在和语言"[1] 算起，国外海氏与维氏比较研究至今已有六十多年的历史。直到 20 世纪 70 年代时还只有以阿佩尔《哲学的改造》（第一卷的相关部分，1973 年）[2] 为代表的寥寥数种比较研究文献，而从 80 年代开始直到最近几年，大量比较研究文献涌现出来，蔚为壮观。除伦奇列出的 1963-2001 年的 91 种研究文献外，最近十多年仍不断涌现出新的著述，如 Anthony Rudd 的专著《表达世界：怀疑论、维特根斯坦和海德格尔》（2003 年）[3]，该书试图利用维氏后期思想与海氏前期思想对怀疑论尤其是所谓的"整全的形而上学怀疑论"（Global Metaphysical Scepticism）做一别开生面之批判性回应；James Luchte 的论文"在时间的面相下'Sub Specie Temporis'：海德格尔，维特根斯坦和无的位置"（2009 年）[4]，该文先是对海氏和维氏思想比较做一批判性地扼要述评，将以往比较阐释划分为四个流派：分析的、实用的、神秘的和现象学的，接着以海氏和维氏对"时间性"的分别探讨为比较线索，对诸流派进行了一番合流的努力尝试——而该线索是为诸流派所普遍忽略甚或反对的；Lee Braver 的专著《无基之基：一项

---

[1]　P. Chiodi, "Essere e linguaggio in Heidegger e nel 'Tractatus' di Wittgenstein", *Rivista di Filosofia* 46, 1955, pp. 170-191.

[2]　K. O. Apel, *Transformation der Philosophie 1: Sprachanalytik, Semiotik, Hermeneutik; 2: Das Apriori der Kommunikationsgemeinschaft*, Frankfurt am Main: Suhrkamp, 1973.

[3]　A. Rudd, *Expressing the World: Skepticism, Wittgenstein, and Heidegger*, Peru, Illinois: Carus Publishing Company, 2003.

[4]　J. Luchte, "Under the Aspect of Time 'Sub Specie Temporis': Heidegger, Wittgenstein, and the Place of the Nothing", *Philosophy Today* 53 (1), 2009, pp. 70-84.

关于维特根斯坦与海德格尔的研究》（2012 年）①，论证了海氏与维氏都力图解构所有执着于某种超验者或无限者的旧哲学，从而构建某种基于不参照任何无限之"原始有限性"（original finitude）的新哲学，这样的原始有限性正是所有思想的"无基之基"（groundless ground）；Paul M. Livingston 在论文"维特根斯坦读海德格尔，海德格尔读维特根斯坦：思考语言限制世界"（2016 年）② 中依次考察了维氏对海氏的唯一一次提及和海氏对维氏两次提及中的一次提及，并认为这些提及其实都是出于某种"误读"（misreading）或者"错误引用"（misquotation）；Lucilla Guidi 则在论文"Moods 作为人类经验之无基性——海德格尔与维特根斯坦论 Stimmung"（2017 年）③ 里，尝试通过分析比较海氏"调音 / 现身情态"（attunement/Befindlichkeit）之"情调"（mood/Stimmung）的存在学意义与维氏语言哲学中我们对于某种生活形式之"调音 / 协调"（attunement/Übereinstimmung），论证"诸情调"（moods）其实揭示着某种原始人类经验之"无基性"（groundlessness）；新近出版的 Hans-Johann Glock 与 John Hyman 主编的重要文集《维特根斯坦伴侣》（2017 年）的最后一章是由 Stephen Mulhall 撰写的"维特根斯坦与大陆哲学"④，该文将维氏哲学解读为某种对于分析哲学本身的深刻批判，进而精

① L. Braver, *Groundless Grounds: A Study of Wittgenstein and Heidegger*, Cambridge, MA: the MIT Press, 2012.

② P. M. Livingston, "Wittgenstein Reads Heidegger, Heidegger Reads Wittgenstein: Thinking Language Bounding World", in *Beyond the Analytic-Continental Divide: Pluralist Philosophy in the Twenty-First Century*, J. A. Bell, A. Cutrofello, and P. M. Livingston, eds., pp. 222–248.

③ L. Guidi, "Moods as Groundlessness of the Human Experience. Heidegger and Wittgenstein on *Stimmung*", *Philosophia* 45 (4), 2017, pp. 1599–1611.

④ S. Mulhall, "Wittgenstein and Continental Philosophy", in *A Companion to Wittgenstein*, Hans-Johann Glock and John Hyman, eds., pp. 757–770.

彩细腻地比较了海氏与维氏各不相同，但又相映成趣的"语境原则"（context principle）。

此外，Egan David、Reynolds Stephen 和 Wendland Aaron James 主编的论文集《维特根斯坦与海德格尔》（2013 年）①，宣称该论文集在海维比较史上，首次试图从不同方向邀请海氏与维氏参与到深入的哲学对话中来，或者是让海氏回应或质疑维氏提出的问题，抑或相反。比如，Stephen Mulhall 在"存在之意义和交谈的可能性：海德格尔与维特根斯坦对话"里论证了海氏基础存在学与维氏语法考察都关涉某种"对话的统一性"（dialogical unity），而哲学追问之可能性正是源自我们日常领会的统一本质；Simon Glendinning 在"维特根斯坦、海德格尔与我们时代的生活之'脸'"中主张，认为海氏对 Being 的独特理解涉及维氏"错置图景"（misconceived picture）的观点是错误的，相反，维氏在该词的理解上与海氏有着诸多方法论上的相似性；Charles Guignon 在"维特根斯坦、海德格尔与现象学问题"中认为尽管后期维氏对诸哲学问题的现象学考察并非来自经典现象学传统（胡塞尔暨海德格尔等），但事实上却与海氏主题和谐一致，比如二者都对逻辑学统治下的传统哲学观给予深刻批判；而 Lee Braver 则在"瓦解难题：海德格尔与维特根斯坦论思之基则"中显示二者如何分别通过对充足理由律和不矛盾律的批判，论证逻辑与理性不是任何超验于我们实际生活的东西，他们都力图将逻辑与理性还原到人之领域。

（2）参与研究者众多、类型多样。既有哲学专业，也有语言学、文学、法学、心理学、教育学等其他各专业的学者；研究者遍布德、法、美、英、加、日等多国。如古田裕清曾以该比较研究为选题，于 1993

---

① D. Egan, S. Reynolds, and A. Wendland, eds., *Wittgenstein and Heidegger*, New York: Routledge, 2013.

年夏季学期向慕尼黑大学提交哲学博士论文《意义和逻辑》(*Sinn und Logik*)，后又于 1996 年出版其修订本《维特根斯坦与海德格尔：分析哲学传统下的"意义"和"逻辑"》[1]。

（3）关注比较的阶段、文本不一。有关注比较海氏与维氏前期哲学思想的，如：托马斯·伦奇的新版专著《海德格尔与维特根斯坦：对哲学人类学基础的实存的和语言的分析》(2003 年)，主要依据《存在与时间》和《逻辑哲学论》将他们的哲学视作不同的哲学人类学，认为它们都是对问题"一个人的世界究竟是如何可能的"的系统解答[2]；Edgar Charles Boedeker 的博士论文《海德格尔与维特根斯坦早期著作中的显示概念》(1998 年)[3]，关注的是他们 1912–1929 年的哲思道路；而费依的论文"早期海德格尔与维特根斯坦的存在学差异"(1991 年)[4]依凭的文本也仅仅主要是《存在与时间》和《逻辑哲学论》。有关注比较他们后期思想的，如费依的论文"后期海德格尔与维特根斯坦的语言的解释现象学"(1992 年)[5]。也有比较海氏整体思想与维氏后期思想的，如哈贝马斯在专著《真理与辩护：哲学论文集》(1999 年)[6]里分别批判了维氏后期的"理论退缩"即把哲学探究仅仅局限在某种语言现象学的琐碎治疗技艺当中，和

① H. Furuta,*Wittgenstein und Heidegger: „Sinn" und „Logik" in der Tradition der Analytischen Philosophie*, Würzburg: Königshausen und Neumann, 1996, S. i.

② 参见 T. Rentsch, *Heidegger und Wittgenstein:Existential- und Sprachanalysen zu den Grundlagen philosophischer Anthropologie*, S. 60。

③ E. C. Boedeker, *The Concept of Showing in the Early Writings of Heidegger and Wittgenstein*, Northwestern University, 1998.

④ T. A. Fay, "The Ontological Difference in Early Heidegger and Wittgenstein", *Kant-Studien* 82 (3), 1991, pp. 319–328.

⑤ T. A. Fay, "The Hermeneutical Phenomenology of Language in the Later Heidegger and Wittgenstein", *Dialogos* 27 (59), 1992, pp. 19–35.

⑥ J. Habermas, *Wahrheit und Rechtfertigung: Philosophische Aufsätze*, Frankfurt am Main: Suhrkamp, 1999.

海氏对于克服柏拉图以来的被异化的文化思想的执着追求。还有比较维氏后期思想与海氏前期思想的，如 Stephen Mulhall 在其首部著作《在世界之中存在：维特根斯坦与海德格尔论观看面相》（1990年）① 里主要凭借《哲学研究》（尤其是第二部分的第 11 节）和《存在与时间》来细致比较他们关于"面相知觉"的不同观点。但由于海氏、维氏著述等身，有一些重要著述才出版不久，有一些甚至至今还未公开出版②，因此要真正实现对二者毕生思想的整体把握和比较研究是十分困难的。

（4）比较研究的视角或主题丰富多彩、相叠互加、气象恢宏。视角或主题有：形而上学、存在学、现象学、解释学、实存学、语

---

① S. Mulhall, *On Being in the World: Wittgenstein and Heidegger on Seeing Aspects*, London: Routledge, 1990, pp. 1–5.

② 海氏、维氏著述等身，由此可见对二者比较研究之无比艰难。Vittorio Klostermann 德文版《海德格尔全集》（Gesamtausgabe Martin Heideggers）计划出版 102 卷，绝大部分都已出版，但截至目前仍有少量卷未有付梓。《朝向哲学的诸文献（从兴有而来）》（GA 65）（1989年）、《沉思》（GA 66）（1997 年）、《存有之历史》（GA 69）（1998 年）、《逾越开端》（GA 70）（2005 年）和《兴有》（GA 71）（2009 年）等系列"存有历史"大作出版时间都还不算太长。参见 M. Heidegger, „Plan der Gesamtausgabe", in GA 71: *Das Ereignis*, Frankfurt am Main: Vittorio Klostermann, 2009. 此外，备受关注与争论的三卷"黑皮书"（Schwarze Hefte）第一部分"诸深思"（Überlegungen）（GA 94、95、96）直到 2014 年才出版。另一方面，Suhrkamp 德文版八卷本《维特根斯坦作品集》（Ludwig Wittgenstein Werkausgabe）也有许多重要著述（遗稿）未能收入。而由剑桥维特根斯坦档案馆主任 Michael Nedo 主持的由 Springer 出版的"维也纳版"（Wiener Ausgabe），重新整理编辑过去从未公开的大量维氏"遗稿"（Nachlaß），虽然项目启动已近三十年，并已出版十余卷（其中包括 2000 年出版的著名的《大打字稿》），但截至目前仍然还有一些重要遗稿尚未编辑出版。2017 年 8 月笔者曾专门到剑桥维特根斯坦档案馆拜访过 Nedo，得悉虽然遇到一些经费上的困难，但维也纳版仍在继续坚持中。Nedo 自信地告诉笔者，维也纳版"遗稿"将比挪威卑尔根维特根斯坦档案馆版"遗稿"更为可信、可读、可用。据说唯有待维也纳版全部完成后，方才可能彻底研究维氏思想——在完整的相互连接的复杂"网络"（networks）或"道路"（roads）中去理解维氏"无数"单个的"手稿"（Manuskript）或"札记"（Bemerkung）。笔者以为，维也纳版与卑尔根版其实"各有所长"，因此我们应该综合地、时机化地利用它们。参见 D. Stern, "The Bergen Electronic Edition of Wittgenstein's *Nachlass*", *European Journal of Philosophy* 18 (3), 2010, pp. 455–467。

言哲学、分析哲学、实用主义、美学、伦理学、神学、哲学人类学、后现代、后哲学、语言、怀疑论、虚无主义、理解、意义、真理、存在（是）、逻辑、沉默、显示、游戏、生活世界、在世界之中存在、生命经验、情调、确实性、技术、科学和用具等等。其中"语言"是比较频次最高的向度，当然往往一个主题也会有意无意地牵引出别的视角；有些研究者亦多是带着自己的问题或现时代的哲学论争去借鉴或批判二者思想文本的，而绝非单纯为了比较而去比较。

（5）对二者思想的定位不同。有学者认为，他们都是在正面意义上为西方传统哲学走出困境提供某种新的可能方案，如阿佩尔在论文"维特根斯坦与海德格尔：一种比较的批判性回顾和补充"（1998年）[1]中检视、修正了他三十年来的比较观点，认为二者思想的共同前提是"哲学的逻各斯"，"在世存在"和"生活形式"都应在此前提下被重新审视；而另一些学者如罗蒂则认为，二者都应归属于某种"后现代"或"后哲学"的文化或思想，他们都力图与西方哲学文化传统决断开。[2]

1.22 国内

在国内，虽然海氏与维氏已各自成为显学多年，翻译、研究作品层出不穷，但对二者哲学-思想的比较研究却并不多见，还未见专门著作出版，只有数篇论文，被包含在一些著作里，或发表于学术

---

[1]　参见 K. O. Apel, „Wittgenstein und Heidegger: Kritische Wiederholung und Ergänzung eines Vergleichs", in *Der Löwe spricht... und wir können ihn nicht verstehen. Ein Symposion an der Universität Frankfurt anlässlich des hundertsten Geburtstags von Ludwig Wittgenstein*, Brian McGuiness, ed., Frankfurt am Main: Suhrkamp, 1991, S. 27-68。

[2]　参见 R. Rorty, *Philosophy and the Mirror of Nature*, Princetion: Princetion University Press, 1980, pp. 3-13。

期刊上。① 它们虽然篇幅不长，但大都视角独到，比较得深入、细腻与活泼，因此即使从国际学界的视角看来，也仍具有潜在的巨大价值。此外还有一些散置在不同著述里的重要比较论述，以及数篇国外海氏与维氏比较文献的中译文。

（1）比较焦点问题：语言。

如国外一样，"语言"问题仍然是比较的焦点，如张志扬先生的"语义生成：维特根斯坦与海德格尔"② 和陈嘉映先生的"在语言的本质深处交谈 —— 海德格尔和维特根斯坦对语言的思考"③ 等。

张文作于 1989 年 4 月，是笔者在目前收集的材料中见到的国内最早对海氏与维氏的比较研究。它侧重于以维氏暨海氏后期思想来比较他们的"语言-存在本体论"：维氏语言的绝对不确定性与相对确定性之二重性同海氏存在与此在之隐显生成性之间或许有着某种

---

① 笔者的博士学位论文《海德格尔与维特根斯坦存在思想的一种尝试比较》于 2008 年 5 月在浙江大学哲学系通过答辩，获得答辩委员会（答辩主席为朱葆伟先生，答辩组成员为张国清先生、王志成先生、杨大春先生和庞学铨先生）一致好评，被评为"优秀博士论文"，笔者也凭此文于同年 6 月获得哲学博士学位。在笔者看来，该文因为学时限制而成文非常仓促，自然有太多值得改进之处（正因为笔者自己的严重不满意，所以毕业多年亦未出版该文，虽然 2011 年同济大学出版社乐意全额资助该文出版，此外还有浙江大学出版社等其他几个出版社有意出版该文），但事实上说，这的确是汉语世界第一篇系统比较海氏与维氏哲学思想的博士学位论文，也是世界上第一篇系统比较海氏与维氏"存在"哲学思想的博士学位论文。此外，笔者还在国内外一些著名哲学杂志发表了不少相关的中英文研究性论文，详见书末主要参考文献。在此，笔者须对博士论文涉及的所有匿名外审专家和答辩委员会专家提供的所有评审意见表示最诚挚之谢意！此外，笔者的博士后出站报告《存在历史下的维特根斯坦与海德格尔》（浙江大学中文系，2010 年 5 月）系博士论文工作之自然延续，该报告的外审专家是俞吾金先生和张志伟先生，两份评审结果都是"优秀"。笔者在此亦须对两位先生的评审意见表示最诚挚之谢意！也祝福俞先生在天堂一切都好！

② 张志扬：《门：一个不得其门而入者的记录》，上海：同济大学出版社，2004 年，第 29-48 页。

③ 陈嘉映："海德格尔与维特根斯坦"，载徐友渔、周国平、陈嘉映、尚杰：《语言与哲学：当代英美与德法传统比较研究》，北京：生活·读书·新知三联书店，1996 年，第 279-295 页。

弱对称作用；维氏已将弗雷格的意义整体论推进到语言-存在本体论即"语用-语义-思想"的绝对同一性，该思路与海氏真理观、语言观极为亲近；相符论的真理观应是以生成论的真理观为其本源的；词项含义的根源主要不在单纯的语法上的使用规则或语言游戏，而在作为它们背景的此在之在的生成性中；因此海氏为维氏"语言游戏"提供了"存在生成论"；他们从各自的语言-存在本体论出发对语言的私有性进行了批判；因此语言是反对人类中心主义的——但他们的这种批判将带来一种威胁，被说的人在语言中还能获得存在的自由吗？

而陈文也是着力于后期海氏与后期维氏的语言哲学比较。二者都反对：意义的指称论、观念论、图像论和行为反应论，把真理理解为语句和现实的符合，把语言理解为内在之物的表达，从传统逻辑来理解语言的本质，以逻辑斯蒂语言在任何意义上来取代自然语言。而在建设性方面：维氏把语言的本质从逻辑转化为语法，海氏把语言的本质理解为具有历史性的存在之言，两者息息相通；语法和存在都是在历史意义而不是在超验的意义上给定的；尽管在具体理解上有诸多差异，但他们的基本趋向仍是很接近的。此外，二者都关切人类生存和认识的有限性：海氏强调存在的有限性、历史性，维氏强调生活形式、语言游戏的自然史。

（2）除语言问题外，"象""哲学的终极"和"主体"等主题或视角也受到学者们关注。

张祥龙先生的"维特根斯坦与海德格尔的象论"[①]凭依维氏《逻辑哲学论》和海氏《康德与形而上学问题》来比较他们各自的"象"（Bild）论，他认为：尽管他们的象论之间有诸多不同，但二者共享

---

① 张祥龙：《从现象学到孔夫子》，北京：商务印书馆，2001年，第127-145页。

着某种类似的思想结构或识度；二者涉及的基本形势的有限性，都是对于一种彻底性和终极性的要求；二者都必须满足两个似乎对立的要求，即维氏的"（在某种意义上的）对应现实"与"意义在先"，海氏对康德解释里的"接受性（容纳对象）"和"先验性（不依靠现成对象）"。以上两点要求引导他们达到了以居中的本源"图像"为中心的意义观和存在论知识观；该图像能被人这个有限存在者直接构成和理解，并使"指谓"和"存在者"这样的状态可能；这样的图像理论既说明了意义和认识的先天依据，又没有落入唯心论和唯我论；所以图像在他们那里提供的都是一种最本源的构成场所；这种自发地或由先验想象力构成的图像本身无法再被命题表达。由于这种原初构成的意义观，他们都认为（自然）语言不仅是交流现成观念的手段，而更是人的基本存在方式。

　　赵敦华先生的"海德格尔和维特根斯坦论哲学的'终极'"①依凭海氏《哲学的终极和思维的任务》与维氏《哲学研究》比较二者的哲学"终极"观：海氏终极是指一种完全的状态，一个完成了其最后可能性的终点，哲学的终点并不在自身，它终极于控制论的技术，而思维的去蔽任务则在于廓清一块独立于科学技术世界的自由空间，为存在设计出新的可能性；维氏则从安宁的角度来理解终极，认为哲学问题的产生根源于语言的形而上学用法给思维造成的困惑，主张借以清晰描述语言用法从而消除哲学问题的方式来治疗哲学疾病；因此二者的思想都是对一种新思维方式的召唤，哲学的终结实际上是指它融汇在更加广阔的文化背景里。

　　而在"'非之中'与'在之中'——维特根斯坦和海德格尔主

---

　　① 赵敦华：《西方哲学的中国式解读》，哈尔滨：黑龙江人民出版社，2002 年，第 233-248 页。

体思想比较"①中，徐为民先生则尝试比较了维氏、海氏的主体思想：维氏在其前期思想中使主体界限化，界限主体具有"非之中"的逻辑机制，即界限主体"不在世界之中"，它表明了主体和世界的特殊共界关系；界限主体具有否定性和"零位"特征，是一种外在的超越机制，它是逻辑哲学主体思想发展到极致而出现的一种形态，进一步发展就走向了它的反面——"在之中"主体（维氏后期思想的语言游戏主体），即主体"在世界之中"；这种主体是一种内在的超越机制，海氏此在也是一种"在之中"的主体形式；同属于"在之中"的维氏语言游戏主体与海氏此在主体也不尽相同；从"非之中"到"在之中"的过程反映了当代哲学从逻辑世界到生活世界的转变。

（3）其他相关论述和汉译。

除上述专门的论文外，还有一些重要的相关比较研究论述散置于不同著述中。如江怡先生在专著《维特根斯坦：一种后哲学的文化》中认为维氏哲学在思想深度上更接近于包括海氏在内的欧洲大陆哲学，维氏与海氏对语言界限的认识极为相近。②后其又在主编的《西方哲学史》（学术版）第8卷"现代英美分析哲学"（下）当中强调：将维氏思想与以海氏思想为代表的欧陆人本主义思潮等量齐观的做法，不仅过于简单化，而且模糊了维氏思想的特征；因为无论在思想动机上还是在具体论述上，维氏与海氏都有着根本性的、明显的差别；所以我们在对他们的思想进行某种比较时，绝不能忽略他们之间的根本区别，因为正是由于被比较者的差异才使得这种比较工作成为可能。③笔者认为该提醒是中

① 徐为民："'非之中'与'在之中'——维特根斯坦和海德格尔主体思想比较"，《浙江大学学报》（人文社科版）2006年第3期。

② 参见江怡：《维特根斯坦：一种后哲学的文化》，北京：社会科学文献出版社，2002年，第125-142页。

③ 参见江怡：《西方哲学史》（学术版）第8卷（下），南京：江苏人民出版社，2005年，第485-489页。

肯的。此外，国内杂志还发表了数篇国外海氏与维氏比较文献的译作。[①]

1.23 缘起

从以上综述可以窥见，在国外，海氏与维氏哲学-思想的比较研究已经开展了六十多年，涉及多维度的视角或主题，但这并不是说目前已经穷尽了所有可能的重要视角或主题，新鲜的比较作品还在不断涌现出来，后来者仍然可以在此领地有所作为-筹划。

而国内的海氏与维氏比较研究大概已有 30 年（从 20 世纪 80 年代后期起始），获得了重要的初步成绩：比较涉及不少重要视角或论题，如，语言-存在本体论、语言、哲学的终极、象、主体、有限性和游戏等等；关注阶段从海氏、维氏前期一直延续到后期；研究者大多本身即为海氏、维氏哲学之专门家，能完全依据德文原著操作，这就为比较的可靠性和高水平提供了保障；不少论文以问题本身为原始向导，以自由哲思者的身份参与到两方的对话-交谈中，绝不逊于国外同行的同类优秀作品。

但不可否认的是，国内海氏与维氏比较研究同国外相比，不管从数量、内容的广度还是深度上看，都有一定的差距：只有若干篇幅不长的论文，至今还未见比较研究专著；视角或论题不够丰富，尚有不少方面未及涉猎；关注的海氏、维氏文本也大多集中在《逻辑哲学论》《哲学研究》和《存在与时间》等少数几种重要著作上；因此比较的深度亦受到一定限制，涉及的诸多问题也都难以得到更进一步的展开。

本书上卷的写作正是在这样的背景下应运而生的。上卷拟从"存

---

① 如基南的"维特根斯坦和海德格尔之后的哲学"（季桂保译，《国外社会科学》1991 年第 8 期）、爱德华兹的"海德格尔和维特根斯坦论语言的权威"（为明摘译，《探索与争鸣》1992 年第 6 期）、费侬的"早期海德格尔和维特根斯坦在本体论上的比较和对话"（曹晓平译，《社会科学动态》1993 年第 3 期）和罗蒂的"维特根斯坦、海德格尔与语言具体化"（刘琦岩译，《哲学译丛》1996 年第 Z3 期）等。

在思想或存在之思"（Denken des Seins）的原始"视野"（Horizont）出发对海氏与维氏哲学-思想进行一种尝试比较：作为"语言存在之真理"的存在思想，也即"真理-存在-语言"之三元结构整体；维氏哲学-思想如同海氏哲学-思想一样可被视为一种存在思想，存在问题照耀-牵引维氏哲思始终；维氏前期存在思想展开为"诸不可说者在八种语言方式中的自行显示-诸不可说者-八种语言方式（特别包括'诸命题的澄清活动'暨'沉默'）"，而维氏后期思想则开展为"诸生活形式在诸语言游戏中的自行显示（诸世界图象）-诸生活形式-诸语言游戏"；这样的维氏存在思想，正好与海氏存在思想如较后期的"疏敞地（Lichtung）-兴有（Ereignis）-道说（Sagen）"之间有着某种十分有趣的对应-呼应，虽然其间当然也存有极大的差异①；二者一起解构了自柏拉图肇始的存在学传统即"作为命题之正确性的真理-作为某种现成存在者的实体或主体-逻辑地说（命题）"，而与古希腊早期的"原始存在思想"（ursprüngliche Denken des Seins）即"无蔽（aletheia）-涌现（physis）-逻各斯（logos）"有着某种深刻的"遥相呼应"——并一同参与-响应了存在思想史的第二次"转向"。

要之，根据笔者目前掌握的文献看来，这样的贯通早期晚期海氏暨维氏思想、广涉二者诸多重要路标作品的作为"存在思想三元结构整体"的系统比较视野迄今仍是未被赢获的。而该视野却又是十分重要而新颖的比较向度，因此，即便以国际前沿标准看来，本书上卷的工作也将会是一次极富意义，也极具挑战的探险之旅：富有意义是指该选题方

---

① 我们可以尝试用超级战斗机之间的超级格斗来比喻海氏与维氏的"史诗"较量：这种格斗的"战场"即"游戏-空间"（Spiel-Raum）极为宏大，两架战机虽有超近身搏斗，更多时却超视距地相隔极远（海氏与维氏思想看起来多半相去极远，无甚关联），相互间一直缠斗得难解难分；正是缘于两机的超远距离（海氏与维氏思想的巨大差异、分属传统的巨大隔阂），才共筑并共在于"同一"战场（海氏与维氏思想确呈某种对称性：迥异对峙的"真理-存在-语言"三元结构）——这才奠基了二者相互格斗的独一无二的惊心动魄。

向的新颖性和重要性；极具挑战则意味着它的"纵横歧路"（相当难度）
和作为"探路者"的笔者有限而贫困的哲思能力。下一小节将是笔者对
这次"历险"（上卷整体思路）的先行勾画或扼要回顾。

1.3 思路：后-存在学的存在之思

1.31 存在思想三元结构：真理-存在-语言 [①]

众所周知，海德格尔与维特根斯坦比较研究有诸多难点，二者虽
共同在世逾六十载，但相互间罕有实质性的交流-交锋。根据笔者目前
掌握的资料，维氏只"略微直接"提及海氏一次，而海氏仅在其晚期
"略微直接"提及维氏两次，"略微间接"提及维氏一次。[②] 根据魏斯曼

[①] 在这里必须强调说明的是：笔者对该"三元结构存在思想"之原始比较视野的
赢获，的确直接得益于海氏"存有历史"（Seynsgeschichte）思想的启发，但同时也直接
来源于对维氏文本-思想的细读-经验，维氏的确为我们展示了一种独特的三元结构存在
思想。因此，本书上卷绝非是在以海氏存在之思去粗暴地"格"维氏思想。此外，作为
上卷比较海氏与维氏哲学-思想所用之原始视野的"存在思想"，与海氏本身所谓的"存
在思想"之间仍葆有重要差异或分歧，这一点可从上卷以后的论述中逐步见出。

[②] 参见 P. M. Livingston, "Wittgenstein Reads Heidegger, Heidegger Reads Wittgen-
stein: Thinking Language Bounding World", in *Beyond the Analytic-Continental Divide:
Pluralist Philosophy in the Twenty-First Century*, J. A. Bell, A. Cutrofello, and P. M.
Livingston, eds., pp. 222-248。Livingston 认为，海氏与维氏的相互提及都是浮光掠影的，
甚至都是某种"误读"（misreading）。笔者完全不赞同 Livingston 的看法。虽然这四次提
及看起来大概都是轻描淡写的，没有任何进一步的深入展开，但这并不代表二者对对方
某些思想或文本的判断是不够深刻与穿透的。打个不恰当的比方就是，就思想本身的深
度暨广度论，一篇很短的论文不一定输于同主题的另一篇很长很长的论文。笔者认为这
四次提及的"瞬间"其实是充满穿透力的哲思共鸣或交锋。本质性的哲学家-思想家之
间的"共鸣"，很多时候并不需要对对方某个文本的提前精细阅读——而是正如维氏本
人在《逻辑哲学论》前言中所深刻道说的："或许只有已经发生过类似思想的人才能真正
理解这本书。"我们也可尝试补充这句话的后半句："而没有发生过类似思想的人即便使
出吃奶的劲儿去钻研这本书，也仍然是丝毫不得要领的。"

（Friedrich Waismann）的记录，维氏于 1929 年 12 月 30 日在石里克家曾谈到他读过一点海氏著述①，并且表示他或许能想象海氏"存在"（Sein）和"畏"（Angst）之所云②。在海氏与芬克（Eugen Fink）主持的赫拉克利特讨论班（Heraklit Seminar，1966/1967 年冬季学期第二次课程）中，海氏（正面）引用了维氏将哲学思考比喻为"一个困在房间内的人到处找不到出口，却没有注意到房门本来就是开着的"③。在该讨论班的第十二次课程中，海氏针对某参与者引用维氏《逻辑哲学论》命题"语言是有机体（Organismus）的延伸"，间接回应说："人们可以在 Jakob von Uexküll④ 的意义上理解有机体，也可以把有机体理解为生命系统的运行。"⑤ 而在海氏勒托尔讨论班（Le Thor Seminar，1969 年 9 月 2 日）里，似乎海氏对维氏《逻辑哲学论》中的命题"现实的是，是事实者"（Wirklich ist, was der Fall ist）表达了某种惊讶，似乎海氏认为这句话不再保留任何海氏"同情–思念"的古希腊人那样的"从自行去蔽着或自行现象（显现）着的存在者而来的经验"⑥。一个被计算在现象学阵营，精通的是现象学方法和哲学–思想史，而另一个据说是隶属分析哲学传统的，擅长的是语言–逻辑–分析。家庭出身、生活经历、性格、文风、研究的具体问题–方法等，其间的差异–距离都太大了，大到几乎不能让他们挨拢到一起以行比较。但笔者认为，如果着眼于"存在思想三元

① 据说是指海氏 1927 年出版的代表作《存在与时间》（GA 2）和 1929 年 7 月 24 日在弗莱堡大学礼堂作的公开教授就职演说"后物理学是什么"（收入 GA 9《路标》）。

② 参见 L. Wittgenstein, Werkausgabe 3, S. 68。可参考本书 4.21 节的相关讨论。

③ 参见 M. Heidegger, GA 15, S. 33。

④ Jakob von Uexküll（1864–1944），生物学家。他对 Umwelt（周围世界）的独特研究引发了包括海氏在内的一些现象学家、哲学家和（生物）符号学家的关注兴趣。

⑤ 参见 M. Heidegger, GA 15, S. 236–237。《逻辑哲学论》中的原话是："日常语言或口语（Umgangssprache）是人类有机体的一部分，并且不会比后者更少复杂。"（TLP 4.002）从海氏的略微间接回应看，海氏的确不知维氏是在何种意义上理解或使用"有机体"一词的。关于《逻辑哲学论》的语言观尤其包括日常语言观，请参见本书 5.21 节的相关讨论。

⑥ 参见 M. Heidegger, GA 15, S. 327。可参见本书 4.22 节的相关讨论。

素之结构整体", 适切地如其自身本然地那样去将二者分别放回到存在思想史各自独一的位置之上, 对二者哲学–思想的比较研究就会赢获一个前所未有、豁然开朗的全新原始视野。

缘于"存在"(Sein)问题的终极不可回避性, 西方哲学–思想自古希腊以来一直就存续着"存在之思或存在思想"(Denken des Seins)。"存在思想"是指: "从存在之真理而来的语言", 也即, "语言存在之真理"("语言"为动词)。[①] 这里的"真理"(Wahrheit)、"存在"(Sein)和"语言"(Sprache)是指存在思想的三个"元素"(Elemente)或"维度"(Dimensionen), 它们各自有着相应的、极大的游戏–解释空间, 它们"一起"经历了从古希腊早期的"原始存在思想"或"前–存在学的存在之思"(vor-ontologisches Denken des Seins), 经过"存在学"(Ontologie), 再到以海氏与维氏为代表或例子的"新–存在思想"或者"后–存在学的存在之思"(meta-ontologisches Denken des Seins/post-ontologisches Denken des Seins)的演历。[②] 每一(真正的)哲学–思想家的哲学–思想里, 都有其不可或缺的独特的"三元"存在之思: 真理–存在–语言。三元的两两关联实际应表示为图 2:

---

① 其实这里是有着某种有趣的二重性或循环或复调结构的: 一方面, 是"存在""自行显隐"(去蔽–真理)于某思想家的"语言"里; 而另一方面, 则是思想家关于存在之"真理"(自行显隐)的语言, 如何语言 —— 正是语言"存在"(应该)如何"自行显隐"于如何的"语言"里。也就是说, "存在""自行显隐"于其中的某思想家的"语言"(存在思想之三维度), 又正好"语言"着 —— "存在"(应该)如何"自行显隐"于如何的"语言"("另一个"存在思想之三维度)。每一本质性思想家的存在思想里都有着该三维度的有趣循环或二重性。

② 真理、存在和语言既可以分别"作为"原始存在思想里的 aletheia、physis 和 logos, 也可以分别"作为"存在学中的"作为命题之正确性的真理""实体或主体"与"逻辑地说(命题)"。

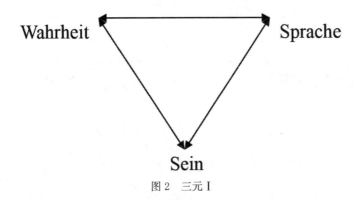

图 2　三元 I

　　在这个"倒三角"的存在思想三元关联中，存在单独位于下方，这是否已经暗示了存在在三元本源的平权平等关联中所独享的那种"（最后）基础性 / 奠基性"呢？笔者对此颇为踌躇。一方面，笔者认为或者坚持存在之思三元——真理、存在和语言——相互间完全互释或对撑的平权平等关系；但另一方面，笔者又总是有意无意地对三元中的存在元情有独钟，其他二元不过都是这同一个存在元之不同拓扑显现方式而已。[①] 实际上，类似的"踌躇"在海氏与维氏自己的新-存在思想中都有发生，我们在上卷第三、四、五、六章还可以慢慢体味。或许，这样的"踌躇"或"徘徊"原本就是存在思想三元结构之自行"现象"（显现）或"开路"（道路）吧。因此，我们可以将上图"补全"为下图（图3）。

---

　　① 　这样的情有独钟，实际已经体现在本书上卷之名"在"中了。

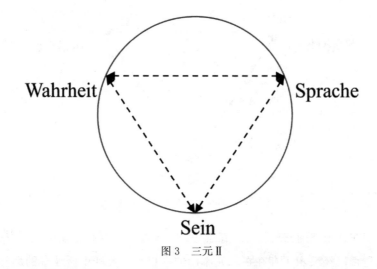

图 3　三元 Ⅱ

　　如图所示，"存在思想"三元结构"真理-存在-语言"中的连字符"-"原本说来其实绝非任何形而上学的或存在学的"线段"（象征的是某种单向度的"奠基"秩序），而是非-形而上学或非-存在学的诸元相生-相构的作为一个全体的"圆"（或源或元或缘或原）①。因此，真理、存在和语言既可以平权平等、相互"为底-去底"，也可以其中任一元（如存在）为恒久奠基之"底"。"线段"和"圆"或者"形而上学"与"非-形而上学"之间的相互"转化"（Werden）凭依的就是相应的"时机化"（Zeitigung）了。② 同理，

――――――――――

　　① 巧合的是现代汉语中这几个汉字（圆-源-元-缘-原）的读音居然完全相同！而它们在原始字义上竟然也是如此深刻相通的！由此亦可印证（古）汉字"形""声""义"相互间无比深刻之勾连与纠缠！可进一步参见本书 7.2 节之相关探索。

　　② 这里同样显示着：我们并不否认对黑格尔（G. W. F. Hegel）的某种"三一式"的逻辑建筑学的谨慎欣赏与利用："真理作为全体"显然"至少"是"一种"深刻的"真理"或"道理"。"真理-存在-语言"似乎具有一个"前-存在学的原初格局"（正题），而后过渡到"存在学"的反题阶段，最后扬弃反题再重新回复到合题即"后-存在学的"的新三元结构了。这样的黑式"存在历史"显然与海式"存在历史"有着严格的本质区分。但笔者仍然想提供某种必要的先行提示：或许从某个真正"他者"的视角看来，海氏和黑格尔又被视作

我们须注意"结构"（Struktur）既可以归属于某种存在学-形而上学，亦可以随附于某种前-存在学的存在之思或者后-存在学的存在之思。质言之，我们绝不可想当然地认为"结构"一定是隶属于存在学-形而上学领地内的一个范畴或概念。

　　最早的存在思想即"前-存在学的存在之思"展开自身为"无蔽（aletheia）-涌现（physis）-逻各斯（logos）"的三方两两"关联"（Beziehungen），它说的是："涌现"（以）"逻各斯"（自行）"无蔽"①。涌现或无蔽的方式-道路有多种，但逻各斯（作为"存在""遮蔽着-疏敞着的聚集"意义上的"语言"）是其中独一无二的方式-道路，这是缘自它与涌现-无蔽的天命关联。古希腊早期可视为存在思想史的第一个开端如赫拉克利特（Heraclitus）与巴门尼德（Parmenides）：涌现、逻各斯和无蔽有着原始的"同一"，但不"等同"。不过就在这同一个开端处，存在思想已经先行做好了跳向"存在学"（Ontologie）②的一切

（接上页）"一路人"了，因为虽然他们具体的历史观迥然有别，但都持守着某种"绝对同一性"的历史逻辑，不管是"绝对精神"辩证扬弃自身的历史，还是作为"两个开端"的存在历史——从终极意义说来——都只是某种"绝对同一"之"本体或存在"的"内在秘史"——在这样的内在秘史里，是根本没有任何真正"外在他者"（绝对他者）之本源位置的。

　　① 括号里的"以""自行"完全可以略去，添上它们只是为了照顾我们通常的说话和思维习惯。与之同一的说法还有"涌现（自行）无蔽（地）逻各斯"，"逻各斯（自行）无蔽（地）涌现"，等等。涌现、逻各斯、无蔽实际上都是"动词"。这些都是极为有趣的互属-对撑的语词游戏。"存在"于存在之思中何以分环勾连为"无蔽-涌现-逻各斯"这三个词，这是缘于该三词拥有最原始的命名力量。对此海氏在论文"阿那克西曼德之箴言"（1946年）里曾有精彩道说：与 Physis、Logos 和 Aletheia 命运性地牵引在一起的原始语词还有不少，如 En（一）、Moira（命运）和 Eris（斗争）等，它们都是同一者的不同姿态，它们一起构成存在思想的原始游戏。参见 M. Heidegger, GA 5: *Holzwege*, Frankfurt am Main: Vittorio klostermann, 1977, S. 352。

　　② Denken des Seins 与 Ontologie 有着不同的命名。Denken des Seins 中的第二格"首要"的或从"本质"上说是表示主语第二格的（即表示：存在自己的思想，归属于存在的思想，思想归属于存在），但也有异变为宾语第二格的可能性（即表示："对于或关于"存在的思想）。因此，存在思想不一定是为逻辑（学）（Logik）所构造的"关于"（über）存在的思想，而 Ontologie 则是 on 的 Logik，一定是受逻辑（学）架构的。不恰

准备，存在学的出场是出于存在思想自身"天命"（Geschick）之"发送"（Schicken）。如巴门尼德对于存在与逻辑（学）的原始思索，已经为后世存在与逻辑（学）的联姻铺设了道路。

存在思想从巴门尼德到亚里士多德（Aristotle）完成了第一次转向。随着无蔽开始转变为作为命题之正确性的"真（理）"（Wahrheit），逻各斯开始"逻辑地说话"，思-言"它是"（es ist），开始成为"有真值的命题"——"涌现"（生生不息地争得在场）也就开始被制作为诸如eidos、idea等"外观"（Aussehen）的"现成存在者"（vorhandene Seiende）了。所谓现成存在者就是指在"作为命题之正确性的真（理）"的召唤下，原本的涌现被命题逻辑地制作成的现成产品。存在思想进入其存在学的命定阶段："命题之正确性-逻辑地说（命题）-现成存在者"。原先的存在之思中，涌现、逻各斯、无蔽之间并无高低秩序可言，而在存在学中，真（理）占据了首要的位置，现成存在者则被排在最末了，而"存在本身"（Sein selbst）就更是被"遗忘"久矣。存在学探讨的主题正是：为获得作为命题之正确性的真（理），存在必须被逻辑地说成是什么——必须将存在规定为怎样的现成存在者。各种存在学都是对该主题的不同应答。而它们的难题也正是如何才能打通（说圆）这"做"出来的"现成存在者"与"涌现着的原初存在"之间的鸿沟与矛盾。

当哲学家们已经在存在学的界限内尝试了各种可能的解决方案后，

（接上页）当地从形式逻辑来解说：存在思想是一个外延更大、内涵更少的概念，而存在学作为存在思想（作为种）的一个属，则是相对外延更小、内涵更多的一个概念。当然这只是为方便理解而已，实际上存在思想的"内涵"较存在学实在要丰满太多。它们之间的"关联-牵引"（Bezug）实为"亲密的区分"或者"家族的相似"，这已非古典形式逻辑所能领会的了。因此，本书上卷中的"存在思想"可说是有两种相关的意义-用法：一是指"包括"存在学在内的所有的存在思想；二是特指"非-存在学"的存在思想。用法之确定依赖具体之语境。

不"越过"存在学本身，不开辟-折回-转向崭新的道路，不经历存在思想范式的转换，存在就难以（自行）运思了。"存在学"（正确性-实体或主体-逻辑地说）在自身的范围内已走到尽头，已经完成自己的使命，期候着存在思想的"另一开端"。海氏与维氏"新-存在思想"或"后-存在学的存在之思"正是在这样的背景中应运而生的。

1.32　只有一个海德格尔，只有一个维特根斯坦

在勾勒海氏与维氏存在思想之前须先行说明的是，笔者坚持认为："只有一个海德格尔""只有一个维特根斯坦"，质言之，二者存在思想的根本旨趣或基本精神分别都是贯彻始终的；前后期海氏之间没有任何根本的断裂，前后期维氏之间也不存在任何根本的断裂。在这个前提下，我们才可根据不同标准或语境对海氏思想暨维氏思想之不同阶段做出分别的筹划。海氏在"给理查森的信"（1962 年）中针对理查森（P. W. J. Richardson）划分"海德格尔 I"和"海德格尔 II"所做之批判性回应①已为学界熟知，所以笔者在这里略去讨论。而维氏的情形看起来更为复杂，所以笔者在此将着重探讨为何"只有一个维特根斯坦"。

"新维特根斯坦"（The New Wittgenstein）是欧美学界解读维氏尤其是其前期著作《逻辑哲学论》（1913-1918 年）的一种新倾向，溯源于 20 世纪 50 年代，但主要流行于 90 年代以后，代表人物有美国的 Cora Diamond（维吉尼亚大学）、Alice Crary（纽约社会研究新学院，英国牛津大学）、James Conant（芝加哥大学）和 Warren Goldfarb（哈佛大学）等。他们大致主张对《逻辑哲学论》尤其是 6.54 节实行某种"严苛的"（austere）和"决断的"（resolute）阅

---

① 参见 M. Heidegger, GA 11: *Identität und Differenz*, Frankfurt am Main: Vittorio klostermann, 2006, S. 152。此外，还可参见本书 4.1 节的相关澄清。

读，认为《逻辑哲学论》根本没有"显示"（show）任何不可"言说"（say）的关于世界、语言或逻辑的形而上学，《逻辑哲学论》的所有非"框架"（frame）的作为"主体"（body）的命题都是"毫无意义的"（nonsensical/unsinnig），《逻辑哲学论》与维氏后期思想其实有着某种深刻的一致性，它们都显示着某种非建构的"治疗的"（therapeutic）元哲学旨归。新维特根斯坦根本不是任何意义上的"统一"学派，自称或被称作具有新维特根斯坦倾向的学者相互间的关系其实是非常松散的、错综复杂的"诸家族相似性"。我们甚至可以合理想象新维特根斯坦内部成员间的分歧有时候可能会比新维特根斯坦与"传统老派或标准派维特根斯坦"之间的差异更大。须注意的是，有学者有意无意混同新维特根斯坦与"美国维特根斯坦"，或者直接将新维特根斯坦等同于美国维特根斯坦，笔者以为这是不够严谨的说法。首先，作为维氏学生的"老美利坚维氏学者"（Old American Wittgensteinians）比如 Alice Ambrose、Max Black 和 Norman Malcolm 等并不知晓或者并不认同所谓的新维特根斯坦，而有些活跃在当下美国的知名维氏学者也并不认同新维特根斯坦。其次，新维特根斯坦虽然从某种意义上说主要起兴于美国（学者），但却在整个欧美乃至全世界都有着广泛的影响。当下有一些重要的新维特根斯坦学者比如牛津的 Stephen Mulhall 其实是成长活跃在英国而非美国。此外，作为新维特根斯坦重要代表人物之一的 Alice Crary 也在 2018 年从美国纽约跳槽到英国牛津。笔者在英国牛津大学哲学系访学期间，曾分别访谈 Adrian Moore（圣休学院）和 Stephen Mulhall（新学院），他们都对新维特根斯坦明确表示某种深度的理解与同情，虽然 Mulhall 的博士论文指导教师——大名鼎鼎的当代英国最具声望的维氏专家 Peter Hacker 教授（圣约翰学院）——对新维特根斯坦持有十分鲜明的严厉批判态度。①

　　"第三个维特根斯坦"（The Third Wittgenstein）则是欧美学界解读维氏尤其是其晚期笔记《论确实性》（1949-1951 年）的一种新倾向，由英国维特根斯坦学会（British Wittgenstein Society）创始人暨（首任-现任）会长 Danièle Moyal-Sharrock（Hertfordshire 大学）首倡。这种新倾向强调：过往流行的维氏研究大多倾向于将维氏思想发展划分为以《逻辑哲学论》为代表的前期阶段和以《哲学研究》（第一部分）为中心的后期阶段，从而严重忽视了以"后-《哲学研究》（第一部分）"的《论确实性》为中心，辅以《哲学研究》（第二部分）、《颜色评论》、《心理学哲学后期著述》暨《心理学哲学评论》等的第三个维特根斯坦阶段（1946-1951 年）；而第三个维特根斯坦阶段对以《哲学研究》（第一部分）为代表的维氏"后期"阶段在维氏历来最为关心的诸多基础问题或领域（身-心关系、怀疑论、知识学、语法、基础主义、自然主义和语言心理学等）之上显然做出了一系列重要而深刻的批判或调整；比如，维氏在《论确实性》中首次令人信服地"论证"了作为"无基之基"的"确实性"（Gewißheit）或"诸世界图象"（Weltbilde）或"诸铰链命题"（hinge propositions）② 本身都绝不是或真或假之"命题"，而

---

　　① 参见 A. Crary and R. Read, eds., *The New Wittgenstein*, London: Routledge, 2000, pp. 1-18; J. Conant and S. Bronzo, "Resolute Readings of the *Tractatus*", in *A Companion to Wittgenstein*, Hans-Johann Glock and John Hyman, eds., pp. 175-194; W. Goldfarb, "Das Überwinden: Anti-Metaphysical Readings of the *Tractatus*", in *Beyond the* Tractatus Wars: *The New Wittgenstein Debate*, Rupert Read and Matthew A. Lavery, eds., London: Routledge, 2011, p. 7; C. Diamond, "Disagreements: Anscombe, Geach, Wittgenstein", *Philosophical Investigations* 38 (1-2), 2015, pp. 1-2; P. M. S. Hacker, "Wittgenstein, Carnap and the New American Wittgensteinians", *Philosophical Quarterly* 53 (210), 2003, pp. 1-23。

　　② 须特别注意的是，维氏本人并未直接使用 hinge propositions 这样的术语或说法，他只说过："所有我们提出的**问题和怀疑**，依赖于如下事实，一些命题豁免怀疑，它们就像是所有问题和怀疑赖以转动的诸铰链（Angeln）。"（ÜG 341）显然，这样的 hinge propositions

是我们一切怀疑活动、命题活动或语言游戏的不可怀疑之基础，它们是非-知识学的、非-知道的、非-论证的或非-证明的、毋庸置疑的、基础的、非-经验的、语法的、非-命题的、不可说的、自行显示着的"无基之基"。与此同时，《论确实性》阶段的维氏在"做哲学"（doing philosophy）的基本方法论上亦明显变得更为"保守"（conservertive），更多回归某种"建构的"（constructive）和"系统的"（systematic）传统方式，而更少留用某种"治疗的"（therapeutic）和"解构的"（deconstructive）激进方式。①

极端意义上的新维特根斯坦过分强调维氏前后期思想的一致性，以维氏后期思想来理解、统摄或同化前期思想从而严重忽视了前后期思想的重大差异或者后期思想对前期思想的鲜明批判。我们可引用 Peter Hacker 的一段批评作为印证。

但所有这些（新维特根斯坦对《逻辑哲学论》6.54 节"无意义"的严苛或决断解读）都是纯粹的后现代的无意义（postmodernist nonsense）。它只是某种内在不一致的解读。它侵犯了哲学解释学所熟知的每一条经典解释原则。它没有注意到维氏在创作此书时对自己正在做的事情的诸评论。它没有注意到维氏后来撰写的关于该书的一切评论。它没有注意到维氏后来对朋友们和学生们谈到的

（接上页）并非任何"真正的"（genuine）命题，而是所有命题（活动）的基础——无基之基。另，本书对《论确实性》的引用出自 Werkausgabe 8: *Bemerkungen über die Farben; Über Gewißheit; Zettel; Vermischte Bemerkungen*, Frankfurt am Main: Suhrkamp, 1989, 同时参考了张金言的汉译本（载涂纪亮主编：《维特根斯坦全集》第 10 卷，石家庄：河北教育出版社，2003 年。在引用时，笔者只标明该书缩写符 ÜG 和节数，如 ÜG 205。不再另行说明。

① 参见 D.Moyal-Sharrock, ed., *The Third Wittgenstein: The Post-Investigations Works*, London: Ashgate, 2004; D. Moyal-Sharrock, "Introduction", *Philosophia* 37, 2009, pp. 557–562; D. Moyal-Sharrock, "Wittgenstein on Knowledge and Certainty", in *A Companion to Wittgenstein*, Hans-Johann Glock and John Hyman, eds., pp. 547–562.

有关本书的言论。①

　　而极端意义上的第三个维特根斯坦则过分夸张了维氏以《论确实性》为代表的最后阶段与其后期公认代表作《哲学研究》（第一部分）之重大差异，从而严重忽视了它们之间的某种深刻一致性。此外，单纯从经典诠释的技术上说，如果我们可以合理为第三个维特根斯坦辩护，那么我们就有理由为第四个、第五个、第六个乃至更多的维特根斯坦辩护，因为依照不同的合理标准，我们实在是有充足理由可以把维氏思想的实际演变历程划分出更多的实质性阶段……②

　　因此，极端的新维特根斯坦与极端的第三个维特根斯坦所犯之错误正是分别严重低估了维氏各阶段思想的"非连续性"与严重低估了维氏各阶段思想的"连续性"。在这一点上，笔者相当赞赏Roger M. White 的如下辩证说法："（维氏前后期或各阶段思想之间的）连续性与非连续性都被（学界）低估了。"③因此，笔者同情乃至赞赏某种温和、中庸或克制意义上的新维特根斯坦暨第三个维特根斯坦，质疑或者反对某种（最）极端意义上的新维特根斯坦暨第三个维特根斯坦。

　　要之，笔者主张只有在保证"一个海德格尔"和"一个维特根斯坦"的基本前提下，我们才可能合情合理地划分出不同的海氏（存在）思想发展阶段暨不同的维氏（存在）思想发展阶段。

---

　　①　参见 P. M. S. Hacker, "Metaphysics: From Ineffability to Normativity", in *A Companion to Wittgenstein*, Hans-Johann Glock and John Hyman, eds., pp. 209−228。

　　②　可参见拙文 "A Promising Meta-Metaphysics. An Interview with Adrian Moore", *Studies in Logic* 12 (6), 2019, pp. 108−124。

　　③　参见 R. M. White, *Wittgenstein's* Tractatus Logico-Philosophicus, London: Continuum, 2006, pp. vii−viii。

1.33 路标

笔者在这里只能对海氏与维氏"后-存在学的存在之思"进行某种最扼要之前瞻。具体考察请见本书第三、四、五、六章。

海氏毕生追寻着"更为原始"的存在思想也即它的三元素:真理、存在和语言。海氏新-存在思想三元素各自行进的"路标"可描画如下:

存在:原始-东西→存在者之存在→存在本身(存有-兴有-~~Seﬞn~~)。

真理:原始-东西的作为形式指引的自行-显示→Dasein 之展开状态→绽-出之自由→疏敞地与遮蔽之原始争执→为自行遮蔽之疏敞地→自行遮蔽着的庇护之疏敞地。

语言:Dasein 之言谈→兴有之道说。

因此,如果须用"独一路标"来"形式指引"海氏存在之思,我们大致可将该路标描画如下:"疏敞地-兴有-道说"(Lichtung-Ereignis-Sagen)。我们可以看到:一方面,"疏敞地-兴有-道说"已经全然不同于存在学的"作为命题之正确性的真理-作为某种现成存在者的实体或主体-逻辑地说(命题)"了,成功地拆除-解构了存在学的地基;另一方面,海氏之能思到"疏敞地-兴有-道说",与他对于传统哲学-思想的精通和毕生自觉思念-回返-重游早期希腊存在思想的习惯是密不可分的,早期希腊的"无蔽-涌现-逻各斯"直接开启了海氏存在之思。但必须强调的是,海氏存在思想与早期希腊的原始存在思想是有着原则性差异的:重新"回到"开端处,这并非只是简单地一成不变地退回-龟缩到那个开端处,而是"重新"回到，带着"一路风尘－一路风光"地"重新"回到；这个"重新"回到的开端，比原来的开端还更加原始地"开端着"（anfangen）（动词）——是为"另一开端"（der andere Anfang）。所以严格说来，疏敞地、兴有和道说等都是古希腊人从未思到过的。不仅如此，在三元素的彼此关联上，海氏与早期希腊存在之思亦有重大区别。在海氏存在之思中，一方面我们有文本依据认为道说、疏敞地和兴有都是同一者的不同面相或说法，它们是一回事或者它们是平权平等的；但另一方面，我们的确也有充分理由认为道说和疏敞地其实都是归属于兴有的。因为自1936年以来，兴有就已经成为海氏思想之唯一"主导词"（Leitwort）了[①]，所以兴有在三元中其实可谓"至高无上"，乃"三位一体"的"体"，实际上与道说、疏敞地"平级"的是存在，而非兴有。[②] 但在早期希腊的原始存在思想里，涌现、逻各斯（作为语言之源的原始聚集）和无蔽则完全是"同一者"，它们都只是"同一者"的不同说法－姿态而已，相互间完全没有任何"高低"之别了。

与此同时，维氏也展开着他的崭新的后－存在学的存在之思。维氏持守了毕生的存在惊异；存在问题作为灯塔，照耀－牵引维氏哲思始终。笔者尝试将其存在思想三元素分别行进的"路标"刻画如下：

真理：诸不可说者之自行显示→诸生活形式之自行显示→

---

① 参见 M. Heidegger, GA 9: *Wegmarken*, Frankfurt am Main: Vittorio klostermann, 1996, S. 316。

② 一方面说三元平权或者都是一回事，另一方面又说其实兴有最为原始或重要。若遵照被形式逻辑学所架构之传统形而上学或存在学的思维方式，这里就明显有"逻辑矛盾"。但若是依照某种后－存在学的存在之思或者后－形而上学的存在之思，这里就根本没有任何"逻辑矛盾"了。我们须在海氏与维氏的共鸣启发下，尝试"转渡"到某种作为后－存在学的存在之思的新视野、新思维方式中去。

诸世界图象。

存在：诸不可说者→诸生活形式。

语言：八种语言方式→诸语言游戏。

在以《逻辑哲学论》为代表的前期思想中，维氏以"自行显示"（sich zeigen）开路，划分出多种"不可（以真正的命题来言）说者"（Unaussprechliches），展示了让"诸不可说者"自行显示于其中的"八种语言方式"（Acht Sprachweisen）——真正的命题、日常语言、重言式命题、矛盾式命题、数学命题、胡说、诸命题的澄清活动与沉默等；他此时的存在之思展开为"诸不可说者于八种语言方式中自行显示–诸不可说者–八种语言方式"。而在以《哲学研究》为代表的后期思想中，维氏则大大拓宽了前期的研究视野，可说是又不断发现–展示出了更为丰富多彩的不可说者以及与之相应的不同语言方式。因此其后期的存在思想可显示为："诸生活形式于诸语言游戏中自行显示（也即诸世界图象）–诸生活形式–诸语言游戏"（Weltbilde-Lebensformen-Sprachspiele）。维氏后期存在思想显然较前期存在之思更为辽阔、浩瀚与深沉。前期思想可作为后期思想之一重要片断–插曲–高原。我们可以看到：一方面，"诸生活形式于诸语言游戏中自行显示（也即诸世界图象）–诸生活形式–诸语言游戏"已经全然不同于存在学的"作为命题之正确性的真理–作为某种现成存在者的实体或主体–逻辑地说（命题）"了，成功地拆除–解构了存在学的地基；另一方面，维氏存在之思虽然"开路"到存在思想"另一开端"的近邻处，比"第一开端"更加"开端"、更加"原始"，但须注意的是，这一切并不是他自觉致力要去实现的，维氏并不十分精熟哲学–思想史，对于早期希腊存在之思更无专门研究，但这些都不会妨碍维氏存在思想的足够"开端性"。维氏心无旁骛，他只去研究、思索自己感兴趣的、击中他的问题。这样的生活方式–思考方式，或许能让他跳过烦冗哲学–思想史的羁绊，而更加自由地去面向事情本身–问题本身。维氏正以其独特的存在之思解构–超越了传统存在学。正是将维氏思想做如是重构–重看的情形下，本书上卷才展开了海氏与维氏存在思想的尝试比较。

在对二者新–存在思想展开比较之前，我们必须首先为此提供最起码的背景或舞台。在下一章笔者将十分扼要地回顾海氏与维氏之前的存在思想史，也即存在思想是如何从"前–存在学"经历"存在学"而朝着"后–存在学"转渡的。

2. 存在思想史

存在历史就是存在本身——并且只能是存在本身（Die Seinsgeschichte ist das Sein selbst und nur dieses）。[1]

—— 海德格尔

PU S. 572 必须接受下来的东西，被给予的东西——可以说——是**诸生活形式**（Das Hinzunehmende, Gegebene—könnte man sagen—seien *Lebensformen*）。[2]

—— 维特根斯坦

本章是对海德格尔与维特根斯坦之前"存在思想史"的简要勾画，因为目的仅仅是为比较海氏与维氏存在思想提供最起码的背景和舞台。[3] 笔者对该存在思想史的理解和描述在直接得益于海氏"存有历史"[4] 研究启发之同时，亦有自己的侧重和特点，笔者将紧扣"真理-存在-语言"三维度的"共同"演历来简述存在思想史是如何

---

[1]　M. Heidegger, *Nietzsche 2*, Stuttgart: Neske, 1998, S. 447.

[2]　本书对《哲学研究》的引用出自 Werkausgabe 1: *Tractatus logico-philosophicus; Tagebücher 1914-1916; Philosophische Untersuchungen*，亦有参考陈嘉映中译本（上海：上海人民出版社，2001 年）。本书在引用该书第一部分时只标明该书缩写符 PU 和节数，如 PU 136，而引用第二部分时只标明该书缩写符 PU 和页码，如 PU S. 450。不再另行说明。

[3]　更准确的说法似乎应该是，"找到"这个"让-任"海氏与维氏"自行"较量-争斗的"存在思想的原始舞台"。

[4]　关于海氏"存有历史"（Seynsgeschichte/Geschichte des Seyns），笔者将会在本书 4.14 节展开深入探讨。

从"前-存在学"经过"存在学"朝向"后-存在学"转渡的。在一些具体问题上，笔者并不（完全）赞同海氏观点，比如：

（1）海氏"存有历史"（Seynsgeschichte）道说的是"存有之历史"（Geschichte des Seyns），而"真理"和"语言"的历史是归属于"存有之历史"的，"存在思想的历史"也归属于"存有之历史"；而本书上卷之聚焦点仅仅是"存在思想的历史"，也即"真理-存在-语言"三元素的共同演历。

（2）海氏"存有历史"讲述的是"两个开端"的历史，"第一开端的历史"（Geschichte des ersten Anfangs）也即"形而上学的历史"（Geschichte der Metaphysik），是指从"physis-aletheia"（涌现-无蔽）开始，一直到"Machenschaft-Gestell"（力轴-集置）的历史，而"另一开端"（der andere Anfang）则是"兴有"（Ereignis），两个开端之间的"转渡"（Übergang）需要"跳跃"（Sprung），由此海氏实在是将其本人与诗者荷尔德林（F. Hölderlin）安放到极为特别的存有历史位置之上了（因为二者的思-诗都是朝向另一开端的准备）；而笔者所谓之存在思想史，则是大致由"三个阶段"，即"早期希腊原始存在思想"（"前-存在学的存在之思"）、"存在学"和"新-存在思想"（"后-存在学的存在之思"）构成的，并且即便从"存在学"向"新-存在思想"有这样的一"跃"，上卷也会强调这一"跃"所依赖的"蓄势-准备"完全是在"存在学"自身之内完成的，并且"新-存在思想"仍将与"存在学"有着千丝万缕的亲密关联，而且与"原始存在思想"也有着某种遥相呼应，这样的"新-存在思想"将减少一些海氏存有历史"转渡"之"突兀"。

（3）对于"原始存在思想"（如巴门尼德与赫拉克利特），笔者将比海氏"更加"强调其中已经包孕的"存在学"的所有元素；反过来，在"存在学"中，笔者也将比海氏"更加"强调其中保留的

"原始存在思想"的"遗传基因"。

（4）而对于有些具体哲学家比如马克思在存在思想史上的"定位"，笔者也与海氏保持重要分歧；海氏将马克思与尼采类比，认为他们都是对"形而上学"（即"哲学"或"存在学"）的"颠倒"或极端完成，而笔者则将马克思视为是与海氏、维氏同道的思想家，他们都试图"完全跃出"存在学（或形而上学）的领地，而不会仅仅是对它的某种颠倒或者反动——"颠倒"的事业可谓是由费尔巴哈（L. A. Feuerbach）进行的，而绝非马克思。

（5）事实上，在对"思想史"或"历史"的理解上，笔者在充分利用海式思路外，还重点借鉴过某种黑格尔-马克思式的"辩证历史观"和某种"非-德意志主流传统"的充满他性的、多元性的、多端性的、无端性的、偶然性的、非-同一性的、非-目的论的、（绝对）否定性的、异质性的"历史哲学"，比如阿多诺（T. W. Adorno）、维特根斯坦、费耶阿本德（P. Feyerabend）、列维纳斯（E. Lévinas）、福柯（M. Foucault）和德勒兹（G. Deleuze）等等。

要之，笔者将对海氏存有历史观始终保留某种批判性的冷峻目光。

此外，本章还将特别提供两个独特的研究案例：分别以康德《纯粹理性批判》里的"哲学与科学的可能性之间的循环证明"作为存在学"逻辑地说"之范例来凸出刻画存在学，和以马克思对传统存在学的"二重超越"为例来凸显存在思想为"告别"存在学所做的先行准备。[①]

[①]　为何特别选择这两个范例的原因，将分别在2.2、2.3节的开头部分说明。

2.1 从前-存在学到后-存在学

2.11 作为存在之真理的一种方式的存在之思

"存在思想（存在之思）"（Denken des Seins）是从"存在之真理"（Wahrheit des Seins）而来的"语言"（Sprache-sprechen），也即，"语言存在之真理"（其中"语言"为动词）。存在之"真理"（现身处所-位置-场-境-域-间-晕-此-地平线）并非一定只是某种哲思的语言，它可以发生在"诗作""艺术创作"或"劳作"等各种方式中。对此，海氏在 1935 年弗莱堡夏季学期讲座"形而上学导论"[①]中认为：真理即"无蔽"（Unverborgenheit）出现在各种"作品"（Werke）当中，包括"诗之作""石雕之作""思之作"和"城邦之作"等；"作品"（ergon）的希腊文原始意义是"被置入无蔽中的在场者"（das in die Unverborgenheit her-gestellte Anwesende），在其中"存在本身的无蔽"才可能被争夺出来。而在同时期讲演"艺术作品的原跳"（Der Ursprung des Kunstwerkes）[②]中，海氏提供了真理发生的四种方式："作品（艺术作品）""建国""牺牲"和"存在之思"等。在这里"存在思想"被排除在"作品"之外，"艺术作品"则被强调为真理发生的一种突出的可能方式，而"科学"则仅仅是"一个已经敞开的真理领域的扩建"，还根本不是真理的原始发生。

笔者的观点是：存在之真理发生的作（品）-方式-道路的确有

---

① 参见 M. Heidegger, GA 40: *Einfürung in die Metaphysik*, Frankfurt am Main: Vittorio klostermann, 1983, S. 200。

② 参见 M. Heidegger, GA 5, S. 49–50。

多种，如"语言""艺术""宗教信仰"和"劳动"等①；这些方式-道路相互纵横交错着、诸家族相似着；"语言"则可作为其中最为突出的一种方式，因为所有方式中都会有某种"语言"方式渗透进来，反过来却不一定；"语言"方式亦可再区分为多种语言方式（其间又有着复杂的诸家族相似性），其中一种尤为突出的方式，正是"存在思想"②；存在自行去蔽-遮蔽于不同"存在思想"之语言中；"存在思想"的语言方式又与别的语言方式如"诗"等亲密地区分着，甚至可能不分彼此；"存在思想"的语言本身又是"分-解"着、"区-分"着自身的，演历出多种多样的相互争斗着-异质着-互属着的语言方式；而命定着伴随存在思想的语言之分-解运作的正是存在-真理的"一同"的差异化运作；存在思想史作为"'语言''存在之真理（自行去蔽-遮蔽）'"的历史，正是"真理-存在-语言"一同差异化运作的"演历"（Geschehen）。

---

①　我们似乎可以认为：本质性的思"作"、本质性的诗"作"、本质性的艺术创"作"、本质性的宗教牺牲之"作"、本质性的政治劳"作"和本质性的生产劳"作"等，都是某种本质性的"（劳）作（品）"（Werk）。Werk(en)既是动词，又是名词，既是劳作，亦是劳作之作品。在本质性的"（劳）作（品）"中，天、地、诸神性者、终有一死者聚集着地显示出来，发生着存在之真理——存在自行置入无蔽之中。而存在之思"作"，也只是若干"作"之一种而已，并与其他的"作"如"诗作"牵扯-交织在一起，呈复杂的拓扑状。"作"（Werk）也即"道路"（Weg），存在自行"创作-劳作"（werken），也即自行"开路"（bewēgen）（创作道路），"开路"即"劳作"，"劳作"即"开路"。

②　"思"与"诗"都是"言词之作"（Werk des Wortes），都是某种"道说"（Sagen），某种 logos。因此真正严格说来，"道说""存在之真理"的方式是有两种的："思（作）"（Denken）与"诗（作）"（Dichten）。当然诗（作）与思（作）又有着相互归属的天命牵连。原始-本真-本质性的思（作）就是原始-本真-本质性的诗（作），而"思到中途"，则可能会"弹""蹦"出得太远，而看起来与原始-本真的"诗"相隔遥远、风马牛不相及——但终究"思"是和"诗"做伴-相邻的，"思"还是会重新"弹""回来"作为"诗"之亲密邻居的。"诗"也同"思"相类，有着某种"出离绽出-自身"的来回运作-回弹-回蹦。

2.12 前-存在学的存在之思

笔者所谓的早期希腊"原始存在思想"或者"前-存在学的存在之思"，大致可用"无蔽（aletheia）-涌现（physis）-逻各斯（logos）"的三元结构来描画，即存在作为涌现无蔽于逻各斯这种方式。这里的逻各斯是作为"纯粹的聚集着和采集着之置放"的思-诗方式；涌现、无蔽和逻各斯其实都是一回事，它们都是存在自行差异化运作的不同方式-道路。

希腊人所谓的 physis 还并非是后世所谓的"自然或本性"（Natur）。海氏在《形而上学导论》（1935 年夏季学期弗莱堡讲座）中认为"physis 就是绽开着-逗留着的强力（das aufgehend-verweilende Walten）"。[1]Physis 其实是有两重相关的意思：一是"绽开（的强力）"，依靠自身的力量自行打开-绽放-舒展；二是"持留（的力量）"，在这个舒展中，它依靠自身的力量持留着并显示着自身。因此海氏以德文"aufgehen"（涌现-升起-绽开）来译解 physis。

Physis 作为持留着的涌现，打开-绽放-显示着自身，也即"自行去蔽"（Sichentbergen）。而"去蔽"（Entbergung）与"遮蔽"（Verbergung），并非作为两个不同的，仅仅被推到一起的事件，而是作为"一和同一者"（Eines und das Selbe）的。因为"自行去蔽热爱自行遮蔽"（Das Sichentbergen liebt das Sichverbergen）。[2]而"自行遮蔽着的去蔽自身"正是 aletheia（无蔽），因为"lethe"（遮蔽）本来就是作为 a-letheia（无-蔽）之"心脏"（Herz）而归属于 aletheia 自身的。[3]"lethe"（遮蔽）才

---

① 参见 M. Heidegger, GA 40, S. 16。

② 参见 M. Heidegger, GA 7: *Vorträge und Aufsätze*, Frankfurt am Main: Vittorio klostermann, 2000, S. 278。

③ 参见 M. Heidegger, GA 14: *Zur Sache des Denkens*, Frankfurt am Main: Vittorio klostermann, 2007, S. 88。

是事情本身或者事情本来的样子，而否定性的或褫夺性的"a-letheia"（无-蔽）却是"事情本身后来变异的样子"。因此在早期希腊思想中，还根本没有后世作为命题之正确性的真理（Wahrheit）的任何位置。[①]作为"自行遮蔽着的去蔽"的去蔽，它是与 physis 相"同一"但不"等同"的"存在-大词"（Sein-Wort）[②]。

赫拉克利特正是这样来理解 physis 和 aletheia 的。

　　　Physis kryptesthai philei.（残篇 123）

海氏译文："涌现热爱自行遮蔽"（Das Aufgehen liebt das Sichverbergen），或"涌现（来自自行遮蔽）赠予自行遮蔽以恩惠"（Das Aufgehen [aus dem Sichverbergen] dem Sichverbergen schenkt's die Gunst）。因此，我们可以认为：physis 与 aletheia 其实都是一回事，都是"同一者"——"存在自身"——的"差异化运作"。而这个运作的"处所"正是 logos。这个 logos 作为 physis 也即 aletheia 的处所，还根本不是后世的作为命题之正确性的真理的处所的命题。早期希腊与 physis 和 aletheia 勾连在一起的 logos 乃是作为诗-思的原始语言方式。

希腊人起初在思考存在或 physis 时，还根本"不懂得"使用作为命题的语言方式，他们只会以诗-思的方式来显示存在。之所以在诗与思之间加上连字符，是为了显示：古希腊早期的思、诗是"不分家"的；赫拉克利特、巴门尼德等思者的残篇箴言本来

---

① 参见 M. Heidegger, GA 2, S. 291。
② "存在-大词"的意思是说，被用于显示存在的某一个基本语词或由存在而来的某一个基本语词。这样的聚集在存在身边的"大词"有不少，它们之间又有着极为亲密的区分关联。可参考本书 6.1 节所绘之图 17 "兴有地志学"。

也就同时是诗的歌唱。并且，赫拉克利特就是在 logos 的总名义下运其大思的。人们通常把他的 logos 解释为 "Ratio"（理由）、"Verbum"（言语）、"Weltgesetz"（世界法则）、"das Logische und die Denknotwendigkeit"（逻辑和思想之必然性）、"Sinn"（意义）和 "Vernunft"（理性）等等。但根据海氏考证，这些都根本不是赫氏 logos 之本义。logos 的意义是从动词 legein 而来的，legein 是指"道说（sagen）和言谈（reden）"，但 legein 更原始的意义是"置放（legen）与采集（lesen）"，也即"把自身和他者聚集起来的置放下来和置放在眼前"（das sich und anderes sammelnde Nieder- und Vorlegen）。①

因此，我们可以认为：在早期希腊存在思想中，作为"采集着的置放"的 logos，与作为"将遮蔽作为心脏的去蔽"的 aletheia，以及作为"既绽开又逗留的强力"的 physis 其实都是一回事：logos 就是采集-置放，就是让-任（lassen）在场者"出-入"于无蔽之中，也即让-任在场者或自行去蔽或自行遮蔽；从而 logos 就是"自行遮蔽着的自行去蔽"，也即 "aletheia"（无蔽）；而这个"自行遮蔽着的自行去蔽"，也正是"绽开着持留的强力"，即 "physis"（涌现）；logos、aletheia 和 physis 说的都是"同一者"即"存在本身"，它们都是"存在本身"自行现身运作于早期希腊思想的不同姿态-维度。

对海氏来说，巴门尼德与赫拉克利特说的完全是"一回事"，他们代表的就是存有历史的"第一开端（的开端）"。海氏在《存有之历史》（GA 69）（1938-1940 年）中曾如是道说：

第一开端（Der erste Anfang）就是 physis 自身。

---

① 以上参见 M. Heidegger, GA 7, S. 277-279。

"存在"（Sein）并非与真理（Wahrheit）相对而别。它们"是"（sind）同一者（das Selbe），因此巴门尼德本质性的箴言立即被道说出来：to gar auto noein estin te kai einai（因为思想和存在是同一的）。

存在并不与"转化"（Werden）相分别，转化通过巴门尼德与赫拉克利特从 physis 的本生（Wesen）中被看到以及被不同地道说。对二者来说，physis 就是 logos。①

但须强调的是，笔者对上述海氏观点仍持保留意见，因为古希腊早期的实际情形可能要复杂得多，而非像海氏重述重构得这么简单漂亮圆满。参照卡恩（C. H. Kahn）及其之后如穆尼兹（M. K. Munitz）等不少学者的大量相关研究成果来看，巴门尼德实际上已经表达了某种以系词 einai（是）为核心的句子框架-逻辑形式了，他已经对形式逻辑（包括以"是"为核心的主谓词句子形式及其"真值"）做过最原始的思考了。② 因此，笔者较海氏来说，更加强调的是（海氏其实也强调）：在巴门尼德（其实赫拉克利特也是一样）那里，或者说在古希腊原始存在思想那里，存在学的一切花朵就已经含苞待放了。也正因此，海氏才将"赫拉克利特、巴门尼德等"与"柏拉图、亚里士多德等"以及"黑格尔、马克思和尼采（F. W. Nietzsche）等"一道归属于"第一开端的历史"。

---

① M. Heidegger, GA 69: *Die Geschichte des Seyns*, Frankfurt am Main: Vittorio klostermann, 1998, S. 132.

② 参见 C. H. Kahn, "Retrospect on the Verb 'To Be' and the Concept of Being", in *The Logic of Being: Historical Studies*, Simo Knuuttila and Jaakko Hintikka, eds., Dordrecht, Holland: D. Reidel, 1986; M. K. Munitz, *Existence and Logic*, New York: New York University Press, 1974, pp. 1–28; 宋继杰主编《BEING 与西方哲学传统》（保定：河北大学出版社，2002 年）中的相关篇目。

当然，作为这个伟大的存在思想开端之开端的早期希腊存在之思，它还是十分"质朴"的，比如它虽然已经质朴地思到了（作为存在本身的）logos，也已经以质朴的作为"思－诗"的道说方式质朴地经验到了 physis-aletheia 也即存在，但它还从未从存在而来反思"语言"（原始思－诗）之本质，语言与存在之本质关联尚有待思。而为"准备"这一思——这一待却待了两千多年（直到海氏与维氏）。①

2.13 前－存在学的存在之思向存在学转渡

就在这同一个原始存在思想的开端处（如赫拉克利特与巴门尼德），实际就已经蕴含了后世"存在学"（Ontologie）生发运作的一切基因。我们先来看原始存在思想中的 physis 元素是如何蕴涵存在学中的相应"存在基因"的。

physis 起初意味的就是"既绽开又逗留的强力"，说的就是依靠自身的力量、自行打开－绽放－显示－持存－驻留，因此它其实就是 ousia（在场性 /Anwesenheit），也即"逗留"（Weilen）。所谓"逗留"就是说：作为作品安静地在场。这个作品是指"在进入其外观的无蔽者中被展示出来，并且作为如此这般站立者或平卧者而逗留的东西（was in das Unverborgene seines Aussehens ausgestellt ist und als so Stehendes oder Liegendes verweilt）"②。而如此这般站立着或平卧着的逗留者总是有 idea 即"外观或外貌"（Aussehen）的。于是

---

① 　正是在对"语言"（原始思－诗）本质的从存在而来的反思上面，海氏与维氏争得了突出的成就，因此他们的存在思想虽说由于对存在学的某种"反－动和蹦－离"而被作为是对早期希腊存在思想的某种复归，但却同时也已带来了丰富的新鲜元素，从而与早期希腊存在思想保持极大之分歧。本书上卷将在后面"比较"的若干章节（三、四、五、六章）来回显示此分歧。

② 　M. Heidegger, *Nietzsche 2*, S. 368.

physis 就演变为 idea 了。"在外观中，在场者（Anwesende）、存在者（Seiende）都驻留于（ansteht）其什么（Was）和如何（Wie）当中。""于是，ousia 就可以有两层意思：一个在场者之在场和这个在场者在其外观之什么当中。"[①]而后来存在学或形而上学中出现的 existentia 即 "Daß-Sein"（如-是/如此-存在）与 essentia 即 "Was-Sein"（什么-是/什么-存在）的区分，在柏拉图的 idea 中就早有萌动了。而从把存在经验为 physis 到把存在经验为 idea 的转变却是十分自然而然的了。

另外，作品显示的就是在场方式，因此 "ousia（在场性），意味的就是 energeia（实现），也即：在作品中作为作品本质（'本质'在此作动词解）或者作品性（Werkheit）"，"这里所谓的'作品性'并非是指作为某种作用的结果的现实性，而是指被建立之物立身于无蔽中的在场"。因此 energeia 的意思就是 en to eidei einai（在外观中存在），"根据'在作品中作为作品本质'而在场的东西，在外观中并且贯通这个外观而具有其当下在场。这个 energeia 乃是 tode ti（个体、这个）即当下这个和当下那个东西的 ousia（即在场性）"。[②]physis（涌现）作为 ousia（在场性），孕育出 idea（外观/相）和 energeia（实现），而在 idea 与 energeia 之间又一直有着争斗，"energeia 取得了优先地位，但在任何时候都没有把作为存在的一个基本特征的 idea（相）排除掉"[③]。并且在 idea 和 energeia 各自内部又交织着两种意义的在场即 oti estin（Daß-Sein/existentia）与 ti estin（Was-Sein/essentia）之间的缠斗。而这些缠斗就缘构成了"作为存在学"的存在思想里的"存在元素"的复杂演历。

① M. Heidegger, GA40, S. 190.

② M. Heidegger, *Nietzsche 2*, S. 368–369.

③ A. a. O., S. 373.

与存在从 physis 向 idea 转变相应的是真理从 aletheia 向 orthotes 的转变。这个转变同样也是在柏拉图那里发生的。柏拉图在他的后期对话《泰阿泰德篇》(*Theaetetus*)和《智者篇》(*Sophista*)中已经开始研究"作为正确性的真(理)"、"假"与 logos（已开始作为句子或命题，而非之前单纯作为"聚集着和采集着之置放"的语言方式）之关联的问题。[①]

idea 作为外观需要正确地观看，而原先作为与 physis 同一的 aletheia 就顺势转变为"看"（觉知活动）与"被看者"(idea/相)的 omoiosis（符合一致），变成觉知和陈述的"正确性"(orthotes/Richtigkeit) 了。而在亚里士多德那里，作为正确性的真(理)和假之处所则更加明确地被规定于句子或命题当中，而非在事物自身之中：非复合词自身并不能产生任何肯定或否定，只有把这样的词结合起来构成句子或命题时，才能产生肯定或否定；所有的肯定命题或否定命题必然被看作是真的或是假的[②]；所谓真即是主词与谓词之理应结合（是）而结合（是），或理应分开（不是）而分开（不是）；而假则是以分开（不是）者为结合（是），以结合（是）者为分开（不是）。而理应结合（是）还是分开（不是），则须考察主词与谓词之实义。[③] 因此，亚氏真理已经是作为命题之正确性、作为命题的一种本质属性，而不再是涌现本身之无蔽了。在后来的存在学演历中，真理之作为"正确性"（无论被表述为"理智""理智之判断或陈述"，还是"表象"之正确性）在本质上就再也未

---

① 参见威廉·涅尔、码莎·涅尔：《逻辑学的发展》，张家龙、洪汉鼎译，北京：商务印书馆，1985 年，第 24 页。

② 参见 Aristotle, "Categories", in *The Complete Works of Aristotle: The Revised Oxford Translation* 1, Jonathan Barnes, ed., Princeton: Princeton University Press, 1991, p. 3。

③ 参见 Aristotle, "Metaphysics", in *The Complete Works of Aristotle: The Revised Oxford Translation* 2, Jonathan Barnes, ed., Princeton: Princeton University Press, 1991, pp. 134-135。

有更变过。①

　　与存在从 physis（涌现）向作为 idea（相／外观）-energeia（实现）的存在者的转变、真理从 aletheia（无蔽）向 orthotes（正确性）的转变相应的是语言从作为纯粹的聚集着和采集着之置放的 logos（逻各斯）向"命题-陈述"（逻辑地说）的转变。这个转变同样是在柏拉图和亚里士多德处发生的。原先的作为纯粹的聚集着和采集着之置放的思-言方式，为了迎合 idea（相／外观）-orthotes（正确性）之要求，现在就转变为"逻辑地说"了。"逻辑地说"是指：以命题的形式、依靠范畴（Kategorie）来系统论证（begründen）的语言方式。这样的语言方式，是到亚里士多德处才真正实现的。与之相应的是亚里士多德第一次实际地建立了主谓词形式逻辑的完整体系，当然他的逻辑学是完全被纳入他的哲学体系的。这样，语言作为"逻辑地说"，就不再以原始"思-诗"的方式来应答存在，反而是把"原始存在"（ursprüngliche Sein）即涌现以范畴的方式制作-规定为各式样的存在者，而作为正确性的真（理）也就在这样的"逻辑地说"中找到了它的合适处所。作为存在学元素之一的"逻辑地说"随着亚里士多德之后逻辑学的"发展"，也不断地演历-转化着，但其根本之要义未曾更变。

　　另外，在柏拉图和亚里士多德的"逻辑地说"（陈述-命题）中，自然还保存有不少原始 logos 的"聚集-采集着的置放"的意味。同样地，idea 或 energeia 中也还保留有原始 physis 的涌现意蕴——"energeia

---

　　①　海氏在 1936-1938 年写就的《朝向哲学的诸文献（从兴有而来）》的第五章 C 部分"真理之本生"（Das Wesen der Wahrheit）中，从"存有历史"视野出发，专门考察了从 aletheia 通过 omoiosis、certitudo 等再到作为"存有之真理"的 Lichtung（疏敞地）的"真理（本生）之历史"。参见 M. Heidegger, GA 65: *Beiträge zur Philosophie (vom Ereignis)*, Frankfurt am Main: Vittorio klostermann, 2003, S. 327.

同时也是对 physis 之本质的最后保存"①，而真理的这种由 aletheia（无蔽）向 orthotes（正确性）的转变也是"含混"的，也就是说，"真理依然既是无蔽，又是正确性，尽管无蔽已然乞灵于 idea（相）"②。

也是随着 logos（逻各斯）向"逻辑地说"的转变，各式样的"-学"（-logie）才真正地"发端"（anfangen）了。所谓"存在-学"（Onto-logie）正是"关于"（über）"存在者作为存在者"的论证关系整体（也即"逻辑地说"）。海氏在 1957 年名为"形而上学的存在-神-逻辑学机制"的报告中认为："形而上学"（Metaphysik）就是"存在-神-逻辑学"（Onto-Theo-Logik）；形而上学即"存在-逻辑学"（Onto-Logik）与"神-逻辑学"（Theo-Logik）；"存在之逻辑学"（Ontologik）与"神之逻辑学"（Theologik）所追问和探究的东西分别是"普遍的和第一性的存在者作为存在者"与"最高的和终极的存在者作为存在者"，它们是统一的、相互共属的。③ 本真的存在学与本真的神学是相互共属的、有着本质统一性的形而上学（也即哲学）的两个要素，因此，本书上卷所谓的从"前-存在学的原始存在思想"到"存在学"的转变和从"存在学"向"后-存在学的新-存在思想"的跳跃，其实也正是（同时是）从"前-神学的原始神思"到"神学"的转变和从"神学"向"后-神学的新神思"的跳跃。

可见，没有"逻辑地说"就根本没有任何"-学"（包括存在-学）。"逻辑地说""存在者作为存在者"和"命题的正确性"，正是"存在-学"的三个本质性"元素"（Elemente）。从巴门尼德-赫拉克利特到柏拉图-亚里士多德，随着存在从 physis 到作为 idea-energeia 的存在者，真理从 aletheia 到作为 orthotes 的命题之正确性，以及语言

---

① M. Heidegger, *Nietzsche 2*, S. 431–432.

② M. Heidegger, GA 9, S. 232.

③ 参见 M. Heidegger, GA 11, S. 65–66。

从 logos 到命题-陈述（逻辑地说）——"原始存在思想三元素"向"存在学三元素"的一起（同时）转渡 ——"前-存在学的原始存在思想"向"存在学"的转变就这样悄无声息地"自然"完成了。

2.14 存在学向后-存在学的存在之思跳跃的先行准备

在原始存在思想中，三元素 physis、aletheia 和 logos 之间是没有"高低贵贱"之别的，它们就是原始同一者的不同说法或不同面相。而在存在学中，"作为命题之正确性的真（理）"占据了最高的位置，"作为命题的语言"和"作为存在者的存在"则被排在渐次的位置上了。原始存在思想念及的是存在的自行显示-绽放，而存在学关心的则是关于存在者作为存在者的"真知"，也即关于存在者作为存在者的真命题系统。存在学探讨的主题正是：为获得作为命题之正确性的真（理），存在必须被逻辑地说成是什么 ——必须将存在规定为怎样的现成存在者。各种存在学都是对该主题的不同应答。而它们的难题也正是如何才能"打通"（说圆）这"做"出来的现成存在者与原本涌现着的存在之间的深深隔阂与矛盾。在这样的应答-解难中，存在学的三元素就"一起"展开了演历。而这个存在学自身（之内）的演历，也正是为"跳"向后-存在学的新-存在思想所进行的先行准备-蓄势。在这种准备-蓄势中，突出的关节点正是康德（I. Kant）、黑格尔、马克思、尼采、叔本华（A. Schopenhauer）、胡塞尔（E. Husserl）、弗雷格（G. Frege）和罗素（B. Russell）等。也正是这些突出的存在学家对于成就海氏与维氏朝向新-存在思想的关键性"一跃"有着突出的"准备-蓄势"意义。康德对于海氏和维氏都具有重大意义：在《存在与时间》遭到质疑和误解时，海氏曾竭力在康德《纯粹理性批判》那里找寻支持《存在与时间》立论（特别是有关时间的论题）的哲学史资源，而维氏则直接阅读过部分《纯粹理性批判》，并通过阅读叔本华、赫兹（H. R. Hertz）、布尔兹曼（L. Boltzmann）和托尔斯泰（L. N. Tolstoy）等而间接受到康德影响，并且《逻辑哲学论》与《纯粹理性批判》之间在"隐秘结构"上也的确有着某种十分有趣的"对应"关联。黑格尔则是被海氏高度评价为"完成"了形而上学的思想家，并且后者曾多次"刻意"（不得不）论及他与黑格尔的"根本差异"。在海氏看来，尼采和马克思也是对形而上学"颠倒"式的完成，他们也都对海氏产生了深刻的影响。海氏从 1936 年到 1942 年开设了 6 个关于尼采的专门讲座，而正是在此期间，海氏"存有之真理－存有之历史－兴有"的"后期成熟"思想才真正成型了。至于马克思，海氏虽然没有直接对其长篇大论，但每每提及都赞不绝口，比如认为马克思的"经验异化"的历史观是胡塞尔和萨特（J. -P. Sartre）等人根本难以企及的。而胡塞尔的《逻辑研究》则为海氏直接提供了现象学方法，没有这个关键的新方法，海氏是难以打开其新存在之思的。叔本华的《作为意志和表象的世界》据说是维氏唯一通读过的哲学著作，叔本华的意志主体学说对于维氏神秘领域之思有着直接的启发意义。而弗雷格和罗素则是维氏在其"生命之作"《逻辑哲学论》前言中唯一提及感恩的人。笔者将首先简要描画黑格尔、尼采、弗雷格及罗素等为"跳向"新－存在思想所做的"准备－蓄势"，然后在 2.2、2.3 节分别探讨康德和马克思。①

2.141 黑格尔

在作为"黑格尔哲学的真正起源和秘密"（马克思语）的《精神

---

① 彻底梳理胡塞尔与海氏之"存在－思想"关联实在太为紧要、复杂与困难，笔者计划在另一部专著《易现象学》中细察之。该著将专门探讨现象学发展"五阶"（意识－存在－身体－他者－易）之内在关联或逻辑。在汉语世界，关于海氏与胡氏之多维度关联亦可参考倪梁康先生大作《胡塞尔与海德格尔 —— 弗莱堡的相遇与背离》（北京：商务印书馆，2016 年）和方向红先生大作《时间与存在 —— 胡塞尔与海德格尔现象学的基本问题》（北京：商务印书馆，2014 年）里让人耳目一新的全面重述。

现象学》一书的前言中，黑格尔有如下道说：

> 照我看来，——我的这种看法的正确性只能由体系的表达（Darstellung des Systems）本身来予以证明——一切问题的关键在于：不仅把真理（das Wahre）理解和表述为**实体**（*Substanz*），而且同样理解和表述为**主体**（*Subjekt*）……
>
> 而且活的实体（lebendige Substanz），只当它是建立自身的运动时，或者说，只当它是自身转化与其自己之间的中介时，它这个存在（Sein）才真正是现实的（wirklich），或换个说法，它这个存在才真正是**主体**。实体作为主体是纯粹的**简单的否定性**（*einfache Negativität*），唯其如此，它是单一的东西的分裂为二的过程或树立对立面的双重化过程，而这种过程则又是这种漠不相干的区别及其对立的否定。所以唯有这种正在**重建**其自身的同一性或在他在中的自身反映（dieser sich *wiederherstellende* Gleichheit oder die Reflexion im Anderssein in sich selbst），才是真理（das Wahre），而**原始的**（*ursprüngliche*）或**直接的**（*unmittelbare*）统一性，就其本身而言，则不是真理。它就是它自己的生成转化，就是这样一个圆圈，预悬它的终点为目的并以它的终点为起点，而且只当它实现了并达到了它的终点它才是现实的（Es ist das Werden seiner selbst, der Kreis, der sein Ende als seinen Zweck voraussetzt und zum Anfange hat und nur durch die Ausführung und sein Ende wirklich ist）。[①]

---

① G. W. F. Hegel, Hegel Werke (Theorie-Werkausgabe) 3: *Phänomenologie des Geistes*, Frankfurt am Main: Suhrkamp, 1979, S. 23–24; 黑格尔：《精神现象学》（上卷），贺麟、王玖兴译，北京：商务印书馆，1997 年，第 10–11 页。中译本将 das Wahre 译作"绝对真理"，而把指代 das Wahre 的 Es 译为"真理"，笔者则统一将它们都译为"真理"。

　　从这段话可以看出，对于黑格尔来说，真理已经不再简单地是作为正确性的命题与现实性的某种符合一致，而是"正在重建其自身的同一性或在他在中的自身反映"，是"它自己的生成转化，就是这样一个圆圈，预悬它的终点为目的并以它的终点为起点，而且只当它实现了并达到了它的终点它才是现实的"。真理是一个它自己的生成转化（过程）。这个"它自己"就是"实体"（Substanz），而"实体"也即"主体"（Subjekt），"主体"也即"绝对"（Absolute）或"绝对精神"（absolute Geist）。而这个"绝对精神"又正是黑格尔意义上的存在本身。也就是说，在黑格尔看来，真理就是作为绝对精神的存在的自身否定的辩证发展过程，是"精神即存在自身运动、现象的全体"。真理与存在在黑格尔这里又重新缘合起来，它们是同一者——但须强调的是，黑格尔的真理虽然是全体、是过程、是显现，但毕竟其出发点是"逻辑学"（Logik）、归宿地是"绝对知识"（absolute Wissen）——"逻辑–精神"不管如何"上天入地"、如何"外化为自然"、如何"重新回复到自身"，最终仍然是以确实性的"绝对真知"为终极家园–目的–归宿的，因此它与原始存在思想中的作为"自行遮蔽着的去蔽"的 aletheia 仍是大相径庭的。同样，作为绝对精神的存在，虽然它就是一个逐步显现自身的转化过程，但仍是"按部就班的""机械的"三段式的螺旋"转圈"，因此它与早期希腊存在思想中的作为"自身绽放–持存"的"时机化的"physis（涌现）相较着实是大异其趣的。而与黑格尔的"真理–存在"（绝对精神）相应的语言方式就只能是严密、精确而逐步展开的"体系之表达"（Darstellung des Systems）了，这种语言方式只需看看黑格尔代表作《哲学科学百科全书纲要》结构的缜密布置就能感受良多了。"存在–学"（Onto-logie）之"学"（-logie）在这里极端地显现为《哲学科学百科全书纲要》式的完备"体系"（System）了。

　　因此，我们可以认为，黑格尔的"真理–存在–语言"（即"全体–绝对精神–体系陈述"）仍旧完全是在存在学的领地之内，在"正的方向"[①]上将存在学整体地"继续往前"推进到了"绝地–极致"——将存在学推到了离原始存在思想最为遥远的"地带"——从而与"前–存在学的存在之思"相隔最远。[②]

2.142 尼采

　　真理从柏拉图和亚里士多德开始，就不再是作为 aletheia（无蔽）了，而是作为命题或陈述与事实的 omoiosis（符合）了。作为中世纪经院哲学代表之一的托马斯·阿奎那（T. Aquinas）和作为现代哲学–思想之开端的笛卡尔（R. Descartes），都将真理认作某种符合一致，并且只能存在于理智当中。"符合与去蔽，adaequatio（符合）与 aletheia（无蔽），在尼采的真理概念中表现为真理的形而上学本质的余音，一种依然回响着的，但完全没有被理会的余音。"[③] 他将真理视作谬误或思想之不正确性，认为确定的、符合论意义下的真知是不可能达到的。这样的真理观表面上离弃了传统存在学的符合论的真理观，但实际上它也就"包含着对传统的作为陈述（logos）之正确性的真理之本质的赞同。尼采的真理概念显示出那种从存在者之无蔽到观看之正确性的真理之转变的最极端后果的最后的回光

---

　　① "正的方向"意即没有偏离从柏拉图–亚里士多德开启存在学以来的一贯方向，即朝着赢获确实性的"绝对真知"而迈进的方向。

　　② 黑格尔的存在历史观讲述的是绝对精神自身的辩证发展历史。因此，最古老的哲学（如我们所谓的古希腊早期的原始存在思想）就是最贫乏的哲学，而最晚出的、最年轻的、最新近的哲学（如黑格尔自己的哲学）就是最发展、最丰富、最深刻、最具真理性的哲学。参见 G. W. F. Hegel, „Einleitung", in Hegel Werke (Theorie-Werkausgabe) 18: *Vorlesungen über die Geschichte der Philosophie I*, Frankfurt am Main: Suhrkamp, 1979。

　　③ M. Heidegger, *Nietzsche 2*, S. 286.

返照"①。因此，尼采的真理观，可说是在存在学的界限内对符合论的传统真理观做出了完全的"颠倒"。

与黑格尔类似的是，在尼采那里，作为"公正性"（Gerechtigkeit）的真理也与作为"永恒轮回"着的"强力意志"（Wille zur Macht）的存在位于同一层次并相互归属，是为同一者，是为"真理意志"。不过该存在即"强力意志"仍旧是存在学领地内的存在者作为存在者，并且是将自笛卡尔肇始的经过莱布尼茨（G. W. Leibniz）、康德、谢林（F. W. J. Schelling）、黑格尔和叔本华的作为"意志"（Wille）的存在者作为存在者推到了顶峰，意志也从"求知"的"理性"意志更变为"求强力"的"非理性"意志。而尼采的语言观则是与其"非理性"的真理观和存在观相呼应的。他认为：语言就是"比喻修辞"，任何确定的知识性的命题语言都是不可能的，它们都可以被还原为各种各样的比喻修辞。他自己的著作也大多是以格言警句的方式来显示其强力意志的思想，他以格言警句的比喻修辞来极端地消解存在学传统的命题语言。"存在-学"（Onto-logie）之"学"（-logie）在尼采这里彻底地被"否定"了，他的诗化格言完全走到了"学"的绝对反面，但这种单纯的逆向否定就理所当然地仍旧没能逃离被否定者（即"学"）所设置的"晕"或"圈"，它仍旧在以被否定者（即"学"）为核心的轨道上"奇怪"地运行着。

因此，我们可以认为，尼采的存在思想，作为"公正-强力意志-修辞"，以"非"正确性的谬误来反对作为正确性的真理，以"非"理性的强力意志来反对理性的求知意志，以各种"非"知识命题的比喻修辞来反对知识命题——而这正是对存在学传统（可说是从柏拉图到黑格尔的"柏拉图主义"）之三元素的完全"颠倒-掉头"

---

① M. Heidegger, GA 9, S. 233.

（Umkehrung）。但这个头脚倒立的运动仍旧是在存在学的"游戏-空间"（Spiel-Raum）内发生的。与黑格尔的存在思想正好相反，尼采的存在思想将存在学从这一头"掉"向了另一头（做了一次180度的旋转），它在"负的方向"上将存在学推向了极致，但反而却与早期希腊的原始存在思想有着某种冥会暗通，它是在存在学的"游戏-空间"内对原始存在思想最亲近的一次"蹦跳"。[①]

2.143　弗雷格和罗素

真理从柏拉图和亚里士多德开始，就不再是作为 aletheia（无蔽），而是作为命题或陈述与事实的 omoiosis（符合）了。这样的真理观，本质性地一直持存到弗雷格和罗素那里。弗雷格和罗素（甚至前期维氏）将存在学的符合论真理观推进到了极致。

对弗雷格而言，一个"命题"（Satz）的真或假，就是该命题的"指称"（Bedeutung）。他在论文"论意义与指称"（1892年）里对此专有探讨。

因此我们必须把一个命题的真值看作它的指称。我将一个命题的真值理解为它是真的或它是假的的情形，没有别的真值。为简便计，我把其中一个称为真而把另一个称作假。（So werden wir dahin gedrängt, den Wahrheitswerte eines Satzes als seine Bedeutung anzuerkennen. Ich verstehe unter dem Wahrheitswerte eines Satzes den Umstand, daß er wahr oder daß er falsch ist, Weitere Wahrheitswerte gibt es nicht. Ich nenne der Kürze halber

----

① 尼采在其《悲剧的诞生》中充分肯定了古希腊人原本健康的悲剧精神，而将苏格拉底（Socrates）等追求知识的乐观理性精神视为一种堕落。

den einen das Wahre, den andern das Falsche.）

　　如果我们的假设是正确的，即一个命题的指称就是它的真值，那么当命题部分被一个指称相同而意义不同的表达式替换时，命题真值必定保持不变。而事实上正是如此。（Wenn unsere Vermutung richtig ist, daß die Bedeutung eines Satzes sein Wahrheitswert ist, so muß dieser unverändert bleiben, wenn ein Satzteil durch einen Ausdruck von derselben Bedeutung, aber anderem Sinne ersetzt wird. Und das ist in der Tat der Fall.）①

　　弗雷格认为：真（理）的处所完全在于命题；相同真值的命题的指称是相同的；因此真值相同的作为命题部分的表达式之间可以相互替换，而不会改变命题的真值，这将有利于"真值函数"的运算；有指称的命题即有真值（或真或假）；如果命题符合实际情况，则命题为真；如果命题不符合实际情况，则命题为假。罗素对真理问题也做过大量研究，从总体上说，他仍然是将真理作为命题与事实的某种符合一致。弗雷格与罗素在使用新逻辑工具的情况下，仍旧坚持着符合论的真理观，并且将之推到了极致，即命题的真值可被代入真值函数中的命题变元而被运算。黑格尔的真理是在传统存在学设定的"正的方向"上循序渐进，最终达到海纳百川的、至真至圆的绝对知识；与之相反，尼采则是在"负的方向"上一冲到底，"真理即谬误"，根本就没有确定可靠的真知；而与他们都不同的是，罗素（在弗雷格工作的基础上）则似乎取法更为"中道"，利用量化逻辑的新工具，利用语言的逻辑分析来消解"伪问题"，区别"真知

---

　　① G. Frege, „Über Sinn und Bedeutung", *Zeitschrift für Philosophie und philosophische Kritik*, NF 100 (1), 1892, S. 34–35.

识"和"伪知识"，目的是捍卫和保护"真正的知识"。

与这样的真理观相匹配的正是弗雷格与罗素的存在观。他们大致都坚持作为"实体"的"诸简单对象""逻辑–思想规律""数学符号与逻辑学符号所指称之对象"的客观永存。罗素在著作《哲学问题》（1912 年）中有如下道说：

> 我们将会发现，只有事物在时间之内的时候，也就是说，只有在我们能够指出它们实存（exist）之时的时候（这并不排除它们永久实存的可能性），我们才方便断称它们实存。因此思想和情感，心灵与物理客体实存。但共相并非是在这种意义上实存；我们应该说它们**永存**（*subsist*）或者**拥有存在**（*have being*），在这里，"存在"作为是永恒的而与"实存"（existence）相对立。共相的世界，因此，也可被描画为存在的世界。存在的世界是永恒不变的、严格的、确切的，它是为数学家、逻辑学家、形而上学体系建构家和所有爱好完美胜于生命的人们所欣悦的。①

正是因为它们的客观永存，才能保证"有"有意义即有真值的命题，也才能保证真知（真命题的总合）获得的可能性。弗雷格创造了名为"概念文字"（Begriffsschrift）的形式语言系统，而罗素则更多地以现代量化逻辑语言工具来分析、处理传统的哲学问题。量化逻辑的形式语言正是他们存在思想的语言方式。

因此，我们可以看出，弗雷格与罗素的存在思想即"符合论的真–诸数学暨逻辑的客观实体–量化的形式语言"虽然将逻辑工具从

---

① B. Russell, *The Problems of Philosophy*, New York: Oxford University Press, 1961, pp. 99–100.

传统的主谓词逻辑更换为崭新的量化逻辑，但其根本识度与传统的存在学别无二致，仍旧是在"真（知）"的召唤下，利用"量化的形式语言"将"原始存在"制作为"现成的诸实体存在者"了 —— 将"原始存在"最为极端粗暴地"算计-宰制"为最为"现成"、最乏"生气"的诸客观实体了。① 这是一种与前述黑格尔和尼采都不相同的将存在学带向某种"绝地-绝境"的方式-道路，在量化逻辑的帮助下，"存在-学"（Onto-logie）之"学"（-logie）达到了与黑格尔完全不同的别一种"诡异而可怖的精致"。

2.2 存在学之学：康德

2.21 为何是康德？

为了进一步地体验"存在-学"（Onto-logie）之"学"（-logie），也即存在学如何"逻辑地说"，笔者特地选取康德《纯粹理性批判》中的"哲学与科学的可能性之间的循环证明"作为范例来体验一番。为何选择它而非别的文本为例，笔者有以下之多重考虑：

（1）康德存在学（以《纯粹理性批判》为中心代表）是存在学历史上的集大成者，之前的各种存在学全部流入其中，而其后的各种存在学又从它这里流出；

（2）康德《纯粹理性批判》中的"系统论证"（如"哲学与科学的可能性之间的循环证明"）是极为成熟的论证，是对亚里士多德开

---

① 海氏将"现代量化逻辑"称作"逻辑斯蒂"（Logistik），他认为：它是逻辑的必然退化；它是"精确"的思想，但绝非"严格"的思想亦即真正的思想；它是那种对思想之本质的无条件的无知的计算组织；它也是与海氏所谓之 Machenschaft（力轴）或 Gestell（集置）遥相呼应的。

创的证明传统的内在继承光大，它经典地展示了"存在-学"的"学之为学"也即"逻辑地说"之何所云谓；

（3）"哲学与科学的可能性之间的循环证明"直观、深刻地展现了存在学与逻辑学之间的互动关联：存在学的运动变迁将连带影响逻辑学的变动，而逻辑学的更迭发展也会反过来深刻牵引存在学的运作；

（4）康德存在学（特别是《纯粹理性批判》）之于海氏与维氏的特别意义，在《存在与时间》遭到质疑和误解时，海氏曾竭力在康德《纯粹理性批判》那里找寻支持《存在与时间》立论（特别是有关时间的论题）的哲学史资源[①]，而维氏则直接阅读过部分《纯粹理性批判》（须知维氏直接读过的哲学史著作少之又少），并通过阅读叔本华、赫兹、布尔兹曼和托尔斯泰等而间接受到康德影响，并且《逻辑哲学论》与《纯粹理性批判》的"隐秘结构"之间也的确发生着某种十分有趣的"内在共鸣"[②]。

2.22 循环证明

康德承袭了亚里士多德科学知识的证明传统："我们的确通过证明而知（We do know through demonstration）。"[③]康德在整个《纯

---

① 可参见张祥龙：《海德格尔传》，北京：商务印书馆，2007年，第十一章"《康德书》"中的相关论述。

② 多年来国际学界对《逻辑哲学论》与《纯粹理性批判》的思想比较已有多维度的深入研究。而拙文"Both Wittgenstein and Kant Beg the Question"（*Philosophical Investigations* 42[1], 2019, pp. 61–65）则可谓另辟蹊径，在国际学界首次简明清晰有力地论证了两位顶级西方哲学家——维特根斯坦和康德——之代表作《逻辑哲学论》与《纯粹理性批判》的主体论证形式都是"**拒取式**"（*Modus Tollens*），并且两部著作之主体论证都在"**窃取论题**"（*Begging the Question*）。此文将有助于以一种崭新视角重看暨重构这两部西方哲学经典以及它们之间的微妙有趣关联，同时亦有利于重新理解 *Begging the Question* 这一历史悠久且富有争议的逻辑难题。

③ Aristotle, "Posterior Analytics", in *The Complete Works of Aristotle: The Revised Oxford Translation* 1, Jonathan Barnes, ed., pp. 3–4.

粹理性批判》中所做的工作就是不断地证明（beweisen），"亦即从可靠的先天原则严格地证明"（B XXXV）[①]。在这么多大大小小、环环相套的证明中，笔者认为其中尤为重要，也是贯穿全书的是这两种证明：（1）从"哲学"（Philosophie）出发证明"科学的可能性"（Möglichkeit der Wissenschaft）[②]，即从"纯粹理性批判哲学"（Philosophie der Kritik der reinen Vernunft）出发证明"纯粹数学"（reine Mathematik）和"纯粹自然科学"（reine Naturwissenschaft）的可能性；（2）由科学的可能性证明哲学，即由纯粹数学和纯粹自然科学的可能性证明纯粹理性批判哲学。它们联结为一个循环证明。那么，该证明究竟是如何循环的呢？它是有效的吗？其价值何在呢？

在"导言"第二版增添的"纯粹理性的总课题"部分中，康德论述了纯粹理性批判哲学的"真正课题"就是回答："先天综合判断是如何可能的？"（B 19）也即，用纯粹理性批判哲学来依次证明纯粹数学、纯粹自然科学、作为自然倾向的形而上学和作为科学的形而上学是如何可能的（即在知识学上的可能性）。（B 20-23）康德为何不直接证明最后一个课题——作为科学的形而上学的可能性，而要先证明纯粹数学和纯粹自然科学的可能性呢？除去证明后者对于

---

① 笔者对《纯粹理性批判》的引用出自邓晓芒译，杨祖陶校：《纯粹理性批判》（北京：人民出版社，2004 年），亦有参照 *Kritik der reinen Vernunft* (Werkausgabe III-IV, Frankfurt am Main: Suhrkamp Verlag, 1974)。译文或有改动，引用时只注明德文原 A、B 标准版页码。

② "哲学与科学的可能性之间的循环证明"里的"哲学"指"纯粹理性批判哲学"，其中的"纯粹理性"及其"批判"仅从《纯粹理性批判》的角度来理解。纯粹理性仅有两种意义：广义上，指一般理性能力，即一切先天的认识能力（感性、知性、狭义理性）；狭义上，仅指最高的认识能力（狭义理性）。纯粹理性批判哲学就包括对这些认识能力进行相应批判的感性理论、知性理论和狭义理性理论。而"科学"则只是从狭义上来理解，仅指纯粹数学和纯粹自然科学；而广义上的科学，则包括一切数学、自然科学和未来的作为科学的形而上学及作为其导论的纯粹理性批判哲学。

证明前者有奠基的功用外，还因为后者原本就是康德关注的主题之一。纯粹数学和纯粹自然科学虽然"必定是可能的这一点通过它们的现实性而得到了证明"（B 20-21），但从其内部讲，纯粹数学和纯粹自然科学是如何作为"先天综合知识"而可能的，毕竟还须从知识学的角度加以证明；而在外部，以休谟为代表的怀疑论主张，不仅撼动了整个形而上学的地基，而且也威胁到了自然科学乃至纯粹数学这样的模范科学的可能性。（B 19-20）因此，纯粹数学和纯粹自然科学的可能性本身还是"有问题的"，对它们是须要加以证明的。而证明所依赖的证据则正是整个的纯粹理性批判哲学。

　　在这种证明中，康德实行的是"整体证明"的思路：须动用"整个"纯粹理性批判哲学，即感性理论、知性理论和狭义理性理论来"分别"证明纯粹数学和纯粹自然科学的可能性。康德为证明纯粹数学的可能性，除开"直接"运用感性理论中的时空理论外①，还须动用包括"统觉"（Apperzeption）的本源的综合统一性、知性范畴、先验想象力、知性范畴的时间图型等在内的整个知性理论。"数学就有这样一些原理，但它们在经验上的运用，因而它们的客观有效性，甚至这样一些先天综合知识的可能性（即它们的演绎），都毕竟永远是基于纯粹知性的。"（A 160/B 199）不只如此，证明纯粹数学的可能性，甚至还离不开狭义理性理论：理性的"先验理念"（transzendentale Ideen）虽然"永远也不具有这样一种构成性的运用"，但却"有一种极好的、必要而不可或缺的调节性运用"（A 644/B 672）；"因为系统的统一性就是使普通的知识首次成为科学，亦即使知识的一个单纯聚集成为一个系统的东西"，这个"系统就是杂多

----

① 因为按照康德的知识学，将空间和时间描述为直观的感性理论，是远不能充分解释我们关于空间和时间的知识（包括几何学与算术）的可能性的。参见 S. Gardner, *Kant and the Critique of Pure Reason*, London: Routlege, 1999, pp.84-85。

知识在一个理念之下的统一性"（A 832/B 860），"没有人会不以某个理念作自己的基础就试图去建立一门科学的"（A 834/B 862），因此数学科学要得以建立，也离不开理性理念的调节性运用，哪怕仅仅是"调节性的"（regulativ）。类似地，康德对纯粹自然科学何以可能的证明也须要动用整个的纯粹理性批判哲学。康德反复强调纯粹理性批判哲学是一个彻底统一的体系 ①："它包含一个真实的结构，在其中所有的机能都是一切为了一个，而每个都是为了一切"。（B XXXVII-XXXVIII）要之，要证明任何一种先天综合知识的可能性，都须要动用整个的纯粹理性批判哲学体系。

那么，作为此证明前提的纯粹理性批判哲学本身，康德又是如何出示其合法性的证据的呢？在第二版序言里，康德认为：纯粹理性批判哲学的变革只是"最初的、无论如何都是假设性的试验"而已，因而是有待证明的。他主张形而上学应效仿数学和自然科学的成功革命来进行"试验"。（B XXII）这场试验所假定的是以"对象依照认识"为核心的对纯粹理性（人的先天认识能力）进行的全面批判。对象是否依照认识，对象如何依照认识，人究竟具有哪些先天认识能力，它们之间的关系如何，它们对于先天综合知识的构成所发挥的功能的范围和界限如何，等等——这一切假定，都还有待于系统的证明。

那么，康德为证明这些假定，究竟找到了，也只能找到哪些可靠的证据呢？笔者认为，在第二版序言里，康德实际上已经开列出了所有的主要证据：纯粹数学和纯粹自然科学的可能性（均已通过其现实存在而被提供），形而上学作为自然倾向的可能性（已通过其"无休止的争吵的战场"而被提供），形而上学作为科学的可能

---

① 参见 H. Caygill, *A Kant Dictionary*, Oxford: Blackwell, 1995, pp. 145-146。

性（还有待于未来实际做出后才被提供）。前三项证据已经是实在可
靠的，最后一项还只是有待"充实"的，但将来必定会补上的"铁
证"。"把自然的形而上学和道德的形而上学作为思辨理性和纯粹理
性的批判的正确性的证明提供出来。"（B XXII）在已经实际占有的
前三项证据中，第三项是反面的证据，唯有前两项才是真正进行正
面论证的证据。因此，纯粹数学和纯粹自然科学的可能性对于证明
纯粹理性批判哲学本身就具有生死攸关的重大意义。与前述的第一
种证明类似，在第二种证明里，康德也是利用"整个的"纯粹数学
和纯粹自然科学的可能性来证明纯粹理性批判哲学里的"每一个"
部门理论的。

　　将上述两种证明联结起来看，就构成一个"循环证明"（circular
demonstration）（见图 4 ）。

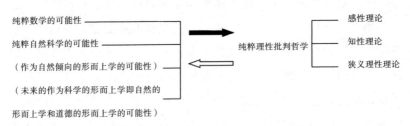

图 4　哲学与科学的可能性之间的循环证明

　　图中的白色箭头代表从纯粹理性批判哲学出发对纯粹数学和纯
粹自然科学的可能性的证明（作为自然倾向的和作为科学的形而上
学与纯粹理性批判哲学之间的证明关系，本书从略）；黑色箭头代
表的是：以纯粹数学和纯粹自然科学的可能性为证据来证明纯粹理
性批判哲学。两种证明首尾衔接：此种证明的前提是彼种证明之结
论，彼种证明的前提亦为此种证明之结论。第一种证明是康德作为
伟大的形而上学家摆明着进行的工作，也为大家所熟知，本书无须

再论；而康德对第二种证明的态度则显得"暧昧"，须要我们充分
地领会。这里笔者仅以康德对空间理论的证明为例来显示他是如何
运用整个的纯粹数学和纯粹自然科学的可能性来证明其纯粹理性批
判哲学的。

2.23 空间理论

我们先来考察康德是如何利用纯粹几何学的可能性"直接"证
明其空间理论的。笔者认为：康德"事实上"根本不是独立于几何
学，仅仅依靠"对感官知觉所作的本质分析"就能证明其空间理论
的；恰恰相反，他正是、也只能是完全基于几何学的可能性来证明
其空间理论的；"先验阐明"其实在"形而上学阐明"之先，后者完
全奠基于前者；唯有能满足先验阐明（即保证能够唯一合理地解释
几何学的可能性）的形而上学阐明-空间理论才是正确的、也即康德
所"需要"的。

我们须回顾"先验感性论"（第二版）第 1 节中康德提供的"对
感官知觉所作的本质分析"的例子：对"一个物体的表象"的分析[①]
（图 5）。（B 35-36/A 20-22）

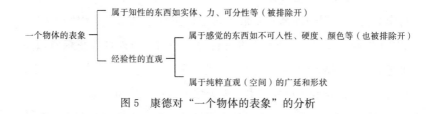

图 5　康德对"一个物体的表象"的分析

康德对于一个物体的表象（一个外感官知觉）经过两次"排

---

① 　该分析也可视为某种康德式的"现象学还原"。

除"的分析后，就得到了他想要的作为"外部直观"的现象的单纯形式的"纯粹直观"——"空间"（Raum），并以此为据，对空间概念进行了形而上学阐明。我们现在要问的是，康德凭什么对一个物体的表象如是这般地进行一层层地剥离分析呢？凭什么将排除"属于知性的东西"后剩下的"经验性的直观"又划分为质料与形式两大部分呢？凭什么将"如不可入性、硬度、颜色等"的属于感觉的东西作为质料，而单单将空间作为形式呢？比如，为何不把"颜色"（Farbe）也作为形式呢？康德自己是这么解释的："味道和颜色根本不是唯一能使对象成为我们感官的客体的必要条件。它们只是作为对特殊器官偶然附加上的影响而与现象结合起来的……也不可能有任何人先天地拥有不论是一种颜色表象还是任何味道的表象……"（A 28-29）人确实不能先天地拥有任何一种确定的"颜色表象"——这正如人并不先天地拥有任何一种确定的"几何形状表象"一样，但如果我们将颜色理解为"有色性"（Färbigkeit），即我们根本不能经验到，也不能想象任何一个"没有某种颜色"的外部直观的对象，即使在想象作为纯粹直观的空间时，这个空间也一定还是具有某种颜色的（即便是"无色"，这也是一种颜色）。[①] 因此，颜色（有色性）与空间同样是使我们的外部直观成为可能的主观感性条件。

　　但为何康德一定要将颜色（有色性）排除在外——而唯独将空间作为"使我们的外部直观成为可能的主观感性条件"呢？（A 26/B 42）"但除了空间之外，也没有任何主观的、与某种外在东西相关而能称得上是先天客观的表象了。因为我们不能从其他这些表象中，如同从空间的直观中那样，引出先天综合命题……例如通过颜色、声音、温度的感觉而视、听、触的主观性状，但由于这些只不过是感觉

---

　　① 维特根斯坦曾认为"空间、时间和颜色（有色性）是诸对象的诸形式（Raum, Zeit und Farbe [Färbigkeit] sind Formen der Gegenstände）"（TLP 2.0251）。

而不是直观，它们本身并不使人认识，至少是先天地认识任何客体。"（B44）换言之：唯有能引出先天综合命题的，才能是使我们的外部直观成为可能的主观感性条件；颜色与包含先天综合命题的几何学无涉，几何学的可能性"不需要"颜色，所以康德对之根本不予考虑。

再举一例。空间为何作为感性形式必须是"主观的"（subjektiv）[1]，而非具有"绝对的实在性"的呢？从数学研究自然的一派人如牛顿（I. Newton）和有些形而上学的自然学家如莱布尼茨都主张空间的绝对实在性：前者主张空间的自存性，必然地假定了永恒无限而独立持存的杜撰之物（空间），它存在着，却又不是某种现实的东西，只是为了把一切现实的东西包含于自身之内；后者主张空间的依存性，把空间看作从经验中抽象出来的诸现象之间的并列关系，这些关系在分离中被混乱地表象着。（A39-40/B56-57）康德对前一种观点的反对理由，除开它不能协调好上帝的绝对性（不受任何限制性）与空间的绝对自存性之间的矛盾外（上帝的绝对性是康德道德形而上学所必需的设定，因而上帝的绝对性可说是由康德未来的道德形而上学的可能性所证明的）（B71-72）——正是它并不能真正地解释几何学的可能性。因为，对于完全独立于我们之外自存的空间，我们如何可能获得关于它的普遍的和必然的先天知识呢——空间只能是在我们之内的外感官的纯直观形式，并且也因此正是一切外部直观现象的可能性条件，唯此才能保证几何学的可能性及其"客观实在性"。而后一种主张，在康德看来，既"不能指出

---

[1]　P. F. Strawson 在 *The Bounds of Sense: An Essay on Kant's* Critique of Pure Reason (London: Routlege, 1995) 最末专设一章"康德的几何学理论"来讨论几何学与康德的"纯粹直观""空间的先验主观性"等之间的微妙关系。其最后得出的结论是较为中允的：在对几何学可能性的解释中，康德的"纯粹直观中的构造"理论既非全不重要，但也还远不足以支持其"空间的先验主观性"学说。

数学的先天知识的可能性根据（因为他们缺乏某种真正的和客观有效的先天直观），又不能使经验命题与他们的观点达到必然的一致"。（A 40-41/B 57）

　　上面所述的仅仅是两个作为对于"混沌一团"的"一个物体的表象"实在是可以做多种多样的剥离分析的例证。康德为何要如此分析"一个物体的表象"，最终得到他想要的空间，无非就是为了满足纯粹几何学的可能性所必需之条件而已。因此，康德完全是从几何学的可能性出发来证明其空间理论的。他在第二版增加的"空间概念的先验阐明"一节（以及"对先验感性论的总说明"）中直接做出了该证明：几何学作为"综合地却又是先天地规定空间属性的一门科学"，"要求"空间不仅是"直观"，还必须是"先天的、纯粹的直观"——并且它只能是"主体之内的外感官的一般形式"。（B 40-41;A 46-49/B 64-66）康德在该节的末尾总结如下。

　　　　只有我们的解释才使作为一种先天综合知识的几何学的可能性成为可理解的。任何一种做不到这一点的解释方式，即使表面上也许与它有些类似，但依据这个标志就可以最可靠地与它区别开来。（B 40-41）

　　这里已透露了康德是如何证明其空间理论，甚至整个纯粹理性批判哲学的全部奥秘。①

　　我们再来简要阐明康德是如何利用"整个的"纯粹数学和纯粹

---

　　① N. K. Smith 将这种"先验方法"类同于自然科学中的假设法：为了无可否认的结论可被解释和说明，而探求我们必须设定哪些前提条件。参见 N. K. Smith, *A Commentary to Kant's "Critique of Pure Reason"*, Atlantic Highlands, NJ: Humanities Press International, 1992, pp. xxxvii-xxxviii.

自然科学的可能性来证明其空间理论的。这主要是通过利用包括纯粹数学和纯粹自然科学在内的先天综合知识的"客观实在性"来证明空间是一般经验、经验对象之可能性的条件的。康德对此的直接论述是在"原理分析论"的"一切综合判断的至上原理"一节。先天综合知识的可能性不仅意味其普遍性、必然性，更意味着它必须具备客观实在性——必须拥有自己的"用武之地"——"与某个对象相关，并通过该对象而拥有指称和意义，那么该对象就必须能以某种方式被给予出来"。（A 155/B 194）因此，先天综合知识的客观实在性需要作为"让其概念的综合统一能在上面呈现出客观实在性来的对象"的"第三者"（Drittes）。（A 157/B 196）这个第三者指的正是：先天直观的形式条件（时间）、想象力的综合以及这种综合在"先验统觉"（transzendentale Apperzeption）中的必然统一性。（A 155/B 194；A 158/B 197）康德在这里虽然没有直接提到空间，但由于先天综合判断的客观实在性"须要"其可能的"对象"被"给予"，而空间是"任何"可能的"外部经验"的"对象"被给予的必要形式条件——并且由于"一般内部经验只有通过一般外部经验才是可能的"（B 278-279）（参见康德在第二版增加的"驳斥唯心论"一节中的相关论证）——因此我们可以说，空间实际上同时间一样，也是"一切"可能经验的对象被给予的必要形式条件，也是上述"第三者"的构件之一，只不过它们作为构件各自所发挥的功能不同而已。因此，空间是一般先天综合判断的客观实在性所"必需"的；康德由先天综合判断的客观实在性证明了空间之作为一般经验和经验对象之可能性的条件。此外，康德还在第二版添加的"对这个原理体系的总注释"中继续论证了先天综合知识的客观实在性"不仅仅需要直观，而且甚至永远需要外部直观"；不仅需要时间，也需要空间。（B 291-294）兹不赘言。

2.24 存在学之学

　　正如我们在 2.23 节看到的：康德的包括空间理论在内的纯粹理性批判哲学，其本身并非只是出于他对人类纯粹理性本质的批判和分析就可以得出的 —— 相反，其本身只是为了迎合"作为先天综合知识"的纯粹数学和纯粹自然科学的可能性才被创制出来的。因此，康德在由纯粹数学和纯粹自然科学的可能性来证明纯粹理性批判哲学时，作为结论的纯粹理性批判哲学无论如何还只是有待证明的假定而已 —— 其明白可靠性是远远低于作为前提的纯粹数学和纯粹自然科学的可能性的；但他却恰恰利用 —— 也只能利用 —— 该可疑的原先作为结论的纯粹理性批判哲学又反过来证明原先作为前提的纯粹数学和纯粹自然科学的可能性，从而将本应比作为假定的结论（纯粹理性批判哲学）更为明白可靠的前提（纯粹数学和纯粹自然科学的可能性）的可靠性又反过来建立在此可疑的结论（纯粹理性批判哲学）之上。因此，该证明不仅是"循环的"，而且其有效性将受到严重质疑。[①] 但笔者认为，不能因质疑其有效性而简单否定其价值，相反它既体现了康德启蒙理性思想的核心精神 —— "人的知识与自由"，又显示出一种哲学、科学和逻辑学之间的有趣张力，因此其本身是非常可贵的思辨探索。

　　人的知识与自由是康德在《纯粹理性批判》进行所有的证明工作之前就已预设了的前提也即"目的"（Ziel）。人的知识与自由的目的体现在纯粹理性批判哲学须要证明的四种先天综合知识的可能性上（纯粹数学、纯粹自然科学和未来的作为科学的自然形而上学是对人的知识的表

---

　　① 并非所有的循环证明都显失有效性。但当结论本身是可疑的 —— 而前提是被设定为为证明结论而预先具备比结论更高的可靠性时，这样的循环证明是有缺陷的。参见 *The Oxford Companion to Philosophy*, New York: Oxford University Press, 1995, p. 135; *The Cambridge Dictionary of Philosophy*, Cambridge: Cambridge University Press, 1999, p. 144。

述，未来的作为科学的道德形而上学是对人的自由的表述）。因此，康德实际上一开始就预设了人的知识与自由（也即上述四种先天综合知识的可能性）的结论，然后再来假定、试验所必需的证据，如果假定的证据能够恰适地解释、证明预设的结论，那么就保留下来，反之就排除掉，这样反复地假定、比较、综合，最终选定的正是作为证据体系的纯粹理性批判哲学——而在此过程中康德心中所谓的人的知识与自由的概念也才真正具体展现出来。因此，在这个循环证明中，从纯粹理性批判哲学出发来证明四种先天综合知识的可能性是康德的目的，而由四种先天综合知识的可能性来证明纯粹理性批判哲学，这只是康德所须借用的"梯子"而已。康德曾多次表达这样的意思：他最为关心，乃至唯一关心的只是诸种先天综合知识的可能性问题，而并不关心人的认识能力本身，亦即本不会刻意去批判人类的纯粹理性的。（A XII, A XVI–XVII, A 154/B 193 ）

不仅如此，该循环证明还显示了一种哲学、科学和逻辑学之间的有趣张力。

在此证明过程里，最关键的一个步骤是康德在"导言"里将数学和自然科学"改造"为先天综合知识：纯粹数学和纯粹自然科学的全部命题都是先天综合判断。数学和自然科学虽是"实际存在"的，也获得了"巨大的成功"，但问题是构成它们纯粹部分的全部命题真的就是康德所谓的先天综合判断吗？[①] 无论此改造成功与否，我们都明了的一点是：纯粹数学和纯粹自然科学作为先天综合知识——人的确已经实际地拥有了某些先天综合知识，并且还可能拥有更多的合法的先天综合知

---

① 比如，纯粹几何学的全部命题真的就是先天综合判断吗？康德对此的论证是缺乏足够说服力的。参见 C. Parsons, "The Transcendental Aesthetic", in *The Cambridge Companion to Kant*, Paul Guyer, ed., New York: Cambridge University Press, 1999, pp. 74–76; S. Körner, *Kant*, Middlesex: Penguin Books, 1987, pp. 39–42。

识——这的确是康德的"理想"（Ideal）。

"改造"的另一个原因是：数学和自然科学作为科学与哲学之间本来是有着论证上难以逾越的"鸿沟"的，康德唯有通过其创造的先天综合判断理论，唯有通过将纯粹数学和纯粹自然科学的所有命题都改造为先天综合判断的"桥梁"，才能将二者"联结"（verbinden）起来。正如我们在 2.23 节看到的：康德在《纯粹理性批判》中正是利用作为先天综合知识的纯粹数学和纯粹自然科学的可能性来证明包括空间理论在内的所有纯粹理性批判哲学的。因此，先天综合判断理论本身的合法性问题，就是康德证明是否合法的关节点。

"先天综合判断"（synthetische Urteile a priori）是康德基于其严格区分"分析判断"和"综合判断"而来的发明。这是康德在逻辑学上的一大创举。可问题接踵而来。如是的分析判断和综合判断的严格区分本身是合法的吗？即便如是区分，从中又创制出先天综合判断的概念，这又是合法的吗？即便（理论上）真"有"先天综合判断，数学和自然科学的纯粹部分就一定只包含先天综合判断吗？再退一步讲，由此就真的只能推论出康德式的纯粹理性批判哲学体系，进而证明未来的作为科学的形而上学的可能性，亦即达到他最重要的目的了吗？

暂把这些疑问通通悬搁起来。我们如今可以完全明了的一点是：康德的哲学与科学的可能性之间的循环证明，完全依赖着康德式的逻辑学——除先天综合判断概念的发明外，还包括以此为基础的"先验逻辑"里按照"三分法"排列的四类十二判断-范畴等等。为迎合包括纯粹数学和纯粹自然科学在内的先天综合知识的可能性，康德须要依据其创造的三分法的十二判断来创制出相应的十二知性范畴，并又据此创制相应的知性范畴的时间图型，而最后才创制出的纯粹知性原理，又是"先验统觉的本源的综合的客观统一性以其诸范畴通过时间图型实现于经验对象之上的结果"[1]。以纯粹知性原理为基础,纯粹数学和纯粹自然科学才变得可能起来。因此,康德完全是依赖其独特的逻辑学,才将作为先天综合知识的纯粹数学和纯粹自然科学与其纯粹理性批判哲学真正联结起来的。

反过来,康德为何要改造传统逻辑学,其目的也只是为了完成其哲学与科学的可能性之间的循环证明:既保全知识,又捍卫自由。因此,在他的循环证明里,我们看到了哲学、科学和逻辑学之间的有趣张力:科学自身的可能性须要哲学从知识学的角度加以证明,而哲学也须以科学的可能性为证据来证明自身的合法性;而这一切证明所由通达的"桥梁",则正是逻辑学。借用康德式的说法,哲学、科学和逻辑学之间的关系是"综合在先""分析在后"的:其间原本就是"剪不断、理还乱"的联结关系,只是缘于要认识它们,我们才在此原初综合的基础上对它们先加以分析,最终再施以综合。

要之,在经受这样的哲学、科学和逻辑学之三"学"(-logie)的"联姻互动"中,我们对"存在-学"(Onto-logie)之"学"(-logie)才有了更切近的具身体验。

2.3　对存在学的别一种超越:马克思

2.31　实践-存在思想

为了更好地理解海氏与维氏新-存在思想,我们可以先行体验"别一种"越出"存在学"的"新-存在思想",而马克思的"实践-

---

[1]　杨祖陶、邓晓芒:《康德〈纯粹理性批判〉指要》,北京:人民出版社,2001年,第184页。

存在思想"（也即他对存在学的二重超越）正是尤其合适的选择。几点考量如下：

（1）作为形而上学也即存在学集大成者（完成者）黑格尔之学生的马克思[①]，"最早"地做出了超越于一切存在学领地之外来重新思索存在的努力。

（2）马克思的"实践"存在思想与海氏暨维氏存在思想之间有着非常奇妙的区分-呼应-游戏空间，前者可作为理解后者的重要背景，反之亦然。

（3）海氏虽然对马克思的存在思想评价极高[②]，但仍旧是将它

---

① 在《资本论》第一卷"1872年第二版跋"里，马克思关于他与黑格尔的关系有这样一段话："将近30年以前，当黑格尔辩证法还很流行的时候，我就批判过黑格尔辩证法的神秘方面。但是，正当我写《资本论》第一卷时，今天在德国知识界发号施令的愤懑的、自负的、平庸的模仿者们，却已高兴得像莱辛时代大胆的莫泽斯·门德尔松对待斯宾诺莎那样对待黑格尔，即把他当作一条'死狗'了。因此，我公开承认我是这位大思者的学生，并且在关于价值理论的一章中，我甚至到处卖弄起黑格尔特有的表达方式。辩证法在黑格尔手中神秘化了，但这绝没有妨碍他第一个全面地有意识地叙述了辩证法的一般运动形式。在他那里，辩证法是倒立着的。为了去蔽神秘外壳中的合理内核，必须把它倒过来。"（Ich bekannte mich daher offen als Schüler jenes großen Denkers und kokettierte sogar hier und da im Kapitel über die Werttheorie mit der ihm eigentümlichen Ausdrucksweise. Die Mystifikation, welche die Dialektik in Hegels Händen erleidet, verhindert in keiner Weise, daß er ihre allgemeinen Bewegungsformen zuerst in umfassender und bewußter Weise dargestellt hat. Sie steht bei ihm auf dem Kopf. Man muß sie umstülpen, um den rationellen Kern in der mystischen Hülle zu entdecken.）参见《马克思恩格斯选集》（第2卷），北京：人民出版社，1995年，第112页。

② 海氏在1946年秋致让·波弗勒（J. Beaufret）的"关于人道主义"的书信中说："……因为马克思在经验异化（Entfremdung）之际深入历史的一个本质性维度中，所以，马克思主义的历史观就比其他历史学优越。但由于无论胡塞尔还是萨特——至少就我目前看来——都没有认识到在存在中的历史性因素的本质性，故无论是现象学还是实存主义，都没有达到有可能与马克思主义进行一种创造性对话的那个维度。"参见 M. Heidegger, GA 9, S. 339-340。不过胡塞尔可能会为先验现象学做积极辩护：先验现象学从来就是"历史的""发生的"现象学……笔者的观点是：无论如何，在"历史性"上面，先验现象学比起马克思主义恐怕多少是要逊色一点了。

仅仅作为"对形而上学的一种颠倒式的完成"①，而非将之作为一种"后-形而上学"或者"后-存在学"的新-存在思想的。但笔者将提供令人信服的理由来展示：马克思通过对存在学实现的二重超越，就已经行进在成就一种崭新的后-存在学之存在思想的道路之上了。

超越存在学的路子很多，马克思所走的道路就是其中尤为独特的一种。那么，他是怎样超越存在学的呢？我们先不急着考察他的超越，我们应该先来看看马克思这样一个伟大的人——他自身的"天分-缘分"。正是世界历史和马克思自身"因缘"的交合，才成就了他对于存在学的二重超越。

2.32 特别因缘

中学时代的马克思不仅成绩优秀，他也关注社会，关心着贫苦人民的生活状况。他"每天上学都要经过挤满了贫苦农民的中心广场，在长远的路途中目睹城里贫民区的惨状。所以当这位慈父般的朋友路德维希·冯·威斯特华伦（J. L. V. Westphalen）指控这种使很多特利尔人备受折磨的贫困状况时，他总是精神专注地倾听着。几十年后，马克思还回忆说，自己正是在威斯特华伦家里第一次听到了法国空想社会主义者圣西门的思想"②。马克思天生对政治就特别敏感，关注社会，同情贫苦大众，一直就想着能为他们做点什么。我们再来看他中学毕业考试时写的论文"青年在选择职业时的考

---

① 海氏在 1964 年演讲"哲学的终结和思的任务"中对"马克思与形而上学"关系评论如下："纵观整个哲学史，柏拉图的思想以有所变化的形态始终起着决定性的作用。形而上学就是柏拉图主义。尼采把他自己的哲学标示为颠倒了的柏拉图主义。伴随这一已经由卡尔·马克思完成了的对形而上学的颠倒（Umkehrung der Metaphysik），哲学达到了其最极端的可能性。哲学进入其终结阶段了……"参见 M. Heidegger, GA 14, S. 71; GA 15, S. 352-353。

② 海因里希-格姆科夫等：《马克思传》，易廷镇、侯焕良译，北京：人民出版社，2000 年，第 6 页。

虑"。这篇论文的主题是青年在选择职业时应怎样考虑。文章写得很
美。开头大致是这样的：动物安于自然给它们划定的活动范围，它
们按部就班地生下来又死去；而人就不同了，人类天生地趋于高尚，
要为自己的生活设定目标和手段；而对青年人来讲，最为重要的就
是对自己将来从事怎样的职业做认真地考虑，然后选择。"因此，认
真地考虑这种选择 —— 这无疑是开始走上生活道路而又不愿拿自己
最重要的事业去碰运气的青年的首要责任。"① 我们在选择上，须努
力寻找能使我们最有尊严的职业。而"那些主要不是干预生活本身，
而是从事抽象真理的研究的职业"——"似乎还是最高尚的"，这"对
于还没有坚定的原则和牢固、不可动摇的信念的青年是最危险的"。②

　　相反，我们必须"重视作为我们职业的基础的思想"。马克思在
论文的最后几段解释了这个"思想"：他的根本旨趣并不是在个人的
幸福上，而是要为大多数人谋幸福；正缘于为大家而献身，个人才
是幸福的；因此，只为自己劳动，即使从事貌似最崇高的抽象真理
的研究，成为著名学者、大哲人，也不是最伟大的人物；进一步讲，
无论何种职业 —— 包括科学家、哲学家在内，只是因为实际地为着
人类的幸福而工作才是高尚的。③

　　这样看来，"抽象真理"式的知识在马克思那里所占的位置和它
在传统存在学中的地位简直不可同日而语。这只要对照看看亚里士
多德《形而上学》卷 A 的第一句话，或者黑格尔《哲学史讲演录》
《逻辑学》中的"开讲辞"就已经够明白了。真知在马克思看来，不
是不重要，只是它的重要性全在于能为大多数人谋福利 —— 仅此而
已。马克思最为在意的始终都是大多数人的实际生存状况和他们的

---

① 《马克思恩格斯全集》(第40卷)，北京：人民出版社，1982年，第3页。
② 同上书，第6页。
③ 同上书，第7页。

幸福（这正是马克思毕生关心的"存在"），而不是别的。作为科学家、哲学家的马克思的确已经够伟大了，但这在他而言根本还是其次的——至少他自己会这么认为。他一直力图做到的是"干预实际生活本身"，因为只有这样才可能实际地改变大多数人的生存状况。

因此，笔者认为，马克思与传统存在学的根本分歧，以至于对它们的根本扬弃和超越——早在马克思少年、青年时期就已深深地埋下了火种。这是个人的因缘，不是每个同时代或后来的哲学家在超越存在学时都会像他"这样"来"转向"的。我们现在就来看马克思究竟是如何实现其对存在学的二重超越的。

2.33 第一重超越

可这首先又有个文献的问题。马克思的思想发展自然是个复杂的过程：其间可说是有过矛盾、冲突和跳跃等——因为马克思深得古典哲学的精髓：彻底的批判和自我批判精神。可是，这就有个难题，我们据以肯定马克思实现了对存在学的二重超越的究竟是哪些文献呢？笔者以为，如果要展现马克思对于存在学的根本扭转、超越的话，那么，至迟写作于1845-1846 年的《关于费尔巴哈的提纲》[1] 和《德意志意识形态》第一卷第一章"费尔巴哈"就已具有足够的说服力了。甚至，二重超越单单在《关于费尔巴哈的提纲》里就已经充分展示出来了。《1844 年经济学哲学手稿》确已在做"超越"的事，比如他"对包括黑格尔哲学在内的整个哲学的批判"，并提出了"实践观思想"。[2] 但这毕竟只是"逻

---

[1]　笔者对《关于费尔巴哈的提纲》的引用以马克思1845 年德文原稿 Thesen über Feuerbach (in Marx-Engels Werke 3, Berlin: Dietz Verlag, 1969) 为据，中译本参见《马克思恩格斯选集》（第1 卷），北京：人民出版社，1995 年，第54-57 页。笔者对《德意志意识形态》第一卷第一章"费尔巴哈"的援引亦根据上述两种文献。译文有改动，引用时只标明中译本页码。

[2]　参见王东、刘军："马克思哲学革命的源头活水和思想基因——《1844 年经济学哲学手稿》新解读"，《理论学刊》2003 年第3 期，第25-29 页。

辑起点"，相较于公认的"成熟期"的《关于费尔巴哈的提纲》和《德意志意识形态》第一卷第一章"费尔巴哈"还是"打开"得不够。笔者不欲在这里比较它们。笔者之所以强调后两者，是因为无论如何它们就已经（开始）实现对存在学的根本超越了。因此，我们对二重超越的理解，依据的文献主要是《关于费尔巴哈的提纲》和《德意志意识形态》第一卷第一章"费尔巴哈"，也兼及《1844 年经济学哲学手稿》。

那么，所谓的"第一重超越"是怎样的超越呢？我们先来回顾《关于费尔巴哈的提纲》的第一条：

> 从前的一切唯物主义（包括费尔巴哈的唯物主义）的主要缺点是：对对象（Gegenstand）、现实性（Wirklichkeit）、感性（Sinnlichkeit），只是从客体的或者直观的形式（unter der Form des Objekts oder der Anschauung）去理解，而不是把它们当作感性的-人的活动（sinnlich-menschliche Tätigkeit），当作实践（Praxis）去理解，不是从主体的（subjektiv）方面去理解。因此，和唯物主义相反，能动的（tätige）方面却被唯心主义抽象地发展了，当然，唯心主义是不知道现实的、感性的活动（wirkliche, sinnliche Tätigkeit）本身的。费尔巴哈想要研究和思想客体确实不同的感性客体（sinnliche Objekte），但是他没有把人的活动本身理解为对象性的活动（gegenständliche Tätigkeit）。所以，他在《基督教的本质》中仅仅把理论的活动看作是真正人的活动，而对于实践则只是从它的卑污的犹太人的表现形式去理解和确定。因此，他不了解"革命的""实践-批判的"活动的指称（die Bedeutung der "revolutionären", der "praktisch-kritischen" Tätigkeit）。[①]

---

① 《马克思恩格斯选集》（第 1 卷），第 54 页。

在《1844年经济学哲学手稿》集中批判黑格尔哲学后，马克思要开始批判这位在黑格尔之后"多少向前迈进了几步"的费尔巴哈了。费尔巴哈的功绩主要是恢复了"对象"（Gegenstand）、"现实性"（Wirklichkeit）、"感性"（Sinnlichkeit）的权威 —— 而在黑格尔那里却是"精神"的权威。但费尔巴哈对这个"感性""现实性"却仅仅只"从客体的或者直观的形式去理解"，成了"对立而站者"（Gegenstand），而且还是"死的"、不动的。这样的唯物主义与其说是超越了古典唯心主义，不如说只是在存在学的世界里做了一个"反转"而已 —— 而这仍旧是在存在学的界限内，并且可能是比唯心主义（比如黑格尔）粗糙、"抽象"得多的存在学。

另外，黑格尔确实"发展了能动的方面"，把"历史"（Geschichte）全部作为绝对精神（存在）本身的"现象"（显现）过程。但是，他的"历史"毕竟还是被存放、限制、"抽象"在"精神"里了。在他那里，主客两极中的主体被极端地放大了，吞噬了一切客体 —— 因而是极端的主客体式，主体性膨胀到顶点。从这一点上讲，他确实"完成"了存在学。

但马克思就不同了，单从存在思想的理路上讲，是他第一次将"历史"和"感性-现实性""综合"起来的。而这个"综合"的结果正是马克思的"实践"（Praxis）——"革命的""批判的""现实性"而"感性"的对象性活动。笔者把这个"理论成果"即"实践-存在思想"命名为马克思对存在学的第一重超越。

那么，马克思说的"实践"究竟意味何在呢？在《德意志意识形态》第一卷第一章"费尔巴哈"中，马克思是这样说的：

因此我们首先应当确定一切人类生存的第一个前提，也就是一切历史的第一个前提，这个前提是：人们为了能够"创造历史"，必须能够生活。但是为了生活，首先就需要吃喝住穿以及其他一些东西。因此第一个历史活动就是生产满足这些需要的资料，即生产物质生活本身，而且这是这样的历史活动，一切历史的一种基本条件，人们单是为了能够生活就必须每日每时去完成它，现在和几千年前都是这样。①

因此，马克思所讲的"实践"首先就是"生产满足这些需要的资料"，"即生产物质生活本身"。这个实践不是别的，不是费尔巴哈的"理论活动"，不是康德的"道德实践"，而正是生产物质资料-物质生活本身的劳动。"生产劳动"实为马克思"实践"概念之第一义。②

在《1844年经济学哲学手稿》中，马克思认为：这个"实践"（生产劳动）绝不是个人的行动，而是"社会性的"：

---

① 《马克思恩格斯选集》（第1卷），第78-79页。

② 实际上，严格意义说来，"劳动"只是一种"异化"的"实践活动"而已。"真正的实践活动"是"完全自由的活动"。这样的完全自由的实践活动只可能出现在未来的共产主义社会，那时，作为某种异化的实践活动的劳动也早已被"消灭"或者"扬弃"了。我们可以认为：实践是劳动的真理，同样，共产主义也是资本主义或者阶级社会的真理。当然这些都完全是某种黑格尔式的论调了。我们可以看到，这样的论调，在1845年的"费尔巴哈提纲"里，仍然是浓郁的。比如，"提纲"的第十条："旧唯物主义的立脚点是市民社会，新唯物主义的立脚点是人类社会或社会的人类。"（Der Standpunkt des alten Materialismus ist die "bürgerliche" Gesellschaft; der Standpunkt des neuen die menschliche Gesellschaft, oder die vergesellschaftete Menschheit.）（《马克思恩格斯选集》[第1卷]，第57页）"资本主义的市民社会"是"异化"的"人类社会"，"真正的"人类社会就是作为市民社会之"目的"或"全体"或"真理"的"共产主义社会"了。笔者认为马克思与黑格尔的确共享了某种"三一式"（正题-反题-合题）的思想建筑技艺（必须强调的是这种建筑技艺并非黑格尔所单独发明，更非其所独有；类似的"三一式"建筑技艺，在东西方各样古老智慧思想中都可以找到其源头基因），但二者思想仍然是有着诸多原则性差异的。比如马克思的"实践-存在"是包括黑格尔在内的所有传统存在学家所从未思到过的本源的"临界-现象"。

　　甚至当我从事科学之类的活动，即从事一种我只是在很少情况下才能同别人直接交往的活动的时候，我也是社会的，因为我是作为人活动的。不仅我的活动所需的材料，甚至思想家用来进行活动的语言本身，都是作为社会的产品给予我的，而且我本身的存在就是社会的活动。①

人们在生产中相互牵连着，牵连彼此地从事生产活动。由此，"实践"正因为是人类最基本的"生产活动"，而这个"生产活动"又是"社会性"的，它就改变着"自然"，也改造着"社会"，"实践"将人、自然和社会从根底上相互勾连、缠绕起来。"环境的改变和人的活动或自我改变的一致，只能被看作是并合理地理解为革命的实践。"②

在将"实践"作为"存在"后，原先存在学中的"正确性–现成存在者–逻辑地说（命题）"在马克思全新的"实践–存在思想"里就被深刻地批判–超越了。"正确的（真的）命题集合"再也不是高高在上的、作为统治一切的"绝对知识"了。

　　人的思想是否具有对象性的真理性，这不是一个理论的问题，而是一个**实践的**问题。人应该在实践中证明自己思想的真理性，即自己思想的现实性、力量，和此岸性。关于离开实践的思想的现实性或非现实性的争论，是一个纯粹**经院哲学的**问题。（Die Frage, ob dem menschlichen Denken gegenständliche Wahrheit zukomme - ist keine Frage der Theorie, sondern eine *praktische* Frage.

---

① 《马克思恩格斯全集》（第42卷），北京：人民出版社，1979年，第122页。
② 《马克思恩格斯选集》（第1卷），第55页。

In der Praxis muß der Mensch die Wahrheit, i.e. die Wirklichkeit und Macht, Diesseitigkeit seines Denkens beweisen. Der Streit über die Wirklichkeit oder Nichtwirklichkeit des Denkens - das von der Praxis isoliert ist - ist eine rein *scholastische* Frage.) [①]

"真理"在马克思这里根本不再是个"思想"与"思想对象"静态、客观地"符合"的问题，而完全是个"实践"的问题、"存在"的问题。笔者认为，马克思在这里表达的并非是某种"主客二分模型"前提下的符合论的真理观，而是一种在"原始实践活动"中找寻"真理"之本来意义的卓绝努力。如果我们从某种比较"海化"（海德格尔化）的眼光看来，马克思的"实践"其实既是马克思的"原始存在"，也是马克思的"原始真理"。"实践"作为"某种现实的、感性的和能动的对象性活动"既是马克思的"原-现象"（Ur-phänomen），也是马克思的"原-敞开之境"（Ur-offene）。"实践"既是原始的"涌现-发生"，也是原始的"无蔽-疏敞"。笔者认为马克思在 1845 年"费尔巴哈提纲"中展示的这个作为"某种现实的、感性的和能动的对象性活动"的"实践"完全是本源性的、发生性的"临界-活动"，它既是"主体的"，又是"客体的"，既是"肉体直观感性的"，又是"精神能动思性的"，既是"唯心的"，又是"唯物的"；换种说法就是，它既不是"主体的"，也不是"客体的"，既不是"肉体直观感性的"，也不是"精神能动思性的"，既不是"唯心的"，也不是"唯物的"——它是"临界的"。因此，"实践"已经完全归属于某种"前所未有"地超越了一切"形而上学之二元对立模式"（不管是"主-客"的，还是"心-物"的或"感性-思性"的

---

① 《马克思恩格斯选集》（第 1 卷），第 55 页。

等等）的"临界之一元本体论"——某种"后-存在学的存在之思"
了。一种"马克思主义的实践-现象学"完全是"可能的"，并且可
与胡塞尔意识-现象学、海氏存在-现象学、梅洛-庞蒂身体-现象学
（与胡塞尔和海氏相比，梅洛-庞蒂［M. Merleau-Ponty］或许的确
与1845年时候的马克思更为亲近）乃至列维纳斯之他者-现象学分
庭抗礼。"经典现象学"或许会说"不要想，而要看"，而"可能的
马克思主义的实践-现象学"也许会说"不仅要看，更要行，行比看
和思更原始，看与思皆归入行之大道"。"行"即"实践"，"行"即
"开路"也。或许在马克思看来，胡塞尔等经典现象学家强调"现
象学直观"的路数仍旧是某种柏拉图式的"光亮-静观-形貌（形
式）"的传统形而上学路数，不见得真正超逾出多少步。可惜马克思
后来更多的精力是直接放到政治经济学研究和实际政治革命斗争中
去了，不然他完全可以有更多的机会去详细阐发他可能的作为"纯
粹哲学"的"实践-现象-学"（Praxis-Phänomeno-logie）了。当然，
也正如本节内容展示的，马克思后来的实际生活或工作，也正是马
克思对于其独特的、对于传统存在学实现了二重超越的"实践-存
在思想"的原始行践了。实际上，很有可能的"事情本身"（Sache
selbst）是——"费尔巴哈提纲"中显示的"原始的、丰满而富有鲜
活强力的实践观"在《德意志意识形态》等"之后"的著述中已经
"衰弱""异化"或者"干瘪"许多了。笔者一直认为1845年马克
思创作的《关于费尔巴哈的提纲》原稿是充满哲学天才的天才之作，
马克思在纯粹哲学史或纯粹思想史上居有的天命位置绝非仅仅是作
为"青年黑格尔派"的，马克思在纯粹哲学史或纯粹思想史上至少
应与黑格尔分庭抗礼-对峙。此外，我们也须注意到，从《德意志意
识形态》发端，马克思又在创作与"实践-现象-学"既相关亦相异
的另一种"结构的-历史的-现象-学"了，也即关于"诸交往关系-

诸社会结构"的某种"综合"了浓浓"结构主义"因子的"历史发生主义"的全新-存在思想了。对于这后来的马克思,"原-事"(Ur-Sache)或者说"原-在/原-是"(Ur-Sein)也许更多的不是作为某种"临界的原初实践活动",而是作为某种"结构的社会历史"——抑或更中道的说法是——作为上述二者("实践"与"结构的历史")的某种"合题-综合"了。

　　"'精神'从一开始就很倒霉,受到物质的'纠缠',物质在这里表现为震动着的空气层、声音,简言之,即语言。语言和意识具有同样长久的历史;语言是一种实践的,既为别人实存因而也为我自身而实存的、现实的意识(die Sprache ist das praktische, auch für andre Menschen existierende, also auch für mich selbst erst existierende wirkliche Bewußtsein)。语言也和意识一样,只是由于需要,由于和他人交往(Verkehr)的迫切需要才产生的。凡是有某种关系(Verhältnis)存在的地方,这种关系都是为我而存在的;动物不对什么东西发生'关系',而且根本没有'关系';对于动物来说,它对他物的关系不是作为关系存在的。因而,意识一开始就是社会的产物,而且只要人们存在着,它就仍然是这种产物。"① 因此,"语言"在马克思这里,连同"意识-理论",都是在人的"实践-交往"当中"发生"和"转动"的。"语言-意识-理论"从"交往-实践"(存在)中缘起,自然与之有着原始的勾连。它们之间根本不存在任何现成的主客式的二元对立。因此,"全部社会生活在本质上是实践的。凡是把理论引向神秘主义的神秘东西,都能在人的实践中以及对这个实践的理解中得到合理的解决。"②

---

① 《马克思恩格斯选集》(第1卷),第81页。
② 同上书,第56页。

　　一切理论——包括存在学，都源出于生产实践。马克思的"实践-存在思想"至少已从"理路"上超越存在学了。"在思辨终止的地方，依寓于现实生活，正是表达人们实践活动和实践发展过程的现实的实证科学开始的地方。"（Da, wo die Spekulation aufhört, beim wirklichen Leben, beginnt also die wirkliche, positive Wissenschaft, die Darstellung der praktischen Betätigung, des praktischen Entwicklungsprozesses der Menschen.）[①] 这个"表达人们实践活动和实践发展过程的现实的实证科学"正是马克思的"实践-存在思想"，即"唯物史观"。

2.34 第二重超越

　　马克思在实现理论上的第一重超越——"实践-存在思想"（唯物史观）后，实践的内涵要求是不允许马克思就此打住的。他要去"实际地推翻一切唯心主义谬论所由产生的现实的社会关系"[②]。马克思的使命决不止于"批判的理论"——"理论的批判"全是为着"现实的革命实践"的——唯有"现实的革命实践"才是历史发展的真正的实际的最直接的推动力。

　　因此，马克思在《关于费尔巴哈的提纲》最后一条宣布："哲学家们只是用不同的方式**解释**世界；而问题在于**改变**世界。"（Die Philosophen haben die Welt nur verschieden *interpretiert*; es kömmt drauf an, sie zu *verändern*.）[③] 这是马克思的宣言，同以往一切存在学相诀别的宣言，从巴门尼德、亚里士多德以来一直到黑格尔的存在学围绕"真知""打转-空转"的时代结束了："在现实性中，而且对

---

① 《马克思恩格斯选集》（第 1 卷），第 73 页。
② 同上书，第 92 页。
③ 同上书，第 61 页。

实践的唯物主义者即**共产主义者**来说，全部问题都在于使持存世界革命化，实际地反对并改变现存的事物。"（sich in Wirklichkeit und für den *praktischen* Materialisten, d. h. *Kommunisten*, darum handelt, die bestehende Welt zu revolutionieren, die vorgefundnen Dinge praktisch anzugreifen und zu verändern.）①

马克思后来参加实际的政治革命活动、研究资本主义现实的生产关系，包括撰著《资本论》等也都是在履行-实践这个"宣言"。要真正地实现对存在学的彻底超越，最后的一招就是在已从"理论"上彻底批判它后，更要从"实践"上彻底消灭它赖以存在的旧的社会关系。

这时，马克思自己的"理论的批判"（实践-存在思想）也早已"卷入""存在大流"（现实的、革命的批判活动）中去了。因此，马克思的"实践-存在思想"一开始就是"实践"的，绝非"纯粹理论"上的"批判"。我们之所以把它们从理论上分别开来，只是为了照顾人们理论思维的习惯——习惯分析分解，好像真实的东西本来就是可以分析分解得清清楚楚似的。实质上，马克思的"实践-存在思想"和他对之的再超越，二者必然是相互缠绕、缘构相生的：有了第一重超越（对存在学的"理论的批判"——"实践-存在思想"），就必然走向第二重超越（"批判的理论"——"实践-存在思想"自身也早已卷入"存在-革命"的大流中去了）；要达到第二重超越，必已包含第一重充分的超越。

国内学界为马克思"哲学-思想"究竟以何名之似乎一直争论不休。窃以为，仅从学理上讲，"辩证唯物主义""实践唯物主义""历史唯物主义""实践本体论""物质实践本体论""生存论本

---

① 《马克思恩格斯选集》（第1卷），第75页。

体论""社会生产关系本体论"等都"行",都讲得通——只要其能够有足够精当的解释,把马克思"新论存在"的意思全部接纳进去。只要我们依凭具体语境理解得当,这些"标签"其实都分别"形式指引着"某种马克思的原味思想。问题的关键是,我们如果太过纠缠于此,确实就有坠入马克思本人所批判的境地的嫌疑:"据说这一切都是在纯粹的思想的领域中发生的"[1];"这种改变意识的要求,就是要求用另一种方式来解释存在的东西,也就是说,借助于另外的解释来承认它"[2]。这样的纯理论纠缠,很容易将马克思的"实践-存在思想"带回到存在学纯知识、纯理论"至上"的视域中去。相反,马克思要讲的"存在"其实就是:"……存在-人的(肉体)生存-实践(生产劳动)-交往-语言-家庭-交往关系-阶级-国家-意识形态-革命-人类社会(结构)-人类历史-存在……"在这个存在本真的历史长河中,马克思自己的存在思想包括所有的这些概念、思想、体系等也都早已隐卷了进去。马克思自己的存在思想绝不是"存在本身"。[3] 所以,马克思才要投入到"改变世界"的现实革命活动中去。这才是马克思"新论存在"的终极精神。

马克思的"实践-存在思想"(第一重超越)已经够伟大了,"但这在他身上远不是主要的"。

因为马克思首先是一个革命家。他毕生的真正使命,就是以这种那种方式参加推翻资本主义社会及其所建立之国家设施

---

[1] 《马克思恩格斯选集》(第1卷),第62页。

[2] 同上书,第66页。

[3] 与马克思相反,黑格尔才会认为自己的存在思想就是"存在本身"——当然,换个方向再来看,笔者完全不认为黑格尔如是的说法就一定是个谬误,从而缺乏任何真理性。因为,或许只要换一种眼光或视域来看,黑格尔就绝不会比不上马克思、海氏与维氏等等更为高明、通透或者深刻了……这才是哲学(史)真正有趣的纠结褶皱之地……

的事业，参加现代无产阶级的解放事业，正是他第一次使现代无产阶级意识到自身的地位和需要，意识到自身解放的条件。斗争是他的生命元素。[①]

要之，我们可以将马克思"新-存在思想"对"存在学"实现的"二重超越"概括如下：（1）"存在"正是人的"实践活动"（尤其是生产劳动），包括命题-判断在内的所有"语言-理论"都源出于"实践"（存在），而"真理"则根本是个实践的问题；（2）这样的"实践-存在思想"要求它不止于"理论地批判"，更要从事"现实地批判"，即消灭存在学"所由产生的现实的诸社会关系"，而这正是它的第二重超越。

马克思的"实践-存在思想"代表了西方哲学-思想史上"最早"的对于"一切存在学"或"存在学作为存在学"的一种深刻超越。它与本书所要考察的海氏与维氏新-存在思想位于同一"地带"，其间也有着诸多有趣的共鸣-关联。下面三章将进入本书上卷的主体部分：即分别"重解-重构-重示"海氏与维氏"新-存在思想"的三元素，"同时"也即对它们一一进行相应"比较"，在这个"比较"进程中，海氏与维氏的"超出"一切存在学，且又呈某种有趣"对撑"的"新-存在思想"才逐渐浮出水面……

---

① 《马克思恩格斯选集》（第3卷），北京：人民出版社，1995年，第777页。

3. 真理：海德格尔与维特根斯坦

> 疏敞地乃是为一切在场者和不在场者的敞开之境（Die Lichtung ist das Offene für alles An- und Abwesende）。[①]
>
> ——海德格尔
>
> ÜG 94 但是我得到我的世界图象（Weltbild），并非是由于我曾确信其正确性（Richtigkeit）；也不是由于我现在确信其正确性。这是我用来分辨真和假（wahr und falsch）的传统背景（überkommene Hintergrund）。
>
> ——维特根斯坦

从本章开始，我们将对海德格尔与维特根斯坦新-存在思想的三元素分别进行重构、展示和比较。我们首先来看的是真理元素。二哲实际都选取真理元素作为各自新-存在思想的突破口。海氏"形式指引"（formale Anzeige）和维氏"自行显示"（sich zeigen）分别是他们超越存在学的直接突破口。

3.1 真理：海德格尔

比梅尔（Walter Biemel）曾认为，海氏思想追问的"双重主题"

---

① M. Heidegger, GA 14, S. 81.

正是"存在"与"真理"(在"无蔽"[aletheia]的意义上)。①笔者认为,真理不仅是作为与存在同等重要的双重主题之一,而且正是海氏在真理问题上的一次次"突破",才同时牵引着他在存在问题探索中的开路方向暨节奏。②海氏在不同时期如何不同地思考真理的原始现象,可视为我们追踪海氏整个哲学–思想道路行进的不同路标。笔者尝试依据海氏真理思索的本然道路,将这些路标刻画如下:

(1)在1919-1923年的所谓早期弗莱堡讲座时期,他将真理的原始现象理解为作为"形式指引"(formale Anzeige)的"自行–显示"(sich-Zeigen);

(2)在1927年出版的专著《存在与时间》里,"Dasein之展开状态"(Erschlossenheit des Daseins)被他理解为真理之原始现象;

(3)在1930年演讲"论真理之本质"里,他将原始真理现象理解为"绽–出之自由"(ek-sistente Freiheit),并进而理解为"作为遮蔽与迷误的真理"(Wahrheit als Verbergung und Irre);

(4)在1935年演讲"艺术作品的原跳"中,他将"疏敞地与遮蔽之原始争执"(Urstreit von Lichtung und Verbergung)作为真理的原始现象;

(5)在1936-1938年著作《朝向哲学的诸文献(从兴有而来)》中,他将真理思为"存有之真理"(Wahrheit des Seyns),而"存有之真理"即"为自行遮蔽之疏敞地"(Lichtung für das Sichverbergen);

---

① 参见比梅尔:《海德格尔》,刘鑫、刘英译,北京:商务印书馆,1996年,第30页。
② 当然,严格说来,反过来也是一样的,存在思想中存在、真理和语言三元素之间原本就有着某种原始的相互牵引关联,"触一发而动全身"。只是,在海氏(维氏也类似)思想道路中,如何对待–解构存在学下的真理概念,从而争得更为原始的真理现象——这的确相较其他存在思想元素显得更为惹眼,有"导火线"的功用。海氏与维氏也正是分别在其"形式指引"(formale Anzeige)和"自行显示"(sich zeigen)的新"理念–方法论"下,实现了各自存在思想的原创性突破。

（6）在 1964 年演讲"哲学的终结和思的任务"中，他将原始真理现象归结为"自行遮蔽着的庇护之疏敞地"（Lichtung des sich verbergenden Bergens）。

我们下面就来回顾这些路标。

3.11 作为形式指引的自行-显示

早在 1922 年的"那托普报告"（"对亚里士多德的现象学阐释 —— 解释学处境的显示"）中，海氏就已借阐释亚里士多德之机，道出了他的崭新"真理"[①]观。他认为，"真理的处所位于判断之中"和"真理是思想与对象的符合一致"，以及"logos 被作为有效判断"等，在亚里士多德那里还是找不到任何蛛丝马迹。[②]也就是说，海氏早在 1922 年时，就已将亚里士多德的真理理解为无蔽或去蔽，而非按照流行的观点将之理解为传统存在学下的作为命题之正确性的真理，并且认同亚里士多德还是这种真理观的发祥地了。海氏之所以能够这样"重新"阐释亚氏真理观，是因为他运用了他自己的崭新的现象学方法：这时的他已经将"现象学的现象"理解为在场者的"自行-显示"（sich-Zeigen）了，而这也正可说是海氏此时所理解的"真理的原始现象"。关于这一点，我们可以通过海氏在首次发表于1963 年的"我进入现象学之路"中的相关回顾看得更加清楚。

---

① 须注意的是，海氏"真理"（Wahrheit）一词，通常是在两种意义上使用的：一种是传统存在学中的、作为命题之正确性（也即某种符合）的真理；另一种，是海氏意义上的"原始"真理，它根本不同于存在学中作为命题之正确性的真理。而海氏对"原始"真理的理解，也是有诸多变化的，它既可以是作为古希腊的 aletheia（无蔽），也可以是作为"Dasein 之展开状态"，还可以是作为"疏敞地"（Lichtung）等等。

② 参见 M. Heidegger, GA 62: *Phänomenologische Interpretation ausgewählter Abhandlungen des Aristoteles zu Ontologie und Logik. Anhang: Phänomenologische Interpretationen zu Aristoteles (Anzeige der hermeneutischen Situation)*, Frankfurt am Main: Vittorio klostermann, 2005, S. 377-378。

　　　　但我在此认识到这样的一点：意识行为的现象学所理解的现象的自身－表明（sich-selbst-Bekunden der Phänomene），在亚里士多德和整个希腊的思想以及 Dasein 那里，被更原始地思为 Aletheia，即在场者的无蔽（Unverborgenheit des Anwesenden），它的去蔽（Entbergung），它的自行－显示（sich-Zeigen）。作为担负着思的行为的现象学的研究所重新发现的东西，证明自己就是希腊思想的基本特征，甚至就是哲学本身的基本特征。

　　　　当这一看法在我心中越来越明晰时，下面这个问题也就变得越来越紧迫了：依据现象学原理，那种必须作为"事情本身"（die Sache selbst）被体验到的东西，是从何处并且如何被确定的？它是意识及其对象性（Bewußtsein und seine Gegenständlichkeit），还是在其无蔽和遮蔽中的存在者之存在（Sein des Seienden in seiner Unverborgenheit und Verbergung）呢？ [1]

这一段话集中印证了以下几点：

（1）海氏在所谓的 1919-1923 年的早期弗莱堡时期，就已经将真理的原始现象认作古希腊（特别是亚里士多德）意义上的 aletheia（无蔽）了；

（2）与对真理原始现象的理解相关的是，海氏也的确是在这一时期开始明确地"走出"胡塞尔现象学领地的，开始成为海氏"自己"的，开始有了他自己的、崭新的存在思想；

（3）之所以海氏能实现这一"走出"，最关键的步骤就是：A. 将胡塞尔意识－现象学的现象的自身－表明（sich-selbst-Bekunden der Phänomene），更加原始地理解为古希腊（如亚里士多德）意义

---

[1]　M. Heidegger, GA 14, S. 98-99.

上的 aletheia（无蔽），理解为并非"作为命题之正确性"的原始真理，即在场者的"自行–显示"（sich-Zeigen）；B. 而与此同时，作为胡塞尔现象学中"自身–表明着的现象"的"意识及其对象性"（Bewußtsein und seine Gegenständlichkeit）就被更加原始地理解为"在其无蔽和遮蔽中的存在者之存在"（Sein des Seienden in seiner Unverborgenheit und Verbergung）了；C. 这"两个"步骤其实就是"一个"步骤，它们是"同时"进行的。

可见，海氏自身存在思想的最早"开动"（Anfangen），他能实现对于胡塞尔现象学的某种根本超越，正是从把原始真理认作"自行–显示"即 a-letheia（无–蔽）时开始的。对海氏来说：

> 现象（Phänomen）一词起源于希腊术语 phainomenon，后者是从动词 phainesthai 即自行显示中派生出来的。现象即是作为自行显示者自行显示的东西（Phänomen ist also das, was sich zeigt, als sich zeigendes）。①

至于这个现象是否是意识行为，这并不重要。在海氏看来，"现象学"（Phänomenologie）首要的乃是"一种研究方法（方式）"，并没有特定的研究区域。对他来说，胡塞尔的意识行为根本就不是首要的现象，首要的、真正的现象乃是"前世界的东西"（vorweltliches Etwas）②。正是在这一点上，海氏现象学根本有别于胡塞尔现象学。而被作为海氏新–现象学方法论的正是所谓"形式指引"（formale Anzeige）的方法

---

① M. Heidegger, GA 63: *Ontologie (Hermeneutik der Faktizität)*, Frankfurt am Main: Vittorio klostermann, 1988, S. 67.

② 关于海氏早期弗莱堡讲座时期的存在元素即"前理论的东西"（包括"原始的东西"和"真正的体验世界"），以及它和"理论的东西"之间的奠基关系，本书 4.12 节将做有限探讨。

论，而形式指引也正是作为海氏这一时期存在思想之真理元素的"自行-显示"意义上的原始真理现象。①

海氏在 1920/1921 年冬季学期"宗教生活现象学导论"讲座（特别是被编入《宗教生活现象学》（GA 60）第一部分第四章的第11-13 节）中，曾"详尽地阐发了对其前期哲学具有决定性意义的'形式指引'方法"②。他将形式指引问题作为现象学方法本身的"理论"，它的运用对于整个现象学的阐明具有指导作用。如果我们不能合适地理解和运用形式指引方法，我们就"要么是沦于一种姿态性的考察（einstellungsmäßige Betrachtung），要么就沦于区域性的划界（regionale Eingrenzungen），然后我们就把这种划界把握为绝对的"③。无论"姿态性的考察"还是"区域性的划界"，都是"普遍化"（Verallgemeinerung）方式之一种，形式指引方法就是用来防范抵御普遍化的。

海氏认为，胡塞尔是哲学史上第一个严肃看待普遍化问题的哲学家。胡塞尔区分了"总体化"（Generalisierung）与"形式化"（Form-alisierung）。所谓总体化是指"依照种类的普遍化"，它在"实行中受制于一个特定的实事领域（Sachgebiet）"，"一般性"（Generalitäten）的等级秩序（属和种）是依据实事而得到规定的，它与实事联系的符合是本质性的。而形式化则并不受制于实事状态，它起源于"纯粹姿态关联本身的关联意义"（Bezugssinn des reinen Einstellungsbezugs

————————

①　海氏之所以能赢获形式指引的新方法，除来自他自身独特的生活经验而外，特别重要的因缘还是得到了拉斯克（Emil Lask）等人的启发。参见张祥龙：《海德格尔传》，第 87-92 页。

②　国内张祥龙先生和孙周兴先生对此做过深入探讨。参见张祥龙：《海德格尔传》，第 92-103 页；海德格尔：《形式显示的现象学：海德格尔早期弗莱堡文选》，孙周兴编译，上海：同济大学出版社，2004 年，"编者前言"。

③　M. Heidegger, GA 60: *Phänomenologie des Religiösen Lebens*, Frankfurt am Main: Vittorio klostermann, 1995, S. 55.

selbst），而绝不起源于"什么内容一般"（Wasgehalt überhaupt），摆脱了任何"什么"（Was）或实事。形式化与总体化的共性在于，"它们都处于'普遍的'这种意义中，而形式指引却与普遍性毫无干系"。在形式指引中，"形式的"（formal）一词的意义是指"更为原始的"（ursprünglicher），而并非是在任何"普遍化"的意义上来说的。①

　　总体化就是一种"排序方式"（Weise des Ordnens）。而形式化则不是在这种意义上的排序。② 因此，总体化与形式化是两种不同的排序，但都具有某种理论化的倾向，只不过总体化是直接的，而形式化是间接的，它们都是某种普遍化方法，对它们运用的结果，就是哲学史长期以来对于"普遍之物"（das Allgemeine）、对于"对象性之物的形式规定性"（formale Bestimmtheit des Gegenständlichen）的孜孜诉求。与它们不同，形式指引却根本不是任何排序。形式指引就是要将其关联意义悬空——让其悬而不定、保持其最大的鲜活可能性，从而抵御任何可能的先行的理论的、客观的普遍化趋向。海氏认为"形式指引只有在与现象学阐明的联系中才具有意义"，"我们必须让自己卷入一种全新的处境（Situation）之中"，"我们必须要弄清楚现象学考察之方式"，而"这正是形式指引要做的"，"形式指引具有现象学阐明之开头的指称（Bedeutung des Ansetzens der phänomenologischen Explikation）"。③ 海氏实际上正是以形式指引来"彻底跳出"胡塞尔意识-现象学之领地的。胡塞尔意识-现象学，虽然讲现象、自身-表明等，但它终究只是局限在意向行为领域，而且具有浓重的科学-理论化倾向。而海氏则通过形式指引方法显示：比意识领域更为原初的是"实际生活经验"（die faktische

———

① 参见 M. Heidegger, GA 60, S. 58–59。
② 参见 a. a. O., S. 61–62。
③ 参见 a. a. O., S. 63–64。

Lebenserfahrung）的领域，是"前理论的东西"（vortheoretisches Etwas）；与该领域对应的方式，只能是非－普遍化的形式指引，而总体化与形式化等普遍化方式则是对应"理论的东西"（theoretisches Etwas）的领域的。而正是前一个领域的形式指引或自行－显示才奠基了后一个领域。

要之，在早期弗莱堡时期，海氏正是在作为形式指引的自行－显示的意义上去理解真理原始现象的。他正是在形式指引的意义上，重新阐发了一系列概念（如历史、哲学等）。但在1923年后，这个词就很少在海氏文本中直接出现了。或许是因为海氏认为继续利用"形式的"（formal）这些存在学的经典概念来表达他崭新的存在思想，总是显得蹩脚而易招人误解。但作为海氏存在思想开端性的形式指引，理所当然地会隐蔽地持驻在他后来的全部运思中。

3.12 Dasein 之展开状态

3.121 Dasein 之汉译

在海氏早期讲座里，他经常使用Leben（生活/生命）这样的语词来形式指引人或人的存在，直到1923年（GA 17：1923/1924年马堡冬季学期讲座"现象学研究导论"）后才开始使用后来《存在与时间》意义上的Dasein这样专门用来形式指引像人这样存在的东西的基础存在学术语。无论是Leben还是Dasein，我们可以认为它们都归属于海氏"后－存在学的存在之思"（即在《存在与时间》里所谓的"基础存在学"），它们都是与海氏毕生独一之诗Sein天命关联着的。简单地说，我们要理解Dasein，必须从Sein开路，而要通达Sein，则又须以Dasein入手。欲理解海氏"新人学"（如果海氏有"人学"的话），理解他的Dasein，就必须从他的Sein以及Sein和Dasein之天命关联入手。那么，Dasein究竟是什么意思呢？笔者为何至今不对该词做汉译，而是径直把该德文词原形呈上呢？这是因为 Dasein 的汉译是异常困难的。且不说其中 Sein 翻译的十分艰难，单就这个 Da 的翻译就难于上青天。我们已见到的 Dasein 汉译有亲在、此在、该在、缘在、定在、达在和此是等等。如今最为通行的是"此在"（陈嘉映），该译法的好处是日常朴实，因为 Da 在德语中本来就是个常用的日常词汇，此外对哲学史上的 Dasein 统一采用该译法也是可能的。只不过问题是海氏已经非常明确地表明了 Da 亦此亦彼的意蕴，且日常德文中的 Da 显示的是非常灵活的处境化的亦此亦彼（既可以是此时-此地，也可是彼时-彼地，既可以说 hier und da，也可以说 da und dort，所以认为 Da 首要的是指"此［地／时］"，而非"彼［地／时］"，这是缺乏依据的，也正是这个原因，才有 t/here 这样的英译——和汉语类似，英文中也难以找到能与 Da 很好对应的词），以及与之关联的丰富意蕴，而汉语中的"此"却是个与"彼"面对而立的拘执一边的词，并没有这种亦此亦彼、居间参两、灵活丰腴的意蕴，因此将 Dasein 译为此在似乎是有欠妥当的。而且，倘若尤其考虑到海氏在原始时间三相"曾在-现在-将在"中对将在的格外强调（在这一点上，海氏或许与胡塞尔葆有重大分歧，因为胡塞尔或许相对更为看重现在或当下），如果将 Da 译解为"此"，亦有可能更易误导读者把现在、此时看作 Da 之原义了。

相比而言，"缘在"（张祥龙）之"缘"更能应对海氏对 Dasein 中 Da 的处境化-时机化运用，不过缘似乎仍然难以和 Da 完全吻合。缘在无疑是极佳的理解-解释，但作为翻译似稍有不合。"亲在／亲临存在"（熊伟）也非常传神，"亲"能很好地对应海氏对 Da 的三重实存学结构分析，以及显示出在茫茫存在者中唯 Dasein 与 Sein 亲近（或最亲）：因为人是存在的守护者-葆藏者。但亲却很难与 Da 在字面上应对起来。"该在"（叶秀山）中的"该"彰显 Dasein 乃"时间性−时中−到时"，但也是字面上难以应对。"此是"（王路）一译中，"此"就不必说了；"是"或许倒是一个对汉译−理解的有趣贡献 ——将海氏有关 Sein 的词蔟全部翻译−理解为是的词蔟，这是大胆的思想试验。但非常可惜的是王先生对是的理解过于偏重系词，从而错失了是原有的十分丰富之内涵。难道汉语的是只有系词用法吗？难道我们在强调 Sein 的存在的哲学用法时，就不能用是去翻译它了吗？是在汉语中一开始也不是作系词用的（据说是从汉代才开始作系词用的），是从古至今也都有着多种相互关联的丰富指称的，并且还在不断变化着。并且，十分简要地说，用是翻译 Sein，一个可能的便利就是，从是出发开掘或生发出存在的意思是有可能的，至少完全有这个潜质；但要反过来，从存在挖掘出是的包括系词在内的诸多意思却实在艰难。我们完全没有必要一看到是，就联想到系词，进而主谓词命题、主谓词逻辑，再进而形而上学……On、Sein、Being 和是，都不是这样的情形，可以说它们这些词所包涵的原始意蕴都是极为丰富的。事实上，主导用是来译 Sein，让汉语人也开始习惯读"上帝是"之类的句子，这也会促使现代汉语（语法）进一步地演变 ——并且未必是朝着更不好的方向。[1]

　　笔者曾考虑是否可以"境"来译 Dasein 中的 Da，而将 Dasein 翻译为"境在"。"境"在汉语中从词源上说，首要的是指"边境"（一开始就有地理"边缘−边界"的居间−灵活之义），可引申为"地方−处境−境地−境况−境遇−居所"等诸家族相似着的意义场。它就是一个"位置−地方−处所"（Ort），就是一个贯通彼−此的"疏敞地"（Lichtung）[2] 或"时−空"（Zeit-Raum）（该两词是海氏 1936 年开

---

[1]　有关 Sein 汉译的深入探讨，详见本书第七章。
[2]　有关 Lichtung 汉译的专门探讨，详见本书 3.13 节。

始写作《朝向哲学的诸文献（从兴有而来）》后所常用的"存在-大词"）。人作为"境在"（Dasein）总是"身临其境"即"身临它自己的 Da"的，总"在境（中）"："我"无论"在"何时-何地，总带着"我自己的""境"（Da）。因此"境"是一个较"此"更为处境化的词，可以很好地呼应于 Dasein 的"在-该-世界-存在"（In-der-Welt-sein）。"境在"就是"在境"也即"存在于处境之中"，也就是"在-该-世界-存在"。在所有存在者中，也唯有"人"（作为"境在"）才能存在于处境之中，才可能在境中让某存在者上到手头或现成在手、与他人（别的"境在"）共同在境，才可能在境中操心不断，才可能有佳境、困境、顺境、逆境、真境和迷境，才可能在境中去蔽存在者或在境中执迷于存在者，才可能在境中领会存在，才有可能通达"天人之境"——也因此才有"境界"可言。

"场在"或许也是个可能的选择，以"场"译 Da 是可能的（"场"的核心意思就是一块"空地"），而 Dasein 本来就是"在场"的意思。在场就是在这儿或在那儿的意思，不管在这儿或在那儿都是在场。考虑到 Da 或 Da-sein 与 Lichtung（疏敞地或林间空地）之间十分亲密的关联，将 Dasein 和 Da-sein 中的 Da 译为"场"也是可行的选择之一。

不过无论"境"还是"场"，也都难以与 Da 完全吻合。比如"境"和"场"最大的问题可能都是过于偏重"空间"意味，而较乏"时间"义。

笔者还曾想到过"间在"译，即以"间"来译解 Da。间原写作"閒"，其义可字面理解为"开门月入，门有缝而月光可入"（段玉裁《说文解字注》）。我们可以把"閒"的原始意义理解为"这一个""閒隙-閒缝"，即"这一个""时閒-空閒"。这是"閒"作为名词的意义，而它更为本原的动词义即为"兴开"这一个"閒隙-閒缝"。原始"閒隙-閒缝"的启发-兴开——开门启发了这一丝閒隙，"（月）光"才可能过隙而入，"照亮"（即"让……显示自身"）诸"存在者（是者）"之所"存在（是）"也。因此，"閒（之兴开启发）"先于"光（之涌入洒落）"！"閒"其实可与海氏 Lichtung（疏敞地）或 Da 之义颇为亲近，因此或许也可尝试将 Da 意译为"閒"，这样 Dasein、Da-sein 即可对译为"閒在（是）"和"閒-在（是）"。"人"不仅"在""閒"，它其实就"是"（它那个）"閒"！这里似乎我们也可以感受到将 Dasein 中的 sein 读作"是"的"好处"，作为"Da-sein"（閒-是）的人其实就"sein-Da"（是-閒），"人生（我）"实即那一道"存在"之"閒隙-閒缝"——"最切近之切近"即"閒"矣！另外"閒"也不像"境"和"场"那样偏于"空间"义，"时间""空间""如其原始平等地"在这一个"閒"里原始地聚合-接缝起来。"閒"（Da）实乃"林閒空地"（Lichtung）之"閒"也。

　　此外，"朕在"或"朕是"也不妨为一可能之译名选择。《说文》[①]云："朕，我也。"《尔雅》[②]亦云："朕，我也。"朕在先秦本来就是我的意思，这与"向来是我"的 Dasein 相吻合。而朕从舟从关，本义为舟缝，"舟之缝理曰朕"（戴震《考工记图·函人注》），引申而为迹象、征兆义，"体尽无穷，而游无朕"（《庄子·应帝王》）。凡言朕兆者，谓其几甚微，如舟之缝，如龟壳之裂纹也。缝隙-裂缝不就是本源之空间吗？朕兆-朕迹不就是本源之时间吗？因此，朕实即那个本源之"时间-游戏-空间"（Zeit-Spiel-Raum）——那个"閒"（Da）矣！

　　此外，这里还必须最后回顾插入一句：熊伟先生的"亲在"译

---

　　① 本书对古籍《说文解字》的引用参见中华书局 1985 年版与九州出版社 2001 年版。
　　② 本书对古籍《尔雅》的援引参见胡奇光、方环海：《尔雅译注》（上海：上海古籍出版社，2004 年）。

名无疑是十分高明的，也是笔者目前事实上最青睐的 Dasein 汉译名。但也许更合适的说法是：亲在或许更多的仍是（纯粹本真之文化意义上的）"中国人"的人生体验，而非海氏那样的 Dasein 式的"西方人"的人生体验（某种更多独立主体的、充满与"上帝"直面之"原罪"意味的原初人生经验）。亲在或许并非 Dasein 之匹配译名，但亲在却甚至比 Dasein 更为高明，或者说是更地道地显示了中国人的独特人生体验结构（某种更多天人合一的、充满"［家庭］亲亲"［亲子-亲偶关系］意味的原初人生经验）。中国人与西方人的生活之间有着"诸家族相似性"，亲在与 Dasein 相互亲缘着，更通俗的说法就是：它们既相互区别陌异，又确有着颇多相通共鸣之性。

要之，本书将暂取保守之法，即不直接翻译 Da、Dasein 和 Dasein 等，仅保留德文原词。①

3.122 Dasein 之展开状态

海氏在早期对真理问题思考的基础上，于 1927 年写就的《存在与时间》（残篇）第 44 节集中描述了与其"基础存在学"（Fundamen-

---

① 以上分别参见 M. Inwood, ed., *A Heidegger Dictionary*, Oxford: Blackwell, 1999, p. 42; 海德格尔：《存在与时间》，陈嘉映、王庆节合译，熊伟校，陈嘉映修订，北京：生活·读书·新知三联书店，2006 年，第 498-501 页；张祥龙："'Dasein' 的含义与译名——理解海德格尔《存在与时间》的线索"，载《从现象学到孔夫子》，北京：商务印书馆，2001 年，第 69-93 页；王路：《"是"与"真"——形而上学的基石》，北京：人民出版社，2003 年，第 336 页；王庆节："亲临存在与存在的亲临——试论海德格尔思想道路的出发点"，载《解释学、海德格尔与儒道今释》，北京：中国人民大学出版社，2004 年，第 87-105 页；王庆节："亲在与中国情怀"，载《自由的真谛——熊伟文选》，北京：中央编译出版社，1997 年，第 395-399 页；叶秀山："从康德到列维纳斯——兼论列维纳斯在欧洲哲学史上的意义"，载《哲学作为创造性的智慧——叶秀山西方哲学论集（1998-2002）》，南京：江苏人民出版社，2003 年，第 192 页；《瓦里希德语词典》，北京：商务印书馆，2005 年，第 327 页；《辞源》（合订本 1-4），第 335、339、1333、1764 页。

talontologie）相应的原始真理观。他在该节从分析传统存在学的真理概念入手，找到了为其奠基的原始真理现象也即"Dasein 之展开状态"；接着分析了作为原始真理现象的 Dasein 之展开状态，认为 Dasein 同样原始地是在"真理"与"非真理"之中，并又反过来从该展开状态出发描述了传统存在学下的真理概念之缘起；最后，总结了只有 Dasein 存在，才"有"真理，而唯当真理存在，才"有"存在 —— 存在与真理同样原始地"存在"。

　　海氏认为，"真理"（Wahrheit）从来就是与"存在"（Sein）相提并论的。传统的真理观认为：（1）真理的"处所"（Ort）是"陈述"（Aussage）或"判断"（Urteil）；（2）真理的本质在于判断与它的对象相"符合"（Übereinstimmung）；（3）亚里士多德这位逻辑学之父既把判断认作真理的原始处所，又率先把真理定义为符合。[①] 但这些说法是含混的，也是未经深思的。比如，符合究竟是什么意思呢，所谓判断与它的对象相符合又是什么意思呢？符合是一种关系。而就判断来说，必须把"判断活动这种现实的心理过程"和"判断之所云这种观念上的内容"加以区分。因此，所谓的符合是指"观念上的存在者"与"现实的现成存在者"之间的关系。这样真理现象就被标画为认识的特征，符合关系就同认识的证实活动关涉起来。"证实涉及的是：道出陈述这种向陈述之所云的存在是存在者的展示；这种道出陈述的存在去蔽了它向之而在的存在者。陈述的去蔽着地-存在（das Entdeckend-sein der Aussage），这一点得到证明。"[②] 因此，证明涉及的只是存在者本身的被去蔽的存在，只是那个"如何"被去蔽的存在者。证实是依照存在者的显示进行的。所谓"一

---

①　参见 M. Heidegger, GA 2, S. 284。

②　A. a. O., S. 288.

陈述是真的"，就是说：它就存在者本身去蔽存在者（sie entdeckt das Seiende an ihm selbst）。陈述的"真在或真是（Wahrsein）"（真理）正是"去蔽着地-存在"（entdeckend-sein）。这样，按照海氏基础存在学来说，这个"去蔽着地-存在"又只有在 Dasein 的在世现象中才是可能的，Dasein 的在世现象才是真理原始现象的基础。[①]

陈述的"真在或真理"作为"去蔽活动"本来就是 Dasein 的一种在世方式。第一位意义上的"真"，是指进行"去蔽"的 Dasein，第二位意义上的"真"则是指"被去蔽态"。而该去蔽活动乃是奠基于 Dasein 之展开状态的，而这个展开状态又是被包含于"烦"（Sorge）[②]之整体结构的。只要 Dasein 作为展开的 Dasein 开展着、去蔽着，那么，它本质上就是"真的"。Dasein 就是"在真理之中"（Dasein ist "in der Wahrheit"）。按照基础存在学之视野，海氏将真理现象的原始意义总结如下。

真理现象的实存学-存在学解释（Die existenzial-ontologische Interpretation des Phänomens der Wahrheit）得出如下陈述：1. 真理在最原始的意义上乃是 Dasein 之展开状态（die Erschlossenheit des Daseins），而 Dasein 之展开状态中包含有世内存在者的无蔽。2. Dasein 同样原始地是在真理与非真理之中（Das Dasein ist gleichursprünglich in der Wahrheit und Unwahrheit）。[③]

---

① 　参见 M. Heidegger, GA 2, S. 289-290。
② 　我们采用了熊伟版的 Sorge 汉译。在这里，笔者不禁想起成都方言里的一句"好烦哦"。Dasein 的实存即"烦"，烦事-烦人-烦心——甚至烦烦。唯"烦"才担当得起 Dasein 实存学-存在学之整体性建构。
③ 　A. a. O., S. 295.

接着，海氏还要"倒过来"说明被理解为作为陈述之正确性的、某种符合意义上的真理，是怎样从 Dasein 之展开状态变异－构造而出的。简单地说，作为某种符合之真理的"处所"的陈述及其结构，即以判断方式出现的"作为"（Als），是奠基于解释及其结构即解释学上的"作为"，并进而奠基于"理解"（Verstehen）即 Dasein 之展开状态。陈述作为去蔽着的陈述同存在者相联系，而这个联系就表现为现成东西之间的一种现成关系了。"展开状态和对被去蔽的存在者的有所去蔽的存在这一意义上的真理变成了世内现成存在者之间的符合这一意义上的真理。"这样，"在实存学－存在学之奠基关联的顺序上（in der Ordnung der existenzial-ontologischen Fundierungszusammenhänge）是最后的东西（即作为符合的真理），在存在的－实际的层次上（ontisch-faktisch）上却被当作最优先最切近的了"①。

> 最原始的"真理"是陈述的"处所"，并且也是这种可能性的存在学条件——陈述可能是真的或假的（去蔽着的或遮蔽着的）。②

这个"最原始的真理"正是"Dasein 之展开状态"，因此，"展开状态"作为"Dasein 的一种本质性的存在方式"（eine wesenhafte Seinsart des Daseins），是以 Dasein 本身为前提的。也就是说，

> 唯当 Dasein 存在，才"有"真理。（Wahrheit "gibt es" nur,

---

① 参见 M. Heidegger, GA 2, S. 297-298。
② A. a. O., S. 299.

sofern und solange Dasein ist.) ①

Dasein 与"真理"是共在的，是不可怀疑的，也是我们必须设定的前提。它们是根本性的前提，只有在这个前提的基础上，我们谈论判断、判断的真-假、怀疑、知识、主体和客体等才可能有意义。因此，海氏在该节末尾处是这样来总结他此时的真理观的：

> 真理的存在（Das Sein der Wahrheit）处于与 Dasein 相联系的原始关联中。只因为 Dasein 是由展开状态也即理解规定的，像存在这样的东西才可能被理解，存在之理解才是可能的。
>
> 唯当真理在，才"有"存在——而非——存在者。而唯当 Dasein 在，真理才**在**。存在和真理同样原始地"在"。（Sein—nicht Seiendes—"gibt es" nur, sofern Wahrheit ist. Und sie *ist* nur, sofern und solange Dasein ist. Sein und Wahrheit "sind" gleichursprünglich. ）②

要之，存在以及对存在的理解都依赖于"Dasein 之展开状态"也即"真理"，而"真理"作为"Dasein 之展开状态"是完全奠基于 Dasein 的；所以，唯当"真理""在"，才"有""存在"；唯当 Dasein "在"，"真理"才"在"；这样，Dasein 实际上不知不觉中反而就成为一切的出发点了③。可见，此时的海氏完全是以基础存在学

---

① M. Heidegger, GA 2, S. 299.

② A. a. O., S. 304.

③ 就基础存在学论，原本应该是 Sein 作为一切的出发点才对，Dasein 亦是本质性地从出于 Sein 的。只不过，"不知不觉"中，Dasein 似乎才抢尽了存在的风头，把 Sein 遮掩-庇护下去了。Dasein 的确实际上反而成了《存在与时间》"残篇""直接"考察的"第一"课题。也难怪不少哲学家将《存在与时间》或"基础存在学"读作某种"海式人类学"了。

的 Dasein 实存学-存在学分析为出发点来考察其真理与存在问题的，Dasein 既是"敞开"真理与存在问题的"视野"（Horizont），同时也是对它们的一种"限制"和"掩盖"。海氏在《存在与时间》后对真理与存在问题的继续探索，也就是不断在挣脱 Dasein 单调而局限的视野[①]，尝试从更多、更原始的视野去理解"真理与存在"。

3.13 作为存有之真理的疏敞地

海氏的这种努力一直持续到其晚期。他在 1964 年演讲"哲学的终结和思的任务"中扼要总结了他的真理观：真理的原始现象是"自行遮蔽着的庇护之疏敞地"（Lichtung des sich verbergenden Bergens）。他把思这种意义上的疏敞地，作为哲学或形而上学终结之际留给思的可能任务-道路。[②] 而这条道路，他是从 20 世纪 30 年代开始才找到的。

他在演讲开头部分回顾说："自 1930 年以来，我一再尝试更原

---

① 实际上海氏在《存在与时间》中已经通过在 Da 与 sein 之间加上连字符的方式即 Da-sein 来特指"处在现身、理解之中，即处于存在本身展露开来的状态中"的 Dasein 了。（参见 M. Heidegger, GA 2, §31"Das Da-sein als Verstehen"）Da-sein 可说是较 Dasein 更加地"原始"，更加地"去""人-主体"的意味。而他在《存在与时间》之后，也一直在努力"去"Dasein 当中犹存的或多或少的容易被人误解为"人-主体"的意味（也就是说《存在与时间》中的 Dasein 实际上已根本不再是传统存在学下"人-主体"的意思了，只是海氏那时所使用的表达方式的确还易遭人误解而已）。在《朝向哲学的诸文献（从兴有而来）》中，Da-sein 就是指"真理之本生的奠基"（Gründung des Wesens der Wahrheit）或"作为存有之真理的真理的奠基"（die Gründung der Wahrheit als der Wahrheit des Seyns），它的意味与"Seyn"（存有）或作为存有之真理的 Lichtung（疏敞地）的确已经相当接近了。"在 Da-sein 中和**作为 Da-sein**，存有自行兴-有真理……"（Im Da-sein und *als* Da-sein er-eignet sich das Seyn die Wahrheit…）。"这个**疏敞地**本生着，并且**是**在被调音着的和创造着的容忍之中：也即是说，真理'**是**'作为 Da- 奠基和 *Da-sein* 的。"（Diese *Lichtung* west und *ist* in der gestimmten schaffenden Ertragsamkeit: d. h. Wahrheit '*ist*' als Da-gründung und *Da-sein*.）"Da-sein［是］人的基础（Da-sein [ist] der Grund des Menschen）。"参见 M. Heidegger, GA 65, S. 13, 9, 20, 329。

② 参见 M. Heidegger, GA 14, S. 88。

始地去构成《存在与时间》的课题。而这意味着，要对《存在与时间》的问题出发点做一种内在的批判。"①1930 年正是海氏写成并开始多次演讲"论真理之本质"的时候，并且该文也被作为其思想道路之"路标"而被编入《路标》当中。海氏在 1949 年第 1 版《关于人道主义的书信》单行本首页的边注里，将这种作为"更其原始地去构成《存在与时间》课题"的内在批判道路称为"质朴地道说存在之真理"（die Wahrheit des Seins einfach zu sagen），而他是在 1936 年的"瞬间"（Augenblick）才真正"上路"的。②我们知道，其时也正是海氏开始撰著他的"另一部"著作《朝向哲学的诸文献（从兴有而来）》③的时刻，《朝向哲学的诸文献（从兴有而来）》正是他质朴地道说"存有之真理"（Wahrheit des Seyns）或"存有之历史"（Geschichte des Seyns）或"兴有"（Ereignis）的正式开端。因

①　M. Heidegger, GA 14, S. 69.

②　参见 M. Heidegger, GA 9, S. 313。

③　笔者在这里不欲比较《存在与时间》和《朝向哲学的诸文献（从兴有而来）》中的哪一部才是海氏"最主要"的著作。仿效海氏"存有历史"的"第一开端"和"另一开端"的说法，我们也可将《朝向哲学的诸文献（从兴有而来）》称为这"另一部"著作，也"唯有"这另一部著作——海氏"唯有"两部真正的"著作"即《存在与时间》和《朝向哲学的诸文献（从兴有而来）》（其他的著作都以这两部著作为参照系或坐标系）。也正如"存有历史"的"两个开端"又都是这"独一无二的存有"自身的历史，海氏这两部著作也都归属于他自己"独一无二"的思想道路本身。其实维氏情况也是类似的，《逻辑哲学论》和《哲学研究》都是他的"生命之作"，是他唯有的"两部"著作，但又都归属于他自己"独一无二"的思想道路本身。因此，"一个海德格尔"和"两个海德格尔"是"一回事"，"一个维特根斯坦"和"两个维特根斯坦"乃至"三个维特根斯坦"也都是"一回事"。此外，如果不得不在《存在与时间》和《朝向哲学的诸文献（从兴有而来）》中单选出一部作为海氏毕生代表作的话，笔者会选择后者——并且，笔者确信海氏亦会给予同样的答案。同理，对于《逻辑哲学论》暨《哲学研究》，笔者会选择后者——并且，笔者确信维氏亦会给予同样的答案。笔者坚信，唯有以《朝向哲学的诸文献（从兴有而来）》为开端或源头，才可能更为"顺势"或"合理"地打通整个海氏前后期思想-文本，才可以更好地或真正地去理解《存在与时间》之所云——而不至于把后者读作任何意义上的"传统形而上学的"人类学了。

此，我们可以认为，从 1930 年到 1936 年，海氏真正完成了对以《存在与时间》为代表的前期存在思想进行某种内在批判和超越的准备工作，而这种准备工作又是直接从真理问题入手的。从 1930 年开始，海氏就已经开始在为我们展示某种更为原始的真理观和存在观，起初几年里还是不够明朗成熟的[①]，比如在"论真理之本质"和 1935 年演讲"艺术作品的原跳"里都直接地展示了他的更新、更原始的真理之思，而到 1936–1938 年写作的《朝向哲学的诸文献（从兴有而来）》就"瞬间"完全公布了他崭新的真理观。海氏在《朝向哲学的诸文献（从兴有而来）》之后的著述中关于真理的讨论也随处可见。我们这里在扼要勾勒上述三个"路标"之后，将仅以"哲学的终结和思的任务"对 Lichtung 的探讨为例，管窥海氏后期"最成熟"（也即"最鲜嫩、最质朴"）的真理观。

演讲"论真理之本质"前 5 节是直接按着《存在与时间》中"真理作为 Dasein 之展开状态"的思路行进，从而将真理的本质描述为"自由"（Freiheit），自由就是"绽-出的、去蔽着的存在者之让存在"（ek-sistente, entbergende Seinlassen des Seienden）。而到 5、6 节之间却有个小小的"跳跃"。海氏从第 5 节结尾处开始直到第 9 节展示和强调了"让存在本身即遮蔽"、"真理本身即作为遮蔽和迷误"、"真理之本质（作为名词）"（Wesen der Wahrheit）即"本质（"本生"，作为动词）之真理"（Wahrheit des Wesens）。这些意思在《存在与时间》中还未得到充分彰显，虽然那时海氏也讲过"Dasein 同样原始地在真理与非真理之中"了。并且，该演讲中还直接提到

---

① 而且这种不明朗是带有"蓄意-蓄势"色彩的。海氏为实现 1936 年"瞬间"的"一跃"，先行完成了蓄谋已久-深思熟虑的准备工作。参见 D. Vallega-Neu, *Heidegger's Contributions to Philosophy: An Introduction*, Bloomington: Indiana University Press, 2003, p. 1。

了"存在之真理"（Wahrheit des Seins）①，当然海氏在这时或许还蓄意地未有充分展开它。不管怎么说，从 1930 年开始，对海氏来说，真理就不再被仅仅作为"Dasein 之展开状态"或"世内存在者的被去蔽态"，也即某种"存在者之真理"了，真理"要"开始直接作为"存在自身之真理"了。与此同时，存在也"要"作为"存在自身""出场"了，而不再仅仅作为"存在者之存在"了。在海氏思路中，真理总是与存在携手回返更为原始的现象。

演讲"艺术作品的原跳"继续强调真理在本质上即非真理，把原始真理现象思为"疏敞地与遮蔽之原始争执"（Urstreit von Lichtung und Verbergung），思考了真理发生的几种根本方式（尤其是艺术），而艺术的本质是"诗"（Dichtung），诗的本质却是"真理之创建"（Stiftung der Wahrheit）。诗乃"赠予"（Schenken）、"奠基"（Gründung）和"开端"（Anfangen）三重意义上的创建，而作为诗的艺术乃是作为开端的创建。该演讲的诸多内容、术语都已直接关涉《朝向哲学的诸文献（从兴有而来）》，按照海氏自己的评价，是"有意识地、但未予挑明地活动在追问存在之本生（Frage nach dem Wesen des Seins）的道路上"②。

而在《朝向哲学的诸文献（从兴有而来）》中，海氏后期（乃至毕生）的真理观才第一次得到了明确而完整地展现。因为唯在这部著作中，海氏才第一次依照"存有之历史"（Geschichte des Seyns）或"存有之本生"（Wesen des Seyns）或"兴有"（Ereignis）来最原始地理解真理。原始真理现象不再被理解为任何"存在者之真理"（Wahrheit des Seienden），而是"存有之真理"（Wahrheit des

---

① 参见 M. Heidegger, GA 9, S. 194。

② M. Heidegger, GA 5, S. 73.

Seyns）。它是"存有之本生"与"存在者之存在者性"（Seiendheit des Seienden）的"之间"（Zwischen）[①]，它通过 Da-sein 奠基，它有其"本生之历史"[②]，它（的本生）就是"为自行遮蔽之疏敞地"（Lichtung für das Sichverbergen）[③]。

我们现在可以重新回到演讲"哲学的终结和思的任务"了。在该演讲中，海氏大致是这样引出关于 Lichtung 之讨论的。

哲学或形而上学在现时代已进入其"终结"（Ende）了，形而上学思考"存在者作为存在者"（das Seiende als das Seiende），并将之归结于某种"基础"（Grund），"为存在者提供基础的形而上学思想的特征乃在于，形而上学从在场者出发去表象在其在场性中的在场者，并因此从其基础而来把它展示为有基础的在场者"[④]。哲学的终结也即它的"完成"（Vollendung），即"聚集到最极端的可能性中去"，而在尼采与马克思那里，哲学就达到了它最极端的可能性。哲学在终结之际被消解于"技术化了的诸科学"，"哲学之终结显示为一个科学技术世界以及相应于这个世界的社会秩序的可控制的设置的胜利"。但哲学完成之际，还留有另一种可能性，实际上过往的哲学都从该可能性出发，但却从未真正经验过它。因此，哲学在终结之际，就还为思想留下了可能的任务去思该种可能性。这样的"思想"就既非"形而上学"（哲学），亦非"科学"，它是要去更原始地思"事情本身"（Sache selbst）。在过往的形而上学里，黑格尔与胡塞尔都试图去思过某种"事情本身"，并分别是通过"思辨–辩证法思想"（spekulativ-dialektische Denken）和"原始直观及其明见性"

---

① M. Heidegger, GA 65, S. 13.

② 参见 a. a. O., S. 333–334。

③ A. a. O., S. 348.

④ M. Heidegger, GA 14, S. 70.

（originäre Intuition und ihre Evidenz）的不同方式。两者的方式大相径庭，但却都将事情本身思为某种"意识之主体性"（Subjektivität des Bewußtseins）① 了，而这仍旧是某种"存在者作为存在者"，仍旧是在哲学-形而上学的领地之内 —— 反之，我们须尝试去追问："恰恰就在哲学已经把其事情带到了绝对知识和终极明见性的地方，如何隐藏着不再可能是哲学之事情的有待思的东西（was zu denken nicht mehr Sache der Philosophie sein kann）。"② 这个不再可能是任何哲学之事情 —— 既非黑氏绝对知识，亦非胡氏终极明见性 —— 的有待思的东西正是海氏 Lichtung③。

───────────

① 虽然或许海氏对胡塞尔中后期阶段的新思想发展细节未必完全了解，但海氏在这里对黑格尔与胡塞尔的总结判断无疑是十分穿透到位的。在笔者看来，黑格尔与胡塞尔的相似性或亲近性远不止于都将"事情本身"归结于某种"意识之主体性"，而是实际上二者进一步地都把这个"意识之主体性"归结为某种历史主义的、先验目的论的"发生的-精神-现象学"了。胡氏自然历史和精神历史的演绎，说到底全部都是"诸先验主体性"或"诸原-我"的交互构造成就。在黑氏先验主体性从极端空乏抽象的环节逐步扬弃自身、辩证发展到完满具体之绝对精神的同时，胡氏先验主体性也正在经受着从空乏的、低阶的诸单子合作社到充实的、高阶的精神大全世界的发生构造历程……当然，这里必须预先强调的是：胡氏先验主体性与黑氏先验主体性的一个本质区别即在于前者是"先验复多的"（交互主体性从来就是诸单子或者诸原-我），而后者则是"先验单数的"（绝对精神从来只有一个）。

② M. Heidegger, GA 14, S. 79.

③ 值得注意的是，早在《存在与时间》（第五章 28 节"一种专题分析在之中的任务"）里，海氏就已经开始"认真"思考作为"疏敞地"的 Lichtung 了。Lichtung 简直就是 Dasein，就是 Dasein 的 Da，也就是"Dasein 之展开状态"即海氏其时所理解的"原始真理现象"了！"谈到在人之中的 lumen naturale（人性之光）的存在上形象生动的话语，指的无非是这种存在者的实存学-存在学结构：它以是它的 Da 的方式**存在**（es *ist* in der Weise, sein Da zu sein）。它是'已被照亮的'（erleuchtet），这等于说：它作为在-该-世界-存在就其本身而言就是被疏敞了的（gelichtet）—— 不是由其他存在者来，而是，它本身就**是疏敞地**（Lichtung）。唯对于从实存学上如此这般被疏敞了的存在者，现成的东西才可能在光亮（Licht）中得以通达，在晦暗中有所遮蔽。Dasein 从来就携带着它的 Da。不仅实际上 Dasein 并不缺乏它的 Da；而且，Dasein 若缺乏这个 Da 就不成其为具有这种本质的存在者。*Dasein* **就是它的展开状态**（*Dasein ist seine Erschlossenheit*）。" M. Heidegger, GA 2, S. 177.

黑格尔的思辨辩证法作为一种"显现"（Scheinen）必须在某种"光亮"（Helle）中行进，只有在光亮中，显现者才能"显示自身"（sich zeigen）。但光亮又植根于"这个敞开之境"（das Offene）或"这个自由之境"（das Freie），光亮在敞开之境中"游戏"（spielt），并在那里与黑暗相争执。因此，唯有敞开之境的"敞开性"（Offenheit）才允诺思辨思维道路通达其所思之物。

Wir nennen diese Offenheit, die ein mögliches Scheinenlassen und Zeigen gewährt, die Lichtung. Das deutsche Wort „Lichtung" ist sprachgeschichtlich eine Lehnübersetzung des französischen clairière. Es ist gebildet nach den älteren Wörtern „Waldung" und „Feldung".

Die Waldlichtung ist erfahren im Unterschied zum dichten Wald, in der älteren Sprache „Dickung" genannt. Das Substantivum „Lichtung" geht auf das Verbum „lichten" zurück. Das Adjektivum „licht" ist dasselbe Wort wie „leicht". Etwas lichten bedeutet: etwas leicht, etwas frei und offen machen, z.B. den Wald an einer Stelle frei machen von Bäumen. Das so entstehende Freie ist die Lichtung. Das Lichte im Sinne des Freien und Offenen hat weder sprachlich noch in der Sache etwas mit dem Adjektivum „licht" gemeinsam, das „hell" bedeutet. Dies bleibt für die Verschiedenheit von Lichtung und Licht zu beachten. Gleichwohl besteht die Möglichkeit eines sachlichen Zusammenhangs zwischen beiden. Das Licht kann nämlich in die Lichtung, in ihr Offenes, einfallen und in ihr die Helle mit dem Dunkel spielen lassen. Aber niemals schafft das Licht erst die Lichtung, sondern jenes, das Licht, setzt diese, die Lichtung, voraus. Indes ist die Lichtung, das Offene, nicht nur frei für Helle und Dunkel, sondern auch für den Hall und das Verhallen, für das Tönen und das Verklingen. Die Lichtung ist das Offene für alles An- und Abwesende.

我们把这一允诺某种可能的让显现（Scheinenlassen）和显示（Zeigen）的敞开性（Offenheit）命名为"疏敞地"（die Lichtung）。在德语语言史中，"疏敞地"一词是对法文 clairière（林间空地）的直译。它是仿照更古老的词语"森林化"（Waldung）和"田野化"（Feldung）构成起来的。

在经验中，林间空地（Waldlichtung）与稠密森林（dichten Wald）相区别，后者在较古老的德语中被称为 Dickung（稠密化）。名词"疏敞地"源出于动词 lichten（疏敞或使疏敞）。形容词 licht（疏敞的）与 leicht（轻柔的）是同一个词。疏敞某物或使某物疏敞（Etwas lichten）意味着：使某物轻柔，使某物自由（frei）和敞开（offen），例如，使森林的某处没有树木。这样形成的自由之境就是疏敞地。在自由之境和敞开之境意义上的疏敞者（das Lichte），无论是在语言上还是在实事上，都与意味着"光亮的"（hell）的形容词 licht（明亮的）毫无共同之处。就疏敞地与光（Licht）的差异性而言，仍要注意这一点。但两者之间还是可能有某种事实的联系。光亦可涌入疏敞地及其敞开之境，并且在它之中让光亮与黑暗做游戏。但绝不是光创造了疏敞地，光倒是以疏敞地为前提的。然而，疏敞地，敞开之境，不仅对光亮与黑暗来说是自由的，而且对回声与余响，对声音以及声音的减弱也是自由的。疏敞地乃是为一切在场者和不在场者的敞开之境。①

　　这两段文字十分重要，海氏在这里非常明白地说明了他是在何种意义上使用 Lichtung 一词的。Lichtung 就是"这一允诺某种可能的让显现（Scheinenlassen）和显示（Zeigen）的敞开性（Offenheit）"。并且海氏正是在日常德语的意义上理解 Lichtung 的：Lichtung 原来是对法文 clairière（林间空地）的直译，原来就是"林间空地"的意思。本来按说林间空地应是 Lichtung 最直接、最好的中译名，但考虑到与下文提及的 Waldlichtung 相区别，我们尝试把 Lichtung 意译-直译为"疏敞地或疏敞化"，而这样也可较林间空地更好地和与作为名词的 Lichtung 亲密关联的作为形容词的 licht（疏敞的）暨作为动词的 lichten（疏敞或使疏敞）相呼应。

　　关于 Lichtung，笔者已见到的中译名有澄明、开显、开敞、疏明（之地）、疏朗、自身揭示所在、空场和林间空地等，其中澄明是最长久惯用的译名。笔者认为，用澄明译 Lichtung，似乎是不够圆满的，虽然笔者也极喜欢熊伟先生的这个译名，并且甚至已经对它相当习惯了。或者甚至我们可以说，澄明比 Lichtung 更"好"，更圆满、密藏、丰沛、原始，更多中国人或者东方人的人生经验领悟。但澄明确与海氏（尤其在"哲学的终结和思的任务"中的）Lichtung 难以匹配。"澄"字意为"水静而清，使液体中杂质下沉、安定"，与"澄"相反的意思是"浑浊不清、不安定、有杂质混浊"。而

_____

①　参见 M. Heidegger, GA 14, S. 80-81；海德格尔：《面向思的事情》，陈小文、孙周兴译，北京：商务印书馆，1999 年，第 79 页。汉译文有较多改动。中译本把 Lichtung、lichten、licht、Lichte 分别译为"澄明""照亮""明亮的"和"明亮的东西"，这似乎让人读起来比较费解。相反，倘若按照笔者的建议，把它们分别译为"疏敞地""疏敞""疏敞的"与"疏敞者"，这里所有字面上的困惑矛盾似乎都迎刃而解了。

Lichtung 的原意就是稠密（森林）中砍伐-去除一些树木而使稠密（森林）稀疏-空敞出一方地，与之相反的意思就是稠密（森林）。因此，在它们之间我们还是能感觉到不小的差异："水清"不等于"稀疏"，"安定"也不同于"空敞"。而"明"是指"光明"，但海氏已经明确说出它与 Lichtung 没有本质联系，最多只可能有事实上的联系——但也是先有 Lichtung，才可能有光明光亮涌入其中。因此，将 Lichtung 译为澄明，似乎是不够妥帖的。窃以为把 Lichtung 按其原本意义译为疏敞地（意即［树木］稀疏-空敞之地）或疏敞化（与稠密森林的"稠密化"相对应）是比较可行的，这样形容词 licht 与动词 lichten 的翻译也都能得到较好解决，即"疏敞的"和"疏敞或使疏敞"。动词 lichten 就是"疏-敞"的意思，其中"疏"和"敞"都是动词，"疏"即"去除"树木而使林木"稀疏"，"敞"即"敞开-空敞"林地。"疏"和"敞"是一体两面的"动作"，它们是"同时"进行的，"去除树木"（疏）即"空敞林地"（敞），而"空敞林地"（敞）亦即"去除树木"（疏）。林木"稀疏"了，就"空敞"出"地方"（Da）了。"稀疏'地'空敞-空敞'地'稀疏"——就是为"有"这样那样的事儿"发生""挪地方"、"腾空间"。就连"光"与"暗"的发生，以及相互间的嬉戏，都全赖于这块疏敞地。没有疏敞地，这里将是一片密不透风的"稠密"，连光都洒落不下来。[①] 稠密——须要——被——松动（疏松-空敞）！否则，存在、时间、空间等等一切就都还"没有"。"疏敞地（的兴开）"，就是"兴有或发生"（Ereignis），也即这个"独一无二之大事（而非多件事中之一件）"（Ereignis）。"出——大事了"——就是——稠密"松动"了、"开裂"了、"开口"了，Ereignis 也即"Seyn 之本生（Wesen）"才

---

① 疏敞化：纯形式（光-空）？稠密化：纯质料（暗-密）？

有了它的 Lichtung——它的"时间-游戏-空间"——它的 Da（閒）!
没有"疏敞地"，Seyn"本生"不起来。

所谓 Lichtung（疏敞地/疏敞化）是与 Dickung（稠密森林/稠
密化）相对来说的，它就是指森林中没有树木的地方，也即稀疏-
空敞之地。Lichtung（疏敞地）来自动词 lichten（疏敞或使疏敞），
"疏敞某物或使某物疏敞"（Etwas lichten）说的就是使某物轻柔、自
由和敞开。例如，使森林的某处没有树木（而非"没有光明"）。形
容词 licht 则是有两种不同的意思或用法：一种是与 lichten（疏敞或
使疏敞）和 Lichtung（疏敞地）相呼应的作为"疏敞的"的意思，
这种意义上的 licht 与 leicht（轻柔的）是同一个词；而另一种则意味
"光亮的"（hell）的意思。"疏敞地"与"光"（Licht）并没有直接的
先天联系，但它们之间有可能发生事实的联系，即光可以进入疏敞
地而与黑暗做游戏。但须注意的是，疏敞地是前提，而光是在后的；
疏敞地是为一切在场者和不在场者的"敞开之境"（Offene）。而动
词 lichten 也是类似的有两种意思或用法：疏敞或使疏敞；照亮或使
光亮。[1]但名词 Lichtung 似乎却只有一种意思即"疏敞地"（林间空
地），而名词 Licht 也似乎只有一种意思即"光亮-灯光"了。将这
样的译解带入海氏运用它们的句子中（比如这里引用的两段文字），
从文义上看是比较可靠、通达的。[2]

此外，还可以海氏在稍后举行的他与芬克共同主持的赫拉克利
特讨论班（1966/1967 年冬季学期）最后一次课程结束时的道说作为

---

[1] 但十分有意思的是：海氏在这里的确只强调了"疏敞或使疏敞"的意思，而完
全忽视了"照亮"的意思。

[2] 参见 Dudenredaktion, ed., „Lichtung, Licht, licht, lichten", in Duden 01: *Deutsches Universalwörterbuch*, Mannheim: Dudenverlag, 2003;《瓦里希德语词典》，第 820–821 页；《辞源》
（合订本 1-4），第 1021、762、1154、731 页。

印证。

Die aletheia als Unverborgenheit geht in die Richtung dessen, was die Lichtung ist. Wie verhält es sich mit der Lichtung? Sie sagten das letzte Mal, die Lichtung setze nicht das Licht voraus, sondern umgekehrt. Haben Lichtung und Licht überhaupt etwas miteinander zutun? Offenbar nicht. Lichtung besagt: lichten, Anker freimachen, roden. Das bedeutet nicht, daß es dort, wo die Lichtung lichtet, hell ist. Das Gelichtete ist das Freie, das Offene und zugleich das Gelichtete eines Sichverbergenden. Die Lichtung dürfen wir nicht vom Licht her, sondern müssen sie aus dem Griechischen heraus verstehen. Licht und Feuer können erst ihren Ort finden in der Lichtung. In dem Vortrag „Vom Wesen der Wahrheit" habe ich dort, wo ich von der „Freiheit" spreche, die Lichtung im Blick gehabt, nur daß auch hier die Wahrheit immer hinterher kam. Das Dunkel ist zwar lichtlos, aber gelichtet. Für uns kommt es darauf an, die Unverborgenheit als Lichtung zu erfahren. Das ist das Ungedachte im Gedachten der ganzen Denkgeschichte.

　　Aletheia 作为无蔽朝向疏敞地之所是的那个方向。疏敞地的情形又如何呢？您上次说：并非疏敞地以光亮为前提，而是相反。疏敞地与光亮相互间到底有什么关系吗？显然没有。疏敞地说的是：疏敞，起锚起航，开垦林地。这并不意味着：在疏敞地疏敞之处就是光明的。被疏敞者乃是自由之境、敞开之境，同时也是某个自行遮蔽者的被疏敞者。我们不可以从光亮的角度来理解疏敞地，而是——我们必须从希腊意义出发来理解它。

光与火只能在疏敞地中找到它们的位置。在演讲"论真理之本质"中,当我谈到"自由"时,在那里我已经把疏敞地收入眼帘,只不过在这里,真理也总是亦步亦趋地伴随而来。黑暗虽然是无光的,但却是被疏敞的。对我们来说,重要的是将无蔽作为疏敞地来经验。这就是全部思想史所思者中的未被思者。①

很明显,海氏在这里再次申说了与演讲"哲学的终结和思的任务"中类似的意思:Lichtung(疏敞地)不是任何意义上的 Wahrheit(真理),而只能从古希腊的 aletheia(无蔽)的意义上去领会;Lichtung(疏敞地)与光没有任何(先天或本质)关系;光亮与黑暗都以 Lichtung(疏敞地)为前提;而这样的作为疏敞地的无蔽,海氏之前的思想家们都错过了。

让我们返回演讲"哲学的终结和思的任务"。这样的在"自由的敞开之境"意义上被理解的疏敞地,也即"原-事"(Ur-sache)。疏敞地即自由的敞开之境正是那种东西,"在那种东西里,纯粹的空间和绽出的时间以及一切在时空中的在场者和不在场者才有了聚集一切和庇护一切的位置"②。与黑格尔思辨辩证法类似的情形是,胡塞尔的原始直观及其明见性也同样依赖于敞开之境,在敞开之境这种自由之境中,"给予、接纳和明见性才能逗留并且必须运动"③。因此,

---

① 参见 M. Heidegger, GA 15, S. 262; 海德格尔:《讨论班》,王志宏、石磊译,北京:商务印书馆,2018 年,第 313-314 页。中译文有较大改动。中译本把名词 Lichtung 译为"澄明",把动词 lichten 译为"照亮",然后又说"这个澄明或照亮与光(亮)显然没有关系","黑暗虽然是无光的,但却是被澄明的","这并不意味着,在澄明澄明之处就是明亮的"——这似乎让人读起来比较费解。相反,倘若按照笔者的建议,把 Lichtung 和 lichten 分别译为"疏敞地"与"疏敞",这里所有字面上的困惑矛盾似乎都迎刃而解了。

② M. Heidegger, GA 14, S. 81.

③ A. a. O., S. 82.

所有明确地或不明确地响应"面向事情本身"呼声的哲学思想都已
经进入疏敞的自由之境了。但之前的哲学却只知谈论"理性之光"
（Licht der Vernunft），而殊不知它也是被疏敞地所照亮的。柏拉图的
"相"（idea）作为"外观"（Aussehen）虽然依赖于光，但若没有疏
敞地，也就没有光和暗了。

　　但哲学在开端之际也谈论过疏敞地。在巴门尼德的哲理诗中就
道出过 Aletheia（无蔽）。"我们必得把 Aletheia 即无蔽思为疏敞地，
这种疏敞地才首先允诺了存在和思想以及它们互为互与的在场。"① 不
过虽然 Aletheia 在哲学开端之际就被命名了，但从亚里士多德开始，
哲学却将自己的事情只作为"存在者作为存在者"了。

　　因此，"就真理被解释为关于存在的知识的确实性而言，我们
不能把 Aletheia 即疏敞地意义上的无蔽与真理 ② 等同起来。相反，
Aletheia，即被思为疏敞地的无蔽，才允诺了真理之可能性"。"追问
Aletheia，即追问无蔽本身，并不是追问真理。因此把疏敞地意义上
的 Aletheia 命名为真理，这种做法是不恰当的，从而也是让人误入
歧途的。"而这个"Aletheia，作为在思想和语言中的在场性和现身
当下化的疏敞地，很快就进入肖似（omoiosia）和符合（adaequatio）
方面"，"人们经验和思考的只不过是作为疏敞地的 Aletheia 所允诺

---

　　① 　M. Heidegger, GA 14, S. 84.
　　② 　须注意的是，在该演讲中，海氏将"疏敞地"（Lichtung）或"无蔽"（Aletheia）
与"真理"（Wahrheit）严格区分开来，这里的真理仅仅意味形而上学-存在学下的正确
性意义上的真理。如此的话，真理只有从 Lichtung 或 Aletheia 而来，才是可能的，我们
甚至可以把真理看作 Aletheia 之一种变异，但却绝不能倒过来说 Aletheia 是真理现象之
一种，哪怕被看作最原始的真理现象。但另一方面，我们的确知道，在海氏之前的大部
分著述里，真理概念其实通常都可以是在两种意义上被使用的：既可在"作为无蔽的原
始真理"的意义上，也可在"作为正确性之真理"的意义上；并且在这两种"大的"意
义各自的"内部"，又是有着很大的意义"活动-游戏空间"的。因此，问题之关键其实
就在于使用"真理"（Wahrheit）概念的具体语境了。

的东西，Aletheia 本身之所是却未被经验也未被思及"。[1]

> 或者，它的发生是因为自身遮蔽（Sichverbergen）和被遮蔽性（Verborgenheit），即 lethe，本就属于 A-Letheia，并不是一个空洞的附加，也不是仿佛阴影属于光明，相反，遮蔽乃是作为 Aletheia 的心脏（Herz der Aletheia）而属于 Aletheia——是这样吗？……

> 倘情形若是，那么疏敞地就不会是在场性的单纯疏敞地，而是自行遮蔽着的在场性之疏敞地（Lichtung der sich verbergenden Anwesenheit），是自行遮蔽着的庇护之疏敞地（Lichtung des sich verbergenden Bergens）。[2]

海氏在这里虽然是以设问和"倘若"的方式说话，但实际上已经完全表明了他的基本态度，即 Aletheia 为何后来仅仅显现为正确性，从根本上来说，就是因为"遮蔽"（lethe）乃是作为"无蔽之心脏"（Herz der Aletheia）而归属于无蔽的；无蔽本来就是需要遮蔽的，因为遮蔽也正是庇护和葆藏；从无蔽到正确性的过渡，就是无蔽或疏敞地必然自行要求的自行遮蔽。

思到这一点，我们才开始踏上"哲学终结之际思之任务的道路"。这样的新思，已经超出了理性与非理性的分别，也比科学技术更加清醒。该种新思任务之标题就不该是"存在与时间"，而是"疏敞地与在场性"了。

---

[1] 参见 M. Heidegger, GA 14, S. 85–88。

[2] A. a. O., S. 88.

但疏敞地从何而来，又如何有疏敞地呢（Woher aber und wie gibt es die Lichtung）？在这个有（Es gibt）中什么在说话？

那么，思的任务就应该是：放弃以往之思，而去规定思事（die Preisgabe des bisherigen Denkens an die Bestimmung der Sache des Denkens）。①

海氏在抛出一连串倘若与设问之后，以这样的方式结束其演讲。他不断追问疏敞地，最后追问到"有"（Es gibt），也即追问到"兴有"（Ereignis）了。海氏在这里又一次将听众引诱到"从兴有而来"的问题之上。追问"思事"（Sache des Denkens），必得追问到 Lichtung 或 Aletheia；而追问 Lichtung 必得追问到 Es gibt，必得追问到 Ereignis 上来。兴有与疏敞地之间究竟是怎样的天命关联？是兴有"给予"（gibt）了疏敞地吗？还是兴有就是疏敞地——疏敞地自行给予自身吗？可以将兴有理解为一切存在者最后的、终极的"基础或根据"（Grund）吗？对于兴有的追问将是如何避免继续行走在存在学或形而上学追寻存在者之最后基础或根据之旧路上的呢？……这一切都还被笼罩在重重疑雾中。②

3.2 真理：维特根斯坦

与海氏溯源真理元素"同时"开路的是维氏对真理元素的追溯。维氏存在新思之真理元素的追溯历程如下：

（1）在 1913-1918 年的《战时笔记：1914-1916 年》和《逻辑

---

① M. Heidegger, GA 14, S. 90.

② 可参见本书 11.4 节和 11.5 节的接续追问。

哲学论》时期，他将原始真理思为"诸不可说者的自行显示"；

（2）在贯通整个后期的代表作《哲学研究》中，他把"诸生活形式的自行显示"理解为原始真理；

（3）在1949-1951年的哲学笔记《论确实性》里，他思原始真理为"诸世界图象"。

我们先来看"诸不可说者的自行显示"。

3.21 诸不可说者的自行显示

从"表面"上看，维氏在1918年完成的《逻辑哲学论》中所展示的真理观与传统存在学或形而上学中的经典真理观并无实质区别，仍是典型的符合论下的作为命题之正确性的真理观。他在该书里多次直接表达了这样的真理观："图象"（Bild）的真或假就在于它的"意义"（Sinn）与"现实性"（Wirklichkeit）的符合或者不符合（TLP 2.222）；要能看出图象的真或假，必须将它同现实性相比较（TLP 2.223）；现实性是与命题相比较的（TLP 4.05）；命题只因是现实性的图象，才能是真的或假的（TLP 4.06）；命题的意义是它与"事态"（Sachverhalt）的"持存"（Bestehen）和不持存的可能性的符合与不符合（TLP 4.2）；等等。

这样的真理观也正体现了《逻辑哲学论》的存在思想与弗雷格、罗素的逻辑-存在学之间的某种一脉相承性。维氏在该书"前言"里只对弗雷格和罗素的著作表达过感激，并在正文多处直接表明了这种一脉相承性，著名的《逻辑哲学论》2.021节关于"世界有实体"的经典论证就是一例。

TLP 2.021 Die Gegenstände bilden die Substanz der Welt. Darum können sie nicht zusammengesetzt sein. （诸对象构成世

界的实体。因此它们不可能是被复合构成的。）

　　TLP 2.0211 Hätte die Welt keine Substanz, so würde, ob ein Satz Sinn hat, davon abhängen, ob ein ander Satz wahr ist.（假如世界没有实体，那么一个命题是否有意义就依赖于另一命题是否是真的。）

　　TLP 2.0212 Es wäre dann unmöglich, ein Bild der Welt (wahr oder falsch) zu entwerfen.（这样的话就不可能描画出世界的一幅图象［真的或假的］了。）

　　该论证符合维氏一贯的论证风格，极为简略。根据《逻辑哲学论》全书和《战时笔记：1914-1916 年》中的大量相关论述，我们可把该论证扼要补全-重构为[①]：

　　（1）真（理）仍旧是作为命题之正确性，仍旧是"命题"（Satz）与"现实性"（Wirklichkeit）的某种"符合 / 一致"（Übereinstimmung）。

　　（2）真（理）是命题的真（理），命题必然是有真-假二值的，即必然是或真或假的（即根本没有含混的"中间状态"或别的值）；因为命题终归是对现实性进行"完全"[②]描画的一幅图象；真命题是

---

　　① 可参见拙文 "Both Wittgenstein and Kant Beg the Question", *Philosophical Investigations* 42 (1), 2019, pp. 61-65。

　　② "完全"（vollstäntig）是为了确保命题的确定意义，也即保证命题的真假二值性。"一个命题虽然可以是一定'事况'（Sachlage）的不完全图象，但它却终归是一幅完全的图象。"（TLP 5.156）只要是一个真正的命题，那么终归必须是——"还原"为描画"事态"（Sachverhalt）（诸对象间的"直接"联结）的完全图象（也即基本命题）。唯"基本命题"与"事态"才像尺子与被尺子度量的东西那样紧密地"贴"在一起。因此严格来说，实际上"只有""基本命题"与"事态"，它们分别是"复合命题-语言"和"事况-事实-世界"的"原始现象"（真象）。源于命题本身也是"事实"即"存在的事态"（TLP 3.1-3.14），而一切事态的全部可能性都已蕴含在构成事态的诸对象之中（TLP 2.01-2.063）——所以在最原始的意义上，"只有"作为"实体"存在的"诸

关于现实性的真实图象；诸真命题构成知识；我们的确已经实际拥有很多真命题进而拥有知识，并且还可能合法地拥有更多的真命题、更多的知识。

（3）而实际存在的真命题之所以可能，是源于作为"实体"的"诸简单对象"的存在；因为如果"没有"不可再被分析的诸简单对象，就"没有"指称它们的"诸名称"（Namen）；也就"没有"由诸名称构成的"基本命题"（Elementarsatz）了；由于"复合命题"是"诸基本命题"的"真值函数"（Wahrheitsfunktion），基本命题的真值可能性是复合命题具有"意义"（Sinn）即真值的基本条件[①]，如果没有作为"实体"的"诸简单对象"的存在，那么复合命题的真值也将被永远地悬搁起来 —— 再也找不到给予意义的一个"源头"了；这样就连一幅关于现实性的"完全"的"逻辑图象"（logische Bild），即一个"有真值的命题"都"没有"了；而我们事实上已经"有"了很多逻辑图象（有真值的命题），因此必定是"有"作为实体的诸简单对象的。

（4）总之，"对诸简单物（即诸简单对象）的要求**正是**对意义明确性的要求"（Die Forderung der einfachen Dinge *ist* die Forderung der Bestimmtheit des Sinnes）[②]。唯"有"作为世界之实体的诸简单对

（接上页）对象"了，但这些对象却是不可说的，它们自行显示着。我们能说的只是由"诸对象"构成的"事态"而已。所以，从某种意义上说，作为"世界实体"永存的"诸对象"才是维氏前期"现象学还原"的最后剩余。详见本书 8.3 节的深入研究。

① 所谓"命题具有意义"，说的也就是"命题是真的或假的"。"由此可见，'真'和'假'不是命题的偶然属性，似乎当它具有意义时我们也可以说它是真的或假的。相反地，具有意义（have meaning/Sinn haben）意即是真的或假的（to be true or false/wahr oder falsch sein）；是真或者是假（the being true or false/das Wahr- oder Falschsein）实际上构成了命题与实在的关系，我们说命题具有意义，即指此而言。"参见 L. Wittgenstein, *Notebooks: 1914-1916*, New York: Harper Torchbooks, 1969, p. 112; L. Wittgenstein, Werkausgabe 1, S. 215。

② L. Wittgenstein, Werkausgabe 1, S. 157。

象，才"有"有意义即有真-假的命题，才可能"有"知识。①

我们可以清楚地看到，"作为命题之正确性的真（理）-逻辑地说（命题）-现成存在者（简单对象-实体）"的传统存在学维度，仍旧续存于弗雷格、罗素和维氏《逻辑哲学论》的思想当中。② 存在学依赖的"逻辑工具"虽已从旧的亚里士多德形式逻辑更换为弗雷格开启的崭新的现代数理逻辑，主谓词式的命题变成了量化的包括函数与自变元的命题，但其基本识度并未更变：仍旧是对"为了赢获作为命题之正确性的真（理），我们必须通过逻辑地说将存在制作为如何的现成存在者"——这一千年存在学-形而上学难题的执着与回应。

在这样的一脉相承关联的另一面，是维氏对于包括弗雷格、罗素逻辑-存在学在内的一切存在学的根本反动-超出。《逻辑哲学论》虽然"表面"上续存-维持了"正确性-实体-命题"这样的传统存在学"地带"，但却在它"下面"构造-滋养了一个原始存在思想的"新地带"。③ 他认为，不仅弗雷格根本不懂他的新思想，就连罗素也错失了这个新地带。在《逻辑哲学论》的前言和最末一句里，维氏

---

① 维氏本就不排斥知识-自然科学的东西，相反还要竭力维护-保护它们；他只是要把它们划定在一个界限内而已，因为这些东西还远不是"全部"；并且，他还要为这些东西何以可能找到原始的依据，比如对象、逻辑形式等的显身在场。

② 当然，即使在这一基本共通点上，他们的理解也是有很大分歧的。如维氏认为根本"没有"弗雷格和罗素意义上的"逻辑对象"、"逻辑常项"（TLP 5.4），真、假等都不代表真实的对象（TLP 4.431）。维氏简单对象也大异于罗素的"逻辑原子"即"感觉予料"（sense-data）。简单对象完全是逻辑上推论出来的"必需东西"，至于能否给出经验中简单对象的例子，他是完全不管的。他此时的关注点全在逻辑上面，而到 1929 年左右时才关心起如何描述感觉予料来。而罗素的逻辑原子则始终带有浓厚的经验主义色调。从这些歧点上，也可见出维氏超越存在学的一些端倪。

③ 之所以能构造或发现这个"新地带"，是源于维氏自己独特的实际生活经验（其中的思想来源方面，除弗雷格与罗素外，还特别包含了其他的重要思想来源，如叔本华等）。他的存在思想正是其实际生活经验的某种"形式指引"或"自行-显示"（海德格尔语）。

都已鲜明地展露了这个新地带："凡是可说的东西都说清楚；对于不能谈论的东西，就必须沉默。"在他于 1919 年 8 月 19 日写给罗素的信里，对此有更明白地说明。

> 现在我恐怕你并没有真正把握住我的主要论点，对这个主要论点来说，关于逻辑命题的所有论述都只是一个必然结论而已。该主要论点就是关于可以通过命题，即语言而被表达（expressed）[*gesagt*] 的东西（或者说，可被思考的东西）和不可以通过命题被表达而只能被显示（shown）[*gezeigt*] 的东西的理论；我相信，这就是哲学的基本问题。[①]

不可被命题"表达"，但却可以"显示"在命题中的东西，被罗素等错失了。"显示"（zeigen）一词正是理解全书的关键。按照笔者的统计，它在《逻辑哲学论》中一共出现了 56 次，除寻常的用法外，其中最重要的，也即作为维氏前期思想专门"术语"出现的——是特用于"不可说[②]者"（Unaussprechliches）的用法[③]，如 TLP 4.121、4.1212、4.122、4.126、5.62、6.12、6.22、6.36、6.522 等。

----

① L. Wittgenstein, *Ludwig Wittgenstein: Letters to Russell, Keynes and Moore*, G. H. von Wright, ed., Oxford: Basil Blackwell, 1974, p. 71.

② 须注意的是，所谓"可说"与"不可说"里的"说"都特指：以真正的命题（即有真－假二值、有意义的命题）来表达。

③ 但维氏对该关键词的使用与对其他有些关键词如 Sachverhalt 的使用类似，的确有时显得"随意"（或也可谓是"时机化"或"处境化"）而"表面上显得"不够严谨。如 TLP 4.461 "命题显示它所说的东西，重言式和矛盾式则显示它们什么都没说（Der Satz zeigt was er sagt, die Tautologie und die Kontradiktion, daß sie nichts sagen）"。但命题"所说"的东西即"各种事情"（事态、事况、事实等）怎么又能够被命题"显示"了呢？既然"可被显示者，不可被言说"（TLP 4.1212），那么被命题显示的或在命题中自行显示的，只能是不可（以命题）说的东西。对此我们只能理解为该处的显示只是寻常的用法，而非专用于不可说者的"术语"。也难怪弗雷格严词批评《逻辑哲学论》的一些基本概念含混不清，缺乏应有之阐明。

TLP 4.121 Der Satz zeigt die logische Form der Wirklichkeit. (命题显示现实性的逻辑形式。)

TLP 4.1212 Was gezeigt werden kann, kann nicht gesagt werden. (可被显示者，不可被言说。)

TLP 4.122 Das Bestehen solcher interner Eigenschaften und Relation kann aber nicht durch Sätze behauptet werden, sondern es zeigt sich in den Sätzen, welche jene Sachverhalte darstellen und von jenen Gegenständen handeln. (但这样的内在性质暨关系之持存不可通过诸命题断言，而是，它自行显示在表现那些事态和处理那些对象的诸命题中。)

TLP 4.126 Daß etwas unter einen formalen Begriff als dessen Gegenstand fällt, kann nicht durch einen Satz ausgedrückt werden. Sondern es zeigt sich an dem Zeichen dieses Gegenstandes selbst.(Der Name zeigt, dass er einen Gegenstand bezeichnet, das Zahlenzeichen, dass es eine Zahl bezeichnet etc.) (某物作为一个形式概念之对象而落入其下，这不能通过一个命题表达出来。而是，它自行显示于该对象之记号本身。[名称显示着，它指示一个对象，数字记号显示着，它指示一个数字，等等。])

TLP 5.62 Was der Solipsismus nämlich *meint*, ist ganz richtig, nur lässt es sich nicht *sagen*, sondern es zeigt sich. (因为唯我论所**意味**的东西，是完全正确的，只不过它不能**说**，而只能自行显示出来。)

TLP 6.12 Daß die Sätze der Logik Tautologien sind, das zeigt die formalen-logischen-Eigenschaften der Sprache, der Welt. (诸逻辑命题是诸重言式，这显示着语言的、世界的形式

的-逻辑的-诸性质。)

TLP 6.22 Die Logik der Welt, die die Sätze der Logik in den Tautologien zeigen, zeigt die Mathematik in den Gleichungen. （数学在诸等式中显示，诸逻辑命题在诸重言式中显示的世界之逻辑。)

TLP 6.36 Wenn es ein Kausalitätsgesetz gäbe, so könnte es lauten: "Es gibt Naturgesetze". Aber freilich kann man das nicht sagen: es zeigt sich. （倘若真有一条因果律的话，那么我们可以这样表达："有诸自然律。"但是我们自然不能说出此点：它自行显示着。)

TLP 6.522 Es gibt allerdings Unaussprechliches. Dies zeigt sich, es ist das Mystische. （确有不可说者。它自行显示着，它是神秘者。)

将上述各句作为不可说者之显示的例子开列出来，是为了让我们直接感受维氏对于 zeigen 一词独特的"哲学用法"。应该说，他在将 zeigen 用于某种"不可说者"时，是比较灵活的：既可以是某种不可说者"自行显示或显示自身"（zeigt sich），也可是它"被显示"（gezeigt）于某种语言方式当中，也即某种语言方式"显示"（zeigt）了它。笔者认为这两种方式虽然表面上有"矛盾"（不可说者一会儿作为"主动"的自行显示者，一会儿又作为"被动"的被显示者），但这只是"（语法）表皮"上的差异而已，它们实际说的是一回事："某种不可说者自行显示"同时也就是"某种不可说者被显示于某种语言方式之中或某种语言方式显示了某种不可说者"。我们不可被表皮的（存在学的或形而上学的）语法差异所迷惑。"语法"（Grammatik）本就是存在学-形而上学的天然构成部分或自然延伸。[①]

　　其实，显示这个具有无比魔力的动词在整个维氏前期思想中都占有着极其关键的位置。早在 1914 年 4 月向摩尔（G. E. Moore）口述的英文笔记中，维氏说："所谓的逻辑命题**显示着**（*shew/zeigen*）语言的因而也即宇宙的逻辑属性，但什么也没有**说**（*say/sagen*）"，"说这些属性是什么是不可能的"，"所谓的逻辑命题以某种系统的方式显示那些属性"。[②] 那么，我们究竟应该怎样来理解这个显示呢？或许，我们终究也只能说：显示也是不可说的，显示显示着，显示自行显示着。不过似乎我们终归可以明确的是以下几点：

　　（1）"可被显示者，不可被言说。"（TLP 4.1212）与显示相对应的正是言说。可显示的一定不可说，可说的一定不可显示。可以认为显示和言说在外延上是矛盾的全异关系。[③]

　　（2）"确有不可说者。它自行显示着，它是神秘者。"（TLP 6.522）自行显示的或被显示的东西，正是不可说者，也即神秘者。

　　（3）显示的道路正是数种不同的语言方式（甚至包括作为"沉默"的不说之说）。[④]

　　因此，所谓显示就是诸不可说之神秘者在数种语言方式中的（不同）显示。维氏认为：哲学就是要指称那不可说者——通过清楚表达可说者的方式（TLP 4.115）。弗雷格和罗素的逻辑–存在学正是

―――――――――――

① 这里的"语法"（Grammatik）概念可谓是在海氏术语上使用的，千万不能与维氏后期的"语法"概念混淆。

② 参见 L. Wittgenstein, *Notebooks: 1914-1916*, p. 107; L. Wittgenstein, *Werkausgabe* 1, S. 209。

③ 一个东西除开或被显示或被语言（言说）之外，还可有别的方式被如何对待吗？在《逻辑哲学论》的语境中似乎是没有其他可能方式的。

④ 我们似乎可以认为或想象显示的道路除数种语言方式外，还有如艺术活动、宗教信仰和生产劳动等，但在《逻辑哲学论》的论域中则可对它们不予考虑。当然，或许也可以这样理解，在这些活动中都不可避免地参与进了某种语言（方式）；但反过来却不一定。Logos 确有着与众不同的与 on、Aletheia 的天命关联。

错失了这个哲学的"真正领地"即自行显示着的不可说者之域；罗素等只知可被命题清楚表达的可说之域，却不识维系-滋养这可说之域的真正重要的、原始的不可说者之域；"自行显示于数种语言方式中的诸不可说者"或"诸不可说者于数种语言方式中自行显示"——维氏存在也；存在也即显示——其本身正是不可说之神秘。"显示"（zeigen）同时即"隐藏或遮蔽"（verbergen），"自行显示"（sich zeigen）也即"自行隐藏或隐藏自身"（sich verbergen）；"（自行）隐藏"意味着诸不可说者不可被命题直接表达-说出，不可说者隐藏在命题中显示自身；因此，诸不可说者的显示自身即隐藏自身，存在也即诸不可说者的"显-隐自身"——存在即"显-隐"；"诸不可说者的自行显隐"或"自行显隐的诸不可说者"（即存在）是最原始的现象（真象），它最原始地"缔造-构成"（bildet）了可说之域，"赐予"（gibt）了世间诸事发生或不发生的可能性，"同时"也就"赐予"了作为逻辑图象的命题与现实性之间的描画的图象关联，因此才可能有命题与现实性的"符合"（Übereinstimmung）与"不符合"（Nichtübereinstimmung），才可能有命题的"真是/真在"（Wahrsein）或"假是/假在"（Falschsein）——"诸不可说者的自行显示"才是真理之最原始现象，才是真正的真理，由它才"赐予"了"命题之真（理）"的可能性。

因此，在《逻辑哲学论》中，我们看到，一方面维氏的确在继承-维系-背书存在学下的作为"命题之正确性"的真理，另一方面——更重要的方面，他将该"命题之真（理）""还原"为"更原始的真理现象"，即"诸不可说者的自行显-隐"了，并且"断言"由后者才"赐予"了前者之可能性或"游戏空间"。这样的作为"诸不可说者的自行显-隐"的原始真理，这样的存在思想新识度，是包括弗雷格、罗素的逻辑-存在学在内的一切存在学所从未有过的。维

氏通过"显示"这个非凡之词，从一开始就已"越出"所有存在学
（包括其真理观）太多。

3.22 诸生活形式的自行显示

我们可以认为：在《逻辑哲学论》中，维氏只是在"暗地"里
将"作为命题之正确性的真（理）"还原为更原始的真理现象即"诸
不可说者的自行显示"，而在"明面"上他并没有直接反对符合论的
真理观，相反还要极力维护它，为它"构造"出一幅较以往存在学
都要更为精致的"命题与现实性"或"语言和世界"之间二元对立
对映的"水晶图画世界"。而在后期代表作《哲学研究》中，他终于
"直接"地对符合论的真理观实行了某种"解构"。

《哲学研究》136 节对作为"命题之正确性"的存在学下的符合
论真理做了明确而集中的批判。在存在学中，真或假是与命题勾连
在一起的，所谓命题，就是一个可以是真的也可以是假的的东西。
而从新的数理逻辑的眼光来看，命题也就是"在我们的语言里我们
能对之应用真值函数演算的东西"。因此，无论是传统主谓词逻辑
下的命题，还是新的数理逻辑下的命题，都是与真（理）概念"咬
合"（eingreift）在一起的：真（理）的处所只位于命题，一个命
题就是对如此这般的一件事情的描画，命题之为命题，就是因为它
必有真值即或真或假的可能性，也即它必定描画了如此这般的一件
事情——而非"一无所画"。所谓"真"，就是命题"如实"地描
画了如此这般的一件事情，而"假"则是它"没有如实"地描画如
此这般的一件事情。因此真（理）与命题间有着相互咬合的亲密关
联——唇齿相依。在《逻辑哲学论》中，维氏"表面"上也完全维
护了这样的真理观。但现在他认为"这是一幅糟糕的图画"。因为
该图画对命题和真（理）的描画完全是错误的、虚构的。因为何谓

一个命题，除开"在一种意义上是由命题构造的规则决定的"而外，更重要的则是"由语言游戏中符号的使用所决定的"。"语言游戏"（Sprachspiel）中各种"符号的使用"是相当复杂的，所谓对如此这般的一件事情的描画只是"一种"语言游戏而已，"一种""命题的使用"而已，我们还可以对命题做更多种多样的使用，我们还可以做比描画如此这般的一件事情更复杂得多的语言游戏。与之相应的，"真"和"假"这两个词的使用也就是某个语言游戏的组成部分了，而"真（理）"这个词的"指称"（Bedeutung）也即"真（理）是什么？"（Was ist die Wahrheit？）就全在于"真（理）"一词如何"被使用"（gebraucht）了。

　　　　PU 421 请把命题视作工具，把它的意义视作其运用（Sieh den Satz als Instrument an, und seinen Sinn als seine Verwendung）！
　　　　PU 43 在使用"指称"（Bedeutung）一词的一大类情况下——尽管不是在所有情况下——可以这样解释"指称"：一个词的指称是它在语言中的使用（Die Bedeutung eines Wortes ist sein Gebrauch in der Sprache）。

　　这样的命题的意义观和词的指称观完全颠覆了包括《逻辑哲学论》也曾"表面"上维系的一切存在学的语言观暨真理观。命题的意义并非是对于如此这般的一件事情的描画，所谓"一个命题有意义"也并非在于"它真正地描画了如此这般的一件事情"，从而等于说"它必有真值即必定是真的或假的"，命题的意义只在于它的运用，它的多种多样的灵活运用。"同样"的一句话，在不同的"语境-语言游戏"中即在不同的运用中，可能有着完全不同的意义！一个词的指称也不在于它对某事物的指称，而是在于它在某种"语境-

语言游戏"中的具体使用！因此，真、假二词的指称将有更多灵活变动的空间，随其具体使用而更变。这样，命题之"真（理）"就被收归于复杂的语言游戏当中，而语言游戏又是奠基于"生活形式"（Lebensform）的，生活形式在《哲学研究》乃至整个维氏后期思想中扮演着"作为最基础者-最根基者的无基之基"的角色——"诸生活形式的自行显-隐"就替代了《逻辑哲学论》中的"诸不可说者的自行显-隐"而实际上担当着最原始真理现象的角色。当然，维氏对"诸生活形式的自行显-隐"并没有多少直接、正面的描述[①]，但我们仍然可以从包括《哲学研究》在内的不少后期思想文本中捕捉到它们的各种踪迹。

> PU 129 事物对我们来说最重要的方面由于其简单和平常而被遮蔽着（verborgen）。（你不会注意它——因为它一直都在你眼前摆着。）一个人的研究工作的真正基础（Grundlagen）对他并不触目。除非有时候恰恰是这一点引起了他的注意。——这等于说：一旦看到了就是最触目和最有力的东西，我们通常熟视无睹。

我们可以有理由地大胆猜测："事物对我们来说最重要的方面"就是生活形式或生活的自行显-隐，而一个人的研究工作的真正基础则是他的"世界图象"（Weltbild）。"生活形式的自行显-隐"与世

---

① 事实上，就连"生活形式"这一最关键之词，在维氏后期思想文本中直接提及的次数也极少，但我们能因此就否定该词在维氏后期思想中所担当的关键角色吗？我们可以认为，他对该词直接提及-论述的次数之少，他对该词所做的如此这般的处理方式——一种"烘云托月"式的蓄意"沉默"——不就是他正想奉行的与"生活形式"相匹配的"语言方式"吗？其实这种"非-存在学或后-存在学的""语言方式"与海氏"形式指引"（formale Anzeige）倒是颇为亲近或相通的呢！

界图象间有着亲密的关联，甚至在某种意义上说，"生活形式的自行显-隐"就是世界图象——世界图象通常是自行隐藏-遮蔽着的，但这并不是说它"实际上"不"在场"，而是说它"一直"就"在场-显示着"，并发挥着"基础"的作用，它一旦触目，我们就会立即发现它原来就是最基础、最重要的东西。正是"生活形式的自行显-隐"即世界图象才成就了命题之或真或假的可能性。在维氏生命最后18个月写就的哲学笔记《论确实性》（1949-1951年）里，我们可以更清楚地看到这一点。

3.23 诸世界图象

《论确实性》的缘起是对摩尔"外在世界的证明"（1939年）中驳斥怀疑论所用方法的批判。但我们完全可以将它看作维氏晚年在"确实性"（Gewißheit）的名义下，对其一生存在之思的一个小结。其中，他大量地探讨了真假的"基础"（Grund）问题，明确地将真理的"基础"（原始现象）收归于"世界图象"当中。

　　ÜG199 "真或假"的使用（Der Gebrauch von „wahr oder falsch"）容易被误导的原因在于就像说"它与事实相符或者不相符"一样，成问题的正是"符合"（Übereinstimmung）在这里到底是什么意思。

　　ÜG200 实际上"这个命题是真的或假的"（Der Satz ist wahr oder falsch）只表示决定赞同它或反对它必定是可能的，但这并未说出支持这样一种决定所依凭的基础（Grund）是什么样子。

　　ÜG201 假定有人提出这个问题："正如我们习惯上所做的那样，信赖我们记忆的（或感官的）证据（Evidenz）是否真是对的？"

ÜG 202 摩尔的诸确实命题几乎宣称我们有依靠这种证据的权利。

ÜG 203〔凡是我们认为是证据的东西都表明地球在我出生之前早已实存很久。相反的假设却完全没有支持它的理由。

如果一切事物都支持一个假设而又没有任何事物反对它，它是否就是客观上确实的假设？人们可以这样讲。但它是否必然与事实世界相符合？它最多向我们显示出"符合"（übereinstimmen）是什么意思？我们觉得很难想象它是假的，但也很难使用它。〕

这种符合如果不持存于这一事实上——即，在这些语言游戏中是证据的东西支持我们的命题，——那么它又持存于什么之上呢？（《逻辑哲学论》）

ÜG 204 然而为证据提出理由根据即奠基（Begründung），为之辩解终会有个尽头；——但是其尽头并非某些命题直接让我们感到其为真，即不是来自我们方面的一种看（Sehen），而是我们的行动（Handeln），因为行动才是语言游戏的基础。

ÜG 205 如果真理（das Wahre）是被奠基的东西（Begründete），那么这基础（Grund）就既不是真的，然而也不是假的。

维氏在这里对存在学或形而上学之符合论的真理观展开了深刻"还原-解构-重构"之工作。我们平常对于命题的"真或假"概念的使用是有诸多疑问而易招致误解的，我们通常将"真或假"理解为"它与事实相符或者不相符"，但问题就出在这个符合上面。所谓符合就是指在相关语言游戏中作为证据的东西支持我们的命题，也就是说我们在去考量命题与事实间是否相符合时，就是要去不断地寻求更为基础可靠的证据，为证据寻求更为可靠的基础。然而这样的追寻总得有个"头"，这个"头"就根本不是"来自我们方面的一种看"了，而是"我们的行动"，因为只有"行动才是语言游戏的基础"。真理最终的基础就是行动，而作为真理之基础的行动，它就既不是真的，也不是假的。行动无所谓真-假，但它才"给予"（gibt）或"奠基"（begründet）了命题之真-假的可能性。那么，行动又是什么意思呢？它是与生活、生活形式有着诸家族相似性的一个词。在本书 4.2 节，笔者将会进一步对此做相关探讨。

与行动相咬合的正是世界图象，每个人都在自己的世界图象中行动。

ÜG 94 但是我得到我的世界图象（Weltbild），并非是由于我曾确信其正确性（Richtigkeit）；也不是由于我现在确信其正确性。这是我用来分辨真和假（wahr und falsch）的传统背景（überkommene Hintergrund）。

ÜG 162 一般来说，我认为在教科书中找到的东西就是真实的，比如说地理教科书。为什么？我说：所有这些事实已经得到上百次的证实。但是我是怎样知道这一点的？我相信它的证据是什么？我有一幅世界图象（Ich habe ein Weltbild）。它是真的还是假的？最重要的是在于：它是我的一切探讨和断言的基础。那些描述它的命题并不是全都同样受到检验的制约。

ÜG 167 很明显，我们的经验命题并非全都具有相同的地位，因为人们可以写下这样一个命题，把它从一个经验命题变为一个描述规范。

以化学研究为例。拉瓦第在实验室中用不同物质进行实验，他现在做出结论说，在出现燃烧时便会发生这种或那种现象。他并没有说下一次会发生不同的现象。他抱有一幅确定的世界图象（Er ergreift ein bestimmtes Weltbild），这当然不是由他创造的而是从孩童时代就学得的。我说的是世界图象而不是假说（Hypothese），因为这是他进行研究理所当然要依靠的基础（Grundlage），正因此也就无须再讲。

世界图象本身无所谓正确与否，即无所谓真-假，但它却是那个我用来分辨真和假的唯一的传统背景，正是在这个背景之上，我们说命题，说命题的真或假，才有意义。这个世界图象又是属于我的，是"向来属我的"，它是"我的"世界图象，是"我"从事一切研究探讨、真-假判断所必需的也无可选择的"基础"或"背景"——它就在那儿，它始终"在场着-自行显示着"——哪怕总是"自行隐蔽着"地、通常并不触目地"在场着-自行显示着"。这样的作为基础或背景的世界图象其本身是根本无所谓真-假的，相反，一切命题之真-假只有在相应世界图景的基础之上，才得以可能。那么，究竟什么是世界图象呢？维氏按照其一贯风格并没有给它下个定义，而是通过一系列的迂回比喻或旁敲侧击或烘云托月甚或"形式指引"（请允许我再一次借用海氏术语）来展示他心中的世界图象。

ÜG95 描述这幅世界图象的命题也许是一种神话（Mythologie）的一部分。其功用类似于一种游戏规则（Spielregeln）；这种游戏可以全靠实践而不是靠任何明确的规则学会。

ÜG97 这种神话可能重又处于河流当中（in Fluß geraten），思想之河床（Flußbett der Gedanken）可能移动。但是我却分辨出河床上的河流运动与河床本身的移动；虽然两者之间并没有什么明显的界限。

ÜG99 那条河流的岸边一部分是不发生变化或者变化小得令人察觉不到的坚硬的岩石（hartem Gestein），另一部分是随时随地被水冲走或者淤积下来的泥沙。

维氏在这里将世界图象比作神话或游戏规则。但神话本身又是可以"重又处于河流当中"也即可以"移动"的，规则也是可以"移改"的。他接着又将世界图象比作"思想之河床"，其上有运动着的河流，但"河床本身"却也是可以移动的，并且我们能够分辨"河床上的河流的运动"与"河床本身的移动"，虽然要找到"它们之间的界线"是非常困难的。那么，"思想之河床"（Flußbett der Gedanken）是什么意思呢？"河床"（Flußbett）是什么意思呢？顾名思义，"河-床"乃"河"（Fluß）之"床"（Bett）也。"河"是流动、轻浮的，而"河床"则是相对静止、稳靠的，流动之"河"就枕、躺卧于稳靠-厚重的"河床"之上——"河床"乃"河"之"基础-根基"（Grundlage）[①]也！"河"乃"思想之河"，而作为"思想之河"的"河床"的正是世界图象。世界图象乃"流动思想"之"河床"。当然，作为"河"的"流动思想"与作为"河床"的世界图象之间的分隔线并非那么明显，二者往往相互纠葛-渗透-侵入-勾连在一起。"河流"会渗入"河床"，而"河床"表面的沙土也会为"河流"所带走。"河床"除开表面的这些"不可靠"的沙土外，本身乃"坚硬之岩石"——"磐石"也。正因如此，它才担当得起"床"之为"床"。不过虽然"床"乃"磐石"，但它这个"磐石之床"本身却也是可"飘移"的，只是往往不如"河流"之"流动"那么明显而已，实在难为我们所察觉。"河床"已经"到底"了，"河床"之下再无"河床"，每个"河床"都是"最底的底-最

---

① Grundlage 本就有"地基"的意思。

基础的无基之基"①——各"河床"共处于同一"平面"。那么，不同的"河床"（世界图象）②会不会"碰撞"在一起呢？会不会相互"挤压""交叠"因而导致"隆起"或"塌陷"呢？这是十分有趣的"拓扑学或地志学"（Topologie）游戏。维氏对"思想河床"之喻的使用，主要是为了说明世界图象的相对于一切思想、探究、判断、命

---

①　欲理解维氏作为某种"无基之基"的"不动河床"，似乎我们可以回忆比较胡塞尔的"绝对意识"（参见下图）。此刻，让我们启动无与伦比的某种"先验还原"的冒险之旅……还原到最后剩下的（或看到的）正是作为某种"最原始之时间晕"的"原活当下"（urlebendige Gegenwart）。原活当下即"最底层的内时间意识河流"。在这个河流中，作为"最后之非-我者"（das letzte Nicht-Ichliche）的"原素"（Urhyle）从空乏模态过渡到充实模态再过渡到空乏模态，依次流经这条河流"下面的"由时间三相即"前摄"（Protention）、"原印象"（Urimpression）和"滞留"（Retention）所构成的绝对意识。位于作为原活当下的最底层内时间意识河流"下面的"正是作为"河床"的不流动的、非-时间的、最后的绝对意识。绝对意识必然含藏着的正是不流动的、非-时间的、匿名的、隐蔽的、空乏的、最后的、自己构造自己而不再被任何他者构造的"原-我"（Ur-Ich）或"我极"（Ichpol）。这样的绝对意识或原-我也正可谓是胡塞尔的"无基之基"或"不动河床"。显然，胡氏"无基之基"与维氏"无基之基"是有根本差异的，但这并不妨碍我们在某些情境下可以将二者做一富有启发意义的互勘。

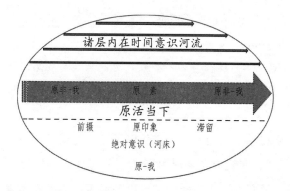

②　世界图象当然是"复多的"。是每一个人"只有"一幅唯独属于它的世界图象吗？这幅从小就具有的图象会有更变吗？这个"从小具有"是指"天赋"（先天）吗？还是仍为"后天之习得"（习性）？不同人之间的世界图象可能重叠吗？如果可能，又能在多大程度上重叠呢？不同世界图象之间的差异，与不同语言游戏之间的差异，和不同生活形式之间的差异——是"一致"的吗？……这一切仍亟待思之追问……

题而来的无可比拟的"基础性-根基性",正是作为基础的世界图象才"赐予"（gibt）了思想"流动-活动"之"温床"或"空间"——"河床"实乃"河流""活动-表演"之"空间-舞台"也。

正是世界图象的这个"基础空间"，才赐予了命题之真-假的可能性，也即包含真-假命题的各种语言游戏的"游戏空间"。"游戏"是不一定"确实的"，是可更改的，但这个"游戏空间"却是"确实的"，并且是"最确实的"，它有着最高的"确实性"（Gewißheit）。《论确实性》所追寻的最确实的确实性其实正是世界图象。世界图象是无可怀疑的，它是一切怀疑的基础。

　　ÜG 114 如果你什么事实也不确知，那么你也就不能确知你所用的词的意义。

　　ÜG 115 如果你想怀疑（zweifeln）一切，你就什么也不能怀疑。怀疑这种游戏本身就预先设定了确实性。

　　ÜG 341 所有我们提出的**问题**和**怀疑**，依赖于如下事实，一些命题豁免怀疑，它们就像是所有问题和怀疑赖以转动的诸铰链（Angeln）。

　　ÜG 354 怀疑行为和不怀疑行为。只有有了第二种行为才会有第一种行为。

必定是有完全确知的东西，任何怀疑之先就已预先设定了确实性（诸铰链），只先有了不怀疑行为，才可能有怀疑行为。这个无可怀疑的"确实性"正是作为"思想之河床"的世界图象。由它才"给出"了一切语言游戏（包括怀疑）之可能性，一切命题之真-假的可能性。诸命题或真或假之诸语言游戏正是奠基于作为诸世界图象之"诸游戏空间"或"诸游戏背景"的。

3.3 真理：疏敞地与诸世界图象

以上分别是对海氏存在思想与维氏存在思想中的真理元素的扼要回溯。从中我们大致可以看到：对于传统存在学中作为命题之正确性的符合论真理，被海氏与维氏以极不相同的方式不断"还原-解构-重构"到更为原始的真理现象了。

海氏"还原"历程大致为：

> 原始-东西的作为形式指引的自行-显示→Dasein 之展开状态→绽-出之自由→疏敞地与遮蔽之原始争执→为自行遮蔽之疏敞地→自行遮蔽着的庇护之疏敞地。

而维氏"还原"之路则是：

> 诸不可说者之自行显示→诸生活形式之自行显示→诸世界图象。

我们现在可以对二者的真理观做一扼要的比对总结了。海氏疏敞地虽与维氏诸世界图象极为不同，但它们在以下七个"作为-方向"上确有着相当有趣的"比对-游戏"空间。

（1）作为某种"非命题之正确性"的原始真理。海氏与维氏都不认为作为"命题之正确性"的符合论真理观是"错误"的，相反他们都承认这样的"存在学-形而上学"真理观在其领地内的合理性-合法性。他们要说的只是：这样的符合论真理根本就不是原始真理现象，原始真理根本就不是任何的"命题之正确性"或"命题与现实性的某种符合一致"，并且作为正确性的真理还只是"奠基"于原始真理现象才得以可能的。比如，海氏在《存在与时间》中就认为命题之真理其实是指"去蔽着地-存在"（entdeckend-sein），即"一种去蔽活动"，而这种活动又是奠基于"Dasein 之展开状态"（即他此时体认的真理原始现象）的；而维氏则在《论确实性》中认为真、假这些词都只不过是在不同语言游戏中被使用的工具而已，它们都奠基于某一幅世界图象（可被认为是维氏真理之原始现象），而这幅世界图象本身却是无所谓真假的。此外，他们对符合论真理观"直接下手"的时机是很不相同的：海氏在早期弗莱堡时期就已借注疏亚里士多德开始对符合论真理观进行"直接"批判了，而维氏在《逻辑哲学论》中却"表面"上还在维护符合论真理观，并没有"直接"批判它，他此时只是在"暗地"里运作他的"自行显示"而已。

（2）作为某种"终极-存在"的原始真理。海氏与维氏对真理的不断还原、对真理原始现象的不断开掘，都不是"半途而废"的，而是最终追问到了各自的"终极"（Ende）——"到头了"。这个"头"就是"原始存在"。比如海氏在演讲"哲学的终结和思的任务"中曾将"自行遮蔽着的庇护之疏敞地"（Lichtung des sich verbergenden Bergens）作为"真理之原始现象"，对于这个"疏敞地"（Lichtung）不能说"它存在或它是"（es ist），而只能说"它给予"（Es gibt）"疏敞地"，这个"它"就是"Ereignis"（兴有），也就是说，"疏敞地"绝非某种存在者 —— 唯存在者才能说"它存在或它是" —— 而是与存在"同等级别"的、并与兴有有着极为亲密关联的东西，甚或从某种意义上说就是兴有自身了。而维氏在《逻辑哲学论》中则将"自行显示"归于"诸不可说者"（可以理解为他此时所谓的"原始存在"），所谓自行显示就是诸不可说者的自行显示，自行显示者就是不可说者，不可说者就是自行显示者；他在后期同样也是将世

界图象（可谓他此时的"原始真理"）归属于生活形式（可理解为他
此时的"原始存在"）的，甚至在某种意义上，世界图象就是生活
形式本身。并且，从某种意义上说，他们自己几乎都认为，在他们
后期思想中所理解的原始真理现象都较前期理解"更为原始"。只
不过海氏或许相对更多地强调前、后期存在思想（包括其原始真理
观）的一致性、一脉相承性，而维氏则相对更多地强调后期存在思
想（包括其原始真理观）对前期存在思想的批判而已。此外，须强
调的是，分别作为二者"终极"真理的"疏敞地"和"诸世界图象"
之间是有着极大差异的。比如在"气质"上，疏敞地作为"林间空
地"、作为"疏敞与遮蔽之间的原始争执"、作为"以遮蔽为心脏的
疏敞地"等——"字面上"显然是更为某种诗意化、玄妙化的；而
作为"某种信念体系"的世界图象虽然也被喻作"思想河床""背
景""地基"和"铰链"等，也富有"诗意"，但在这一点上似乎不
如海氏走得那样遥远。或许从海氏来看，老惦念着为各种理论思考-
判断提供不同"背景"的诸世界图象还远远不是"真理之原始现象"
呢；而在维氏看来，海氏"与遮蔽原始争执的疏敞地"本来就是在
某种"信念体系-世界图象"中才诞生出来的玄怪传说呢。

（3）作为他们各自新-存在思想"上路"之"突破口"的"显
示"（zeigen）的原始真理。这一点是十分有趣的"巧合"。海氏正
是在作为"形式指引"（formale Anzeige）的"自行-显示"（sich-
Zeigen）的指引下，形成了属于他自己的"原始-东西"的新-存在思
想。维氏也是以《战时笔记：1914-1916 年》和《逻辑哲学论》中
的高频使用词"显示"（zeigen）或"自行显示"（sich zeigen）来为
其"诸不可说者"的新-存在思想"开辟道路"的。显示在他们各自
存在思想的发端处都起着"打开存在学缺口"的作用，正是在这一
点的"突破"上，"牵引"出了新-存在思想另外两个元素的随即登

场。① 当然二者的"显示"是有很大不同的，但即便如此，仍有不少共通的交汇点：比如，海氏形式指引与形式化和总体化等普遍化方式根本有别，形式指引中的"形式（的）"（formale）并非意味任何"逻辑化"的"形式"或"排序"，而是指"更为原始的"的意思②；而维氏自行显示也是与作为命题的"逻辑地说"正相反对的方式，它与任何"逻辑化的语言方式"无涉。

（4）作为某种"游戏-空间"的原始真理。海氏和维氏后期存在思想的原始真理都具有某种有趣的"空间性"。作为林间空地的疏敞地正是以周围之"密林"（遮蔽）为其"中心-心脏"的，疏敞地与"时间-游戏-空间"（Zeit-Spiel-Raum）有着极为亲密的关联，甚至就是"时间-游戏-空间"本身了；疏敞地就是那个 Da（场-境），那个兴有自行兴开的 Da（场-境）；疏敞地就是兴有"自由活动的空间"，也即"存有"（Seyn）"本生"（west）的"空间"。而"世界图象"（Weltbild）本来就是一种"图象"（Bild），该"图象"是作为任何思想-判断游戏之"背景"（Hintergrund）的，该"背景"正是作为思想之"河流"（Fluß）的"河床"（Flußbett）；"背景"正是思想-判断游戏的"活动空间-空地"，判断之或真或假的语言游戏也是在这个"背景（空间-空地）"上来开展的；"河床"也是"承载""思想河流"的"温床-空间"（Bett-Raum），"思想河流"的"流动-游戏"正是在"河床"这个最坚实、最厚重的"空间-地基"上来展开的。因此，疏敞地和世界图象的确都有着某种相似的"空

---

① 当然，从最"实际"的角度说来，存在思想三元素一定是"同时"的——"一同到某个时候-时机"的——也即"同时"变更的。但在"明面"上来看，它们之间的确在某个时候是有"隐-显""轻-重"之别的。Zeigen 在海氏、维氏存在思想开动之初，确实抢尽了十足风头。

② 参见 M. Heidegger, GA 60, S. 58–59。

间性"，这个"空间"正是某种"活动所必需的可能空间-空地"——无论是作为"兴有"的"活动空间"，还是作为"思想-判断"也即"语言游戏"的"活动空间"。这个"活动空间"甚至也就是"存在本身"——或者是兴有，或者是生活形式。正因为只有一个兴有，而生活形式则是许许多多乃至无穷的，因此，作为兴有的"活动空间"即疏敞地是"单数的"（singular），只有一个；而作为生活形式的"活动空间"即世界图象则是"复数的"（plural），有许多许多，相互也可能会碰撞、挤压或交叠。

（5）作为某种"非-真空之地"的"空地"的原始真理。虽然我们可以把作为"游戏-空间"的疏敞地和世界图象都视作某种"空地"，但该空地绝非某种"一无所有"的"真空之地"——绝对的虚空。疏敞地是以遮蔽-密林为心脏-中心的疏敞地，是总与遮蔽-密林相争执-游戏的疏敞地，"包围着"莽莽密林的林间空地又怎会是一无所有的真空之地呢？用海氏原话来说就是："疏敞地绝非真空之地（das Leere），而是作为从反对化与争执而来之分解的兴-有的最原始的通生化（ursprünglichste Durchwesung des Er-eignisses als des Austrags von Entgegnung und Streit）——这个无-底的居间（das ab-gründige Inzwischen）。"[1] 我们可以最简便地把该句话理解为：兴有"分解"为"神与人之反对化（回应化）"和"世界与大地之争执"，疏敞地则正是兴有之四元（神-人、世界-大地）的镜像游戏-通生空间，因此，它当然不是"绝对的虚空"，而是兴有自行"兴开"（eröffnet）或自行"通生"（durchwest）的"游戏-空间"。而世界图象作为思想之河床也绝非某种空虚之空，它正是作为神话、信

---

[1]　M. Heidegger, GA 66: *Besinnung*, Frankfurt am Main: Vittorio klostermann, 1997, S. 108.

念、游戏规则、习俗、习惯或生活形式等才为各种思想活动、语言游戏提供可靠之河床或舞台的，没有世界图象这个无比坚实的再无它底之底的支撑潜运，任何人类活动-语言活动都将不成其为人类活动-语言活动而"瞬间塌陷"——坠入彻底无底之绝对虚空——任何游戏再也运作不起来。因此，无论疏敞地还是世界图象，它们作为"游戏-空间"，其本身都绝非"真空"，而是为诸游戏者之游戏提供各种"可能性-限制性"①的"原始空间"。

（6）作为某种"显-隐二重性"（Zeigen-Verbergen Zwiefalt）的原始真理。海氏与维氏在强调原始真理"显"的方面的"同时"，也同样地，甚至更多地在凸显其"隐"的方面，而且这种趋向愈到他们思想的后期，愈为明显。比如海氏在《存在与时间》里就强调"Dasein 同样原始地是在真理与非真理之中"②，"真理"即"显-去蔽"，"非真理"即"隐-遮蔽"；在《朝向哲学的诸文献（从兴有而来）》中则将"真理之本生"（Wesen der Wahrheit）思为"为自行遮蔽之疏敞地"（Lichtung für das Sichverbergen）③；而在"哲学的终结和思的任务"中，则更是将"遮蔽"（lethe）作为"无蔽之心脏"（Herz der Aletheia）了。维氏也十分强调原始真理"隐"的一面。《逻辑哲学论》中的某些"不可说者"如简单对象和逻辑形式并不能直接为命题所表达，但却能"隐藏"在命题中"自行显示"，正是源于这些平常绝不触目的不可说者的"自行显-隐"，"事情"（事态-事况-事实）以及"描画它们的命题"才得以触目。在《哲学研究》中，他强调事物最重要的基础即生活形式平常并不触目——自

---

① 任何一种方向上的可能性同时本身也即限制性。疏敞地和世界图象在撑开某种"可能性-空间"的同时，也就将相关游戏者之游戏限制锁闭在该"可能性-空间"之内了。

② M. Heidegger, GA 2, S. 295.

③ M. Heidegger, GA 65, S. 348.

行"遮蔽–压抑着"，但一旦触目即显耀开来，你才会发现它原来才是最有力的东西（PU 129）。而在《论确实性》中，他则强调了作为思想–判断"背景"的世界图象是最不显眼的"无基之基"，我们平常根本不会注意它，然而它才是"最高的确实性"，发挥着最重要的"河床"功用。"显–隐"的"一体两面"或"区分着地共属一体"或"二重性"（Zwiefalt），的确都在海氏与维氏的原始真理观中"自行显–隐着"。

（7）作为某种"诗意显示"的原始真理。海氏与维氏都没有为各自的原始真理下定义，原始真理须要一种非命题的表达方式，一种诗意地、多方向回旋褶皱地自行显示。分别作为他们"终极"真理的疏敞地和世界图象都极富诗意气质：疏敞地作为"林间空地"或作为"以遮蔽为心脏的疏敞地"等，和作为"河床"或"地基"或"铰链"等的世界图象。这样的原始真理连同其诗意表达一道"命定"地归属于海氏与维氏各自的"非或后""存在学–形而上学–哲学"的"新–存在之思"了……

4. 存在：海德格尔与维特根斯坦

　　如果现象学须作为让实事本身自行显示来规定哲学方法的调子，如果哲学的主导问题自古以来就一直以千差万别的形态作为追问存在者之存在的问题（die Frage nach dem Sein des Seienden）贯彻始终，那么这个存在也就必定保持为为思的最初暨最后之实事本身（das Sein die erste und letzte Sache selbst für das Denken bleiben）。[①]

——海德格尔

　　我的**全部**任务就在于此，解释命题的本质。

　　也即，规定所有事实的本质，其图象**是**命题。

　　规定一切存在的本质（Das Wesen alles Seins angeben）。

　　（这里存在并非指称实存——那样的话它将是毫无意义的。）

（Und hier bedeutet Sein nicht existieren—dann wäre es unsinnig.）[②]

——维特根斯坦

　　在存在思想的曲折开路中，与真理元素携手同行的正是存在元素。海德格尔与维特根斯坦在超越存在学之真理元素（作为命题之正确性的真理）的同时，也就已经行走在超越存在学之存在元素（作为现成存在者的存在）的道路上了。

---

①　M. Heidegger, GA 11, S. 147–148.

②　L. Wittgenstein, *Notebooks: 1914-1916*, S. 39.

4.1 存在：海德格尔

海氏终其一生思索存在，他的存在路标如下：

（1）1919 年"战时补救学期""哲学观念与世界观问题"课程中的"原始-东西"；

（2）1927 年出版的《存在与时间》中的"存在者之存在"；

（3）1936-1938 年完成的《朝向哲学的诸文献（从兴有而来）》中的"存有"或"兴有"；

（4）1955 年论文"关于'线'"中的 *Seín*。

在考察"原始-东西"之前，我们先来最粗略地综观海氏"存在之旅"。

4.11 存在之旅

"诸文献"发问在一条轨道（Bahn）上，这条轨道通过朝向另一开端（西方思想正进入这个开端）的**转渡**（*Übergang*），才被开道（gebahnt）出来。这条轨道把转渡带入历史的敞开之境（Offene der Geschichte），并把它奠基为一种或许很漫长的逗留，在此进程中，思之另一开端总还只保持为一种预示（Geahnte），但已经是被决断了的东西（Entschiedene）。

未来之思（künftige Denken）乃是思想-**通道**（Gedanken-gang），通过这条通道，那迄今为止一直被遮蔽的存有之本生化（Wesung des Seyns）的领域就被通达了，并因此才被疏敞（gelichtet）了，而且在其最本己的兴有品格（Ereignischarakter）上被触及了。①

---

① M. Heidegger, GA 65, S. 3-4.

这是海氏在《朝向哲学的诸文献（从兴有而来）》开头部分的两段话。它们不仅为"文献"定了调子，实际上，也指明了海氏毕生兴问-兴思存在所朝之方向。这个方向正是另一开端（"存有之本生化"即"兴有"），而通向它的"未来之思"则被海氏命名为这条"轨道"或"思想-通道"。海氏命定要在这条道上去展开其返乡之旅的冒险，这个"乡"正是从与这唯一的第一开端之关联而来的那唯一的另一开端。第一开端与另一开端遥不可及，另一开端并非第一开端之自然接续，而是完全越出于第一开端，并与之面对互戏。另一开端唯通过那原始的二开端开裂处的时-空通道，方可通达。海氏毕生要做的就是去打通-疏敞-兴开这个原始的时-空通道。我们将这个时-空通道喻为海氏"虫洞"（Wurmloch/wormhole）（图6）。①

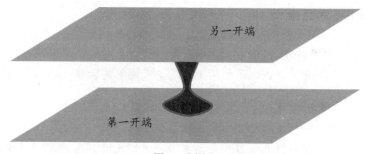

图6　虫洞 I

如图显示，第一开端与另一开端被喻为两平行的平面，在第一开端的面上，无论往哪个方向行进、行至多远，都难以触及另一开

---

① 可对比参见本书11.5节对海氏"黑洞-白洞-灰洞"（稠密-密林）的相关探问。海氏朝向另一开端的"时-空通道"当然与"天体物理学"（Astrophysics）里通常所谓的理论模型"虫洞"（Einstein-Rosen bridge）有着根本的差异，但至少在如下两方面确有着颇多可类比之处：（1）它们都是连接两个在各自"正常"时-空里遥不可及的区域；（2）它们都有着与各自"正常"时-空结构大不相同的特异时-空结构。当然海氏"时-空"概念与宇宙学里的"时-空"观念着实就大异其趣了。

端之面。唯有通过那两平面开裂处的虫洞（原始时-空通道），第一开端与另一开端才能相互传送-致戏，也才可能从这第一开端跳向那另一开端。

那么，我们不禁要问的是——海氏是如何去兴开这个虫洞的呢？他会撞上"奇点"而粉身碎骨吗？虫洞之所向真的是那另一开端？另一开端究竟身在何方？他最后真的可能成功吗？他真的就是打开虫洞救渡我们到另一开端的那一位稀罕之人吗？……带着重重疑虑，我们现在来尝试收拢-聚集海氏 Uretwas → Sein → Seyn → Ereignis → ~~Seyn~~ 的存在之旅。

4.12 原始-东西

海氏在将原始真理现象理解为现象学的作为"形式指引"的"自行-显示"之时（1919-1923 年的"早期弗莱堡"时期），也正是其正式踏上"海氏"存在问题道路的时候。但对于这一"上路"所做的先行准备，至迟从 1907 年就直接开始了。海氏在 1962 年 4 月给理查森的回信中的几段文字[①] 对于理解海氏存在道路"开端"具有关键性的意义：海氏的确是早在 1907 年通过反复钻研布伦塔诺（F. C. Brentano）的论文"论存在者在亚里士多德那里的多种指称"时就已经开始"自觉"思索"存在问题"（Seinsfrage）了。存在问题一开始就是作为其"独一之诗"的，并且他一开始要去思的就是"存在作为存在"，而非"存在者作为存在者"了；但他对存在问题的思考，因为并没有获得好的"方法"，从而走了长时间的"弯路和冤枉路"，并且还未将之作为"询问存在之意义的问题"来思考；直到 10 年后的 1916 年与胡塞尔交谈后，海氏才开始找到对付存在问

---

① 参见 M. Heidegger, GA 11, S. 145-146。

题的最适切的"现象学方法"①。他将现象学（Phänomenologie）即
"现象"（Phänomen）的"逻各斯"（logos）中的现象理解为古希腊
的 phainesthai（自行显示［者］），而将逻各斯理解为古希腊的 logos
（使公开）；这样他就形成了他自己的"新-现象学方法"即作为形
式指引的自行-显示，从此海氏才真正踏上了他自己独一无二的存在
之旅。

　　我进入现象学不仅是通过阅读文献，而且是通过身体力行。
这一过程中，布伦塔诺著作中所唤醒的存在问题一直引起我的
关注。由此产生了如下怀疑：是否要把"实事本身"（die Sache
selbst）规定为意向意识（intentionale Bewußtsein）？还是规定
为先验自我（transzendentale Ich）？此外，如果现象学须作为
让实事本身自行显示来规定哲学方法的调子，如果哲学的主导
问题自古以来就一直以千差万别的形态作为追问存在者之存在
的问题（die Frage nach dem Sein des Seienden）贯彻始终，那
么这个存在也就必定保持为思的最初暨最后之实事本身（das
Sein die erste und letzte Sache selbst für das Denken bleiben）。②

　　海氏从 1919 年开始，在"身体力行"胡塞尔现象学著作（尤
其是《逻辑研究》，并且特别是其中第一版的"第六研究"③）中的

---

　　①　根据笔者的"当下"理解，海氏对"胡塞尔现象学"的"误读"大致（或"至
少"）有两种情形：（1）"蓄意的"（intentional）或"自觉的"（conscious）误读误解，明
知是误读误解，但还是"装作"没有在误读误解；（2）"非蓄意的"（unintentional）或
"不自觉的"（unconscious）误读误解，在这种情形下，海氏的确（完全）不知道自己其
实是在误读误解误用胡塞尔现象学。探索这两种情形之隐秘内在褶皱曲折关联将是十分
有趣的哲学探险故事……

　　②　M. Heidegger, GA 11, S. 147-148.

　　③　参见 M. Heidegger, GA 14, S. 98。

现象学方法的过程中，也就"同时"改造着胡塞尔现象学本身：自行显示着的实事本身既不是"意向意识"，也不是"先验自我"，而是"存在者之存在"。这种与胡塞尔根本有别的存在观，从1919年"战时补救学期"海氏讲授课程"哲学观念与世界观问题"（收入 GA 56/57《哲学之规定》）时就已经开始了。我们现在主要依据海氏1919年"战时补救学期"课程最后两节课的内容（斯特鲁布 [Claudius Strube] 编辑，摘自布莱希特 [Franz-Josef Brecht] 1919年4月8日的听课笔记）来管窥他此时的存在观。

这两节课的内容也正是海氏对于那托普（Paul Natorp）对胡塞尔现象学的批评意见的一种回应。"那托普的反对意见被海氏归结为两条：首先，现象学的反思会使生活经验不再被活生生地体验着（erlebt），而是被观看着（erblickt）。用那托普的话来讲就是'止住了［体验］的流动。'其次，对经验的任何描述都不可避免地是一种普遍化和抽象化，根本就不存在直接的描述。因此，现象学所许诺的纯描述是达不到的。海氏看出，现象学必须真切地回答这样的批评和疑问，'胡塞尔本人迄今还没有对此发表意见'。"① 而海氏这两节课的内容，实际上既是为维护"现象学"（广义的或者说更原始意义上的现象学，而非只胡塞尔意义上的现象学）而对那托普批评展开的有力回应，同时也正是对胡氏现象学的某种隐秘的内在批判、偏离、出轨或超越了。

"在那托普看来压根儿没有体验的直接性"，但海氏却认为"那托普并没有看到在其原始被给予性中的体验领域"。那托普认为：现象学的直观也是"对某个东西的行为"，这样就有了"原本被给予之物与直观考察的相互撕裂状态"，也就是说原本被给予之物不可避免

---

① 参见张祥龙：《海德格尔传》，第95页。

地被对象化了；因为直观其实也就是描述也即某种语言表述，而语言表述通过"指称"（Bedeutung），最终自然是对象化、总体化的，也即理论化的。但海氏却认为：直观不等于描述，"只有当我已经看见时，我才能描述"；并且"在直观中却有某个东西给予自身"，也就是说，"即便在直观中也并没有被给予之物与意识的一种相互撕裂状态"。海氏进一步强调：

> 要紧的是为现象学赢获基本必然性的洞见：一般东西（etwas überhaupt）并不属于理论化的脱弃生活过程（Entlebungsprozeß der Theoretisierung），而是属于现象学的基本领域。①

何谓"一般东西"，可参照海氏对"问题体验：有东西吗？"（Das Frageerlebnis: Gibt es etwas?）的相关分析。"有东西吗"并非是要问是否有桌子和椅子，是否有房子和树木等，而是要问：是否有"一般东西"。而这个"一般东西"就是一个完全普遍的东西，是每一个可能的一般对象所具有的东西②。但海氏强调，这个"一般东西"绝不属于"理论化的脱弃生活过程"，它实际上说的是"东西特征"（Etwascharakter）。一般东西即东西特征，就是"现象学的东西"（phänomenologische Etwas），它不仅是"前理论的"（vortheoretische），还是"前世界的"（vorweltlich）。海氏在这里对"东西"区域做了如下划分（表1）。

---

① 以上参见 M. Heidegger, GA 56/57: *Zur Bestimmung der Philosophie*, Frankfurt am Main: Vittorio klostermann, 1999, S. 215–217。

② 参见 a. a. O., S. 68。

表1 "东西"区域的划分

前理论的东西 （Das vortheoretische Etwas）		理论的东西 （Das theoretische Etwas）	
前世界的东西（一般生活的基本要素） 原始－东西（Ur-etwas）	世界性质的东西（特定体验领域的基本要素） 真正的体验世界 （genuine Erlebniswelt）	对象性的形式逻辑的东西（起因于原始－东西）	客体性质的东西（起因于真正的体验世界）

在这四个区域中，唯有"前世界的东西"（vorweltliches Etwas）即原始－东西或一般东西才是真正的现象学的东西，它其实就是"一般生活"（Leben überhaupt）。原始－东西即一般生活是以自身为动因的，而作为"理论的东西"的"对象性的形式逻辑的东西"则是"起因于"（motiviert in）原始－东西即一般生活的。此外，作为"前理论的东西"的"世界性质的东西"（welthaftes Etwas）乃是出于"生活进入特定的体验世界活出世界"，而作为"理论的东西"的"客体性质的东西"则又是起因于"世界性质的东西"。"前理论的东西"都没有"脱弃生活"（entlebt），唯有脱弃生活时，才有"概念"（Begriff），也才有理论的东西。"被体验的东西并非概念，而是与自在生活及其趋向的动因化过程相同一的，因此不是概念，而是回溯（Rückgriff）。"现象学即"回溯之构成"（Rückgriffsbildung）。生活是可以被现象学直观地理解的，它绝不是非理性的。这样现象学的直观就是"解释学的直观"（hermeneutische Intuition），也即"使……变成可理解的、赋予意义的"。这样，自在生活的内在历史性就构成了解释学的直观，而语言的指称要素也就未必是理论的，我们完全可能获得一种非－理论化的语言表达方式，这样就"得出了一种可传达的现象学科学的可能性"。因此：

现象学的目标：对自在生活（Leben an sich）的研究。

在现象学哲学与世界观（Weltanschauung）之间［存在］对立的态度。①

现象学以解释学的直观、非-理论化的解释学语言来"显示"原始-东西或自在生活。而世界观②则意味着"中止"（Stillstellen）③、结束、终结和体系。它是理论化的，把握不了"自在生活"，因而与非-理论化的现象学根本有别。

这样，海氏通过对现象学的东西的重新阐释（现象学的东西并非意向意识或先验自我，而是原始-东西或自在生活），就较为成功地回应了那托普对于现象学可能性之质疑——现象学的直观既不会"中止"原始体验，现象学的描述也不会变得普遍化和抽象化。关键就是：现象学之现象也即"存在作为存在"乃前理论的原始-东西或自在生活；它自行-显示着，我们只能通过非-理论化的"形式指引"④来把握它；而现象学的描述也就是一种非-理论化的解释学语言了。海氏在回应那托普对胡塞尔现象学质疑的同时，就已经在悄悄地、实质性地超越愈为具有理论化倾向的"胡塞尔式的先验现象学或意识-存在学"了⑤，他此时

---

① 以上参见 M. Heidegger, GA 56/57, S. 218-220。

② 在 1927 年夏季学期的马堡讲座"现象学的基本问题"中，海氏继续严格区分了作为"现象学或存在学"的"科学的哲学"与"世界观"，前者是关于"存在"的科学，而后者则是关于"存在者"的认识。参见 M. Heidegger, GA 24: *Die Grundprobleme der Phänomenologie*, Frankfurt am Main: Vittorio klostermann, 1975, S. 15。

③ "中止"是那托普用来形容、反对现象学所用的词，他认为现象学的描述仍是中介化的，它中止了直接的体验，它是对"体验之直接性的疏远"。

④ 在"战时补救学期"，海氏还未使用"形式指引"一词来表达新的现象学-解释学方法，但他通过所谓"依据饱满的生活本身"的"形式刻画"（formale Charakterisierung）就已明确表示出这个思路的基本特点了。这里对海氏存在思想三元素的描画，是着眼于 1919-1923 年整个的早期弗莱堡讲座时期。

⑤ 当然，这样的说法自然只是海氏的单方面叙事了。笔者很难相信海氏在这里已经彻底解决了那托普之问，以及彻底超越了胡塞尔现象学。须知历史之真相往往是更复杂、更纠结、更褶皱的。相关进阶探讨详见本书最末一章"连山"。

已经开始展示其独特的、崭新的存在思想三元结构了。

4.13 存在者之存在

　　海氏对存在问题的独特思考，至迟从 1919-1923 年的早期弗莱堡时期就已经开始了。但他对于"作为哲学真正和唯一主题"的"存在之意义"（Sinn von Sein）问题的正式公布，却是在 1927 年春出版的《存在与时间》（残篇）（GA 2）当中①。并且在同年的马堡讲座《现象学的基本问题》（GA 24）②中，他进一步地探讨了此问题。

　　在《现象学的基本问题》中，海氏明确提出要建立"科学的哲学"（wissenschaftliche Philosophie），它的真正和唯一的主题就是"存在"，因此它就是"关于存在的科学"也即"存在学"（Ontologie）。而它的方法正是现象学。海氏在此明确地宣告了与胡塞尔意识-现象学有着根本差异的存在学化的现象学。

　　　　现象学并非厕身诸科学之间的一门哲学性科学，亦非其他科学之前科学，"现象学"乃是科学的哲学一般之方法（die Methode der wissenschaftliche Philosophie überhaupt）的名称。③

---

　　① 在作为《存在与时间》之"准备"的 1925 年夏季学期的马堡讲座《时间概念史引论》（GA 20: *Prolegomena zur Geschichte des Zeitbegriffs*）中，海氏已经提出"存在之意义"问题。

　　② 按照编者 Friedrich-Wilhelm von Herrmann 的说法，该讲座"详细研究了《存在与时间》第一部分第 3 篇的中心问题，即通过提出作为一切存在领会之视野的'时间'，来回答引导着 Dasein 分析论的、对存在一般之意义之基础存在学的追问"。因此我们可以将它视为《存在与时间》第一部分第 3 篇"时间与存在"内容的草稿，也即《存在与时间》"全书"（包括两个部分，每个部分又分为三篇）的一个组成构件。遗憾的是——或者更准确地说"有趣"的是——该讲座也如同《存在与时间》一样，最终由于课时限制等原因，成了未竟残篇，是为"残篇之残篇"。有关这其中的一个深层原因，笔者稍后略有探讨。参见 M. Heidegger, GA 24, S. 471。

　　③ M. Heidegger, GA 24, S. 3.

　　存在学与现象学不是两门不同的哲学学科，并列于其他属于哲学的学科。这两个名称从对象与处理方式两个方面描述哲学本身。①

　　这样，作为"存在学-现象学"的科学的哲学就既非世界观，也不是实证科学，因为它们都仅仅是关于"存在者"的科学，而哲学是事关"存在"的。海氏在《现象学的基本问题》导论中首次明确地提出了"存在学差异"（ontologische Differenz）。②存在就是存在者的存在，存在者存在，存在属于存在者——但存在却绝非存在者，"存在作为先天先于存在者"（Das Sein is als Apriori früher als das Seiende）③。存在与存在者之间的原则性区分就是"存在学差异"④。以存在为主题的存在学必须严格区分存在与存在者，它必须"越过-出离"存在者，因而它就是关于存在的"先验科学"（transzendentale Wissenschaft），也就是某种"先天认识"（die apriorische Erkenntnis）⑤。有两种"形而上学"概念，一种是"流俗的"，即探求"存在者背后的某种存在者"；另一种是"形而上学的科学概念"，它探求"越过-出离"存在者的存在，因而它就是批判的、先验的存在学。我们可以认为过去的形而上学都是流俗的，因为它们表面上虽然也讨论存在问题，但实际上都错过了存在，而执迷于存在者背后的某种存在者。因此，我们要想通达存在，就须要澄清存在学差异，

---

　　①　M. Heidegger, GA 2, S. 51.

　　②　参见 M. Heidegger, GA 24, S. 22-23。

　　③　参见 a. a. O., S. 27。

　　④　还可比较海氏晚年勒托尔讨论班（1969 年 9 月 6 日）中对存在学差异的另一种表述："存在不是存在着的（Das Sein ist nicht seiend）。"当然，我们也可尝试将之"更好地"译为"是不是是着的"。参见 M. Heidegger, GA 15, S. 346。

　　⑤　参见 M. Heidegger, GA 24, S. 27。

而只有"明示存在一般之意义，亦即仅当表明时间性如何使存在与
存在者的可区别性得以可能"时，才是可能的。而在时间性的原始
视野之上，哲学史上的存在论题才能得到真正原始的理解和阐明。
这些正是《存在与时间》计划的总体思路。我们可以在《存在与时
间》（第 83 节）的最末一段里进一步体味该思路。

> 像"存在"这样的东西是在存在之领会（Seinsverständnis）
> 中展开的，而领会之为领会属于实存着的 Dasein。存在的先行
> 展开——即使还不是在概念上的展开——使得 Dasein 能够作
> 为实存在世的存在对存在者有所作为：这里既包括世内照面的存
> 在者也包括它本身这种实存着的存在者。对存在有所开展的领
> 会对 Dasein 来说究竟如何是可能的？回到领会着存在的 Dasein
> 的原始存在建构是否能为这一问题赢得答案？Dasein 整体性
> 之实存学-存在学建构（die existenzial-ontologische Verfassung
> der Daseinsganzheit）根据于时间性（Zeitlichkeit）。因此，必定
> 是绽出的时间性本身的一种原始到时方式（eine ursprüngliche
> Zeitigungsweise）使对一般存在的绽出之草绘（Entwurf）成为
> 可能。如何对时间性的这一到时样式加以阐释？从原始时间到
> 存在的意义有路可循吗？时间本身是否公开自己即为存在之
> 视野？①

在这里海氏最精要地勾勒了他的全部核心思路。我们的研究主
题是"存在"，"存在"并非"存在者"（"存在学差异"），但"存
在"却是"存在者的存在"，我们只有通过"某种存在者"去理

---

① M. Heidegger, GA 2, S. 577.

解"存在"。而最适切的"存在者"就是 Dasein，因为"存在"是在"存在之领会"中展开的，而"存在之领会"却正是 Dasein 的实存学环节之一。因此要想原始地领会"存在"，我们必得先弄清楚"Dasein 整体性之实存学-存在学建构"也即"烦"（Sorge），"烦"的规定是"先行于自身的-已经在……中的-作为寓于……的存在"（Sich-vorweg-sein - im-schon-sein-in... - als Sein-bei...）[1]，而"什么东西使烦的分成环节的结构整体之整体性在铺展开来的环节划分的统一中成为可能呢"？[2] 这个东西正是"时间性"（Zeitlichkeit），时间性"作为曾在着的-当下化着的将来（gewesend-gegenwärtigende Zukunft）而统一起来的现象"，"绽露为本真的烦的意义"。"烦的结构的原始统一在于时间性。""时间性根本不是'存在者'。时间性不存在，而是'到时候'。"[3] 我们须要反过来从时间性出发，对 Dasein 或烦的诸结构环节进行重演性的分析。[4] 然而，"把 Dasein 解释为时间性，并不就算为主导问题即一般的存在意义问题提供了答案，但却为赢得这一答案准备好了地基"。"我们必须把时间摆明为对存在的一切领会及解释的视野。""我们须得原始地解说时间性作为领会着存在之 Dasein 的存在，并从这一时间性出发解说时间作为存在领会之视野。"[5] "因此，必定是绽出的时间性本身的一种原始到时方式使对一般存在的绽出之草绘成为可能。"[6]

我们为了领会存在之意义，一路从 Dasein 追到"烦"，再到"时间性"，最后从"时间性的某种原始到时方式（时间）"回溯到对于

---

① M.Heidegger, GA 2, S. 260.

② A. a. O., S. 429.

③ 参见 a. a. O., S. 431–435。

④ A. a. O., S. 441.

⑤ A. a. O., S. 24.

⑥ A. a. O., S. 577.

"一般存在之意义"的"草绘"上来。这里确实显示着某种"循环"的"展开"，还是双重的、"蓄意的"（intentional），但绝非逻辑学上的"循环证明"。[①] 笔者尝试把《存在与时间》中关于"存在之意义"问题的"双重循环展开"描画如下（图7）。

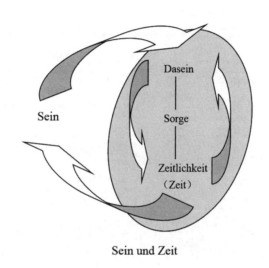

图 7　存在与时间

　　这里有着海氏"蓄意的"双重循环："存在"自行展开为"Dasein对存在之领会"，而"Dasein对存在之领会"属于"Dasein的实存学整体建构"即"烦"，"烦"又被理解为"时间性"即"原始时间"，而"原始时间的某种原始到时方式"方才作为"理解存在之意义"的"原始视野"——这是"最大"的一重循环。在这个"大循环"之内，还有一重"小循环"，即一方面从Dasein到"烦"再到"时间性"，另一方面又从"时间性"出发反过来"重演"了Dasein或"烦"的实存

---

① 参见 M. Heidegger, GA 2, S. 11。

学建构的诸环节。这样的双重循环展开也正是海氏所谓"基础存在学"（Fundamentalontologie）的工作。基础存在学既是对 Dasein 的实存学分析，也是对根本问题"存在之意义"的探询，这两方面的工作本来就是一体的。①

　　但经历如此这般艰苦卓绝的努力，真的最后就能通达"存在之意义"了吗？从海氏在《存在与时间》残篇最末一段中一连串的设问看来，他的确是相当踌躇的。并且在该书（残篇）出版后的漫长岁月里，他终究再也未有按照原先的既定计划和思路去完成该书剩余部分的写作。因此有不少观点认为：《存在与时间》的基本思路是失败的，仍旧是在高扬人的主体性，所谓的基础存在学其实只是一部人类学著作而已；海氏后来因此放弃了该思路，并发生了重大的"转向"，后期海氏思想迥异于前期思想。但笔者认为：从原则上说，海氏《存在与时间》就是一种"全新的存在思想"而非某种"存在学"或"人类学"，它通过将"人"解构-还原为 Dasein，已经完全地克服-消解了人的主体性；他在后来也根本没有放弃《存在与时间》的基本思路，他对于存在学的根本超越、他毕生之新-存在思想的核心内容在写作《存在与时间》的时期就已经酝酿成熟了，只不过他此时还受到一些不可避免的羁绊的束缚从而难以从根本上将它们梳理表达得清楚明白。海氏以《存在与时间》为代表的所谓前期思想与其 20 世纪 30 年代后的所谓后期思想（如《朝向哲学的诸文献（从兴有而来）》）完全是一脉相承的，其间并没有激烈的"断裂"，并没有"两个"海德格尔，后期思想是前期思想的继续、完善和补充，可说是在"时间与存在"标题的方向上行进；这个一脉相承的就是那唯一的道路，即"存在之意义"或"存在

---

　　① 在《存在与时间》中，海氏实际上是在这两种意义上来使用"基础存在学"一词的。参见 M. Inwood, ed., *A Heidegger Dictionary*, p. 148。

之真理"。①

那么，究竟是什么原因让《存在与时间》被误认为是一部主体性的人类学著作，海氏又为何终止该书完整的写作呢？笔者认为最重要的一个原因即是它所使用的语言或言说方式的限制，它不能太过于脱离"当时"的主流思想及其语言方式（比如某种胡塞尔式的现象学方式）。一种已经完全脱离存在学的全新-存在思想是难以再用包括 Sein、Dasein、Apriori、apriorische Erkenntnis、Sinn、Wahrheit、Wesen、Ontologie、Wissenschaft、wissenschaftliche Philosophie、Fundamentalontologie 甚至 Phänomenologie 等在内的"存在学的"体系的语言方式来展开的，"存在思想"再也不能被束缚在任何"存在-学"（Onto-logie）之"学"（-logie）下面了，它要求一种全新的思想语言方式。可这时候的海氏虽然已经在"新-存在思想"的"新语言方式"上做过很大努力，也有过较大突破，但毕竟还未完全找到这种全新的思想语言方式，即便找到了也还不敢完全放开地运用——像后来在《朝向哲学的诸文献（从兴有而来）》中所做的那样。因此在《存在与时间》和《现象学的基本问题》中虽有着"思想"与其"语言方式"之间的突出矛盾，但也是无可奈何之事。

因此，如果我们按照海氏自己的要求通过诉求新思想的语言方式对《存在与时间》稍做完善或补充的理解——也即将之"包含"到海氏后期思想中去的话，我们就可以尝试说：存在"自行开展-本生（west）"，"需用"Dasein；Dasein——或者更准确地说——尤其是作为"其本真之展开状态"的 Da-sein 或"原始时间"其实

---

① 可参见 M. Heidegger, GA 65, S. 10; GA 9, S. 202; GA 2, „Vorbemerkung zur siebenten Auflage 1953"; GA 11, S. 149-150, 152.

不是别的，正是"存在本身"的"意义"或"真理"①或 Da②，也就是"存在本身"的"疏敞地"（Lichtung）③，即图 7 中的"椭圆球体"部分；"存在本身"甚至"就是"或"自行分解"为 Da-sein 或 Da 或"时间-空间"（Zeit-Raum）或"疏敞地"；Da-sein 或 Da 就是"存在本身之疏敞地"；因此，没有"存在"，就没有 Da-sein，而没有 Da-sein，"存在"就不可能"自行展开-本生"（被领会或被疏敞）；"存在""自行开展-本生"或"自行分解"或"自行兴开"或"自行撕裂"为 Da-sein 或 Da 即"疏敞地"与周围"密林"（Dickung/dichte Wald）即遮蔽之间的争斗；Da-sein 从来就不是指（主体意义上的）"人"，而是"存在本身"的"林间空地或疏敞地"（Lichtung/Waldlichtung）；"存在"并非身处"椭圆球体"（Da-sein）"之外"，而是居于这个"椭圆球体"（Da-sein）与"密林"争斗的"之间"（Zwischen）；这个"居间"（Inzwischen）就是"存在学差异"，也即"存在本身"也。因此我们可以尝试将图 7 补充-还原如下（图 8）。④

---

① 在 1962 年"一次关于'时间与存在'的讨论课的记录"中，有这样一段话。"《存在与时间》中被说成是存在之意义的时间，在那里绝不是问题的答案、问题的最终依据，相反，它本身还是对一个问题的命名。'时间'这个名称乃是后来所谓'存在之真理'的先行名称。"参见 M. Heidegger, GA 14, S. 36。

② 在 1946 年"关于人道主义的书信"中，海氏曾明言："人这样本生着，即他就是这个'Da'，这个 Da 叫作存在之疏敞地。"（der Mensch west so, daß er das „Da", das heißt die Lichtung des Seins, ist.）参见 M. Heidegger, GA 9, S. 325。

③ 参见 M.Heidegger, GA 2, S. 177。

④ 当然画图只是希望在一定程度上能帮助我们理解而已，但也可能反而会不慎招致更多的误解。比如实际上 Da-sein 或疏敞地却是以"周围的密林"（遮蔽）为其"心脏"的，"密林（遮蔽）"较疏敞地还更加原始——它或许才是"存在本身"。

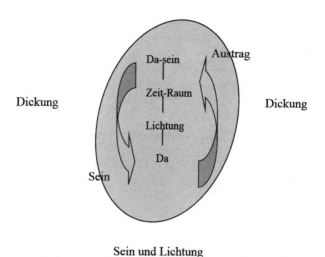

Sein und Lichtung

图 8　存在与疏敞地

比较图 7 与图 8 可知：《存在与时间》的唯一"主角"从来只是"存在"本身，虽然它是"存在者之存在"，但绝不是某种"存在者"——源于海氏"存在学差异"——因而也绝非作为任何"主体-人"的 Dasein 了。思"存在之意义"，实即思"存在之真理"也；要之，海氏前后期思想完全一致，《存在与时间》和《朝向哲学的诸文献（从兴有而来）》完全一脉相承，其间毫无任何的根本性断裂。

4.14 存有

另一方面，海氏后来的确放弃了"基础存在学"的名义，存在问题再也不能放在任何"存在学"（Ontologie）哪怕"基础存在学"（Fundamentalontologie）等任何"学"（-logie）的名头下来追问了。新的存在思想需要完全不同于存在学的崭新的追问方式和语言方式。就存在思想中的存在元素来说，海氏后期就尝试使用了不同于 Sein

的其他语言方式，如 Seyn、Ereignis 和 ~~Sein~~ 等等。① 海氏对这些新语言

方式的利用都是为了坚定表明他的新-存在思想与所有存在学-形而上

学的根本决裂。海氏思想之主导词已绝非是存在学-形而上学所思的

那个 Sein 了，Sein 倒反而是从 Seyn 或 Ereignis 或 ~~Sein~~ 来理解才是可

能的。在这里我们只能对这三个词分别就某个方面进行扼要素描。

　　我们先来看 Seyn。在《存在与时间》之后，海氏一直在尝试以

更加原始的方式去思考该书中提出的"存在之意义"的问题。在经

过从 1930 年讲座"论真理之本质"开始的"转向"思想准备之后，

也在经历了"校长就职失败"事件之后的"惊惧-压抑-敬畏"的

"基本情调"（Grundstimmung）之后②，海氏才终于在 1936-1938 年

写就的《朝向哲学的诸文献（从兴有而来）》③中实现了对《存在与时

---

　　① 或者也可以说 Seyn、Ereignis 和 ~~Sein~~ 都是"存在本身"（Sein selbst）或"作为存在
之存在"（Sein als Sein）的不同表达方式。而"作为存在之存在"意味的正是"存在之真理
（疏敞化）"，它与"作为'存在者之存在'的存在""之间"有着"区分"（Unterschied），这
个"区分"也正是海氏后期对于"存在学差异"的重新表述。因为在后期海氏看来，"存在
者之存在"实际上仍然是某种"存在者"，他现在要去做的就是"不顾"任何"存在者"（包
括"存在者之存在"）而径直去思"存在本身"了。参见 M. Heidegger, GA 12: *Unterwegs zur
Sprache*, Frankfurt am Main: Vittorio klostermann, 1985, S. 104。

　　② 它们是海氏在《朝向哲学的诸文献（从兴有而来）》中为"另一开端"之"基本
情调"的命名。它们其实也正是他写该书时的情调，没有这样的情调，《朝向哲学的诸
文献（从兴有而来）》就是不可能的。而能调校出这样的情调，与他的实际生活经验（比
如"校长就职失败"事件）是密不可分的。参见张祥龙：《海德格尔传》，第 422 页；孙
周兴："大道与本有：再论海德格尔的 Ereignis 之思"，作者惠赠电子文稿。

　　③ 该书题为 *Beiträge zur Philosophie (vom Ereignis)*。其中的 Beiträge 兼有"文献"与
"贡献"的意思，因此我们把它译为"（诸）文献"，这里"文献"应理解为动词，即"以文
献之"或"文自己贡献自己"——而这样的文献也正是具有历史意义和价值的文稿。Parvis
Emad 和 Kenneth Maly 的英译 Contributions 是非常适切的，兼顾了文献与贡献之义。参见 M.
Heidegger, *Contributions to Philosophy (from Enowning)*, Parvis Emad and Kenneth Maly, trans.,
Bloomington: Indiana University Press, 1999。因此，主标题的意思就是"朝向哲学的诸文献-
诸贡献"。此外副标题中的 vom 应理解-翻译为"从……而来"，而不是"关于""论"。可
参考海氏自己的说法："因此，适切的题目叫作从兴有而来（vom Ereignis）。并且，这并非
是说，关于（von）或针对（über）兴有而被报告，而是说：从兴有而来（vom Ereignis），在

间》的"某种决定性的补充"①。海氏在这部被他故意"压抑"很久才最终提前出版于 1989 年的著作中首次完整地呈现了他的"存在思想全貌"。在这部著作中，他首次以"存有之历史"（Geschichte des Seyns/Seynsgeschichte）来表达他的存在之思。

海氏有关"存有之历史"的思考早有萌芽-酝酿：至迟在写作《存在与时间》时已有萌芽②，那时他已提出解构"存在学历史"（Geschichte der Ontologie）的任务；到 1935 年夏季学期的题为"形而上学导论"的讲课中，"存有之历史"的思想其实就已经酝酿成型了（就只"候着-悬缺"关键之"一跃"了）。而他对"存有之历史"真正直接而系统地描述-展示，是从 1936 年某个"瞬间"的"一跃"才真正开始的。他后来回忆如下：

> 这条道路在 1936 年就开始了，那是在一种要质朴地道说存在之真理（Wahrheit des Seins）的尝试的"瞬间"（Augenblick）。（作者边注）
>
> 因为自 1936 年以来"兴有"（Ereignis）就成了我的思想的主导词语。（作者边注）
>
> 存在之历史（Geschichte des Seins）在那些重要思想家的词

（接上页）这个存有'的'语词（das Wort „des" Seyns）中，兴-有着（er-eignet）一种向着存有的思的-道说着的归属（ein denkerische-sagendes Zugehören zum Seyn）。" M. Heidegger, GA 65, S. 3.《朝向哲学的诸文献（从兴有而来）》一书及其思想正是"从兴有而来的某种道说"，它本身就是"为兴有所兴有的"。

① 参见 M. Heidegger, GA 11, S. 150。

② 但或许在更早的授课资格论文"邓斯·司各特的范畴和指称学说"（1916 年）中就已经发端了："把对范畴的追问作为某种进入**存在学**之历史性通道的尝试"（die Frage nach den Kategorien als Versuch eines geschichtlichen Zugangs zur *Ontologie*）。参见 M. Heidegger, GA 66, S. 411-412。要之，无论我们划分出"多少个海德格尔"——都必须切记——"其实只有一个海德格尔"。

语中达乎语言。因此，思入存在之真理中的思想作为思想乃是历史性的。①

　　海氏对于"存有之历史""存有之真理"和"兴有"的思考是完全"同步"的，严格说来，它们其实都是在以不同的方式命名着同一回事。《朝向哲学的诸文献（从兴有而来）》（GA 65）是其"存有历史之思"（seynsgeschichtliches Denken）②的"第一部著作"③，随后数年里他完成了一系列"存有历史之思"的论著：1938/1939 年的《沉思》（GA 66）和收入《形而上学与虚无主义》（GA 67）的作于1938/1939 年的"形而上学之克服"、1938/1940 年的《存有之历史》（GA 69）、1941 年的《逾越开端》（GA 70）、1941/1942 年的《兴有》（GA 71）、1944 年的《开端诸径》（GA 72）和收入《尼采（下

---

①　参见 M. Heidegger, GA 9, S. 313, 316, 335。

②　M. Heidegger, GA 65, S. 3.

③　笔者甚至可以并不夸张地认为，海氏一生就是为了写就这唯一的一部著作即《朝向哲学的诸文献（从兴有而来）》而"来"的：在它之前的著述都是为它而做的准备工作，而在它之后的著述又都是以之为中心的绕圈活动；在它以前的著述都汇入它之中，而在它之后的著述又都是从它当中流溢出来的，《朝向哲学的诸文献（从兴有而来）》的确就是那唯一的"蓄水池"。在《朝向哲学的诸文献（从兴有而来）》中，海氏瞬间地、毫无保留地、肆无忌惮地、不顾同时代思-言习惯地、天马行空地完整公布了他毕生独特的存在之思，即海氏独具的"真理-存在-语言"（疏敞地-兴有-道说）。《朝向哲学的诸文献（从兴有而来）》正是海氏毕生为（西方乃至世界）哲学-思想所"献"上的那"唯一之文"。或许正是考虑到这个"毫无保留"（笔者认为在他生前出版的绝大部分著述中，由于各种因素，都有某种"蓄意保留""欲言又止"），他才遗嘱"须等他的马堡时期和弗莱堡时期的所有演讲集出版后，方可出版《朝向哲学的诸文献（从兴有而来）》"。因为，或许《朝向哲学的诸文献（从兴有而来）》之被领会还"未有／期候着""到时候／时机"（Zeitigung）。笔者认为这绝非是海氏在故弄玄虚。当然，实际上，海氏曾经只是将他实际写出的《朝向哲学的诸文献（从兴有而来）》等"存有历史"著作作为他那唯一的"兴有"大作（非 1941/1942 年的《兴有》）的若干"准备"而已。但在他一直未有实际写出这部"兴有"大作的情况下，《朝向哲学的诸文献（从兴有而来）》就事实上被作为这"独一无二"的"兴有"大作了。

卷）》（GA 6.2）的作于 1941 年和 1944—1946 年的四篇论文（"对虚无主义的存在历史规定""作为存在历史的形而上学""关于作为形而上学的存在历史的草绘"和"回忆到形而上学中去"）等。[①] 因此我们可以说，海氏存有历史观真正成型于 20 世纪 30 年代后期至 40 年代初期，并且弥漫–散播到整个海氏后期（从 30 年代直至 70 年代）的哲学–思想文本中，实际上也为他整个后期思想乃至毕生思想定了调子。

那么，"存有之历史"究竟说的是什么呢？"存有"（Seyn）[②] 不是"存在"（Sein）。海氏借用 Seyn 这个 18 世纪的德文拼写方式，目的就是强调他所思考的 Seyn 与所有存在学–形而上学（如亚里士多德和黑格尔等）所思考的 Sein 是根本不同的，他的 Seyn "不再被形而上学地思考"（nicht mehr metaphysisch gedacht wird）。[③] 他的这一改变就是向世人宣告，他不是在研究以往存在学–形而上学所研究的存在，他并非是在搞存在学历史上又一种新的"存在–学"（Onto-logie），而是在从事一种崭新的"非–存在学"的"存有之思"（Denken des Seyns）。

那么，"历史"（Geschichte）又是怎么回事呢？本原的–真正的历史就是"存有"的历史。海氏在该书第一部分"前瞻"（Vorblick）的第 12 节"兴有和历史"中道说：

---

① 值得一提的是，由 Friedrich-Wilhelm von Herrmann 编辑的与海氏后期思想主导词 Ereignis 同名的 GA 71: *Das Ereignis* 已于 2009 年正式出版；而 GA 72: *Die Stege des Anfangs* 至今仍未出版。

② 关于 Seyn，本书上卷采用孙周兴先生的"存有"译法。"存有"既可以与"存在"（Sein）相区分，又暗示着它与"兴有"（Ereignis）的亲密关联。Seyn 的确是从某种"（本）有"（Eignen）的意思上被思的，它比"Sein"（存在/是）更为原始。参见孙周兴："大道与本有：再论海德格尔的 Ereignis 之思"，作者惠赠电子文稿。

③ 参见 M. Heidegger, GA 65, S. 436。当然他的这种区分并非是一以贯之的，他有时也仍在用 Sein 来表达"非–形而上学"意义上的 Seyn 的意思。

在这里，历史并不是被把握为诸多存在者领域中的一个，而只是着眼于存有本身之本生化（Wesung）。这样，在《存在与时间》中，Da-sein 的历史性就已经是只能从基础-存在学的意图出发而被理解，而不是作为对现成的历史哲学的一个贡献（Beitrag）。

兴-有（Er-eignis）就是原始的历史本身，这或许可以被阐明为：在这里，一般说来，存有的本生（Wesen）是被"历史性地"（geschichtlich）把握的。然而，"历史性地"，大致还不是对某一个历史概念的拽取，而是**历史性地**（*geschichtlich*）——一旦当存有之本生说的不再仅仅是在场性（Anwesenheit），而是指时间-空间性的无-基（zeit-räumlichen Ab-grundes）的全部本生化以及真理的本生化。于是，关于存有之**唯一性**（*Einzigkeit*）的知会便随即而来。但是，"自然"并未因此而仿佛被回置，而是同样被原始地转变了。在这个历史的原始概念中，这样的领域才首次被赢获，这个领域自行显示了历史为何以及如何是"多于"（mehr）行动和意志的。"命运"（Schicksal）也归属于历史，而且并不耗尽其本生。

通过存有本身的本生而来把握历史之本生的道路，已经通过把历史性奠基于时间性之上而被"基础存在学地"准备了。这在这个《存在与时间》唯一的主导的"存在问题"的意义上来说就意味着：作为**时间-空间**（*Zeit-Raum*）的时间将历史的本生回收到了自身之中。但是，只要时间-空间是基之无基（Abgrund des Grundes），即存在之真理，那么，在它的历史性的解释中就置放着对存在本身之本生的指示。对这一点的追问，才是那里的唯一任务，而不是一种历史理论或一种历史哲学。①

①　M. Heidegger, GA 65, S. 32–33.

　　所谓"历史"（Geschichte）并非是被划到存在者领域而被理解的，历史即"存有之历史"（Geschichte des Seyns）[①]，就是"存有之本生"（Wesen des Seyns），也就是"兴有"（Ereignis）[②]——历史就

---

　　① 《朝向哲学的诸文献（从兴有而来）》中使用的名词 Wesen 和 Wesung，特别当它们与存有、真理和历史等组合成词的时候，并非是从名词的"本质"（essence）意义上去说的，而是从动词 wesen 即"活动-摆动-回荡-现身-显现"的意义上去使用的。因此，笔者曾尝试将 Wesen 译为"自摆"，而将 Wesung 译为"自摆化"。中文"摆"既有"摆动-摆荡"的意思，亦表"显摆-显现"之义。"摆"之前的"自"是表示摆动乃"自发而为"，是"自动"的，而非受外力之驱迫。所谓存有之自摆，我们可以不恰当地理解为：存有"自摆"于第一开端与另一开端"之间"、存在者与存在"之间"、疏敞与遮蔽"之间"、世界与大地"之间"、诸神与人"之间"等，"存有"就是这个"之间"（Zwischen）——"区-分"（Unter-schied）——"分-解"（Aus-trag）。《朝向哲学的诸文献（从兴有而来）》的英译者 Parvis Emad 和 Kenneth Maly 将 Wesen 和 Wesung 分别译作 essential sway 和 essential swaying，笔者认为也是相对比较可行的。参见 M.Heidegger, *Contributions to Philosophy (From Enowning)*, Parvis Emad and Kenneth Maly, trans., p. xxiv；《瓦里希德语词典》，第 1392 页；J. Grimm und W. Grimm, eds., *Deutsches Wörterbuch* 29, Leipzig: S. Hirzel, S. 507-509；《辞源》（合订本 1-4），第 717 页。

　　还可分别参考 1957-1958 年演讲"语言的本质"和 1959 年演讲"通向语言的这条道路"中的说法。"我们把 Wesen 理解为一个动词，如同 anwesend（在场着）和 abwesend（不在场着）的 wesend（在场着）。动词 wesen 意味着'持续'（währen）、'逗留'（weilen）。但 Es west 这个短语的意思要多于单纯的"它持续和延续"。Es west 意味着：它在场，在持续之际关-涉我们，并且为我们开辟-道路（bewëgt）。"M. Heidegger, GA 12, S. 190. "这样看来，Be-wëgen（Be-wëgung）就不再意味着仅仅在一条已经现成的道路上来回搬运什么，而是意味着：首先带来通向……的道路（den Weg zu ...erbringen），并且因而就'是'道路（Weg）。"M. Heidegger, GA 12, S. 249.

　　"开辟-道路"（Be-wëgen）作为一种"来回-摆荡"的开辟-道路或该道路本身，指的就是为"集四"（Geviert）的四个"世界地带"（Welt-Gegenden）之间的"相互-面对"（Gegen-einander-über）或"映射-游戏"（Spiegel-Spiel）"开辟-道路"。动词 wesen 作为存有之自摆，也即兴有之开辟-道路也。Es west 中的 Es 即"兴有"（Ereignis）。但考虑到"自摆"中的"摆"或许仍过于"机械"，难以彻底摆脱"形而上学"的身影，缺乏 wesen 中原有的生生不息的兴发-灵动之意，故在本书中暂不予采用。在本书中，笔者尝试将作为动词义的 wesen 译为"本生"，以显示其与作为名词义的 Wesen（本质）之"亲密-区分"。

　　② 笔者对 Ereignis 汉译的详细讨论，请参阅本书第十一章。

是存有本身。"存在历史就是存在本身 —— 并且只能是这个存在本身（Die Seinsgeschichte ist das Sein selbst und nur dieses）。"[①] 早在《存在与时间》里，海氏就已经是从 Dasein 的时间性来领会-收回"历史（性）"的了，历史（性）在那时就已开始是从存在自身的角度去被领会的了，而非是从着眼于存在者的历史哲学或历史理论的角度去理解的。而在《朝向哲学的诸文献（从兴有而来）》中，海氏就更加明确地将"历史"把握为"存有本身"（Seyn selbst）了。真正的、本原性的历史只能是"存有之历史"，只能是"存有本生之历史"。

《朝向哲学的诸文献（从兴有而来）》讲述的正是存有历史的"故事"，这个故事是由"两个开端"即"第一开端"（der erste Anfang）和"另一开端"（der andere Anfang）构成的。所谓"第一开端"就是指"形而上学"（Metaphysik）[②]，第一开端的历史就是形而上学的历史，它思的是"存在者之存在"（Sein des Seienden）[③]。而"另一开端"则是指"存有历史之思"（seynsgeschichtliche Denken），它思的是"存有之历史"（Geschichte des Seyns）或"存有之真理"（Wahrheit des Seyns）或"兴有"（Ereignis）。[④] 海氏在《存有之历史》第 28 节"存有之历史"中曾将作为"两个开端"的

---

① M. Heidegger, *Nietzsche 2*, S. 447.

② "第一开端"概念在海氏那里可谓有两种用法-指称："广义"上说，第一开端就是指整个形而上学的历史，是从"阿那克西曼德-赫拉克利特-巴门尼德"一直到"尼采"的"存在"历史；而"狭义"上的第一开端，则是指"广义上的第一开端"的"开端"，即"阿那克西曼德-赫拉克利特-巴门尼德"。"狭义上的第一开端"可谓"最原始意义上的第一开端"，即"真正的第一开端"。参见 D. Vallega-Neu, *Heidegger's Contributions to Philosophy: An Introduction*, pp. 66–67。

③ M. Heidegger, GA 65, S. 424.

④ A. a. O., S. 436.

"存有"展示如下（图9）。[①]

Erster Anfang: Aufgang, (Idee), Machenschaft. } *Das Seyn.*
Anderer Anfang: Ereignis.

图 9　存有的两个开端 I

因此，第一开端，就是指从"涌现"（Aufgang）即 physis-logos-aletheia[②] 开始，经过"相"（Idee），一直到"力轴"（Machenschaft）[③] 或"集-置"（Ge-stell）的存在历史。"涌现""相"和"力轴"代表的正是第一开端即广义形而上学[④] 历史行程的三站：前者为"第一开端之开端"[⑤]，中者为"狭义上的形而上学之开端"，而后者则为"第一开端即广义形而上学之完成"。

———

①　M. Heidegger, GA 69, S. 27. 这幅图（图9）只是对"存有历史"最简洁之勾画，但好处是形象地把"两个"开端明确"分开"了，而它们又一同构成"存有（之历史）"。海氏曾画出多幅相互家族相似着的"存有历史"图，更细腻之描画可见：1.《存有之历史》（GA 69）第 26 节"存有之历史"（请见本书 11.1 节）；2.《尼采（下卷）》（GA 6.2）第九章 14 节"存在"。

②　"第一开端就是 physis（涌现/Aufgang）自身"，阿那克西曼德、赫拉克利特与巴门尼德都是那唯一的第一开端（阿那克西曼德-赫拉克利特-巴门尼德），在他们看来，physis、logos 和 aletheia 说的都是同一回事（physis-logos-aletheia）。参见 M. Heidegger, GA 69, S. 132。

③　Machenschaft 是表示"集-置"（Ge-stell）的暂时名称。我们尝试将 Machen-schaft 译为"力-轴"，主要是考虑从字面上来应对，并注意到了它与"集-置"的本质关联。

④　海氏"形而上学"概念可说是在两种意义上运用的：广义上，指整个第一开端的历史，即从"阿那克西曼德-赫拉克利特-巴门尼德"经过"柏拉图-亚里士多德"直到"尼采"的存在历史；而狭义上是仅指从"柏拉图-亚里士多德"到"尼采"的存在历史。

⑤　海氏为了成功跳向另一开端，必须在第一开端"一退再退"，退到无可再退之处，退回到"第一开端之开端"处"徘徊-游戏"，唯如是，才能为"瞬间""穿越"整个第一开端蓄足力量，就像在"瞬间"将箭矢抛投（entwerfen）到"远方"而须"向后"拉满大弓一般——弓-弦绷紧且不断。因此，"撤回"到作为第一开端之开端的早期希腊原始思想绝非海氏"终极目的"，该"撤回"实系海氏为实现那"原-跳"（Ur-sprung）的"瞬间"所需之"准备-助跑"也。事实上，我们或许可以认为，海氏总是试图不断变换着姿势"拉满大弓"，总是蓄势"未发-待发"也。

那么，另一开端真的已经"有"了吗，它已经"开始"了吗？第一开端与另一开端之间又有怎样的关联，它们之间又有怎样的"转渡"（Übergang）呢？另一开端所思的"兴有"究竟是什么意思呢？《朝向哲学的诸文献（从兴有而来）》正是对这些问题的尝试解答。①

> "诸文献"发问在一条轨道（Bahn）上，这条轨道通过朝向另一开端（西方思想正进入这个开端）的**转渡**（*Übergang*），才被开道（gebahnt）出来。这条轨道把转渡带入历史的敞开之境（Offene der Geschichte），并把它奠基为一种或许很漫长的逗留，在此进程中，思之另一开端总还只保持为一种预示（Geahnte），但已经是被决断了的东西（Entschiedene）。②

另一开端还未真正的来临，但我们目前已经行进在朝向这另一开端的"转渡"③的"轨道"上，而"诸文献"就是此"开道"本身。虽然另一开端还未真正来临，只被保持为一种"预示"，但已经是"被决断了的东西"，它是我们"命中注定"要去"迎合"的东西，这个另一开端的东西与第一开端"决-断"开了，完全在第一开端之"外"，而不是对它的简单反动-否定——另一开端已经完全"逾越"到第一开端之外。而《朝向哲学的诸文献（从兴有而来）》则是这个逾越的、朝向另一开端的，但最终又回落到第一开端的地面上来的

---

① 须注意的是，按照海氏自己的说法，《朝向哲学的诸文献（从兴有而来）》以及其后的几部存有历史著作（包括 1941/1942 年的《兴有》）都只是他为了撰写那一部真正的"兴有"大作而做的准备性工作而已。但事实上他后来一直未完成这部真正的大作。参见 R. Polt, *The Emergency of Being: On Heidegger's Contributions to Philosophy*, Ithaca and London: Cornell University Press, 2006, p. 1。

② M. Heidegger, GA 65, S. 4.

③ Übergang（转渡）本身也即"通道-走廊"之义。

"一跳"①。"'诸文献'虽然已能和只能从存有之本生而来道说，即从'兴-有'而来道说，但它们还不是存有之真理从其自身而来接缝的自由接缝（die freie Fuge der Wahrheit des Seyns aus diesem selbst zu fügen）。"②

思想的另一开端被如是命名，并非是因为它只是不同于迄今为止的任何一种哲学之别一种形态，而是因为它必须是从**与唯一的和第一的开端的关联而来**（aus dem Bezug *zu* dem einzig einen und ersten Anfang）的唯一的另一开端。从这个第一开端与另一开端的相互被指派状态（Zugewiesenheit）出发，转渡之中的思性沉思的方式（Art der denkerischen Besinnung）得到了规定。转渡性思想将存有之真理的奠基着的草绘实现为**历史性**沉思。历史因而不是一种考察的对象和领域，而是首先得由思之追问来唤起和招致——作为其决断之场所的东西。转渡中的思想将真理之存有的最初本生和存有之真理的最极端之未来者置入对话（Zwiesprache），并在此对话中将迄今尚未被原问及的存有之本生带向语词。在转渡性思想的知识中，第一开端决断性地保持为第一的并作为开端而被克服（überwunden）。对于这种思想来说，对第一开端的最明确的和首次才打开其唯一性的敬畏，必须与对另一种追问和道说之转向的义无反顾（Rücksichtslosigkeit）携手同行。③

---

① 参见萨弗兰斯基：《海德格尔传》，靳希平译，北京：商务印书馆，1999 年，第 419 页。

② M. Heidegger, GA 65, S. 4.

③ A. a. O., S. 5–6.

第一开端是"唯一"的那个第一开端，而另一开端则是"唯一"的那个另一开端，唯有这样的"两个"开端而已，再无"别的"开端了。两个开端之间的关联并非是一种线性的关联，好像另一开端的开启就是第一开端的被替代一样。实际上，两个开端可以是"并列"的、一同"赛跑"的，并可以相互"侵袭""干扰"的。所以，或许我们更应该从某种"原始空间"（拓扑学/地志学）而非"原始时间"的角度来领会两个开端（之游戏）。

伴随着为从第一开端的终结（Ende）到另一开端之转渡所做的准备工作的起始，人们并不是踏入一个尚未发生的什么"时期"（Periode），而是进入一个完全不同的历史领域。第一开端的终结仍将在很长时间内侵入（übergreifen）转渡，乃至侵入另一开端。[1]

这个"转渡"也并非是在两个开端"之间"（Zwischen）。

转渡并非是在开端与开端之间；没有朝向开端的历史之转渡。每一开端都是一个突兀（Jähes）。这样在突兀中的准备、继起和转渡就显得更为长久和隐蔽了。
突兀是在起始和中–断（Ab-bruch）里的开端。[2]

每一个开端都是"突兀的""兴有事件"（Ereignis），不是林林总总的事件中的一件，而是那唯一的、独一无二的"大事"——"开端"乃"大事"矣。转渡并不在开端"之间"，而是在开端"之

---

[1]　M. Heidegger, GA 65, S. 227.

[2]　M. Heidegger, GA 69, S. 27–28.

内"①，实际上就是在"第一开端"之内 —— 转渡是对朝向另一开端的"跳跃"（Sprung）的发动，但终究未有脱开第一开端的引力，仍旧回落在第一开端的地面上来，仍旧归属于第一开端之内 —— 但它已经是外向而抛掷出的了。另一开端要真正开端而始，需要第一开端"内部"的长时准备、继起和转渡。甚至第一开端的全部历史就是为了准备朝向另一开端的那"一跃"②。开端之间是有深深"断裂"的，因此唯有"跳跃"。《朝向哲学的诸文献（从兴有而来）》尝试的就是这个作为跳跃的转渡。而实际上，《存在与时间》就已经开始这个尝试了。

> "基础存在学的"沉思（对存在**学**的奠基［Grundlegung］作为对它的克服［Überwindung］）是从第一开端的终结到另一开端之**转渡**。而同时这个转渡也是为跳跃的发动（Anlauf für den Sprung），只有通过这一发动，一开端特别是另一开端 —— 这个开端经常被第一开端所赶超 —— 才能开端而始。③

作为"基础存在学"的《存在与时间》就已经开始从事从第一开端的终结到另一开端之转渡了，它已经发动了跳跃，而唯有通过此跳跃，另一"开端"（Anfang）才能真正"开端起来"（anfangen）。《朝向哲学的诸文献（从兴有而来）》将这个转渡理解为六个"接缝"（Fügungen）："共鸣"（Anklang）、"致戏（传送）"（Zuspiel）、"跳跃"（Sprung）、"奠基"（Gründung）、"诸将来者"

---

① "转渡"（Übergang）实际上就是开端"之内"的那个"裂隙–裂缝"（Zerklüftung），所以说它不在开端"之间"（Zwischen）。

② 这个"兴有–开端–原跳"之所以能作为那极富强力的"突兀"之短促动作，实源自第一开端内部长时准备–继起–转渡之酝酿也。

③ M. Heidegger, GA 65, S. 228–229.

（Zukünftigen）和"最后之神"（letzte Gott）。[①] 这六个接缝之间也不是任何"形而上学的"线性的前后关联，而是"时间-游戏-空间的先行撕裂"（Vorriß des Zeit-Spiel-Raumes）[②]。关于"两个开端"及其转渡，我们这里暂告一段落，不再追问，或者说我们将换一个方向来继续追问，即这另一开端所允诺的 Ereignis 究竟是什么意思呢？我

---

① 可对照观看海氏在别处画的一幅图"兴有之诸接缝或诸关节"（Die Fuge des Ereignisses）。

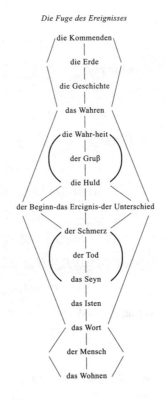

Die Fuge des Ereignisses

die Kommenden
|
die Erde
|
die Geschichte
|
das Wahren
|
die Wahr-heit
|
der Gruß
|
die Huld
|
der Beginn-das Ercignis-der Unterschied
|
der Schmerz
|
der Tod
|
das Seyn
|
das Isten
|
das Wort
|
der Mensch
|
das Wohnen

参见 M. Heidegger, GA 73.1: *Zum Ereignis-Denken*, Frankfurt am Main: Vittorio klostermann, 2013, S. 896。

② M. Heidegger, GA 65, S. 6.

们下面将十分扼要地从"有"（Es gibt）的方面来聚焦这个海氏 1936 年之后的主导词 Ereignis。[①]

4.15 兴有

在《朝向哲学的诸文献（从兴有而来）》中，海氏首次将"兴有"（Ereignis）作为其思想之主导词，所谓"兴有"是指："存有"或"存有之本生"或"存有之历史"或"开端"或"存有历史之另一开端（所思者）"或"存有之真理"等等。[②]《朝向哲学的诸文献（从兴有而来）》（1936/1938 年）及随后的一系列"存有历史"著作如《沉思》（1938/1939 年）、"形而上学之克服"（1938/1939 年）、《存有之历史》（1938/1940 年）、《逾越开端》（1941 年）、《兴有》（1941/1942 年）和《开端诸径》（1944 年）等，可以说都是海氏专门的"兴有"系列"隐秘"著作，都被他蓄意"压抑"到他去世多年后才出版，甚至至今未版。而在他生前的出版物中，只有《路标》中的"关于人道主义的书信"（1946 年），《演讲与论文集》中的"物"（1950 年）和"技术的追问"（1953 年），《同一与差异》中的"同一律"（1957 年）、"在通向语言的途中"（1959 年），《面向思的事情》中的"时间与存在"（1962 年）等著述对"兴有"做过较明显的专门探讨。[③]我们可以认为，以上提及

---

① 值得注意的是，早在 1919 年"战时补救学期"的讲座"哲学观念与世界观问题"中，海氏在关于"有东西吗"（gibt es etwas）的"问题体验"中就已仔细分析过 es gibt（它给予 / 有）；并且他还将"体验"（Erlebnis）作为非"过程"（Vorgang）、非"事物"（Sache）或非"客体"（Objekt）的 Ereignis。也就是说，他对于 es gibt 和 Ereignis 的"存在学化"或"存在思想化"的格外关注，早在其思想的开端时期就已经萌芽了。参见 M. Heidegger, GA 56/57, S. 63-76, 215-220。还可参见本书 9.2 节的相关探讨。

② 可以说这些词都是"同一"者的"不同"表述。我们切不可按照普通形式逻辑的思维方式来把握它们之间的关联，否则只会不知所云。也可联想下维氏"诸家族相似性"，海氏使用的这些语词相互间也是有着错综复杂的诸家族相似性。

③ 参见 M. Heidegger, GA 14, S. 44。

的这些著述都是海氏存有之思的不同径路，他总是尝试着以更多不同的方式来探讨"兴有"。①而在它们当中，演讲"时间与存在"又具有特别的意义，因为"该演讲的唯一目的就在于，把作为兴有的存在本身带入眼帘"②。我们可以认为，这篇海氏晚期演讲可以作为其"兴有"之思（甚至是其毕生存在运思道路）的一个小小总结——虽然它本身"大抵只是通向兴有的一条道路而已"③——但又的确是极其重要和不可回避的一条道路。笔者在这里仅以该演讲为核心文本来浅尝海氏"兴有"观。

在"一次关于'时间与存在'的讨论课的记录"中，演讲"时间与存在"的思路被总结如下：

> 通过对它（即这个演讲，笔者按）的思路的某种标明，即可揭示它在海氏整个运思努力中的地位了。
>
> 这个题为"时间与存在"的演讲首先追问存在的本己因素，进而追问时间的本己因素。于是便表明，存在以及时间都**不存在**（ *nicht sind* ）。如此这般，便得以过渡到**有**（ *Es gibt* ）。对这个有的解说首先着眼于给予（ das Geben ），继之着眼于给予的它（ das Es ）。这个它被解释为兴有（ das Ereignis ）。简言之，这个演讲从"存在与时间"谈起，过渡到"时间与存在"的本己因素，再谈到给予的它，由此而谈到兴有。
>
> 我们或许可以凭着适当的谨慎小心地说，这个演讲就是重演了海德格尔从《存在与时间》到后来兴有之说的思想运动和转变。那么，在这种运动过程中发生了什么呢？在海氏思想中

---

① 当然，我们甚至可以认为海氏 1936 年以后所有的著述都是在从不同的方面探讨"兴有"——因为从那时起"兴有"就已经成为他全部思考的主导词——这也完全在理。

② M. Heidegger, GA 14, S. 26.

③ A. a. O., S. 51.

发生的问和答的转变的情况又如何呢？[①]

　　我们现在就来扼要重演该思路。自古希腊以来，存在与时间就是交互规定的。存在通过时间而被规定为"在场性"（Anwesenheit），时间也是被"一个存在"（ein Sein）所规定的。存在者都在时间中存在，因此都是"时间性的东西"（das Zeitliche）。但"存在本身"却不在"时间"中，因而不是"时间性的东西"。反过来"时间性的东西"都"存在"，但"时间本身"却"不存在"。"存在"与"时间"都"不存在"。存在是"思事"（Sache des Denkens），时间也是"思事"。[②]

　　　　存在**与**（*und*）时间，时间**与**（*und*）存在，就叫作两种事情的**关系**（*Verhältnis*），即事态（Sach*verhalt*），这一事态**维系着**（*hält*）这两件事情（beide Sachen），并**忍受着**（*aushält*）它们的关系。假如思依然有意地去坚持它的事情，对这种事情的深思就交付给思了。
　　　　存在——一件事情，但不是存在者。
　　　　时间——一件事情，但不是时间性的东西。
　　　　关于存在者，我们说：它存在或它是（es ist）[③]。就"存在"这种事情和"时间"这种事情而言，我们始终保持慎重。我们不说：存在存在或是是（Sein ist），时间存在或时间是（Zeit ist），而是说：有存在（es gibt Sein）和有时间（es gibt Zeit）。

---

①　M. Heidegger, GA 14, S. 35.
②　参见 a. a. O., S. 5-9。
③　汉语"它存在"和"它是"字面上差距之大，更是提醒我们须时刻铭记对德文原句 es ist 之牵挂。

我们首先只是通过这一习语（Wendung）就改变了语言用法（Sprachgebrauch）。我们说"有"（es gibt），而不是说"它存在或它是"（es ist）。①

对于"存在"与"时间"，不能说它们"存在或是"，而只能借用习语"有"（es gibt）来说"有"它们。而对于这个 es gibt，海氏蓄意地把它按照字面"读作""它给予"。而他就要真切地经验这个"它"（Es）和"给予"（Geben）②。因此就须分别经验"它是如何给予存在的"（wie es Sein gibt）和"它是如何给予时间的"（wie es Zeit gibt）。③ 我们先来看"它是如何给予存在的"。

存在即"在场"（Anwesen），而"在场"自行显示为"让在场"（Anwesenlassen）。"让在场"说的是"带入无蔽（Unverborgene）之中"。因此，"在场"就意味着"去蔽"（Entbergen）、带入"这个敞开之境"（das Offene）中。而"在去蔽中嬉戏着一种给予，也即在**让**-在场中给予了在场亦即存在的那种给予"。因此"存在"归根结底是归属于"给予"的。④

本真地思存在要求放弃作为存在者之基础的存在，以有利于那种在去蔽中被遮蔽起来的嬉戏着的给予，即有利于它给予（Es gibt）。作为这种它给予的赠礼（die Gabe），存在属于给予。作为赠礼，存在并没有从给予中排除出去。存在、在场被改变了。作为

---

① M. Heidegger, GA 14, S. 8-9.

② 仿效"存在"（Sein）的"叠字"译法（"存"即"在"，"在"即"存"），笔者尝试把 Geben 译为"给予"："给"即"予"，"予"即"给"。

③ 参见 M. Heidegger, GA 14, S. 9。

④ 参见 a. a. O., S. 9。

让在场，存在属于去蔽，始终作为去蔽的赠礼被保存在给予中。存在不**存在**（Sein *ist* nicht）。它给予了作为在场之去蔽的存在（Sein gibt Es als das Entbergen von Anwesen）。①

　　存在作为在场之去蔽被收归于"有"或"它给予"。存在作为在场是有其历史的，显现为从 En、logos，经过 idea、energeia，一直到"强力意志"的存在历史。然而，虽然在存在历史的开端处，存在即 einai-eon 就已被思了，但"有"或"它给予"却从未被真正思过。巴门尼德的 esti gar einai 中的 esti 就已遮蔽着（储藏着／庇护着）"有"或"它给予"（das Es gibt）了。因此，西方思想虽然一开始就思了作为"有"的赠礼的存在，但却一直未思作为该赠礼来源的"它给予"。这个给予就是"发送"（Schicken），而"它给予"的存在则是"被发送者"（Geschickte）。因此，"存在之历史的历史性东西就是从一种发送的天命（das Geschickhafte eines Schickens）中自行规定的，而不是从一种不确定地被意指的事件（Geschehen）中得到规定的"，"存在之历史就叫作存在之天命（Geschick von Sein）"。在存在之天命的发送中，"发送"或"发送着的它"都自行抑制着。因此，"存在之本性"（das Eigentümliche des Seins）就在"有"或"它给予"中并且在"作为发送的这种给予"中自行显示出来了。②

---

　　①　M. Heidegger, GA 14, S. 10.

　　②　因此"兴有"（Ereignis）自身并不隶属于存在的历史，相反"兴有"作为"发送者"（das Schickende），本身就是"无历史的"（ungeschichtlich），也即"无天命的"（geschicklos）。但笔者认为，严格说来，根据《朝向哲学的诸文献（从兴有而来）》，兴有只是不归属于存在（Sein）的历史而已，它自身作为存有（Seyn），当然是有其历史的。反过来存在之历史倒是归属于存有之历史的。存在之历史"会"终结－完成，但存有之历史"会"终结吗？这是个疑问。海氏"终极"兴有，到底是"无限"的还是"有限"的呢？或者用这些词修饰兴有本就完全是不"合法"的？笔者自然倾向于后者。

　　那么，"它是如何给予时间的"又作何解呢？"在场"分别在
"曾在"（Gewesen）、"将－来"（Zu-kunft）和"当下"（Gegenwart）
中被达到了（gereicht）。"曾在和将来二者的交替关系不仅达到同
时也产生了当下。我们说'同时'（Zugleich），并以此把一种时
间的特征赋予将来、曾在和当下的'相互－达到'（Sich-einander-
Reichen），即它们本己的统一性。"① 而"时间－空间"（Zeit-Raum）则
是指"敞开之境"（Offene），它是在将来、曾在和当下的相互达到
中自行疏敞（sich lichtet）的，由它也才给予了空间。

　　而"本真时间"（eigentliche Zeit）就是指这种三维时间之间的
相互"传送或致戏"（Zuspiel）的统一性。并且"这种传送把自己指
明为本真的在时间的本性中嬉戏着的达到，仿佛就是第四维——不
仅仿佛是，而且是从事情而来就是如此"。因此：

　　　　本真时间就是四维的（vierdimensional）。

　　　　然而我们在计数上称之为第四维的东西，按事情说来乃是
　　第一维的东西，也即是说是规定着一切的达到。它在将来、曾
　　在和当下中产生出它们当下所有的在场。它使它们疏敞着分开，
　　并因此把它们相互保持在切近（Nähe）中。三维就在这切近处

　　（接上页）或许，也可说"兴有"作为"存有之历史"，作为"历史本身"是没有
历史的。存有是有历史的、会终结的、有始终的，但"作为存有之历史的历史本身"即
"兴有"却是"不动"的、"无所谓历史的"的。归属于"另一开端"的"兴有之思"也
就是"存有历史之思"，而归属于"第一开端"的形而上学之思则未能思到"存有历史"
或"兴有"。然而"第一开端"和"另一开端"及其"转渡"都是"存有之本生"，也即
"兴有"。这里其实是有着类似于分析哲学中所谓的"语言层次"或"语言阶"等的问题。
不过，总之，欲理解海氏"兴有"或"存有历史"之微言大义，一切形而上学（包括其
逻辑学-语法学-语文学-注疏学等）方法全部失效了。这里只适用于某种后-存在学或后
-形而上学之思-诗。参见 M. Heidegger, GA 14, S. 12-15。

　　① 　M. Heidegger, GA 14, S. 18.

相互接近。因此我们把那第一的、原初的、按字面意义来说是开始的达到——在这种达到中存在着本真时间的统一性——称为一种接近着的切近（die nähernde Nähe），用一个康德还在使用的很早就有的词来说，就是"近性"（Nahheit）。但是它通过它去远（entfernt）的方式而使将来、曾在和当下相互接近。因为，它把曾在的将来作为当下加以拒绝（verweigert），从而使曾在敞开。这种切近的接近在到来中把将来扣留（vorenthält），从而使来自将来的到来敞开。这种接近着的切近具有拒绝和扣留的特点。它事先把曾在、将来和当下相互达到的方式保持在它们的统一性中。

时间不存在（Die Zeit ist nicht）。它给予时间（Es gibt die Zeit）。这种给予时间的给予是从拒绝着-扣留着的切近中得到规定的。这种切近保持着时间-空间的敞开，并且持留着那些在曾在中被拒绝的东西，在将来中被扣留的东西。我们把这种给予本真时间的给予称为疏敞着-遮蔽着的达到（lichtend-verbergende Reichen）。只要达到本身是一种给予，那么一种给予的给予就自行遮蔽在本真时间中了。[①]

这样，"本真时间就是从当下、过去和将来而来的、统一着其三重疏敞着的到达的在场之切近"。在"它给予时间"中的"给予"就自行显示为"四维领域的疏敞着的达到"（lichtendes Reichen des vierdimensionalen Bereiches）。而其中的那个"它"正是本真时间。因此，时间与存在就都是"它给予"的赠礼，而其中的"给予"则既"自行显示为存在的发送，也自行显示为疏敞着的达到意义上的

---

① M. Heidegger, GA 14, S. 20.

时间"。①

接下来的关于"它给予"的语法探讨的数段内容，海氏没有在演讲中宣读。"它给予存在或时间"中的"它"究竟是什么意思呢？德语中把这种带"它"的句式称为无人称句式或无主句。其他的印欧语中是没有这种句式的，但这并不是说他们就没有思考过在"它"中被指称的东西。语言学和语言哲学界对于如何解释这个"它"，至今没有找到可行的答案。海氏主张不能按照主谓关系的句子结构来对"它给予存在或时间"进行分析。他认为我们应该从属于"它"的"给予"的特点去思"它"，即从作为天命的给予，作为疏敞着的达到的给予出发去思"它"。而就天命植根于疏敞着的达到而言，这两者又是共属一体的。② 正是在这里，海氏引出了他的"兴有"（Ereignis）。

> 在存在之天命的发送中，在时间的达到中，一种献有（Zueigenen），一种转有（Übereignen），即作为在场的存在和作为敞开之领域的时间的献有和转有，就在其本己中自行显示出来。规定时间与存在两者入于其本己之中即入于其共属一体之中的那个东西，我们称之为**兴有**（*das Ereignis*）。③

因此，这个"兴有"，作为"事-态"（Sach-verhalt），正是让存在与时间（作为思的两种根本事情）相互归属的东西，它不仅把它们带入它们的本性中，而且使它们持留和保持在它们的相互共属之中。"它给予存在或时间"中的那个"它"就自行显示为"兴有"。④

---

① 参见 M. Heidegger, GA 14, S. 21–23。

② 参见 a. a. O., S. 23–24。

③ A. a. O., S. 24.

④ 参见 ebd.。

　　这样的"兴有"就不能按照通常的理解而被解释为可为"复数"的"发生"（Vorkommnis）或"事件"（Geschehnis）中的一个，而只能被本真地理解为"单数"的"作为疏敞地保存着的达到和发送的有（das Eignen）"了。① "兴有"（Ereignen）就是"兴（Er）-有（eignen）"。"这篇演讲的唯一目的就在于，把作为'兴有'的存在本身带入眼帘。"这里"作为"（als）的意思并非是说"兴有作为一种存在隶属于那种构成被固定的主导概念的存在"，就像过去从存在者出发将存在思作 idea、energeia 那样——而是说——"存在，在兴有中被发送的让在场，在兴有中被达到的时间"。"存在与时间都为兴有所兴有。"②

　　在接下来未宣读的段落中，海氏十分简略地强调了作为"兴有"之本性的"自行隐逸"（Sich-entziehen）、"自行去有或归隐"（Sich-enteignen）和"归有化"（Vereignung）。"兴有"的"自行隐逸"就是发送之给予中的"自行抑制"（Ansichhalten），也即在曾在和到来的达到中嬉戏着当下的"拒绝"（Verweigerung）和当下的"扣留"（Vorenthalten）。"兴有"之"自行去有或归隐"则是指"兴有使那最本真的东西从无边的无蔽中隐逸而去"。"自行隐逸"或"自行去有"作为"兴有"之本性，正如同"自行遮蔽"之作为"无蔽真理"之"心脏"一般。而通过"兴有"的"归有化"，"人就被允许进入兴有之中"。③

----

　　① 在 1957 年演讲"同一律"中，海氏明确表示了"兴有"的"单数性"，"兴有"就是 Es gibt Sein und Zeit 中的那个"单数"的 Es。"'兴有'一词在这里的意思不再是我们通常所谓的事情或事件。这个词现在被用作单数。它所命名的东西只是在单数中发生——不，甚至不再在单个数中发生，而是独一无二的（einzig）。"M. Heidegger, GA 11, S. 45.

　　② 参见 M. Heidegger, GA 14, S. 27-28。

　　③ 参见 a. a. O., S. 27-29。

我们既不能说"兴有存在",也不能说"它给予或有兴有",而只能说"兴有兴有着"(Das Ereignis ereignet)。思这样的"兴有",就是"不顾及存在者而思存在",也即"不顾及形而上学而思存在"。然而,即使在"克服形而上学"的意图中,仍旧是不可避免地以该"顾及"(Rücksicht)为中心的。"因此,必须放弃这种克服(Überwinden),并且对形而上学不加过问。"[①]

"兴有"之思"必须投身到兴有之中去,以便从它出发就它而说它"。但演讲的方式,因为只是用陈述句来语言,从而对于这个目标而言仍旧是一种障碍。[②]

读完该演讲,我们不禁要问,"被兴有者/为兴有所兴有的东西"(Ereignete)是什么呢?"兴有"又如何"(自行)兴有"呢?我们可以认为"被兴有者/为兴有所兴有的东西"正是"集四"(Geviert)[③]。而"兴有"也正是以"集四"之"映射–游戏"(Spiegel-Spiel)的方式来自行兴有的。这个"集四"及其"映射–游戏"曾被海氏表示为~~Seyn~~。~~Seyn~~可被视为是后期海氏用来表示"存有"(Seyn)或"兴有"(Ereignis)的另一种方式。~~Seyn~~就是"兴有"或"存有"。

4.16 ~~Seyn~~

海氏在 1955 年首次发表于恩斯特·荣格尔(Ernst Jünger)六十寿辰纪念文集《友好往来》的"关于'线'"(后收入《路标》,标题改为"面向存在问题")中,首次公开以打叉涂划的方式书写存在,

---

① 　M. Heidegger, GA 14, S. 30.

② 　参见 ebd.。

③ 　A. a. O., S. 51. "集四"是笔者效仿孙周兴先生"集–置"(Ge-stellen)的字面译法,它突出了对前缀 Ge- 的对照翻译。"集四"本来就是"四元"(Vier)之"聚集"(Versammeln)。

即 S̶e̶i̶n̶。[①] 海氏对于存在的打叉涂划表示 S̶e̶i̶n̶ 有两层相关的意思：（1）防御性的、否定性的意思，即 S̶e̶i̶n̶ 并非人的一个对立面，并非人之外的而为人所表象的一个对象，人与存在实际是相互需要的，用 S̶e̶i̶n̶ 所思的与任何"主-客体关系"无涉；（2）建构性的、积极性的意思，S̶e̶i̶n̶ 表示的是"集四"（Geviert）的四个"地带"（Gegenden），以及它们在打叉位置上的"聚集"（Versammlung）。[②]

依照海氏提示，我们现在通过《演讲与论文集》中名为"筑·居·思"（1951 年）、"物"（1950 年）和"……人诗意地栖居……"（1951 年）的三篇演讲（主要是"物"）来回味他的"集四"及其游戏运作。

在这三篇演讲中，海氏是通过"栖居"（Wohnen）和"物"（Ding）来引出"集四"之思的。所谓"集四"（Geviert）所"聚集"的就是"四元"（die Vier），这四元分别是指："天空"（Himmel）、"大地"（Erde）、"诸神性者"（Göttlichen）和"终有一死者"（Sterblichen）。[③]"天空"、"大地"、"诸神性者"和"终有一死者"分别占据 S̶e̶i̶n̶ 之"叉"上的四个位置或地带。而所谓"集四"（Geviert）就是指"四元之纯一性"（Einfalt der Vier），也即"四元之原始聚集"——"四元"原本就是"一体"，是由"一""分-解"（aus-tragt）为"四元"之间相互的游戏运作。集四就是指"四

---

① 需注意的是，后期海氏在有些手稿中不仅把打叉涂划法用于 Sein，也用于 Seyn、Seyende、Wesen、Anwesende、Seinsfrage、Seinsgeschick 和 Transzendenz 等诸词：S̶e̶y̶n̶，S̶e̶y̶e̶n̶d̶e̶，W̶e̶s̶e̶n̶，A̶n̶w̶e̶s̶e̶n̶d̶e̶，S̶e̶i̶n̶s̶f̶r̶a̶g̶e̶，S̶e̶i̶n̶s̶g̶e̶s̶c̶h̶i̶c̶k̶，T̶r̶a̶n̶s̶z̶e̶n̶d̶e̶n̶z̶。参见 M. Heidegger, GA 73.2: *Zum Ereignis-Denken*, Frankfurt am Main: Vittorio klostermann, 2013, S. 1046, 945, 1295, 1354, 1298, 1222。这些打叉涂划或许都显示着各不相同的"非-形而上学之集四游戏"。

② 参见 M. Heidegger, GA 9, S. 411。

③ 参见 M. Heidegger, GA 7, S. 151。

元"在 ~~Sein~~ 的打叉位置上的聚集。四元中的每一方都"映射着"（spiegelt）其余三方之"本生"（Wesen），同时也映射着自身。"映射"（Spiegeln）^① 使四元进入纯一的相互归有化之中。这样的映射就是"游戏"（Spiel）。四元中的每一方都在它们的"归有化"之内，为进入某个本己而"去有"。而这样的一种"去有着的归有"（enteignende Vereignen）正是"集四的映射-游戏"（Spiegel-Spiel des Gevierts），也即"世界"（Welt）。"世界通过世界化而本生（Welt west, indem sie weltet）。"世界之世界化与传统存在学和形而上学中的原因和根据，以及与之相匹配的语言方式即说明和论证等，都是格格不入的。^②

集四之统一性又被称为"四化"（Vierung）。"四化作为纯一的相互信赖者的有所兴有的映射-游戏而本生。四化作为世界之世界化而本生。世界的映射-游戏乃是兴有之圆舞（Reigen des Ereignens）。"这种圆舞正是起环绕作用的"圆环"（Ring）。"世界的如此这般环绕着的映射-游戏的被聚集起来的本生乃是集环（Gering）。在映射着-游戏着的（spiegelnd-spielenden）圆环的集环中，四元偎依在一起，得以进入它们统一的，但又向来属己的本质之中。如此柔和地（schmiegsam），它们顺从地世界化而接缝（fügen）世界。"而"柔和地"在古德语中本来就被叫作 ring 或 gering。"世界化的世界的映射-游戏，作为圆环之集环，强行释放（entringt）即解放（befreit）统一的四元进入本己的顺从之中，进入它们的本生的圆环之中。从圆环之集环的映射-游戏而来，物之物化才得以自行兴有（ereignet sich）。"^③

---

① 我们可以认为，"四元"之间的"映射-游戏"都是带"光"-发"光"的，而它之所以可能，是由于已经先"有"了"疏敞地"（Lichtung）。"兴有""自行兴开"（das Ereignis sich eröffnet），就是"自行撑开""疏敞地"，也即"四元"的"时间-游戏-空间"。

② 参见 M. Heidegger, GA 7, S. 180-181。

③ 参见 a. a. O, S. 181-182。

依照这样的理解，笔者尝试将"集四的映射–游戏"草描如下（图 10）。这也可视为是 Sein 的某种放大图或原型图。

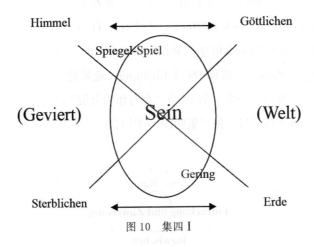

图 10　集四 I

其实早在《朝向哲学的诸文献（从兴有而来）》和《存有之历史》中，海氏就已亲手先行描画了类似的"集四图"，至迟在"那时"（20世纪 30 年代后期），他就已经思到作为"兴有或存有"的"集四"了。须注意的是，那时"四元"的表达方式与演讲"物"中的"四元"表达方式是有一些差别的：如 Welt 在那时作为四元的一方，占据的是演讲"物"中 Himmel 所占据的位置；而在演讲"物"中，Welt 则并非四元中的一方，而是指"四元的映射–游戏"，也即"集四"本身了。

$$\text{Mensch} \quad \left(\begin{array}{c} \text{Welt} \\ \leftarrow \text{E} \rightarrow \\ \downarrow \\ \text{Erde} \end{array} \right) \quad \text{Götter} \quad (\text{Da})$$

图 11　集四 II

　　这是《朝向哲学的诸文献（从兴有而来）》第五章"奠基"第190节"从 Da-sein 而来"中海氏本人提供的草图（图 11）。其中字母 E 是 Ereignis（兴有）的缩写，该图表示的是"兴有自行兴开"（das Ereignis sich eröffnet）。"兴有"自行兴开为 Welt-Erde、Mensch-Götter 之间的相互"争执"（Streit）的"时间-游戏-空间"（Zeit-Spiel-Raum），也即 Da 或 Lichtung（疏敞地）。[①]

　　而在《存有之历史》第 27 节"存有作为分解"（Seyn als Austrag）中，海氏则素描了另一种"集四图"（图 12）。

Zeit
Zeit – Raum
Entrückung und Zuweisung

Inzwischen
Welt <-> Gott

Mensch <-> Erde

图 12　集四 Ⅲ

　　图 12 与演讲"物"中所描画的情形已经非常相似了：不仅有了集四的"叉"，还有了"圆环"及其"集环"运作。这个圆环就是"出神着-指派着的反转"（entrückend-zuweisende Widerwendung）。"存有"或"兴有"自行"分解"（本生）为 Welt-Erde、Gott-Mensch 相互间的"争执"（Streit）或"反驳"（Entgegnung），也即"本生"为"出神着-指派着的反转"，"本生"为作为"时间-空间"

---

①　参见 M. Heidegger, GA 65, S. 310。

的"（本真）时间"，"本生"为这个"居间"（Inzwischen）。[①]

此外，在 2013 年出版的 GA 73.1《兴有之思》中还藏有另一幅海氏集四图。虽然从"意义"上说，该图可能与上述几幅大同小异——用 Das Volk 替换 Mensch，同时把 Ereignis 与 Seyn、Zerklüftung（裂隙）以及 Da-sein 亲密联系起来——但毫无疑问，这是笔者见到的海氏自绘集四图中"最圆满""最和谐"之最美一幅（图 13）。[②]

图 13　集四Ⅳ

综合上面四种"集四图"来看，我们似乎可以十分简略地总结如下。

"存有或兴有""自行兴有着"或"本生着"或"自行疏敞着"，"兴有"的方式即为"集四"的"映射-游戏"。在"集四"中，"天-地""神-人"各"归"其"位"，各"得"其"所"。"兴有""本生"或"自行兴开"或"自行分解"或"自行疏敞"为"四元""之间"的"游戏-争执运作"。"兴有"即"居"于这个"之间"，这个"之间"就

---

① 参见 M. Heidegger, GA 69, S. 27。

② 参见 M. Heidegger, GA 73.1, S. 257。

是"境"① 或"林间空地（疏敞地）"或"意义"或"真理"或"本真时间"或"时间-游戏-空间"。"真理"或"疏敞地"即"存有或兴有"之"本生"或"自行兴有"。"存有或兴有""本生"或"自行兴有"在"自行疏敞"与"自行遮蔽""之间"。"存有或兴有"就是那个"自行遮蔽着"的"自行疏敞"。"兴有"即"给予""存在与时间"的那个"独一"之"它"，也即作为"集四"的"映射-游戏"而"本生"。"游戏"是"分解化的"-"差异化的"，分解出"四元"，"四元"保持在相"间"之"远"中相互"去远着"，"区分着-争执着"地"共属一体"。"存有或兴有"之"本生"就是"游戏"本身。② "游戏"也即"存有之历史"。"兴有"在"自行兴有着"的"同时"，亦会"自行去有"或"自行隐逸"或"自行庇护"，也即"四元"抽身离去而（暂时）"聚集"不起来。"集四""自行隐逸"或"自行庇护"起来。"四元"的再次"聚集"，须等候"时机"。"时机"乃"作诗"，"作诗"才让"栖居"成为"栖居"，才让"一物"终成"一物"，才让"世界"成为"世界"，才让"四元"之间的"映射-游戏"自行运作起来。而在"栖居-物化-世界化"之际，"四元"才重新"聚集"，是为"集四"。"作诗"乃本真之"道说"。"兴有""自行兴有"或"本生"的"道路"即为"道说"，"道说"乃"思着"地"诗"或"诗着"地"思"。"道说"即是"兴有"之"自行开辟道路"③ 或"自行兴有"或"本生"或"自行疏敞"……④

---

① "境"是对 Da 的（暂时／临时）翻译。

② "存在之本生乃是游戏本身。"（das Wesen des Seins das Spiel selber ist.）M. Heidegger, GA 11, S. 72.

③ 关于"兴有-道说-开路"的"故事"，具体可见 5.12 节的相关探讨。

④ 在这一段文字中，笔者蓄意尝试未标出任何西文词句，全部用中文词句来表达，虽然它们应对的、牵挂的也仍然全是海氏德文词句。从普通形式逻辑的观点来看，这只能是一段毫无意义的"荒唐言-浑言"。可是在海氏 20 世纪 30 年代后期到 40 年代前期的"存有历史"系列著述中，我们却可以找到大量类似的"浑言"。这些"浑言"自己"绕成环"，绕成各式各样的环：倏而"一"分为-展开为不同的环节，环节与环节间相

4.17 虫洞？

从上可见，海氏一直在努力为我们打开这个告别第一开端（形而上学）-朝向另一开端（兴有之思）之"虫洞"即"思想-通道"。

> 未来之思（künftige Denken）乃是思想-**通道**（Gedanken-gang），通过这条通道，那迄今为止一直被遮蔽的存有之本生化（Wesung des Seyns）的领域就被通达了，并因此才被疏敞（gelichtet）了，而且在其最本己的兴有品格（Ereignischarakter）上被触及了。①

"未来之思"② 作为"思想-通道"，一头是作为形而上学的第一开端，另一头则是另一开端（它思的是作为"存有之本生化"的"兴有"）。海氏思想-通道可简示为 Ur-etwas → Sein → Seyn → Ereignis → ~~Sein~~ ③：

（接上页）互"牵连-钩挂-游戏"——"浑言"自行"起舞"，合着不同的"音调"，跳起不同的舞；倏而各环节又收缩为"一"，自行庇护-隐藏起来。"浑言"正是海氏对兴有之思的新语言方式即"道说"的尝试："（作）诗"着地"（运）思"；"（运）思"着地"（作）诗"。这些"浑言"对于其他同时代（甚至过往一切时代）的西方哲学-思想家们或许都是很难想象的（或许唯有在早期希腊思诗那里才能找到些许"共鸣"），倒或许在其他"思域"（如中国先秦思诗）中更能觅得知音。海氏或许真是迄今为止西方思想史上那独一无二之思者，也难怪这么多当代中国哲人如此厚爱、偏爱他了。此外，其实（古）汉语也可以做出"十足"精彩的"浑言"游戏，并且是与德语完全不同的"浑言"游戏。

① M. Heidegger, GA 65, S. 3.

② 即从另一开端（兴有）而来之思，唯如是之思才可能反向"收拢-聚集"第一开端即形而上学本身矣。

③ 我们不可将 Ur-etwas → Sein → Seyn → Ereignis → ~~Sein~~ 中的"→"仅仅理解为某种"单向线性接替"的关联，Sein、Seyn 和 ~~Sein~~ 之间其实是"相互平行"或"纵横交错"的网路关系（拓扑关系），也即诸家族相似着的亲密区分关系，海氏毕生不断地、从头起兴-发动着朝向另一开端之海氏"诸虫洞"——"复数"的 Wege（诸道路）——绝非任何"单数"的 Weg（道路）！海氏毕生诸思想-文本里遍布阡陌纵横着、气象万千着暨舒展隐卷着的"诸虫洞"。

他一开始要去思的就是 Sein des Seienden（存在者之存在），而绝非形而上学所思的 Seiende（存在者），Sein 是用来与 Seiende（象征形而上学）划清界线的；但 Sein 已为形而上学侵占太久，易与海氏原始用法混淆，所以他干脆借用 18 世纪德语的 Seyn 来表示他所要思的 Seyn 是不再被形而上学地思考的"Sein 本身"；而 ~~Seyn~~ 就更为彻底了，这个"叉"不仅直观而彻底地"删"掉了任何可能为形而上学所占用的 Sein，更重要的是它还"兴开"了四个世界地带映射-游戏的这个原始"时-空"（Zeit-Raum）即 Da 或"疏敞地"，而唯如此，"兴有"才有了自己的"活动-空间"，才得以被通达。总之，海氏"Uretwas → Sein → Seyn → Ereignis → ~~Seyn~~"的存在道路，一方面是要严格区分第一开端与另一开端，他要与第一开端即形而上学划清界线；另一方面则是要去兴开从第一开端转渡到另一开端的原始时-空通道即虫洞。

此刻，我们忍不住想要问的是：海氏这条思想-通道的另一头真的是作为另一开端的兴有吗？我们真的可以"完全跳离"作为第一开端的形而上学而进入另一个兴有之思的"新时代"吗 —— 哪怕这个新时代仍将为第一开端所长时侵扰-蔓延？如果竟会"一直-永远"侵扰-蔓延下去呢？那么，思想-通道的另一头会不会竟也仍然是第一开端呢？

图 14　虫洞 II

如图 14 所示，虫洞连接的原先平行的二平面竟在远方相汇了，原来竟是"唯一的"那个平面即"第一开端"，通过虫洞跳跃而至的地方——起跳后回落之地也仍然在第一开端之内——无论落在何地。倘若实情果真如此，那么另一开端呢？真的可能"有"另一开端吗？如果"有"，它又身在何方呢？

我们是否可以大胆猜想：其实虫洞本身就是另一开端呢？作为另一开端的兴有自行兴有为作为原始"时-空"的虫洞，兴有就现身-本生-疏敞于时-空虫洞，时-空虫洞正是"兴有之自行兴开"。这样的时-空虫洞完全"争"出于-"越"出于第一开端——"成"原始时-空之"境"（Da）。在这个第一开端的"形而上学时间"被"打断"的"瞬间"（Augenblick），人也不再是 Dasein，而是无限亲近于原始 Sein 的 Da-sein 了。"如此 Da-sein 就是在存有（Seyn）和人道（Menschentum）之间的居间（Inzwischen）。"[1]Da-sein 就是那个"断"——那个"裂隙-裂缝"。[2]另一开端"早已"发端开始，它是与第一开端"一同"开端的。只不过与第一开端"通常"大显其身不同，另一开端"通常"自行隐蔽-庇护-葆藏着，唯于第一开端"开裂"的"瞬间"，才"饱满-充沛"地现身-显摆为作为原始时-空的虫洞。本真的（思想）历史就是第一开端与另一开端交缠-游戏的历史：第一开端从未"过去"——因为它还在"将来"；另一开端也不在"将来"——因为它从未"过去"。第一开端永远不会"终结-完成"，另一开端也无须"来临-到场"。并没有一个另一开端的新时代在前面"召唤-需用"我们。海氏不是兴开原始时-空虫洞的那独一之"思者"（Denker），荷尔德林也并非兴开原始时-空虫洞的那独一之"诗者"（Dichter）。古往今来的本真道说者绝不止于他们二人，另一开端即兴有或原始时-空虫洞择时自行"触发-缘起"于不同的本真道说之中。此乃"时机化"（Zeitigung）也。"时

---

① M. Heidegger, GA 70, S. 67.

② Da-sein——天人合一之境？

机化-时中"即"存在本身""活动-开路-本生-圆舞"之"节奏-节律"也……

实情果真如是？一切都还在悬而未决中……

从"形而上学的"物理时间看来，海氏已逝世四十多个年头，第一开端仍然统治着世界，另一开端则依旧隐身待显（图 15）……

Zwei Anfänge des Seyns

图 15　存有的两个开端 II

4.2 存在：维特根斯坦

与海氏新-存在思想的存在元素相较，存在元素于维氏新-存在思想中又有何语言呢？可从下述方面来考虑：

（1）"世界之存在"或"某物之存在"为维氏惊异毕生；

（2）在 1913-1918 年的《战时笔记：1914-1916 年》和《逻辑

哲学论》中，他将原始存在思作"诸不可说者"；

（3）贯通整个维氏后期之代表作《哲学研究》中的"诸生活形式"。

我们先来看维氏的存在"惊异"。

4.21 存在惊异

泛泛而说，分析哲学-语言哲学是形而上学-存在学或者说存在思想在现时代自行显示的一种形态-姿势（"通过语言分析来探究存在"或更准确地说是"存在如何显示在各式样的语言分析中"）①，而分析哲学中的"另类"——维氏哲学-思想则更是一种典型的、突出的存在思想。维氏毕生研究哲学问题，对传统哲学的诸多论题都有涉猎。在这所有的论题中，存在问题作为某种"灯塔"，照耀-牵引着维氏四十年之哲思道路。早在标记于 1915 年 1 月 22 日的一条"战时笔记"中，维氏即已先行亮出了他的"存在道路"。

> Meine *ganze* Aufgabe besteht darin, das Wesen des Satzes zu erklären.
>
> Das heißt, das Wesen aller Tatsachen anzugeben, deren Bild der Satz *ist*.
>
> Das Wesen alles Seins angeben.
>
> (Und hier bedeutet Sein nicht existieren—dann wäre es

---

① 当代英国哲学家-形而上学家、现任 *Mind* 主编 Adrian Moore（St Hugh's College, Oxford）把"形而上学"（Metaphysics）理解为"最一般地理解事物的尝试"（the most general attempt to make sense of things）。因此无论分析哲学、非-分析哲学（包括所谓的"欧陆"哲学），无论西方哲学还是非-西方哲学（包括东方哲学、中国哲学）自然都是某种形而上学了。笔者对这种更温柔的元-形而上学表示欣赏。参见 A. Moore, *The Evolution of Modern Metaphysics: Making Sense of Things*, Cambridge: Cambridge University Press, 2012。

unsinnig.)

　　　　我的**全部**任务就在于此，解释命题的本质。

　　　　也即，规定所有事实的本质，其图象**是**命题。

　　　　规定一切存在的本质。

　　　　（这里存在并非指称实存——那样的话它将是毫无意义的。）①

　　维氏在此业已先行描画了如何展开-回答其存在问题的基本道路：首先直接入手的是研究命题，规定"命题的本质"（Wesen des Satzes）；研究命题本质即是研究作为被命题图象所描画之事实的本质，去规定"所有事实的本质"（Wesen aller Tatsachen）；规定所有事实的本质其实正是规定"一切存在的本质"（Das Wesen alles Seins）。可是 Das Wesen alles Seins 中的 Wesen 和 Sein 究竟是什么意思呢？为何维氏要使用"一切存在"（alles Seins）的说法呢？可惜维氏并没有多做说明。笔者猜想这里的 Sein 倒颇有点海氏 Seiende（存在者）的意蕴，所谓"一切存在"，实谓"一切存在者"也。而所谓"规定一切存在者的本质"，当然就是个非常经典的存在学-形而上学之表达方式了。给出"一切存在者的本质"是他的目的，而研究"命题-事实的本质"是其途径。那么，何谓 Und hier bedeutet Sein nicht existieren—dann wäre es unsinnig 呢？这似乎比较令人费解。维氏此时心中的 Sein 和 existieren 究竟有何区分呢？为何维氏认为如果 Sein 意味的是 existieren 的话，那就没有意义了呢？这一切似乎都令人费解。对照海氏的术语区分，或许我们可以这样来方便理解：对于此时的维氏来说，我们可以用命题来追问或规定所有

---

　　① L. Wittgenstein, *Notebooks:1914-1916*, S. 39. 在 Suhrkamp 1989 年版 Werkausgabe 1（S. 129）中，第三句为 Das Wesen allen Seins angeben。不过好在并不影响文义。

"存在者"（Sein）的本质，这是有意义的；但是，我们绝不可以用命题来追问或规定"存在本身"（existieren），那样将会是完全无意义的；"存在者"（Sein）可说，而"存在本身"（existieren）不可说。这样的解读方式似乎在后来的维氏著名的 1929 年 11 月 17 日关于伦理学的英文讲演中也能得到某种印证。说某个具体的"事情"——无论是"事态"（Sachverhalt）还是"事况"（Sachlage）或"事实"（Tatsache）——"存在"（发生了）或"不存在"（没有发生），是有意义的、合乎"语法"的；但要说世界或语言"存在"，则完全是没有意义的、不合乎"语法"的。

　　当然我们随即就能发现这或许只是维氏毕生存在之思的一个开头的、十分传统的，也易引起误解的说法而已。维氏在"规定本质"（Wesen angeben），即"以命题将存在规定为某种现成存在者"的貌似传统存在学径路的口号下，实际从一开始做的就已是"让-任显示自身"（sich zeigen lassen）的新鲜事儿了，即"让-任存在显示自身于命题-语言"：从其前期（以《逻辑哲学论》为代表）的"让-任诸不可说者显示自身于包括命题在内的八种语言方式"到他后期（以《哲学研究》为代表）的"让-任各式样的生活形式显示自身于相应的各式样的语言游戏"。从"规定本质"到"让-任显示自身"，恰好显示了传统存在学与维氏存在思想的迥异路径。

　　　　TLP 3.323 在口语中，这样的情形是极为常见的现象：同一个语词以不同形式暨方式进行表示——因此属于不同的符号——，或者，本来就是以不同形式暨方式进行表示的两个语词在一个命题中被以表面上看来相同的方式加以使用。

　　　　因此"ist"作为系词显现，作为同一性记号显现，也作为存在之表达而显现；"存在"像"走"一样作为不及物动词（显现）；

"同一的"作为形容词（显现）；我们谈论**某物**，但也谈论**某物**发生着。（So erscheint das Wort „ist" als Kopula, als Gleichheitszeichen und als Ausdruck der Existenz; „existieren" als intransitives Zeitwort wie „gehen"; „identisch" als Eigenschaftswort; wir reden von *Etwas*, aber auch davon, daß *etwas* geschieht.）

（在命题 Grün ist grün［格林是不成熟的］中，第一个词是一个人名，而最后一个词是一个形容词，这两个词不仅有着不同的指称，它们本来就是不同的符号。）

在《逻辑哲学论》3.323 节，维氏明确"提及"[①]了 ist 一词含混葆藏的多义性或多种不同用法：同一个"记号"（Zeichen）可以被用作不同的"符号"（Symbole）从而以不同方式进行表示或被使用，而同一个符号也可以不同的记号来显示；ist 作为同一个记号却被通常用作三种（完全）不同的符号，即（1）"是"（系词），（2）"同一的"（形容词），（3）"存在"（不及物动词）；因此这个 ist 就像 Grün ist grün 里的 grün 一般，同一个记号却被用作完全不同的符号；而整个哲学史就充满了类似的最基本的混淆；而维氏"新式哲学"之基本任务就是要去澄清这些最基本混淆的……

在《逻辑哲学论》6.44 节，维氏惊叹道：

Nicht *wie* die Welt ist, ist das Mystische, sondern *daß* sie ist.

中文可译为：并非这个世界**如何**存在，而是——**这个世界存**

[①]　"提及"的意思是说：这些说法或许只是对某种"常识"（寻常之见）的"转引"或"转述"，而非维氏自己的本质观点。

在——是神秘者。维氏并不对"这个世界如何-怎样存在（是）"感到诧异，而是独独对"这个世界存在（**这件独一无二之大事儿①**）"——竟"存在（有-它给予）"（es gibt）这个世界——发出了如此意味深长的惊叹！他并不对林林总总、如何如何的存在者感到诧异，而是对"存在者之存在"——竟"存在（有-它给予）"存在者感到惊异。他惊异的就是这个"存在（有-它给予）"本身，而它却是神秘的，是绝不可用命题来加以规定和把握的。对于这个神秘的存在（有），维氏就如最早的古希腊哲人一般，诧异-惊叹了一生。

我们接着来看维氏在 1929 年 11 月 17 日关于伦理学的英文讲演中有关"存在"的道说：

就我目前而言，我想确定对我所谓的绝对价值或伦理价值的看法。在这种情况中，总是表现为，对某个具体经验的看法在我看来某种意义上首先就是我的经验，这就是为什么我现在向你们说，我会把这种经验用作我的第一个和在先的例子。（就像我前面所说的，这完全是个人的事情，而其他人可能会发现其他的例子更为有力。）我会描述这个经验以便于你想起相同的或相似的经验，所以我们可能有研究的共同基础。我相信描述它的最好方法就是说，当我有这个经验时，我就惊异于世界的实存（I wonder at the existence of the world）。于是我倾向于使用"任何东西会实存这多么神奇"（how extraordinary that anything should exist）或"世界会实存这多么神奇"（how

---

① "综合"海氏与维氏的术语行话来说就是："这个世界存在"（daß die Welt ist），正是"这件独一无二之大事儿"（Ereignis），而非林林总总诸事儿中的一件小事儿；从后-存在学的存在之思而来的 Ereignis 绝非任何存在学度量算计下的一件"小事儿"了——无论这件小事儿是作为 Tatsache、Fall 还是作为 Sachverhalt、Sachlage……

extraordinary that the world should exist）这种短语。①

　　这里十分有趣和值得注意的是，维氏将能直接想到的"第一个经验"②描述为"我惊异于世界的实存（existence）③"或"任何东西会实存这多么神奇""世界会实存这多么神奇"。可见"实存"（existence, exist）这个"神奇"问题在维氏心中所占之突出分量。但他却认为这些表达实际上都是对语言的错误使用，都是没有意义的。

　　　　但我想要说的第一件事情是，我们赋予这些经验的语词表达都是没有意义的！如果我说"我惊异于这个世界的实存"，我就是在错误地使用语言……在这种意义上，当某人看到了（比如说）一座房子，而有很长时间没有去过那里，想象它在这个时间里已经被拆掉了，那么人们可以惊异于这座房子的实存。但说我惊异于这个世界的实存，则是没有意义的，因为我无法想象它不实存。④

---

　　① L. Wittgenstein, "A Lecture on Ethics", *The Philosophical Review* 74 (1), 1965, pp. 6-8.

　　② 另一个即第二个被想到的经验是"我感到绝对安全的经验"。

　　③ 维氏在"强要"表达（他实际上认为这样的经验是不能用任一命题来直接表达的）终有"世界"或"任何东西"存在的神秘经验时，既有使用 sein 或 to be，也有使用 existieren 或 exist。笔者认为即使在他使用 existieren 或 exist 的时候，意谓的也是"先验"的"存在（有）"本身，而非具体的某一存在者的"实存"。比如在该讲演中，他认为：说"惊异于某个具体存在者（比如某座房子）的实存（existence）"，这是有意义的。因此，他实际上已经严格地区分了世界或任何东西的 existence 和某一具体存在者的 existence；这是两种完全不同的 existence；前者是神秘而不可说的，后者是可说的。Sein 与 existieren 之间的纠缠、亲密-区分或"恩怨"的确非一两句所能言清。为对它们做出适当区分，笔者蓄意在本书上卷一律把前者译为"存在"，而将后者译为"实存"（亦参考了孙周兴先生对海氏 existieren 暨 Existenz 的翻译）；而下卷笔者将 Sein 一律改译为"是"，从而"存在"译名亦自动"还给"existieren 暨 Existenz 了。

　　④ L. Wittgenstein, "A Lecture on Ethics", *The Philosophical Review* 74 (1), 1965, p. 8.

　　我现在会这样来描述惊异于世界之实存的经验，就是说：这是把世界看作是一个奇迹（miracle）的经验。现在我想要说的是，对于世界实存这个奇迹的语言中的合适表达——尽管它不是语言中的任一命题，而正是语言自身的实存（the existence of language itself）。但在某个时间而不是在其他的时间意识到这个奇迹，这究竟是什么意思呢？因为我所说的一切是把对神奇之物的说法从借助语言的说法转变为借助语言之实存的说法，我所说的一切就是，我们无法表达我们想要表达的一切，而我们对绝对的神奇东西所说的一切仍保持为无意义（remains nonsense）。①

　　"神秘的实存"是决计不可直接用"任一命题"来说出-规定的，但却可以显示自身于"语言自身的实存"。借助"命题-语言"是不能"表达"或"把握"像"世界之实存"这样的绝对神奇东西的，如果要强行以这样的方式来表达，则完全是"无意义"的表达。我们只可能借助"语言自身之实存"来显示"世界之实存"的绝对"奇迹"。何谓"语言自身之实存"呢？为何维氏要用它来"表达"（实即"显示"）"世界之实存"呢？"语言"和"世界"有着怎样的奇妙亲缘呢？"语言自身之实存"本身难道不是一个不次于"世界实存"之奇迹的奇迹吗？维氏无非是用另一个极为亲密的东西实存之奇迹的不可表达性来同理显示-印证-指引"世界之实存"的不可表达性——"不可思议"罢了！

　　另据魏斯曼的记录，在同年 12 月 30 日的石里克家中，维氏曾表示：他或许能理解海氏"存在"（Sein）与"畏"（Angst）之所云；人有冲撞语言边界的本能，总会去思考对于"某物实存着"（etwas

---

① L. Wittgenstein, "A Lecture on Ethics", *The Philosophical Review* 74 (1), 1965, p. 11.

existiert）的惊异体验；但实际上这样的思考是无意义的，也没有答案；即便如此，我们还是不断地冲撞着语言之边界，追寻着难以追寻的"存在"。

Ich kann mir wohl denken, was Heidegger mit Sein und Angst meint. Der Mensch hat den Trieb, gegen die Grenzen der Sprache anzurennen. Denken Sie z. B. an das Erstaunen, daß etwas existiert. Das Erstaunen kann nicht in Form einer Frage ausgedrückt werden, und es gibt auch gar keine Antwort. Alles, was wir sagen mögen, kann a priori nur Unsinn sein. Trotzdem rennen wir gegen die Grenze der Sprache an. Dieses Anrennen hat auch Kierkegaard gesehen und es sogar ganz ähnlich (als Anrennen gegen das Paradoxon) bezeichnet. Dieses Anrennen gegen die Grenze der Sprache ist die *Ethik*. Ich halte es für sicher wichtig, daß man all dem Geschwätz über Ethik – ob es eine Erkenntnis gebe, ob es Werte gebe, ob sich das Gute definieren lasse etc. – ein Ende macht. In der Ethik macht man immer den Versuch, etwas zu sagen, was das Wesen der Sache nicht betrifft und nie betreffen kann. Es ist a priori gewiß: Was immer man für eine Definition zum Guten geben mag – es ist immer nur ein Mißverständnis, das Eigentliche, was man in Wirklichkeit meint, entspreche sich im Ausdruck (Moore). Aber die Tendenz, das Anrennen, *deutet auf etwas hin*. Das hat schon der heilige Augustin gewußt, wenn er sagt: Was, du Mistviech, du willst keinen Unsinn reden? Rede nur einen Unsinn, es macht nichts!

我或许能想象，海德格尔用在（Sein）和畏（Angst）所指的东西。人有一种碰撞语言边界（Grenzen der Sprache）的本能。比如您对此等惊异的思索：某物实存着（etwas existiert）。此等惊异不能以某种问题的形式得到表达，也根本没有答案。（对此）我们所能说的一切，从先天上说都只能是无意义（Unsinn）。虽如此，我们仍在碰撞着语言的边界。克尔凯郭尔早已看清此等碰撞，甚至给出了完全类似的说法（对悖谬的碰撞）。对语言边界的这种碰撞就是**伦理学**（*Ethik*）。我认为重要的是，人们终结了关于伦理学——它是否给予了某种知识，是否给予了价值，善可否定义等等——的所有空谈。在伦理学里人们总是试图有所言说，言说没有涉及，并且也永远不可能涉及事物本质的东西。这是先天可知的：无论人们给予善如何的定义，还是去说本真的东西、人们现实上意指的东西、在表达中对应的东西（摩尔）——都将永远只是某种误解。但是趋向，碰撞（Anrennen），**指示着某种东西**（*deutet auf etwas hin*）。当圣·奥古斯丁说出如下话语时，他已知晓这一点了：什么，你这混蛋，你竟想说不是无意义的话？胡扯吧，没关系！ [1]

此外，马尔康姆（N. Malcolm）也曾回忆说：

我相信维氏对于任何东西终究会实存（anything should exist at all）这一点有时会体验到某种惊异的情感，这种感觉不仅在《逻辑哲学论》时期，而且在我同他相识的时候[2]他都有过。是否这种情感同宗教有某种相关的东西，我不清楚。但维氏的确有一次说过，神的观念，就它包含能使人们意识到自己的罪过的意思而言，他是

---

[1]　L. Wittgenstein, Werkausgabe 3, S. 68.

[2]　1938 年马尔康姆第一次在剑桥见到维氏。

能够理解的。但他又说，他不能理解一位造物主的观念。我想，当他在心灵中引起了对自己不满意的情感，引起了净化的强烈愿望和对于人类使自身变得更好这一点的绝望情绪时，他对神的审判、神的宽恕和赎罪的观念就有某种理解。但是关于创造世界的存在者的观念，对他来说是完全不可理解的。[①]

　　马尔康姆实际上将维氏对于"任何东西终究会实存"之惊异感与宗教信仰密切地联系起来了。我们似乎可以对照某种海氏术语来合理地说：维氏兴发着-开动着某种"后-神学之神思"（meta-theologisches Denken Gottes）[②]——从而克服或弃绝了任何"形而上学"意义上的承认某种终极最高存在者即"造物主"的"神学"（Theologie）。

　　在晚年写作的哲学笔记《论确实性》（1949-1951 年）里，维氏仍继续思索着"存在问题"。

　　ÜG 35 但是难道没有诸物理对象（es gäbe keine physikalischen Gegenstände）是不可想象的吗？我不知道。然而"有诸物理对象"（Es gibt physikalische Gegenstände）却是胡说（Unsinn）。这可能是一个经验命题吗？

　　"似乎有诸物理对象"（Es scheint physikalische Gegenstände zu geben）——这是一个经验命题吗？

　　ÜG 36 "A 是一个物理对象"是我们只向某个尚不理解 A 是什么意思或者"物理对象"是什么意思的人所提供的知识。因

　　① N. Malcolm, *Ludwig Wittgenstein: A Memoir*, Oxford: Oxford University Press, 1984, pp. 58-59.
　　② 参见孙周兴："后神学的神思——海德格尔《哲学论稿》中的上帝问题"，《世界哲学》2010 年第 3 期，第 44-54 页。

此这是关于词的用法的知识，而"物理对象"则是一个逻辑概念（同颜色、数量……一样）。这就是为什么不能构成"有诸物理对象"这类命题的理由。

然而我们每一步都会遇到这类不成功的尝试。

ÜG 37 但是说"有诸物理对象"是胡说，难道就是对于观念论者的怀疑态度或实在论者的确信态度的适当回答吗？而这在他们看来毕竟并不是胡说。然而这样说却是一种回答：这个断言或其反面是打算表达其某种不可表达的事物的失败尝试。它的失败自行显示出来；但是这并不是问题的终结。我们必须懂得困难或其解决的最初表达可能是完全错误的。正如一个有理由指责一张画的人最初往往指的不是地方，批评家为了找到正确的攻击点就需要进行一番**研究**。

值得注意的是，维氏在此处对于"存在"的表达，使用的并非是 sein-be 或者 existieren-exist，而是使用的"有／它给予"（es gibt）。他认为"物理对象"是一个"逻辑概念"（logische Begriff），因而说"有诸物理对象"（es gibt physikalische Gegenstände），是不合语法的、无意义的胡说。他欲说的东西实则是不可表达的、早已作为"世界图象"而构成我们做出一切或真或假之判断的基础-背景-铰链（参见 ÜG 35、36、37、94、162）。

从以上简略回顾可明见，"存在问题"缠绕着维氏毕生之思想道路。我们可以看到：一方面，他诧异的作为"谓词存在"之"主词"[1]的有两

---

① 如果这里还能在某种意义上使用传统形式逻辑中"主词"和"谓词"的表达方式或思维方式的话。实际上弗雷格和罗素等利用数理逻辑的新工具，已经对"实存"（existence）做了大量的分析工作，他们都认为"实存"不是事物的属性而是命题函数的属性，"实存"（exist）也并非"一阶谓词"，而是"二阶谓词"。

种表达方式即"世界"（Welt）和"某东西"（etwas）；另一方面，他对"世界"或"某东西"的"实存"的"不合语法之强行表达"有三种方式即"有/它给予"（es gibt）、"实存"（existiert）和"存在/是"（ist）。所谓"世界"，按照《逻辑哲学论》来理解，至少有两种意思：一是指所有"事实"（Tatsachen）的总合即"实际世界/经验世界"；二是指由所有"事况"（Sachlagen）或"事态"（Sachverhalten）构成的"可能世界/先验世界"也即整个的"逻辑空间"（logische Raum）。"某东西"所指的并非是"可说"的、任何发生或未发生的"事情"，而是任何不能为命题所表达把握的东西，也即"不可说者"（Unaussprechliches）。

根据以上梳理，我们似乎也可以在某种意义上合理地说：存在问题正是维氏毕生哲思之独一灯塔。[①] 正是在"让-任存在显示自身"灯塔的指引下，维氏迂回、反复地构想-展示-描述了多种多样的语言游戏，也即研究了命题、语言、事实、逻辑、神秘东西、数学基础、意义、理解、意识状态、颜色、确实性、宗教信仰、美、人生等的多重问题，他对这些问题的研究都可视为其存在之思的回旋展开。[②] 那么，"存在"在维氏存在思想中究竟是如何展开的呢？"存在"既然不可"说"，那么维氏又如何来"说"或"显示"它呢？维氏有无使用别的类似主导

---

① 但这绝非是在否定其他的一些关键词不可以用来"形式指引"维氏毕生思想之道路，比如逻辑、数学基础、语言、真理、知识、伦理、诗、心理学等等。这里根本没有任何的"逻辑矛盾"。因为我们更合适地只能说，这些关键词相互间都有着错综复杂的诸家族相似着的亲密-区分关系。而这样的关系已经不是任何逻辑学架构起来的存在学或形而上学所能领会的了。

② 这些问题盘根错节，相互间有着复杂的家族相似。"存在山路"上邂逅的各种问题谁该盘踞中心，该谁沦为边缘，这或许不是最重要的，最关键的还是须维护-滋养并适时地变换-调节看的视野-身体的姿态。这可以用维氏自己的一段话来说明："对我来说重要的是，在哲学思考时不断变换我的姿势（Lage），为了避免变得僵硬，就不能用一只脚站立太久。这就像为了恢复体力、舒展不同部位的肌肉而后退一会儿的长途攀登高山的人那样。" L. Wittgenstein, *Culture and Value: A Selection from the Posthumous Remains*, Oxford: Blackwell, 1998, p. 32.

词来展开"存在"之思呢？笔者认为是有这样的主导词的：维氏前期哲学（如《逻辑哲学论》）中的"不可说者"（Unaussprechliches），和维氏后期哲学（如《哲学研究》）中的"诸生活形式"（Lebensformen）。我们认为，正是在这两个词中，隐藏着或"形式指引着"维氏"存在"之思的所有奥秘。维氏在前、后期思想中分别以"八种语言方式"和"各式样的语言游戏"来让-任这两个关乎"存在"的"大词""自行显示着"。

4.22 诸不可说者

在《战时笔记：1914-1916 年》和《逻辑哲学论》中，维氏为我们展示了一种独特的从数种"不可说者"（Unaussprechliches）而来的"存在思想"。何谓"不可说者"呢？所谓"不可说者"就是指：不可以"命题"（Satz）来直接言说-表达-把握的东西。这里的"命题"是指"真正的命题"（authentische Satz），也即"有"真-假二值——也"只有"真-假二值的"有意义的命题"（sinnvolle Satz）。

与"不可说者"相对应的就是"可说者"，所有"非-可说者"的东西——在"可说者"之外的东西，我们可以认为都是"不可说者"。不可"说"者和可"说"者里的"说"指的都是有意义的命题。那么，"可说者"有哪些呢？笼统地说，"可说者"就是某种"事情"，维氏大致区分了"三种"事情[①]，而这三种事情的外延又相互"交叠"。它们是："事态"（Sachverhalt）、"事况"（Sachlage）和"事实"（Tatsache/Fall）。应该说，维氏对于三者关系的描述在不

---

① "三种事情"只是某种简化方便的说法。笔者认为，《逻辑哲学论》中涉及的"事情"至少有 11 种：Welt, Sachverhalt, Sachlage, Tatsache, Ereignis, Realität, Umstand, Fall, Faktum, Geschehen, Wirklichkeit。它们都是相互家族相似着的"事情"概念。笔者拟另撰英文论文专门讨论该问题。

同地方是有出入的，并且学界对此也素有争执。笔者认为，从《逻辑哲学论》思想整体的角度看，大致还是可以认为它们三者有如下的"简化"关联："一个事态"就是"一个原子事实或基本事实"，是"诸对象"的"直接"联结，它在"逻辑空间"中占据一个"逻辑位置"（logische Ort），它在"逻辑"上是"真实存在"的，它可以"实际"上发生，也可以"实际"上不发生，如果实际发生了即为"一个事实"；"一个事实"就是"一个实际发生了的事态或事况"；"一个事况"是"诸事态"的"一种可能组合"；因此，所有"事实"都是"事况"或"事态"，但"事况"或"事态"不一定是"事实"。总之，任何"事情"——无论是事实、事态还是事况——都是"可说的"，"不可说者"不是任何"事情"，因而是"不可说的"。

海德格尔晚期在勒托尔讨论班（1969 年 9 月 2 日）里曾提及维氏关于"事实"（Fall）的论述，并且似乎表达了某种惊讶乃至遗憾。

> 对我们来说，存在者整体（das Seiende im Ganzen）——ta onta——只是一个空洞的词。对我们来说，这里不再有希腊意义上的存在者经验。相反，用维特根斯坦的话来说就是："现实的是，是事实者"（Wirklich ist, was der Fall ist）（这意味着：那个落入某种规定的东西，让自身被设定，是可规定者），多么诡异惊悚的陈述啊。[1]

Livingston 认为海氏对维氏的这句引用是"错误引用"（misquotation），因为显然 Wirklich ist, was der Fall ist 并非《逻辑哲学论》之第

---

① M. Heidegger, GA 15, S. 327.

一句原话——Die Welt ist alles, was der Fall ist。虽然 Livingston 也的确注意到了 Wirklich(keit) 与 Welt 之间可能的亲密关联，《逻辑哲学论》1 节与 2.04 节、2.06 节、2.063 节等之间可能的亲密关联——但即便如此，他还是坚决主张海氏不仅错误引用了维氏，并且还完全误解了维氏。[①] 笔者以为，即便这是个"错误引用"，那也是某种"蓄意的"（deliberate）错误引用——而且，更关键的是，正如 Livingston 已经说过的，参考《逻辑哲学论》2.04 节、2.06 节、2.063 节之申说，Wirklich(keit) 的确可与 Welt 有着无比亲密的乃至相互替换的本质关联啊！因此，笔者认为，对于海氏改写后的句子，字面上维氏未必会有任何激烈反对。所以，本质上说，很难说这里海氏"误引"了维氏。

　　那么，进一步说，海氏在这里误解了维氏吗？笔者以为，从这段话本身说来，完全看不出海氏误解了维氏。维氏所谓的"事实"（Fall）难道不是被某种"逻辑斯蒂"规定-设定的吗？作为"诸事实"（Fälle 或 Tatsachen）总合的"世界"（Welt）难道不是被"逻辑斯蒂"规定-设定的吗？当然是啊！在这一点上，维氏本人亦未必会有强烈反对。在这个意义上被理解的事实与世界自然已全无古希腊 ta onta（存在者整体）那样的原初的、丰沛的、具体的自行显现着、自行去蔽着的"现象"意味——ta onta 本该与 ta phainomena（现象）、ta alethea（无蔽）是十分亲密之家族相似着的同义词-近邻词关系；ta onta 本该显示"把……带到眼前，让……如其自身那样地自行显现出来"的原始意义——但维氏所理解的 Welt 或 Wirklich(keit) 却全无类似意象。用海氏术语说来，维氏"事实-世界"已是完全落入某种"阴谋诡计/集置"（Machenschaft/Gestell）的东西了。

---

① 参见 P. M. Livingston, "Wittgenstein Reads Heidegger, Heidegger Reads Wittgenstein: Thinking Language Bounding World", in *Beyond the Analytic-Continental Divide: Pluralist Philosophy in the Twenty-First Century*, J. A. Bell, A. Cutrofello, and P. M. Livingston, eds., pp. 222-248。

　　但这仅仅是"事情本身"的一个方面。另一方面,《逻辑哲学论》显然一直在"自觉显示着"某种"自行显示"(sich zeigen)——某种"原初不可说者的自行显示"。在《逻辑哲学论》6.41 节,维氏断言"世界的意义"(Sinn der Welt)完全在世界之外。与此相关的是,维氏还多次强调更为重要的或真正重要的东西是在"世界"之外的东西——某种"形而上学主体"(metaphysische Subjekt)或"哲学之我"(philosophische Ich)的东西——伦理的东西。此外,作为《逻辑哲学论》全书奥妙关键之所在的《逻辑哲学论》6.54 节还说:爬上楼梯后唯有扔掉这些梯子(该书所有关于"世界-逻辑-语言"的"无意义"命题),我们才可以正确地"看待世界"。要之,实质上说,《逻辑哲学论》根本不是对古希腊自行去蔽-自行现象之存在者原初意义的"形而上学"之最极端的"脱落"(堕落),相反,按照笔者的解读,反而该书才是对古希腊原初存在者经验的某种复兴或共鸣呢!只不过这一方面,或许海氏"暂时"还没有主动提及或者还没有清晰看到罢了——但这完全不意味着海氏在这里对维氏的引用是错误的,更不表示海氏(完全)误读了维氏,因为直接看来,《逻辑哲学论》里的事实和世界本来就是被逻辑斯蒂囚禁-管制或者规定-设定的啊,本来就归属于某种"阴谋诡计/集置"啊……①

　　那么,"原初自行显示着的不可说者"究竟是何方神圣呢?它是"单数"还是"复数"的呢?既然是不可说者,怎么可以又来"强说"之呢?维氏在《战时笔记:1914-1916 年》和《逻辑哲学论》中展示强说不可说者的方式或可谓"烘云托月"(亦可对照海氏"形式指引"的后-存在学之方法论):通过大量直接描画可说者及其与不可说者交接的"边缘地带"(云),来"空出"不可说者(月)——

———————————
① 请参阅本书 8.3 节(尤其是 8.32 节)的深入讨论。

这反而可能是对于不可说者的（唯一）一种可能的突出描画和显示。因此，他虽然未有，也不可能通过命题来对这些不可说者进行直接诉说，规定其本质及其他种种属性；但又的确为我们草绘了它们留下的诸多"踪迹"，让我们仍"有迹可循"，"追踪"它们（虽然永远也赶不上），让它们（有限地）"显圣"（显示其身）——让它们以"不显"的方式"显现自身"（不显之显／不显而显）。

踪迹 1："对象"（Gegenstand）或"物"（Ding）。

"对象"或"物"，是"简单的"（einfach），即不可再被复合构成的，不能再对它进行分析的。（TLP 2.02）"对象"或"物"有很多，"诸对象"或"诸物"构成世界的"实体"（Substanz），所谓"实体"就是说它不可再被分析-分解，它是绝对"坚固"和不可摧毁的，它是"恒常不变"的。"不变者、持存者和对象是同一个东西。"（TLP 2.027）假如世界没有这样的作为实体的诸对象或诸物，那么就没有与诸对象或诸物相应的"诸名称"（Namen），从而就没有由诸名称构成的"基本命题"了。而由于复合命题是"基本命题"的"真值函数"，复合命题的有意义即有真-假可能性最终依赖于"基本命题"的可能性，因此，如果没有作为实体的诸对象或诸物，就没有诸名称，没有基本命题，进而也就没有任何复合命题了。但事实上，我们是拥有很多命题的，因而世界必然是有作为实体的诸对象或诸物的。（TLP 2.021-2.0212）维氏对简单物的不懈诉求，就是为了维护世界的可知性，也即保护知识即自然科学的可能性。

TLP 2.0271 对象是不变的、持存的；配置则是可变的和不定的。

TLP 2.0272 诸对象的配置（Konfiguration）就构成了事态。

TLP 2.03 在事态中诸对象就像链条的环节那样互相钩连。

"事态"是可说的，但构成它的"诸对象"却是不可说的。对象只能显示在标记这个对象的名称里。（TLP 4.126）说 M 是一**物**（*thing*）即简单对象，这是无意义的；但**某物**（*something*）确实被 M 这样的名称符号所**显示**（*shewn*）。① 对象只能被命题谈及–论及（von handeln），而不能被其直接表述。

踪迹 2：对象和事态的内部属性和内部关系的持存（Bestehen）。

这些对象和事态的内部属性和关系的持存不能通过命题来断言，而是它自行显示在相关命题中，这些命题表述相关的诸事态和论及相关的诸对象。（TLP 4.122）

踪迹 3："逻辑形式"（logische Form）。

TLP 4.12 命题能够表述全部现实性（Wirklichkeit），但是不能表述它们为了能够表述现实性而必须和现实性共有（gemein haben）的东西 —— 逻辑形式。

为了能够表述逻辑形式，我们必须能够和命题一起置身于逻辑之外，也就是说，置身于世界之外。

TLP 4.121 命题不能表述（darstellen）逻辑形式：后者自行反映（spiegelt sich）于命题之中。

自行反映在语言中的东西，语言不能表述。

语言中自行表达（sich ausdrückt）的东西，我们不能用语言来表达。

命题显示（zeigt）现实性的逻辑形式。

---

① 参见 L. Wittgenstein, *Notebooks: 1914–1916*, p. 108。

命题展示出（weist auf）这种逻辑形式。

　　由命题与现实性"共有"的"逻辑形式"不能"被命题表达或表述"，但却可以"自行显示"（zeigt sich）或"自行表达"（ausdrückt sich）或"自行反映"（spiegelt sich）在命题当中。"自行表达"和"自行反映"都是"自行显示"的类似表达方式，这类表达方式的重点就在"自行"（sich）上面。像"逻辑形式"这样的不可说者，它们完全是"主动的"，并非是驱从于外力来显示自身的，而显示的途径则正是"命题-语言"。因此，并非是我们去运用命题-语言来"表达或表述"如逻辑形式这样的不可说者，而是后者"自行显示（自身）"，它们并非是"被动"的。正是源于"逻辑形式"为"命题"与"现实性"所"共有"①，命题与现实性具有同一的逻辑形式，命题才可能"描画"现实性，才可能作为现实性的"逻辑

────────────

①　但这个"共有"（gemein haben）究竟是什么意思呢？是"命题或语言本身"就是实在的逻辑形式吗？还是命题自己有一个逻辑形式，实在自己有一个逻辑形式，而这"两个"逻辑形式是完全相同的？都不是，因为"只有一个"逻辑形式，命题与实在"共有"之。那么，命题与实在究竟如何"共有"它呢？这是个颇费神思的难题。如果我们要将命题与实在完全理解为"相对而立"的"两边"，命题就像"镜子"一样来反映、描画实在的话，那么这个"共有"是根本难以理解的。在《逻辑哲学论》中，命题与实在或事实，语言与世界之间的关系的确是个一言难尽的难题。一方面，我们可以说，正是由于命题-语言的"（先验）构形"，事态-世界乃至作为实体的对象才"成其所是"，"命题-语言"具有一种类似于康德《纯粹理性批判》中感性、知性等先天形式的"构造"功用，但又有很大不同，或者应该说"逻辑形式"才更像这种先天形式；另一方面，事态-世界乃至作为实体的对象完全是"自给自足"的，根本"不需要"外来的"命题-语言"的"塑造-构形"，相反，命题-语言之所以为命题-语言，倒正是在于它能对事态-世界进行描画呢。所以，笔者现在倾向于理解为："命题-语言"与"事态-世界"有着某种"同时"相互构成的关系，根本不存在哪一方"在先"的问题，而成就它们之"同时构成"的东西正是"逻辑形式"。"逻辑形式"为它们所"分享-共有"，它就是这个"同时构成"本身！"逻辑形式"就是它们的"之间（性）"（Zwischen）！

图象"。

踪迹4："逻辑"（Logik）和"逻辑属性"（logische Eigenschaften）。

世界和语言的逻辑-逻辑属性虽不可说，但却显示在作为重言式的逻辑命题中。（TLP 6.12, 6.22）"世界的逻辑"先于一切"真性和假性"（Wahr- und Falschheit），正是由于世界已经先行具有了它所恰恰具有的那种"逻辑构造"（logischen Bau），一个命题才可能具有"意义"（Sinn），也即才可能具有或真或假的可能性。[①]

踪迹5："因果律"（Kausalitätsgesetz）。

维氏认为根本"没有"因果律，世界内的一切事情的发生或不发生都是偶然的；但如果真有因果律的话，那它当然也是不可说的，它显示自身。（TLP 6.36）

踪迹6："唯我论所意味的东西"（Was der Solipsismus meint）。

因为唯我论所意味的东西，是完全正确的，只不过它不能说，而只能自行显示出来。（TLP 5.62）

踪迹7："作为有限整体的世界"（Welt als begrenztes Ganzes）。

"构成"世界的事实-事态都是可说的，但作为有限整体的世界本身却是神秘的，是不可说的。（TLP 6.45）

踪迹8：伦理-意志-美。

"伦理学"（Ethik）和"美学"（Ästhetik）都是"同一者"，都是不可说的，"作为伦理载体的意志"（Wille als der Träger des Ethischen）也是不可说的。它们都不在"世界之内"。（TLP 6.421, 6.423）

…………

从这些不可说者的踪迹可以看出：虽说不能"直接"说不可说者，

---

① 参见 L. Wittgenstein, Werkausgabe 1, S. 103。

但却可以通过严格界定"可说者"来凸显"不可说者"。除可说的"事实－事况－事态"以外的一切，都是不可说者；只能说"事儿"（事实－事况－事态），而不能说"物"（对象）等非－事态的东西。非－事态的不可说者是"复数的"，可分为两类：一类是"隐匿"在世界（即事实总体）之内的，回答"命题－事态"和"语言－世界"之"图象关联"何以可能的，也即"构成"可说之域的、作为可说者之"源"的"不可说者"（尤其是"诸对象"与"逻辑形式"）①，由踪迹1－5显示；另一类是"飘逸"于世界之外的，比可说之域真正重要得多的人生－伦理的东西，由踪迹6－8显示。

这些不可说者都不是传统存在学中通过命题就可以被直接表达和把握的现成存在者：命题"管"不了不可说者，不可说者拒绝被命题宰制－构造为任何现成存在者；现成地"在场"（anwesen），即是说被"锁链"（命题）锁定在主体的面前，作为被主体打量、拷问和盘剥的客体而在场；而不可说者则显示自身，涌现着地自由在场；正是源于"自身显示着的不可说者"或"不可说者的自由现身在场"，现成在场的存在者才得以可能。

此外，我们不禁还要疑问："不可说者"（Unaussprechliches）都是"神秘的"（mystisch）吗？"神秘者"都"自行显示着"（zeigt

---

① 不恰当地、泛泛地打个比喻说："诸对象"及与之相应的"诸名称"分别是"世界"和"语言"的"诸积木"（坚固的、不可分的、永恒的实体），而"逻辑形式"则是"诸积木"的"相互配置"的"游戏规则－游戏形式"。因此，从这个意义上说，"诸对象"与"逻辑形式"在所有世界之内的"不可说者"中，占据了最为重要的位置，因为踪迹2"对象和事态的内部属性和内部关系的持存"可被划归踪迹1"对象"，踪迹4"逻辑属性"也可被划入"逻辑形式"中，而踪迹5"因果律"本来就是不存在的。所以，"诸对象"和"逻辑形式"才是真正的"可说之域"的"根据或基础"（Grund）。而再说到底，逻辑形式其实就是诸对象自己的"形式或外貌"（Form/Idea）了，质言之，在"世界之内"，除作为"诸积木"的诸对象外，再无"他物"。

sich）吗？"不可说者""神秘者"和"自行显示者"是"同一者"吗？我们还须折回《逻辑哲学论》6.522节：

> 确有不可说者。它自行显示着，它是神秘者。

笔者认为该句话是理解"不可说者""神秘者"和"自行显示者"之关联的关键句子。关于它们之关联，学界历来就有较多争议。笔者当下的看法是："不可说者""神秘者"和"自行显示者"都是"同一者"。可以说这几个概念的"内涵"不同，但"外延"却是完全一致的。维氏虽然没有直接说过"逻辑形式""对象"等是"神秘者"，但他也的确没有明言过它们不是"神秘者"。根据 TLP 6.522，我们就可以把"不可说者"等同于"神秘者"；而按照《逻辑哲学论》的整体思路，将"逻辑形式""诸对象"等思为"神秘者"也没有什么不可思议的。当然，我们可以认为，在世界之内的不可说者与世界之外的不可说者是不同的神秘者，有着不同的神秘。

4.23 诸生活形式

维氏后期在更加广泛的语言方式即各式样的"语言游戏"（Sprachspiele）中来思考"自行显示着的诸不可说者"。在后期代表作《哲学研究》中，他实际上将这些"自行显示着的诸不可说者"命名为"诸生活形式"（Lebensformen）。生活形式一词正是理解《哲学研究》乃至维氏整个后期哲学-思想的关键词。但对于生活形式，维氏"当然"没有直接下过任何定义，甚至也极少直接提到它。但笔者认为，这恰好是维氏所需要的对于生活形式最为合适的语言方式或显示方式。生活形式是与语言游戏勾连在一起的，维氏后期思想全都是在"构想-描述-显示"多种多样的语言游戏，而实际上同时也即在"构想－描述－显示"与之相应的多种多样的生活形式。语言游戏对于维氏来说，正是与生活形式完全"咬合－纠缠"在一起的。因此，作为诸生活形式的自行显示着的诸不可说者在维氏后期思想中较其前期思想来说就得到了更多样和更深刻的"显示"。我们这里仅就《哲学研究》中直接提及"生活形式"的 5 个地方来管见维氏"生活形式"。

> PU 19 我们不难想象一种只包括战场上的命令和报告的语言。——或一种只有问句以及表达是与否的语言。以及无数其他种类的语言。——而想象一种语言就叫作想象一种生活形式。（Und eine Sprache vorstellen heißt, sich eine Lebensform vorstellen.）

维氏认为我们可以"想象或构想"（sich vorstellen）多种多样的"语言（游戏）"①，甚至是非常非常"奇怪"的语言（游戏）（如"一种只包括战场上的命令和报告的语言"）。而与这多种多样乃至无数的语言（游戏）相"嵌合"在一起的正是相应的多种多样乃至无数的生活形式。我们可以认为生活形式就是"自行隐藏"在语言（游戏）中"自行显示"的东西，生活形式就是语言（游戏）所必需之"背景"（Hintergrund）或者"基础"（Grundlagen），但这个"背景"本身却是没有"背景"的，或者这个"基础"本身却是不再有"基础"的，它自己就是自己的"背景"或"基础"。"一定的语言（游戏）"就"扎根"于与之相应的"一定的生活形式"的"土地"当

---

① "语言（游戏）"是一种有趣的表达方式，括号中的"游戏"是用来与"语言"互释的，某种"语言"一定是某种"游戏"，而某种"游戏"也必定伴随着某种"语言"。当然"语言"与"游戏"是两个有着"不同含义"的词，正因为有所不同，才可以有趣地互释-对戏。

中。此外，与语言游戏和生活形式含混交媾在一起的正是"世界图象"（Weltbild）。想象一种语言游戏，同时也即想象一种生活形式或世界图象。世界图象作为"思想之河床"而与生活形式有着极大的亲密关联，甚至简直就是"同一者"了！只不过维氏更多地在与思想、命题的真-假相联系时使用作为它们"基础"的世界图象概念，而在与语言游戏相关联时则使用"生活形式"一词。但我们知道，思想、命题的或真或假不就是某种语言游戏吗？

PU 23 但是句子的种类有多少呢？比如断言、疑问、命令？——这样的种类多到无数：我们称之为"符号""语词""命题"的，所有这些都有无数种不同的用法。这种多样性绝不是什么固定的东西，一旦被给予就一成不变；新的语言类型，新的语言游戏，我们可以说，会产生出来，而另一些则会变得陈旧，被人遗忘。（对这一点，数学的演变可以为我们提供一幅粗略的图画。）

"语言游戏"这个用语在这里是要强调，语言的言说是某种活动的一部分，或某种生活形式的一部分。（Das Wort „Sprachspiel" soll hier hervorheben, daß das Sprechen der Sprache ein Teil ist einer Tätigkeit, oder einer Lebensform.）

维氏在这里继续强调语言游戏的无穷丰富性，无论何种句子、语词都有无数种用法。而语言"游戏"一词正是用来强调"语言的言说是某种活动的一部分，或某种生活形式的一部分"的。"游戏"（spielen）本来就是某种"活动"（Tätigkeit），或者说是"活动"的一部分。这里维氏将生活形式与活动紧密地类比起来，甚至我们可以说生活形式就是活动。生活"形式"中的"形式"，绝非是如逻辑"形式"中的"形式"。生活形式绝非某种存在学-形而上学框架内的

"抽象"的、"先天"的"形式"，而是"形式指引着"某种活生生的、原始的"活动"或"生活"本身。①

PU 240 人们（例如在数学家之间）并不对是否遵从了规则争吵。例如，人们并不为此动手打起来。这属于我们的语言据以起作用（例如做出某种描述）所依赖的构架。

PU 241 "那么你是说，人们的一致决定什么是对，什么是错？"——人们所说的内容有对有错；就所用的语言来说，人们是一致的。这不是意见的一致，而是生活形式的一致。（Dies ist keine Übereinstimmung der Meinungen, sondern der Lebensform.）

我们在任何争吵"之先"，就已经达成了某种"共识"，正是这个"共识"才让争吵得以可能。这个"共识"就是我们的"语言游戏规则"，我们"盲目地遵从着语言游戏规则"。因此，"人们所说的内容有对有错；但就使用的语言来说，人们是一致的"；人们并不会为了他们的"争吵"所已经共同使用的"语言"而争吵。而这个"语言使用的一致"则正是"生活形式的一致"（Übereinstimmung der Lebensform）——它们说的其实是一回事——"生活形式的一致"也就是"语言使用的一致"；或者也正是某种"生活形式的一致"才"给予"了某种"语言使用的一致"即某种"语言交流的可能性"。

---

① 与此相类似的是，海德格尔的"形式指引"（formale Anzeige）也是极易招致误解的词。"形式指引"中的"形式（的）"（formale）实质上与"后物理学/第一开端"的"形式化"（Formalisierung）和"总体化"（Generalisierung）等"普遍化"（Verallgemeinerung）方式根本有别，"形式（的）"并非意味任何"逻辑化"的"形式"或"排序"，而是指"更为原始的"（ursprünglicher）的意思。参见 M. Heidegger, GA 60, S. 55-65。亦可回顾本书 3.11 节的集中讨论。

正是某些数学家之间生活形式或语言使用的一致性，才给予了他们语言交流（包括争吵）的可能性。生活形式是多种多样的、"复数的"，每个人都有"自己的"生活形式，生活形式之间差异越大，当事人之间的语言沟通就越困难，反之生活形式越亲近，他们的语言沟通就越容易。因此，完全可能出现根本"不一致"的生活形式或语言使用，这种情况下当事人连"吵架"都吵不起来——两边是完全"异质的"——相互视对方为"绝对的他者"。

PU S. 489 我们可以想象一个动物生气、害怕、伤心、快乐、吃惊。但能够想象它满怀希望吗？为什么不能？

一只狗相信它的主人就在门口。但它也能够相信它的主人后天回来吗？——它在这里无法做到的是什么？——那我又是怎样做得到的？——我该怎样回答这个问题呢？

唯能讲话者才能够希望吗？只有掌握了一种语言的用法者。也就是说，希望的诸种现象是从这种复杂的生活形式中产生出来的某些样式（die Erscheinungen des Hoffens sind Modifikationen dieser komplizierten Lebensform）。（如果一个概念的靶子是人的书写的特征，它就用不到不写字的生物身上。）

维氏在这里强调了不同生活形式之间的巨大差异。按照他以上所构想的情境，我们甚至可以认为：生活形式并非为人所独有，比如像"狗"这样的动物也是有其独特生活形式的。但它的生活形式与人类的生活形式相比，却是非常"简单的"，简单得不能产生出像"希望"这样的"复杂语言现象"来。因此，我们甚至进而可以大胆地说：像"狗"这样的动物甚至也是有着某种语言（游戏）的，只不过与人类的语言游戏相比十分不同，并且"简单"许多而已。但我们并不可以认为：维氏在"认真严肃地比较"不同生活形式或语言游戏之间的"高低优劣"。维氏在这里只是区分了相对"复杂"和相对"简单"的生活形式或语言游戏而已。从这个例子我们也可看出，维氏对于生活形式暨语言游戏的理解是相当深远和宽泛的，以至于我们似乎可以见到维氏在某种"后现代的反-人类中心主义事业"上走得是有多么遥远。而如果我们转头反观海德格尔 —— 一方面，海氏的确从前期到后期一直都在努力解构"形而上学的人（或主体）"，不论是通过 Dasein 还是 Da-sein 的解构方式 —— 但另一方面，Sein 还是亟须 Dasein 来提出 Sein 之问，而存在历史的另一开端（兴有）亦还是亟须 Da-sein 来奠基其时间-游戏-空间的。质言之，作为 Dasein 或者 Da-sein 的人（在所有存在者中）始终占据着某种最突出的地位，所以在"反-人类中心主义的后现代事业"上，海氏似乎的确没有维氏走得那样深远。[①] 正因此，海氏才始终让人在集四或𝔖中占据着某个突出的拓扑学"位置"（Ort/topos）。也正因此，海氏才说唯有作为 Dasein 或 Da-sein 的人才是"有世界的"或"建构世界的"（weltbildend），而动物只能是"缺乏世界的"（weltarm），石头则更是"无世界的"（weltlos）了。[②] 但按照上述文本，我们显然可以合理猜想，对维氏后期来说，动物（比如狗）是完全可能有自己的独特生活形式或者语言游戏的，质言之，是可能"有世界的"。

　　PU S. 572 必须接受下来的东西，被给予的东西 —— 可以说 —— 是**诸生活形式**。

---

　　① 不过问题依旧晦涩：为何我们一定要反-人类中心主义、一定要去-主体、一定要解构-形而上学？既然我们生而为人，那么自然而然地在一定程度上站在某种人的位置上去思考、说话、做事情 —— 这究竟有何不妥或奇怪吗？

　　② 参见 M. Heidegger, GA 15, S. 237.

（Das Hinzunehmende, Gegebene—könnte man sagen—seien *Lebensformen*.）

　　生活形式作为语言游戏之"基础-背景-大地"，是"必须接受下来的东西，被给予的东西"，是无可选择的东西。我不能"选择"我的生活形式，我"已经"坐落在我自己的生活形式当中，我"从来"就生活在自己的生活形式当中。我既不能"挑剔"它，也不能"改变"它，更不能"甩掉"它。"它"（生活形式）就是"我的生活"。我必须接受我的生活形式，同时也即必须接受我的语言（游戏）和世界图象。做什么具体的语言游戏，说什么具体的话，这是可以选择的，但语言（游戏）本身却是不可选择的——不得不接受的。同样，世界图象也是不可选择的、我必须接受的，做一切探究都得"携带着"的"背景"。世界图象甚至就是语言（游戏）本身（而非某一次具体的语言游戏）——甚至就是生活形式本身。从某种意义上说，生活形式、世界图象和语言游戏有着"三位一体"的关联——它们是"同一者"的"不同"姿态，它们"区分着地共属一体"。

　　还须特别注意的是，维氏这里使用的是"复数的""生活形式"（Lebensformen）。他一直就强调生活形式的复多性：原本就有着"多种多样"的"生活形式-语言游戏-世界图象"，它们相互"并列"在那儿，相互挤撞、冲突与融合着。

4.3 存在：兴有与诸生活形式

　　上述两小节是笔者分别对海氏与维氏存在思想中存在元素的速写尝试。在此速写中，我们初步领略了海氏与维氏分别为我们展示的对于传统存在学下"作为现成存在者的存在"的如何不同的"解构-还原-重构-超越", 也即他们各自新-存在思想中不同的新存在元素。海氏对其新存在元素的草画简程如下：

原始-东西→存在者之存在→存在本身（存有-兴有-~~Sein~~）。

而维氏对其新存在元素的勾画简史则为：

诸不可说者→诸生活形式。

在此"背景"上，我们就可以尝试比较二者的新存在元素了。

（1）存在不再是任何存在学下被命题所规定的"现成存在者"（vorhandene Seiende）。海氏无论是其早期弗莱堡时期的"原始-东西"（Ur-etwas）、《存在与时间》中的"存在者之存在"（Sein des Seienden），还是后期的"存有"（Seyn）或"兴有"（Ereignis）或作为"集四"（Geviert）的~~Sein~~，都根本不是原先存在学-形而上学中被任何命题所规定的"最普遍"的或"最高级"的"根据或基础"（Grund），也即某种"现成存在者"了。维氏亦与之相类，无论是他毕生诧异的"世界存在"或"某东西存在"，还是其早期思想中的"不可说者"（Unaussprechliches）或后期思想中的"生活形式"（Lebensform），都不是存在学中可被命题所直接把握之任何"现成存在者"了。当然二者所直接面对的"存在学的"现成存在者是大不相同的：海氏直接面对的是胡塞尔和黑格尔的某种"意识之主体性"（Subjektivität des Bewußtseins）以及尼采的"强力意志"（Wille zur Macht）；维氏直接针对的则是弗雷格与罗素的某种"逻辑实体"（logische Substanz）。所有这些在他们看来都还不是"真正的存在"，而只是某种"（现成）存在者"，它们实际上倒反过来为"真正的存在"所给予。

（2）存在的某种"原始性-终极性"。我们可以泛泛地说，海氏与维氏终其一生都在寻求某种"更为"原始或终极的存在。从"存在者之存在"到作为"兴有"或"存有"或~~Seyn~~的"存在本身"（Sein selbst），在海氏看来是一个朝向更为原始-终极的"存在本身"的"还原"历程；先前的"存在者之存在"依照后期的他看来，仍然与"存在者"脱不了干系，甚至仍旧是某种"存在者"——因而仍旧是被作为某种存在学式的追问所追问的；而他后来要去做的正是"不顾""任何存在者"来思"存在本身"，这个"存在本身"才是最为原始和终极的存在。而维氏从"自行显-隐于八种语言方式的诸不可说者"到"自行显-隐于不同语言游戏的不同生活形式"，同样也是一个类似地朝着更为原始-终极之存在的"还原"演历；不可说者自行显-隐的"场所"不能被仅仅划归为或限制在那"八种语言方式"当中，而应该被"释放"到更为丰富多彩的、鲜活生动的诸语言游戏中去；自行显-隐在多种乃至无限多种的语言游戏中的多种乃至无限多种的生活形式才是最为原始的、不可再被还原的、必得接受下来的"存在本身"了。另一方面，海氏与维氏"原始-终极存在"当然是有极大差异的，比如，对海氏来说，无论是"存有"还是"兴有"，都是唯一的那个"独一者"，"原始存在"从来就是"单数的"，只有"唯一一个""存在本身"；但就维氏而言，不论"不可说者"还是"生活形式"都是多种乃至无限多种的，"原始存在"本来就是"复多的"。或许在海氏看来，复多、复杂的"生活形式"仍旧是林林总总的存在者，而绝非"存在本身"；而对于维氏来说，作为"存在本身"的那个独一的"它"（Es）即"兴有"又何尝不是传统存在学-形而上学所习惯追寻的玄怪超拔的"那唯一一个最后或最终的根据或基础"呢？

（3）存在作为某种原始"生活"（Leben）。海氏与维氏追寻的"原始存在"都不再是存在学–形而上学中或作为"主体"的"精神–意识"或作为"客体"的"自然–实体"了，而是都被作为某种"之间"的、克服了任何"主客二元对立模式"的"原初生活"了。海氏在作为其"开端"的早期弗莱堡时期，将存在理解为"原始–东西"（Ur-etwas），而"原始–东西"也就是"前世界的东西"（vorweltliches Etwas）或"一般生活"（Leben überhaupt）或"自在生活"（Leben an sich），这样的"生活"根本不属于任何"理论化的脱弃生活过程"（Entlebungsprozeß der Theoretisierung），相反作为"理论东西"的"对象性的形式逻辑的东西"倒"起因于"（motiviert in）"原始–东西"即"生活"。维氏早期存在思想的"诸不可说者"当中尤其重要的就是处于"世界之外"的作为"人生–生活"的不可说者，它是"神秘的"（mystische）自行显示者，因而是任何逻辑化的、理论化的命题所不能把握的；而在其后期，作为"生活本身"的"生活形式"正是维氏"最终"采用的"存在–大词"，"它们"就是与多种多样的"语言游戏"交缠在一起的各式样的原始生命活动。但须注意的是，二者对"生活"的理解当然是有很大差异的，此外二者对于"生活"理解的经历也有重大差别：比如海氏虽然一开始就将"生活"作为"存在–大词"，但在其后来的思想演历中，存在的"生活气息"越来越弱了，在其后期的思想文本中"生活"一词已经很少见了，并且根本不再被作为与"存在本身"相亲近的一个"存在–大词"了，或许在海氏看来，"生活"这样的词仍易与"作为主体的人"相亲密勾连从而显得还不够"原始"，仍带有太多的"存在者气息"；而就后期维氏来说，"生活"不是仅仅被作为诸多"存在"（不可说者）之一种，而是各式样的"生活（形式）"本来就是多样多种的"存在本身"，"生活"在他看来一直就是"存在本身"，除此而外再也"没有"其他什么神秘莫测的玄怪东西（如海氏 Ereignis）了。

（4）存在作为某种"原始空间"之"拓扑性"。海氏与维氏原始存在都呈现出某种有趣的"拓扑性"即"诸地带间的复杂互动、连续与断裂"。海氏所谓的"存有"的"第一开端"与"另一开端"并非是前后相接的线性关系，而是"存有""一分而为""两个互不隶属的地带"，相互间只有"跳跃"（Sprung），并且可以相互"竞跑""追赶"乃至"侵入"。并且，作为"兴有"的 Seyn 或"集四"（Geviert）就是指四个"世界地带"（Weltgegenden）即"天空""大地""诸神性者"与"终有一死者"之间的"映射–游戏"（Spiegel-Spiel），它们既"聚集"在 Seyn 的"打叉位置"上，又被"分–解"为各居其位的"四元"。而"（存在）思想"是既没有"方法"也没有"论题"的，它"行进在地带的道路之上，从而栖留于地带之中"[1]，"兴有（之道说）"本来就是那个唯一的"开辟–道路者"（Be-wěgende）。而维氏在其后期思想中亦为我们展示着复杂、有趣的多种乃至无限多种"生活形式"之间或相互"交叠"或彼此"断裂"的"地志–学"（Topo-logie）。因此二者的"存在"都曾被理解为某种"原初的多"，并且它们之间有着复杂的连续或断裂的互动关联。但须注意的是，他们的"存在–地志学"是有着极大差异的，比如海氏"诸地带"是"一"分为"多"的"诸地带"——它们本来就是"一（体）"，海氏"存在本身"归根结底还是"单数的–独一的"，对他来说，一切的一切，最终都被"归源"于作为"存在本身"的"兴有"——存在、空间、时间、世界、疏敞地和地带等"非–存在者"[2]

---

[1] M. Heidegger, GA 12, S. 168.

[2] 它们都不是"存在者"（Seiende），对于它们只能说"有"（es gibt），而不能说"它存在或它是"（es ist）。比如可以说 es gibt Zeit（有时间），也可说 Zeit zeitigt（时间——时间化或时间着或到时），但不能说 Zeit ist（时间存在或是）。

都是由这独一之"它"（Es）即"Ereignis"（兴有）"发送－给予"而来；而维氏"千高原"式的诸生活形式本来就是"原始的多"，它们本来就不是"共属一体"的！

（5）"消解"存在的"本质"（Wesen）。在海氏与维氏存在思想（特别是后期）里，存在的"本质"都被"消解"掉了：我们不能有意义地问和答"存在是什么"（Was ist das Sein）也即"存在之本质"（das Wesen des Seins）的问题；因为作为"是什么"的"本质"之问本来就是存在学－形而上学的经典提问方式，然而这样的方式原本是不足以"显示"涌现着的原始存在本身的，反而只能将它"制作"成某种作为"基础或根据"的现成存在者。但二者的消解路径截然不同：海氏是将 Wesen 还原理解为动词的 wesen，意即"本生""自行摆动－显摆－摆荡"，所谓"存有之本生"（Wesen des Seyns）并非是指"存有是什么（如何的存在者）"，而是指存有"本生"于第一开端和另一开端"之间"，疏敞与遮蔽"之间"、世界与大地"之间"、诸神与人"之间"等等——"存有"就是这个"之间"（Zwischen）－"区－分"（Unter-schied）－"分－解"（Aus-trag）；而维氏则是凭依灵活利用"诸家族相似性"来"消解"本质的，不同的语言游戏之间根本没有"共有"的本质规定，它们之间只有非常复杂的两两相似关联，而语言游戏的诸家族相似性显示的也正是生活形式的诸家族相似性。不同的生活形式之间只有复杂的诸家族相似性，而没有任何"共有"的本质规定……

5. 语言：海德格尔与维特根斯坦

居于兴有之中的道说作为显示乃是兴有之最本己方式。兴有是道说着的。因此，语言如何说话，也就是兴有本身如何自行揭示或者自行隐匿。(Die im Ereignis beruhende Sage ist als das Zeigen die eigenste Weise des Ereignens. Das Ereignis ist sagend. Demgemäß spricht die Sprache je nach der Weise, in der das Ereignis sich als solches entbirgt oder entzieht.) [①]

——海德格尔

PU 7 我也将把语言以及与之编织在一起的诸活动所构成的那个整体叫作"语言游戏"(Ich werde auch das Ganze: der Sprache und der Tätigkeiten, mit denen sie verwoben ist, das „Sprachspiel" nennen)。

——维特根斯坦

与海德格尔、维特根斯坦新-存在思想的真理元素和存在元素相互两两"对撑"的元素即是语言。它们的新语言元素都不再是存在学的命题，反而是后者所源出的某种"原始语言"了。

---

① M. Heidegger, GA 12, S. 251.

5.1 语言：海德格尔

海氏新-存在思想之语言元素的溯源历程大致可标示如下：

（1）1927 年出版的《存在与时间》中的"Dasein 之言谈"；

（2）以 1936-1938 年完成的《朝向哲学的诸文献（从兴有而来）》为代表作的后期思想中的"兴有之道说"（思-诗）。

我们先来看"Dasein 之言谈"。

5.11 Dasein 之言谈

严格说来，海氏毕生哲学-思想的主题不应该只有两个即"存在和真理"，还必须加上"语言"（Sprache）。正是这三个元素构成了他的存在之思。在作于 1953-1954 年的"从一次出于语言的对话而来 —— 在一位日本人与一位探问者之间"[1] 当中，海氏承认语言和存在一起"作为"其思想的主题：早在 1915 年的授课资格论文"邓斯·司各特的范畴和指称学说"中，即已在"范畴学说"与"指称学说"的名义下"对语言做了形而上学的思考"[2]；而在 1920 年讲座"直观与表达的现象学"和 1927 年专著《存在与时间》中都再次突出了"语言与存在"的思想主题，但"因为对语言和存在的沉思老早就决定了我的思想道路，所以，探讨工作是尽可能含而不露的"；在 1934 年夏季学期的"逻辑学"讲座中，海氏才第一次大胆地去探讨语言的本质；而又过了 10 年，他才能够尝试去道说他所思考的东

---

[1]　按照该文中的解释，题目 Aus einem Gespräch von der Sprache 中的 von 应理解为"后或非-存在学或形而上学的""从……而来"、"出于"，而非"存在学的或形而上学的""关于或针对"（Über）。

[2]　参见 M. Heidegger, GA 66, S. 411-412。

西，因为他始终难以找到合适的语词去显示他的原始语言之思。①

可见，语言问题的确同存在问题暨真理问题一样，是海氏毕生思考的主题，并且它们之间有着难以言明的微妙的亲密关联（诸家族相似性）。他对于语言问题的思考，可以视为是由两个相互交织的维度构成的：（1）思索"相应"于他的"新"存在思想的"新"语言方式，即应该用怎样的语言方式来"表达"他的"存在与真理"观；（2）思索语言或言说的"本质"（或本生）。这两个维度是"一体两面"的关系，寻找相应于"新-存在思想"的"新语言方式"，也就是去"现象学地""还原"出更为"原始的言说方式或语言"，反过来，找寻"语言的本质"，也即探索与"新-存在思想"相恰适的"新语言方式"。海氏毕生的语言之思，可以说就是在这两个维度上"同时"行进的。

早在所谓的早期弗莱堡时期（1919-1923 年）的讲座中，海氏在探寻"原始存在"（"前世界的原始-东西"）与"原始真理"（"作为形式指引的现象的自行显示"）的"同时"，就已经在摸索比理论的、逻辑的语言方式更为原始的语言方式了。他认为：现象学的直观乃是"解释学的直观"（hermeneutische Intuition），它是由自在生命的内在历史性构成的；对这样的直观来说，语言的指称要素未必是理论的，因此与指称要素的"表达"联系在一起的也并不是什么"总体化"；这样，一种可传达的现象学科学就是可能的 —— 对于现象的直观-描述-表达，"不必"导致"总体化""形式化"等"理论化"的厄运。② 在这一时期，总的来说，他是将其新-存在思想的语言方式思考如下的。但正如先前我们转述的他后来回顾中所说的，

---

① 参见 M. Heidegger, GA 12, S. 87-89。
② 参见 M. Heidegger, GA 56/57, S. 219-220。

这个时候他还根本未有直接而公开地去展开其语言之思。

> 现象学就是对这样一个"意义整体"的阐明，它给出"现象"的 logos，logos 是在 verbum internum（内在语词）的意义上（而不是在逻辑化 [Logisierung] 的意义上）。①

在 1927 年《存在与时间》"导论"中，他继续思考着"现象-学"（Phänomeno-logie）中的 logos：logos 的"基本指称"（Grund-bedeutung）是"言谈"（Rede），就是将言谈之时"话题"所及的东西公开出来；logos 就是"让人看某种东西"（phainesthai），素朴地让人看言谈所及的某种东西；logos 就是"让看的言谈"（apophantische Rede）。②

那么，究竟什么是"言谈"呢？海氏在该书第 34 节"Da-sein 与言谈、语言"中做了集中探讨。言谈是与"现身"和"理解"同样原始的，组建着 Da-sein、组建着"在世之展开状态"的基础实存学环节。言谈就是"可理解性的分环勾连"（Artiku-lation der Verständlichkeit），可被分环勾连的东西即"意义"（Sinn），而言谈的分环钩连中分成环节的东西就是"指称整体"（Bedeutun-gsganze）。Dasein 的"现身在世"或"展开状态"的可理解性作为"言谈"道出自身，"言谈"正是对"在世"的可理解性的"赋予指称的"分解（"bedeutende" Gliedern）。③因此，海氏对于言谈的理解，完全是与其此时的存在观（"存在"自行显示于"Dasein 对存在的理解"）和真理观（"原始真理"即"Dasein 之展开状态"）亲密勾

---

① M. Heidegger, GA 60, S. 63.

② 参见 M. Heidegger, GA 2, S. 43–46。

③ 参见 a. a. O., S. 213–216。

连在一起的。

"言谈"本身含有两种实存学的可能性即"听"（Hören）和"沉默"（Schweigen）。"听"将言谈和理解、理解与可理解性的联系展示得清楚明白了。"听对言谈具有构成作用。""这个听还构成 Dasein 对它最本己能在的首要的和本真的敞开性。""Dasein 听，因为它理解。""在这种实存学上原初的能听（Hörenkönnen）的基础上才可能有听到声音这回事。""听到声音""先于""听到纯响动"，这只是缘于 Dasein 作为本质上有所理解的 Dasein 首先寓于被理解的东西。"言谈"与"听"都奠基于"理解"。有所理解者才能"聆听"。①

言谈的另一种本质可能性是"沉默"。沉默并非暗哑。哑巴与天生寡言的人都不表明他在沉默或能沉默。只有真正的"能言"者，才可能沉默。②真正的"听"和"沉默"都归属于 Dasein 之展开状态。

此外，"陈述"（Aussage）作为语言的一种方式，是"解释"（Auslegung）的一种极端衍生物。而"一切解释都奠基于理解"，因此陈述就奠基于"理解"（Verstehen）。陈述有三种相互关联的指称："展示"（Aufzeigung）、"述谓"（Prädikation）、"传达"（Mitteilung）。"陈述"作为"展示"，就是要"让人从存在者本身来看存在者"。陈述直接揭示的就是存在者本身，而不是什么抽象的"意义"或"表象"。"陈述"作为"述谓"。"谓词"（Prädikat）对"主词"（Subjekt）有所陈述，主词由谓词规定（bestimmt）。"任何述谓都只有作为展示才是它所是的东西。陈述的第二种指称（述谓）奠基于第一种指称（展示）。述谓加以勾连的环节，即主词和谓词，是在展示范围之内生长出来的……设

---

① 参见 M. Heidegger, GA 2, S. 217-219。

② 参见 a. a. O., S. 219。

置主词、设置谓词，以及相互设置两者，这些句法上的构造完全是为了展示而设的。""陈述"作为"传达"，意味的是"陈述出来"，也即"让人共同来看那个以规定方式展示出来的东西"。向他人"传达"也即与他人"分有"在其规定性中展示出来的存在者。"他人可以自己不到伸手可得、目力所及的近处去获得被展示、被规定的存在者，却仍然能同道出陈述的人一道'分有'被道出的东西，亦即被传达分享的东西。"①

三种指称统一起来看就是："陈述是有所传达有所规定的展示。"② 陈述是从"寻视着的解释""变异"而来的，这个"变异"是发生在"作为"（als）的转变上。"寻视解释"的原始"作为"被敉平为规定现成性的"作为"：用以有所作为、有所建树的这个上到手头的"用什么"变成了让看的陈述的"关于什么"；"作为"本来分环勾连着指引的联络；现在这个进行分环勾连的"作为"从意蕴上割断下来，而正是意蕴把周围世界规定为周围世界的；这个"作为"向着"有所规定地只让人看现成的东西"这一结构下沉；因此，可以把寻视着有所领会的解释的原始"作为"称为实存学–解释学的"作为"，以此区别于通过陈述进行判断的"作为"。③

因此，此时海氏所理解的"陈述"，完全是奠基于"理解"和"解释"，也即奠基于"Dasein 之展开状态"的。它就是"一种对存在者本身的展示"，但不如"理解"和"解释"来得原始。

那么，"语言"呢？"语言"与"言谈"又有怎样的关联呢？

海氏认为，"语言"（Sprache）的现象正是在"Dasein 之展开状态"这一实存学建构中有其根源。"语言的实存学–存在学基础就

---

① 参见 M. Heidegger, GA 2, S. 204–206。

② A. a. O., S. 208.

③ 参见 a. a. O., S. 209–211。

是言谈。"（Das existenzial-ontologische Fundament der Sprache ist die Rede.）①

　　把言谈（Rede）道说出来即成为语言（Sprache）。因为在这一言词整体（即语言）中言谈自有其"世界的"存在，于是，言词整体就成为世内存在者，像一个上手事物（Zuhandenes）那样摆在面前。语言可以拆碎成现成在手的言词物（vorhandene Wörterdinge）。因为言谈按照指称来分环勾连的是 Dasein 之展开状态，而这种存在者的存在方式是指向"世界"的被抛的在世，所以，言谈在实存学上即是语言。②

　　而"言谈"是有结构的。它将现身在世的可理解性按照指称分成"环节"。它包含的环节有：言谈的关于什么（言谈之所及［das Beredete］）；言谈之所云（das Geredete）本身；传达和公布。通常人们在试图把握"语言的本质"时，总是根据这些环节中的某一个别环节来制定方向。但这样的把握都是片面的、支离破碎的。我们只能在厘清言谈结构的存在学–实存学整体的基础上，才可能去把握语言的本质。

　　古希腊人并没有"语言"这个词，他们是将语言现象"首先"理解为"言谈"的。由于古希腊哲学是"首先"将 logos 作为陈述收入眼帘的，因此"语法"就在这种作为陈述的 logos 的"逻辑"中寻找它的基础，而这种"逻辑"却奠基于现成事物的存在学。我们现在必须要做的就是"反过来"——使言谈这种现象从原则上具有

---

① M. Heidegger, GA 2, S. 213.
② A. a. O., S. 214.

某种实存学环节的原始性和广度，而将语言科学移置到存在学更原始的基础上来。语言的意义学说植根于 Dasein 的存在学。因此，海氏已经体认到要把握所谓"一般语言的本质"，就必须将之置于存在学——特别是分析 Dasein 之实存的基础存在学的视野中来，而后者至今还是未被探明究竟的，所以"哲学将不得不放弃'语言哲学'"，而先去追问"事情本身"即基础存在学通过 Dasein 的实存分析所要来探究的"存在者之存在"。因此，在写作《存在与时间》的时期，海氏终究还是将"语言"问题-"语言哲学"作为一个依附于、次要于"存在"问题或"存在学"的位置来考量的——虽然前者对他而言当然是极为重要的课题，但正因为后者还远未勘探明彻，所以只能先暂且搁下前者，"留待"将来"时机"成熟后再大展身手。而"目前"只消指明"语言现象的存在学'处所'是在 Dasein 的存在建构之内"就可以了——并且也只能到此打住了。①

　　而在另一方面，海氏在以《存在与时间》为代表的前期存在思想里，已经在尝试一种崭新的、非"理论化"的、适合于让"存在者之存在"和"Dasein 的实存在世"自行显示的语言方式了。但他自己认为该尝试是不够成功的，《存在与时间》的语言方式仍旧"带有"太多的形而上学-存在学的语言色彩了，仍然太拘执于"现象-学"（Phänomeno-logie）之"学"（-logie）了②——而且正是在很大

---

　　① 参见 M. Heidegger, GA 2, S. 221。

　　② 一种已经完全脱离存在学的全新存在思想是难以再用包括存在、先天、先天认识、意义、本质、真理、科学的哲学、实存学、存在学、基础存在学、解释学甚至现象学等存在学术语（分别代表着存在学某个方向上的思维定式-框架）在内的存在学的"体系"语言方式来展开的，存在思想再也不能被束缚在存在学之"学"（-logie）当中了，它要求一种全新的思想语言方式。在海氏后期的思想文本中，这些术语（如基础存在学、现象学等）要么被彻底放弃不用，要么被彻底"改造"得"面目全非"——完全是别一种意思了（如不再将 Wesen 理解为名词的"本质"，而是做动词解，意为"本生-本质现身"）。

程度上受制于此因，促使他最终放弃了该书的完整写作计划。

5.12 兴有之道说

5.121 道说

在 1936-1938 年完成的海氏（后期）代表作《朝向哲学的诸文献（从兴有而来）》中，他在把存在思想的二元素存在与真理分别更为原始地理解为"兴有"（Ereignis）和"为自行遮蔽之疏敞地"（Lichtung für das Sichverbergen）的同时，也思到了适宜于该种崭新兴有之思的语言方式——"道说"（Sagen）。他对存在思想三元素的思考事实上是完全"同步"的，也只能是"同步"的。在著作开篇的"前瞻"（Vorblick）的一开始部分，他即说道：《朝向哲学的诸文献（从兴有而来）》"必须远离那些迄今为止的某种'著作'（Werk）风格的错误要求"；它也不是一个"关于"（von）或"针对"（über）"兴有"的报告，而是"从兴有而来（vom Ereignis），在这个存有'的'语词（das Wort „des" Seyns）中，兴-有着（er-eignet）一种向着存有的思的-道说着的归属（ein denkerische-sagendes Zugehören zum Seyn）"；"'体系'（Systeme）的时代都过去了。"[①]

　　而在这里，就像一种预先练习，在另一开端中的那种哲学之思性道说（denkerische Sagen der Philosophie）也必被尝试。对于该开端来说：这里将既不被描述（beschrieben）亦不被阐明（erklärt），既不被宣告（verkündet）亦不被学究（gelehrt）；在这里，道说与道说所及者并不处于对立之中——而是，作为存有之

---

① M. Heidegger, GA 65, S. 3-5.

本生化（Wesung des Seyns），道说即是道说所及者本身。[①]

在《朝向哲学的诸文献（从兴有而来）》中，我们看到的就是该种"哲学之思性道说"的尝试，而它是被作为"存有之本生化"的。因此，海氏此时已经完全是从"兴有"或"存有"出发来思考更原始–本真的语言方式即"道说"了，而这才第一次完全奠基了他整个后期乃至毕生语言之思的基调。该种"道说"既非描述、阐明、宣告和学究，也不是关于什么的报告或体系构造。"道说"要"道说"的就是"存有"或"兴有"自身，或者说它就是从"存有"或"兴有"而来之自行道说，而它作为"存有之本生化"，本来就是与它所要道说者即"存有"或"兴有"相同一的，因此它们并不处在任何"形而上学的"主–客认知的对立关系中。当然，海氏此时或许还未真正将其"道说"之思充分展开。直到20世纪50年代，海氏才完全展示了他的"作为兴有之道说的语言"观。这里笔者仅就收录了他50年代6篇"从语言而来的"演讲报告的《在通向语言的途中》（主要是其中的"语言的本质"和"通向语言的这条道路"两篇）来管窥他后期的成熟语言观。

海氏认为过去人们都是从"言说"（Sprechen）的角度去理解"语言"的：言说是指人的一种活动，并且只有人才有言说的能力；言说就是人的"发声的–分音节的表达"（stimmlich-gegliederte Verlautbarung）；语言在说话中表现为言说器官的活动，即嘴、唇、口、舌、喉等器官的活动；自古以来，语言就是直接从这些器官现象出发得到表象的；西方语言本身为语言给出的名称就证实了这一点（希腊文的 glossa，拉丁文的 lingua，法文的 langue，英文的

---

① M. Heidegger, GA 65, S. 4.

language 等）；"语言是舌，是口－方式"（Die Sprache ist die Zunge, ist Mund-art）。[①]

这样的经典语言观，我们在亚里士多德的《解释篇》和威廉姆·冯·洪堡（Wilhelm von Humboldt）的"论人类语言结构的差异及其对人类精神发展的影响"中都可以真切感受到。

亚里士多德在《解释篇》里揭示了"作为言说的语言的经典结构"：文字显示声音；声音显示心灵的体验；心灵的体验显示心灵所关涉的事情；"显示"（das Zeigen）构成了这个结构的支柱，支撑着整个结构；显示以多样的方式——或揭示着或掩蔽着——使某物得以闪现，让显现者获得审听、觉知，让被审听者得到审察（处置）；"记号"（Zeichen）即是从"显示"方面被经验的，是通过显示并且为显示而被创造出来的。而从泛希腊化（斯多亚派）时期开始，"描述"（Bezeichnen）就不再是"让显现"（Erscheinenlassen）意义上的显示；记号从显示者到描述者的变化乃依据于"真理之本质"的转变（也即从作为疏敞地之 Aletheia 向作为陈述之正确性的真理的"唯一"展开——没有别的可能的展开方式－方向——这种"展开－转向"是 Aletheia 或真理的"唯一"道路）。因此：

> 自古希腊以降，存在者（Seiende）便一直都被经验为在场者（Anwesende）。只要语言"存在或是"（ist），那么语言，即时时发生着的言说，就是一种在场者。人们从言说方面，着眼于分音节的声音（die gegliederten Laute）和指称的载体（Träger von Bedeutungen）来表象语言。言说乃是人类活动的一种方式（Das

---

Sprechen ist eine Art der menschlichen Tätigkeit）。[1]

　　这一段话十分重要，可以看作是海氏对传统语言观的精辟总结：语言作为言说，就是一种存在者或在场者，因而我们才能说"语言存在或是"（die Sprache ist）；这样的作为某种在场者的言说，就被表象为"分音节的声音"和"指称的载体"，也即，它就是一种对于"外部现实"的"分环勾连的"表象——该表象之所以可能乃是奠基于标准的二元对立的主-客体式的存在学或形而上学框架；这样表象着的言说就是"人类的"一种活动，它完全是"属人"的，而这个"人（类）"正是"作为表象着、认知着的形而上学主体"的抽象"人（类）"；因此，传统语言观乃是完全奠基于存在学或形而上学的，前者是后者的自然-必然延伸，也是后者的必需本质构件之一。

　　这个发端于古希腊的语言观，在洪堡的语言沉思中达到了极致，他的大作"论人类语言结构的差异及其对人类精神发展的影响""或显或隐地规定了直到今天为止的整个语言科学和语言哲学"。他认为：语言不是"产品"（Ergon），而是一种"活动"（Energeia）；它是永远自身复现着的"精神活动"（Arbeit des Geistes），它能够使"分音节的声音"（artikulierten Laut）成为"思想的表达"（Ausdruck des Gedanken）。而这实际上是对任何一次言说的定义，但在真正的和本质性的意义上，语言即是言说的总体；而"精神活动"指的就是一种"设定"（Setzen），因此，该种活动完全是在非-希腊的方式——是在"莱布尼茨诸单子论"（Leibniz' Monadenlehre）意义上得到理解的主体的活动；"主体力量"所加工的东西，"主体力量"（Kraft des Subjektes）通过自身与"诸对象"（Gegenstände）之

---

[1]　参见 M. Heidegger, GA 12, S. 232-234。

间的活动而设定起来的东西就是"世界"（Welt）；在这种"世界观"（Weltansicht）中，人类就获得了自身的表达；这样，语言就是在人类主体性中制定出来的世界观的"一种"方式和形式。①

因此，洪堡同亚里士多德一样，都是将语言归结于言说，而又把言说作为一种形而上学主体的人类的活动来看待的，也即都是从存在学或形而上学出发来思考"语言之本质"（das Wesen der Sprache）的。但海氏却认为这样的对于语言的过往经验，都没有真正通达"语言本质"（Sprachwesen）或"作为语言的语言"（die Sprache als die Sprache）。海氏在"语言的本质"（Das Wesen der Sprache）和"通向语言的这条道路"（Der Weg zur Sprache）中分别以一个"引导词"（Leitwort）即"语言的本质：本质的语言"（Das Wesen der Sprache: Die Sprache des Wesens）和一个"道路公式"（Wegformel）即"把语言作为语言带向语言"（die Sprache als die Sprache zur Sprache bringen）来显示他思考语言的"这条道路"（der Weg）。②

> Das Wesen der Sprache: Die Sprache des Wesens.
>
> 语言之本质：本质之语言。③

海氏认为"这个引导词给出了从语言本质而来的原始-消息（die Ur-Kunde vom Sprachwesen）"。冒号前部分的"本质"（Wesen）指的是：某物之所是，to ti estin，即"什么存在或什么是"（Wassein）。这样冒号前的短语的意思就大体是："一旦我们进入可以说由冒号开启出来的东西之中，我们便把握了语言是什么。"而"冒号开启出来的即是本

---

① 参见 M. Heidegger, GA 12, S. 234–238。

② 参见 a. a. O., S. 191, S. 249–250。

③ A. a. O., S. 189.

质之语言"，"本质之语言"这一短语就回答了"语言是什么"的问题。那么究竟何谓"本质之语言"呢？其中的"本质"和冒号前作为"什么存在或什么是"的"本质"是同样的意思吗？

> 我们把"Wesen"理解作一个动词，如同 anwesend（在场着）和 abwesend（不在场着）的 wesend（在场着）。"Wesen"意味着持续（währen）、逗留（weilen）。但"Es west"这个短语的意思要多于单纯的"它持续和延续"。"Es west"意味着：它在场，在持续之际关－涉我们，并且为我们开辟－道路（be-wëgt）。这样看来，Wesen 所命名的就是持续者，就是在一切事物中关涉我们的东西，因为它为一切开辟－道路。因此，引导词中的第二个短语"本质的语言"就表示：语言归属于这一本生者（Die Sprache gehört in dieses Wesende），是那个为一切开辟－道路的东西所特有的，因为后者乃是一切事物的最本己特性。为一切－开辟道路者开辟－道路，通过它言说的方式（Das All-Bewëgende be-wëgt, indem es spricht）。①

原来这个 Wesen 就是《朝向哲学的诸文献（从兴有而来）》中做动词解的 Wesen 即"本生"。② 所谓"本生之语言"说的就是："语言"归属于这一"本生者"。本生"者"——"谁"本生呢？就是那个"为一切开辟－道路的东西"——"兴有"（Ereignis）。那么"本生之语言"原来说的就是语言归属于这一③"兴有"。这唯一的"本

———————

① M. Heidegger, GA 12, S. 190.

② 参阅本书 4.14 节对 Wesen 的相关讨论。

③ "兴有"（Ereignis）是单数的，唯有这独一一个"兴有者"（Ereignende 或 Ereignis）即"本生者"（Wesende）。

生者"即"兴有"如何"开辟-道路"呢？通过"它（即兴有）语言"的方式。所谓"兴有的语言"正是"道说"（Sagen）。海氏在"兴有之道说"（Sagen des Ereignisses）的名头下思"语言本生"（Sprachwesen）。

在引导词"语言之本质：本生之语言"中，海氏以"本生之语言"即"兴有之道说"回答了"语言之本质"即"语言是什么"的问题。我们再来看另一"道路公式"即"把语言作为语言带向语言"说的是什么。

Die Be-wëgung bringt die Sprache (das Sprachwesen) als die Sprache (die Sage) zur Sprache (zum verlautenden Wort).
这个开-路化[①]把语言（即语言本生）作为语言（即道说）带向语言（带向有声表达的语词）。[②]

海氏用这句话完整地应答了那一"道路公式"。是"谁"把语言作为语言带向语言呢？是"这个开-路化"，也即"兴有"，"兴有就是使道说达乎语言的开-路化"。"把语言作为语言带向语言"中的三个"语言"分别是什么意思呢，它们是一样的吗？回答是：不一样——第一个"语言"是指"语言本生"，第二个"语言"指"道说"，第三个"语言"指"有声表达的语词"；第一个"语言"与第二个"语言"是"同一者"，说的是同一回事；而第三个"语言"则与前两个"语言"不同，它是指有声表达的"人言"；从前两个"语言"到末一个"语言"，是为一种"语言的生成转换"，这种转换是

---

① 为显示 Be-wëgung 与 Be-wëgen 之亲密-区分，还是权将前者译为"开（辟）-（道）路化"，而将后者译为"开（辟）-（道）路"。

② M. Heidegger, GA 12, S. 250.

由"那个开–路化"即"兴有"发动的。

因此，从引导词"语言之本质：本生之语言"和道路公式"把语言作为语言带向语言"可以看出：一般来说，后期海氏是通过"兴有之道说"来思索"语言"的。我们先来看"兴有之道说"中的"道说"，然后再看它与"兴有"之天命关联。

那么，何谓"道说"呢？

道说（sagen），在古代斯堪的纳维亚语中叫 sagen，意思就是显示（zeigen），即：让显现（erscheinen lassen），作为端–呈的疏敞着–遮蔽着地开–放（lichtend-verbergend frei-geben als dar-reichen）我们所谓的世界。疏敞着–掩蔽着地把世界端呈出来，这乃是道说之中的本生者（das Wesende im Sagen）。①

道说就是"显示"或"让显现"的意思，而"显示者"和"被显示者"都是"世界"也即"兴有"或"本生"。"世界"或"兴有"或"本生""通过""道说"——自行疏敞着–遮蔽着地开–放或端–呈出来。具体来说，该"道说"可有两种方式："（作）诗"（Dichten）与"（运）思"（Denken）。②那么，何谓"（作）诗"与"（运）思"呢？我们这里只能极为简略地来开路一二。

5.122 诗

海氏从 20 世纪 30 年代开始，论及诗的著述比比皆是。如在 1936 年著名演讲"荷尔德林与诗的本质"中，海氏就借荷尔德

---

① M. Heidegger, GA 12, S. 188.
② Ebd.

林 ① 的 "五个中心诗句" 道说了他的道说之诗。

1. 作诗："最清白无邪之事业（diss unschuldigste aller Geschä-ffte）"。

2. "因此人被赋予语言，

那最危险之财富（der Güter Gefährlichstes）……

人借语言见证其本质……"

3. "人已体验许多。

自我们是一种对话，

而且能彼此倾听，

众多天神得以命名。"

4. "但诗者创建，持留的东西（Was bleibet aber, stiften die Dichter）。"

5. "充满劳绩，然而人诗意地

栖居在这片大地上（Voll Verdienst, doch dichterisch wohnet Der Mensch auf dieser Erde）。" ②

何以 "作诗" 是 "最清白无邪之事业" 呢？是缘自作诗 "显现于游戏的朴素形态之中"，它 "自由地创造它的形象世界，并且沉湎于想象领域"；它 "宛若一个梦，而不是任何现实，是一种语词游

---

① 荷尔德林对海氏来说具有某种 "独一" 的意义：他在 "存有历史" 中居有了关键性的 "位置"，他是朝向那 "另一开端" 的开启者-转渡者。而海氏为何选择他来道说 "诗的本质"，"并不是因为他的作品作为林林总总的诗歌作品中的一种，体现了诗的普遍本质，而仅仅是因为荷尔德林的诗蕴含着诗的规定性而特地诗化了诗的本质。在我们看来，荷尔德林在一种别具一格的意义上乃是诗者之诗者（der Dichter des Dichters）。所以，我们把他置于决断的关口上"。参见 M. Heidegger, GA 4: *Erläuterungen zu Hölderlins Dichtung*, Frankfurt am Main: Vittorio klostermann, 1981, S. 34。

② A. a. O., S. 33.

戏，而不是什么严肃行为"；它是"无害的、无作用的"。①

语言不仅是"最清白无邪之事业"，也是"最危险之财富"。诗作为"原语言"（Ursprache）乃是人最危险的财富。语言乃是人的所有物，作为适用于理解的工具，语言是一种"财富"，但"语言之本质并不仅仅在于成为理解的工具"。"语言不只是人所拥有的多样工具中的一种工具；相反，唯语言才提供出一种置身于存在者之敞开性中间的可能性。唯有语言处，才有世界。这话说的是：唯有在有语言的地方，才有永远变化的关于决断和劳作、关于活动和责任的领域，也才有关于专断和喧嚣、沉沦和混乱的领域。唯在世界运作的地方，才有历史。在一种更原始的意义上，语言是一种财富。语言足以担保——也就是说，语言保证了——人作为历史性的人而存在的可能性。语言不是一个可支配的工具，而是那种拥有人之存在的最高可能性的兴有（Ereignis）。"因此，从更原始的意义上说，语言并非是单属于"人的财富"，而更是"兴有或存有之财富"。②

"我们——人——是一种对话（Gespräch）。人之存在奠基于语言；而语言根本上唯发生于对话中。"对话发生于"能听"和"能说"，它们是同样原始的。"自从语言真正作为对话发生，诸神的出现和世界的显现并不单单是语言之发生的一个结果，它们与语言之发生是同时的。而且情形恰恰是，我们本身所是的本真对话就存在于诸神之命名（Nennen der Götter）和世界之语词-生成（Wort-Werden der Welt）中。"③

"诗者命名诸神，命名一切在其所是中的事物。这种命名并不在于仅仅给一个事先已经熟知的东西装配上一个名字，而是由于诗者

---

① 参见 M. Heidegger, GA 4, S. 34–35。

② 参见 a. a. O., S. 37–38。

③ 参见 a. a. O., S. 38–40。

说出本质性的语词，存在者才通过这种命名而被指说为它所是的东西。这样，存在者就作为存在者而被知晓。诗化乃是存在之语词性创建（Dichtung ist worthafte Stiftung des Seins）。"①诗"赐予"（gibt）了存在者之"存在或是"；唯诗之命名，"一存在者或是者"才成其为"一存在者或是者"；无"诗"，则"混混沌沌""一无是处""一无所是"。②

因为诗乃作为"对诸神和物之本质的有所创建的命名"，所以"诗意地栖居"（dichterisch wohnen）说的就是："置身于诸神的当下之中，并且受到物之本质切近的震颤。""Dasein 在其根基上'诗意地'存在——这同时也表示：Dasein 作为被创建（被奠基）的Dasein，绝不是劳绩，而是一种捐赠。""诗从来不是把语言当作一种现成的材料来接受，相反，是诗本身才使语言成为可能。诗乃是一个历史性民族的原语言。""人类 Dasein 的根基是作为语言之本真发生的对话。而原语言就是作为存在之创建的诗。可是，语言却是'最危险的财富'。所以诗是最危险的活动——同时又是'最清白无邪之事业'。"唯有将这两方面规定合为一体来思考，我们才能理解诗的全部本质。③

5.123 思

与诗相类，海氏对"思"的探讨亦贯穿其思想道路始终。我们这里仅以"何谓思想"（1952 年）、"语言的本质"（1957–1958 年）

---

①　参见 M. Heidegger, GA 4, S. 41–42。

②　笔者虽然极力促成在本书上卷把所有的 Sein 或 ist 等等都只译为"存在"——尽力不提"是"，但在有些地方实在是无可奈何了，在有些情境下（比如这里），"是"的确"太好用"了："一无是处"，"一无所是"……

③　参见 a. a. O., S. 42–43。

以及"哲学的终结和思的任务"（1964 年）三个演讲所涉相关内容来稍作提示。

从广义上说，海氏所谓的"思（想）"（Denken）是有着非常宽泛的意义的，既包括古希腊早期的思想（如赫拉克利特和巴门尼德等）和柏拉图肇始的形而上学思想（而这两者又都归属于"第一开端"的思想；从严格意义上说，古希腊早期的思想也是形而上学的思想——"第一开端"的思想就是"形而上学"的思想或"哲学"的思想，西方思想从一开始就"遗忘"了"存在本身"，而只去追寻"存在者作为存在者"或"存在者之存在"，只不过在"第一开端的开端"即"早期希腊"时还未偏离-脱落得像后来所偏离-脱落得那样遥远而已 [1]），也包括"科学的思想"，还包括"存有历史之思想"或"兴有之思想"或"存有之真理的思想"（而它是归属于"另一开端"的）。我们这里要探讨的作为道说之方式的思想，是从最后一种意义上来理解的思想。这样的思想，是与"哲学思想即形而上学思想"和"科学思想"迥然相别的，从严格意义上说，这种思想还从未真正出现过——"我们尚未思想"——只不过已经得到"预先的练习"（如海氏毕生所致力的"存在之思"）。"这种思想既不是理论的也不是实践的。它发生在这种区别之前。这种思想作为思想，就是存在之思念（Andenken an das Sein），除此而外别无所是。"[2] 我们下面提及的"思想"一词都是在最末的这种狭义思想意义上来使用的。

"思想"与任何哲学或形而上学无涉。"哲学即形而上学。形而

---

①　当然，须特别注意的是，海氏对于古希腊早期思想与柏拉图开动的形而上学思想之间关系的理解-描述，对于"（两个）开端"的理解-描述，在不同时期的不同文本中是有（很大）差异的。

②　M. Heidegger, GA 9, S. 358.

上学着眼于存在，着眼于存在中的存在者之共属一体，来思考整体中的存在者（Seiende im Ganzen）——世界、人类和上帝。形而上学以论证着的表象之方式（in der Weise des begründenden Vorstellens）来思考存在者作为存在者（das Seiende als das Seiende）。因为从哲学开端以来，并且凭借这一开端，存在者之存在就把自身显示为基础（Grund）（arche, aition, Prinzip）。"① 所有的形而上学思想都是要去为存在者整体提供某种终极的基础。而随着尼采与马克思业已完成的对于形而上学的颠倒工作，哲学就已经达到了它最极端的可能性。哲学进入其终结阶段了。② 而"兴有之思想"绝非再是任何形而上学或哲学之一种，它们之间有着完全的"断裂"，只能通过"跳跃"才能相互"传送或致戏"（Zuspiel）。"存有历史之思想"既不思"存在者作为存在者"或"存在者之存在"，亦不为一切存在者寻求任何的终极"基础"；这种新思想也既不"论证"，亦不"学究"，它不再是任何一门"学"（-logie）；它只"从兴有而来"道说……

　　"思想"也与任何科学无关。科学是从哲学中逐渐分离而出的，科学逐步独立的进程属于哲学之完成。在哲学完成的时代，获得自我确立的诸门科学又将很快被"控制论"这门新的基础科学所规定和操纵。"哲学之发展为独立的诸门科学——而诸门科学之间又愈来愈显著地相互沟通起来（基于控制论）——乃是哲学的合法的完成。"③ 我们可以认为，科学就是哲学或形而上学的自然延伸甚或构成部分，它们都是"一家人"。"在科学中，论题（Thema）是由方法（Methode）来摆弄、提出的；不但如此，科学的论题也被设置

① M. Heidegger, GA 14, S. 69.

② 参见 a. a. O., S. 71。

③ A. a. O., S. 71-72.

入方法中，并且始终是服从于方法的。""方法拥有知识的一切暴力。论题乃是方法的组成部分之一。""在思想中，既没有方法也没有论题，而倒是有地带（Gegend）——之所以叫它地带，是因为它为那种为思想而给出的要思想的东西提供地带（gegnet），也即把后者开放出来。思想行进在地带之道路上，从而栖留于地带中。这里，道路乃地带的一部分而归属于地带。从科学的表象而来，这种情形不但很难看出，而且根本就是不可能看出来的。"①科学为"方法"所左右，而思想却没有"方法"，唯有"地带"，二者间有着鸿沟之隔。所谓"地带""作为提供地带者（Gegnende）乃是有所开放的疏敞地（Lichtung），在其中被疏敞者与自行遮蔽者同时进入敞开的自由之中"。②因此，思想所思的那个"地带"，也就是"疏敞地"——"作为存有之真理"的那个"疏敞地"。"科学不思（Die Wissenschaft nicht denkt）"，"科学不能思想，这并不是一个缺陷，而倒是一个优点。唯此优点为科学确保了一种可能性，使之有可能以研究的方式进入一个个别的对象领域，并且定居于其中"。因此"从科学到思想没有桥梁，而只有跳跃（Sprung）"。③

5.124 诗与思

那么，"诗"与"思"有怎样的关联呢？它们和道说的关联又如何呢？短语"诗与思"中的"与"（und）表示的正是诗与思的"近邻关系"（Nachbarschaft）：诗与思相互面对而居住，一方对着另一方居住，一方定居于另一方的近处——诗与思的相互-面对（Das

---

① M. Heidegger, GA 12, S. 168.
② A. a. O., S. 186.
③ M. Heidegger, GA 7, S. 133.

Gegen-einander-über）。① "诗与思在能够开始进入相互面对的状态之前就已经相互归属了。道说乃是诗与思的同一个元素。"② "但实际上，诗与思从它们的本质而来就由一种微妙而清晰的差异保持着分离，各各保持在它们本己的暗冥之中：那是两条平行线，希腊文叫 para allelo，即平行地、相对地、以各自方式地超出自身。如果分离意味着切割为无关联的东西，那么，诗与思就并不分离。平行线交汇于无限。"这样，"把诗与思带到近处的那个切近（Nähe）本身就是兴有（Ereignis）。"③ 因此：

> 近邻关系意味着：居于切近中。诗与思乃是道说之方式（Dichten und Denken sind Weisen des Sagens）。而那个把诗与思共同带入近邻关系中的切近，我们称之为道说（Sage）。④

这里看起来似乎有点 "绕"（其实这里的实事本身本来就是 "绕" 的）：道说之两种方式乃诗与思，而诗与思之间又有着近邻关系，也即居于切近中，而这个切近又正是道说本身。道说作为切近，一方面将诗与思维系在本质性的 "差异-距离" 当中，另一方面又促使它们相互 "面对-趋近-去远" —— 道说使诗与思以极不相同的方式来道说 "同一者" —— 而这一切又都归于道说的自行运作。"道说"（Sage）乃 "无声" 之 "风言风语" 或 "传说"⑤，它以 "诗和思" 自行四处 "传诵-飘荡"。

---

① 参见 M. Heidegger, GA 12, S. 176。
② A. a. O., S. 178.
③ A. a. O., S. 184-185.
④ A. a. O., S. 188.
⑤ 这里的 "风言风语" 或 "传说" 毫无贬薄之义，而完全是从褒义上来说的。想想《诗经》里的 "风"。

那么，"作为道说的语言"与"存在"（Sein）又有怎样的关联呢？海氏是在通过对斯蒂芬·乔治（Stefan George）的《语词》（Das Wort）的最后一行诗进行分析来回答该问题的。

> **Kein ding sei wo das wort gebricht.**
> 语词破碎处，无物可存在或可是。①

这句话说的意思就是："指点出词与物的关系，它指明，语词本身就是关系（Verhältnis），因为语词把一切物保持并且留存于存在之中。倘若没有如此这般的语词，那么物之整体，亦即'世界'，便会沉入一片冥暗之中；包括'我'，即那个把他所遇到的奇迹和梦想带到他的疆域边缘、带向名称之源泉的'我'，也会沉入一片冥暗之中。"② "物在这里指无论以何种方式存在的任何东西，任何一个当下存在者。至于'语词'，我们也说过，它不光是处于一种与物的关系中，而是：语词才把作为存在着的存在者的当下之物带入这个'存在'（ist）之中，把物保持在这个'存在'之中，与物发生关系，可以说供养着物而使物成其为一物。因此，我们曾说，语词不是只处于一种与物的关系之中，而且语词本身就'可以是'（sei）那个保持物之为物，并且与物之为物发生关系的东西；作为这样一个发生关系的东西，语词就可以是：关系本身。"③

唯有语词的命名，"一"物才成其为"一"物，"一""存在者或是者"才作为"一""存在者或是者""存在或是"（ist）起来。因此，唯语词才"赐予"（gibt）了存在者之存在。无语词之命名，将

---

① M. Heidegger, GA 12, S. 153.

② A. a. O., S. 166.

③ A. a. O., S. 177.

"一无是处""一无所是"——"没有一个存在者"！^①因此：

> 按照实事来思索，我们对于语词绝不能说：它存在或它是
> （es ist）；而是要说：它给予（es gibt）——这不是在"它"给
> 予语词的意义上来说的，而是在语词给出自身这一意义上来说
> 的。语词：给予者（Das Wort: das Gebende）。给予什么呢？根
> 据诗意经验和思想的最古老传统来看，语词给出：存在。于是，
> 我们在运思之际必须在那个"它给予"中寻找语词，寻找那个
> 作为给予者而本身绝不是被给予者的语词。^②

因此，语词或道说就是那个"给予""存在"的"给予者"即
"它"，这个"它""不存在"或"不是"，而只能自行给予自身。我
们可以看出，作为道说的语言，具有的"地位"已经类似于"兴有"
了。那么，"道说"与"兴有"究竟有着怎样的关联呢？它们竟就是
"同一者"吗？所谓"兴有之道说"究竟是什么意思呢？

笔者认为，撇开海氏一些个别的具体论述，而从多处文本综观
起来看的话，海氏的"道说"与"兴有"既非"同一者"，亦不具有
"同等的地位"。

> 居于兴有之中的道说作为显示（Zeigen）乃是兴有之最本

---

① "语词"实即"裂隙"（Riß），唯通过"语词"，才有"开沟-开裂-裂隙"，才有
被"轮出"的"边廓"，这样才会有"一存在者之为一存在者"或"一是者之为一是者"。
唯"语词"才于"莽莽-混沌"中"撕裂"开"一个缺口"，才"争得""一个存在者或
是者"之"存在或是"。"语言"作为"轮-廓"（Auf-Riß），正"是某种显示之构造，
在其中，说话者及其说话，被说者及其未被说者从被允诺的东西而来被嵌合（verfugt
sind）"。在这样的意义上，语言就的的确确"给予"或"赐予"了"存在或是"（Sein）。
参见 M. Heidegger, GA 12, S. 240。

② A. a. O., S. 182.

己方式（die eigenste Weise des Ereignens）。兴有是道说着的（Das Ereignis ist sagend）。因此，语言如何说话，也就是兴有本身如何自行揭示或者自行隐匿。①

（语言）归属于兴有；因此**语言**既不是最先的也不是最后的东西（in das Ereignis gehört; mithin die *Sprache* weder das Erste noch das Letzte）。——作者边注 ②

作为"显示"的"道说"，本身就是居于"兴有"之中的，它归属于"兴有"，它就是"兴有"的"最本己方式"。因此，道说虽然不等同于、"次于"兴有，但它却是"兴有"之"最本己方式"，"兴有本就是道说着的"——"道说"与"兴有"的确有着独一无二的天命关联。

那么，"道说"又是如何"作为兴有之最本己方式"，而"兴有又是如何道说着的"呢？是通过"开路化"（Bewëgung），我们可以说"开路者"既是"兴有"，也是"道说"，也可以说"开路者"即"兴有"通过"道说""开辟-道路"。或者更准确的说法是"开路者"即"兴有之道说"。"兴有之道说"为四个"世界地带"（大地与天空、神与人）的"相互-面对"开辟道路，它把四个世界地带聚集入"相互-面对"的"切近"之中。③ "世界地带"作为"地带"（Gegend），本就是"开辟道路"的，"开辟道路"也即开辟"疏敞地"（Lichtung）。④

---

① M. Heidegger, GA 12, S. 251.

② A. a. O., S. 255.

③ 参见 a. a. O., S. 202。

④ 参见 a. a. O., S. 186。

　　道说作为这种无声地召唤着的聚集（lautlos rufende Versammeln）
而为世界-关系（Welt-Verhältnis）开辟-道路。这种无声地召
唤着的聚集，我们把它命名为寂静钟音（das Geläut der Stille）。
它就是：本生之语言。[①]

　　另一方面，"兴有"乃是"使道说达乎语言的开路化"（die
Bewëgung der Sage zur Sprache）。

　　Die Be-wëgung bringt die Sprache (das Sprachwesen) als die
Sprache (die Sage) zur Sprache (zum verlautenden Wort).
　　这个开-路化把语言（即语言本生）作为语言（即道说）带
向语言（带向有声表达的语词）。[②]

　　在"兴有"的"开路化"中，"无声的道说"才达乎"有声表达
的语词"即"人言"。"人言"无论是作为"言说"（Sprechen）或
"沉默"（Schweigen），都已经是对于"道说之所说"的一种"应和"
（Entsprechen）。"沉默应和于那兴有着-显示着的道说（ereignend-
zeigenden Sage）的无声的寂静钟音（Geläut der Stille）。"[③]"人的任
何语言都在道说中被兴有（ereignet），并且作为这种严格词义上的
语言——尽管是按不同尺度切近于兴有——才是本真的语言。任何
一种本真的语言都是天命性的（geschicklich），因为它是通过道说之
开辟道路才被指派、发送给人的。"[④]这样，人就归属于道说，听从于

---

①　M. Heidegger, GA 12, S. 204.

②　A. a. O., S. 250.

③　A. a. O., S. 251.

④　A. a. O., S. 253.

道说，人始终被嵌入"语言本生"也即"道说"中了。我们也不能"认知"（wissen）语言：

> 凭任何陈述（Aussage）都不能捕捉道说、道说的特性。道说要求我们，对在语言本生中兴有着的开辟–道路（ereignende Be-wëgung）这回事情兴–默（er-schweigen），同时又不谈论这种沉默。[①]

"兴有–道说–开辟道路"都不是通过存在学或形而上学的陈述就可以把握的，对此我们只能保持沉默。而这个沉默也正是我们之于兴有的归属。"我们与语言的关系（Verhältnis）取决于我们作为被需用者（Gebrauchten）如何归属于兴有之方式。"[②] "人言"归属于"兴有之道说"，也即"人"为"兴有"所"需用"——这两重"关系"是重合的。

最后，我们再来小结"兴有之道说"之何所说。道说"归属于"兴有，道说"为了兴有而被兴有所需用"，道说乃是作为"答谢"兴有之"恩情"的思想。

> 一切沉思着的思（sinnende Denken）都是一种诗，而一切诗都是一种思。两者从那种道说而来相互归属（gehören zueinander），这种道说已经把自身允诺给被道说者，因为道说乃是作为谢恩之思想（der Gedanke als der Dank）。[③]

---

① M. Heidegger, GA 12, S. 255.
② A. a. O., S. 256.
③ Ebd.

"道说"作为"思想"（Gedanke）本就是"谢恩之聚集 / 集 - 恩"（Ge-Danke），它一方面是"对于兴有之谢恩"，另一方面则是"兴有对人之需用"。进一步说，作为道说的"诗与思"，一方面的确是"诗者与思者"之"诗与思"，但另一方面，该"诗者与思者"之"诗与思"从本质上说却是"对于兴有之谢恩"也即"兴有对人之需用"。在"诗与思"中，一方面发生着从"兴有之道说"向"人言"的"发送"，另一方面则发生着从"人言"向"兴有之道说"的"归溯"。"诗与思"显 - 隐着某种在"兴有"与"人""之间"的"之间性"——"临界性"——"生成转换性"——"显 - 隐二重性"……可以下图草示（图 16）。

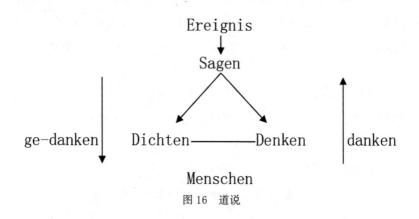

图 16　道说

5.2 语言：维特根斯坦

在海氏不断追溯更为原始的语言元素的"同时"，维氏也一直思索着"别一种"更为原始的语言元素。维氏思索新语言元素的历程暂可标记如下：

（1）1913—1918 年《战时笔记：1914—1916 年》和《逻辑哲学论》中的"八种语言方式"；

（2）以《哲学研究》为代表的后期思想中的"诸语言游戏"。

我们先来看"八种语言方式"。

5.21 八种语言方式

维氏毕生在研究真理和存在的"同时"，也在研究着与它们相应的"语言或言说方式"，并且，其实后者才更是他真正"直接"入手的研究问题，而前两者更多的是"隐藏"或"伴随"在后者的研究当中——但这个"自行隐藏"着地"自行显示"却是自始至终的。早在 1913 年写给罗素的《逻辑笔记》中，维氏就已展示了他与罗素和弗雷格大有不同的"命题观"或"语言观"。他直接否认了弗雷格和罗素的命题观。

> 弗雷格曾说："诸命题是诸名称"（Sätze sind Namen）；罗素曾说："诸命题对应于诸复合物"（Sätze entsprechen Komplexen）。二者都是错误的；"诸命题是诸复合物的诸名称"（Sätze sind Namen von Komplexen）的说法则尤为错误。①

此时的维氏认为：命题既不是"名称"，也不与"复合物"相应；"命题其实是关于事实的符号（tatsachenbezügliche Symbole），它本身也是事实（Tatsachen）"；而"事实"是不可能被"名称"所命名的；"事实"就是命题的"指称"（Bedeutung）。

而在《战时笔记：1914-1916 年》中，维氏对包括命题在内的

---

① L. Wittgenstein, Werkausgabe 1, S. 193.

多种语言方式进行了大量的研究，他此时的包括其语言观在内的存在思想就已经与包括弗雷格和罗素的逻辑-存在学在内的一切存在学-形而上学思想完全划清了界线。笔者认为：实际上，在《战时笔记：1914—1916 年》和稍后完成的《逻辑哲学论》中总共展示了"八种语言方式"。它们各有所显，不同的"不可说者"分别"自行显示"于这八种不同的语言方式中。"八种语言方式"正是"多种不可说者分别不同地自行显示于其中的八种语言"。下面我们就来速写这八种语言方式。

（1）真正的命题

"真正的命题"（genuine proposition），其实也即"依情形而定的命题"（contingent proposition）或者"有意义的命题"（meaning-ful proposition）——《逻辑哲学论》中直接提及最多的语言方式，即"可说"与"不可说"里的"说"，仅仅意谓："有真-假二值的"（bipolar）、"有意义的"（significant）命题。一个命题有意义即是说，它"构造-创造"了一个"可能事况"（mögliche Sachlage），或描述了一个"事态"（Sachverhalt）或"事实"（Tatsache），它的确"说"（构想或描述）了一件"事情"（无论是事态、事况还是事实）——而非一无所谓。"一个命题"与它所构想或描述的"一件事情""共有"同一个"逻辑形式（logische Form）"，该命题就是该"事情"的"逻辑图象"（logische Bild）。正因为"它说了一件事情"，它才有真-假可能性。所谓命题"有意义"，就是说"命题说了一件事情"；而所谓一句话因为"没有意义"而不是"真正的命题"，即是说"它根本没有说出一件事情"。命题不仅具有意义，且还具有"完全"的、确切的意义（即"完全"地描述了"一个事态"或构造了"一个可能事况"），因此它只有真-假二值，它必定是或真或假的，没有其他值可取。真正的命题就是自然科学领域的命题，真正的命题的总合就是"语言"（Sprache）（TLP 4.001），而"真命题"的总合即是"自然科学"（TLP 4.11）。

（2）"日常语言"（Umgangssprache）

正如以上表明的：日常语言的命题实际上都可被分析为基本命题，也就是说，日常语言的命题从本质上说都是"真正的命题"即"对于现实性的一幅完全的描画"，它们在逻辑上是完善有序的。（TLP 5.5563）我们无须创造另一套理想的形式语言来替代日常语言，而只是通过形式语言可以更好地理解日常语言的完美逻辑秩序。从本质上说，我们可以把所有复杂的日常语言现象"分析""分解"或"还原"为无比明晰的（诸）基本命题，这个"还原"工作归属于"对诸命题的澄清活动"。对象和逻辑形式等不可说者自行显示于日常语言中。

（3）"重言式"（Tautologie）

该种命题即逻辑命题，也即分析命题，都是恒真的命题。它们都没有构造出一个可能事况或描述一个事态，根本没有说出一件事情。因此它们都不是真正的命题——"根本没有分析**命题**"（Analytische *Sätze* gibt es nicht）[1]。它们其实是诸有意义命题网络之某种极限情形，质言之，是对它们的诸基本命题的所有真值可能性说来都为真的极限情形，因此，在这样的情形下，这样的极限命题也即重言式命题就是"缺乏意义的"（sinnlos/senseless）了。[2]

（4）"矛盾式"（Kontradiktion）

与重言式命题恰好相反，矛盾式命题都是恒假命题。这两种命题都没有说什么，因而是缺乏意义的。（TLP 4.461, 4.4611）它们显

---

① 参见 L. Wittgenstein, Werkausgabe 1, S. 110。

② 参见 P. Frascolla, "Wittgenstein's Early Philosophy of Mathematics", in *A Companion to Wittgenstein*, Hans-Johann Glock and John Hyman, eds., pp. 308–309。

示着语言和世界不可说的"逻辑－逻辑属性"。①

（5）"数学命题"（Mathematische Sätze）

笔者认为维氏在《逻辑哲学论》中显示的"数学哲学"是一种非常奇特独立的"数学观"，从而完全不能被简单归入当时流行的任何一种数学哲学流派包括"逻辑主义"（Logicism）、"形式主义"（Formalism）、"直观主义"（Intuitionism）以及"述谓主义"（Predicativism）等等。此时的维氏认为数学命题尤其是算术命题虽与重言式或逻辑命题分享了不少诸家族相似性（比如它们都没有真值、都不是真正的命题、都没有描画任何事实或事况、都是无关事实的单纯句法句子等等），但它们毕竟还是有着重大原则性差异的，比如：重言式在"语法"上其实并没有"问题"，它们只是诸合式句子或诸有意义命题网络的极限情形 ——对于它们的诸基本命题的所有真值可能性都保持为真的极限情形 ——因此这样的重言式命题并非是"没有意义的"（unsinnig/nonsensical）"伪命题"（Scheinsätze/pseudo-propositions），而只是"缺乏意义的"（sinnlos/senseless）而已；相反，数学命题作为"等式"（Gleichungen/equations）却完全是"没有意义的"（unsinnig/nonsensical）"伪命题"（Scheinsätze/pseudo-propositions），就像传统形而上学、美学暨伦理学所充斥的那些伪命题一样。简单说，《逻辑哲学论》完全不同意可以将数学命题归结或还原为逻辑命题，亦从不认为可以将数学问题还原为逻辑问题，因此笔者认为不能简单地将《逻辑哲学论》的数学哲学归入任

---

① 维氏在《逻辑哲学论》中虽然直接地只表达了重言式的逻辑命题对语言和世界的逻辑－逻辑属性的显示（TLP 6.12, 6.22），但我们认为，按照维氏的相关论述，矛盾式也正从另一面（完全相反的方向）显示着世界的逻辑－逻辑属性：重言式隐藏于所有命题之内，矛盾式隐藏在所有命题之外（TLP 5.143）；重言式是诸命题的非－实体的中心点，矛盾式是诸命题的外部边界（TLP 5.143）；重言式为实在空出了全部的 —— 无限的 ——逻辑空间，而矛盾式则充满了整个逻辑空间，一个点也没留给实在（TLP 4.463）。

何意义上的逻辑主义阵营。①

（6）"胡说"（Unsinn）

"胡说"是指传统哲学（包括传统形而上学、伦理学、美学等）的命题。这些命题并非真正的命题，因为它们中的某些记号根本没有指称。（TLP 6.53）胡说显示其自身为无意义，显示其欲说的东西即不可说者根本不能通过胡说表达出来。

（7）"诸命题的澄清"（Klarwerden von Sätzen）

TLP 4.112 哲学的目的是思想的逻辑澄清（die logische Klärung der Gedanken）。

哲学不是一门学说（Lehre），而是一项活动（Tätigkeit）。

哲学著作从本质上来看是由一些解释（Erläuterungen）构成的。

哲学的成果不是一些"哲学命题"，而是诸命题的澄清（das Klarwerden von Sätzen）。

哲学应该把不加以澄清似乎就暧昧而模糊不清的思想弄清楚，并且给它们画出明确的界线。

TLP 4.114 哲学应当为能思考的东西划定界线（abgrenzen），从而也为不能思考的东西划定界线。

哲学应当从内部通过能思考的东西为不能思考的东西划定界线。

TLP 4.115 哲学将通过清楚地表达可说的东西（das Sagbare klar

---

① 参见 M. Potter, "Wittgenstein on Mathematics", in *The Oxford Handbook of Wittgenstein*, Oskarl Kuusela and Marie Mcginn, eds., Oxford: Oxford University Press, 2014, pp. 122-125; P. Frascolla, "Wittgenstein's Early Philosophy of Mathematics", in *A Companion to Wittgenstein*, Hans-Johann Glock and John Hyman, eds., pp. 305-318。

darstellt）来指称那不可说的东西（das Unsagbare bedeuten）。

　　TLP 4.116 凡是能思考的东西都能清楚地思考。凡是可说的东西都可以清楚地说出来。

"真正的哲学"（传统哲学都不是真正的哲学）就是"澄清"（klar machen）命题或思想的活动。该活动即是要为"语言"（也即思想的表达）"划界"，分清可说者与不可说者，说清楚可说者，对不可说者保持沉默。（TLP 前言）传统哲学的命题都可被澄清为非真正的命题——而只是胡说。自然科学命题被澄清为真正的命题。因此除说可说的自然科学命题以外，就应保持沉默。《逻辑哲学论》本身就是作为"为语言也即思想的表达划界"的"诸命题的澄清活动"，因而是真正的哲学。当然它同样并非真正的命题，因而也是无意义的。"澄清命题"也仅仅是一个被暂时利用的"梯子"而已……"诸命题的澄清活动"显示了何为可说者，何为不可说者，划清了二者之界线。

　　（8）"沉默"（Schweigen）

　　TLP 6.53 哲学的正确方法实际上是这样的：除了可说的东西，即自然科学的命题——亦即与哲学无关的东西——之外，不说任何东西，而且每当别人想说某种形而上学的东西时，就给他指出，他没有赋予其命题中的某些记号以任何指称。对于别人，这种方法也许是不令人满意的——他大概不会觉得我们是在教他哲学，但是这却是唯一严格正确的方法。

　　TLP 6.54 我的诸命题以如下方式阐明：理解我的人，当他通过这些命题——踩上它们——爬上它们之后，就会终于体认到它们是**毫无意义的**（*unsinnig*）。（可以说，在登上梯子之后，他就必须把它们扔掉。）

他必须克服这些命题，然后他就会正确看待世界。

TLP 7 对不可说者须沉默。(Wovon man nicht sprechen kann, darüber muss man schweigen.)

《逻辑哲学论》的"七句话"作为"一套命题－学说"，本身都是"毫无意义的"，因为它们都是"胡说"[①]；但若作为一种"真正的哲学活动"即"诸命题的澄清活动"，这"七句话"何尝又没有"十足的意义"呢？作为"攀登梯子"的"真正哲学活动"即"命题澄清活动"（《逻辑哲学论》的思想－语言活动）之"结果"的就是"沉默"，即放弃以命题来直接诉说－规定不可说者的企图，而对不可说者保持沉默。"不可说者"（尤其是世界之外的"人生－伦理的神秘东西"）在"沉默"中"显示自身"。须特别注意的是，维氏所谓的"沉默"是作为"真正哲学活动"的"命题澄清活动"之"结果"的，也就是说，"沉默"的"前提"或者说"内藏之义"即是大量的命题澄清活动，而命题澄清活动又是以"清楚地言说那可说者"的方式进行的，因此"沉默"本身就是以"大量的相关语言活动"作为其"必需前提"或"题中之义"的，"沉默"绝不等同于毫无所说的、不"带"任何说的"喑哑"。[②] 相反，"沉默"乃是真正的"无说

---

① 笔者认为不能简单地将 TLP 6.54 里维氏描述《逻辑哲学论》自身所有命题的 unsinnig 等同于传统形而上学、美学暨伦理学命题的 unsinnig，因为显然这样的"等同"将是 unsinnig（毫无意义的）——显然它们是不同的 unsinnig。显然，《逻辑哲学论》的这种"胡说"（Unsinn）是在"自行显示"着某种有意义的东西的。至于是如何显示的，笔者只能另立英语文章详述辨析了。要之，笔者完全不能接受某种极端意义上的"新维特根斯坦"方案。

② 这不禁令笔者想起冯友兰先生在《中国哲学简史》里讲的最末一句话："人必须先说很多话然后保持静默。"参见冯友兰：《中国哲学简史》，北京：北京大学出版社，1996 年，第 295 页。这与《逻辑哲学论》最末一句话"对不可说者须沉默"的确有着不小的共鸣空间。说了很多，说够了，说尽了，说到不能说——之境——就应当沉默了。"沉默"与"言说"区分着地共属"一体"（语言），是为"一体（语言）之两面"也。

之大说", "希声之大音"。对维氏说来, "沉默"实可谓一种最本真、最原始的"自行显示方式"。

在以上八种语言方式中, 前"两种"方式其实就是"同一种"语言方式即"真正的命题-语言", 中间的"四种"方式其实并非"真正的命题-语言", 而最后"两种"方式(即"诸命题的澄清活动"与作为它的结果的"沉默")则是维氏首创的[①]、作为他的新-存在思想元素之一的新的语言方式, 也是他对于传统存在学语言方式("逻辑地说")的一种根本"超越"(跃出)。作为维氏此时心目中(未来的)"真正的哲学(语言方式)"的"诸命题的澄清活动"与"沉默"都不再是"任何一种逻辑地说", 都不再是妄图以命题来直接表达-规定存在了——而是清楚地界定了命题根本表达不了存在, 反而要以"沉默"来让存在显示自身。这样的语言新识度, 是弗雷格暨罗素等传统逻辑的存在学家绝难领会与共鸣到的了。因此罗素只能将此归结于维氏浓厚的神秘主义情结, 而令其"理智上产生不快"。(TLP罗素导言)

5.22 诸语言游戏

维氏真诚地以为《逻辑哲学论》从"原则"上已经解决了所有哲学的根本问题: 以"命题-语言"划分开了"可说之域"与"不可说之域"。对于一切可说的就说清楚, 对不能说的就保持沉默。这个"划分"工作就是真正的哲学活动即"诸命题的澄清活动", 而这个活动从原则上、纲领上说, 《逻辑哲学论》已经完成了。但大量具体的、细部的对于所有具体的、复杂的命题-语言现象进行"澄清-划分"的工作则还"差得很遥远"。他认为"他的能力太小, 不足以完

---

① 以沉默来对待神秘东西, 并非维氏首创, 但以作为命题澄清活动即真正的哲学活动之结果或成果的"沉默"来"显示""不可说之神秘者", 却实乃维氏之新鲜发明了。

成这项工作"，"希望有别人来完成得更好些"。维氏不愿意在原则上完成"澄清-划分"工作之后，继续去从事那些琐碎的、具体的、无休止的"澄清-划分"工作，因而就"保持沉默"去了，而这也就是他要去"实践"的"真正的哲学活动或其结果"。（TLP 前言）

这"沉默"—"实践"竟就是十一个年头。但在这个对哲学沉默的时段里，维氏也根本没闲着，实际上也正是这一段生活经历[①]促使他"改变"了《逻辑哲学论》中的命题-语言观。他逐渐发觉，根本不能"简单"地把"任何东西"截然划分为"可说"与"不可说"的，复杂的日常语言现象也并不能简单地被归结于"真正的命题"即"对于现实性的一幅完全的描画"。命题仅仅只是现实性的图象吗？说一个命题是现实性的一幅图象，这究竟是什么意思呢，这究竟是"如何可能"的呢？命题的真或假就仅仅在于命题之所说与现实性的某种"符合"或"不符合"吗？"符合"又是什么意思呢？所有的命题都能被分析为基本命题吗？名称的指称真的就在于它指称的"简单对象"吗？经验中可有"简单对象"吗？我们可以描述它们吗？命题除开"描画"现实性外，还可以有别的"用法"吗？……

维氏对《逻辑哲学论》展开某种内在的批判，至迟从 1929 年就已经开始了。而在维氏后期代表作《哲学研究》里，维氏集中展示了他对《逻辑哲学论》——包括或者尤其是其中的"命题-语言观"——的某种内在批判。在《逻辑哲学论》中，维氏认为日常语言全都可以被分析为基本命题，日常语言原则上都是"真正的命题"，它们"在逻辑上都是完全有条理的"（logisch vollkommen

---

① 对于这一段神秘而重要的人生经历，可特别参见巴特利（W. W. Bartley）：《维特根斯坦传》，杜丽燕译，北京：东方出版中心，2000 年。

geordnet sind）。（TLP 5.5563）诸命题之间有着严密的"逻辑秩序"（logische Ordnung），而这个逻辑秩序正好一方面"规定-构造"了可能世界的逻辑秩序，另一方面又"反映"了后者的秩序——更严格地来说，是二者"共有"一个"先验的逻辑秩序"。在这里语言与世界在四个层面上相互对应，即"名称-基本命题-复合命题-语言"与"简单对象-基本事态-可能事况-可能世界"。其中名称并非是任何"命题"，简单对象也不是任何"事情"（无论是事态、事实还是事况），语言和世界作为有限整体，都是不可说的。双方在每个层面上都"共有""同一个逻辑形式"，而从总体上说，语言和世界就"共有""同一个逻辑秩序"。这是所谓"可说之域"的基本架构，也是《逻辑哲学论》的"形而上学体系"。但在《哲学研究》中，这样的形而上学体系，这样的语言与世界共有的先验的逻辑秩序被彻底击碎了。

PU 97 思想被一个光环环绕。——思想的本质，即逻辑，表现着一种秩序，世界的先天秩序（Ordnung a priori der Welt）；也即世界和思想必定共同具有的**诸可能性**之秩序（Ordnung der *Möglichkeiten*）。但这种秩序似乎必定是**最最简单的**（*höchst einfach*）。它**先于**（*vor*）一切经验；必定贯穿一切经验；它自己却绝不可沾染任何经验之浑浊或不确。——它倒必定是最纯粹的晶体。这种晶体却又不是作为某种抽象而显现的；而是作为某种具体的东西，简直是最最具体的东西，就像是**最坚实的东西**（*Härteste*）。（《逻辑哲学论》5.5563 节）

我们有一种幻觉，好像我们研究中特殊的、深刻的、对我们而言具有本质性的东西，在于试图抓住语言的无与伦比之本质。那也就是命题、语词、推理、真理、经验等等概念之间的秩序。这种秩序是——可以说——**超级**-诸概念（*Über-*

Begriffen）之间的**超级**-秩序（*Über*-Ordnung）。其实，只要
"语言""经验""世界"这些词有用处，它们的用处一定像"桌
子""灯""门"这些词一样卑微。

语言（即思想的表达）与世界共有的"先天逻辑秩序"即"最
纯粹的晶体"在这里被彻底粉碎了！这根本就是一个纯粹的幻象！
语言与世界的"实事"哪有这么简单、透明和精致的呢？"语言的
本质"也即命题、语词和推理等"超级概念之间的超级秩序"是根
本"不存在的"。"语言""世界"这些先验哲学里的"大词"实际上
同"桌子""灯"等日常用词一样地"卑微"——它们都只是在各式
"语言游戏"中被"使用"的"工具"而已。语言根本就没有"本
质"（Wesen），它的"本质"被"消解"在多种多样的"语言游戏"
之中。维氏在其后期思想（以《哲学研究》为代表）中将"语言-言
说"（的"本质"）理解为或归属于"语言游戏"。那么，究竟什么是
"语言游戏"（Sprachspiele）呢？

早在 1933-1934 年所谓《蓝皮书》的讲稿中，维氏就提出了他
"最早或最原始"的语言游戏观。

我以后还要反复让你注意我称之为诸语言游戏的那种东
西。与我们在极其复杂的日常语言中依据于使用记号的那种程
序相比，这是一种比较简单的使用记号的程序。诸语言游戏是
一位儿童借以开始使用诸词的诸语言形式（Sprachspiele sind
die Sprachformen, mit denen ein Kind anfängt, Gebrauch von
Wörtern zu machen）。对诸语言游戏的研究是对诸原始语言形式
或者诸原始语言的研究（das Studium primitiver Sprachformen
oder primitiver Sprachen）。如果我们想研究真与假，研究命题

与现实性的一致或不一致，研究论断、假设和提问的性质，那么研究诸原始语言形式是有好处的。诸思维形式在诸语言形式中出现时，撇开了那些极其复杂的诸思维过程的令人困惑的背景。在我们研究这样的诸简单语言形式时，笼罩着我们的日常语言用法的那层精神迷雾便消失了。我们看出诸活动和诸反应都是清晰而且透明的。另一方面，我们在这些简单过程中看出这些语言形式绝没有发生任何断裂，没有与我们的诸复杂语言形式分割开。我们看出，通过我们逐步地补充新形式，我们能够从诸简单形式组合构成诸复杂形式。①

此时维氏还未像《哲学研究》中所做的那样，将"每一种语言－活动"都称为某种"语言游戏"。他此时只是将"一位儿童借以开始使用诸词的诸语言形式"作为"诸语言游戏"。这样的语言游戏作为"原始语言形式"或"原始语言"乃是比较"简单"的"语言形式"，而所有"更复杂"的"语言形式"包括各种命题、判断、假设、提问等，则都是由这些"更简单"的"语言形式"组合构成的。从这里也可见出，维氏与海氏虽然都在追求某种"非－存在学的"或"非－形而上学"的"原始语言"，但他们对之的理解是极为不同的：前者的"原始语言"是某种"如儿童学习母语的原始语言游戏－活动"，而后者的"原始语言"则为某种"非－人言"的"兴有之道说"。

而在《哲学研究》中，维氏也没有给出语言游戏的本质定义。他只是列举了各式各样的语言游戏，如：

---

① L. Wittgenstein, Werkausgabe 5: *Das Blaue Buch; Eine Philosophische Betrachtung (Das Braune Buch)*, Frankfurt am Main: Suhrkamp, 1984, S. 36–37.

PU 23……下达命令，以及服从命令 ——

按照一个对象的外观来描述它，或按照它的量度来描述它 ——

根据描述（绘图）构造一个对象 ——

报道一个事件 ——

对这个事件的经过做出推测 ——

提出及检验一种假设 ——

用图表表示一个实验的结果 ——

编故事；读故事 ——

演戏 ——

唱歌 ——

猜谜 ——

编笑话；讲笑话 ——

解一道应用算术题 ——

把一种语言翻译成另一种语言 ——

请求、感谢、谩骂、问候、祈祷。

……

这些例子都是某种语言游戏，他还把"孩童借以学习母语的诸种游戏""某种原始语言""跳圈圈时说的话""建筑工人传递石料的对话""指物识字的游戏""战场上的命令和报告"等都称为"语言游戏"。"语言游戏"就是"语言以及与之编织在一起的诸活动所构成的那个整体"（PU 7）。"'语言游戏'这个用语在这里是要强调，用语言来说话是某种活动的一部分，或某种生活形式的一部分。"（PU 23）如此看来，所谓"语言游戏"是与"活动"或"生活形式"紧密联系在一起的，"一定"的语言游戏就与"一定"的活动或生活形式联结在一起，有多少种不同的活动或生活形式，就有多少种不同的语言游戏。那么，究竟什么是语言游戏"本身"呢？这么多种多样的语言游戏，究竟有没有共同的"本质"规定呢？

    PU 65 现在我们撞上了所有这些考虑背后的大问题。——因为人们可以反驳我说："你避重就轻！你谈到了各种可能的语言游戏，但一直没有说什么是语言游戏的，亦即语言的本质之处（das Wesentliche der Sprache）。什么是所有这些活动的共同之处？什么使它们成为语言或语言的组成部分？可见你恰恰避开了探讨中的曾让你自己最头疼的部分，即涉及命题和语言的普遍形式的那部分。"

    这是真的。——我无意提出所有我们称为语言的东西的共同之处何在，我说的倒是：我们根本不是因为这些现象有一个共同点而用同一个词来称谓所有这些现象——不过它们是通过很多不同方式相互**亲缘着的**（verwandt）。由于这一亲缘关系（Verwandtschaft），或由于这些亲缘关系（Verwandtschaften），我们才能把它们都称为"语言"。我将尝试解释这一点。

    根据《哲学研究》65 节，国际维氏研究主流认为维氏后期（以《哲学研究》为代表）自然是反"本质主义"（essentialism）的[①]，但也有学者如 Merrill Ring[②]认为此主流观点值得商榷，因为根据《哲学研究》371 节暨 373 节，很难简单地说维氏就只是"反–本质主义者"，因为维氏只不过是在某种意义上接续康德式步伐重构–重释

---

    ① 参见 H.-J. Glock, *A Wittgenstein Dictionary*, Oxford: Blackwell, 1996, p. 120。

    ② 参见 M. Ring, "Wittgenstein on Essence", *Philosophical Investigations* 42 (1), 2019, pp. 3–14。

"本质"（Wesen）罢了。笔者认为 Ring 的见解并非全无道理，而且笔者欣赏 Ring 文最末一句之所云："维氏后期是某种本质主义者吗？这就如 John Wisdom 过去常说的 '说你喜欢的，但请悠着点儿（Say what you like but be careful）'。"

> PU 371 Das *Wesen* ist in der Grammatik ausgesprochen.（**本质**是在语法中被表达的。）
> PU 373 Welche Art von Gegenstand etwas ist, sagt die Grammatik. (Theologie als Grammatik.)（语法说，某物是何种对象。[神学作为语法。]）

维氏根本就"无意"也"不能"指出所有语言游戏的"本质之处"或"共同之处"或"命题和语言的普遍形式"，因为在他看来，诸种语言游戏根本就"没有""同一个本质"，命题和语言也根本没有"普遍形式"可言。他之所以把它们都称为"语言游戏"，只是由于"它们通过很多不同的方式相互亲缘着"而已。正因为如此，他才将它们称为"语言–游戏"，用"游戏"来"比喻""语言"正是出于"游戏"活动与"语言"活动的极度相似和亲密关联。"游戏"（Spiel）同语言活动相类，也是在多种多样的游戏中有着复杂的相互亲缘的关联网络。比如，游戏甲有 A、B、C 属性，游戏乙有 B、C、D 属性，而游戏丙有 D、E、F 属性，这样甲与乙就共有 B、C 两项属性，乙与丙共有 D 属性，但甲、乙、丙三游戏却根本没有一项"共有的属性"即"本质属性"！它们只是两两间相互地"亲缘着""相似着"。这里只是三种游戏的情况，而如果有许多乃至无限多种游戏，它们之间的相互"亲缘"关系将会是十分复杂、褶皱、微妙而有趣的，它们一起组成了"相似之处盘根错节的复杂网络——粗略精微的各种相似"。(PU 66)游戏之间的这种"相似性"被维氏命名为"诸家族相似性"(Familienähnlichkeiten)。

PU 67 我想不出比"诸家族相似性"(Familienähnlichkeiten)更好的说法来表达这些"诸相似性"(Ähnlichkeiten)的特征;因为家族成员之间的各式各样的相似性就是这样盘根错节的:身材、面相、眼睛的颜色、步态、脾性,等等,等等。——我要说:各种"游戏"构成了一个家族(eine Familie)。

维氏用"诸家族相似性"——"家族成员之间的种种盘根错节的诸相似关联"——来比喻各种游戏间的复杂亲密关联:一些相关的游戏构成了"一个家族",这个家族当中又有多样相互交错互属的"小家族",家族当中的成员之间有着复杂的相似关联,有的成员之间有着更直接、更亲密的相似,而有的成员之间则有着更间接、更疏远的相似,但却根本"没有"所有成员都共有的"一个相似点"即"一项遗传特征"。家族成员间的相似情形与纺线的纤维间的情形类似。"我们纺线时把纤维同纤维拧在一起。线的强度不在于任何一根纤维贯穿了整根线,而在于很多根纤维互相交缠。"(PU 67)贯穿整根线的那唯一"一根纤维"代表纺线即所有纤维的本质属性,但它是根本"没有"的,"有"的只是很多很多纤维之间的"相互交缠"(即家族相似)。当然,你可以说,这种"相互交缠"就是那种贯穿着整根线的东西也即"本质"。但关键是这样的"相互交缠"的"本质"已经不是我们在存在学或古典主谓词逻辑当中所认识的那种"本质"了。因此,如果认为"本质"就是"相互交缠",我想也可以是维氏所不激烈反对的。维氏用"相互交缠"或"诸家族相似性"来解构-重构 Wesen(本质),而海氏则用"来回摆动-激荡-对构之本生"来解构–重构 Wesen（本质）——可谓异曲同工之妙也！

这样的"家族相似"着的诸种游戏之间就根本没有明确的"界线"。"假如有人画出一条明确的界线，我不能承认它原来就是我也始终想画的或是我在心里已经画出的界线。因为我根本就不曾想画过。"（PU 76）维氏就是用这样的"游戏"来类比"语言"——"语言"简直就是"游戏"；"游戏"简直就是"语言"；没有任何一种"语言（活动）"不是一种"游戏（活动）"，也没有一种"游戏（活动）"不是或不伴随"语言（活动）"的；语言与游戏本来就相互缠绕在一起——是为"语言–游戏"；游戏的诸家族相似性，就是语言的诸家族相似性。

维氏正是利用"语言游戏的诸家族相似性"来消解语言"共有本质"的。这样，一句话的意思就不在于"它是某一件事情的模型"即"它构想或描述了一件事情"，而是在于它在相关语言游戏中的"用法或使用"（Gebrauch）。句子就是在不同语言游戏中被使用的"工具"（Instrument），它作为怎样的工具而发挥相应的功用，这就是它的"意义"（Sinn）。（PU 421）同样的一句话在多样的语言游戏中的用法是极为不同的，因此它的意义也是多变的，而非"固定"地与某一件事情相对应。同样，名称的"指称"（Bedeutung）也并不在于它所指称的简单对象（物），而是仅仅在于该名称在句子或命题当中的实际用法，在各式样的语言游戏中的不同用法。（PU 43）这样，诸家族相似着的语言游戏之间再也没有《逻辑哲学论》中那样的"语言的先天的逻辑秩序"，任何句子也不再必能被终极分析为一些基本命题，这种终极分析观本来就是错误的。（PU 91）一句话的意思在很多时候本来就无须再被分析，它就是那样，那样就"够了"——它的意义就已经足够丰满明晰了。

这样，在伴随着《逻辑哲学论》中的"诸不可说者"被"还原"

为"诸生活形式"和"诸不可说者于八种语言方式中的自行显-隐"被"还原"为"诸生活形式在诸语言游戏中的自行显-隐"的"同时"①,"八种语言方式"也就被"还原"为"更加多种多样、更为丰富多彩的诸语言游戏"了。

与此"同时",维氏道说"存在"的"语言方式"就不再是作为"为可说与不可说划界"的"诸命题的澄清活动"和作为其结果的"沉默"了,而是作为"诸语言游戏"的一系列的"风景速写"(Landschaftsskizzen)。他在《哲学研究》序言中道明了这一点。他起初曾想将该书作为一个"整体"来写:"这些思想应该自然而然地从一个论题进展到另一个论题,中间没有断裂。"但后来他发觉在这一点上他永远也不能成功,他只能写一些"哲学札记"(philosophische Bemerkungen)。

> PU 序言　在数次不幸的尝试——把我的成果熔铸为一个这样的整体——之后,我看清了:我在这点上绝不会成功。我能写出的最好的东西也只能永远保留为诸哲学札记(philosophische Bemerkungen)的模样;当我违背它们的自然趋向而试图进一步迫使它们进入单一方向的时候,我的思想立马就瘸了。——而这当然同该项研究之本质自身有关系。它也强迫我们在一片广阔的思想领地上,朝着所有方向纵横交错地穿越(kreuz und quer, nach allen Richtungen hin zu durchreisen)。——这本书里的诸哲学札记就像是这一系列的风景素描(Landschaftsskizzen),它们诞生于这些漫长而纠结的旅

---

① "同时"意味着存在思想"三元素"之变更的"一同到时","一同来到时候-时机"。三元分环钩连着,区分着地共属一体。

行途中。

　　我当时一次次从不同的方向重新论及同样的要点，或几乎同样的要点，描绘出新的图画。这些图画里不知有多少画得很糟，或显不出特征，带有一个拙劣画家的所有缺陷。把这样的图画筛掉以后，还留下一些勉强可用的；这些图画须得加以排列，时常还须削剪，以使它们能够为观者提供一幅风景画。——所以这本书其实只是本画集（Album）。

　　这是两段十分精彩的描述，描绘了维氏《哲学研究》乃至整个后期哲学–思想的基本"风貌"。他要做的仅仅是就着不同的"语言游戏–生活形式"本身来"描画–速写"它们而已，"描画–速写"的"成果"就是一系列的"哲学札记–风景速写"，它们"让–任"各式样的"生活形式–语言游戏"自行显示着。因此，维氏认为："哲学不可用任何方式干涉语言的实际用法，因而它最终只能描述（语言的实际用法）。因为它也不能为语言用法奠基。它让一切如其所是。"（PU 124）① 这里的"哲学"当然不是指传统意义上的与形而上学–存

---

　　① 值得注意的是，英国当代最有声望的作为某种维特根斯坦"原教旨主义者"（这是笔者对他当面的"尊称"，但他却笑着告诉笔者他对维氏有些观点立场其实还是有明确批判的，并随后给笔者发送了他的论文"Some Remarks on Philosophy and on Wittgenstein's Conception of Philosophy and its Misinterpretation"）的 Peter Hacker 教授（牛津大学圣约翰学院）在常年坚持捍卫和阐释维氏"原教旨思想"的同时，亦对维氏后期思想尤其是其元哲学保持某种批判姿态。Hacker 教授在如下三点上批判了维氏元哲学：（1）哲学问题其实并非只是诞生于语言的空转误用；（2）哲学亦会产生新知识，虽然这个新知识不是关于世界本质的，而是关于我们对世界的诸描述形式特征的；（3）在真正的实践哲学领域（相比于理论哲学，实践哲学显然是同样十分重要的哲学领域），维氏是缺乏认真介入或思考的，即便维氏以某种十分特别甚至"古怪"的方式思考过某种非常"原始的"伦理学。参见 P. M. S. Hacker, "Some Remarks on Philosophy and on Wittgenstein's Conception of Philosophy and its Misinterpretation", *Argumenta* 1 (1), 2015, pp. 43–58。

在学近乎等同的那个"哲学",也与《逻辑哲学论》中的"诸命题的澄清活动"有所区别。它就是笔者所谓的后期维氏倡导的"新-存在思想"或"后-存在学的存在之思":作为这种新-存在思想的哲学只描述"不同语言的实际用法",也即描述各式样的"生活形式-语言游戏"——"它让一切如其所是"。维氏在以《哲学研究》为代表的后期思想中,就是不断地、不觉疲惫地以作为不同语言游戏的"风景速写-哲学札记"来描绘作为"各式不同风景-地貌"的"多样的语言游戏-生活形式"——他以"语言游戏"来"游戏(让-任……自行显示)""语言游戏"……

5.3 语言:道说与诸语言游戏

以上两小节是我们对海氏与维氏新-存在思想之语言元素分别进行的扼要描绘,由此可以看出:海氏和维氏是如何不同地展示他们的与"存在学"语言观根本有别的"新-存在思想"之"原始语言"的。我们可以把海氏"原始语言"的溯源道路标画如下:

Dasein 之言谈→兴有之道说。

而维氏回溯"原始语言"的道路则是:

八种语言方式→诸语言游戏。

二者的原始语言观"交集"如下。

(1)"还原-解构"存在学之"逻辑地说"。海氏与维氏都认为存在学的"逻辑地说"(logisch sprechen)即"命题"(Satz)或"陈述"（Aussage）并不能原始地把握"存在"，并且"命题"反而须被不断地"解构–还原"为更加原始的语言现象。海氏在早期弗莱堡时期就认为，像命题这样的"普遍化"的语言方式根本就不适合于"原始–东西"，而在《朝向哲学的诸文献（从兴有而来）》中，则认为像作为命题"体系"的"著作"（Werk）这样的语言方式并不恰适于"兴有"或"存有"，总之命题压根儿就不是任何的"从存在本身而来"的语言方式。不仅如此，他还在《存在与时间》中将"命题""还原"为"一种解释的极端的衍生物"，而"一切解释都奠基于理解"，因此命题就是奠基于"理解"（Verstehen）的，而"理解"又是作为"在世的展开状态"的基本实存学环节的，那么命题最终就被还原到"Dasein 之展开状态"（也即他此时理解的"原始真理现象"）之上了。维氏在其早期思想中认为：作为八种语言方式之一的命题并不能"表达或说出""作为自行显示着的诸不可说者"的存在，但却能"显示"它们，或者说，它们能够显示自身于命题当中。而在其后期思想中，维氏也认为命题根本就不能表达"作为生活形式"的存在的"本质"，但一定的生活形式也可以自行显示在一定的命题当中。不止如此，他还将命题"还原"为多种多样的语言游戏之一种，而且是玩得很"高级"、很"复杂"的一种，因此它并非是任何"原始的语言游戏"（如孩童学习母语诸词的语言游戏），相反正是要从这些原始的语言游戏出发才能理解像命题这样复杂高级的语言游戏。此外，还须注意的是，包括"还原命题"在内的语言研究在海氏与维氏各自思想道路的不同阶段所占据的位置是很不相同的：语言问题真正在海氏那里在"明面"上占据最显赫的，甚至差不多成为第一的位置最早也是 20 世纪 40 年代中期以后的事情了，而在这以前它都只是被放在某个虽然重要，但毕竟隶属配角的位置之上；对于维氏来说，包括命题在内的语言研究自始至终都是他"明面"上的"第一研究"，而像存在、真理等现象其实多半只是被"裹夹"在语言中进行研究的 —— 当然这并非是说它们就没有语言"重要"，而是说它们被"直接"提及、曝光的机会较少而已，它们更多的是"自行隐藏-压抑"在各种语言方式中。

（2）语言的"原始性-存在性"。海氏和维氏一生都在追求更为原始-本真的语言现象，他们都体认到原始语言不能被归结为某种逻辑化、理论化的命题 —— 相反倒过来理解才是更真切的道路；追求语言的"原始性"，也就是追求语言的"存在性"，"原始语言"最终都是与"原始存在"亲密关联在一起的。海氏在《存在与时间》中将语言归结于"Dasein 之言谈"，而"言谈"（Rede）则是"Dasein 在世的展开状态"的实存学环节之一，他此时还只能仅仅囿于 Dasein 这个最独特的"存在者"的范围内来思考"原始语言现象"；而其后期则将语言理解为"兴有之道说"，"道说"（Sagen）即为"兴有之最本己的方式"，"道说"就是"兴有"的"开辟-道路"（Be-wëgen），"道说"归属于"兴有"；从"Dasein 之言谈"到"兴有之道说"，语言现象被"追溯"得越来越有"原始性-存在性"。同样，维氏从对"包括命题在内的八种语言方式"的体认，到对"语言即语言游戏"的领悟 —— 这也是一个不断"逼迫"出更加原始的语言现象的历程。"一定的语言游戏"与"一定的生活形式"交缠在一起，"一定的语言游戏"坐落于"一定的生活形式"之中，语言游戏几乎要被"还原"为"存在本身"（生活形式）了。但另一方面必须注意的是，海氏语言的"原始性-存在性"和维氏语言的"原始性-存在性"是极不相同的。最为重要的不同就是：前者的语言作为"道说"是那个"兴有的最本己的方式"，它是兴有的"寂静言说"，并以"思"（Denken）和"诗"（Dichten）作为其"方式"，正是源于在"思-诗"中发生的从"道说"到"人言"的"生成转换"，"人言"才得以可能——因此"道说"绝非"人言"；而后者的语言作为"归属于生活形式的语言游戏"，本来就是"人言"——复杂的、多种多样的"人言"。或许在海氏看来，"语言游戏"作为"人言"根本就不够"原始"，而从维氏出发来说，所谓的"兴有之道说"说到底也仅仅是"伪装"的一种"人言-语言游戏"罢了，因为根本就没有"非-人言"的神秘玄怪传说。

（3）原始语言作为某种无声之"沉默"（Schweigen）。海氏和维氏在对原始语言的探询中，都对某种"沉默"发生过极大的兴趣。海氏先是在《存在与时间》中认为"沉默"是"言谈"的一种本质可能性（另一种是"听"），它并非"暗哑"，只有真正的"能言"者，才可能沉默；真正的沉默只存在于真实的言谈中；为了能沉默，Dasein 必须有东西可说，也就是说 Dasein 必须具有它本身的真正而丰富的展开状态可供使用。在其后期存在思想中，他又将"原始语言"思作"寂静钟音"（das Geläut der Stille），它就是"本生之语言"（die Sprache des Wesens）也即"兴有之道说"，正是这个"无声之大音"的默默"运作-开路"，才有了"作诗"（Dichten）与"运思"（Denken），进而才有"人之云云"。反观维氏，他在其生命之作《逻辑哲学论》中将"沉默"作为"真正的哲学活动即命题澄清活动之结果"，也就是说对于"不可说者"就须保持沉默；"沉默"是《逻辑哲学论》提供的"八种语言方式"之最后一种，实际也是最重要的一种，由它才可以避免-防御无休止的、无意义的"胡说"；正是在沉默中，诸种不可说者，尤其是"在世界之外"的属于"人生-伦理的这些真正重要的东西"才得以自行显示。当然，虽然"沉默"在他们的原始语言观中都占有极为重要的位置，但还是有着极大差别的：比如作为"寂静钟音"的道说根本就不是"人言"，而是"兴有之最本己方式"，而维氏"沉默"当然是"人言"之一种。

（4）对语言之"本质"（Wesen）的"解构-还原"。海氏与维氏都对语言之"本质"做了某种"解构-还原"的工作。他们都认为不能用命题规定或说出所有语言现象的"本质规定"——因为根本就没有这样的"本质"。海氏把表示"语言是什么"（Was ist die Sprache）的短语"语言之本质"（Das Wesen der Sprache）"还原"为"本质之语言"（Die Sprache des Wesens）。而后者中的 Wesen 实际上是个动词，就是"存有之本生"（das Wesen des Seyns）里的那个"本生"。"存有之本生"正是"兴有"（Ereignis），因此"语言之本质"的意思就被"还原"为"语言归属于这一兴有-本生"。语言为兴有"开辟-道路"，或者兴有以语言"开辟-道路"；语言被作为兴有"开辟-道路"即"兴有"（ereignet）的最本己方式。而维氏则通过"诸家族相似性"（Familienähnlichkeiten）"消解-消融"语言"共有"的"本质"：各种语言游戏就像"一个家族"内的"不同家庭成员"一样，它们之间只有两两间复杂的相似性即"共有""一些属性"，但却根本"没有"为"所有语言游戏"或"所有家族成员"所"共有"的"同一个本质属性"；所有的语言游戏联结成一个无比复杂的巨型"网络"。因此可以看出，他们对于"语言之本质"的"消解"采用了极为不同的方式：海氏是将"语言之本质""升华"为"兴有以之开辟-道路的道说"，而维氏则是将"语言之本质""下放"到"无数的语言游戏之间的无比复杂的诸家族相似性"当中。

（5）原始语言作为"游戏"（Spiel）。海氏与维氏都曾使用"游戏"来类比"原始语言"，甚至认为"原始语言"就是某种"游戏"。海氏曾将存在自身思为"集四"（Geviert）——四个"世界地带"即天空、大地、诸神与人之间的"映射-游戏"（Spiegel-Spiel），因此他甚至认为"存在之本生就是游戏本身"（das Wesen des Seins das Spiel selber ist）。① 而存在本生的一种最本己的方式则是原始语言也即道说，道说又是以"作诗"和"运思"两种方式来开辟-道路。"作诗"和"运思"都是某种有趣的"语言或语词游戏"。因此，作为"语言或语词游戏"的"诗-思游戏"，其实都是从"兴有自身的游戏"（即"集四"中"四元"的"映射-游戏"）而来的。海氏本人就"应和"于"兴有"而特别擅长这种作为"语言或语词游戏"的"运思"，或者说是"兴有"才将这样作为"语言或语词游戏"的"运思""发送-分配"给了海氏。而维氏则更是直接将"语言"（Sprache）和"游戏"（Spiele）联结成一个词即"语言游戏"（Sprachspiele）——"语言"简直就是"游戏"，"游戏"简直就是"语言"了。"游戏"的"诸家族相似性"和"遵守的规则"也同样就是"语言"的"诸家族相似性"和"遵守的规则"。但必须提醒的是，海氏"语言游戏"与维氏"语言游戏"是有着重大区别的：前者实际上是"兴有"的游戏，而"人"只是作为参与其中的"一方"而已——而其余还有"三方"游戏参与者（天空、大地和诸神）；而后者则本来、完全就是人们所做的"语言游戏"——倘若做"语言游戏"的不是人，又能是何方神圣？维氏游戏不需要任何"神明"（神性）的参与。

（6）对"新-存在思想"的"新语言方式"的孜孜追求。在对"原始语言"进行不断"回溯"的同时，海氏和维氏也在试验、找寻着适合各自"新-存在思想"的"新语言方式"。海氏为何放弃《存在与时间》全书写作计划的一个主要原因就是当时他还未找到真正适合"表达"——更正确地说——"显示"他的"新-存在思想"的"新语言方式"。直至 1936 年才开始写作的《朝向哲学的诸文献（从兴有而来）》中，他才第一次毫无顾忌地"尝试"了他的"新语言方式"。这种新语言方式正是"从兴有而来的思性道说"，这

---

① M. Heidegger, GA 11, S. 72.

种"道说"再也不是任何"体系"或"著作"或"描述"或"阐明"或"宣告"或"学究"——从此与归属于存在学或形而上学的一切语言方式"划清了界线";这种"思性道说"就是某种"思着-诗着的"（denkende-dichtende）"语言或语词游戏";整个海氏后期存在思想就是在不断地做着这样那样的"思-诗游戏"。维氏在《逻辑哲学论》中使用的"新语言方式"则是"诸命题的澄清活动"也即为"可说"与"不可说""划界"的思想活动。这种活动的"方式"就是有着"精密逻辑结构"的作为"完整体系"的"著作"（即《逻辑哲学论》）。而作为该活动结果的正是"沉默"，在完成原则性的"澄清命题的划界"工作后，他也正是实践"沉默"去了。而在他的后期存在思想文本比如《哲学研究》中，则完全放弃了那样的语言方式。他此时以多种多样"哲学札记-风景速写"的方式让一任"存在"（即各式样的生活形式）自行显示。他认为他根本不能将它们联结成一个中间没有任何断裂的"思想整体"，并且这样的"思想整体"要求原本就不符"存在思想"的"自然趋向";"存在思想"的"自然趋向"正是"诸哲学札记-风景速写"。因此，我们可以看出：海氏与维氏的确是在以极不相同的"新语言方式"来"超越"存在学所惯用的语言方式；但这两种极不相同的"新语言方式"还是分享着不少的共鸣之处，比如它们当中都带着某种原始的"诗意气质"。海氏本来就认为思与诗之间有着"亲密的区分";而维氏的确也说过"人们只该以作诗来热爱智慧"（philosophie dürfte man eigentlich nur dichten）[1]——不断做着崭新"哲学札记-风景速写"的"浪漫旅行"——这本身还不够"诗情画意"吗？

---

① L. Wittgenstein, *Culture and Value: A Selection from the Posthumous Remains*, p. 28.

6.共鸣：海德格尔与维特根斯坦

　　而在这里，就像一种预先练习，在另一开端中的那种哲学之思性道说（denkerische Sagen der Philosophie）也必被尝试。对于该开端来说：这里将既不被描述（beschrieben）亦不被阐明（erklärt），既不被宣告（verkündet）亦不被学究（gelehrt）；在这里，道说与道说所及者并不处于对立之中——而是，作为存有之本生化（Wesung des Seyns），道说即是道说所及者本身。①

——海德格尔

　　PU 124 哲学不可用任何方式干涉语言的实际用法，因而它最终只能描述（语言的实际用法）。因为它也不能为语言用法奠基。它让一切如其所是。（Die Philosophie darf den tatsächlichen Gebrauch der Sprache in keiner Weise antasten, sie kann ihn am Ende also nur beschreiben. Denn sie kann ihn auch nicht begründen. Sie läßt alles wie es ist.）

——维特根斯坦

　　在上述各章节的背景上，我们在上卷最后一章终于可以为海德格尔与维特根斯坦的"新②-存在思想"结构整体做一总结性之展示比较了。

---

　　①　M. Heidegger, GA 65, S. 4.
　　②　所谓"新-存在思想"当中的"新"有两重相关的意思：（1）该存在思想相较于一切"作为存在学-形而上学"的"旧"存在思想来说是截然不同的"新"来者；（2）该存在思想也不同于"非"存在学-形而上学的"早期希腊存在思想"，前者相较于后者来说，乃是"新"的并非任何存在学-形而上学的存在思想。

6.1 海德格尔：兴有地志学

从前面三章内容可以看出海氏新-存在思想三元素各自开路之"路标"如下：

真理：原始-东西的作为形式指引的自行-显示→Dasein 之展开状态→绽-出之自由→疏敞地与遮蔽之原始争执→为自行遮蔽之疏敞地→自行遮蔽着的庇护之疏敞地。

存在：原始-东西→存在者之存在→存在本身（存有-兴有-~~Sein~~）。

语言：Dasein 之言谈→兴有之道说。

因此，在海氏存在之思的道路上，三个元素分别不断地被还原到更为原始的现象之上，越往后的"路标"就显示得越为"原始"。因此，如果要用独一"路标"来刻画海氏毕生存在之思，我们大致可以将该路标刻画如下：

疏敞地①-兴有②-道说③。

"疏敞地-兴有-道说"就是海氏新-存在思想。那么"疏敞地"（Lichtung）、"兴有"（Ereignis）和"道说"（Sagen）之间的关联究竟为何呢？最粗略地来说就是："兴有"作为那个独一之"它"（Es）

---

① "疏敞地"是对"自行遮蔽着的庇护之疏敞地"的简写。
② 海氏后期用来表示"存在本身"（Sein selbst）的词有"兴有"（Ereignis）、"存有"（Seyn）和 Sein 等等，但他只将"兴有"称为他后期思想的"主导词"。
③ "道说"即"兴有之道说"，它是"兴有之最本己方式"。

"给予"（gibt）[①]了"疏敞地"和"道说"；"疏敞地"即"兴有""自行兴开"（sich eröffnet）的"活动空间"（Da）；而"道说"则是"兴有兴有"（Ereignis ereignet）之"最本己方式"；在"疏敞地-兴有-道说"中，"兴有"毫无疑问占据着最重要的中心位置，其余二者则居于从属的位置。当然，这只是一种"暂时的"方便我们理解的说法，因为这样的说法很容易被人们"形而上学地"理解 —— 从而又回到把兴有作为最后的或最高的或最一般的存在者之为存在者的存在学-形而上学老路上去了。

那么，除开这三个词，海氏就没有别的"存在-大词"了吗？确实还有别的不少"存在-大词"，如时间、空间、历史、天命、开路、世界、道说以及开端等等，这些"存在-大词"之间的复杂关联，笔

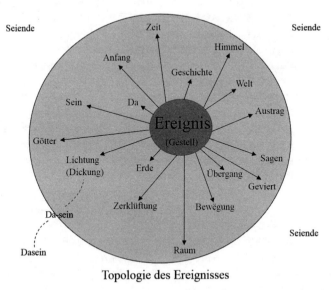

Topologie des Ereignisses

图 17　兴有地志学

---

① Es 正好是 Ereignis 之首尾字母，这难道不是一种绝妙的巧合吗？

者已在前面三章的海氏部分里以不同方式略有展示。① 在这里，笔者主要着眼于"兴有"将它们的关联大致描画出来（图 17）。

这是一个类似"倒立梯田"的"兴有地志学或拓扑学"（Topologie des Ereignisses）：一共可分为三层"地带"（Gegenden），该三层"地带"由内向外地势越来越高；位于中心的是最底层"地带"，"居住"于这个"地带"的唯一"住户"即"兴有"②（以及作为其"底片"或"孪生影子"的"集置"③）；位于中间层的"地带"则"居住"着多个"住

<hr>

①　可参看本书 4.16 节结尾处自行涌现的一段"浑言"。

②　我们似乎可以将这个位于梯田最底层、最中心的住户 Ereignis 与胡塞尔先验现象学最底层、最中心的住户 Ur-Ich 做一番可能的对比：（1）它们都是海氏后期与胡氏后期"现象学还原"的最后剩余，最后的自身被给予者，绝对明见者；（2）它们都不再被任何"他者"构造或给予，它们自己构造或给予自己，"同时"逐次逐层构造或给予"诸他者"（比如时间、空间等）；（3）它们作为最后的、终极的"主动性-去蔽性-形式性"（阳？），却都与某种本质异质的最后的、终极的"被动性-隐匿性-质料性（物质性）"（阴？）天命关联着，Ereignis（兴有）以 Enteignis（去有／归隐）为 Herz（中心或心脏），而 urtümliches Ich（原我）也和作为终极 nichtsubjektive Kern（非主体之核心）的 urtümliches Nicht-Ich（原非-我）或 Urhyle（原素）深度纠缠交媾在一起；（4）当然，二者亦可能持守某种本质性差异，Ereignis 中的 Enteignis 因素或者 Lichtung 中的 Dickung 因素显得更为异质，更为接近某种"绝对他者（他性）"或者"背景"甚或"背景之背景"的意味，而 Urhyle 或 urtümliches Nicht-Ich 却似乎最终依然来自于某种主动之我的构造，绝对意义上没有任何（先验主体或原我之）主动构造的（他者之）被动构造对胡塞尔来说可能终究是难以接受的，所以原非-我说到底也仍然是某种我了，正因此，在这一点上，胡塞尔或许反倒与恪守某种"绝对同一性之主体性哲学"的黑格尔更为相似——而最终与海氏分道扬镳了……

但不管怎么说，这个"原非-我之核"终究是胡塞尔亲自预埋在先验主体核心的永久性"核弹"——以绝对意识为中心的先验现象学早已为未来一切"他者-现象学"预存了所有种子……（可参考本书第十二章的进阶讨论）

此外，再换个方向看（自然有源自某种黑格尔式的启发），海氏（故意地或无意识地）与胡塞尔、与意识-现象学争执了一辈子——但正是在这个意义上，海氏自己最终还是落入意识-现象学的大晕圈了，无论海氏前期的基础存在学还是后期的存在历史之诗-思，似乎都可视为某种胡式意识-现象学之"变种"或"效应"了……可参阅本书最后一章的进阶讨论。

③　"集置（一切摆置方式聚集着的合一性 [die versammelnde Einheit aller Weisen des Stellens]）是形而上学之完成与实现，同时也是去蔽着的兴有之准备（entbergende

户"，如"时间"、"空间"、"世界"、"道说"、"存在"、"疏敞地"（内含作为其心脏的密林／稠密）、"历史"、"开端"、"道路"等等；而在最外面的最高层，则"居住"着林林总总的"存在者"，其中包括作为 Dasein 的人。居于最底层"地带"的"兴有""自行兴有着"，它自己给予自己，因此我们不能说"兴有存在"（das Ereignis ist）。居于中间层地带的数位"住户"不能"自行给予"，而只是由居于最底层地带的"兴有""给予"（gibt），图中不同"方向－方式"的"箭头"即代表不同"方向－方式"的"给予"。我们也不能说这些"中层地带的住户""存在"，如不能说"时间存在"（die Zeit ist），而只能说"它给予或有时间"（Es gibt die Zeit）或者"时间'时间化'或'到时'或'时间着'"（die Zeit zeitigt），该地带的其他"住户"也与"时间"的情形相类——该地带的诸住户之间有着"亲密区分之诸家族相似性"。而对于最高层地带的住户即"诸存在者"，我们则可以也必须说它们"存在"，说 Seiende ist。"存在者的存在"之所以可能，是由中间层地带"不同住户"的"相应运作"（如"时间时间化""空间空间化"或"世界世界化"等等）"奠基"的；这些存在者中之最特别者即是作为 Dasein 的人；"Dasein 之展开状态"即 Da-sein 则已经"不再"是任何单纯的"存在者"了——它已经"跨"到了中间层"地带"——而这一点也正是 Dasein 的与"众"（其他存在者）不同之处，它"可以"提出"存在本身"（即"兴有"）的问题，它"可以""理解或领会""存在本身"，也即"存在本身""可"以"它"（即 Dasein）为其"林间空地"（Lichtung）。

每一地带的诸成员（如果有诸成员的话）相互有着诸家族相似

[接上页] Vorbereitung des Ereignisses）。""集－置就像是兴有之底片（photographische Negativ des Ereignisses）。"参见 M. Heidegger, GA 15, S. 366。关于兴有与集－置的天命"孪生"关联，还可参阅本书第八章的思想历险。

性的亲密–区分关系，而不同地带或相邻地带成员相互也有着诸家族相似性的亲密–区分关系，比如在 Ereignis 与 Lichtung、Ereignis 与 Sein、Lichtung 与 Sein、Sein 与 Da-sein、Ereignis 与 Da-sein 等之间。实际上，不同地带之间的边界完全是模糊的，根本就没有任何明晰的界线。所以，我们绝不可以错误地把该图里的"三个归属于后–存在学的存在之思的地带""形而上学地"理解为"形而上学的或存在学的三个彼此高低决然分明之等级"。

　　这就是海氏（后期）存在思想为我们提供的某种"兴有–拓扑学"："兴有"对于中间层地带的诸位"住户"的"给予"（Geben）其实也就是"兴有"自身的"兴有"（Ereignen）或"本生"（Wesen）或"兴开"（Eröffnen）　或"分–解"（Aus-trag）　或"区–分"（Unter-schied）或"开–路"（Be-wëgen）。"兴有"就是"开路者"，就是在"地带"上"开辟–给予""诸道路"的"开路者"。我们可以认为中间层"地带"的多位"住户"正是各不相同的被开辟着的"诸道路"。海氏新–存在思想思到最后就完全聚焦到这个唯一的、神秘的、"至底无下"、"至大无外"的"它"（兴有）之上了。他认为这个"它"（兴有）是过往一切存在学–形而上学思想（包括古希腊早期存在思想）所从未思到过的。要之，我们绝不可以接受该图所可能带来的某种"误导"（misleading）——误以为居中最底层地带的 Ereignis 亦是传统存在学–形而上学中的那个最一般或者最高级别的存在者了……

　　此外，我们还可将该"Ereignis 地志学"对照海氏晚期勒托尔讨论班（1969 年 9 月 6 日）所谓之"存在地志学"（Topologie des Seins）来观看。

　　　"对存在之追问"传统上意味着对存在者之存在的追问，质言之，对存在者之存在者性（Seiendheit）的追问，在这个追问中，存在者是就其"是存在着的（Seiendsein）"而被规定的。此一问即**这个**（die）形而上学之问也。

但是，通过《存在与时间》，"对存在之追问"就赢获了另外一种完全不同的意义。这里关涉的正是对作为存在之存在的追问。它在《存在与时间》中以"对存在之意义的追问"之名而被课题化。

后来，这一说法让位于"对存在之真理的追问"，——而最后则让位于"对存在之位置（Ort）或处所（Ortschaft）的追问"，——由此才诞生"存在地志学（Topologie des Seins）"之名。

三语词，通过彼此替换的方式，同时刻画着思路上的三步伐：意义（SINN）——真理（WAHRHEIT）——位置（ORT/topos）①

据此，在"三个维特根斯坦"②的启发下，或许我们也可尝试构想"三个海德格尔"？当然，"三个海德格尔"的前提永远只能是"一个海德格尔"。比如，追问"存在之意义"（存在者之存在）与追问"存在之真理或存在之疏敞地"（"存在作为存在"或"存在本身"）其实都是"一回事"③，再进一步说，此二"步伐"与追问"存在之位置"的最后"步伐"其实也是"一回事"。只有一个海德格尔！在此前提下，我们才可以时机化地去划分出"不同的海德格尔"。此外，若与胡塞尔暨康德比较，我们似乎也能合理思到如下启示：胡塞尔和康德（尤其胡塞尔）都认为"时间"比"空间"更

---

① M. Heidegger, GA 15, S. 344.

② 可参考本书 1.32 节。

③ 可回顾比较本书 4.13 节所绘二图：海氏前期的"Sein und Zeit"（存在与时间）（图7）与海氏后期的"Sein und Lichtung"（存在与疏敞地）（图8）。

为本源，而海氏虽然在早期也是如此（以原始时间来追问存在之原始意义），但在中后期（20世纪30-70年代）却越来越重视"空间"了——从"空间"与"时间"平权的"时间-游戏-空间"过渡到两个 Anfänge 或 Sein 或 Geviert 或 Ereignis 或 Lichtung 或 Bewëgung 的阡陌纵横、若隐若现的神秘"拓扑学-地志学"——这样的转变无疑是值得我们十分关切的核心课题。海氏运思支点从 Sinn 到 Wahrheit 再到 Ort/topos 的转变，显示的正是海氏存在之思从"时间"朝着"空间"的不断"转渡"或"撤回"——"（本源）空间"比"（本源）时间"更为原始，Lichtung 作为"（本源）空间"在任何"（本源）时间（性）"之先，而作为 Lichtung（不空之空）之心脏的 Dickung（空之不空）则可谓最最原始之空间了——是为"（绝对）他性"（Andersheit）之"密-蔽"也。这一切似乎都正好印证着海氏从某种"主体性-现象学"朝向"（绝对）他性-现象学"之"必然"转渡了……①

6.2 维特根斯坦：千高原地志学

本书上卷"比较"部分的三章内容亦是笔者对维氏新-存在思想的三元素"同时"开路的扼要跟踪，它们留下的踪迹如下：

真理：诸不可说者的自行显示→诸生活形式的自行显示→诸世界图象。

存在：诸不可说者→诸生活形式。

语言：八种语言方式→诸语言游戏。

　　与海氏存在思想三元素行进的方式相类，我们也可以认为维氏存在思想的三元素越"往后"越为"原始"。因此，如果要用唯一的"公式"描画维氏新-存在思想的话，它就是：

　　　　诸世界图象-诸生活形式-诸语言游戏。

　　因此，笔者"最终"将维氏新-存在思想理解为："诸世界图象-诸生活形式-诸语言游戏"。关于"世界图象"（Weltbild）、"生活形式"（Lebensform）和"语言游戏"（Sprachspiel）之间的有趣关联，笔者已在"比较"三章里的维氏部分做过较为具体的探讨。这里笔者只能扼要总结说：一定的"语言游戏""坐落"于一定的"生活形式"当中；一定的"世界图象"是从这一定的"生活形式"中"沉淀"而出的一定的"思想河床"；一定的"语言游戏"即"思想河流"流淌于一定的"思想河床"即"世界图象"之上；一定的"生活形式"与一定的"语言游戏"、一定的"世界图象"勾连-交缠在一起而"成"一定的"世界图象-生活形式-语言游戏"。在这个"公式"中，如果一定要选择一个"中心"的话，那么笔者会将"生活形式"放在最重要的位置上面，它是"最基础"的"无基之基"；"世界图象""生活形式"和"语言游戏"都是"复数的"，像这样的作为"世界图象-生活形式-语言游戏"的"原始地带"有许多许多，乃至无穷；这些"地带"之间或相互交错或有断裂，它们一起做着复杂、有趣的"互动-游戏"，它们两两间有着复杂的"诸家族相似性"。我们可以尝试将这幅"维氏诸地带之地形图"草描如下（图18）。

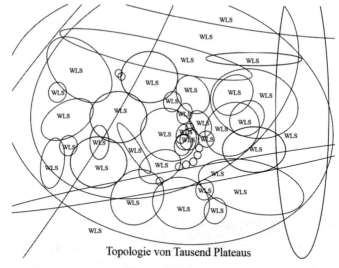

Topologie von Tausend Plateaus

图 18　千高原地志学

　　在这个"千高原^①地志学或拓扑学"（Topologie von Tausend Plateaus）图^②中，每一个"圆面"代表一个作为"世界图象-生活形式-语言游戏"的"地带"，WLS 即 Weltbild-Lebensform-Sprachspiel 的缩写。这样的 WLS 地带有许多，乃至无穷。维氏整个后期思想就是不断地在这无穷多样的 WLS 地带间来回"穿梭""跳跃"。每一"地带"即一定的"生活形式"（泥土）、"世界图象"（根茎）和"语言游戏"（花朵）的

① 思到"千高原"一词，的确有来自德勒兹（Gilles Deleuze）、瓜塔里（Félix Guattari）合著 *Mille Plateaux*（中译名《千高原》，1980 年）的启发。维氏后期思想与德勒兹确有颇多可共鸣之处。参见 G. Deleuze and F. Guattari, *Mille Plateaux*, Paris: Éditions de Minuit, 1980。

② 请把此图与本书 8.321 节暨 8.33 节所绘维氏前期、维氏后期、海氏前期、海氏后期、胡塞尔后期和康德之各式"先验球（囚）笼"图做一比对。我们甚至可以认为在这数者中唯有维氏后期的"千高原地志学"才彻底破除了西方哲学主流传统的那种"先验主体性之单一球（囚）笼"神话。"复数的、原生态的和时机化的生活形式"正是对"任何单一的先验主体形式"的绝对叛离和跃出！

相互缠绕-纠葛。"生活形式"作为"泥土-大地"滋养-庇护作为"根茎"的"世界图象"，在作为"根茎"的"世界图象"之上才生长出作为"语言游戏"的"花朵"。"语言游戏"作为"花朵"显耀-闪亮"生活形式"。"花朵"生长、绽放于"泥土"之上，又带着芬芳凋落回"泥土"。各"地带"或相叠互加、或相挤互撞、或相引互斥。远远看去，它们此起彼伏，气象万千。这无数的 WLS 地带并非"坐落"于"存在-空间"中，它们正是"存在-空间"。难怪维氏说《哲学研究》作为一系列的"哲学札记"就像是在这些漫长而错综的旅行途中对这些"地带-风景"所做的一系列"风景速写"。他就是在这"千①块地带"间来回穿梭、跳跃。通过《哲学研究》打开的新的"千块地带-千山万水"的视野，《逻辑哲学论》考察的东西才被置于更加原始的位置之上。这样的"千块 WLS 地带"是过往一切存在学-形而上学所从未思到过的，当然维氏并不像海氏那样"蓄意"地去"定位"自己思想的"创新性"或"存在历史位置"。

6.3 后-存在学的存在之思？

以上两小节是对于海氏存在思想和维氏存在思想分别进行的总结。在这一小节，笔者将对本书上卷做最后的总结，也即对海氏与维氏的"后-存在学的存在之思"做一总结性比较。

（1）存在思想的前后期"转向"。海氏与维氏毕生都在追寻-思索"更为原始"的"真理-存在-语言"。在他们的追寻道路上，都发生过所谓的"转向"。这似乎给人一种感觉：他们的前期思想仍旧

---

① "千"即"无数"也。

是在存在学或形而上学的领地内"打转",还未从根本上"跃出"存
在学范畴;而从 20 世纪 30 年代开始,他们的思想才发生了真正的
"转向",他们都对各自的前期思想进行了激烈而实质的批判;因此,
他们的后期思想才从根本上"超越"了包括他们前期思想在内的一
切存在学-形而上学思想。但笔者想要十分强调的是:他们崭新的存
在之思是从他们各自思想的发端处就已经"(完全)上路"了的。比
如,海氏对于存在学的根本超越从其早期弗莱堡时期就已经开始了,
"原始-东西"和"形式指引"都不是存在学(包括胡塞尔的现象学)
所能领会的了;而维氏的情形也是相似的,早在《战时笔记:1914-
1916 年》和《逻辑哲学论》时期,他提出的"诸不可说者"以及它
们的"自行显示"都不是传统存在学(包括弗雷格和罗素的逻辑-存
在学)所能理解的了。笔者更多的是要强调:海氏与维氏毕生思索
存在的历程是"连续的""一贯的",在这个前提下我们才能有意义
地去谈论他们后期思想与前期思想的巨大"差异"。

这可以由他们自己的评论来佐证。海氏在"给理查森的信"
(1962 年)中针对理查森提出的"海德格尔 I"和"海德格尔 II"的
划分回应如下:

> 您对"海德格尔 I"和"海德格尔 II"之间做的区分只有在
> 下述条件下才可成立,即应该始终注意到:只有从在海德格尔 I
> 那里思出的东西出发才能最切近地通达在海德格尔 II 那里有待
> 思的东西。但海德格尔 I 又只有包含在海德格尔 II 中,才能成
> 为可能。[1]

---

[1] M. Heidegger, GA 11, S. 152.

这样的前后期关系"定位"，其实大致也可适用于维氏存在思想历程。他在《哲学研究》序言中有如下道说：

> 但两年前我有机会重读了我的第一本书（《逻辑哲学论》）并向人解释其中的思想。当时我忽然想到应该把那些旧时的思想和我的新思想合在一起发表：只有与我旧时的思想方式相对照并以它作为背景，我的新思想才能得到正当的理解。

从这些话我们可以看出：海氏与维氏都极为强调"理解他们前期思想"与"理解他们后期思想"是"同等重要的"，只有将他们的前后期思想如实地看作"一个整体"，才能更好地领会他们的新-存在思想。当然，从另一方面来看，他们前后期思想之间的关联情形还是有着不小区别的，比如海氏虽然也说过后期存在思想是对前期存在思想的一种"内在批判"，但他更多的是强调以《存在与时间》为代表的前期存在思想和以《朝向哲学的诸文献（从兴有而来）》为代表的后期存在思想之间的"连续一致性"，其间没有任何"根本断裂"，"基础存在学"已经是对"另一开端"的"存有历史之思"的"先行准备"[①]。而维氏虽然也强调以《逻辑哲学论》为代表的前期存在思想的重要性，但这个重要性更多的就是在于它被以《哲学研究》为代表的后期思想所"批判"。《逻辑哲学论》虽然已经"暗地里"营造了一个存在思想的"新地带"即"诸不可说者于八种语言方式中自行显示-诸不可说者-八种语言方式"，但在"明面"上仍旧维系了"作为正确性的真（理）-现成存在者（简单对象-实体）-逻辑地说（命题）"这样的传统存在学地带。正是这个明面上被维系的存

---

① 参见 M. Heidegger, GA 65, S. 228。

在学地带在《哲学研究》中被彻底"解构-解放"了。

（2）存在思想的"三元素"。存在思想的三元素——"真理""存在"和"语言"——在海氏与维氏存在思想的毕生探险中"同时"历经了十分有趣的道路变更。这里笔者必须格外强调的是以下几个比对点。

第一，虽然大致说来，海氏与维氏存在思想三元素的变更都是"同时"开展的，但具体说来还是有所不同。海氏存在思想中的"真理"和"存在"两元素从一开始就得到了同等重要的最高强调，然而"语言"元素虽然极为重要，但在相当长的时期内却被他几乎是"蓄意"地"隐藏-压抑"着，虽然从早期弗莱堡时期开始，经过《存在与时间》再到《朝向哲学的诸文献（从兴有而来）》，"语言"问题都得到了非常重要的讨论，但他对于"语言"的全面探讨是从20世纪40年代中期才开始的。因此海氏存在思想三元素的"全面"融会贯通是直到40-50年代才真正得以实现的。而反观维氏，"语言"元素则一直是"明面"上近乎唯一的被探讨者，"真理"和"存在"两元素更多的只是被"裹夹-隐卷"在"语言"元素中进行探讨的。在前期的《逻辑哲学论》和后期的《哲学研究》中，大致情形都是如此。

第二，二者存在思想的三元素相互间大致都保持了某种"平行-平等"的关联。海氏"存在""语言"和"真理"在大多数情形下都保持了相互间"平行-平等"的关联，它们不仅位于同一"地位-地带"，而且简直就是"同一者"的"不同姿态"了，就如古希腊physis、logos 和 aletheia 等之间的情形一般。维氏存在思想的情形也与此相类，特别是在其后期，"生活形式""世界图象"和"语言游戏"其实也可谓是"同一者"的"不同姿态"了。

第三，但在二者存在思想三元素保持"平行-平等"关联的另一面，其中的"存在元素"几乎都得到了格外的"强调－提升"——都被作为各自三元素中"最重要"的元素了。在海氏后期思想中，这种倾向尤为突出。"兴有"（Ereignis）被作为那唯一的"它"（Es），已经"越过"了存在思想所有的三元素即"存在"（Sein）、"疏敞地"（Lichtung）和"道说"（Sagen），后三者最终都是由这唯一一个"兴有"所"赐予"（gibt）的。而在维氏后期思想中，虽说"生活形式""语言游戏"和"世界图象"大致可以保持在同一个"地位－地带"当中，但毕竟"生活形式"还是得到了最多的强调，它是一切基础的基础，但它自己不以他者为基础，它自己就是自己的基础——它是无基之基。"语言游戏"作为"花朵"，"世界图象"作为"根茎"，最终都"归根－归结"于"生活形式"的"泥土－大地"当中。

（3）超越旧[①]－存在学。海氏与维氏正是以这样的"新－存在思想"的"新三元素"来全面超越一切"旧－存在学"的"旧三元素"的。他们都根本不再以"为获得作为命题之正确性的真（理），存在必须被逻辑地说成是什么，即必须把存在规定为怎样的现成存在者"这样的"旧－存在学主题"为其"主导问题"。他们的确都已经完全"跃出－跳出"了以该问题为导向的一切旧－存在学。关于这种"跃出"，笔者在这里还须着重刻画以下几点：

第一，他们的新－存在思想所直接"面对"和要"超越"的存在学是大不相同的。海氏直接"面对"的存在学也即他所要"直接"

---

①　这里所谓"旧－存在学"中的"旧"是指该"存在学－地带"相对于如海氏与维氏思想的"新－存在思想－地带"来说是"旧"的（存在思想），而并非意味着似乎还另有一种"新－存在学"似的。海氏与维氏思想都是"新"存在"思想"，而不再是任何"新"存在"学"了。请注意本书使用的"存在思想"一词的两义性：一是指"包括"存在学在内的一切存在思想；二是特指"非－存在学"的古希腊早期的"前－存在学的原始存在思想"暨如海氏与维氏思想这般的"后－存在学的新－存在思想"。

超越的存在学是胡塞尔的"意识-存在学"和尼采的"强力意志-存在学"。他认为胡塞尔的"原始直观及其明见性"与黑格尔的"思辨辩证法"虽然有极大不同,但都将"事情本身"即"存在"思为某种"意识之主体性"(Subjektivität des Bewußtseins),因而尽管胡塞尔曾经为海氏提供了非常新鲜和珍贵的诸多"现象学方法",但前者却只能被归入"存在学"的"旧地带",而非"存在思想"的"新地带"。按照海氏自己"存有历史"的说法,胡塞尔所思的"意向性意识"仍然完全归属于"第一开端的历史"即"形而上学的历史"①,只不过是其中比较"靠后"的"阶段"而已,但实际上还不如尼采的"强力意志"来得更"朝向""未来之另一开端"②呢!因此,海氏从一开始(早期弗莱堡时期)就是以"形式指引"和"原始-东西"来"对付-消解"胡塞尔意识-现象学的。而维氏直接"面对"的则是弗雷格和罗素的逻辑-存在学。弗雷格与罗素利用其新发明的数理逻辑工具,仍旧是在作为"命题之正确性"的真(理)的召唤下,依赖全新的逻辑地说(形式语言),将"存在""制作"为"逻辑-实体"这样的"现成存在者"。因此,维氏从一开始就是在思索那个不为这些"形式语言"所规定-控制的神秘领域,并且正是"这个神秘领域的自行显示"才反过来使"形式语言"对于"现实性-世

---

① 一个有趣的现象是:在海氏亲自编制的几张"存有历史"图表中,都没有专门安排胡塞尔的"意向性意识"的位置。这或许是由于海氏在编制这些"存有历史"图表时,与胡塞尔的私人关系已近断绝。但笔者认为更重要的原因应该是,在海氏"存有历史"设想中,胡塞尔思想本来就是归属于"第一开端的历史"即"形而上学的历史"的,并且他的"意向性意识"应该被排列在作为黑格尔"绝对知识"之"意志"的近旁"位置"。在"存有历史"上,胡塞尔与荷尔德林所分别居有的"位置"是不可同日而语的。参见 M. Heidegger, *Nietzsche 2*, S. 429; GA 69, S. 26。

② 海氏后期存在思想的独一大词 Ereignis 本来就是专门用来"消解"Machenschaft(力轴)或 Ge-stell(集-置)的,而尼采的"强力意志"正是与"力轴"或"集-置"有着莫大之干系。

界"的描画关联得以可能的。

第二，他们对各自存在思想的"定位"不同。海氏和维氏虽然"实际"上都展示了某种"非-存在学"的"新-存在思想"，都的确实现了对一切存在学的某种深刻"超越"，但他们各自对自己的新-存在思想的"定位"是很不相同的。海氏毕生研究哲学史，他一直在"留意"其存在思想位于或应该位于存在思想历史上的哪个位置。他将整个"存有历史"（Seynsgeschichte）划分为两个"开端"（Anfänge）："第一开端"（der erste Anfang）即"形而上学的历史"或"存在的历史"（Geschichte des Seins）[1]，归属于它的思想即从巴门尼德、赫拉克利特一直到尼采的形而上学思想；而那唯一的"另一开端"（der andere Anfang）就是"兴有"（Ereignis），"另一开端"的思想就是"从兴有而来的思想"或"从存有历史而来的思想"，"另一开端"还未真正"开端"（anfangen），但海氏本人的存在思想已经是真正朝向这"另一开端"的一种"预先练习"。也正因此，他必须"刻意"地去"区分"自己的思想与整个"第一开端的思想"即全部的"形而上学思想"，尤其要去找出他的思想和位于"第一开端"之"开端"处的思想如赫拉克利特和巴门尼德的早期希腊存在思想之间的根本区别——只有在做到这一点的基础上，他才能真正做到与整个"第一开端的思想"即"形而上学思想"完全"划清界线"。他一方面是在借"早期希腊存在思想"之口来"反"后来走得越来越极端的形而上学；但另一方面，他又须与这个"早期希腊存在之思"本身划清界线。因此，他在不同场合曾多次强调了诸如：Ereignis（兴有）是希腊人所从未思到过的；Sein（存在）虽然在希

---

[1] 请注意 Sein（存在）与 Seyn（存有）的区别。"存在"为"形而上学"所思，"存有"则不被"形而上学"地思。可参考本书 4.14 节"存有"（Seyn）。

腊思想的开端处如赫拉克利特和巴门尼德那里被有所思及,但包括他们在内的一切形而上学思想家实际上都未能明确地提出"存在本身"而非"存在者"的问题,西方思想从一开始就"偏离""存在本身"而去,一开始就把"存在"思为"存在者"(Seiende)或"存在者之存在"(Sein des Seienden)了,并且越往后离"存在本身"就越为遥远了;aletheia(无蔽)虽然古希腊人已经思到,但他们并不像海氏那样将 lethe(遮蔽)思为"无蔽之心脏";logos(聚集)也为希腊人所思及,但他们从未将它思为语言的"本质",希腊人未曾真正思"语言"……总之,海氏认为他的存在思想与过往一切的哲学思想是根本有别的。他的《朝向哲学的诸文献(从兴有而来)》就是他从"兴有"即"另一开端"而来的肆无忌惮的、"不顾"同时代一切束缚的天马行空的"未来之思"。也正因此,他一定要把该书"蓄意压抑"良久才公之于世 —— 期候某个恰当之"时机"也。

而维氏则并不十分精熟哲学史,对古希腊早期存在思想的了解与海氏相比更是不可同日而语。因此他也根本不像海氏那样须要刻意去与古希腊早期存在思想划清界线。正是没有与包括早期希腊存在思想在内的一切"旧-存在思想"的过多牵涉,他的"存在新思"才似乎显示出了某种比海氏"存在新思"还要更加"原始-自由-活泼"的意蕴-气象。

维氏心无旁骛,他只"完全自由"地去研究-思索他自己感兴趣的、击中他的问题。这样的生活方式-思考方式,或许更能让他跳过烦冗哲学-思想史的羁绊,而更加自由地去面向事情本身-问题本身了。

TLP 前言 我的努力与别的哲学家符合到何种程度,我不想加以判定。的确,我在这里所写的在细节上并不要求创新;

　　而我之所以没有指明思想来源，是因为我思考的东西是否为别人先行思考过，于我是无关紧要的事情。

　　即便如此，维氏也仍然不无在乎其思想于哲学史或思想史中所居有的"位置"。他在《逻辑哲学论》"前言"中认为他已经原则性地解决了一切哲学问题，他要与一切"旧哲学"划清界线，"旧哲学"都不是"真正的哲学"，"真正的哲学"只能是他所谓的"澄清命题的活动"，而它的结果正是"沉默"。在他已经原则性地完成"真正的哲学活动"之后，他就践行"沉默"去了。而在后来的《哲学研究》中，他则认为："哲学不可用任何方式干涉语言的实际用法，因而它最终只能描述（语言的实际用法）。因为它也不能为语言用法奠基。它让一切如其所是。"（PU124）这里的"哲学"当然不是传统意义上的与形而上学-存在学近乎等同的那个"哲学"，也与《逻辑哲学论》中的"诸命题的澄清活动"有所区别。因此，维氏虽然并不十分精通哲学史，但他仍然同海氏一样，十分在乎其思想在哲学史或思想史上所居有的"位置"。他们都十分乐意把自己的哲学思想与过往一切哲学思想划清界线，以此凸显自己的"绝对原创性"。

　　第三，超越"存在学"。这个"绝对原创性"指的就是"超越"过往一切存在学。海氏与维氏虽然"直接"面对的是极不相同的"存在学"（"胡塞尔的意识-存在学"和"弗雷格-罗素的逻辑-存在学"），但从更宽广的视野看来，他们"直接"面对的就是这同一个"存在学整体"或"存在学作为存在学"也即"正确性-逻辑地说（命题）-现成存在者"了。他们以各自十分不同的存在新思方式即"疏敞地-兴有-道说"和"诸世界图象-诸生活形式-诸语言游戏"

成就了对于"存在学整体"的超越[①]:"疏敞地"与"世界图象"虽有很大不同,但它们都反过来既"解构"了、又"给予"了"作为命题之正确性的真(理)";"兴有"也与"生活形式"根本不同,比如前者是"唯一",而后者实即"多乃至无穷",但它们都不再是任何可为命题所规定的现成存在者了,它们都是某种"无–基础的基础"(无基之基);同样地,"道说"与"语言游戏"也有极大不同,如前者乃"非人言"的"兴有"之说,而后者则为"人言–活动",但它们都不再是任何存在学下的或真或假的命题言说了。此外,海氏与维氏"道说"二者新–存在思想的语言方式也与存在学的理论化、系统化的著作方式根本有别,前者沉浸–陶醉于某种"思着的–诗着的"(denkende-dichtende)"语词–游戏"之中,而后者则不觉疲惫地更新着更为绚烂多姿的"哲学札记–风景速写"。

因此,我们可以认为海氏存在之思与维氏存在之思在重构–解构"存在学"[②]——和共筑"后–存在学的存在新思"——的意义

---

① 但"真的"二者的存在思想就已经完全"跳出"一切存在学的领地了吗?或许实情正如他们前后期思想的关联一样,虽然"后来者"较"先前者"多有"批判–跳出",它们之间有某种"断裂"——但另一方面,它们之间的确也有着难以否认的某种"连续性"。比如,这个独一之"它"(Es)即"兴有"(Ereignis)难道就不可以再被认为仍旧是某种变异过的、超拔卓绝的存在学–形而上学所孜孜追寻的那个最终"根据或基础"(Grund)了吗?而"生活形式""世界图象"不也是某种"基础主义"的"绝对基础"吗?海氏与维氏真的已经完全"跃出"存在学的"领地"了吗?这一"跳跃",难道不会再"落回"来吗?存在学究竟"为何"或"是什么"呢?为什么一定要去"解构"或"超出"它呢?即使一定要去"超出",又能"超出"几许呢……这一切都仍保留在悬而未决中。因此,在海氏和维氏之后,存在学–形而上学–哲学或许仍旧"继续"着,而二者本身的"存在新思",也许又被后来者理解为某种"刚刚过去的"或"还未过去的"存在学或形而上学或哲学了……

② 但转念一想,我们为什么一定非要去解构存在学–形而上学乃至哲学本身呢?这样的任务难道不是我们这个时代的某种"时髦"吗?难道我们未来真的完全不需要存在学了吗?存在学已经彻底"过时"了吗?存在学真的已经完全"没用"了吗?这一切仍亟待我们深入反思……

上从属于某种"同一者"（das Selbe）——但绝非"等同者"（das Gleiche）。只不过海氏是"蓄意"地，而维氏则是"盲目"地从事着"解构存在学和构筑存在新思"之"两面一体"的工作。

海氏与维氏存在新思，将会是存在思想史上无法绕过的——"另一开端"邻近处的一对路标，在二者之后的真正的有意义或有新意的存在思想都难以回避在这对路标前逗留片刻……

鹿 鸣

学院牛村谁最美，查威尔畔莫德林。

呦呦鹿鹿食苹野，唳唳鹅鹅咀草滨。

天使唱诗尖顶塔，精灵歌颂管风琴。

莫桥王子撑篙笑，预备牛津数剑民。

（2017/01/20 牛津莫德林学院草地）

真

礼拜风琴莫顿门，方庭褶皱几何深。

剃刀奥子全书剪，魔戒托金世界仁。

费马凭空猜想证，荒原任性四重闻。

未来过去皆知晓，宇宙乾坤数我真。

（2017/01/17 牛津莫顿学院前庭）

是

维特根斯坦与海德格尔

（下卷）

是 缘

冬尽涌春泉，
开端去远还。
缘撑开乃是，
是聚拢为缘。

缘 是

缘是缘之是，
缘之是是缘。
缘之缘是是，
是是是之缘。

（2017/04/09 牛津莫德林学院鹿园）

TLP 3.323……因此“是”作为系词显现，作为同一性记号显现，也作为存在之表达而显现；“存在”像“走”一样作为不及物动词（显现）；“同一的”作为形容词（显现）；我们谈论**某物**，但也谈论**某物**发生着。(So erscheint das Wort „ist" als Kopula, als Gleichheitszeichen und als Ausdruck der Existenz; „existieren" als intransitives Zeitwort wie „gehen"; „identisch" als Eigenschaftswort; wir reden von *Etwas*, aber auch davon, daß *etwas* geschieht.) [1]

—— 维特根斯坦

“是”是自明之概念。在所有认识、陈述中，在每一种对是者的行为举止中，在每一种自身-对-自身-之-行为举止中，“是”都会被使用，而且这里的这个表达乃是“直接”便可明白的。人人都明白：“天**是**蓝的”；“我**是**高兴的”，等等。(Das „Sein" ist der selbstverständliche Begriff. In allem Erkennen, Aussagen, in jedem Verhalten zu Seiendem, in jedem Sich-zu-sich-selbst-verhalten wird von „Sein" Gebrauch gemacht, und der Ausdruck ist dabei „ohne weiteres" verständlich. Jeder versteht: „Der Himmel *ist* blau"; „ich *bin* froh" und dgl.) [2]

—— 海德格尔

---

[1] L. Wittgenstein, Werkausgabe 1, S. 22.

[2] M. Heidegger, GA 2, S. 6.

7. 导论：为何须把 Sein 译为是？

大有：元亨。

——《周易·大有》

大有，柔得尊位大中，而上下应之，曰大有。其德刚健而文明，应乎天而时行，是以元亨。

——《周易·大有·象传》

火在天上，大有。君子以遏恶扬善，顺天休命。

——《周易·大有·象传》

本书下卷"是 —— 维特根斯坦与海德格尔"首章开门见山首先处理 Sein 的汉译难题。

笔者将从两方面入手彻底回应或解决"为何须把 Sein 译为'是'"这个本章的主导问题。

（1）每一个系词其实都意味着存在[①]，只要是系词 —— 无论是印欧语系中的系词（比如 einai、to be 和 sein）还是汉语中的系词（比如是）都无可争议地具有存在或在场的意思；系词是一个句法概念，而存在是一个语义概念，二者毫无"不可相容"之内在矛盾，完全不在一个平面上"相互竞争-排斥"，因为二者完全可能完美相容；

[①] 笔者正在撰写英文论文 "Each Copula Means Existence"，专门研究系词与存在的普遍本质关联，原则上说，无论什么语言，无论印欧语还是汉语，只要是系词，系词就"会"有存在的意思或用法 —— 而本章的讨论则主要局限在 Being 或 Sein 等的汉译问题，所以不会全面展开。

所以，用是翻译 Sein 根本不会遗漏 Sein 原有的存在之义；海德格尔的 Sein 原本直接就是系词 sein 的名词化，所以理应译为是；海氏就是要在这个最日用、最常见的系词是 ——"S 是 P"式的各种日常语言游戏-生活游戏里不断去亲聆不同情境化的存在或在场；把 sein 的基本用法划分为系词用法和非-系词的存在用法，似乎是国内外大多数相关学者的某种"共识"，但这其实是值得我们认真商榷的；而实际上笔者的观点在亚里士多德、布伦塔诺、海氏本人等先哲的相关探讨里就已经先行明确蕴藏着了，只不过这些隐含着的深刻洞见似乎并没有受到后来学者们的充分重视罢了。

（2）从词源字源或训诂形训角度看，依照海氏本人的考证，动词 sein 有三个古老词干来源，分别是 es、bhu 和 wes，综合起来看就是生活、起兴暨逗留等原始意义；而古汉语里的有、存、在、是都明确含摄着类似之原始"歧义"[①]或"易象"，且各有千秋，但我们有充分理据认为"是象"较之"有在存诸象"更为大气磅礴、原始通透；是通周易之大有卦，"日十（ ）止"（日正-日止）实指时中之象，唯在时中，才能维系真善美，才能悬止在大有-元亨之态；所以，相比于有、在、存，是不仅同样明确地葆藏原始在场之义，而且更能直摄真善美与时中之象 ——再者，倘若尤其考虑到海氏对 Sein 与时之本质关系的独特领会——是实乃 Sein 之最佳汉译选择也。

（3）要之：是作为汉译名不仅完全保住了 sein 或 to be 作为语法上系词使用的普遍日常表皮特征，而且是也无可争议地葆有着、看护着 sein 或 to be 的诸种原始深层存在（在场）歧义；因此，如果我

---

① 笔者蓄意使用"歧义"一词，歧义意味着原始之歧路，道路或意义之自然分叉、分蘖，诸道路、诸意义家族相似着，相互间有着或亲或疏、方向各异之诸家族相似性。没有抽象干瘪不动的同一稳固之本质，唯有具体鲜活生成分蘖延异之诸家族相似性也。

们只能选一个汉语词或汉字来翻译 Sein/Being 的话[①]，是显然胜过有、在、存，是实乃 Sein 汉译之最佳选择也。质言之，笔者可谓"首先"是"存在（有）派"，"其次"亦是"系词派"——所以，笔者"最后"只能返璞归真于"是派"了——因为"是"实乃"存在（有）"与"系词"之"中道"或"真理"也……

7.1 每一个系词都意味着存在

汉语哲学界关于 Sein（on/Being）的理解与汉译纷争由来已久、至今未果。笔者粗略（粗暴）地将混战诸方简约划分为"是派"与"存在（有）派"。两派虽主张各异，却大概分享如下之共同预设：（1）名词 Sein 源于动词 sein，故要理解 Sein 必须回返 sein；（2）动词 sein 主要具备两种不同的，甚至互不相干的用法即系词用法（如 S ist P）和非-系词的存在用法（如 S ist）。强调 sein 之基础系词用法的就把 Sein（通常）译解为是，而认为非-系词之存在用法更为本源的则将 Sein（通常）译解为存在。笔者原则上赞同第 1 条，但将论证第 2 条预设是完全错误的：sein 的系词用法和存在用法不但非截然二分，而且从来就是在根底处纠结一体的；系词是一个句法概念，而存在是一个语义概念，二者毫无"不可相容"之内在矛盾；S ist P 当中的 ist 绝非单纯联结 S、P 之系词用法，而是同时表"SP 事态""发生"（obtains）或"PS 事物""存在"（exists）；所有的系词

[①] 但问题是为什么我们只能选一个汉字或词来翻译 Sein/Being 呢？为什么不可以进行时机化地具体语境具体翻译呢？比如在有些情境下译为"是"，在有些情境下译为"（存）在"，而在有的情境下则译为"有"呢？这有何不妥呢？笔者以为这样的方案自然是很有道理的。但这并不影响我们在本章所做的思想（翻译）实验或游戏：如果只能让我们挑一个汉字或词来翻译西方哲学关键基础大词 Sein/Being 的话——是与在（有、存）——究竟谁更合适呢？

都自含存在义，因此现代汉语里的系词"是"本身就无可争议地内嵌存在义；所以，用是翻译 Sein 根本不会遗漏 Sein 原有存在之义；海德格尔的 Sein 原本直接就是系词 sein 的名词化，所以理应译为是；海氏就是蓄意要在这个最日用、最常见的系词是里——S 是 P 式的各种日常语言游戏-生活（存在）游戏里不断去逼问-切近-还原-聆听-道说-应和各不相同的、情境化的"在场"（Anwesen）、"去蔽"（Entbergen）、"到时"（Zeitigen）、"情调"（Stimmung）、"存在"（Existenz）[①]——乃至"它给予"（Es gibt）或"兴有"（Ereignis）或"林间空地"（Lichtung）之海氏（后期）思想终极奥义的；所以我们切不可"用力过多"地完全掠（略）过系词是而直接跳到更深层或更原始的海氏诸语言游戏（诗-思游戏）中去了。要之，Sein 汉译两派正是基于上述第 2 条之共同错误预设，从而可能耽误或遮蔽了从 Sein 而来之更佳领会。

7.11 Sein 汉译两派之共同预设

汉语哲学界关于 Sein（on/Being）的理解与汉译纷争由来已久、至今未果。[②] 笔者粗略（粗暴）地把混战诸方简约划分为"存在（有）派"与"是派"。[③] 孙周兴先生和王路先生分别发表在《中国社会科

---

① 请注意笔者蓄意在本书上卷将 Existenz 暨 existieren 译为"实存"（从孙周兴先生译法），而伴随下卷将 Sein 一律改译为是，从而亦把"存在"译名自动"还给"Existenz 暨 existieren 了。

② 相关论争可参见宋继杰主编：《BEING 与西方哲学传统》（上、下卷），保定：河北大学出版社，2002 年。

③ 汉语学界也常见三派之说（加上"有"派），但为更加凸显本章探讨之核心问题，笔者将"（存）在"派和"有"派归并为"存在（有）"派，虽然笔者完全明了汉语中"在/存"与"有"之重大区别，但毕竟二者之异大概远小于二者与系词"是"之分。参见丁耘："是与有——从译名之争看中国思想的哲学化与现代化"，《同济大学学报》（哲社版）2005 年第 1 期，第 71-72 页；赵敦华："'是'、'在'、'有'的形而上学之辨"，载宋继杰主编：《BEING 与西方哲学传统》（上卷），第 104-107 页。

学》上的"存在与超越：西方哲学汉译的困境及其语言哲学意蕴"
（2012 年，以下简称"兴文"）[1]与"西方哲学汉译的困惑与超越 ——
回应孙周兴教授的批评"（2013 年，以下简称"路文"）[2]或可视为最
近两派之代表作。两位先生都是笔者十分敬重热爱的前辈西方哲学
研究大家，他们的这两篇文章也都十分深刻且极富启发意义，令笔
者受益良多，因此本小节也可视为一种对其认真学习之回应。

　　两派争论焦点主要在于 on、Being 和 Sein 等名词 —— 而非
einai、to be 和 sein 等动词 —— 的译解之上。因为即便是所谓"一
是到底"的王路先生，在遇到 God is 这样的句子时，也当然不无可
能将其中 is 译解为"存在"（exists）的了："这样人们就会发现，即
使在西文中，'God is'也不是一个非常自然的日常表达。相应的表
达是'God exists'（上帝存在）。句法不同，但意思相同，可以说
明'God is'。因此，'上帝是'（God is）中的'是'（is）与通常
的'是'不同，这里的 is 表示存在（existence）。"[3]同理，所有的
"存在（有）"派，大概也都有可能会把"Der Becher ist aus Silber"
（这个杯子是银子做的）里的 ist 译为"是"。所以"存在（有）派"
的熊伟先生、王庆节先生和孙先生也都是把"Der Becher ist aus
Silber"里的ist 译为"是"的了。[4]正因此，兴文提出的"是派"（将
名词 Being 一律译为是）与"存在 / 是派"（把名词 Being 一律译为
"存在"，并且一般将动词 to be 译解为系词"是"，在特定语境下也

---

　　① 孙周兴："存在与超越：西方哲学汉译的困境及其语言哲学意蕴"，《中国社会科学》2012 年第 9 期，第 28-42 页。
　　② 王路："西方哲学汉译的困惑与超越 —— 回应孙周兴教授的批评"，《中国社会科学》2013 年第 4 期，第 28-39 页。
　　③ 王路："Being 与系词"，《求是学刊》2012 年第 2 期，第 45 页。
　　④ 参见 M. Heidegger, GA 40, S. 95；海德格尔：《形而上学导论》，熊伟、王庆节译，北京：商务印书馆，1996 年，第 89 页；孙周兴："存在与超越：西方哲学汉译的困境及其语言哲学意蕴"，《中国社会科学》2012 年第 9 期，第 32 页。

可能译为"存在"）二分法①恐怕是站不住脚的，因为两派争论的真正焦点是名词 Being——而非动词 to be——的译解。质言之，两派在 to be 的翻译上，其实并无太大原则纷争，因为是派亦是通常把 to be 译为系词"是"，并在特定语境下也可将之译解为"存在"——这样是派也就变成"是／存在派"了。

　　两派虽主张各异，却大致共享如下两条之思路起点。

　　（1）名词 Being 源于动词 to be，故要理解 Being 必须回返 to be。放眼整个西方学界，长期以来此识（更宽泛地说即是"名源于动"）可谓是谁都知道的"陈词滥调"。②因此路文摘要第一句即为："being 一词是名词，由动词演变而来。"③兴文虽无直接类似明言，但推测起来孙先生自然至少是不至于反对的了。海德格尔 *Sein und Zeit* 的汉译者——亦可归入存在（有）派的陈嘉映先生和王庆节先生在

———

①　参见孙周兴："存在与超越：西方哲学汉译的困境及其语言哲学意蕴"，《中国社会科学》2012 年第 9 期，第 30 页。

②　"我们在所用的'是'这个词中也找到同样的关系。这个名词溯源于这个不定式'sein'，而这个不定式属于这些形式：你是，他是，我们曾是，你们是过了。'是'是作为从动词演变而来的名词。因此人们说：'是'这个词是一个'动名词'。定出该语法形式后，'是'这个词的语言标志就得出来了。我们在此费心叙述出来的全是一些熟识而不言自明的事。可是我们要更好地且更小心地说：这都是陈腐滥用的语言-语法区分；因为它们都根本完全不是'不言自明'的。所以我们必须把这里成问题的一些语法形式放在眼里（动词，名词，动词的名词化，不定式，分词）。"（ Dieselben Verhältnisse finden wir nun auch bei unserem Wort „das Sein". Dieses Substantivum geht auf den Infinitiv „sein" zurück, der zu den Formen du bist, er ist, wir waren, ihr seid gewesen gehört. „Das Sein" ist als ein Substantivum aus dem Verbum hervorgegangen. Man sagt daher: das Wort „das Sein" ist ein „Verbalsubstantiv". Mit der Angabe dieser grammatischen Form ist die sprachliche Kennzeichnung des Wortes „Sein" erledigt. Es sind bekannte und selbstverständliche Sachen, die wir hier umständlich erzählen. Doch sagen wir besser und vorsichtiger: Es sind abgegriffene und geläufige sprachlich-grammatische Unterscheidungen; denn „selbstverständlich" sind sie ganz und gar nicht. Darum müssen wir die hier in Frage kommenden grammatischen Formen ins Auge fassen [Verbum, Substantivum, Substantivierung des Verbum, Infinitiv, Participium].) M. Heidegger, GA 40, S. 58-60.

③　王路："西方哲学汉译的困惑与超越——回应孙周兴教授的批评"，《中国社会科学》2013 年第 4 期，第 28 页。

该书汉译本附录里也说过："按说，大写的 Sein 既然从小写的 sein 而来，通常应当译作'是'。"[①] 其实海氏本人早已多次直接引证过"名源于动"的类似观点——即便他反复声明这些单纯的词类划分、语言-语法学考察都远非"不言自明"从而仍旧是"亟待追问和反思的了"[②]，但毕竟海氏从未直接判断此类言辞"完全是错误的"——毋宁说他正是要去考古-还原缘何人们都会如是这般去说道。此外，必须留意的是，所谓"要理解名词 Being 须回返动词 to be"只是个非常简单粗暴的说法，其要义仅仅是强调在印欧语系中所有的分词和名词大致都起源于相应之动词——但是，在印欧语系诸语言内部从各个不同之动词到相应名词的实际演绎可能是异常复杂而极不相同的了。比如，据说在古希腊语中，eimi（相当于 [I] am，第一人称单数现在时陈述式）、estin（相当于 [It] is，第三人称单数现在时陈述式）就"先于""具体于"作为不定式的 einai（相当于 to be），而比 einai 更为"抽象"或"后出"的则是像 on（eimi 的中性分词，也即中性现在时单数主格分词）、ousa（eimi 的阴性分词，也即阴性现在时单数主格分词）这样的分词形式。[③]

（2）而 to be 主要具备两种不同的，甚至互不相干的用法即系词用法（如 S is P）和非-系词的存在用法（如 S is）。兴文有言："在《形而上学导论》一书第三章，海德格尔有一段话例述了系动词 sein 的不同用法，诸如'上帝在'；'地球在'；'大厅中在演讲'；'这个杯子是银做的'；'农夫在种地'；'这本书是我的'；'敌人在退却'；'狗在花园里'；'群峰在入静'等等。译者熊伟先生对各句子中出现的系动词 sein 的现在时直陈式单数第三人称形式'ist'未作统一处

---

① 海德格尔：《存在与时间》，陈嘉映、王庆节合译，熊伟校，陈嘉映修订，第 495 页。

② 参见 M. Heidegger, GA 40, S. 59。

③ 参见王晓朝："读《'存在'和'是'》一文的几点意见"，载宋继杰主编：《BEING 与西方哲学传统》（上卷），第 48—50 页。

理，而是分别把它们译成'（存）在'与'是'，这是合乎原义的译法（因为系动词 sein 本来就有表存在和表判断的双重用法），也照顾到了汉语语感。"[①] 而路文也说："笔者认为 being 一词有系词和存在含义，或者说'是'一词有系词含义和存在含义。"[②] 王先生在另一篇论文中更明确地说道："'是'乃是一个多义词：'S 是 P'乃是系词用法，亦即最基本而通常的用法。'S 是'则是一种非系词用法，对它可以做非系词理解，比如认为它表示存在。"[③] 可见两派代表人物孙先生与王先生都是赞同前述第 2 条预设的。[④] 此外，亦须注意的是：与第 1 条预设相类，将 to be 主要用法二分为表判断的系词用法与非-系词的实义动词存在用法也并非专属汉语学界，在欧美亦属普遍。[⑤]

于是强调 to be 之基础系词用法的就把 Being（通常）译为是，而认为非-系词的存在用法更为本源的则将 Being（通常）译为存在。笔者原则上赞成第 1 条预设，并将论证第 2 条是完全错误的。

7.12 动词 sein 系词用法与存在用法之纠结一体

"系词"（copula）是一个十足的"句法"（syntactic）概念，表

---

① 孙周兴："存在与超越：西方哲学汉译的困境及其语言哲学意蕴"，《中国社会科学》2012 年第 9 期，第 32 页。

② 王路："西方哲学汉译的困惑与超越 —— 回应孙周兴教授的批评"，《中国社会科学》2013 年第 4 期，第 39 页。

③ 王路："论'是'的多义性"，《云南大学学报》（哲社版）2016 年第 3 期，第 12 页。

④ 但另一方面，无论是派还是存在（有）派，都有可能指明 to be 含义用法超出是与存在的更多维歧义性，比如最常见的一种说法即是：to be 拥有系词是、实义动词存在和"断真"（veridical）三种不同用法。参见王路："对希腊文动词'einai'的理解"，载宋继杰主编：《BEING 与西方哲学传统》（上卷），第 183 页。但因为不少学者倾向于将断真用法还原为系词用法或存在用法，故本章仅聚焦于最流行的系词与存在二分之说。参见丁耘："是与有 —— 从译名之争看中国思想的哲学化与现代化"，《同济大学学报》（哲社版）2005 年第 1 期，第 72 页。

⑤ 参见 C. H. Kahn, "Retrospect on the Verb 'To Be' and the Concept of Being", in *The Logic of Being: Historical Studies*, Simo Knuuttila and Jaakko Hintikka, eds., pp. 1–2.

示 to be 联结主词与谓词的句法功能，意味的可谓是 S is P 这样的"逻辑原象（形）"（logische Urbild，维特根斯坦语）①，象征着诸如 S is P 这样的主系表结构句子在印欧语系诸类复杂语言游戏中的普遍原初之统治性地位。而"存在"（exist）则是一个十足的"语义"（semantic）概念，其词典实义为在场、升起、居留、常驻、持存、实存、生存等等连带意蕴。因此，to be 的系词用法和存在用法其实完全是"错位"的，完全不在一个层面上相互"竞争–排斥"，在句法上与"系词"用法竞争的是非–系词的主词、谓词等用法，而在语义上和"存在"用法冲突的则是"非–存在""反–存在"或"缺少–存在"等用法，所以系词用法与存在用法完全可能完美相容重叠（图 19）。②

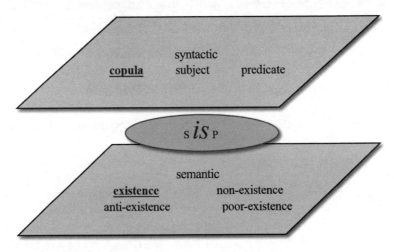

图 19　to be 的系词（句法）用法与存在（语义）用法

① 参见 L. Wittgenstein, Werkausgabe 1, S. 21。

② 必须预备提醒的是：这里对"句法学"和"语义学"之语言–语法学概念或方法的利用只是一种"回返 Sein"的某种预备之——未来会被"扔掉或扬弃的"——热身分析。显然，按照海氏之一再提示，我们要想去思问–聆听 Sein，当然不可执迷于任何语言学家们粗浅的"课程说教"了。

不仅如此，两种用法不但可以完美相容重叠，而且从来就是在根底处纠结一体的。S is P 当中的 is 绝非单纯联结 S、P 之系词用法，而亦表存在义。Der Himmel *ist* blau（天**是**蓝的）[①]中的 ist 难道仅仅是联结天与蓝吗？我们为什么不只说"天蓝"而要说"天是蓝的"？"天是蓝的"与"天蓝"究竟有何区别？这个多出来的"是"（ist）究竟意味着什么呢？

或许"天**是**蓝的"（The sky *is* blue）说的正是"'蓝天（这个事物）'**存在**"（The blue sky *exists*）或者"'天蓝（这个事态）'**是真的 / 是实在的 / 是实情 / 是事实 / 是这样的 / 发生 / 存在**"（That the sky is blue – *is true*, or *is real*, or *is the case*, or *is a fact*, or *is so*, or *occurs*, or *obtains*）。[②]

> "天是蓝的"，当且仅当，"'蓝天（这个事物）'存在"。
>
> "天是蓝的"，当且仅当，"'天蓝（这个事态）'是真的（是事实 / 发生了）"。

---

① 这里借用的是海氏自己的例子。参见 M. Heidegger, GA 2, S. 6。

② 这里的"事物"（thing）与"事态"（situation）其实是完全内在相通的、具有某种"内在关系"的东西，其区别仅在于我们对它们的"观看方式"不同罢了。因此在命题断言"何者"存在上面，笔者与布伦塔诺有着严重分歧。参见 U. Kriegel, "Brentano on Judgment", in *The Routledge Handbook of Franz Brentano and the Brentano School*, U. Kriegel, ed., New York: Routledge, 2017, pp. 103–109。与此相类的是，"存在"（exist）与"是真"（is true）其实也是完全内在相通的、具有某种"内在关系"的东西，其区别仅在于我们对它们的"观看方式"不同罢了。参见 C. H. Kahn, *Essays on Being*, Oxford: Oxford University Press, 2009, p. 130。其实我们可以想象，即便是"不带"专门系词的命题"天蓝"，也同样可能与这几个命题具有逻辑上完全等价的内在关系。因此，我们似乎不能简单说古汉语没有"存在问题"，只不过是没有像印欧语那样普遍通过系词结构来彰显罢了。任何语言都会有自己独特的"存在承诺"。因此，从这一点来看，"存在-语义"问题或视角当然比"句法-系词"问题或视角更为原始普遍了。

一方面，这几个命题从逻辑上说完全拥有相同的真值条件；另一方面，从直觉上说，它们也是相互具有某种"内在关系"（interne Beziehung）①的等价命题。笔者不欲在这里纠缠"存在"（exist）到底意味何义，也不去纠结何种存在命题才不是"没有意义的"（nonsensical），或者存在是指在"这个现实世界中"存在还是指在"某个可能世界中"存在②，或者存在是否真正之谓词，或者存在究竟是一阶谓词还是二阶谓词，等等。这里仅仅关注"S 是 P"与"SP（事态）是真的（是事实 / 发生了）"、"PS（事物）存在"等变形句之逻辑等价内在关系。

在这一点上，我们可以认为，其实亚里士多德③、布伦塔诺④、海德格尔等都已做过非常深入的先行研究了。这里仅引用一段海氏原话作为印证。⑤

① 这里借用的是维特根斯坦在《逻辑哲学论》中使用的术语 interne Beziehung。参见 L. Wittgenstein, Werkausgabe 1, S. 19。

② David Lewis 倡导的"模态实在论"（modal realism）虽然备受批评，但笔者以为，毫无疑问，它仍是极具启发性的。参见 D. Lewis, *On the Plurality of Worlds*, Cambridge, MA: Blackwell, 1986。

③ "对于亚里士多德来说，语义学的研究同时就是存在论的研究，对系词'是'的谓述功能的分析同时就是对存在的分析……与系词'是'的不同谓述功能相对应的正是不同意义的存在，在这里"是"和"存在"是相通的，'是'所判断的就是'存在'，'是'描述'存在'。"参见聂敏里：《存在与实体——亚里士多德〈形而上学〉Z 卷研究（Z1-9）》，上海：华东师范大学出版社，2011 年，第 47 页。

④ 笔者原则上赞同布伦塔诺坚持的："因此，直言陈述，实际上所有表达了一个判断的陈述都可被**还原回溯**到存在判断——这是毋庸置疑的"（The traceability-back [*Rückführbarkeit*] of categorical statements, indeed the traceability-back of all statements which express a judgment, to existential judgments is therefore indubitable）——虽然在诸细节上还有太多疑难杂症须深入探讨斟酌。参见 F. C. Brentano, *Psychology from Empirical Standpoint*, O. Kraus., ed., A. C. Rancurello, D. B. Terrell, and L. L. McAlister, trans., London: Routledge and Kegan Paul, 1874II, p. 60/1973a, p. 218; U. Kriegel, "Brentano on Judgment", in *The Routledge Handbook of Franz Brentano and the Brentano School*, pp. 103–109。

⑤ 海氏本人对哲学史上有代表性之系词学说的系统批判性考察可见其 1927 年马堡讲座《现象学之基本问题》16-18 节。参见 M.Heidegger, GA 24, S. 252-320。

„A ist B" kann besagen, daß dem A das B als Bestimmung seines So-seins zugesprochen wird, wobei dahingestellt bleibt, ob das A wirklich vorhanden ist oder nicht. „A ist B" kann aber auch bedeuten, daß das A vorhanden und das B eine an ihm vorhandene Bestimmtheit ist, so daß in dem Satz „A ist B" zugleich existentia und essentia des Seienden gemeint sein können. Das „ist" bedeutet überdies das *Wahrsein*. Die Aussage als enthüllende meint das vorhandene Seiende in seinem *enthüllten*, d. h. *wahren* So-sein. Es bedarf nicht des Ausweges zu einem sogenannten Nebengedanken und einem zweiten Urteil innerhalb der Aussage. Sofern das „ist" in der Aussage verstanden und gesprochen ist, bedeutet es in sich selbst schon das *Sein* eines Seienden, worüber ausgesagt wird, als *enthülltes*.

"A 是 B" 的意思可以是：B 作为 A 的如此-是之规定来述说 A；而在这里，A 究竟是否现实地现成是，则是悬而未决的。然而，"A 是 B" 的意思也可以是 A 现成是，而 B 则是一个现成地是于 A 之上的规定性，以至于在 "A 是 B" 这个句子里，是者之存在和本质可以同时被意指。此外 "是" 还意味着**真是**。作为行揭示者，陈述意指了在其**被揭示的**，亦即**真的**如此-是之中的现成是者。根本不需要遁入所谓附加思想、所谓包含在陈述之内的第二阶判断。只要陈述中的 "是" 得到领会且被说出，它已经在其自身中意指了一个陈述所及的、作为**被揭示者**的是者之**是**。①

---

① M. Heidegger, GA 24, S. 311.

　　这段话显示着在海氏"基础是学"（Fundamentalontologie）之视野内，"A 是 B"中的系词是除了具有联结主词谓词从而规定某种"本质"（essentia）的作用而外，是完全可以同时具有显示"存在"（existentia）与"真是 / 断真"（wahrsein）之功用的。当然，这里的存在和真是都只能从基础是学内"閛是"（Dasein）的"在–该–世界–是"（In-der-Welt-sein）的角度来理解，质言之，"断真 / 真是"首先是一个"基础是学的"——而非任何"知识学"内的归属于命题或陈述的——"是者之是"（Sein des Seienden）的某种自行揭示着–自行去蔽着的"形式指引"概念。那么，为何 A ist B 中的系词 ist 竟然会同时拥有"存在"（existentia）之意义或用法呢？依据海氏在《形而上学导论》（1935 年夏季学期弗莱堡讲座）中的词源学考证，归根溯源，是因为动词 sein 的若干印度日耳曼词干或日耳曼词干渊源（es、bhu、wes 等）本来就有"生活–起兴–逗留"等连带歧义意蕴。① 这些古老的原始歧义却以某种自行遮蔽–隐卷的方式葆藏在后来的 sein 诸变形 —— 而这自然也包括 A ist B 中的系词 ist——之中了。

　　此外，卡恩在其著名论文"动词'To Be'与 Being 概念研究之回顾"的一个脚注里对此也有关键性提示。

　　The most enlightening explanation known to me for the easy shift from propositional to existential and copulative construals of *einai* in Greek philosophy is the notion of a "predicative complex" proposed by Mohan Matthen in an unpublished paper. Matthen defines a predicative complex as "an entity formed from

---

① 　参见 M. Heidegger, GA 40, S. 75–77。

a universal and a particular *when that particular instantiates the universal*". Thus artistic Coriscus is such an entity, which "exists when and only when Coriscus is artistic". In grammatical terms, a predicative complex (or rather, its linguistic expression) is the attributive transform of an ordinary copula sentence: corresponding to *X is Y* we may assume the existence of a logically equivalent predicative complex, *the YX exists*. Thus for (1) *Socrates is healthy* we have the corresponding (2) *The healthy Socrates exists*, where the truth conditions for (1) and (2) are assumed to be identical. Furthermore, truth conditions will also be the same for the veridical transform of (1), namely (1A): *It is the case that Socrates is healthy*. Aristotle in *Met.* Δ.7 slides effortlessly between (1) and (1A). (See 1017a 33–35, as interpreted in *Phronesis*[1981], 106f) Now if (1) is transformed as (2), we see how the copula-veridical-existential slide can seem so natural in Greek, since all three formulations are logically equivalent. I believe this construal (following Matthen) captures something quite deep, and quite strange to us, in the use of *einai* by the Greek philosophers. And it shows why our conventional dichotomy between existence and copula imposes a choice upon the interpreter which corresponds to nothing in the Greek data. Also, our difference in "logical form" between propositional (fact-like) and substantial (thing-like) entities as subject of *einai* will reappear in this conception simply as a difference in formulation between (1A) and (2).

　　对于古希腊哲学中从 *einai* 的命题解释向存在和系词解释的轻松转换而言，据我所知，最有启发意义的说明是 Mohan

Matthen 在一篇未刊论文中提出的"述谓复合物"思想。他把述谓复合物定义为"一个由一个普遍者和一个特殊者构成的实体，**当这个特殊者个例化着普遍者时**"。因此，富有艺术气质的 Coriscus 是这样一个实体，"当且仅当 Coriscus 富有艺术气质，该实体才存在"。用语法术语来说就是，一个述谓复合物（或更准确地说，它的语言学表达）是一个普通系词句子的定语变形：对应于 *X* **是** *Y*，我们可以设定一个在逻辑上等价的述谓复合物的存在，即 *YX* **存在**。因此对于（1）**苏格拉底是健康的**，我们可以获得相应的（2）**健康的苏格拉底存在**，二者的真值条件被认为是同一的。进一步说，真值条件对于（1）的断真变形来说也是一样的，即（1A）：**苏格拉底是健康的，这是事实（这是真的）**。亚里士多德在《形而上学》卷 5.7 里毫不费力地在（1）和（1A）之间滑行。（参见 1017a33–35，这在《明智》[1981年] 第 106 页的注释中解释过）如果（1）变形为（2），我们就会看到系词–断真–存在用法的滑动何以看起来在希腊语中如此自然，因为所有这三种形式在逻辑上都是等价的。我相信来自这种（跟随 Matthen 的）解释把握住了某种在古希腊哲学家对 *einai* 的使用中对我们说来相当深刻亦相当陌生的东西。而且，这种解释还表明，为什么我们惯用的存在与系词的二分法实际上是把一种选择强加于诠释者之上，而这种选择在古希腊材料中却没有任何对应者。还有，我们在"逻辑形式"上对作为 *einai* 之主词的命题的（事实–像的）实体和实质的（事物–像的）实体所做的区分，在这种解释中会再次出现，但仅仅作为（1A）与（2）在构造上的某种差异而出现。①

---

① C. H. Kahn, "Retrospect on the Verb 'To Be' and the Concept of Being", in *The Logic of Being: Historical Studies*, Simo Knuuttila and Jaakko Hintikka, eds., p. 27.

从卡恩对Mohan Matthen 未刊论文①之特别描述暨欣赏，我们可以明见到在有的古希腊（哲学）文本（比如亚里士多德的某些文本）中 einai（to be）在系词与断真乃至存在用法上的完全可能的毫不费力的"自由滑动"。卡恩明确说过："希腊说话者不会倾向于把断真用法与存在用法区别开来，也不会把它们同普通的系词用法区别开来。"②但有些是派学者比如十分推崇卡恩研究成果的王路先生却似乎对卡恩论文中所有这些极其重要的"另类"信息并未给予应有的重视，而只是一味强调卡恩对 einai 之系词用法和非-系词的断真用法暨存在用法等的严格区分，进而一味凸显卡恩对系词在 einai 用法体系中核心地位的重视。③因此，我们可以认为陈村富先生和王晓朝先生对王路先生转述-概括卡恩研究成果之"走样"的辩证批评是值得重视和参考的。④

因此，我们有充足理由认为 S is P 里的 is 不仅普遍自嵌存在义——"'PS（事物）'存在"，而且还自嵌断真义——"'SP（事态）'是真的"。因此，作为系词的 to be 的确"同时"发挥着存在的作用和断真的作用，所有系词都"同时"必然内含存在义和断真

---

① 该文的最终改进完整版 "Greek Ontology and the 'Is' of Truth" 发表在 *Phronesis*（Vol. 28, No. 2 [1983], pp. 113-135）上。

② C. H. Kahn, *Essays on Being*, p. 130.

③ 参见王路："对希腊文动词'einai'的理解"，载宋继杰主编：《BEING 与西方哲学传统》（上卷），第 182-211 页。

④ 参见陈村富："Eimi 与卡恩——兼评国内关于'是'与'存在'的若干论文"（载宋继杰主编：《BEING 与西方哲学传统》[上卷]，第 257-268 页）；王晓朝："eimi——卡恩的希腊 ontology 的语言学导论——与王路教授商榷"（《学术月刊》2004 年第 6 期，第 5-11 页）。此外，王晓朝先生另两篇文章"用'存在'翻译 being 的合法性不能剥夺"（《江海学刊》2003 年第 3 期，第 207-212 页）、"论'是'与'在'的可互换性——以波埃修斯为例"（《清华大学学报》[哲社版]2006 年第 4 期，第 64-68 页）也是非常具有启发性的：另辟蹊径，试图通过考察从中世纪开始有的西方人也用 exist 翻译 eimi 来印证可用存在翻译 eimi 暨 on 的合理性；希腊文的 eimi 暨 on 的确充满诸原初歧义可能性张力，绝非单单一个系词用法即可概括之。

义。① 这看起来是一个十分大胆的（狂妄）断言，但依据笔者以上扼要分析暨引证，其为真并非不可能。

进而言之，由于 S is P 句型绝不仅限于印欧语系，其实在现代汉语中也可谓寻常普通，甚至我们应该预测在可见未来，随着汉语可能的进一步的语法化与形式化，该类句子会更为多见。因此，我们似乎不得不承认现代汉语里的系词是② 本身就无可争议地内嵌着存在义，因为所有系词——所有 "S 是 P" 句型中的系词都具有存在义。只要 "S 是 P" 与 "PS（事物）存在" 这样的存在变型句有着某种完全等价的内在关系，我们就可以充满信心地断言一切系词包括汉语系词是都本源地内镶着存在义。③ 所以，"天是蓝的""我是爱你

---

① 实际上笔者还想反过来进一步断言：所有类似于逻辑原象 S is 这样的命题比如 God is 都是 S is P 的某种省略形式句子。质言之，God is 里的 is 不仅表示存在，其实也是地地道道的 "系词"，只不过显示的是某种省略形式的系词结构罢了。此课题说来话太长，另立专门文章详述之吧。

② 在汉语数千年的演进史上，曾出现多种类似于或相当于 S is P 主系表结构的语言游戏，比如："也""者，也""矣""在""为""系""即"等，但根据王力先生的研究，"就汉语来说，真正的系词只有一个 '是' 字"。考虑到 "是" 在 "汉语"（尤其现代汉语、当代汉语以及可见之未来汉语）系词表达方式中十分突出的普遍统治地位，笔者基本赞同王力先生的论断。参见葛瑞汉："西方哲学中的 'Being' 与中国哲学中的 '是 / 非'、'有 / 无' 之比较"，宋继杰译，载宋继杰主编：《BEING 与西方哲学传统》（上卷），第 422-456 页；张东荪："从中国言语构造上看中国哲学"，载宋继杰主编：《BEING 与西方哲学传统》（上卷），第 457-472 页；王力：《汉语语法史》，北京：商务印书馆，1989 年，第 183 页。

③ 或许我们至少可以把 "S 是 P" 理解为三种情形："所有 S 是 P""有的 S 是 P""这个 S 是 P"。如果用量化逻辑符号把它们写出来依次是："$\forall x (Sx \rightarrow Px)$""$\exists x (Sx \wedge Px)$""$\exists x (Sx \wedge \forall y(Sy \rightarrow y \equiv x) \wedge Px)$"。后两种情形包含明显的 "存在量词"，所以其存在意义十分显豁。麻烦的主要是第一种情形：通常逻辑学家们会认为全称肯定命题并不断言或设定任何事物存在，而仅仅断言 "如果有某事，则有另一事"。但笔者以为这个论点是错误的，笔者将撰另文详细论证。"The key to the matter is this: A propositions and E propositions do not assert or suppose that anything exists; they assert only that (*if one thing then* another) is the case. But I propositions and O propositions do suppose that some things exist; they assert that (this *and* the other) is the case. The existential quantifier in I and O propositions makes a critical difference. It would plainly be a mistake to infer the existence of anything from a proposition that does not assert or suppose the existence of anything." I. M. Copi, C. Cohen, and K. McMahon, *Introduction to Logic*, Essex: Pearson Education Limited, 2014, p. 446.

的”“树是高的”“石头是硬的”“刀刃不是锋利的”“孙悟空不是喜欢猪八戒的”“‘方的圆’是不存在的”①等句子中的系词是都本源地内藏着存在之奥义。所以，用是翻译 Being 根本就不会遗漏 Being 原有存在之义。不少存在（有）派的学者都会认为汉语里的是（根本）没有存在的意思。比如陈村富先生说过：“当我们用一种语言去译另一种语言框架中的词汇时，还需要懂一点解释学、语言哲学和翻译的理论，必须明白汉语的‘是’不像希腊文的 eimi，它不含有‘存在’、‘有’与‘能’的意思。当我们‘一以是之’、‘一是到底’时，我们不仅远离希腊语而且无法让使用汉语的读者理解原意了。”②但是，依照笔者本节的扼要分析成果，汉语里的系词“是”就不可能没有存在的意思了。

此外，我们还可扼要回顾下维特根斯坦在《逻辑哲学论》3.323 节中的相关讨论：

> 在口语中，这样的情形是极为常见的现象：同一个语词以不同形式暨方式进行表示 —— 因此属于不同的符号 ——，或者本来就是以不同形式暨方式进行表示的两个语词在一个命题中

---

① 使用上述同样方法，我们就可以得到“‘不存在的方的圆’存在”这样的等价转换句子。显然我们将很容易联想到备受责难的迈农名句“存在这样的对象，说‘这样的对象不存在’是真的”。看似极端的迈农主义方案虽然很容易受到各家批判，但笔者认为其中仍然是富有深刻洞见的。正因此后来的各版改良迈农主义将更具理论竞争力。参见 A. Meinong, "The Theory of Objects", Isaac Levi, D. B. Terrell, and Roderick Chisholm, trans., in *Realism and the Background of Phenomenology*, Roderick Chisholm, ed., Atascadero, CA: Ridgeview, 1981, pp. 76–117; T. Parsons, *Nonexistent Objects*, New Haven: Yale University Press, 1980; Z. Edward, *Intensional Logic and the Metaphysics of Intentionality*, Cambridge, MA: MIT Press, 1988; G. Priest, *Towards Non-Being: The Logic and Metaphysics of Intentionality*, Oxford: Clarendon Press, 2008。

② 陈村富：“关于希腊语动词 eimi 研究的若干方法论问题”，载宋继杰主编：《BEING 与西方哲学传统》（上卷），第 273 页。

被以表面上看来相同的方式加以使用。

因此"是"作为系词显现，作为同一性记号显现，也作为存在之表达而显现；"存在"像"走"一样作为不及物动词（显现）；"同一的"作为形容词（显现）；我们谈论**某物**，但也谈论**某物**发生着。（So erscheint das Wort „ist" als Kopula, als Gleichheitszeichen und als Ausdruck der Existenz; „existieren" als intransitives Zeitwort wie „gehen"; „identisch" als Eigenschaftswort; wir reden von *Etwas*, aber auch davon, daß *etwas* geschieht. ）

（在命题 Grün ist grün［格林是不成熟的］中——这里，第一个词是一个人名，而最后一个词是一个形容词——这两个词不仅有着不同的指称，它们本来就是不同的符号。）

根据 3.323 节及其周遭上下文的"字面"意思，我们似乎可以断定"此时"的维特根斯坦"（仍旧）赞同"某种"流俗"的理解：ist 有三种（完全）不同的用法，即（1）"是"（系词），（2）"同一的"（形容词），（3）"存在"（不及物动词）；系词用法与非-系词的作为不及物动词的存在用法是截然分开的两种完全不同的用法。但笔者以为，维氏在这里真正要说的主旨意思其实是：同一个"记号"（Zeichen）可以被用作不同的"符号"（Symbole），而同一个符号也可以不同的记号来显示；日常生活里以及整个哲学史就充满了类似的最基本的混淆。ist 的例子只是被维氏作为一个"十分寻常易见"的例子用来印证同一个记号可以被用作多种不同的符号而已。维氏在这里对 ist 具有三种不同符号用法的"描述"其实只是某种对寻常大众普通说法的"转引"或"转述"而已，因此，这完全不能说明维氏本人关于此问题的任何真实看法。笔者以为类似的这种"转引-转述"在维氏前后期文本中随处可见（海德格尔也与此相类），所以须要作为读者的我们随时仔细甄别、缕析明见……

7.13 海德格尔 Sein 之汉译

这里简要地以海德格尔在其最著名之代表作 *Sein und Zeit* 里一段明确谈及名词 Sein 与动词 sein 之本质关联的文本来显示 Sein 汉译两派之上述第 2 条共同错误预设是如何阻塞两派切问-应答本源之 Sein 的。

3. Das „Sein" ist der selbstverständliche Begriff. In allem Erkennen, Aussagen, in jedem Verhalten zu Seiendem, in jedem Sich-zu-sich-selbst-verhalten wird von „Sein" Gebrauch gemacht, und der Ausdruck ist dabei „ohne weiteres" verständlich. Jeder versteht: „Der Himmel *ist* blau"; „ich *bin* froh" und dgl. Allein diese durchschnittliche Verständlichkeit demonstriert nur die Unverständlichkeit. Sie macht offenbar, daß in jedem Verhalten und Sein zu Seiendem als Seiendem a priori ein Rätsel liegt. Daß wir je schon in einem Seinsverständnis leben und der Sinn von Sein zugleich in Dunkel gehüllt ist, beweist die grundsätzliche Notwendigkeit, die Frage nach dem Sinn von „Sein" zu wiederholen.[①]

【存在（有）派的陈嘉映先生、王庆节先生译文】

3. "存在［是］"是自明的概念。在一切认识中、一切命题中，在对存在者的一切关联行止中，在对自己本身的一切关联行止中，都用得着"存在［是］"。而且这种说法"无需深究"，谁都懂得。谁都懂得"天**是**蓝的"、"我**是**快活的"等等。然而

---

① M. Heidegger, GA 2, S. 6.

这种通常的可理解不过表明了不可理解而已——它挑明了：在
对存在者之为存在者的任何行止中，在对存在者之为存在者的
任何存在中，都先天地有个谜。我们向来已生活在一种存在之
领会中，而同时，存在的意义却隐藏在晦暗中，这就证明了重
提存在的意义问题是完全必要的。[①]

【是派的王路先生译文】

3."是"乃是自身可理解的概念。在所有认识、命题中，在每
一种对是者的态度中，在每一种自身对自身的态度中，都将利用
"是"，而且这里的这个表达乃是"立即"可以理解的。每一个人
都明白："天空是蓝色的"；"我是高兴的"等等。[②]

这一段德文应该说字面上原本是没有太大理解难度的，是比较
清晰易懂的。海氏在这里谈及的就是那个"所有命题中"都寻常可
见的、先已领会的 Sein，而"随便"举的两个寻常例子就是"天空
ist 蓝色的""我 bin 高兴的"中的 ist 和 bin。这里的 ist 和 bin 显然都
是系词，所以海氏要谈的那个名词的 Sein 正好就是那个名词化的系
词 ist 或者 bin。因此，这里的 Sein 显然只能翻译成现代汉语里的系
词是，因为非-系词的实义动词（存）在根本没法"行云流水"或者
"天衣无缝"地带入"天空（　）蓝色的"和"我（　）高兴的"中的空
位。当然，有的存在（有）派学者可能会反驳说，"天在蓝""我在
快活"怎么就一定不通畅啦？在为什么一定不可以用作系词呢？笔
者承认，在某些语境或语言游戏中，在的确有可能发挥"类似"——
但毕竟还不是"等同"——系词的作用，比如说这里的"天在蓝"

---

①　海德格尔：《存在与时间》，陈嘉映、王庆节合译，熊伟校，陈嘉映修订，第5-
6页。

②　王路：《"是"与"真"——形而上学的基石》，第317-318页。

暨"我在快活"——但是，如果让我们在现代汉语中只能挑选一个词来统一翻译英文系词 to be 或者德语系词 sein 的话，难道我们竟不会选是而会去选在吗？① 难道在现代汉语中，是作为系词的普遍日用程度不是远远高于在等其他任何词吗？的确，在现代汉语里，是有可能不是唯一的系词，但是的的确确是最普遍日用，甚至唯一普遍日用的系词。所谓"日用即道"，海氏就是要在这个无比日用寻常的系词是里——"S 是 P"式的平凡普通语言游戏里去拷问他那个"不二大道"或者"终极大道"啊……

所以，直觉上说，我们直接对比两段译文会发现王路先生的译文理解起来要通畅易懂一些。因为海氏在这里直接要去探讨的那个 Sein

---

① 值得注意的"有趣现象"是：在有的是派学者正在执着开掘汉字是的存在意义的同时，存在（有）派的学者（比如 *Einführung in die Metaphysik* 的汉译者熊伟先生和王庆节先生）似乎也在不断尝试将汉字在系词化或者深挖在潜存之系词功能。并且，笔者不得不承认熊王二位先生的这段汉译处理是十分聪明而极富启发意义的——几乎就要把是的所有翻译可能性给成功阻绝了。

      Wir sagen: „Gott ist"; „Die Erde ist"; „Der Vortrag ist im Hörsaal"; „Dieser Mann *ist* aus dem Schwäbischen"; „Der Becher *ist* aus Silber"; „Der Bauer ist aufs Feld"; „Das Buch *ist* mir"; „Er ist des Todes"; „Rot ist backbord"; „In Rußland ist Hungersnot"; „Der Feind ist auf dem Rückzug"; „In den Weinbergen ist die Reblaus"; „Der Hund ist im Garten"; „Über allen Gipfeln/ist Ruh".

      【*存在（有）派熊伟先生和王庆节先生的译文*】我们说："上帝在"。"地球在"。"大厅中在讲演"。"这个男人是（*ist*）从斯瓦本区来的"。"这个杯子是（*ist*）银做的"。"农夫在种地"。"这本书是（*ist*）我的"。"死在等着他"。"左舷外在闪红光"。"俄国在闹饥荒"。"敌人在退却"。"葡萄根瘤蚜在葡萄园肆虐"。"狗在花园里"。"群峰在入静"。

海氏这里一共列举了 14 个 ist 句子，我们可以认为其中还剩 3 个 ist 熊先生和王先生实在没有办法把它们译为在——只好把它们译为是了。因为如果强要译为在，就完全不成句了。其实笔者倒也十分期望剩下的 3 个 ist 也都可以顺畅地使用在来翻译，这样在、是译名之争或可暂休矣。因此，从这个小插曲也许我们也可明见出：（1）不少存在（有）派的学者其实也十分看重-在乎名词 Sein 来源 sein 之普遍"系词"句法功能；（2）只不过在既成的现代汉语中，如果一定要单独比较谁更能全面胜任"系词"之功用——即便在存在（有）派看来——是的确也是（远）胜于在的了。参见 M. Heidegger, GA 40, S. 95; 海德格尔:《形而上学导论》，熊伟、王庆节译，第 89 页。

本来就是我们最日用、最常见的 —— 随口一说、随便一听就能碰到的"S 是 P"里的那个系词是啊。但遗憾的是存在（有）派的译者虽然早已领会到："按说，大写的 Sein 既然从小写的 sein 而来，通常应当译作'是'。所谓本体论那些深不可测的问题，在很大程度上，就从西语系词的种种意味生出来，若不把 das Sein 译作'是'，本体论讨论就会走样。"但却仍旧拘泥于："然而，中文里没有手段把'是'这样的词变成一个抽象名词，硬是用'是'来翻译 das Sein，字面上先堵住了。Das Ontologisch-seins des Daseins ist... 能译作'此是之是论之是是……'之类吗？"① 兴文中也多见类似观点："其三，译文要照顾母语的语感和表达。'是'派在这一点上的表现难如人意。例如德文的 das Sein ist，译成'存在是'尚可理解，甚至于译成'存在存在'也还勉强可解（虽然也相当费劲），但如果译成"是是"就不符合中文表达了；又比如德文的 das Sein ist nicht，译成'存在不是'或者'存在不存在'尚可一听（虽然也难以了解），而译成'是不是'就不可理解了。这方面的例子不胜枚举。"② 可是笔者还是不明白，为何在中文里"是"就不方便被作为名词来使用或观看呢？我们在把"S 是 P"中的"是"拿出来谈论研究时 —— 比如我们说"'S 是 P'里的'是'是系词"的时候，难道这句话里的第二个"是"竟非合法使用之名词吗？难道现代汉语真的不能有意义地谈论作为名词的系词"是"吗？③ 我们应该对现代汉语（的应变

---

① 海德格尔：《存在与时间》，陈嘉映、王庆节合译，熊伟校，陈嘉映修订，第 495 页。

② 孙周兴："存在与超越：西方哲学汉译的困境及其语言哲学意蕴"，《中国社会科学》2012 年第 9 期，第 32 页。

③ 赵敦华先生也持类似立场："但是，中文的'是'动词却没有名词形式（'是非'、"实事求是"等词中的'是'虽为名词，但与'是'动词无关），因而只能用于判断之中，却不能形成一个独立概念。"但是笔者以为，我们在把"S 是 P"中的"是"拿出来谈论研究时 —— 比如我们说"'S 是 P'里的'是'是系词"的时候，难道这句话里的第二个"是"竟然不是名词吗？只能说"是"和"在"一样，都不是传统中国哲学-思想中的大词或专门术语罢了 —— 而绝不能说作为系词意义的"是"不可以在现代汉语的现

能力）充满信心啊。为何"存在是"可以理解，甚至"存在存在"也还勉强可以理解，但偏偏"是是"就不符合中文表达了呢？为何"存在不是""存在不存在"尚可一听，但偏偏"是不是"就不可理解了呢？这的确让笔者觉得费解。笔者以为"是是""是不是"较之"存在是"（存在存在）、"存在不是"（存在不存在）等或许字面上反而更易理解，虽然就前者本身来说也着实不易理解——但我们必须考虑到即便是西方人要去理解 Das Sein ist、Das Sein ist nicht 或者 ist ist[①] 这样的句子也是非常不易，因为这样的命题都是真正的哲学命题啊。所以，完全不是因为把 Sein 翻译为是才让理解变得十分费劲窒碍的（相反，把 Sein 译为是才可能促进更为适恰地理解呢）——而是——这些句子（在思想上）本来就十分地艰难晦涩。并且，关键是——这根本不是符不符合汉语母语表达习惯，或者是否便于汉语读者流畅阅读理解的问题——而首先是能否保证翻译的正确性——能否"守-信"之问题也。在信达雅中，如果不能首先保证信，谈何达与雅呢？就如前引海氏这段文字，如果不把其中所有的 Sein 直译为名词化的系词是，何来信可言呢？这里海氏明明说的就是（名词化的）系词是啊。

更进一步说，存在（有）派之所以执着于将名词 Sein 译为存在的更深层的关键理由即是：动词 sein 确有非-系词用法的存在用法，该种用法较之系词用法更为原始-根本，并且哲学上（比如海氏哲学）探讨的名词 Sein 之意义源泉主要就是来自动词 sein 的这一个

（接上页）有语法框架下有意义地被作为名词来使用。赵敦华："'是'、'在'、'有'的形而上学之辨"，载宋继杰主编：《BEING 与西方哲学传统》（上卷），第 104 页。

①　可参见当代英国哲学家威廉姆森（Timothy Williamson）代表作《模态逻辑作为形而上学》中出现的类似句子。"Therefore, since whatever *is is*, whatever is presently is: if there is something, then there presently is such a thing." T.Williamson, *Modal Logic as Metaphysics*, Oxford: Oxford University Press, 2013, pp. 23–24.

更为原本、重要的非-系词用法之存在用法的。但根据我们上节的分析，任何系词都自嵌存在义，所以可谓任何系词用法同时都是存在用法。现代汉语里的系词是自带存在义，因此根本无须担忧以是翻译名词 Sein 会丢失动词 sein 里的存在义。存在（有）派在这段德文翻译里遇到的真正困难正是源自其执着于动词 sein 系词用法与非-系词的存在用法之非此即彼、不可调和的对峙二分法。

　　当然，笔者必须强调的是：兴文利用海氏作为"存在-神-逻辑学"（Onto-Theo-Logik）之"形而上学"（Metaphysik）的"本质-先验"暨"实存-超验"的二重交织-交汇的超越路径来探讨 Sein 与 Transzendenz 之天命关联，这无疑是十分高明的"大手笔"思路。[①]笔者唯一的困惑是：为何兴文坚持认为一旦把 Sein 翻译为是，就会阻塞理解 Sein 与 Transzendenz 之天命关联的通道呢？

　　　　让我们借以反驳一"是"到底的"是"派的译法。我们显然无法把上述海德格尔的命题"Sein ist das transcendens schlechthin"（"存在地地道道是超越"）翻译为"是地地道道是超越"，这不但是因为这种翻译脱离了我们母语的基本语感，而且更主要地是因为它完全错失了在此"存在"（Sein）被赋予的"实存"（Existenz）之义。无论是中古以来关于上帝此在的存在学／本体论证明，还是后期海德格尔所揭示的作为"存在-神-逻辑学"（Onto-Theo-Logik）的形而上学，都显示了"存在"与"实存／超越"的内在关系以及"存在"的"实存"意义，从而让我们不可能仅仅在系词意义上来译解"存在"（Sein）。

---

　　① 请参见可称作兴文之姊妹篇的孙先生的另一篇极具启发意义的杰作："本质与实存——西方形而上学的实存哲学路线"，《中国社会科学》2004 年第 6 期，第 71-81 页。

特别是像 Gott ist（"上帝存在"）这样的句子，如果把它译为"上帝是"，那这种译法没有传达出原文 Gott ist 中的系动词"ist"所具有"实存–超越"之义。[①]

可是根据上节的分析，我们已有充分信心可以认为系词"是"（Sein）本来就有"实存 / 存在"（Existenz）之义，所以把 Sein ist das transcendens schlechthin 里的 Sein 翻译为是就如何会错失了 Sein 被赋予的"实存"（Existenz）之义呢？海氏说的正是：系词是就是地地道道的"超越"啊；系词是里本就内嵌着"实存–超越"之路啊。正因此，如果我们用力过度地将 Sein 直接译为存在的话——这样反而会阻塞去领会 Sein 与 Transzendenz 之天命关联的绿色通道呢。

> 一个译词的适恰性应当尽可能满足以下两条要求：其一，要符合原词词义，力争对应，至少可以通过阐释获得意义上的对应性；其二，要符合母语语感，能够在母语（译文）上下文中构造出可理解的语句。一个译名若不能满足这两条要求，那就不能算是一个合格的译词。我们认为，"存在 / 是"（on/einai, Sein/sein）的译法能够满足这两条，而主张不加区分地把名词和系动词统统译成"是"的所谓"是"派，不能满足和应对上述两条要求。[②]

因此，笔者完全赞同兴文划定的上述 2 条翻译要求：可谓兼顾信与达也。只不过笔者以为或许孙先生以及其他不少存在（有）派

---

① 孙周兴："存在与超越：西方哲学汉译的困境及其语言哲学意蕴"，《中国社会科学》2012 年第 9 期，第 40 页。

② 孙周兴："存在与超越：西方哲学汉译的困境及其语言哲学意蕴"，《中国社会科学》2012 年第 9 期，第 30 页。

的学者实际上为了更多"迁就"第 2 条要求（达）而不得不更多"牺牲"第 1 条（信）了。但真正可怕的是即便是迁就译为存在也"不能"创造出"符合母语语感，能够在母语（译文）上下文中构造出可理解的语句"。存在在汉语里真的更好懂吗？说"存在存在"或者"存在是"、"存在不存在"或者"存在不是"这样的话，在汉语中真的更为通顺易懂吗？汉语日常生活世界里的人们会每天提到、想起（存）在吗？笔者以为至少在当代汉语日常生活世界里，是比（存）在要日用寻常太多。所以改译为（存）在根本不能帮助汉语生活世界里的人去更原本地理解 Sein。质言之，如果第 1 条（信）不能保证，第 2 条（达）也就愈加不可能实现了。因此，显然第 1 条（信）的重要性远远高于第 2 条（达）。信是任何翻译的第一准则，是是最符合 Sein 原义的汉字了，所以只能把 Sein 翻译为是，哪怕在有些语境下某些译文可能"暂时"难以非常"符合母语语感"，但这也是无可奈何之事了。因为，这既是源于西语原文哲理的困难深邃，同时也是中西之语言文化-生活世界之巨大差异所致。所以，在做西方哲学经典的汉译工作时，我们才更须自觉持守泰然任之的从容姿态了。

另一方面，是派王路先生的这段译文因为"一是到底"，所以从汉译文字面上来看是更为可信亦可理解的。但是，王先生最大的问题同样在于没有领会所有的系词用法同时也是存在用法，错误地认为"天空是蓝色的""我是高兴的"里面的系词是毫无存在含义，从而同样执着于动词 sein 系词用法与非-系词的存在用法之非此即彼、不可调和的对峙二分法 —— 从而完全堵塞了其深入理解海氏通过拷问日用系词是来返回"閒是"（Dasein）如是丰富多样之存在世界的所有绿色通道。王先生虽然认为：""是'一词既有系词含义，也有存在含义（比如在使用非系词用法时）"①，但他却始终没能领会系词本来就有存在含义②，"天是蓝的""我是快活的"当中的系词本来就有存在义，所有使用系词的主系表结构句子中都隐藏着某种存在-在场、某种作为闺是之是的去-是的存在-去蔽活动、某种是者之是的自行显隐。这才是海氏通透厉害高明之处啊！海氏怎么会仅仅停留在字面表层的联结主谓词的系词句法语法游戏之上呢？！③ 所以可惜的是王先生虽然正确地"一是到底"地把 Sein 译为是，但最终还是完全错过了海德格尔。

要之，海德格尔的 Sein 原本直接就是系词 sein 的名词化，所以理应译为是。海氏就是要在这个最日用、最常见的系词是里——"S 是 P"式的各式实际语言游戏-生活游戏里不断去逼问亲听-切近还原各不相同的、情境化的在场（Anwesen）、到时（Zeitigen）、情调（Stimmung）、存在（Existenz），乃至思（Denken）或诗（Dichten）或史（Geschichte）或它给予（Es gibt）或兴有（Ereignis）或林间空地（Lichtung）等海氏（后期）之思想终极奥义。所以，我们切不可用力过猛地、违背海氏原意地完全错过、略（掠）过系词是而径直奔向更深层或更原始的诸般海氏语言游戏（诗-思游戏）中去。

因此，从两派对海德格尔 Sein 汉译处理之比较，我们可以明见：正是因为两派囿于第 2 条之共同错误预设（动词 sein 具备两种不同

---

① 王路："哲学概念的翻译与理解——以对'Being'的翻译为例"，《哲学动态》2018 年第 3 期，第 68 页。

② 参见王路："讨论'是'与'存在'的问题、方式与结论——评倪梁康的'回应'"，《世界哲学》2010 年第 4 期，第 90 页。"既然如此，这个系动词怎么会是'存在'，这个'是'又怎么会来表达存在呢？（我们都知道海德格尔的著名例子'天是蓝色的'，'我是快乐的'。这里的'是'乃是清楚的，它们是系词也是清楚的，但是，说它们表示存在会是清楚的吗？）"但我们完全可以想象，备受王先生推崇的卡恩却自然会对这里的系词是所暗含的存在意义或存在力量格外强调。卡恩明确说过："einai 的一种系词用法即固有地存在……多么强大的系词的存在力量啊。"参见 C. H. Kahn, *Essays on Being*, pp. 113–114。

③ 参见 M. Heidegger, GA 15, S. 377–378。

甚至互不相干的用法即系词用法和非-系词的存在用法），从而可能耽误了从 Sein 而来之更适切领会。

7.2 回到词源学-形训学视角 ①

7.21 是究竟有无存在之义？

我们换一个视角再来探讨 Sein 或 Being 的汉译问题。

Sein/Being/on 在某种意义上可被称作西方哲学之"最高范畴"或"最基本概念"，然而相关汉译之争可谓旷日持久、迄今未有定论。笔者尝试将争论各方粗略划分为"存在（有）派"与"是派"。而存在（有）派对是派最大的一项质疑就是：虽然是可以应对作为名词 Sein 意义来源之动词 sein② 的普遍系词语法功能，但是并没有存在的意思，从而是难以应对动词 sein 本身所明确包含的存在意义。③质言之，似乎只要是派能够无可争议地证明是确实具有存在的意思或用法，那么是派即可宣告译名之争大获全胜矣。④那么，究竟是有没有存在的意思呢？限于篇幅，本小节无意全面展开此问题⑤，而只

---

① 本书 7.2 节引用的古汉字金文和小篆图片均出自"汉语多功能字库"（香港中文大学人文电算研究中心），http://humanum.arts.cuhk.edu.hk/Lexis/lexi-mf。

② 一般来说，存在（有）派和是派都赞同：名词 Sein 或 Being 之意义，根源于其相应的动词形式；因此，欲理解前者，必须回返考察后者。参见王路："西方哲学汉译的困惑与超越 —— 回应孙周兴教授的批评"，《中国社会科学》2013 年第 4 期，第 28 页；海德格尔：《存在与时间》，陈嘉映、王庆节合译，熊伟校，陈嘉映修订，第 495 页。

③ 参见陈村富："关于希腊语动词 eimi 研究的若干方法论问题"，载宋继杰主编：《BEING 与西方哲学传统》（上卷），第 273 页。

④ 笔者虽然赞同是派把 Sein/Being/on 译为是的基本结论，但在具体论证理据上却显然与传统是派保持必要之重大分歧。可参考本书 7.1 节的讨论。

⑤ 关于现代汉语里的"是"有无明确的存在意义或用法，笔者认为显然是有的。根据《现代汉语词典》（北京：商务印书馆，2016 年，第 1197 页）："（是）表示存在，主语

是尝试从某种"词源学-字源学"（etymology）[①]——更准确地说就是——"形训学"（以形训义-以形示象的一种训诂学方法）视角出发精细考察是之古汉语字形原象。从笔者目前掌握的文献看，该视角迄今尚未引起学者们足够的重视。

海德格尔在《形而上学导论》（1935 年夏季学期弗莱堡讲座）中曾考证德语动词 sein 的所有复杂变形情况皆由三种不同的古老词干来规定：（1）es，"生活，生活者，由其自身而来立于自身中又走又停者：本真常驻者"（das Leben, das Lebende, das, was von ihm selbst her insich steht und geht und ruht: das Eigenständige）；（2）bhu，"起兴，起作用，由其自身而来站立并在站立中持留"（aufgehen, walten, von ihm selbst her zu Stand kommen und im Stand bleiben）；（3）wes，"居住，逗留，停留"（wohnen, verweilen, sich aufhalten）。前两种词干为印度日

（接上页）通常是表处所的词语，'是'后面表示存在的事物：村子前面是一片水田；他跑得满头是汗。"有些存在（有）派学者可能会认为：现代汉语里的是虽然可以合乎汉语习惯地表示这样的"主语通常是表处所的存在"，但却难以应对"上帝是"这样的情形，"上帝是"无论如何在现代汉语里也是一句十分怪异的、难以理解的"不符合汉语表达习惯甚至不符合汉语语法的"句子。笔者在这里只想稍微回应两句：第一，在西文里，God is 也不是一句多么寻常易懂的话——也可谓是足够 weird 了；第二，现代汉语包括其语法仍然在活跃地变易或者与时俱进者，我们应该亦必须对汉语应变能力保持极大之信心和耐心也。

① 似乎海德格尔是某种词源学方法的热情爱好者，而今日追随或响应海氏之学者看起来亦相当不少。窃以为，"追根溯源"的词源学方法自然是十分重要的"一种"可能方法，但切记，它绝不是"唯一"的或者终极的、最靠谱的方法。并且，海氏本人实际上对词源学方法也从来是葆有严肃之批判或保留姿态的。简单说，首先，古人的生活世界或语言游戏与今人的生活世界或语言游戏往往是大相径庭的，因此古不能规定-决断今，有些词或字的今古意义或用法实在是相去太过遥远，盲目地把它们硬扯在一起，其实毫无益处，只能是牵强附会或者生搬硬套了；其次，有些词或字的"开端形状-发音-用法-意义"其实是"纯属偶然的"，与后来该词之实际演变几乎毫无实质关系，所以一概盲信崇拜词源字源的人恐怕更容易受到某种词源字源之严重误导或干涉从而"遮蔽"实事本身了；最后，因为古老的故事或传说实在太过久远，流传下来的其中属于真正"靠谱"的部分往往就非常非常稀少了，所以留下来的"发挥-解释-游戏"空间或余地实在是太大太大大了。要之，任何时候，我们都须对某种极端的"历史主义"或"复古主义"保持十分必要之警惕或戒备。

耳曼语所共有，而且也出现在古希腊语的 eimi、einai 等和拉丁语的
esum、esse 等之中。最后一种词干则只在 sein 这个日耳曼语动词的变形
范围内出现。要之，这三种词干含混而成"生活，起兴，逗留"（leben,
aufgehen, verweilen）之连带意义；质言之，三种词干可谓都以不同
方式含摄蕴藏了"在场"（Anwesen）或"让在场"（Anwesenlassen）
之义。①

那么，从字源形训角度说，我们汉语中的有、在、存、是究竟
有没有类似的原始意义呢？笔者认为，它们都有，而且各富特色，
各擅胜场。②

7.22 有在存是之字形原象

图 20　金文之有（大盂鼎 西周早期）

---

① 参见 M. Heidegger, GA 40, S. 75–77; GA 14, S. 9。

② 笔者在完成全书写作数月后，发现关子尹先生新文 "On the Fourfold Root of the Notion of 'Being' in Chinese Language and Script" (*Journal of Chinese Philosophy* 44 [3–4], 2017, pp. 212–229) 亦对古汉字有、在、存、是做了一番形训考察，但不如本章详尽，具体观点也有重大差异，比如笔者并不同意文将有、在、存、是"等量齐观"的做法，关文认为这四个汉字分别从不同方面应对着 to be 的不同含义或用法，或曰它们共同印证着 to be 的"四重根"（fourfold root），但没有哪一个字具有某种绝对的综观优势。笔者自然认为在翻译 to be 的问题上，是相比于有、在、存确实具备多方面不可比拟的优势。不过笔者亦非常赞赏关文如下之观点：首要的问题不是在于去寻找一个最合适、最匹配的汉字来翻译 to be——而应是——去反思汉语（汉字）是如何以自己独有的方式来表达像 Being 这样的一般观念的。

《说文》曰："有，从月，又声。"有，从月（肉）从又（手），其象可训为以手持肉，手中有物。而从其金文字形上看（图20），有或亦可被训为：在原肉之上生长出原手，而唯有通过此原肉-原手，周遭诸是者才可能是其所是或者自行显隐起来；没有原肉暨原手，一切都是混沌昏暗的，一切"不是"了。质言之，如果没有"手"（Hand），又何来海德格尔所云之"上到手头之是"（Zuhandensein）与"现成在手之是"（Vorhandensein）呢？因此，"有"含摄在场或让在场之义。

图 21　金文之在（大盂鼎 西周早期）

《说文》曰："在，存也。从土，才声。"其象可训为草木初生（才）于土上（图21）。在之原象颇可与古希腊之 physis（起兴-涌现-萌生-生长）遥相呼应-共鸣。因此，在含摄在场或让在场之义。

图 22　小篆之存（康熙图）

《说文》云："存，从子，才声。"其象应训为生命（子）从地下向上萌发（才）（图22）。《尔雅》云："存存，在也。"[①] 存即在，在即存也。可见，存、在之原象极为亲密相似，甚至就是"一回事"了。因此，存含摄在场或让在场之义。

图23　小篆之是（康熙图）

《说文》云："是，从日，正。"是象可训为日正在天，普照光耀大地，万物趁机萌发生长、游戏逗留（图23）。是象相比存在象，或可谓不仅是"有"（生活-起兴-逗留），而且是"大有"了。因为存在单单描绘"草木生命破土初生之象"，而是则大彰"天地上下交感、日正草生的阴阳对构互成之易象"。质言之，"是象之'（让）在场'义"可谓比"存在象之'（让）在场'义""强大-强盛-强烈"太多矣！甚至，我们可以借用某种海德格尔式的口吻来说：是象比存在象更为"原始"——存在象之所以可能，全赖是象之包孕化育也！

---

① 依照《尔雅》1.155、1.156、3.027，"存""在"皆有观察明察之动词义。因此，作为观察明察之"存""在"与"让显现""让在场"或者"现象学地看"等，似有互释共鸣之有趣关联。

图 24　金文之直（恒毁蓋 西周中期）

　　《说文》又云："是，直也；直，正见也。从乚，从十，从目。"
（图24）直、是之象共鸣对应：十目烛乚（隐）曰直，以日为正曰
是。"正见"即"十目烛隐"。用海德格尔式的行话来翻译，"十目
烛隐"说的就是"让（任）……（自行）去蔽-显现-在场"。"烛
隐"实即"去蔽"也。同理，"以日为正"彰显的也同样是"让
（任）……（自行）去蔽-显现-在场"之象。"正见"之"见"既是
"（让）看见-听见"，也是"（让）显现-在场"。因此，"正见之见"
颇可与西方哲学的"现象学之见"比对互勘也。

　　此外，根据王力先生的考证，"是"亦与"实"完全相通。[①]《说文》
云："实，富也。从宀，从贯。贯，货贝也；宀，交覆深屋也。"因此实
之象可描画为：以货贝充满交覆深屋。质言之：头顶有宝盖（修建得
"很好"的东西南北皆交覆且有堂有室之深屋——绝非简陋之"茅草
屋"也），中间有田（粮食），脚下有贝（钱财），三层均"有"，才可
谓实也。可见，实实乃某种"富有"或"大有"，因而自然也是某种在
场或让在场了。或者，我们也可换一个视角重新观看实象。《周易·系
辞传下》曰："易之为书也，广大悉备。有天道焉，有人道焉，有地道

――――――――――

　　① 参见王力：《同源字典》，北京：商务印书馆，2002年，第114-115页。

焉。兼三才而两之，故六。六者非它也，三才之道也。"若以周易三道
观之，实象乃天地人三道之汇聚汇藏也。头顶宝盖为天，脚踩宝贝为
地，天地中间（诗意）耕田栖居着的为人。因此，我们也可尝试将实之
字形看作下地二爻（贝）、中人二爻（田）与上天二爻（宀）之易象结
构。而是之"日正"易象，显然与此相类。是（实），天地人三道也。
我们还可将实（是）三道比对海德格尔后期描绘的 Sein 之天地神人四
道。[①]直观二象可见：相比于海氏四道 Sein 象，易之三道是（实）象"缺
了"一个"神"道。（图 25）但这并非是在说易道没有某种原初"诸神
性者"（Göttlichen），而是说原初"诸神性者"自行显隐于天地人三道
之中了。限于篇幅，笔者无意在这里对二象展开精细比对。简言之，笔
者认为二象绝无"高下"之别。

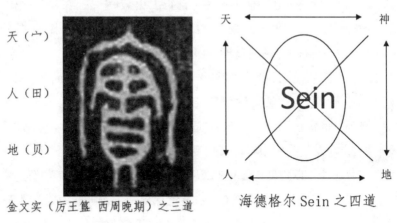

金文实（厉王簋 西周晚期）之三道　　海德格尔 Sein 之四道

图 25　实与 Sein

要之，是含摄在场或让在场之义。

---

① 参见 M. Heidegger, GA 7, S. 181-182。

7.23 是与大有卦

因此，我们既可以把是依照其原始字形直接训作"日正"，也可将是依照其原始字义理解为直也即"正见"也。"日正"实即"正见"，"正见"实即"日正"也。那么，"正见"之"正"或者"日正"之"正"究竟意义何在呢？如此看来，一路追踪"是"之要义，最后落脚点似乎又全系于这个"正"字之上了。

图 26　金文之正（逦方鼎；尹光方鼎 商代）

《说文》曰："正，是也。从止，一以止。"正象因之可训为：以一而止、守一而止，止于一也。（图 26）那么，究竟何谓"一"呢？凝视正的金文字形，我们似乎可以认为这个"一"从"源头"说来其实就是"日"（火在天上，日正于天）了（虽然不少学者将"一"训为"方形城邑"）。因此，正之所谓守一而止，其实也就是守日而止，守是而止，守直而止了。是即直，直即是；直即正，正即直；是即正，正即是也。这里显示着某种十分有趣的、有益的"解释学循环"。那么，日正于天究竟是什么意思呢？这就须要我们折回到周易之"大有卦"了。是——从日从正——说的正是日正于天，实通周易之第 14 卦（图 27）"大有"也。①

图 27 大有之卦画

大有：元亨。（《周易·大有》）

卦名：大有。卦辞：元亨。大有卦，内卦为乾，外卦为离，下
乾上离，乾为天，离为日为火，火在天上，日正于天，日离（丽）
于天，让万物起兴、生活、逗留，因之可谓"大有"象也。九二处
下乾之中位，故曰"元"，上离中位之六五下应九二，故"亨"（亨
通－亨达）也。

大有，柔得尊位大中，而上下应之，曰大有。其德刚健而
文明，应乎天而时行，是以元亨。（《周易·大有·象传》）

火在天上，大有。君子以遏恶扬善，顺天休命。（《周
易·大有·象传》）

---

① 本书对古籍《周易》的引用参考《周易》（杨天才、张善文译注，北京：中华书
局，2014 年），对大有卦的解释亦有参考该书译注。

综合象象二传之疏可知"大有"说的就是：六五以阴虚入君爻位，身居中位、正位、主位，而为五众阳实所拱卫；六五中正有德，上下响应，厥孚交如，故享"威如"之大吉也；内卦为乾，乾乃天，藏刚健之德；外卦为离，离为火，彰文明之象；因此，圣人自觉响应日正，顺乎日正，维护日正，从而兴造暨维持"大有-元亨"之"圆满"状态也。亦可将大有卦与泰卦做一简要比对。泰内卦为乾（纯阳），外卦为坤（纯阴）①，下乾上坤，阴阳完全"错位倒置"，因此阴阳天地反而得以最大限度地交合欢乐，从而大吉也；而大有的基本格局其实可谓与泰相类，也是下阳上阴，只不过上阴从纯阴之坤易变为二阳夹一阴的离阴（日）了；大有以六五唯一之阴柔统帅-君临上下五众之阳刚，可见周易中道中庸-高明智慧之极致也。

那么，回到本小节开头提出的疑问：究竟何谓"日正之正"呢？大有卦所描画的"日正"原象究竟是什么意思呢？"日正"说的难道只是正午十二点太阳在天空最高挂起的那一时刻瞬间吗？或者"日正"说的难道只是某一个静止的、孤立的、正确的、不偏不斜的、不动不变的、抽象的、终极的、最高的、最普遍的"形而上学的"本质状态吗？

笔者认为答案是否定的。因为归根结底"日正"真正要说的其实正是原始之"时中"了。质言之，我们应该把原始之"日"理解为原始之"时"，而把原始之"正"领会为原始之"中"也。

---

① 这里"纯阳""纯阴"只是从某种意义上来合理道说的。因为换一个方向来看，坤中有乾，乾中有坤；阳中有阴，阴中有阳——因此何来绝对不变的纯阳、纯阴之说呢？易原本即阴阳之道也。《周易·系辞上》曰："一阴一阳之谓道。"易道即"太极"，因此亦可参阴鱼阳鱼相嵌相含之"太极图"也。

7.24 日正与时中

《说文》曰："时，四时也。从日，寺声。"日即时，时即日，可谓"时日"也，亦可谓"天时"也。可训时象为：春夏秋冬循环往复，日月周易而生生不息也。每一时季形式指引[①]的不只是每一时季，而是四季周易；每一时刻（比如日正当头）形式指引的也不只是每一时刻，而是日月周易。因此，时通易也；日通易也。

《说文》曰："中，和也；和，相应也。"《广雅》亦曰："和，谐也。"因此，中象即为：正和中和，不偏不倚，合适适当，恰到好处，和谐协调，中庸中道也。《周易·系辞传上》曰："天地设立，而易行乎其中矣。"整个《周易》其实都在讲中。周易，一言以蔽之，中也。这个中是在天地之中，亦即在阴阳之中也。而阴阳之中，亦即时中也。《礼记·中庸》曰："君子之中庸也，君子而时中。"因此，时中即中庸，中庸即时中也。

可见，所谓"时中"说的就是：中于时，合适于时，应时顺时而不论时行时止也。《周易·蒙·彖传》云："蒙，山下有险，险而止，蒙。蒙，亨，以亨行，时中也。"《周易·艮·彖传》亦云："艮，止也。时止则止，时行则行，动静不失其时，其道光明。艮其止，止其所也。"因此只要"不失其时"，即便"险而止"或"时止"，亦是"止其所"——仍在"时中"也。正因此，即便一时"日止-日正"，也未必不"时中"也。实际上，真正的或曰原始的"日正"形式指引的正是"时中"——只能是"时中"也。"中和"与"正直"虽构象有别，各有凸显侧重，但二象实为相互感应、"惺惺

---

① 这里借用了海氏（早期）思想之关键术语"形式指引"（formale Anzeige）。简单说，它是某种非-形而上学或者后-形而上学的非系统化、非普遍化的作为"（让其）自行-显示"的原始显示方式。参见 M. Heidegger, GA 60, S. 55-65。也可回顾本书 3.11 节的讨论。

相惜"之天命关联也。借用维特根斯坦术语来说，二者实有着十分亲密之"诸家族相似性"[1]。正因此才有"正中"或"中正"这样的说法，其意象实则与"中庸-中和-中道"完全贯通也。说到底，唯有正，才可中；而唯有中，才可以正也。中、正实乃相互构成支撑之本质关系也。《周易·乾》曰："龙德而正中者也。"《周易·离·象传》又曰："离，丽也。日月丽乎天，百谷草木丽乎土。重明以丽乎正，乃化成天下。柔丽乎中正，故亨，是以畜牝牛吉也。"此外，"实事求是"里的"是"，其实我们也应把它训为"时中-日正"之原象。而所谓"止于至善"，实即"止于时中""止于日正"也。唯"止于时中""止于日正"，才可以"止于至善"也即"止于元亨"也。我们还应再返金文之是象（图28）。

天（日十）

人（ ）

地（止）

图 28 金文是（毛公旅方鼎 西周早期）之三道

金文之是，其上体为"日（上）十（下）"（非"早"）。有些学

---

① 参见 L. Wittgenstein, Werkausgabe 1, S. 278。

者将其训为"日暑"，笔者以为，我们或许可以更原始地来观看这个"日十"。"日"不仅可以训为本义"太阳"，亦可形式指引出"日月（星辰）"或"时日"（天时）之周易象也。那么，何谓"十"呢？《说文》云："十，数之具也。一为东西，丨为南北，则四方中央备矣。"因此，十意味着某种四方周行、全体俱备的中正-圆满之象。这样，"日十"即可训为日月周易、四季周易之中正-圆满易道。其下体为"止"。《说文》云："止，下基也。象艸木出有址，故以止为足。"故结合"止"上之"日十"来看就是：在天地阴阳的交媾下，在中正之日的朗照光耀下，在日月星辰四季周易的庇佑恩泽下（日月丽乎天），艸（草）木生命萌兴生长-繁荣衍化，且其根基根系逐渐深扎广播固止于沃土之中（艸木丽乎土），而人则生活嬉戏、逗留悬止在这天地日艸之"中"。若以周易三道观之：止为初爻二爻（止最下面一横为地，占初爻；其上三枝为艸，居二爻），象地；日十为上爻五爻（日在上爻，十居五爻），象天；而其间空位"（ ）"为三爻四爻，可谓象人也。因此，十在金文是中之"位"实与大有卦之君爻（六五）"重合"也。而十作为"数"，亦正好是阴数地数，合于大有之六五阴柔也。因此，金文是之"日十（ ）止"，贯摄天地人三道之原初易象也。这是多么美丽的原初易象啊！这才是汉语是的本真原象啊！《周易·系辞传下》曰："天地氤氲，万物化醇；男女构精，万物化生。"此本源易象与"日十（ ）止"可谓极为亲密相近也。

因此，如果我们一定要分别"原始高下"，有在存之象则都不可与是象相提并论也 —— 是比有在存都要"原始通透-到底究竟"太多，正因此"大有"才被叫作"大有"，而不仅仅是"有"了 ——"大有"（是）实可谓"原有 / 元有 / 源有 / 缘有 / 圆有"也。或可借用某种海德格尔式的行话 ① 来道说——由这个作为"它"（Es）的"是"（大有）才"给予了"（gibt）有、在、存——倘若没有"日丽（离）于天"，又哪儿来"以手持肉"或者"草木起兴"的"大好事儿"（大好日子）呢！

扎根沃土的"止"（趾／脚）象征停驻、盘旋、悬停、逗留等。上日下止合观，可谓（永远）驻留-维持-悬停在"易道"中也——（永远）驻留-维持在"日正-时中"之"元亨"态也。其实，夫子之"七十而从心所欲不逾矩"说的也就是"总能在-时-中"了：总能恰到好处，总能维持中和-中庸-中道，总能实事求是，总能以日为正是也。因此，金文之是形式指引的也正是"止于至善"之象——这个"至善"正是"日正-时中"或"生生之易道"也。因此，通直通正、通时通易之是，不仅有"实事求是"的求真之象（求是即求真，求真即求是也），而且有"是非分明"的求善之象（求是即求善，求善即求是也），此外还有"日丽于天"的求美之象（求是即求美，求美即求是也）。是有"订正-更正-改正-校正"之动词用法，这个"是-正"（动词）构造-悬持的也正是"去假存真""遏恶扬善"暨"抑丑彰美"的连带易象了。要之，是与真善美完全相通，它们相互含摄、对撑对构着。正因此，与是亲密相关的，也即语文学家所谓的形声字中以是为"声旁"的若干汉字如諟、提、湜、媞、醍、嶭、徥、瑅、鍉等，大概都各自形式指引着某种（由各自"形旁"来形式指引的）"物事领域"的圆满美好-大有元亨之原象（真善美之原象）了。比如："諟"（真言真谛、正言直言、善言美言等连带意蕴），可形训为"是于言"或"言之是"——言之日正时中-大有

---

① 这里借用了海氏（后期）思想的关键术语"它给予"（Es gibt）。"它给予"形式指引的正是作为海氏后期思想之主导大词的"兴有"（Ereignis）。"兴有"与"大有"共享若干有趣之诸家族相似性也。参见 M. Heidegger, „Zeit und Sein", in GA 14, S. 3–30。

元亨态也；而"湜"（清澈见底的纯净之水）也可形训为"是于水"或"水之是"——水之日正时中-大有元亨态也。《诗经·国风·邶风·谷风》曰："泾以渭浊，湜湜其沚。"可见作为声旁的是绝非对于形声字整体没有任何"意义"的贡献了——相反，声旁是对形声字整体意义的贡献往往丝毫不逊于形旁（比如言、氵、金、女、山等），甚至有时候会（远远）超越后者——这也可谓是（古）汉语作为表意文字构字造字的一大特色了。

然而这样的真善美原象却绝不意味着任何抽象不动之静止极致状态，而是意指某种悬停-维持在"时中-日正"之中的中道中庸姿态了。十分巧合的是：在西方哲学史内，on/Sein/Being 也是与真善美亲密勾连在一起的，这在巴门尼德、柏拉图、亚里士多德、黑格尔等"关键"大哲那里尤为凸显——只不过西方哲人与中华哲人所领会的真善美其实大相径庭罢了。比如，对巴门尼德来说，是或是者乃不生不灭、连续圆满之一，与真善美可谓同一；而对柏拉图说来，最高或最后的是或是者（理念或相）就是"善"（日）了，而这个善也是至真至美之善。显然这些真善美确实与中华哲人领会的作为"日正-时中"之真善美迥异其趣了。

丁耘先生之雄文"是与易——道之现象学导引"力图以"是象""易象"来形式指引-刻画比较"（西方）哲学"与"（中华）易道"，从而勾勒（未来）异于且超越-统摄了海德格尔思想的"易道现象学"——这毫无疑问是十分辽远深刻、极富穿透力的，对笔者也非常有启发。不过笔者对丁先生的有些观点仍存有不少疑惑。

> 原初现象整体既非日正的片刻停滞，亦非对峙的天地之间，而是日月经天、昼夜之道、四时之行、天地化育。西方哲学关

于天道的基本经验已用日行之停顿 —— 日正之"是"标明，中华思想对此的基本表达可用日月之"易"来表示……

西方哲学所观，上文已以"是"名之。"是"为日头高照，乃易道之一时……

综上所述，易表日月之行、衍为昼夜之道、四时之行、天地之位。是乃易之时位之一，易是之乃有是。易含是而统摄之，易道含哲学而统摄之。依易之天地人三道所制之礼乐文明，就是高于哲学的政教文明。①

上述引文毫无疑问是极富深刻洞见的。但笔者还是留有若干疑问。首先，西方哲学作为"西方哲学"，可以用"是"或"大有"来简单刻画吗？这里难道没有些许某种以"东方圣人"的眼光来（蓄意）简化、曲化、弱化或矮化西哲之嫌疑？其次，是或大有之原初易象难道仅仅是"日头高照"或者"作为日行之停顿的日正"吗？依笔者之见，"日正"绝非（仅仅）意味"日行之停顿"——后者最多只能说是关于"大有-日正"的一个非常"表面的"（字面的）、"临时的"（作为"临时使用的阶梯-通道"的）便于大家理解的"初始"说法而已，因为——归根结底——日行怎么可能停顿呢？《周易·系辞传下》曰："天地之道，贞观者也；日月之道，贞明者也。"贞通正，因此"正观（示）"乃天地之道，而"正明"就是日月之道了。正即易道，易道即正也。因此，日正绝非易道或日月道"停顿"之象。整个周易六十四卦都在讲日新月异、日月交替周行，所以日行怎么可能停顿呢？大有卦绝非意指日行之停顿——日行若停顿，

---

① 参见丁耘："是与易——道之现象学导引"，载《儒家与启蒙：哲学会通视野下的当前中国思想》，北京：生活·读书·新知三联书店，2011 年，第 217-300 页。

那将是十足的"世界末日"，哪还有丝毫"大有"之"元亨"呢？所以，从本质意义上说，"日止或日正"绝不意味"日行之停顿"，而是意味"时中"之象也。"以日为正"说的正是（努力）停留-盘旋-维持在"时中"的中庸中道之姿里——唯如是君子才可能顺天应时，随心所欲而不逾矩。再者，既然大有本身即为易道之内在一卦——大有本身即为易道之肉身——是与易原本就亲密勾连一体不可分（是中有易，易中有是）[1]，那么，又怎么可能把是与易割裂开而分别用是代表"低级的"西方哲学、以易刻画"高级的""高于"西方哲学的中华政教文明呢？是与易绝无任何"高下"之别，二者是完全互摄相通的"一体-关系"，在合理地道说"易含是而统摄之"的同时，难道我们不可能在某种意义上合理地反过来道说"是含易而统摄之"吗？因此，笔者以为是易之某种"内在深刻同一性"表明二者完全不合适用来分别刻画"互为他者"的西方哲学与中华政教文明了。

综上可知，从古汉语字源形训的视角看来，是与时有着无比亲密之原初天命关系。《尔雅》早已道说："时，是也。"时、是皆可"近指"，相当于"此""这"——而这样的"近指"则完全是"时机化-处境化-具身化"的——因而可谓与海氏 Dasein 之 Da 亲密地遥相呼应着。是之"日正"说的正是"时中"，而后者则与海氏"时机化/到时候"（Zeitigung）亲密相通、相互印证着。是与"时机化"或"到时"深刻钩连隐卷在一起，从而用是翻译 Sein 显然更能应对海氏对 Sein 的独特领会暨妙用——"是与时"（Sein und Zeit），"时与是"（Zeit und Sein）也。因此，单从翻译海氏思想说来，是也比

---

① 通过不断灵活运用互卦、反对和旁通等方式，我们可以很容易从大有卦逐步变卦出其余六十三卦。质言之，某种意义上说，大有卦（与其他周易六十三卦之任何一卦相类）含藏着整个周易六十四卦。

有在存等"无时"之字合适贴切太多！

要之，是不仅可以游刃有余地应对德语动词 sein 之三古老词干（es, bhu, wes）中葆藏的诸原始（让）在场意象（生活、起兴、逗留等），而且还可以完全自如地与"真善美"相通互摄，与"时中-时机化"相通互摄（而在这两点上，有在存确实明显要"虚弱"许多）——正因此，相比于有在存等可能汉译，是实乃西文 on/Being/Sein 之最佳汉译选择也。

7.3 余论：一种可能的未来中文是学？

Being 汉译之争旷日持久，迄今未有定论。笔者认为大部分参与讨论的存在（有）派暨是派学者都忽视了一个基本事实：所有的系词用法都同时包含（隐藏/暗含）着存在用法，根本就没有单独的系词用法。此等忽视绝非汉语学界独有，在西方亦属平常多见。而这样的普遍忽视归根到底是多年来受各种语言-语法学家们的影响太大太深。语言-语法考察家们（一定程度上，当然也包括对 Being 汉译争论影响颇大颇深的卡恩）大都习惯于将 to be/sein/einai 的系词用法"S 是 P"（主系表结构用法）和非-系词的诸用法（尤其是存在用法"S 是"）严格区分开来，从而完全阻塞了对该动词实行原始本质、透彻通盘之哲学考察的诸可能性通道。正因此，海德格尔才反复提醒我们，千万不要被语言-语法学家们的"诸把戏"所迷惑-蛊惑。[1] 哲学"先于"任何语言-语法学，哲学的考察本就应该完全"不顾-悬置"任何语言-语法学——因为后者完全归属于"形而上学"（Metaphysik）之域——而海氏毕生欲成之事业正是要去收拢（克服-超越）此域的。海氏本人正是这么去

① 参见 M. Heidegger, GA 40, S. 59。

做的，所以他才能"不顾"任何形而上学（包括任何语言-语法学）而去让 to be/sein/einai 的诸原始歧义自行去蔽-游戏出来。因此，我们在说 The sky is blue 的时候，这个 is 是绝非单独作为系词来使用的，而是当然也彰显（隐藏）着存在的意义。中文的是其实与西文的 to be/sein/einai 类似，在作为系词使用时也自然同时发挥着存在（在场、显现、发生、常驻、留存、起作用等连带意蕴）的基本作用。海氏缘何蓄意要将 Sein（是）而非 Existenz（存在）作为他的毕生思索大词？无非就是想充分利用 Sein 的这种直通古希腊 on-einai 的多维原始-开端之灵动歧义性——否则他为何不直接选用只能上通到中世纪 existentia 的更为干瘪、缺乏原初多元可能性的 Existenz（存在）呢？要之，只有把 Sein 翻译成是，才可能实现更好地以（现代）汉语去原汁原味地重写-重构西方哲学（是学／形而上学）的宏伟蓝图。

是，易中之大有卦，天地阴阳交通，日丽于天，万物生焉；居有思无，居富思艰……大有正好可"作为"易道之目的因（其实也就同时是动力因和形式因）也。大有正好可"作为"易道之宇宙论和道德论的终极理想。而这个理想正好又自行镶嵌内含在整个的易经六十四卦里。易里透着的是是，是里藏着的是易。易乃是之背景，是乃易之理想也。从某种意义上说，是亦可谓易之"真理"（Wahrheit）也。[1]是即易，易即是也。是与易根本没有什么本质的不可调和的、非此即彼的"矛盾"，

---

[1]　参见 G. W. F. Hegel, Hegel Werke (Theorie-Werkausgabe) 3, S. 23-24。这里"真理"一词的用法确来自某种黑格尔式的启发，但显然笔者与黑格尔的用法保持重要区别：笔者的用法明显更为强调具体的语境化或时机化。比如，凭依不同具体语境，别的有些卦象（比如泰卦）"有时"亦完全可能被笔者合理"作为"易之"真理"了。若论作为易道之真理，泰卦与大有卦可谓各有千秋。笔者认为这里没有任何逻辑矛盾，关键是语境化或时机化的具体调校了。其实亦可比对"三易"之不同首卦：《连山易》（夏易）以艮山为首卦，《归藏易》（殷易）以坤地为首卦，而《周易》则以乾天为首卦。此亦可谓"这同一个"易在不同时代之"自行"具体时机化调校也。正因此，"三易"之间毫无不可调和之"内在本质矛盾"也。说到底，"三易"说的其实都是"一回事"——"易道"本身是也。

完全可以和解为一。因此似乎不必只能像丁耘先生形训的那样，仿佛是与易就只能代表着中西思想的某种根本差异或"差距"所在——丁先生似乎早已认定易代表的中华政教文明"高于"且"统摄"是或大有所刻画的西方哲学了。其实，"互为他者"的西方与中华是可以也应该"平等"和解的，而这才是"人类世界"（人类命运共同体）之真正未来所期也。是虽然在传统中国哲理思想（主要是儒家）史内远非一个像道、易、性、仁、心般显耀的"终极"大词，但在未来汉语中，是未必一定不能和这些大词融会贯通起来。① 是从日正，既可以做一个宇宙论的解释（性体），也可以做一个道德论的阐释（心体）。比如"实事求是"（宇宙事实真相）、"是非之心"（即恻隐之心，仁之端也）等，都可能融汇性体与心体。不要刻意去强调守旧复古，刻意去保持中西、古今之严格对峙。世界本有可能源为一体，后来才分蘖出中西或者希腊、

---

① 本书 7.2 节曾作为单独论文"从形训看为何要把 Sein 译为是"在 2018 年"现象学与易学"国际研讨会（中山大学）和 2018 年中国现象学年会（南京大学）上宣读。感谢会议期间对此文提供过有益讨论的诸位师友。这里亦对朱刚先生的一个问题再多回应两句。朱先生认为：如果是真的像我说的这么"好"的话，那么它为何在中国古代哲学-思想里始终没能成为一个足够重要显眼的大词呢？笔者以为，第一，本文首先直接处理的是一个关于西方哲学-思想大词 Sein/Being 的汉译难题，质言之，在可能的有、在、存、是的诸选项里，究竟哪一个最合适用来翻译 Sein/Being 呢？而在讨论这样的翻译问题时，我们完全不能预设必须要把 Sein/Being 这样的西哲核心基础语词翻译为某个中国古代哲学-思想里"同等地位"的核心基础语词——这样的预设是毫无意义的，因为这相当于预设了中西两种哲思的极度相似性-同构性，可事实本身很可能却是相反的，中西两种哲思各方面差异实在太过巨大根本。第二，如果说是从来不是中国古代哲学-思想里的大词，那么在恐怕也算不上大词吧。第三，即便是至今不是中国哲学-思想里的大词，这完全不能证明它在未来不可以被用作中国哲学-思想里的大词，想想海氏后期思想的终极大词 Ereignis，在海氏之前恐怕也不能算是西方哲学里的大词吧，而在西方哲学史上，类似这样的情形也是常见的了——哲学（概念）史不就是这样不断创新发展的吗？只要言之有理，持之有据即可。我们哲学家的确可以时机化地重新发现、激活暨利用一切生活世界里、历史里自然涌现出来的诸语词概念，不断推陈出新，拓展哲学基本语词空间——"好用就行！"第四，无论如何，正因为在现代汉语里，是事实上已经被作为一个极为寻常使用的基本语词，从而对现代汉语基本语法有着极大的支持贡献意义，因此，我们哲学家为何不应该对这样日用即道的基本语法现象做出及时的哲学上的足够反思呢？……

埃及、印度、中国等诸端之辨。未来中国哲学家要想有所作为，必须以世界、以"人类命运共同体"为基本前提，充分利用古今中外可资利用的一切思想资源。将 Sein 译为是，既能论衡西方，照顾目前世界形势之实际，融入地球村暨世界未来大潮，亦可接续中国正统儒家性体-心体（熊牟）之命脉传统。中国哲学要想融入世界、化解西方，须做必要之妥协或通融，就像当年对待佛教入华一般，但却也同时可以回收应得之更大利益。中国人是最具融通智慧的民族了。儒-道之学本来就是刚柔并济的大道之学，擅长"具体问题具体分析"，随机而动，随机而变，或者以不变应万变。所以，适当的变通却又不失本，且能融摄接纳他者，何乐而不为呢？其实熊牟的新儒学早就在融摄照顾西方他者了。

由此，最后我们似乎可以尝试对"一种可能的未来中文是学"略做勾画。以是为中心建立"汉语是学/汉语本体论/中文是学/中文本体论"（Chinese Ontology/Chinesische Ontologie），作为儒家易学-心性学与西方形而上学-是学之间的一个过渡缓冲地带。它既可以适度顺应-促进（现代）汉语的形式化、语法化发展——这也是汉语百多年来实际演变在哲学上的正当反映或"自行显示"——亦可以同时适度保留汉语的传统非-形式化、非-语法化特征。让中国人开始习惯——是、是者、我（们）是、你（们）是、它（他/她）（们）是、是真、是假、是善、是美、天是、道是、心是、性是、理是、有是、易是、阴是、阳是、乾是、坤是、（天）命是、生生是、佛是、是是、是不是、是是是、是者之、是其所是、恒是、什么-是、如何-是、实然是、可能是、必然是、过去是、现在是、未来是、现成在手之是、上到手头之是、閒是、閒-是、是-閒、閒是之是、缘是、是缘、亲是、是亲、是之閒、在世之是（在-该-世界-是）、实是、是之诗、是之歌、是之言、是（之）史、是之真（理）、是（之）学、是（之）思、"后-是学之是思"（meta-ontological thinking of Being）等基本中文是学（本体论）语词 —— 这未必完全是"坏事"。同时应建立与中文是学相应的有所调整的涵盖心性学、道统、学统、政统、宇宙论和道德论等等的未来中国哲学。

是后面隐藏的是易／生生，天命於穆不已，天命流行，天命之谓性；而 Sein 后面隐含的是 entbergen/anwesen（去蔽／在场）—— 因此，是与 Sein 不同。所以即便是建立中文是学，中国哲学也绝不会丢掉原来的本根 —— 易。生生天命心性当然不等于在场-去蔽，正因此，未来中文是学绝不等同于、屈就于任何西方形而上学-是学，反而却有可能作为某种"治疗"后者的"他者良药"。未来中文是学实可作为连接沟通传统中国（儒道）哲学与西方传统形而上学的一个充满未知多元可能性的、值得中西哲学家共同期待的源发-交叠-之间的未来思想世界（人类命运共同体）……

8. 任何一种后-是学之是思是如何可能的?

—— 勘探维特根斯坦的是史位置

管风琴

信指风琴键,

诸神起舞迫。

万灵诗咏唱,

谁解朕心微?

（2017/09/08 牛津奥利尔学院礼拜堂）

咏春·时閒

春水东流兮, 待返。

韶华渐逝兮, 期还。

瞻前兮, 顾后兮, 轻叹。

混沌兮, 时閒兮, 不安。

（2017/03/31 牛津基督教堂草地查威尔河）

在下卷首章（暂时）"解决"了 Sein 的汉译难题后, 我们现在可以更深入地研究 Sein 问题本身了。第八章将尝试在命名为"后-是学之是思"的原初视野上通过海氏暨维氏哲思来直逼或通达更为本源的 Sein 问题。

　　从世界范围看，多维度的维特根斯坦研究早已蔚然成风；在中国，在诸位前辈同仁的卓越努力下，关于维氏思想文本的汉译暨研究也已成绩斐然。本章试图另辟蹊径，借用与维氏同时代的另一位世纪哲人海德格尔之独特"慧眼"，揭露一种崭新的维氏思想面貌。让我们自由想象：如果有机会让海氏自由深入阅读维氏，海氏会如何反观维氏呢？本章即如是之思想实验。虽然海氏与维氏在"历史学"（经验事实）上罕有交锋，但这并不代表二者不可以在"是之历史"（海氏语）或者"逻辑空间"（维氏语）内最实际地对峙。因此，海氏与维氏之思想交锋对峙，实乃独一无二之最真实历史性"事件"（Ereignis）也。海氏毕生运思可概括为是史之思：本源的"是"（Seyn）就是本源的"史"（Geschichte），本源的史也就是本源的是。海氏力图将是（之历）史理解为第一开端和另一开端的历史，第一开端即后物理学或是（之）学，它思（量）的是是者（性）；另一开端为是（之）思，思（念）是本身。海氏认为这另一开端之思必将起兴，西方思想正居于朝向另一开端之转渡中。笔者将另一开端之思称作后–是学之是思。那么，借用康德式的说法，海氏毕生所思之连带问题即是：（1）任何一种后–是学之是思是可能的吗；（2）如果它是可能的，它又是如何可能的呢？究竟何谓是（之）学，何谓是（之）思，又何谓后–是学之是思呢？维氏思想可以被作为一种后–是学之是思吗？如果可以，它又是如何可能的呢？在海氏描绘的是史谱系下，维氏思想的独一天命位置究竟身在何方？海氏在勘探维氏是史位置之际，维氏会做出如何的本能反应呢？维氏是乖乖地被吸入海氏是史，还是最终竟会完全拒绝前者的收编呢？……本章将尝试以维氏天命作品《逻辑哲学论》和《哲学研究》为据，借助海氏是史思想之伟大"魔眼"，对上述连带问题做一扼要的可能回应，素描维氏是之思旅。如是，《逻辑哲学论》可被作为一门关于我的是思。该我系实践之我与逻辑之我的二重性。逻辑之我即思想。而逻辑之我（思想）复分解为世界与语言之两面，显示为从语言到世界（通过思想）和从世界到语言（通过思想）的对冲①格局，也即语言之球（囚）笼和诸对象之逻辑建筑学的双向结构。同时作为逻辑之我和实践之我的我正是终极的不可说之神秘，也即《逻辑哲学论》所思之是也。而与《逻辑哲学论》关于我执-超越的是思正相呼应的是维氏后期代表作《哲学研究》破-我执的关于诸他者-穿越的新是思——而这又是维氏毕生是思作为整体的一种双向对冲格局。针对海氏提出的"任何一种后-是学之是思是否可能暨如何可能"的"元-元-本体论"（meta-meta-ontological）难题，维氏实际同时展示了上述两种可能的互构互摄-对冲对消着的新回应。那么，这两种新是思究竟是如何自行开道的呢？且待下文舒展。

---

①　"对冲"（Hedging）是笔者尝试从金融学上引入的一个"哲学"基本语词。金融学上，对冲指特意减低另一项投资的风险的投资。它是一种在减低商业风险的同时仍然能在投资中获利的手法。一般对冲是同时进行两笔行情相关、方向相反、数量相当、盈亏相抵的交易。行情相关是指影响两种商品价格行情的市场供求关系存在同一性，供求关系若发生变化，同时会影响两种商品的价格，且价格变化的方向大体一致。方向相反指两笔交易的买卖方向相反，这样无论价格向什么方向变化，总是一盈一亏。当然要做到盈亏相抵，两笔交易的数量大小须根据各自价格变动的幅度来确定，大体做到数量相当。维氏在《逻辑哲学论》中采用的何尝不是一种类似的"对冲"策略呢？单单"从语言到世界"或者"从世界到语言"都是风险极大的买卖，要么大赢，要么大亏。而如果制作一个双向的对冲模式——一方面通过思想"从语言到世界"，另一方面又通过思想"从世界到语言"，这样就能规避许多风险，而大大增加稳稳获利的机会。"对冲"思想实乃一种哲学智慧，应可谨慎作为哲学基本概念引入。与"对冲"可以比较的，与之有着某些家族相似性的哲学智慧有"中道-中庸-中和"或者"太极易道阴阳"等等。当然，再质言之，也可说前者系后者之某种时机化、处境化的具体体现之一。《道德经》曰："万物负阴而抱阳，冲气以为和。"因此，或许也可说"阴阳"原本就是本源的"对-冲"格局。用"通俗"的话来说就是：或许对冲与阴阳的最终目标都是某种"更中和、更均衡、更适用、更安全或者更美好的生活"。而"高雅"地来说，则都是某种如何"成圣""成道"或者"成佛"的问题了。

8.1 楔子

> 它（神秘主义）帮助我们领悟：无论如何，人并不是那么重要的。我们不得不带着惊叹面对——无论是被海德格尔命名为这个是（das Sein）的东西——还是——正如维特根斯坦所道说的——到底有这个世界（dass es überhaupt diese Welt gibt）。[①]
>
> ——图根特哈特

据说同年（1889 年）诞生的海德格尔和维特根斯坦是 20 世纪西方最伟大的两位世纪哲人，二者经常被泛泛地分别视为欧陆哲学暨分析哲学的代表性人物。但遗憾的是两位哲人虽共同在世逾 60 载，但相互间鲜有历史学[②]意义上的交流-交锋[③]。只见有维氏明确读过一点海氏著述，并且颇表同情与赞许[④]；而海氏则几乎没有真正接触过任何维氏思想-文本，仅在晚年略微直接提及维氏两次，略微间接提及维氏一次[⑤]；一个据说是隶属分析哲学传统，精熟的是语言-逻辑-分析，而另一个又被算计在现象学阵营，通晓的是现象学方法和哲

[①] 摘自 Ernst Tugendhat 接受德国《日报》采访时所说。参见 „Die Zeit des Philosophierens ist vorbei", 28. 07. 2007, http://www.taz.de/?id=digitaz-artikel&ressort=do&dig=2007/07/28/a0001。

[②] "历史学"（Historie）非"是（之历）史"（Seynsgeschichte），历史学奠基于本源的是史，历史学是是史之某种"天命""脱落"或者"异化"。在历史学上海氏与维氏罕有对话，但并不表示他们在是史下就不能发生实际而深远的对话-互戏。参见 M. Heidegger, *Nietzsche 2*, S. 349。

[③] 虽然海氏与维氏在"历史学"（经验事实）上并未交锋，但并不代表不可以在"是史"（海氏语）或者"逻辑空间"（维氏语）内最实际地交锋对峙！本章看起来完全是笔者虚构-杜撰的故事，但此"（是史之）虚构"实乃作为任何"（历史学的）实构"之"地基"（Grundlagen）也！

[④] 参见 L. Wittgenstein, Werkausgabe 3, S. 68。

[⑤] 参见 M. Heidegger, GA 15, S. 33, 327, 236-237。

学-思想史；家庭出身、生活经历、性格、文风、研究的具体问题-方法等之差异-距离都太大了——大得几乎不能让他们挨拢到一起以成比较之事业。但如果我们把所有外在的斑驳陆离统统悬置起来，仅仅直面二者思想内在的事情本身，或许亦会撞见柳暗花明之可能。

究竟该如何去直面二者思想之内在事情本身呢？据说"事情"（Sache）之原意为"争执"（Streitfall）[①]，那么我们要做的比较事业莫非正是去让海氏与维氏实际地争执-互戏起来？

海氏力图将是理解为本真的历史，同时将历史理解为本真的是——是即历史——是之历史也。是之历史即为第一开端和另一开端的历史，第一开端即后物理学或是之学，它思（量）的是是者（性），另一开端为是之思，思（念）是本身。海氏认为这另一开端之思必将起兴，西方思想正居于朝向另一开端之转渡中。笔者将另一开端之思称作后-是学之是思。那么，海氏是史之思或可转述为这样的追问：任何一种后-是学之是思究竟是可能的吗？如果它是可能的，它又究竟是如何可能的呢？究竟何谓是之学，何谓是之思，又何谓后-是学之是思呢？与海氏真正同时代的另一位天命思者维特根斯坦可以被作为这一种后-是学之是思吗？如果可以，它又是如何可能的呢？与此纠结的是另一个问题：维氏曾明白表示过对于海氏思想的某种同情共鸣或欣赏，那么海氏又该如何反观维氏思想呢？在海氏描绘的是史谱系下，维氏思想的独一天命位置究竟身在何处呢？海氏在"勘-探/兴-位"（er-örtern）维氏是史"位置"（Ort）之际，维氏会做出如何的本能反应呢？维氏是乖乖地被吸入海氏是史，还是最终竟会完全拒绝前者的收编呢？……本章将尝试以维氏天命作品《逻辑哲学论》和《哲学研究》为据，借助海氏是史思想之魔眼，

---

① 参见 M. Heidegger, GA 14, S. 75-76; GA 11, S. 53。

对上述连带问题做一扼要的可能回应，素描维氏是之思旅。

我们先尝试对海氏是史观做一最必需暨最扼要之速写。

8.2 是之历史：海德格尔之眼

第一开端：涌现（Aufgang），相（Idee），

　　　　　力轴（Machenschaft）。

另一开端：兴有（Ereignis）。

}是（Das Seyn）。

——海德格尔 [1]

8.21 问：任何一种后-是学之是思是如何可能的？

在此速写之前，我们须重新折回到本章的主标题也即本章的主导问题"任何一种后-是学之是思是如何可能的？"之上。笔者须对此问句做一必要而可能之分析。这里的"是（之）学"（Ontologie）并非是"历史学"上的那个从中世纪到近代的过渡时期才出现的名词，而在"事情本身"之上它就是关乎"是"（Onto-）[2] 的"科学或者逻辑学"（-logie）也即"是（之）学"（Logik des Seins/Lehre vom Sein），这样的是学在西方自古有之，西方历史上出现的每一种哲学从本质上说都是或都归属于是学。是学就是"哲学"（Philosophie），也就是"后物理学"（Metaphysik）。是学以某种"逻辑学"的方式关乎是。那么，有无一种可能的"思（想）"（Denken），它竟可以不顾任何"科学或逻辑学"地来关乎是本身呢？我们可以把以任一种方式"关乎"是的思（想）都命名为"是（之）思"（Denken des

———————————

① M. Heidegger, GA 69, S. 27.

② Onto- 是希腊文 on 的变形，on 是 eimi 的中性现在时单数主格分词，eimi 则是第一人称单数形式现在时的"是"，相当于 (I) am 或者 (Ich) bin。

Seins），这样是学就是是思的一部分，前者在内涵上多于后者，而在外延上小于后者 —— 即便西方历史上可能至今从未出现过任何"非-是学"的"是思"。那么，设想中的"非-是学之是思"就必须是能以某种"非-逻辑学"但又是"思想"的方式来关乎是了。[①] 此外，我们还可再进一步，设想是还可以有其他可能的"非-任何思想"的关乎方式 —— 我们可以把它们写作"是之……"[②]。这样"是之……""是之思"和"是之学"三个概念仿佛就有如下的外延关联（图 29）：

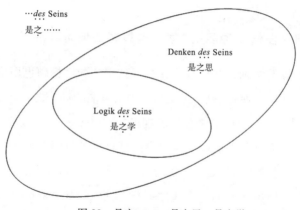

图 29　是之……，是之思，是之学

---

①　思想究竟能不能非-逻辑地思想？这要看思想和逻辑是从何种意义上来说了。"逻辑"（Logik）的意义从来都是飘忽不定的，既可以扩展外延地盘至整个的思想领地，也可委屈偏安于思想授权之一块领地。相似的，"思想"一词的意义从来也是悬而未定的。一种偷懒的方便说法是："思想"与"逻辑"是非常家族相似着的两个概念。

②　我们可以设想诸如"是之亲情""是之音乐""是之舞蹈""是之诗歌""是之绘画""是之信仰""是之生产劳作""是之爱情""是之战争"和"是之革命"等的无穷方式。这个"之"既是主语第二格，又是宾语第二格。这个神秘的"之"隐藏-显示-聚集着宇宙人生所有的奥秘。我们可以想象汉字"之"的字形和书写，也可想象云雾环绕中之字形山路的气象。这个"之"既连又断，既断又折，既折又续 ——"之"实乃"道路-诸道"也……

如图所示，概念"是之……"的外延充满整个逻辑空间，而"是之思"是"是之……"的一部分，"是之学"则又只是"是之思"的一部分了。"是之……""是之思"和"是之学"三个概念外延渐次缩小，这也同时意味着它们的内涵渐次增多。[①] 依照图28，"非-是学之是思"的外延领地也就被明确标画出来。如果我们已经"设定"无论从历史学还是是之史[②]的角度来看，非-是学之是思在历史上都从未出现过，那么，非-是学之是思即便可能，也只能是"后-是学之是思"（meta-ontologisches Denken des Seins/post-ontologisches Denken des Seins）了。[③] 因此，本章主标题的问题就可以被分解为两个连带之问：（1）任何一种后-是学之是思是可能的吗？（2）如果它是可能的，那么它又是如何可能的呢？我们可以认为这两个连带之问也正是海氏穷其一生之追问方向。[④]

———————————

[①]　不过实情却是，我们必须识认到这些概念之间的边界都不是绝对清楚的。借用维特根斯坦式的说法，它们之间有着交错复杂的"诸家族相似性"。

[②]　想想圣·奥古斯丁（S. Augustinus）对"俗史"和"圣史"的区分。

[③]　其实，或许更贴切的说法是：非-是学之是思或者另一开端从来就是"有"的，在第一开端或者是学发端之时就"有"了——只不过另一开端一直深深自行压抑-葆藏-锁闭-密封着自身而已。第一开端与另一开端，或者是学与非-是学之是思，从来就是相互成就-对冲着的。

[④]　这是海氏对主标题的解读。我们可以想象另一种黑格尔式的筹划方案：是、是学、后-是学之是思正好作为一个辩证圆圈运动的正题、反题与合题。是或者理念总在不断自我中介着-自我扬弃着。是起初是直接的显现-出场-涌现，但是不满于此，它必须超出自身以行反观——这就过渡到是学即在对象化的表象态度中考察是，是学标志着思与是即是学与是的严重分离和对峙；是仍不止于此，是必须重新回返到自身，让思与是重新统一，是为后-是学之是思矣；且是还不止于此，它自然还要继续自行运转-中介下去，后-是学之是思又被作为一个新圆圈的初始正题了。如是，后-是学之是思正是将是和是学作为自身之辩证运动环节而作为后二者之真理或全体或目的的。由此亦可见海氏与黑氏之根本分歧。海氏之后-是学之是思（另一开端）绝非任何对于是学的扬弃或超越，而是完全"跳出"是学的辩证运动圆圈，并与原先的是学圆圈（第一开端）对峙-互戏。另一开端非第一开端之下一辩证发展环节，而是彻底跃出"第一"开端，起兴其"另一"开端矣。

但——事情本身果真如是吗？

或许从一个"真正他者"或"绝对他者"如维特根斯坦、德勒兹和福柯等的视角看

8.22 眼：是史之思

我们再折回到海氏是史观。

海氏在被称作其"另一部基本著作"的 GA 65《朝向哲学的诸文献（从兴有而来）》（1936-1938 年）及随后的一系列"是史之思"（Seynsgeschichtliche Denken）[①] 著述中多维度地展示了他的"是史之思"。这些"隐秘"作品都被他蓄意"压抑"，直到其去世多年后才出版，甚至至今未版。因此我们可以说，海氏是史观真正成型于 20 世纪 30 年代后期至 40 年代前期，并且弥漫-撒播在整个海氏后期（从 30 年代直至 70 年代）的哲学-思想文本中，实际上这也为他整个的后期思想乃至毕生思想定了调子。限于时间和收拢海氏是史观本身的巨大难度，笔者在此仅试图做一最必需和最扼要之速写。

──────────

（接上页）来，海氏与黑氏又是绝对的同路人了。另一开端并未彻底跳出"是本身"，是之"两端"也是"是"之两端也。无论在这"独一"是之"内部"如何闹腾翻新（两个开端对峙-互戏的是之游戏或者三一式螺旋上升转圈的是之游戏）──海氏与黑氏都没有真正思到过"是-之外"的某个"（绝对的）他者"。海氏与黑氏之"多"都是被"元一"统摄下的"伪-多"，而非绝对的"真-多"。亦可参见维氏对黑格尔的评论："我没法看黑格尔。黑格尔对我来说似乎总是想说看起来不同的事情其实是一样的。而我的兴趣则是力图去显示看起来一样的东西本质上却是不同的……"参见 R. Rhees, ed., *Recollections of Wittgenstein*, Oxford: Oxford University Press, 1984, p. 157。笔者认为维氏对黑格尔的直觉定位其实是十分犀利、刺穿的（penetrating），他与后者确实差异太大──而实际上，海氏却似乎始终有意无意地回避着黑格尔──虽然二者的确共享着许多深度同构的诸家族相似性──以彰显海氏本人无与伦比之绝对原创性。比如，从某种意义上说，在本体论上，维氏从来不是历史主义者，而海氏、黑氏则是最地道的历史主义者；（《哲学研究》代表的后期）维氏本体可谓某种绝对差异性之交叠错置的诸原始空间（"千高原"）（可参见本书 8.4 节），而海氏、黑氏之本体可谓都是某种绝对同一性之独一本源"是史"（秘史）……

　　① 为避免造成可能的额外的更糟的混乱误解，本书下卷对 Seyn 和 Sein 的汉译未做区分。众所周知：从 20 世纪 30 年代后期到 40 年代前期，海氏的确惯用 18 世纪德语"正字法"（orthography）的 Sein 写法 Seyn 来表示他所欲思（念）的是绝非任何后物理学或是学所思（量）的那个是，后物理学所思的是并非是之真身，实系"是者"（Seiende）或"是者性"（Seiendheit）也。但即便在这个时期，海氏的如是区分也并非是一以贯之的。无论如何，我们须牢记的是：无论是 Seyn 还是 Sein，都显示着海氏对于彻底跳出传统后物理学-是学领地的决心和不懈努力。参见 M. Heidegger, GA 65, S.436。

概言之，"是"（Das Seyn）也即"是之历史"（Die Geschichte des Seyns）是由"两个开端"即"第一开端"（der erste Anfang）和"另一开端"（der andere Anfang）构成的。[①] 所谓"第一开端"就是指"后物理学"（Metaphysik），第一开端的历史就是后物理学的历史，就是从"涌现 /Aufgang"（巴门尼德–赫拉克利特–阿纳克西曼德）开端，经过"相 /Idee"（柏拉图），完成于"力轴 /Machenschaft"也即作为现代技术之本质的"集置"（Gestell）的历史，它思（量）的是"是者"（Seiende）或"作为是者的是者"（Seiende als Seiende）或"是者性"（Seiendheit）等[②]。第一开端也即本章主标题中的"是学"。而"另一开端"则是指"是史之思"，它思（念）的是"是之历史"（Geschichte des Seyns）或"是之真理"（Wahrheit des Seyns）或"是本身"（Seyn selbst）或"兴有"（Ereignis）或"疏敞地"（Lichtung）或"道说"（Sagen）等等。另一开端也即主标题中的"后–是学之是思"。

我们现在来尝试收拢海氏是史的整体思路："是被遗忘"（Seins-vergessenheit）久矣，让"我们"开启这个"返回步伐"（Schritt zurück）[③]；唯有"这一个是"（das Seyn），它"作为"（als）"涌现"（physis）而开端（anfangen），但在这个第一开端的开端之际，是同时开启了"差异"性运作，是就是这个本源的"差异"（Differenz），"是"非"是者"（Seiende），是开始其漫长的"被遗忘"之旅，涌现开始其第一开端之内的"下行"演历；涌现的历史即后物理学的历史，后物理学研究"作为是者的是者"，既研究"普遍的和第一性"的作为是者的是者（是），亦研究"最高的和终极的"的作为是者的是者（神）——

---

① 参见 M. Heidegger, GA 69, S. 27。

② 这些都只是同一者的不同说法–面相。

③ 对海氏来说，在这个返回道路上，尼采是先行者，荷尔德林是相伴者，"我们"除荷尔德林与海氏本人外，还会有谁在内呢？维特根斯坦会是"我们"吗？

谓之"是-神-逻辑学"（Onto-Theo-Logik）也；涌现经历漫长的下行演历，在第一开端即后物理学之内，最后"作为""力轴"（Machenschaft）或者"集置"（Gestell）显现出来，力轴就是最极端的是者（性），在这里是已被遗忘最深-最远，是彻底弃让了是者；这既是最危险的"地方"（Ort）也是最危险的"瞬间"（Augenblick），这是是之"急迫-危机"（Not-Gefahr）——但这同一个危机却正是"救渡"（Retten）；是的救渡需用作为"閒-是"（Da-seyn）的"人"（Mensch）以奠基是之真理或疏敞地，作为閒-是的人就是"那些诸将来者"（die Zukünftigen）；诸将来者是"漫长的和持久倾听着的真理之本生的奠基者"，他们是"是之撞击的抵抗者"[①]；他们奠基第一开端朝向另一开端之"转渡-通道"（Übergang）的"瞬间场境"（Augenblicksstätte）或"时间-游戏-空间"（Zeit-Spiel-Raum）；另一开端完全居于第一开端之外，并与第一开端面对-互戏，相互成就；唯有此二开端矣；另一开端思"是本身"即"兴有"，思是之历史，思是之真理；唯从另一开端而来，才能从头思第一开端即后物理学之"历史"或之"本生"（Wesen）[②]；返回步伐决不止于作为第一开端之开端的涌现，而是要返回到一直隐而未显的另一开端即是本身或兴有，返回到第一开端与另一开端的相互致戏-传送，返回到作为第一开端和另一开端之历史的是史本身；而所有的这一切——包括是之被遗忘或遮蔽，集置的危险和救渡，返回步伐的开启，是之疏敞地的"兴开"（Eröffnen）等等，都是出于这独一是史之"天命"（Geschick）的发送……[③]

---

① 参见 M. Heidegger, GA 65, S. 395。

② 从另一开端而来的 Wesen 做原始动词义解，是为"本生"，第一开端内的作名词义的"本质"实系从本源的"本生"意义"脱落"而来。

③ 将海氏与黑格尔的是史观做一精细比对将会是非常有趣的思想工作。先说不同点：海氏的是史由两个开端构成，唯有这两个开端，开端之间"断开了"，但正因此又才有相互对峙的游戏空间，而在第一开端内部，却又是是"下行"的历史，作为第一开端

8.23 问：勘探维特根斯坦的是史位置

从上可知，在海氏是史谱系中，每一个本质性的"哲学家或思想家"或"哲学-思想语词-概念"都可以也应该被安放到合适的天命位置。那么，如有可能，维特根斯坦会被海氏是史放在哪里呢？

（接上页）之开端的涌现最富强力，按照黑氏的说法反倒是最为"具体"的，而非最为"抽象"的；而黑氏是史则将过来，它是永远前进着的螺旋式"上行"运动，永恒的三一式（正题-反题-合题）的逻辑建筑学，不断从较为抽象到较为具体，从最抽象的"是"开始，不断自行"扬弃"（aufheben），直到最丰满具体的"绝对精神"（其最高发展阶段即为黑格尔哲学自身）。

再来说海氏与黑氏的相通点。从某种真正"他者"的视角看来，他们的是史观虽有根本差异，但的确又都同属"同一性"的是史观，他们的是或者历史都只有"唯独的一个"，而根本没有任何真正的他者的位置。二者的是史都是某种后物理学的是的内在秘史，被赋予了某种绝对的天命性或必然性或目的性。这里容纳不下任何（绝对）他者或偶然性。海氏只考虑西方（希腊）的是史或思想历史，而没有让是或历史真正接纳其他非西方的元素进来——即便海氏在不同时机下甚至主动与诸东方思想神交思汇过——在海氏各种是史谱系图上是根本找不到非西方思想的合适位置的（但这是否反过来正好印证了海氏对作为真正他者的非-西方元素的敬畏和尊重呢？！海氏竟以其独特的是史方式兴思了［非-西方］他者！）；相反，黑氏虽然把非-西方的思想或历史安排进绝对精神的扬弃历史中，但都把它们安置在特别抽象、特别"低级"的阶段，黑氏是史与海氏是史相类，同样是没可能真正容纳（非-西方）他者的。因此，我们可以看到，黑氏也许并不像海氏本人所宣称的那样与海氏鸿沟远隔。也许正是因为海氏下意识中不断觉知到黑氏给予他的重重逼近-逼迫，所以他才多次刻意地为二者做必要区分呢！在持同一性是史观的思想家中，黑氏无疑是与海氏同样伟大的人物。其实在这个队列中，还应有黑氏门徒马克思的重要位置。马克思的是就是实践活动，对他说来，是的历史，首要的就是实践的历史。但这个实践历史其实也是某种同一性的天命（共产主义即真正的自由主义"作为"资本主义即非自由主义之"真理"或"全体"或"目的"）。另，马克思虽然同黑氏与海氏一道持守某种同一性的目的论天命，但他毕竟是对"理论生活-思辨静观生活态度"的一种绝对反抗，从这一点上来说，对于是学或者哲学的真正"超越"，恐怕许多所谓的"后现代"都还远不如马克思来得直接、广泛而深入呢。无产阶级的现实劳动和革命活动彻底颠覆-打断了黑氏绝对精神之思辨和海氏是史之玄想。即便是维特根斯坦的诸种治疗性的实际语言游戏活动，恐怕也未若马克思的经济和政治的实践革命活动对传统哲学的批判解构来得足够"暴力而直接"呢！当然，话说回来，这种"非-哲学"的"超越-哲学"的方式归根结底又有多大新意呢？理论劳作需要理论劳作的人，田间劳作需要田间劳作的人，工厂劳作需要工厂劳作的人——各归其位，各得其所罢了。哲学家——包括"扶手椅哲学家"（Armchair Philosophers）——仍然是我们这个时代所"亟需的"。

参见 M. Heidegger, „Die onto-theo-logische Verfassung der Mataphysik (1956/57)", in GA11。

维氏究竟是归属于第一开端，还是另一开端，抑或从第一开端朝向另一开端之转渡呢？[①] 思到这里，我们就再度折回到本章的副标题"勘探维特根斯坦的是史位置"了。[②] 我们对于维氏是史位置的勘探选择的样品正是其两部天命之作《逻辑哲学论》和《哲学研究》。[③] 我们先来看《逻辑哲学论》。[④]

8.3 是之我：《逻辑哲学论》

TLP 5.62 因为唯我论所**意味**的东西，是完全正确的，只不过

① 考虑到维氏一生思想可能的多次转向甚至跳跃，因此维氏也极有可能被"同时"划入数个不同的是史位置。笔者认为在强调"只有一个维特根斯坦"的前提下，根据不同语境或标准，合理合情地划分出"若干"（比如"多于"传统的以《逻辑哲学论》和《哲学研究》为分别标志的"前后期两个标准阶段"）维氏思想发展阶段完全是有可能的。

② 如果维氏走的是一条"后－是学之是思"的道路，或许还有其他多条不同的可能的"后－是学之是思"道路如马克思、叔本华、尼采、克尔凯郭尔（S. A. Kierkegaard）、胡塞尔、海德格尔、杜威（J. Dewey）、罗蒂、列维纳斯、萨特、梅洛-庞蒂（M. Merleau-Ponty）、阿多诺、德里达（J. Derrida）、福柯、德勒兹、哈贝马斯、赫尔曼·施密茨（H. Schmitz）、罗姆巴赫（H. Rombach）与巴迪欧（A. Badiou）等等——是为"诸道"（Wege）也！除维氏之外，勘探其他当代思想家的不同是史位置也将是有趣的思想游戏。

③ 与海氏只有《是与时》和《朝向哲学的诸文献（从兴有而来）》两部天命作品类似，维氏也仅有两部天命作品即《逻辑哲学论》和《哲学研究》。他们各自的两部著作之间都有着某种内在的天命关联，两部著作既相互严格"区分－分歧"，又相互"构成－成就"，可谓"吾道一以贯之"尔。这里没有一丁点的逻辑矛盾，相反，这才是最合乎逻辑的。关于维氏前后期思想的内在关联，笔者认为在回应"任何一种后－是学之是思是如何可能的？"这个本章主导问题上面，维氏是"吾道一以贯之"的，他总是在尝试以更多的不同方式路径来回应此问题。这里实际显示着"一与多"的深刻辩证法。更合适的说法也许是：在应对"任何一种后－是学之是思是如何可能的？"这个问题上面，《逻辑哲学论》与《哲学研究》更多的是"不同"的"两条""平行"的可能道路——《逻辑哲学论》就已经完全超出"是学"的领地了，因之《逻辑哲学论》其实从未"低于或输于"过《哲学研究》！

④ 先考察哪一部作品，这其实真的完全是随机的。两部作品是相互成就的，从一部出发必然会通向另一部。因此，先观看《哲学研究》也自然是完全可行的。关于此识见，可以维氏《哲学研究》自序印证。

它不能**说**，而只能自行显示出来。(Was der Solipsismus nämlich *meint*, ist ganz richtig, nur läßt es sich nicht *sagen*, sondern es zeigt sich.)

TLP 5.6 **我的语言的诸边界**意味着我的世界的诸边界。(*Die Grenzen meiner Sprache* bedeuten die Grenzen meiner Welt.)

TLP 5.61 逻辑充满世界；世界的诸边界也就是逻辑的诸边界。(Die Logik erfüllt die Welt; die Grenzen der Welt sind auch ihre Grenzen.)

TLP 5.621 世界与人生是同一者。(Die Welt und das Leben sind Eins.)

TLP 5.63 我是我的世界。(该小宇宙。) (Ich bin meine Welt. (Der Mikrokosmos.))

—— 维特根斯坦

8.31 七道接缝：从逻辑之我到实践之我？

《逻辑哲学论》是维氏生前唯一公开出版的哲学专著，也是 20 世纪最重要哲学经典之一。关于该书的研究文献可谓汗牛充栋[1]，然而对于该书的思想结构却至今众说纷纭，莫衷一是。它仍旧作为悬而未解之谜，不断激励着勇敢者去重新探索和发现。本小节其实也是试图借用海氏 "是史"（Seynsgeschichte）之慧眼，展开一种新鲜的解谜道路。《逻辑哲学论》的是史位置究竟身在何地呢？我们先不急着回答这个难题。我们先来回顾维氏本人提供的原始线索，即该

---

[1]　国外较重要的《逻辑哲学论》研究文献目录可参见 M. Morris, *Routledge Philosophy to Wittgenstein and the* Tractatus, London: Routledge, 2008, pp. 385, 387−392。

书的七道"接缝"（Fügungen）。①

TLP 1 世界是一切发生的事情。（Die Welt ist alles, was der Fall ist.）

TLP 2 发生的事情，即事实，就是诸事态的持存。（Was der Fall ist, die Tatsache, ist das Bestehen von Sachverhalten.）

TLP 3 事实的逻辑图象②是思想。（Das logische Bild der Tatsachen ist der Gedanke.）

TLP 4 思想是有意义的命题。（Der Gedanke ist der sinnvolle Satz.）

TLP 5 命题是诸基本命题的一个真值函数。（基本命题是一个它自身的真值函数。）（Der Satz ist eine Wahrheitsfunktion der Elementarsätze. [Der Elementarsatz ist eine Wahrheitsfunktion seiner selbst.]）

TLP 6 真值函数的一般形式是$[\bar{p}, \bar{\xi}, N(\bar{\xi})]$。这也是命题的一般形式。（Die allgemeine Form der Wahrheitsfunktion ist: $[\bar{p}, \bar{\xi}, N(\bar{\xi})]$. Dies ist allgemeine Form des Satzes.）

TLP 7 对不可说者须沉默。（Wovon man nicht sprechen kann,

---

① 我们可否将这七句话的"集缝/结构"（Gefüge）理解为前六道"接缝"（Fügungen）加上最后这一个"转渡之通道"（Übergang）呢？这里笔者蓄意使用Fügungen 一词，目的是为了先行提醒读者时刻想起维氏《逻辑哲学论》与海氏 GA65《朝向哲学的诸文献（从兴有而来）》之间可能的命运性的思想印证关系。后者的六道接缝如下："共鸣"（Anklang）、"致戏（传送）"（Zuspiel）、"跳跃"（Sprung）、"奠基"（Gründung）、"诸将来者"（Zukünftigen）和"最后之神"（letzte Gott）。前者转渡到"非-后物理学"的不可（逻辑地）说的从而须沉默之的神秘领域，后者则穿越到"非-第一开端"（"非-后物理学"或者"非-是学"）的"另一开端"（"后-是学之是思"或者"兴有-疏敞地"）之域。

② Bild 照字面似乎本应译为"图像"，但考虑到笔者对维氏《逻辑哲学论》运思的整体领会，笔者"蓄意"将其改作"图象"，也即：逻辑的思想本即语言与世界之"原-象/原-形"（Ur-bild/Ur-form，Eidos-Idea）也。

darüber muß man schweigen.）

第七句话我们先把它悬置起来。实际上第七句话始终在前六句话中自行显隐着。先看前六句。前六句顺着读，是从世界到语言（通过思想），倒着读则是从语言到世界（通过思想）。世界和语言究竟是怎样的思想关系呢？这个思想关系中隐藏着《逻辑哲学论》全书的建筑学秘诀。[①] 我们先尝试从语言到世界（通过思想）。先来看这个语言。

8.32 逻辑之我

8.321 从语言到世界（通过思想）：语言之球（囚）笼

语言是所有命题的总合。一个命题是诸基本命题的一个"真值函数"（Wahrheitsfunktion）。而一个基本命题是一个它自身的真值函数。（TLP 5）一个最简单的命题即"基本命题"（Elementarsatz），断言一个"事态"（Sachverhalt）的存在。（TLP 4.21）一个基本命题由"诸名称"（Namen）组成。（TLP 4.22）名称可以被表示为单个字母 x，y，z等，基本命题被写作为名称的函数，即 Fx，G（x，y）等，或者也可以由 p，q，r 来表示基本命题。（TLP 4.24）基本命题的真值可能性是命题真和假的条件。（TLP 4.41）而一个复合命题就是与基本命题的真值可能性符合与不符合的表达式。（TLP 4.4）与基本命题的真值可能性

---

① 关于《逻辑哲学论》中的世界与语言孰先孰后的问题其实是个伪问题。这里的世界-事态-诸物，其实都是纯思想的、先验的，而非任何意义上经验的。世界和语言其实正是思想之两面。维氏不会为事态、物举出一个例子，正如他不会为基本命题和名称举出一个例子一样。因此对这六句话顺读、倒读都是"对的"。世界与语言有着"同时性-同构性"——同时相互生成-成就。世界和语言、物与词、事与句，都是"我的"（纯思想的）。而且这个"我"（Ich）和康德之"先验统觉"（transzendentale Apperzeption）是亲缘的，都是普遍必然之先验我。这个我是抽象的，而非具体处境化的、时机化的我（我的实际生活世界-肉身世界-语言世界）。

符合与不符合的表达式，表达命题的真值条件。命题就是它的真值条件
的表达式。（TLP 4.431）事实上，复合命题的真值完全是由相应的基本
命题的真值所决定的，复合命题是基本命题的真值函数，基本命题是自
身的真值函数（TLP 5），基本命题是复合命题的真值主目（TLP 5.01）。
复合命题即基本命题的真值函数是以基本命题为基础的真值运算的结
果。（TLP 5.234）所有命题都是基本命题真值运算的结果。真值运算
是从基本命题产生出真值函数的方法。（TLP 5.3）真值函数的一般形
式就是 $[\bar{p}, \bar{\xi}, N(\bar{\xi})]$（TLP 6），它的意思就是说每一个命题，无论是
复合命题还是基本命题，都是连续应用真值运算 $N(\bar{\xi})$ 于基本命题的结
果（TLP 6.001）。$\bar{p}$ 指的是所有的基本命题。N（Negation）表示否定，
ξ 表示一个变项，它的值是括号表达式里的每一个项，变项上画的横线
表示它代表括号里变项所有的值，并且括号里各项的次序是无关紧要
的。（TLP 5.501）那么 $N(\bar{\xi})$ 表示的就是对命题变项 ξ 所有的值的否定。
（TLP 5.502）如果 ξ 只有一个值 p，那么 $N(\bar{\xi})$ 就等于 -p，如果 ξ 有
两个值 p，q，那么 $N(\bar{\xi})$ 就表示 $-p \wedge -q$，如果是 3 个值 p，q，r，那么
$N(\bar{\xi})$ 就是 $-p \wedge -q \wedge -r$。实际上 $N(\bar{\xi})$ 说的就是对于括弧里 ξ 取的所
有值分别进行否定，并且对这些否定过的命题进行合取。维氏认为可
以通过连续运用 $N(\bar{\xi})$ 在基本命题上的运算方式来获得所有的命题。真
值运算是指否定、逻辑和与逻辑积等。命题逻辑的真值连结符号包括
5 种：否定、逻辑和、逻辑积、蕴含和等值。维氏将否定和合取作为
初始连接词，而其他的连接词都可以通过初始连接词来定义。这样一
切的真值运算都可被简化翻译为 $N(\bar{\xi})$ 了。维氏就是通过否定和合取这
样的逻辑钩子、逻辑脚手架来搭造他的整个命题–语言系统的。所有的
日常语言原则上都能被翻译为这样的形式语言，绝大多数的（或曰真
正的）日常语言命题都是诸基本命题的真值函数。一个句子被完全翻
译为形式句子之后，要么显示其为恒真的分析命题或逻辑命题，要么

显示其为恒假的矛盾式，要么显示其为或真或假的真正的命题即自然科学和绝大部分的日常语言命题，要么显示其为无意义的、无真值的"伪命题"（Scheinsätze/pseudo-propositions）包括数学命题暨传统的后物理学命题、伦理学命题和美学命题等等。所有真正的命题的总合就是语言。诸命题之间有着严密的逻辑秩序，而这个逻辑秩序正好一方面"规定-构造"了可能世界的逻辑秩序，另一方面又"反映"了后者的秩序——更严格地来说，是二者"共有-共享"同一个"先验的逻辑秩序"。

语言与世界实际在四个层面上相互对应，即"名称-基本命题-复合命题-语言"与"简单对象-基本事态-可能事况-可能世界"。须注意的是，其中名称并非是任何"命题"，因而语言并非由名称组成；同理，简单对象也不是任何"事情"（无论是事态、事实还是事况 ①），因此世界并非由对象构成。语言和世界作为有限整体，

---

① 维氏大致区分了三种"事情"，它们在外延上相互"交叠"，其间有着十分有趣的"诸家族相似性"。它们是："事态"（Sachverhalt）、"事况"（Sachlage）和"事实"（Tatsache）。应该说，维氏对于三者关系的描述在不同文本里是有出入的，并且学界对此也素有争执。笔者大致将它们三者关联简化如下：一个事态就是诸对象的"直接"联结（诸对象还能"非-直接"地联结吗？归根结底来说，不能！因此，"唯有"诸事态。事况、事实这些概念都是"从出的-被奠基的"概念，唯有事态才是"源头的"概念），一个事态占据逻辑空间中的一个逻辑位置，它在逻辑上是真实存在的，可以在经验上发生或不发生，如果经验上发生了即为一个事实；一个事况是诸事态的一种可能组合，它在逻辑上也是真实存在的，它也可以在经验上发生或不发生，如果经验上发生了即为一个事实；一个事实就是一个经验上发生了的事况或事态；因此，所有事实都是事况或事态，事况、事态不一定是事实。而任何事情——无论是事实、事态还是事况都是可说的，不可说者不是任何事情，因而是不可说的。因此，实际上最重要的——或曰真正重要的事情就只能是诸事态了。唯有诸事态。从极限的或者彻底的意义上来说其实就是：事态即事况即事实，它们都是一回事。与此相应的是：由诸事态构成的可能世界与诸事实构成的现实世界其实也是一回事了。最好的可能世界就是现实世界！诸事态已经给出了所有的事情，也即整个的逻辑空间、整个的可能世界。而给出一个事态，也同时意味着给出了其他所有事态，也就给出了整个的逻辑空间。（TLP 3.42）而从某种纯粹逻辑的意义上说来，任何可能发生的事情即逻辑空间中的任一点或者就是任一命题所描画

都是不可说的。双方在每个层面上都"共有-共享"同一个"逻辑形式"（logische Form），而从总体上说，语言和世界就"共有-共享""同一个逻辑秩序"。这是所谓"可说之域"的基本架构。事实上，作为命题总合的语言在《逻辑哲学论》中的确扮演了一个十分重要的"角色"。它有着"构造""存在畿域"的"功能"。它"划分"（构造）出了两个"存在畿域"：其一是"可说之域"，充满可说之域的东西就是全部的"事态"，包括了所有的"可能事况"和"事实"，其中的"每一件事情"都有"一幅逻辑图象"即"一个真正的命题"与之严格对应；其二是"不可说之域"，不可说之域的东西是不可以有意义地被命题言说的，它们是"不可说的自行显示着的诸神秘者"；可说的都能（用命题）说清楚，对于不可说的（因为不与命题对应、没有逻辑图象）就必须保持沉默；说"可（以命题来）说的"，都是有意义的，说"不可（以命题来）说的"无意义。关于语言对两个存在畿域的划分（构造）可以模型"语言之球（囚①）笼"（Sphäre der Sprache）显示（图 30）。②

这是一个三维空间，其中有一个"球面"（语言），将整个"空间"划为两部分：被"球面"（语言）包围在"里面"的"逻辑空

（接上页）或构造的事情，都是绝对真实存在的了——存在于最真实的逻辑空间当中——不管它在经验上发生过没有。一切事情（诸事态）都已经"先-有"了，而在经验中发生与否从逻辑上说则是纯粹"偶然"的。在维氏的逻辑空间或逻辑世界中，是"没有"新鲜事情的，一切都已经预先"有"了！维氏将整个可能世界收拢到这个"无时间的-无历史的-无发生的-无肉身的"先验的纯逻辑空间中。而肉身的、历史的生活世界（自由与原罪）则是不可说的也即在逻辑空间"之外"的"更为重要的"神秘领域。

① 汉字"囚"的形象是非常有趣的：一方面，是房屋将人幽闭-限制在内，另一方面，房屋又为人撑开了相应的、有限的活动空间-时间视域。语言之于人道理亦与此相通。

② 亦可将维氏前期"语言之球（囚）笼"与海氏前期"时间之球（囚）笼"、海氏后期"疏敞地之球（囚）笼"以及康德"纯粹理性之球（囚）笼"做一互勘比对。

（接上页）

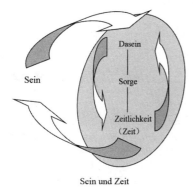

Sein und Zeit

时间之球（囚）笼

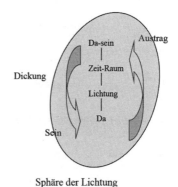

Sphäre der Lichtung

疏敞地之球（囚）笼

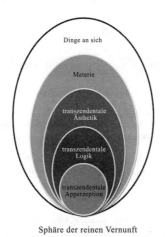

Sphäre der reinen Vernunft

纯粹理性之球（囚）笼

　　将维氏"语言之球（囚）笼"（逻辑空间）比对海氏 Dasein "随身携带"之 Da 即时间性先验视野。Da 其实也是个"球（囚）笼"。Dasein 走到哪儿都不得不带着自己的 Da 即本源性的先验形式 —— 时间性图式或者视域 —— 任何是者（不论是"上到手头的是者""非–上到手头的现成在手的是者"，还是像 Dasein 自身这样存在着的是者）都只有在原始时间性之某种特定到时方式中才得以"是（即出场或现身或照面）"。而维间"（logische Raum）①即图中的"阴影部分"——充满其中的是被"囚禁"的全部的"空间点"即"逻辑位置"（logische Ort），它代表"一件事情"，它既可以是"一个事态"，也可以是"一个可能事况"或"一个事实"等等，但归根到底就是"一个事态"——这些逻辑位置的总合即是"可说之域"；而在"球面"（语言）"以外"的"空间"则是"非-逻辑空间"即"不可说的神秘之域"，其中飘荡着

（接上页）氏的"人"（形而上学主体）走到哪儿都带着人类共通的普遍逻辑形式即语言球（囚）笼——任何东西只能以某种逻辑的事情的形式呈现出来，任何话语只能以某种逻辑的命题的方式显示出来——这个主宰一切的逻辑空间！维氏语言球（囚）笼与海氏时间性视域确有着异曲同工之妙，它们都是某种作为"先验主体性"（借用某种胡塞尔式术语）的具备某种最原始构造功能的"先验统觉"（借用某种康德式的术语）！时间性和逻辑空间都是先验的（普遍且必然的）。它们都是人类的先验生活图式-形式。它们既（为我）撑开某种可能性的视野，也同时（为我）带来某种必然的限制性——是为"球（囚）笼"也。而海氏后期的"疏敞地之球（囚）笼"也可视为是对其前期"时间之球（囚）笼"的"自然"接续——质言之，根本没有"两个海德格尔"，海氏前后期基本思想是深刻一致的！

在维氏与海氏球（囚）笼中，我们或许都已觉察到某种浓浓的康德式的先验哲学基因。众所周知，把《逻辑哲学论》《是与时》和《纯粹理性批判》实行比较的思想工作是很常见的。从某种意义上说，前两者都是对后者先驱事业之分别的某种内在继承。《纯粹理性批判》的终极目的是论证-保护未来的作为科学的哲学或后物理学，而《是与时》和《逻辑哲学论》也同样是怀抱类似之终极目的的——为未来科学的是学奠基的基础是学和严格划分可说与不可说、为未来的真正的哲学活动即从逻辑上澄清思想预留地盘。而在结构或方法上，三者都是某种严格的"先验"思路。甚至，我们可以猜想《是与时》和《逻辑哲学论》对于《纯粹理性批判》结构方法的继承是各执一端。康德的先验感性形式即时间形式和空间形式分别为《是与时》和《逻辑哲学论》所着重继承。其实即便在《纯粹理性批判》中，空间也从未比时间更不重要或者更缺少本源性。因此，或可谓，康德执其两端（时间与空间），而海氏与维氏则各执其一端矣。而海氏后期与维氏后期的确都在力图真正地超出-跃出康德留下的巨大身影。或许，再跳一步讲，康德、海氏暨维氏也都在严格秉承柏拉图-亚里士多德以降的西方"哲学"之"形式-质料"模式的老传统了，Sein、Sinn、Da、Zeitlichkeit、Wahrheit、Lichtung、Zeit、Raum、logische Form、Lebensform 和 Weltbild 等都是某种严格意义上的西方哲学传统内部的"形式"（Form）之诸变种。无论海氏与维氏再如何"叛逃"西哲传统，他们仍旧是严格属于这个传统本身的！质言之，按此思路，"后-是学之是思"或许原本就是个纯粹的伪命题？！因为——"思"（Denken）须臾不可离"学"（Logos-Logik）矣！

① 请自由想象维氏"逻辑空间"与海氏"是史"之思想"关系"（Verhältnis）：基于"纯粹可能性"的"纯思-空间"。

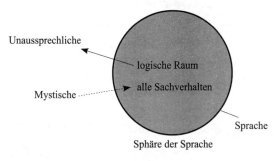

图 30　语言之球（笼）

的是"诸不可说的自行显示着的神秘者"。究竟这个"球面"（语言）之外的"非-逻辑空间"有多"广大"呢？它与"球面"（语言）之内的"逻辑空间"相比谁的体积更大呢？它里面又藏匿着、漂游着哪些不可说的"精灵"呢？"球面"（语言）是"可渗透"的吗？这些"精灵"会"穿过""球面"（语言）而进入"逻辑空间"吗，如果进入了，又会有怎样的"改变"？这个"球面"（语言）会"伸缩""变形""扭曲"或者"移动"吗？……这些都是非常有趣的"本体-游戏-拓扑学"（Onto-Spiel-Topologie），我们先不管它们，暂将目光聚焦到"球面"（语言）以及它之内的"逻辑空间"之上。

　　"球面"（语言）上的每一个"点"（Punkt）都代表"一个命题"，它既可以是"一个基本命题"，也可以是"一个复合命题"——但归根到底就是"一个基本命题"。"球面"（语言）上的"任一点"（任一命题），都正好与球面内的"逻辑空间"中的"一个点"（一件事情）相对应，即"反映或映射着"（spiegelt）它。[1] 整个"球面"

———————

　　[1]　或者，我们可否设想该"球面"是"向内-向外"的两面之一体呢？即"球面""向内"的一面为由无限多的命题组成的语言，这些命题"反映"着逻辑空间中的逻辑位置（即相应的事情）。而"球面""向外"的一面则是由各种"显示"组成的表面，"不同的显示"应和于"不同的不可说者"。"显示"也即"不说"——保持某种"沉默"

（语言）就是"一面巨大的球面镜"，它"反映"着在它之内的"世界"即"整个逻辑空间内所有事情的总合"。但"世界"本身却不是"逻辑空间"中的"任一点"，因而不是可被命题所反映的一件事情。"作为有限整体的世界"，其本身正是不可说的自行显示着的神秘者。

　　TLP 5.511 包容一切而反映着世界的逻辑如何能够运用这种特别的钩子和装置？只是因为它们全都彼此紧密联结而成一张无比精细的网，这面巨大的镜子。(Wie kann die allumfassende, weltspiegelnde Logik so spezielle Haken und Manipulationen gebrauchen? Nur, indem sich alle diese zu einem unendlich feinen Netzwerk, zu dem grossen Spiegel, verknüpfen.)

　　可否将这张无比精细的网即这面巨大的镜子与我们上述的"球面"（语言）"重叠"起来看呢？或者它们其实本来就只是"这一面逻辑-语言之镜"呢？为何"命题"能够描画、反映"事情"呢？是因为它们"共有-共享"同一个"逻辑形式"。为什么能够"共有-共享"呢？是因为"命题"通过"逻辑的钩子和装置"[①]将"事情""构造"起来。"一件事情"之所以能成其为"一件事情"，正是由自"一个命题""发送"给它相应的"逻辑形式"。正因为如此，

（接上页）(Schweigen)。因此，这个"球面"实际上"聚集"着两个"相反"的面："言说与沉默"或者"言说与显示"。这也正是第七句话"对不可说者须沉默"之所云。我们能否说，或许这个"言说"作为逻辑斯蒂的形式语言，象征的乃是"力轴"(Machenschaft)或"集置"(Gestell)，而沉默却是在为集置之孪生兄弟"兴有"(Ereignis) 准备奠基"疏敞地"(Lichtung)即本源的"时间-游戏-空间"(Zeit-Spiel-Raum)了呢？因此，我们是否可以想象在这一体两面的"语言球面"上已同时聚集着力轴与兴有——第一开端与另一开端——第一开端朝向另一开端之转渡了呢？

　　① 可以想象作为维氏初始连接词的否定与合取。(TLP 5.5-5.511)

"命题"与"事情"才是"逻辑上完全同构"的,"语言"与"世界"也才是"逻辑上完全同构"的,从而命题才能够"反映""描画"事情,而语言也才能"显示""世界的存在"。[1] 这些命题互相联结而成"一张无比精细的网",一个可以内外相通的"球网"——但要"穿过"这道"球网"却极为不易,"手续繁多",因为这个网"无比精细",有着一连串无比精巧的"钩子和装置",从而将"过境者"从头至尾地"改造"一番。外面的某种"不可说者"如果要"穿过""球网"(语言),须经历"球网"(语言)中的某个"网眼"(命题)运用无比精巧的逻辑钩子和装置来对它进行"塑形"和"构造"——从而被"构成为"与"那个命题""共有–共享""同一个逻辑形式"的"那一件事情"——这是一门多么杰出的逻辑斯蒂的现代技术–现代技艺啊![2] 也正因此,我们根本不能"说"不可说的东西。凡是我们在"说""不可说者"时,我们已经将"不可说者""改造"为"可说者"了,也即通过"命题的逻辑钩子–装置"将它"装配–组装"为"合逻辑(形式)的东西"也即"某件事情"了。我们只能"逻辑地"思想和言说!"逻辑(形式)"是永远不可能被违背的!命题正因为是构造事情的"网眼",所以命题才能作为反映事情的"一小面镜子"(整个语言这面大镜子的一小部分);另一方面,"球网"(语言)之内的"东西"(事情)要想"逃逸"出"球网",同样也须被"球网"仔细检视、改造一番——"拆卸掉"它身上所配备的所有作为无比精巧–复杂之"钩子和装置"的"逻辑形式"——"还其自由之身",重归于"不可说的自行显示着的神秘

---

① 可参照维氏在其 1929 年 11 月 17 日关于伦理学的英文讲演中的相关说法。参见 L. Wittgenstein, "A Lecture on Ethics", p. 11。

② 想想海德格尔的 ge-stellen(集–置)。

者"。① "语言"就是一个"无与伦比精细的大球（囚）笼"，它"囚禁""统治"着"囚笼内的每一个囚犯"，即"可说之域的每一件事情"。而在逻辑斯蒂的语言囚笼之外，则意味着自由 ②。

还须强调的是，这个"球网-球面镜"（语言）上面的每一个"点"（即命题）本身又是属于"逻辑空间"（可说之域）的，也就是说，每个命题本来就是一件事实（TLP 3.1-3.14），作为"可说之域"的"球体"（逻辑空间）本来就是"包括"了作为其外缘的"球面"（语言）上的"每一个点"（每一个命题）的。然而作为"球面总体"的"语言"本身却又根本不是"逻辑空间"中之"一点"，而是完全位于"可说之域"以外的"不可说者之域"的。并且，"暗藏"在这个"球网"（语言）当中的"逻辑钩子和装置"（逻辑形式）也不成其为"一点"——"逻辑空间"中之一点，它们都是不可说的。"逻辑形式"只能"显示自身"于"真正的命题"之中；反过来，"真正的命题"之所以可能，命题与事情、语言与世界之间的图象关联之所以可能，全在于"逻辑形式""潜藏"在"球面"（由所有命题组成的语言）之中的"显示自身-现身在场"。因此，这个"语言"真是一个无比玄妙和精致的"球网-球面镜"！也因此语言这个"球面镜"其实根本就不是"没有体积的光滑平面"，而是"有着无数复杂精巧逻辑钩子和装置的充满褶皱的大球网"！正因为它"不光滑"也即有着"无数复杂精巧逻辑钩子和装置"，所以它才能真正"反映"逻辑空间里的每一个逻辑位置（每一件事情）。语言正因为是作为球"网"而"构造"，才能作为球"镜"而"反映"。

---

① 这也正是《逻辑哲学论》即"这面语言-球（囚）笼镜"的"微观-政治学（Mikro-Politikwissenschaft）"！政治学无处不在，政治学实乃第一哲学也。政治学就是"诸权力之永恒斗争-轮回学"！
② 此"自由"概念仅在不归逻辑斯蒂集置（集置为动词）的意义上使用。

8.322 从世界到语言（通过思想）：诸对象之逻辑建筑学

"从语言到世界"（通过思想）的"语言球（囚）笼"只是思想的"一种"方向，在这个方向上，形式语言的逻辑构造功用被过分强调了。可维氏究竟是怎样猜想到如《逻辑哲学论》中所描绘的真实世界结构的呢？真的是如上节所述那样，即主要的或者至少是作为一个必需之关键因素的就是弗雷格等所发明的现代逻辑吗？维氏是先想到如此这般的语言-命题结构，才进而想到如彼那般的世界-事态结构的吗？名称与对象究竟谁"在先"？是先有命名，还是先有已经自在的对象？没有名称或命名，真的就没有对象了吗？没有基本命题，就没有被它所描画的基本事态了吗？没有复合命题，就没有被它所描画的复杂事况了吗？没有语言，真的就没有被它所图画的世界了吗？显然，按照《逻辑哲学论》的字面意思，回答是否定的。该书从第一句开始，直接描画的就是世界自身的逻辑结构了。他是先想到"名称-基本命题-复合命题-语言"，先想到命题的一般形式 $[\bar{p}, \bar{\xi}, N(\bar{\xi})]$，才想到"对象-事态-事况或事实-世界"的吗？对此维氏从未给过我们任何暗示。语言与存在、命名和物孰先孰后的问题，可类比于鸡生蛋-蛋生鸡的困惑。或许这样的说法会更贴切原始真相吧：语言与存在或命名和物同时相互引发-相互构成。事实上，在《逻辑哲学论》中，维氏最终就是将一切语言与世界之谜都归结于"诸对象"（Gegenstände）的。诸对象回答了世界-语言之谜。

我们现在必须考虑的另一个情况是：事实上，在维氏看来，所有的命题都是事实（TLP 3.1-3.144），也就是说，逻辑钩子-逻辑装置归根结底本身就是任一事情身上天生的东西，并非任何外在的逻辑图象或命题对它的构造-赋形-赠予。一个命题之所以能反映-描画一件事情，最终说来只是因为这个命题本身即是一件事情，并且这两件事情彼此间有着同构同形的镜像关联。命题和它所描画的事情，从来就不是任何异质性的东西。图象与被图象者共有的图式形式-逻辑形式，说到底，都是诸事情内部自身的形式，是不同事情相互间的描画关系-镜像关系。与此相类的问题是，名称到底是不是对象呢？维氏似乎并没有明确地说过名称就是对象。但综合《逻辑哲学论》中一切相关论述来看，名称只能是对象——不然又能是别的什么呢？维氏明确说过每一个命题作为命题记号都是事实（TLP 3.1-3.144），那么每一个基本命题也就是作为事实的事态了，那么作为一个基本命题组成部分的诸名称不是组成一个基本事态的诸对象又能是别的什么呢？那么再跳一步问：反过来是否所有对象都有可能被"作为"名称呢，或者说从本质上讲都有这个潜能呢？——如果我们把语言做扩充的理解，即将音乐、图画等都算作语言的话。表达我们思想的既可以是"普通寻常"命题记号那样的语言，也可以是音乐、图画那样的语言，还可以是你想得到的任何语言方式，它们可以具有与"普通寻常"命题记号大相径庭的物理材质，但在"逻辑"上达到的效果却可以是完全相同的——只要它们与我们的思想之间有着严格相互映照的逻辑图象关联即可。表面上维氏表达的似乎是一个"三方关联"，即思想、语言和世界的三方两两交互映照关联，它们都有着严格一致的逻辑形式，每一方都是任意另一方的逻辑图象——但实际上它们都是某种"内部"的关联，因为思想和语言本身也是世界的一部分，每一个基本的思想成分和命题本身都是事实而已。因此，说到底并不仅仅是三方映照关联而已，而是一个世界内部的诸对象构造出来的"诸事实"之间的多元映照-互为镜像的复杂关联格局。每一个事实本身又都自带有思想或语言的种子性质，从原则上说都可以作为描画-映照其他某个事实的逻辑图象。如果再接着这个思路往下走，超出《逻辑哲学论》所直接表达的东西的话，那么，似乎一切世界都是某种语言了，一切事实都是某种命题（逻辑图象或模型）了，一切对象都是某种名称了。因为我们所能构想的、说出的"一切事情（包括作为命题记号的事情即命题）"都是我们所能"构想的、说出的"一切事情。它们一定与我们的思想有着严格相互"映照"（spiegeln）的逻辑图象关联。为什么世界如此这般奇妙机巧？没有为什么，只因为这个世界，这个我们生活于其中的、我们做着的、思着的和说着的世界，它就是这个样子的！没有理由，也找不到理由。这是奇迹，所以我们惊异于斯！

表面上看，维氏直接表达的是一个彼此"外在"的、"思-言"与"事情"二元对立映照的关联，但实际上由于一方面任一思-言本身就是事实，而另一方面每一个事实又都自带思-言品质——可以作为某个他事之逻辑镜像的品质——因此，任何事实都是我们思-言的原创作品，而绝非是本来就存在在那儿的。如果"有"一个思想和另外两个事实两两间有着逻辑图象关联，其中一个事实被选作描画另一个事实的事实，那么它就是作为"描画者"即某种语言命题的事实了，而另一个事实就是作为"被描画者"的事实了。这个选择大多数情形下都不是随机或任意的，而是自然-历史积淀下来的，是由诸特定的实际生活形式所决定的。所以维氏《逻辑哲学论》为我们创造出的逻辑世界"形式指引"的却是一个十分奇妙、精彩绝伦的交互映照、交相辉映的生活世界呢！按照这样的思路，发生的任何一件事情都可以被我们作为某一特定的命题，任何对象也都可以被我们作为某一特定的名称——只要我们能够设想或给出这个特定的相互映照的逻辑图象关联的情景或语境的话。不仅如此，所有的事情都归根于诸对象的永恒存在，而所有的逻辑形式也都生长在诸对象里。一个对象的逻辑形式就是它与其他对象结合的诸先天可能性。给出一个对象，即已同时给出所有其他的对象。而所有对象的诸逻辑形式，就整个地决定了逻辑空间也即整个的可能世界——

所有的事态-可能事况 —— 无论它在经验上发生与否，同时也决定
了所有的命题，决定了整个语言，决定了语言和世界的二元镜像关
联结构，决定了《逻辑哲学论》独有的结构谜局……

图 31　诸对象（诸积木）之逻辑建筑学

　　如是，我们也可将诸对象设想为诸积木（如图 31），每一个积木都
是不可再分的，每个积木都有它自己独特的形状-外貌，这些形状-外
貌就是该积木的逻辑形式[①]。所有积木可能搭造出的所有房子的可能性
都已经被每一个积木自身的形状所先天决定了。这里只有诸积木，除此
而外一无所有，没有其他任何形式的粘合剂、绳子、钉子和钩子等，诸
积木单凭自身的形状就能相互嵌构出各种形状的房子即所有的事态-事
况-事实（包括所有的命题）。所有的逻辑脚手架都是诸积木自带的，
而非任何外来的帮手。根本没有逻辑对象即外在于诸积木的逻辑脚手
架、钩子、粘合剂等，也就是说，像否定、析取、合取、括弧等那样的

---

　　① "形状-外貌"（Eidos-Idea）乃"形式"（Form）的希腊源头意义。

逻辑符号所显示的东西都是诸积木自身外形上所潜藏的东西，而非在诸积木之外的任何东西。维氏建筑学除了诸积木本身，什么都不需要！给出一个积木（对象），其实就已同时给出了所有的积木（诸对象），而给出了所有的积木，其实就已给出诸积木能构造出的所有房子（所有事情包括所有命题）的可能性了——不管该房子（事情或命题）在经验中"出现"与否。任一积木（对象）都不是孤立先在而后才被组合到一起的，诸积木（诸对象）的"共在性-积木间性"是"纯粹先天的"。①这就是维氏无与伦比的逻辑建筑学！毫无疑问，维氏依靠自己的与弗雷格和罗素完全不同的新逻辑-新技艺成就了《逻辑哲学论》最伟大的建筑学！《逻辑哲学论》本身就是充分利用现代逻辑技艺建造起来的一座伟大建筑！②

8.33 实践之我

因此，笔者试图将维氏《逻辑哲学论》中所谓的诸不可说者仅仅划归为两类即"诸对象"（Die Gegenstände）（诸对象本身的存在、诸对象的若干内在性质和内在形式 [包括逻辑性质与逻辑形式] 等等）和"我"（Das Ich）（作为审美与道德实践的自由的后物理学主体）。虽然维氏在不同场合讲过许多不同的不可说者，或者说他对于何谓不可说者有着许多不同但相关的说法，但笔者以为几乎就可以仅仅划为这两类而已。"我"是唯一不可划入"诸对象"（即逻辑）的东西，严格说来永恒存在的或真正"有"的"东西"只有这两类而已："我"与"诸对象"，其他的一切都仅仅是它们的若干不同"现象"（显现）而已。真正神秘

---

①　联想海德格尔的"是之历史"，其实也是和盘托出的，第一开端和另一开端从来就是"有"的。因此，海氏"历史"与常见的线性历史进步观中的"历史"相去何止十万八千里了——谓之"是学差异"（ontologische Differenz）也。

②　再想想海德格尔的"ge-stellen"（集-置）。

的不可说者正是-只是我与诸对象而已！我其实就是自由。《逻辑哲学论》真正要说的就是：作为"不可说者"的"诸对象（逻辑）"和"我（自由）"在数种言说方式中的自行显隐。《逻辑哲学论》去蔽-葆藏的就是两个神秘：一个是"世界-思想-语言"之谜（逻辑），一个是"存在-实践-人生"之谜（自由）。笔者以为这就是《逻辑哲学论》的隐性结构。而诸对象最重要的形式和性质就是逻辑的，就是逻辑斯蒂的，而"我"正是唯一不归逻辑斯蒂统治的自由者！也就是说，在《逻辑哲学论》中，维特根斯坦把逻辑斯蒂最深地植入到诸对象之中了，也即通过诸对象植入世界和语言当中了，在这一点上，他比其他任何逻辑斯蒂主义者都要更彻底、更暴力，《逻辑哲学论》是最彻底的逻辑斯蒂主义，也即最极端的集置或力轴——但同时，恰巧在这个最极端的集置里，就隐藏着自由（兴有）[1]，隐藏着拯救——那就是"不可说的我之是"或"是之我"（Ich des Seyns）也即"我的自由或原罪"。难道单单《逻辑哲学论》一身就已聚集了"第一开端-集置"（逻辑地说）和"另一开端-兴有"（不说-沉默）？[2]难道《逻辑哲学论》的七句话就是从第一开端到另一开端的转渡-通道-虫洞？第七句话就是那个转渡的急迫的瞬

---

[1]　参见 M. Heidegger, GA 15, S. 366。

[2]　此外笔者必须额外强调的是，《逻辑哲学论》中的这种非-逻辑斯蒂的自由-拯救-逍遥，并非是属于分析哲学本身的，也就是说，经典的或曰最狭义上的分析哲学从本性上说就是逻辑斯蒂主义的。维氏的确是一个完美的分析哲学家，但分析哲学只是他哲学基因的一小部分罢了。说白了，分析哲学本身也就是维氏擅长的若干哲思技艺之一而已。分析哲学本身只是一种现代技艺而已。但的确我们可以从这个现代技艺身上看到某种潜藏的自行对冲的-自行消解的因子，这一点在维氏一人身上十分明显，在后来的牛津学派和实用主义转向后的那些变种分析哲学上面也能清楚看到。总体上说，它们虽然大都仍然十分尊重现代科技包括现代逻辑，但并不会再像经典分析哲学如早期逻辑实证主义那样去狂热地歌颂和参与现代科技的整体进步，新的变种分析哲学对现代科技多半会保持一种适当的批判性的克制和距离。当然，这一切，我们不知道是不是神秘的、大道无声的"集置-兴有"（是史）之自行运作-遣送-指派-显隐了……

间 —— 那个临界点? 难道海德格尔孜孜追寻的那另一开端在维氏前期就已经开端了? …… 这一切自然都还隐藏在重重疑雾中。

或者, 我们是否也可说, 这里的 "逻辑–诸对象" 和 "伦理–实践" 其实正是这同一个 "我" 之两面呢?! 世界与人生是同一者。(TLP 5.621)[①] "我" 正是 "逻辑" 和 "伦理" 的这个 "居间" (Inzwischen)。《逻辑哲学论》全部要讲的竟只是这一个 "我" 而已! 而这个 "我" (尤其 "伦理–实践之我"), 又是不可说的。《逻辑哲学论》全部的事业竟就是要去 "显示" 同时更重要的是 "葆藏–密藏" 这个 "逻辑–伦理之我"!

> TLP 5.641 因此, 的确有这样一种意义, 在这种意义上, 在哲学内对我的谈论可以是非心理学的。
>
> 这个我是以如下一个事实的方式进入哲学的: "这个世界是我的世界 (die Welt meine Welt ist)。"
>
> 哲学之我 (Das philosophische Ich) 不是人, 不是人的身体或者心理学所处理的人的心灵, 而是形而上学主体 (das metaphysische Subjekt), 世界的 —— 而非其一部分的 —— 边界 (die Grenze — nicht ein Teil — der Welt)。

"这独一一个逻辑–伦理之我" 正是 "这独一一个哲学之我" (das philosophische Ich) 或 "这独一一个形而上学主体" (das metaphysische Subjekt)! 这个我不是经验意义上的我, 不是世界之内的我, 也不是心理学所考察的那个经验主观性 (心灵)。"我" 完全不在世界之内, 而是世界之边界 —— 或者干脆就在世界之外! 这个我完全不在语言球

---

① 整个《逻辑哲学论》5.6 节将为此提供强大的证据支持。

（笼）或逻辑空间之内，但可能反而从最根本的意义上"构造着"或"奠基着"后者！要之，借用某种（后期）胡塞尔式眼光^①，《逻辑哲学论》最终给出的这个我只能是作为某种"先验主体性"（transzendentale Subjektivität）或"原-我"（Ur-Ich）或"我极"（Ichpol）的"纯粹之我"（das reine Ich）！因此，笔者试图将《逻辑哲学论》读作一门关于"我"的"纯粹现象学"（reine Phänomenologie）或"先验现象学"（transzendentale Phänomenologie）。^② 作为该门"现象学还原"（phänomenologische Reduktion）^③ 之"最后剩余"（letzte Residuum）的"纯粹现象"（reine Phänomen）正是"我"。该"我"系"逻辑之我"

---

① 不知胡塞尔在突然看到《逻辑哲学论》5.641 节时会否顿生最强烈的知音-知己之感？

② Merrill B. Hintikka 和 Jaakko Hintikka 将《逻辑哲学论》读作罗素式的关于某种亲知经验对象之描述的现象学，显然与本章对《逻辑哲学论》的"先验现象学"解读相去甚远。在笔者看来，《逻辑哲学论》中的"诸对象"完全是非经验的"先天的""质料"范畴（除"形式"而外，"质料"也可以是"先天的"），是"纯粹自我或者纯粹思想"的"先天逻辑脚手架或梯子"，而绝非任何经验意义上的、幻想可供某种"原初语言"或"现象学语言"直接描述的"感觉予料"（sense-data）。参见 M. B. Hintikka and J. Hintikka, *Investigating Wittgenstein*, Oxford: Basil Blackwell, 1986。另，从某种意义上说，"现象学"只是一个普通词语而已，它的意义仅在于怎么用它，它如何出现在相应的语境或者上下文中。因此，虽然维氏本人并未将《逻辑哲学论》称作"现象学"，但并不代表我们就不能在某种可能的意义上合理地称呼其为"现象学"。同理，与此相反的是，在维氏本人正面使用"现象学"一词的时候（如 1929-1933 年左右的所谓"现象学"时期），也并不代表他此时的"现象学"就与胡塞尔或者海德格尔的"经典现象学"更为亲缘。现象学只是一个词而已，好用就行。不要被语言之表象所蛊惑。"现象学"（Phänomenologie）从原本意义或者从其预期目标上说，就是"哲学本身"（Philosophie selbst）或者"一般哲学"（Philosophie überhaupt）的意思，或者说是（真正的）哲学何以可能的唯一方式——真正的现象学只能是"哲学的"（philosophisch），真正的哲学亦只能是"现象学的"（phänomenologisch）。从这个意义上说，笔者将《逻辑哲学论》直接称呼为一种现象学，自然是对之作为"纯粹哲学"的无上褒扬了。质言之，这也并不代表笔者认为《逻辑哲学论》式的现象学成立的唯一理由仅在于它在某些方面可与胡塞尔或海德格尔的所谓"正宗"现象学比对、交锋、亲近或媲美等等。维氏《逻辑哲学论》从来就是自足的"现象学-哲学"本身，根本无须旁顾他者也。

③ 维氏现象学还原也许是"瞬间的"，他试图将"同时"作为"逻辑之我"和"实践之我"的"纯粹之我"径直、合盘带入我们眼帘。

（Ich der Logik）与"实践之我"（Ich der Praxis）的二重性。"逻辑之
我"即"纯粹思想"（reine Denken）。[①] 而"逻辑之我"（纯粹思想）又
复分解为"世界"与"语言"之两面[②]，显示为"从语言到世界"（通
过思想）和"从世界到语言"（通过思想）的双向"对冲"格局，也
即"语言的球（囚）笼"和"诸对象的逻辑建筑学"之复调结构。质
言之，我们甚至可以说：世界、语言和思想其实都是"一回事"，它们
的"本质属性"都只是"逻辑"。同时作为"逻辑之我"和"实践之
我"的"我"正是终极的不可说之神秘。而对于该不可说者，我们只
能保持沉默。因为不可以"逻辑地"说，不在"语言球（囚）笼"之
内，不归"逻辑空间"管辖，我们可以认为，依照海氏之论，《逻辑哲
学论》的"我"已经彻底超出传统"是学／后物理学"或者"第一开

---

① 我们可否尝试做一个如下的比较：维氏"逻辑之我"（纯粹思想）大致相当于
胡塞尔 Vor-Ich（前-我）、海德格尔 Da-sein（闻-是）和唯识学"末那识"的先验层次，
而"实践之我"却大致对应于胡塞尔 Ur-Ich（原-我）、海德格尔 Ereignis（兴有）或
Lichtung（疏敞化）和唯识学"阿赖耶识"的层次。实际上，在《逻辑哲学论》的"先验
还原"中，"实践之我"相较于"逻辑之我"似乎的确位居更为原本、底层、黑暗、深密
和神秘的位置。甚至我们几乎可以说"逻辑之我"原来就是奠基于"实践之我"的，后
者构造-奠基了前者。逻辑的世界与语言本身原本就是实践之我的"生活冲创-罪责冲
创"！虽然《逻辑哲学论》关于逻辑之我直接言说的篇幅比实践之我的要多太多太多，但
维氏也确实强调过此书没有直接写出来（也不可能直接表达出来）的部分即实践之我的
部分比写出来的部分即逻辑之我的部分远为重要得多。

② "世界和语言"（诸对象）都是"我"（纯粹思想）的脚手架！这里也能见出《逻辑
哲学论》与康德先验哲学的一个重要分歧。在康德那里，我们可以说，唯有"诸形式"（先天
感性、知性和狭义理性形式）是先天的，而"质料"（物自身刺激我们感官发生的感觉杂多）
则当然不是先天的。但对于《逻辑哲学论》，我们甚至可以认为不仅"形式"（语言的-逻辑
的-思想的形式）是先天的，而且"质料"（诸对象）本身也是先天的！由于"思想的-语言
的-世界的逻辑形式"其实都植根于"诸对象"，因此我们也可以说，诸对象本来就是"纯先
天形式"的范畴，因此它们绝非罗素式的亲知的"感觉予料"。《逻辑哲学论》的"形式"和
"质料"源出一脉（绝对先天即纯粹之我也即"诸对象"）。诸对象集成了《逻辑哲学论》全
部的"先验形式暨先验质料"！"诸对象"就是"我"（思执）构造世界与语言的逻辑脚手架
或梯子！而只有超越这些梯子，我们才能看到更本源的世界即实践之我。要之，维氏"先验
哲学"似乎较康德"先验哲学"更为圆满彻底。

端"的地盘，而归属于另一开端 —— 至少归属于第一开端朝向另一开端之转渡了。关于"我"的这种独特的"后-后物理学／是学"的"沉默"语言方式，可比照海氏 GA 71《兴有》中的相关说法。"兴有-另一开端"须要"后-后物理学／是学"或者"非-第一开端"的"全新表达方式"（诗语）。

Diese „Dar-stellung" beschreibt und berichtet nicht; sie ist weder „System" noch „Aphorismus". Sie ist nur dem Anschein nach „Dar-stellung". Es ist ein Versuch des antwortenden, gründenden Wortes; die Sage des Austrages; aber ein Gang auf einem Holzweg.

Alles seit den „Beiträgen zur Philosophie (Vom Ereignis)" in diese Sage verwandeln.

如是"表-达"既不描述也不报道；它既非"体系"亦非"格言"。它徒具"表-达"之象。它是某种应答着的、奠基着的语词之尝试；分解之道说；但为某林间路上之一道。

自《朝向哲学的诸文献（从兴有而来）》始一切皆转入如是道说。[①]

可见，维氏前期《逻辑哲学论》的"二重对冲的七道接缝结构暨沉默"和后期《哲学研究》的"作为诸风景素描的诸语言游戏"何尝不都是在追求与海氏相类的一种全新的"后-是学之是思的诗语道路"呢？从是史而非历史学的角度说来[②]，我们或许也可将《逻辑哲学论》与维

---

① M. Heidegger, GA 71, S. 3.
② 历史学与是史的划分（是学差异／ontologische Differenz），是对西方哲学的"现象世界或经验世界"与"本质世界或理念世界"之二元区分传统的深刻继承吗？

氏后期大作《哲学研究》视为一片树叶之两面，而第七道接缝"对不可说者须沉默"则正是（对）这片树叶的翻转。① 从《逻辑哲学论》无比机巧的"逻辑形式–诸对象"的"语言球（囚）笼"逃脱出来以后，看到的正是《哲学研究》无比壮观的诸"生活形式–语言游戏"的"千高原"。② 与《逻辑哲学论》关于"我执–超越"（Ich-Transzendenz）的现象学正相呼应的是《哲学研究》"破–我执"的关于"诸他者–穿越"（Anderen-Hindurchreisen）的现象学——而这又是维氏思想作为整体的一种双向对冲格局。③ 因此，维氏思想的三重翻转对冲格局可以下列太极三图显示。（图 32）④

---

① 海氏《是与时》和《朝向哲学的诸文献（从兴有而来）》也有类似的思想天命关联：从某种意义上说，前者乃"从 Dasein 到 Sein"，而后者系"从 Sein 到 Da-sein"。

② 想想柏拉图的洞穴喻。

③ 我们可否将西方哲学的传统主流即"第一开端"都视为"我执–超越"呢？而哲学"另一开端"似乎可标识为"他者–穿越"？后者在后期维氏以及列维纳斯、德勒兹、福柯等法国当代诸家那里已经开端起兴？前者涵盖了几乎所有的"顶级"西哲传统巨人：苏格拉底、柏拉图、亚里士多德、笛卡尔、斯宾诺莎（B.Spinoza）、莱布尼茨、康德、费希特（J. G. Fichte）、黑格尔、谢林、马克思、叔本华、尼采、克尔凯郭尔、胡塞尔、海德格尔和维氏前期等等。维氏前期也可视为是对这个传统的最后一次顶峰或高潮（顶峰、高潮皆作"动词"解）。对于他们说来，罕有真正的"他者"，任何"他者"都仅仅是"我执"（主体性）超越地构造出来的一个"成就"或"他我"而已；一切不是"我执"就是"我执"的"构造成就"。心（我）外无他也。因此我们甚至可以说在这个传统内的任何"共主体性"本身就是个可疑的、不可能的概念，"交互主体性"实际上是以"我"为中心构造起来的"伪交互"。而后者（哲学的另一开端）则致力于破除该种惯性的"我执"，他者并非另一个"他我"，而是真正的"（外在）他者"。甚至就连"我自己"都是"他者"——我从他者而来！原本的先验格局即为"诸他者"共存之"千高原"也。诸高原间并非单单纵向的和内向的"超越"（über-fahren），而是纵横交错的和外向的"穿越"（durch-fahren）。真正的思之"另一开端"——一种关于"穿越"的新哲学？一场关于"穿越"的崭新的"哥白尼式革命"？……显然，本注里探讨的"第一开端"和"另一开端"概念已经完全超出了海氏文本的直接用法。

④ 我们亦可将维氏太极三图比对海德格尔与胡塞尔太极二图：海氏（后期）"兴有之球（囚）笼"和胡氏（后期）"先验主体性之球（囚）笼"（亦可对比本书 8.321 节所绘之维氏前期"语言之球（囚）笼"、海氏前期"时间之球（囚）笼"、海氏后期"疏敞地之球（囚）笼"以及康德"纯粹理性之球（囚）笼"）。似乎我们可以说唯有维氏

　　昔日周敦颐《太极图说》有云："无极而太极。太极动而生阳，动极而静，静而生阴，静极复动。一动一静，互为其根。分阴分阳，两仪立焉。阳变阴合，而生水火木金土。五气顺布，四时行焉。五行一阴阳也，阴阳一太极也，太极本无极也。"维氏《逻辑哲学论》讲述的何尝不是由作为"无极而太极"的"我"不断"生化-衍化"（构造-创造）出整个"世界和语言"（逻辑之我）暨"自由与原罪"（实践之我）的"创世神话-史诗"呢？①

（接上页）（后期）才彻底跳出了形而上学的先验主体性哲学。而维氏前期则应被视为彻头彻尾的作为某种绝对主体性形而上学的先验现象学。可以明见的是：对勘胡氏"绝对主体性的先验现象学"、海氏前后期"Sein 或 Ereignis 的先验现象学"以及维氏前期"逻辑之我暨实践之我的先验现象学"将会是十分有趣的原思游戏！再进一步，倘若凭借某种源自中国传统太极阴阳"底"眼光来观看它们，亦更会是无与伦比的原思游戏了！

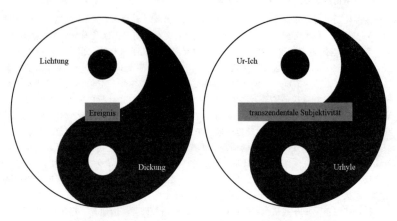

Sphäre des Ereignisses　　　　　Sphäre der transzendentalen Subjektivität
兴有之球（囚）笼　　　　　　　　先验主体性之球（囚）笼

　　①　"先验主体性"（原-我）的"现象学构造"究竟是不是"创造"或者"原创"呢？真的不需要任何"外在（客观）质料"的"帮忙"（刺激，驱动，供给原素，贡献某种"主动性的形式"，甚至给予先验主体本身）吗？这的确是"现象学"最棘手的根本性难题，或许唯有最为精通"阴阳生成"的东方易道才能为西方（先验）现象学之终极困扰带来某种决定性的启发？……

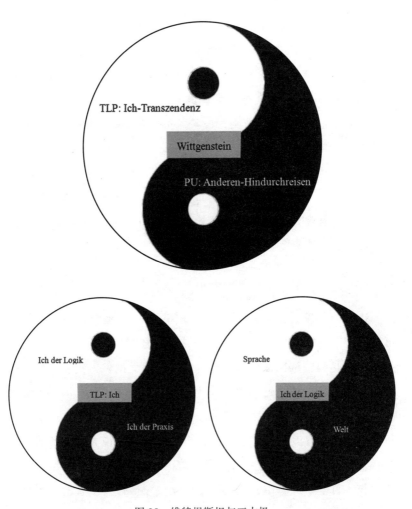

图 32　维特根斯坦与三太极

8.4 是之千高原:《哲学研究》

在数次不幸的尝试——把我的成果熔铸为一个这样的整体——之后,我看清了:我在这点上绝不会成功。我能写出的最好的东西也只能永远保留为诸哲学札记(philosophische Bemerkungen)的模样;当我违背它们的自然趋向而试图进一步迫使它们进入单一方向的时候,我的思想立马就瘫了。——而这当然同该项研究之本质自身有关系。它也强迫我们在一片广阔的思想领地上,朝着所有方向纵横交错地穿越(kreuz und quer, nach allen Richtungen hin zu durchreisen)。——这本书里的诸哲学札记就像是这一系列的风景素描(Landschaftsskizzen),它们诞生于这些漫长而纠结的旅行途中。①

——维特根斯坦

让我们再度折回本章主标题"任何一种后-是学之是思是如何可能的?"。是之思在"经历"是学之后,还能"后"是学地、"非"是学地思是吗?维氏前期思想(以《逻辑哲学论》为代表)为此提供了一种可能的创造性回答:作为诸不可说者的"我"即"逻辑之我"(诸对象)和"实践之我"(自由与原罪)在诸言说方式中的自行显隐。维氏在其后期思想中,在更加广泛的言说方式即各式样的"诸语言游戏"中来思考"自行显示着的诸不可说者"。在维氏后期代表作《哲学研究》中,他实际上将这些"自行显示着的诸不可说者"重新命名为"诸生活形式"了。"生活形式"一词正是理解《哲

---

① L. Wittgenstein, „Vorwort, *Philosophische Untersuchungen*", in Werkausgabe 1, S. 231.

学研究》乃至维氏整个后期思想的关键词。但对于"生活形式"，维氏"理所当然地"并没有直接下过任何的定义，甚至也极少直接提到它。但笔者认为，这恰好正是维氏所需要的对于"生活形式"最为合适的"语言方式"或"显示方式"。"生活形式"是与"语言游戏"勾连在一起的，维氏后期思想全都是在"构想-描述-显示"多种多样的"语言游戏"，而实际上同时也即在"构想-描述-显示"与之相应的多种多样的"生活形式"。"语言游戏"对于维氏来说，正是与"生活形式"完全"咬合-纠结"在一起的。因此，作为"诸生活形式"的"自行显示着的诸不可说者"或许在维氏后期思想中较其前期思想来说得到了更多样和更深刻的"显示"。维氏认为我们可以"构想"多种多样的"语言游戏"，并且构想一种语言就叫作构想一种生活形式，甚至是非常"古怪"的"语言游戏"。（PU 19）而与这多种多样乃至无数的"语言游戏"相"嵌合"在一起的正是相应的多种多样乃至无数的"生活形式"。我们可以认为"生活形式"就是"自行隐藏"在"语言游戏"中"自行显示"的东西，"生活形式"就是"语言游戏"的必需"背景"或者"基础"，但这个"背景"本身却是没有"背景"的，或者说这个"基础"本身却是不再有"基础"的，它就是它自己的"背景"或"基础"。维氏在《哲学研究》23节继续强调"语言游戏"的无穷丰富性，无论何种句子、语词都有无数种的用法。而语言"游戏"一词正是用来强调"语言的言说是某种活动的一部分，或某种生活形式的一部分"的。"游戏"本来就是某种"活动"，或者说是"活动"的一部分。这里维氏将"生活形式"与"活动"紧密地关联起来，甚至我们可以说"生活形式"就是"活动"。"生活形式"中的"形式"，绝非是如维氏前期所谓的"逻辑形式"中的"形式"。"生活形式"绝非某种是学-后物理学框架内的抽象的先验形式，而是指某种最鲜活的、最原始的

"活动"或"生活"本身。

生活形式作为语言游戏之"基础-背景-大地",是"必须接受下来的东西,被给予的东西",是无可选择的东西。(PU S. 572)我不能"选择"我的生活形式,我"已经"坐落在我自己的生活形式当中,我"从来"就生活在自己的生活形式当中。我既不能"挑剔"它,也不能"改变"它,更不能"甩掉"它。"它"(生活形式)就是"我的生活"。我必须接受我的"生活形式",同时也即必须接受我的"语言游戏"。"语言游戏"就是"语言以及与之编织在一起的诸活动所构成的那个整体"。(PU 7)"'语言游戏'这个语词在这里是要强调,用语言来说话是某种活动的一部分,或某种生活形式的一部分。"(PU 23)"语言游戏"是与"活动"或"生活形式"紧密联系在一起的,"一定"的语言游戏就与"一定"的活动或生活形式联结在一起,有多少种不同的活动或生活形式,就有多少种不同的语言游戏。这样,在伴随着《逻辑哲学论》中的"诸不可说者"被"还原"为"诸生活形式"的"同时","诸命题"也就被"还原"为"更加多种多样、丰富多彩的诸语言游戏"了。《逻辑哲学论》所描述的原来只是"一些"特定的"语言游戏-生活形式"而已,但此外还有许多许多。与此"同时",维氏道说"是"的"语言方式"就不再是作为"为可说与不可说划界"的"诸命题的澄清活动"和作为其结果的"沉默"了,而是作为"诸语言游戏"的一系列的"风景素描"。他在《哲学研究》"序言"中道明了这一点。他起初曾想将该书作为一个"整体"来创作:"这些思想应该自然而然地从一个论题进展到另一个论题,中间没有断裂。"但后来他发觉在这一点上他永远也不能成功,他只能写一些"哲学札记"。他要做的仅仅是就着不同的"语言游戏-生活形式"本身来"素描-速写"它们而已,"素描-速写"的"成果"就是一系列的"哲学札记",它们"让-任"

各式样的"生活形式-语言游戏"自行显隐。因此，维氏认为："哲学不可用任何方式干涉语言的实际用法，因而它最终只能描述（语言的实际用法）。因为它也不能为语言用法奠基。它让一切如其所是。"（PU 124）这里的"哲学"不仅完全不是传统意义上的与后物理学-是学近乎等同的那个"哲学"，也与《逻辑哲学论》中的作为"诸命题的澄清活动"的那个"哲学"相区别。这个"新哲学"就是《哲学研究》的"新是思"，作为这种新是思的"哲学"只描述"不同语言的实际用法"，也即描述各式样的"生活形式-语言游戏"——"它让一切如其所是"。维氏在以《哲学研究》为代表的后期思想中，就是不断地、不觉疲怠地以作为"多样风景素描-哲学札记"的"各式语言游戏"来速写作为"各式不同风景-地貌"的"多样的语言游戏-生活形式"的——他以"语言游戏"来"游戏（让-任……自行显示）""语言游戏"：让-任一定的生活形式在一定的语言游戏中自行显隐着。

因此，我们可以尝试把维氏《哲学研究》的新是思读作"诸生活形式在诸语言游戏中的自行显示"。一定的"生活形式"与一定的"语言游戏"勾连-交缠在一起而"成"一定的"生活形式-语言游戏-生活形式在语言游戏中的自行显示"；每一个"生活形式-语言游戏-生活形式在语言游戏中的自行显示"都可被视为一块"高原"（Plateau），这些"高原"之间或相互交错或有断裂，它们一起做着互动游戏，它们两两间有着复杂的诸家族相似性。我们可以想象这幅"千高原"的"地形图"①。在这个"是"的三维空间里，每一块"平台-高原"代表一个"生活形式-语言游戏-生活形式在语言游戏

---

① 可参考本书 6.2 节所绘之图"千高原地志学"（图 18）。

中的自行显示"，即一块"LSZ 高原"①。这样的 LSZ 高原有许许多多，乃至无穷。这"无数的高原"并非"坐落"在"是-空间"中，而是——正是——"是-空间"。难怪维氏说《哲学研究》作为一系列"哲学札记"就像是在这些漫长而错综的旅行途中对这些"风景"所做的一系列"风景素描"。②他就是在这"千块高原"之间来回穿

---

① LSZ 即"Lebensform（生活形式）-Sprachspiel（语言游戏）-Zeigen（显示）"的德文词首字母缩写。另，我们也可将"生活形式在语言游戏中的自行显示"理解为维氏晚期哲学笔记《论确实性》中的"世界图象"（Weltbild）。世界图象实即维氏"原始真理现象"，也即维氏"生活形式"。诸世界图象实乃诸生活形式也。

② "素描-札记"的确是"思"的一种绝佳方式-姿态：它当场构成-发生-缘起，于处境中凭空起舞，毫无拖泥带水，无滞无着。反观系统、规则、八股的"论文"则始终重负缠身，气喘吁吁，难以跟得上思回旋的节奏-思的原生态。"光滑的、行云流水的、主题摘要鲜明的、一眼看到底的或者快餐化的论文"是是学-后物理学和科学的理想方式，而不宜于后-是学之是思。"随-时（机）"作注，打补丁，打补丁的补丁，或许是对论文方式缺陷的一种有限补救-补偿。因此，可以想见，"脚注"又优于"尾注"。"脚注"总会意外地、适时地打断"连续的-行云流水"的思路-文路，而把思原先的方向岔开，让思自行强制其自身放慢速度——这何尝不是维系滋养思之原生态呢？"兴思"（erdenken）需要合适的阅读-思考速度，需要"脚注"不时的打断-叨扰。让我们再度折回到维氏《哲学研究》自序之箴言印证："它（哲学研究）也强迫我们在一片广阔的思想领地上，朝着所有方向纵横交错地穿越（kreuz und quer, nach allen Richtungen hin zu durchreisen）。——这本书里的哲学札记就像是这一系列的风景素描（Landschaftsskizzen），它们诞生于这些漫长而纠结的旅行途中。"因此，一个脚注就像是互联网的一个链接。新的网址又可以链接其他任一网址。互联网遍布着"诸虫洞"。我们也可联想下德勒兹的"平滑空间"。互联网本身就是千高原。一个新的注释就是一块新的高原，高原上可以再撑开-秘藏-封闭-开封别的高原。一块高原就是一个 Da（閒）。千高原就是"… Da-Da-Da-Da-Da-Da-Da-Da-Da-Da-Da-Da…"。"各閒（Da）之间"有着方向各异、亲疏不等和错综复杂的诸家族相似性。因此，维氏两部著作的写作方式都是无比天才的。《逻辑哲学论》是最严密和最紧张的论证结构即"诸对象之逻辑建筑学"抑或"语言之球（囚）笼"，而《哲学研究》又是最自然而然的原生态思想的旅行步伐："诸哲学札记-风景素描"。另，写作原本就是痛苦的，词不达意的。一方面，往往是言跟不上思，言总不达意，不能完整地表达出我原来的意思，并且我的意思也不断在生成转化中，言刚刚表达了它刚才预备要去表达的意思，结果原先的意思就已经在生成新的意思中了。言辞总不达意。另一方面，言一旦生成，又已经相对独立了，言绝不仅仅是原先预备要去表达的意思的单纯外化-表现而已，言是绝对独立的，并且一旦形成，就开动其可能之无穷转化变易了。写作既是思与言的相互调戏-调校，同时也是作者

梭跳跃。[①] 原先《逻辑哲学论》中所考察的那个"语言球（囚）笼"原来只是"一块高原"而已。通过《哲学研究》打开的新的"千块高原-千山万水"的视野，《逻辑哲学论》考察的东西才被还置于更加原始的位置之上。同理，在千高原的新视野下，海氏是史谱系原来只是某一块特定的高原而已，它本身并没有任何的超越的普适的威权性。千高原能够方便地接纳持守同一性的是史所不能容纳的各种非-西方元素。千高原并非任何意义上的是史之"另一开端"，千高原拒绝被是史勘探-拷问-测量-集置-促逼-压榨-统治，千高原持守其陌异-神秘-锁闭。"是之千高原"（Tausend Plateaus des Seyns）中的魔鬼第二格"之"不仅表示是与千高原之间互予互属的"建构性的游戏关系"，同时更标识着它们之间"解构性的游戏关系"，千高原已然对冲-反冲着"是"了，已然消解着-解构着"任

（接上页）与读者的相互调戏-调校。实际上，"随-时（机）"作脚注的确是对写作之痛苦的某种很好的有限补偿-补救。脚注与正文互戏-对冲着。脚注绝非正文之天然配角，而总是天然维系滋养着"反客（奴）为主"的诸可能性 —— 此谓之"兴思"之原生态也。

① 笔者不由得想起 2010 年上映的好莱坞大片 Inception（中国大陆译为《盗梦空间》，笔者把它直译为"开端"）。该片中显示了人生可能的五重境界：现实世界、第一层梦境、第二层梦境、第三层梦境和 Limbo（缘）。并且五重境界之间有着严格的奠基秩序，依不同的标准，或者以"现实世界"为地基，或者以 Limbo（缘）为源头。但笔者以为"现实世界"何尝又不是一种梦境呢？并且你又如何确知你"现在"的"现实世界"究竟是在哪一层梦境呢？因此，我们不妨把"诸人（生）"设想为"诸梦境" —— 无穷嵌套的诸梦境 —— 作为非单一线性奠基结构之诸梦境的"真实世界"。"真实世界"就是这"诸梦境"。根本没有一个绝对的非"梦境"的"真实世界"，也"没有"诸梦境之间的任何单向度的奠基秩序，"只有"诸梦而已。每一个"人"（Mensch）也即"闻是"（Dasein），甚至诸是者（芸芸众是者，包括人这样的是者和诸别样的可能是者），都有其梦境，或者说就是其梦境。每个梦就是一种"单子"，一种"主体性/主观性"（Subjektivität），一种"综合"，一种"形式-化"，一种"领会-解释的框架-形式"，一种"观想-行动的形式"，一种"逻辑-空间或形式"，也即一种维特根斯坦式的"生活-形式"或"世界图象"（Weltbild），一种"生命/生活"（Leben）。诸人生就是跳跃在这不同的"生活-形式"（Da）之间 —— 这个"之间"（Zwischen）正是"闻是"（Dasein）之"闻"（Da）也！

何同一性神话的是"了。千高原已经"跳出"任何单一是之秘史神话了！海氏是史"格-训"不了维氏千高原，而维氏千高原或许反倒能安置海氏是史本身也！[①]正因此，海氏或许根本无法达到他的预期勘探目标，他或许仍在传统后物理学或是学的领地内打转-空转，两个开端都归属于绝对同一性的是史。"这里"（Da）没有真正的他者。是仍为一切（是者）之最后奠基者。而《哲学研究》却可将海氏是史纳入合适的是史位置，即一块特别的 LSZ 高原，一个"生活形式-语言游戏之 Da"——跟周围其他 LSZ 高原即诸"生活形式-语言游戏之 Da"并列-交错-互戏在一起。这样的千高原之思或许是过往一切是学-后物理学（包括海氏）所从未思到过的，千高原或许为我们思索"任何一种后-是学之是思是如何可能的？"这个当代世界哲学之问提供了一种可能的新道路。

8.5 回响

上节末一句中的两个"或许"印证了笔者当下的踌躇。因此本章结尾处并没有发出任何"结论"（Auflösung）的声音，而只有某些"回响"。"任何一种后-是学之是思是如何可能的？"这个问题究竟是什么意思呢？这个问题之发问本身是"后-是学"的吗？[②]何谓是

---

① 我们完全可以设想如下之思想实验：如果在今晚（戊戌年除夕）同时"新出土"了海氏与维氏的从未被任何人接触、知晓的手稿，笔者显然会更好奇维氏新手稿而非海氏新手稿，因为"千高原主义的"维氏思想总在发现或创造新的、完全异质的、更多的东西，而对于恪守某种"同一性主义的"海氏思想，则很难想象它会诞生或分蘖出完全不同的异质的新东西，或许我们对海氏习惯性的"套路"都已经太过熟悉从而审美疲劳了吧。

② 或许这种康德式的关于可能性-奠基性的提问本来就是典型的后物理学-是学思维方式呢。进而我们此刻探讨的问题和探讨问题的方式都还完全没能跳出是学的领地呢。南柯一梦尔！

学？又何谓后-是学？维氏《逻辑哲学论》的六句话与《朝向哲学的诸文献（从兴有而来）》的六道接缝之间真有某种先验结构上的对应关联吗？《逻辑哲学论》真的有可能是从第一开端朝向另一开端救渡虫洞之兴开的"奠基"（Gründung）吗？《哲学研究》之千高原真的是过往一切是学所从未思到过的后-是学之思域？千高原真的拒绝被是史规定？……这些问题自然都还有待于进一步地深思切问。

作为纯思的哲学：身体的最佳姿态？

9. 从是者到是：扫帚与讲台

咏春·疏

一花一世界，

异草异浮屠。

万草千花咏，

明心见性疏。

咏春·空

花非花世界，

草异草浮屠。

花草皆空幻，

无心性可疏。

（2017/03/29 牛津博塔尼克花园）

上一章可谓是非常艰苦紧张、令人"精疲力竭"的思想"勘–探 / 兴–位"（Er-örtern）历险，而这一章将会比较"轻松–清新"——这亦是应和本书"思–乐"之自然节奏也。

在"我（们）"正生活于其中的"周围世界"，任一可能或实际"上到手头的"（zuhanden）暨"现成在手的"（vorhanden）"是者"（Seiende）都正在"是着"（ist），质言之，缘何一个是者可能作为一个是者"自行-显示"（sich-zeigt）出来或者被"我（们）"看到，只是因为"该是者是该是者"（Das Seiende ist das Seiende），抑或"该是者是也"（Das Seiende ist）。要之，从任一是者"出发"，通过必要的思之"返回步伐"（Schritt zurück），"我（们）"都有可能回到"该是者之是"，甚至回到"是本身"（Seyn selbst）。那么，面对作为一个最日常、最日用的是者，比如一把扫帚或者一个讲台，"我（们）"究竟该如何回到或看到"其（本源之）是"呢？

本章即如是之思路尝试：通过以维特根斯坦对扫帚的语言分析和海德格尔对讲台体验的现象学分析为示例，对分析哲学的与现象学的不同考察方式做一具体而微的展示比对。两种具体分析方式虽有巨大差异，但其分析效果却可以具有某种惊人的一致性：它们在破除某种单向度理论分析幻象的同时，都在力图构造-滋养某种原初的情境化格局。而该格局亦正"形式指引"着"该扫帚之是"暨"该讲台之是"——乃至"是本身"也……

9.1 维特根斯坦的扫帚

从《哲学研究》第一部分（完成于 1945 年）第 60 节起，维特根斯坦为我们展示了他精妙绝伦的关于扫帚的语言分析。（PU 60-64）① "我的扫帚在墙角那里"这句话，真的就是关于扫帚把和扫帚头的命题吗？说"扫帚在那里"，就是说"扫帚把和扫帚头都在那里，并且扫帚把如此这般地插在扫帚头上"吗？隐藏在前一句中的意思，在经过分析的后一句里就被说出来了吗？我们随便找个人问是不是这样，他大概都会说他还根本没有特别想到扫帚把或扫帚头呢。维

---

　① 可回顾本书 5.22 节的预备讨论。

氏让我们设想一个"语言游戏"：某人得到命令，把某些由许多部分组成的东西搬过来。有两种玩法：A，复合物（如扫帚）各有名称；B，只有组成部分（如扫帚头与扫帚把）有名称，而整体物却要借助它们的名称来描述。那么在何种程度上 B 命令是 A 命令的分析形式呢？在通常情境下，如果你对他说 B 命令如"给我把扫帚把和插在扫帚把上的扫帚头拿来"，而不说 A 命令如"给我把扫帚拿来"，他的回答多半是："你是要拿扫帚吗？你为何把话说得这么别扭。"通常他并不会觉得 B 命令比 A 命令更为清晰易懂，但他或许会认为两个命令的意思或效果还是等同的，只不过 B 命令绕了个弯而已。但我们其实很难在普遍意义上就使用"意思相同"或"效果相同"等说法取得一致意见。因此我们经常会询问："只有在何种情境下"，我们才能有意义地说："它们只是同一个语言游戏的两种不同形式而已。"

实际上，你可能会说：维氏这里构想的语言游戏对于支持他稍后所要表达的观点（A 命令与 B 命令其实是"不同"的"两个"命令，即便它们有这样那样的亲缘关系）还真嫌不够用呢。那好吧，我们可以尝试接着维氏思路往下玩，构思更极端的游戏情境。我们可以设想 C 命令（如"给我把扫帚把的若干组成部分和扫帚头的若干组成部分拿来，这些组成部分相互间有如此这般的位置关系"），它里面的名称指称的是 B 命令中名称指称的东西的组成部分，那么 C 命令与 A 命令又是怎样的关系呢？听到 C 命令的人，还会认为它与 A 命令的意思或效果相同吗？我们还可以继续往下分解：D 命令、E 命令……直到已经被终极解析过的 X 命令，该命令中的诸名称所指称的东西是作为实体的不能再被分割的诸元素。但你即使告诉我 X 命令，我怎能一下子知道它竟就是 A 命令的最充足分析过的表达形式呢？实际上我根本就不知道你在说些什么，更不会知道你其实只是在说一个关于扫帚的日常命令而已。我会抱怨你拐的弯儿实在太多了！我会说："它们不是同一个语言游戏的两种表达形式，它们根本就是两个不同的语言游戏嘛！"因此那些经过分析的命题表达形式（无论是 B 命令、C 命令还是终极 X 命令）根本就不能替代原先的那个复合命题（A 命令），前者根本就不是后者隐藏意思的更加清晰明白和更为基本的表达形式。它们描画的其实是事情不同的原始景貌，如果仅仅用一方来替代另一方，我们都会丢掉某一面原初风景。A 命令、B 命令和 X 命令的意思或效果都是各不相同的。

不止于此，维氏甚至还会否认 B 命令或 C 命令等是 A 命令的进一步经过分析的表达形式。他认为并没有恒定的分析方向，在某些情形下，后者反而会被作为前者的进一步分析过的表达形式。"在有些情况下甚至倾向于把较小的东西看成是较大的东西复合的结果，把较大的东西看成是较小的东西分割的结果"，正如"一个较小的平面可说是由一个较大的平面和一个从其中减去的平面'复合'而成的"。（PU 48）一滴水生活在大海里，是大海的一分子；反过来，这滴水也汇聚了整个大海，整个大海汇聚在这滴水里。总而言之，无论朝哪个方向分析，"给我把扫帚把和插在扫帚把上的扫帚头拿来"和"给我把扫帚拿来"都是不同的"两个"语言游戏，即便它们有着非常亲近的"诸家族相似性"。我们既不能总是粗暴地将后者还原至前者，也不可以反过来简单地将前者奠基于后者。

从前（《逻辑哲学论》时期）维氏认为：可以甚或必须把一个复合命题（或曰日常命题）最终还原为相应的诸基本命题（唯一一种充分解析的表达形式），它们之间有着单向度的奠基关系，即前者奠基于后者；将后者悉数给出，前者的意思才算完全明了了；一个复合命题之所以能作为一个有意义的真正命题，全在于它能被最终还原为相应的诸基本命题；反之，它就不是一个真正的命题了；因为只有作为指称诸元素（简单物／对象）的诸名称之直接联结的一个基本命题，才描画了作为诸元素之直接联结的一个基本事态；这样才能保证作为诸基本命题之真值函数的一个复合命题实实在在地描画或构思了一个事况，正因此它才具有意义；并且，根本没有复合物，物都是简单即不可再分的；相应地，根本没有指称复合物的复合名称，真正的名称都只是对简单物的直接指称。但如今（《哲学研究》时期）却不同了，他发现：一个命题根本没有唯一一种充分解析的表达形式；一个复合命题的意思与其进一步分析过的表达形式的意思是不同的；前者根本不能被简单地还原为后者，前者并不单向度地奠基于后者；反过来后者其实也不能被简单地还原为前者，后者根本不是单向度地奠基于前者；前者与后者本来就是不同的语言游戏，即便它们之间有着复杂微妙的诸家族相似性；一个命题（如"给我把扫帚拿来"）的意义并不在于还原到别的所谓更为基础的命题上去，而是在于其用法，在当时语言游戏中的实际用法——它是否合规则地参与了当时的语言游戏活动；此外，一个名称或词（如"扫帚"）的含义也不在于它所指称的元素，而只在于它在某句话——某个语言游戏中的实际用法。

因此，在通常的情境下，扫帚就是扫帚，无须被分解为扫帚把和扫帚头。你对我说："将扫帚拿来"，我一下子就明白你的意思了——压根儿没想到扫帚把和扫帚头。"扫帚"一词和"将扫帚拿来"这句话在该语言游戏中都足够用了，之所以够用，正是源自我和你"生活形式"的深刻一致——扫帚对你我而言都是足够熟悉的生活用具，我的世界图象-生活形式与你的世界图象-生活形式深深地勾连-交缠在一起，绝不疏远——疏远到听不懂彼此的"扫帚"命令。当然，我们也完全可以设想某个特殊的情境或语言游戏，比如我们在浙西新发现了一个与世相隔的绝美峡谷，我们把它叫作梅兰谷。谷里的居民从来只有在明白 B 命令以后才会懂 A 命令的意思。

当你对任一谷民说"给我把扫帚拿来"时，他总会反问你说："你是要我把扫帚把和插在扫帚把上的扫帚头拿来吗？"或者他只有在心里默念"'给我把扫帚拿来'说的就是'给我把扫帚把和插在扫帚把上的扫帚头拿来'的意思"之后，才算听懂了你的命令。这样的语言游戏对你我来说是十分奇特的（因为我们通常的游戏情境是倒过来的，你若哪天对我说："给我把扫帚把和插在扫帚把上的扫帚头拿来"，我会惊讶地反问或默念："你是在说'要我把扫帚拿来'吧？"），但对他们而言却是天经地义的。他们祖祖辈辈打小就是这么说话游戏的。他们反而会觉得我们不那样游戏才十分搞怪哩！他们如彼那般的语言游戏根植于他们如彼那般的生活形式。"想象一种语言（游戏）就叫作想象一种生活形式。"（PU 19）所谓"情境"（Fall）就是"世界图象-生活形式-语言游戏"，它的通常与特殊也只是相对而言的。梅兰谷居民的语言游戏实际上对我们来说也并非完全陌生。当我们处于某种特殊的理论-科学探究的情境时，我们就是在做与他们相似的不断分析的语言游戏。我们或许只是碰巧坐落在如此这般的生活形式-世界图象里而已，我们完全可能跳回到别一样如彼那般的生活形式-世界图象中去呢！但无论在何种可能的生活形式-世界图象里，一个词或一句话的意义都只在于它在当场语言游戏里的实际用法——它独一地、时中地镶嵌在特定的语言游戏-生活形式-世界图象之中。用维氏原话来表达就是："我们这么说那么说，不都是一回事吗？只要我们在特定情境中避免了误解的话！"（PU 48）

9.2 海德格尔的讲台

我们再来看海德格尔在 1919 年战时补救学期课程"哲学观念与世界观问题"里提供的著名的关于"周围世界体验"（Umwelterlebnis）即

"讲台体验"（Kathedererlebnis）的现象学分析。①海氏在课堂上要求听课学生与他一起亲身进入这个讲台体验之中：当我走进教室，看到讲台时，我究竟看到了什么呢？流行的理论态度认为在此观看中有这样的一种奠基关系：我先是看见一些棕色的相切的平面，这些平面进而向我呈现为箱子，然后向我呈现为桌子，然后是大学里的桌子，最后才是讲台，以至于好像是我给这个箱子贴上了讲台标签似的。②甚至把讲台还原为棕色平面对理论态度说来仍是极不满意的："它是棕色的；棕色是一种颜色；颜色是真正的感性数据；感性数据是生理或生理学进程的产物；生理的东西是首要的原因；这种原因，这种客观的东西是一定数量的以太波；以太核裂变为简单的诸元素，在作为诸简单元素的它们之间实存着简单的诸规律性；诸元素是最终的东西；**诸元素是一般东西**（*die Elemente sind etwas überhaupt*）。"③在理论态度看来：我是不能直接看到讲台的；或者说，我所看到的讲台是不（够）真实的，它并非事物原本的模样，它需要被还原到更为原始的现象（比如棕色平面）上去，直至不能再被分解的诸元素——无论是古希腊自然哲学家领会的诸元素，还是当代物理学家理解的诸元素；站在我面前的原来并非总是已被赋予特定意义的讲台，而是赤裸裸的客观实存物——它最终被分解为诸元素。

海氏反对这样的理论态度，甚或在某种意义上将它"倒"了过来：当我走进教室，看见讲台时，我看到的既不是一些直角相切的棕色平面，也不是一个用小木箱组装起来的大箱子，我径直看到的就是这个讲台，它作为我要在上面讲话的这个讲台，同时也是台下

---

① 参见 M. Heidegger, GA 56/57, S. 70-76. 亦可回顾本书 3.11 节和 4.12 节的预备探讨。

② 参见 a. a. O., S. 70-71。

③ A. a. O., S. 113.

学生们看到的我在上面向他们讲过话的这个讲台；我是几乎一下子就看见了这个讲台；我不只是孤立地看到它，我看到这个桌子，这对我来说放得太高了；我看到上面放着一本书，直接对我造成妨碍（是一本书，而绝不是一些堆叠起来的散页，上面撒上了黑色的污点）；我在一种定向、光线中，在一个背景中看到这个讲台。理论态度所认可的本真局面-奠基关系，在海德格尔看来反而却是对原初现象-奠基关系的严重曲解-倒置。

但海氏真相描述会立即招来理论态度的反驳：这样的讲台体验对熟识讲台的人比如教室里的教师和学生来说当然是有效的，他们的确通常都把这种木头和木板的布置看作讲台，他们都将看到的这个东西立即贴上特定的意义标签即讲台；但问题是对其他所有人——比如一位黑森林农民或一位塞内加尔黑人——来说，它还同样是讲台吗？所有的人都会一律将看到的这个东西立即贴上讲台的标签吗？海氏当然承认有些人看到的将不会是讲台，他们看不到讲台："这位农民兄弟"看到的是老师身前的一个箱子或木板箱；而突然从他的小木屋里被移居到教室的塞内加尔黑人也许看到的是与魔法巫术相关的东西，或者人们可以躲在其后很好地抵御飞箭和石块的东西，但或者最有可能的是，他不知道拿它怎么办，他只是看到一堆色彩复合体和平面，一个单纯的物件，一个径直存在着的东西。但接下来海氏笔锋一转：即便体验是根本不同的，一般而言只有我的体验；但依照我的说法，普遍有效的命题仍然是可能的；也就是说，这些命题对塞内加尔黑人的体验也是有效的；即使他把讲台看作某个在此存在的单纯东西，但这对他来说也具有某种意义，一个带有意义的要素。① 也就是说，虽然每个人的体验都是不同的，虽然

---

① 参见 M. Heidegger, GA 56/57, S. 71–73。

不是每个走进教室的人都会将那个东西看作讲台，但他总会将那个东西看带有某种意义的东西——无论它是讲台还是别的什么意义的东西，而绝非理论态度所虚构的那个被作为主体的我们所打量的、研究的、被脱得一丝不挂的单纯实存物。

海氏把这样的带有某种意义的东西（比如我走进教室看到的讲台）叫作"周围世界性质的东西"（Umweltliches）。所谓"周围世界"（Umwelt）并非所有一切现成存在者的外延总和，并非任何科学-理论关照中的作为认识对象的世界，而是我（即他后来所谓的Dasein）向来生活在其中的，最切近和最熟悉的那个东西——它是我的周围世界，我（活）在周围世界之中。在我的周围世界里，每一个东西都有其"作为-意义"，它都是周围世界性质的。作为-意义的关联整体被海氏称为"意蕴"（Bedeutsame）。意蕴正是构成周围世界作为周围世界的结构的东西，生活在周围世界中的我对意蕴向来熟悉着："意蕴乃是原初的东西，是直接给予我的，并没有通过一种实事把握而造成任何思想上的拐弯抹角"[1]。意蕴-钩挂里的任一东西都是世界性质的——"它世界化"（es weltet）。比如"讲台世界化"说的是：讲台作为讲台，它是我正在其上讲课的讲台，它同时也是台下学生们正看见的那个我在其上向他们讲课的讲台；讲台缘筑着一个时-空；讲台立于地板之上，天花板之下，地板与天花板之间是四壁，四壁-地板-天花板缘筑着我们居于其中的教室，地板连接着深厚-广阔的大地，地上是百花争艳，天花板连通着清澈-廖远的天空，空中是旭日和风；晨曦穿过墙上的窗户轻柔地触摸着讲台与我；在我注视着讲台你的同时，讲台你也眼汪汪地看着我，向我诉说着你的美丽故事；讲台已经在此教室生活了十六载春秋，它

---

① M. Heidegger, GA 56/57, S. 73.

历经的那些人与事这时都历历在目；讲台的形状收拢着生产它的家具工厂的历史，讲台的纹理讲述着作为其故乡的遥远森林的传说；讲台上面放着一本名叫《朝向哲学的诸文献（从兴有而来）》的书，它的作者是 20 世纪的德意志诗人马丁·海德格尔；讲台宽大的身子遮挡-庇护着其后瘦弱的我的身躯；我隔在讲台与黑板之间，黑板上有我刚刚写下的简体汉字"兴有"，使用过的粉笔正躺在讲台面上歇息；讲台之前是七排课桌，课桌旁稀稀拉拉地坐着听课的诸位学生，他们正越过讲台盯着黑板上的兴有发呆……所有这些描述的只是一种可能的讲台世界化，并且或许还是十分生硬和极不"成境"的，它们只是被用来些许地帮助理解。因此，更简便的说法是：讲台这个周围世界性质的东西从根底处将我与我的周围世界钩挂-交缠在一起；我向着这个讲台生活，讲台将与其钩挂的所有世界性质的东西（如某个发呆的学生或那支躺着的粉笔）拖曳进来，让它们各自作为各自相互牵引着，当场构成着我的周围世界-体验世界（Erlebniswelt）——我向着讲台活出我的周围世界-体验世界。

海氏认为：这个"我的周围世界-体验世界"是过往所有哲学从未涉猎过的原始地带，是他才首次将其置于哲学研究视野的聚焦点上；这个地带里的世界性质的东西是任何理论行为（包括胡塞尔的现象学）都理解不了的[①]；相反，世界性质的东西反而奠基着理论行为所考察的客体性质的东西，所有理论行为都起因于从而应被还原为前理论的原始的周围世界体验。[②] 我们只有在先看到前理论的作为周围世界性质的东西的讲台之后，才可能将它从周围世界的关联-意蕴中小心翼翼地切割-剪裁出来——作为我们进行理论盘剥的"干

---

① 对此断言，胡塞尔或许会表示强烈反对。
② 参见 M. Heidegger, GA 56/57, S. 218。

净"对象 —— 进而再对之层层盘剥直至诸元素等等。

海氏企图创立一门关于前理论的周围世界-体验世界的科学，归属于他的崭新的与胡塞尔根本有别的现象学。[①] 但问题又来了，科学总有其对象-客体，一门关于原初体验的科学如何才能避免把体验对象化-客体化呢？看起来这是非常难以做到的："对于我想考察的每一种体验，我其实都必须把它孤立起来、提取出来，都不得不把体验本身的联系肢解、分割开来，以至于我尽管极其勉强，但最终获得的却是一堆事物。"[②] 海氏还区分了"过程"（Vorgang）与"兴有 / 发生事件"（Ereignis）[③]：前者是作为对象性的东西而被认识的，后者则是作为非对象性-非被认识的自行兴有的东西。[④] 体验本身就是兴有，如何才能在考察-描述讲台体验时避免消解其非客体性质的体验特征和兴有特征呢？他为此做了大量的努力，这种努力方向实际上贯穿了他的整个思想生涯：起先是冀望于某种作为解释学直观的现

---

① 海氏实际上区分了两类"前理论的东西"："世界性质的东西"（即"真正的体验世界"）和"前世界的东西"（即"原始-东西"）。同时他还与此相应地区划了两类"理论的东西"："客体性质的东西"（起因于真正的体验世界）和"对象性的形式逻辑的东西"（起因于原始-东西）。不同类别的理论的东西分别起因-奠基于不同类别的前理论的东西。此外我们还可以简便地认为：在前理论的东西中，原始-东西还较世界性质的东西更为"原始"，它才是海氏现象学所真正关心的领域，是"现象学的东西"。参见 M. Heidegger, GA 56/57, S. 219。

② A. a. O., S. 76.

③ 可见：一方面，海氏对 Ereignis 一词的独特思考暨使用至迟在所谓的 1919 年战时补救学期就已经发端了；另一方面，海氏此时对该词的理解或使用自然与 1936 年后对该词的理解或使用是有着严格重要区分的了。笔者并未刻意使用不同的汉译名（比如前期的"发生［事件］"和后期的"兴有"）来应对这两个不同阶段的 Ereignis。因为笔者相信对于西文的任何一个基本的哲思语词（比如 Sein、Wesen 或者 Wahrheit 等），我们都应尽力用一个比较稳定的"一以贯之"的中文基本语词去对译 —— 当然 Ereignis 的情形可能比较特殊，因为它多半是海氏本人对该词的"海式"独特强调和使用了，但即便如此，笔者依然试图主要使用一个中文词去一贯对译它。可参见本书第十一章对海氏后期 Ereignis（之汉译）的专门探讨。

④ 参见 M. Heidegger, GA 56/57, S. 74-75。

象学直观，它是对体验的体验，对它来说，现象学语言的意义要素未必就是理论的，它可以前理论地考察-描述讲台体验[1]；后来（20世纪 30 年代）他甚至干脆放弃了任何现象学-科学（包括是学、基础是学）的名义，因为他发现作为任何"学"的言说方式都不可能最原始地直观-体验到最原始的作为兴有的生活世界-体验世界，而唯有最原始的思-诗游戏，才可能泰然任之 —— 让兴有自行显示出来。海氏终其一生都在执着追寻那个前理论的究极原始局面，都在随时小心翼翼地防范着任何可能的理论化的入侵。

9.3 扫帚与讲台

我们现在可以对上述两种分析做一简要比对总结了。

（1）维氏对扫帚的语言分析和海氏对讲台体验的现象学分析都破除了某种单向度的理论分析幻象。一句话与它的经过进一步理论分析的表达形式的意思是各不相同的，它们根本就是两个不同的命题；前者并非奠基于后者，因此既不能也不需要被还原为后者，它们之间其实是诸家族相似着的亲缘关系。相似地，一个周围世界性质的东西原来也不是作为主体的我们进行理论考察的作为客体存在的、最终被分解为诸元素的单纯对象；我们直接看到的就是这个世界性质的东西，作为认识对象的客体性质的东西反倒奠基于该世界性质的东西。

（2）它们在破除理论幻象的同时，都在力图建立-构造某种原初的时机化或情境化格局。一句话或一个词的意义都仅在于它在其合规则地参与的当场语言游戏中的实际用法，它唯一地、适时地接缝

---

① 参见 M. Heidegger, GA 56/57, S. 215-220。

在特定的语言游戏-生活形式-世界图象之中。而一个世界性质的东西的意义原本只在于其周围世界性质，它世界化，我向着它活出我的体验世界，周围世界是我向来生活在其中的、最熟识和最切近的东西。"我的周围世界-体验世界"与"语言游戏-生活形式-世界图象"都是某种原始的情境化格局。而该格局亦正形式指引着该扫帚之是或该讲台之是也。

（3）因此，不管维氏与海氏采用的具体分析方式看起来是多么的大相径庭（前者是对句子或词的意义进行语言分析，后者是对关于某个世界性质的东西的体验实行现象学分析），他们实际所欲达到的分析效果却是惊人地一致——可谓异曲同工之妙！他们就像两个伟大的魔术师，他们使用的魔术道具极为不同，但最终达成的魔术效果却十分相近；或者也如同两个卓越的建筑师，他们利用的脚手架看起来完全不同，但最后造出的建筑物却是十分神似的。事实上，语言分析与现象学分析彼此间或许从未有过我们想象中的那样遥不可及：语言分析离不开对物的分析，甚至也就是对物的分析，对扫帚一词的分析，同时也是对扫帚的拆解试验；反过来，对物的现象学分析也同样离不开语言分析，海德格尔在分析讲台体验时，时刻都在担忧着他所使用的语言如何才能彻底免疫于各种理论化的侵扰，一直都在小心寻求着更适合现象学分析的原始语言表达方式。

（4）除上述共通点外，我们还必须留意他们分析方式里的一个根本差异。海氏虽然发现了一个前理论的所谓"体验世界"的原始境域，但他竟而把理论行为最终奠基-还原至该原始境域，把客体性质的东西单向度地还原-奠基于世界性质的东西，所以至少他此时（1919-1923年的所谓早期弗莱堡时期）的做法仍旧是归属于某种还原主义-奠基主义的，与传统哲学大家（如胡塞尔）的经典做法殊无二致。但维氏的做法却与此极为不同：一句话与其经过进一步分析的表达形式之间根本没有任何方向上的还原-奠基关系，它们完全是不同的两个语言游戏；每一个语言游戏-生活形式-世界图象都是一个不可再被还原的、最原始的"再无它底之底"，而它们两两间有着复杂的、或亲或疏的、方向各异的诸家族相似性；诸家族相似性彻底颠覆了任何还原-奠基的可能性；因此维氏虽然认为研究一些简单的语言游戏对于研究更复杂的比如高度理论化的语言游戏是有帮助的，但这并非是在说前者可以替代后者，后者可以归结-还原为前者——而只是在说它们之间有着诸家族相似的亲缘关系而已；复杂的理论化的命题游戏本身同样也是最原始的再无它底的底。那么，我们能否发问：海氏或许也可以把理论行为作为某种特别的原始的生活体验，把过程作为某种特别的原始的自行兴有，把理论行为关照的客体性质的东西作为某种特别的原始的世界性质的东西呢？因为看来似乎并无必要先把它们截然二分，然后再在它们之间建立-维系某种单向度的还原-奠基秩序。把讲台分析-理解为一些直角相切的棕色平面甚而如此这般关联的诸元素，这难道不也是对事物原初风貌的"一种"本然揭示吗？须知"看似"从我们起先想象的那个意蕴中滑落的棕色平面或诸元素"实际"上依然钩挂-接缝在它独特所属的那个实际意蕴当中——它依然是世界性质的，它依然世界化。物理学家描绘的物理世界并不会比我们通常所谓的真正体验世界少一丁点原始性……

10. 从是到是者：世界–语言悖论 [①]

自由树·数

自由千载树，

大小立枝头。

若问谁为最，

超穷数俱羞。

（2017/05/29 牛津数学所门前数学树下）

咏春·无限

松鼠抚琴陪，

鸳鸯比翼飞。

此闻无限好，

乐不把家归。

（2017/03/26 牛津基督教堂草地）

在上一章，我们试图从"扫帚"或"讲台"这样的"普通寻常是者"出发，逼近或还原到"给予"或"赠予"该是者的作为某种时机化之原初情境格局的"是者之是"乃至"是本身"了。而在本章，我们将

---

① 关于本章构想的 WSP（世界–语言悖论），可对照阅读拙文 "The Hidden Set-Theoretical Paradox of the *Tractatus*", *Philosophia* 46 (1), 2018, pp. 159–164。英文版相对本章说来更为"保守"，但亦另守一片天地。

尝试相反的哲思道路：不是从"是者"到"是"，而是反过来从"是"到"是者"。从某种意义上说，"是""给予"或"赠予"了"诸是者"，那么，诸是者到底"一共"有多少呢？基于维特根斯坦《逻辑哲学论》的基本语境，我们似乎可以把一切是者划分为两类：（1）作为事实的是者；（2）作为命题的是者。那么，由所有事实组成的"世界"和由所有命题组成的"语言"，究竟孰大孰小呢？本章将扼要探索回应该问题。

我们耳熟能详的"集合论悖论"（set-theoretical paradoxes）有"康托尔悖论"（Cantor's paradox）、"布拉里-福尔蒂悖论"（Burali-Forti's paradox）、"罗素悖论"（Russell's paradox）、"罗素-麦西尔悖论"（Russell-Myhill paradox）和"卡普兰悖论"（Kaplan's paradox）[①]等，其实在维氏代表作《逻辑哲学论》中也隐藏着另一种新的可能的集合论悖论。我们可从该书"语言图象论"（Bildtheorie der Sprache, 以下简称 BS）同时严格推出：（1）世界和语言等势；（2）世界和语言不等势。笔者把该矛盾命名为"世界-语言悖论"（Welt-Sprache Paradox，以下简称 WSP）。本章立足《逻辑哲学论》文本之严格分析，借助康托尔"素朴集合论"（naive set theory）[②]和公理化的包含"选择公理"（Axiom of Choice, 以下简称 AC）的"策梅洛-弗兰克尔集合论"（Zermelo-Fraenkel Set Theory, 以下简称 ZFC）[③]等技术资源，在扼要阐明 WSP 后，

---

① 因为卡普兰悖论亦为涉及语言和世界的集合论悖论，笔者正在撰写专门英文论文探讨本章所构想的 WSP 与卡普兰悖论之有趣关联。

② 分别参见 G. Cantor, „Beiträge zur Begründung der transfiniten Mengenlehre (1)", *Mathematische Annalen* 46, 1895, S. 481–512; G. Cantor, „Beiträge zur Begründung der transfiniten Mengenlehre (2)", *Mathematische Annalen* 49, 1897, S. 207–246。

③ 参见 T. J. Jech, *Set Theory* (the third millennium edition, revised and expanded), Berlin: Springer-Verlag, 2006, pp. 3–15; K. Kunen, *Set Theory: An Introduction to Independence Proofs*, Amsterdam: Elsevier Science Publishers B. V, 1992, pp. xv–xvi; J. Bagaria, "Set Theory", in *The Princeton Companion to Mathematics*, Timothy Gowers, ed., Princeton: Princeton University Press, 2008, pp. 619–622。

初步展示和评估两种可能的悖论解决方案：（1）诉诸"无穷"（infinity）的数学方案；（2）诉诸"事实即命题"的哲学方案。

10.1 语义学悖论 MUP 与集合论悖论 WSP

《逻辑哲学论》作为维氏代表作，亦是 20 世纪最经典、最富影响力的哲学著作之一。关于该书整体结构性"悖论"（paradox）或"迷宫"（maze）的探讨我们从不陌生："它自己创制了许多形而上学声明，但同时它又宣布形而上学是不可能的。"[①]

> TLP 6.54 我的诸命题以如下方式阐明：理解我的人，当他通过这些命题，踩上它们，爬上它们之后，就会终于体认到它们是**毫无意义的**（*unsinnig*）。（可以说，在登上梯子之后，他就必须把它们扔掉。）
>
> 他必须克服这些命题，然后他就会正确看待世界。

笔者尝试将此悖论命名为"形而上学-无意义悖论"（Metaphysik-Unsinn Paradox，以下简称 MUP）。伴随近年来"新维特根斯坦"（The New Wittgenstein）[②] 的走红，如何对 MUP 重新定位无疑成为当前国际维特根斯坦学界的一个争论焦点。[③] 根据拉姆齐（Frank P. Ramsey）和

---

① W. Goldfarb, "Das Überwinden: Anti-Metaphysical Readings of *the Tractatus*", in *Beyond the* Tractatus *Wars: The New Wittgenstein Debate*, Rupert Read and Matthew A. Lavery, eds., London: Routledge, 2011, p. 6.

② 关于"新维特根斯坦"，详见本书 1.32 节。

③ 参见 R. M. White, *Wittgenstein's* Tractatus Logico-Philosophicus, London: Continuum, 2006, pp. 118–134; M. Morris, *Routledge Philosophy to Wittgenstein and the* Tractatus, pp. 338–354; M. B. Ostrow, *Wittgenstein's* Tractatus: *A Dialectical Interpretation*, Cambridge: Cambridge University Press, 2001, pp. 1–19。

苏珊·哈克（Susan Haack）的划分方式[①]，因为 MUP 涉及"无意义"（unsinnig）等语义学概念，笔者把 MUP 归入"语义学悖论"（semantic paradox）。笔者认为，除此语义学悖论 MUP 之外，《逻辑哲学论》实际上还隐藏着另一种作为集合论悖论的同样事关《逻辑哲学论》全局生死的悖论：世界–语言悖论（WSP）。遗憾的是，自《逻辑哲学论》诞生以来，MUP 就得到热烈探讨，但 WSP 却罕有被提及。与 MUP 类似，WSP 能否得到圆满化解，同样将是决定《逻辑哲学论》整个理论模型成立与否的关键技艺。接下来我们对 WSP 做一必要刻画。

10.2 WSP：世界–语言悖论

康托尔（Georg Cantor）曾对"集合"（Menge）做过一种经典的发生定义："所谓一个'集合'，我们理解为使我们的直观或者我们的思想中的确定的不同对象 m（m 被称为 M 的'诸元素'）成为一个整体的任一汇集 M（Unter einer 'Menge' verstehen wir jede Zusammenfassung M von bestimmten wohlunterschiedenen Objecten m unsrer Anschauung oder unseres Denkens [welche die 'Elemente' von M genannt werden] zu einem Ganzen）。"[②] 按照这个定义，我们可将《逻辑哲学论》中的"世界"（Welt，以下简称 W）看作所有"事实"（Tatsachen）的集合（TLP 1.1）——归根到底是所有"基本事态"（Sachverhalten，以下简称 w_n）的集合（TLP 1-2）；同样的，"语言"（Sprache，以下简称 S）即所有"命题"（Sätze）的集

---

① 参见 S. Haack, *Philosophy of Logics*, Cambridge: Cambridge University Press, 2012, pp. 137-138。

② G. Cantor, „Beiträge zur Begründung der transfiniten Mengenlehre (1)", *Mathematische Annalen* 46, 1895, S. 481.

合（TLP 4.001）——归根到底即所有"基本命题"（Elementarsätze，以下简称 s_n）的集合（TLP 4-5）。因为在完全分析的情况下，将不再会"有"任何复合的事实（作为诸基本事态的存在）或者复合的命题（作为诸基本命题的真值函数），而只会"是"严格相互独立的诸基本事态或者诸基本命题：一个基本事态是否存在，完全不会影响任何其他基本事态的存在与否（TLP 2.062）；而一个基本命题的真假，也完全独立于任何其他基本命题的真假（TLP 4.211）。

依据 AC，所有集合皆可良序化[①]，因此作为所有基本事态之集合的世界和作为所有基本命题之集合的语言一定是可以比较大小的，那么，究竟谁的"基数"（cardinals）或者"势"（cardinality）更大呢？

（1）从某种"先验"[②]层面看，依照 BS，每一个基本事态的存在都必由一个对应的基本命题来描画（TLP 4.21），我们根本无法想象任何一个没有一个与之严格对应的基本命题的基本事态（"没有哪一件事儿竟然不是用一句话来说的"），因此，从世界到语言存在一个"一对一映射即单射的函数"（one-to-one mapping, namely, injective function）（f: W → S）。质言之，世界之势将会小于等于语言之势。而每一个基本命题都只不过是对某一个特定的基本事态之存在的断言，我们根本无法想象任何一个没有一个与之严格对应的基本事态的基本命题（"没有哪一句话竟然说的不是一件事儿"），所以，从语言到世界亦存在一个一对一映射即单射的函数（g: S → W）。换言之，语言之势将会小于等于世界之势。那么，遵照"康托尔-伯

---

① 参见 M. Potter, *Set Theory and its Philosophy: A Critical Introduction*, Oxford: Oxford University Press, 2004, pp. 242–245。

② 这个"先验"可谓纯粹着眼于"逻辑空间"的角度，而根本不考虑实际经验层面的自然生活。

恩施坦–施罗德定理"（Cantor-Bernstein-Schröder Theorem），可推得从世界到语言存在一个"既是单射又是满射之映射即双射的函数"（both injective and surjective mapping, namely, bijective function）（h: W → S），也即世界和语言等势。[①] 可用集合论语言表达为：

$$((|W| \leq |S|) \wedge (|S| \leq |W|)) \to (|W| = |S|)$$

我们亦可将世界和语言的等势–双射关系 W ∼ S[②] 素描如下（图 33）：

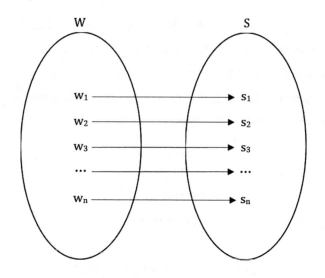

W ∼ S

图 33　世界和语言的等势–双射关系

① 参见 T. J. Jech, *Set Theory*, p. 28。

② 参见 G. Cantor, „Beiträge zur Begründung der transfiniten Mengenlehre (1)", *Mathematische Annalen* 46, 1895, S. 482。

（2）但是，从某种"经验"层面看，遵照这同一个 BS，每一个命题都是一个处于对世界之投影关系中的并且可由感官感知的表达思想的"命题记号"（Satzzeichen），而这样的命题记号本身都是事实，那么每一个基本命题其实就同时是一个基本事态了。（TLP 3.1-3.144）因此作为诸基本命题之集合的语言只能是世界的子集，而且还只能是世界的真子集。因为毕竟还是有一些基本事态"不是"或者"很难被用作"基本命题的。《逻辑哲学论》从未倒过来直接说任一事实本身"就是"命题，也从未说过任一事实都可以被"用作"命题。并且依据我们实际生活于其中的"这个可能世界"内的绝大多数人或交互主体的"直觉"或"常识"，的确总会有一些事实，无论如何"不是"命题，或者"很难"甚或"不能"被用作命题的。因此，设若全集为世界，这些不是基本命题的基本事态组成的集合无论如何不可能是空集，它和语言互不相交且互为绝对补集，它们都是世界的真子集。那么作为世界之真子集的语言的势将会小于世界的势。所以世界和语言不等势。

$$S^C = W \backslash S$$
$$S \cup (W \backslash S) = W$$
$$S \cap (W \backslash S) = \emptyset$$
$$W \backslash S \neq \emptyset$$
$$((S \subseteq W) \wedge (W \backslash S \neq \emptyset)) \rightarrow (S \subsetneqq W)$$
$$(S \subsetneqq W) \rightarrow (|S| < |W|)$$
$$(|S| < |W|) \rightarrow (|W| \neq |S|)$$

我们还可如是刻画世界和语言之外延关系。（图 34）

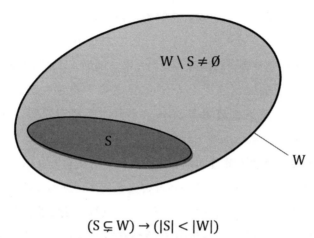

$$(S \subsetneq W) \rightarrow (|S| < |W|)$$

图 34　世界和语言之外延关系

（3）所以，根据 BS，我们同时严格推得：a. 世界和语言等势；b. 世界和语言不等势（语言之势小于世界之势）。这里就出现了世界和语言的集合论悖论：WSP。《逻辑哲学论》所描画的"先验生活"与"经验或自然生活"含藏了某种"矛盾"。如果 WSP 不能被合理解决，那么《逻辑哲学论》的整个理论模型将会受到根本质疑。

$$BS \vdash ((|W| = |S|) \wedge (|W| \neq |S|))$$

10.3 数学方案 MP：无穷

据说 Para-dox（悖-论）一词源于古希腊文的 para（gegen-entgegen/ 相对–相反）和 doxa（Meinung/ 意见），连起来就是"与

一般人意见相对-相反，难以置信"的意思。[①]但直觉上难以置信的
悖论或者矛盾，并不意味着一定不能得到某种化解。正如康托尔悖
论和罗素悖论等经典集合论悖论后来在 ZFC 中都被有效避免，WSP
同样有望得到某种合理消解。我们先来尝试第一种消解方案。

　　回到上节对语言之势小于世界之势的论证。该论证的关键
步骤是"如果语言是世界之真子集，那么语言之势小于世界之
势"（$(S \subsetneqq W) \to (|S| < |W|)$）。该命题似乎非常符合我们"整体大于部
分"的日常直觉，并且的确在世界是"有穷集合"（finite set）的情
形下完全成立。因为对于任一有穷集合说来，它的基数一定会大于
其任一真子集的基数，也就是说，它与其任一真子集之间不可能存
在双射函数。但是——世界真的是有穷集合吗？世界究竟是"有
穷的"（finite），还是"无穷的"（infinite）？基本事态的数目究竟
是一个"有穷基数"（finite cardinal number），还是"超穷基数"
（transfinite cardinal number）？如果是超穷基数，那么它是"可数的"
（countable），还是"不可数的"（uncountable）？如果世界之势是一
个有穷的自然数，比如：

$$10^{10^{10^{10^{10^{10^{10^{10}}}}}}}$$

那么它的任何一个真子集（比如语言）的势必定亦是有穷
的，并且会小于世界之势。但如果世界是无穷的，不管是"可数
无穷的"（自然数之势亦即最小的超穷基数 $\aleph_0$）还是"不可数无穷

　　① 参见 S. Haack, *Philosophy of Logics*, p. 135; Dudenredaktion, ed., „Paradox", in Duden 07: *Das Herkunftswörterbuch: Etymologie der deutschen Sprache*, Mannheim: Dudenverlag, 2001.

的"（比如实数之势$2^{\aleph_0}$也即$\aleph_1$，如果我们接受康托尔"连续统假设"
[continuum hypothesis]的话），那么它必定可以和它的某一个真子
集（比如语言）具有双射函数的关系，也即它们会具有完全等同的
势。我们可以想象分别作为整数之真子集的正整数、自然数、负偶
数、奇数、合数与质数等，它们每一个的势看起来似乎都应小于整
数之势，但事实上，二者竟完全是等势（$\aleph_0$）的。[①]类似的，（0，1）
和（$-\infty$，$+\infty$）也是完全等势（$2^{\aleph_0}$）的。一个二维集合看起来比
一个一维集合"更大"（larger），也即，前者拥有比后者更多的点；
或者，一个平面看起来也比一条线"更大"（bigger）。但实际上，从
势的角度看来，它们都是同等大小的。这的确违背了某种"整体大
于部分"的直觉，就连康托尔最初证明无穷集合的这个秘密本质的
时候也会觉得不可思议。"康托尔自己起初认为一个更高–维图形相
较于一个更低–维图形会具有一个更大的势。甚至在他找到如何论证
势并不考虑维数（一维、二维、三维甚至 n 维集合全都具有相同的
势）的证明之后，他仍说道，'我看着它，但我并不相信它。'"[②]

　　于是，只要世界是有穷的，世界之势就一定会大于其真子集语
言之势，WSP 就一定难以避免。因此，我们可以尝试在 ZFC "无穷
公理"（Axiom of Infinity）的提示下[③]，将有穷预设修改为无穷预设，
即把世界更合理地视为无穷集合，并且作为世界之真子集的语言和
世界之间有着如同质数和自然数之间一般的双射函数关系，它们拥
有完全相同的超穷基数（比如$\aleph_0$），那么就可以彻底解决 WSP 了。

---

　　① 回想一下"希尔伯特无穷旅馆"（Hilbert's Infinite Hotel）。参见 W. Byers, *How Mathematicians Think: Using Ambiguity, Contradiction, and Paradox to Create Mathematics*, Princeton: Princeton University Press, 2007, pp. 161–163。

　　② Ibid., p. 179.

　　③ 参见 T. J. Jech, *Set Theory*, pp. 12–13。

通俗点说就是：语言虽依旧是世界的一部分，但它们却完全可能大小相等 —— 只须它们是"同等大小的无穷"即可。[①] 总之，"诉诸无穷"就可能化解 WSP，进而拯救《逻辑哲学论》！

$$BS \vdash ((S \subsetneqq W) \wedge ((|W| = |S| = x) \wedge (x \in \{ \aleph_0, \aleph_1, \aleph_2 ... \aleph_\omega, \aleph_{\omega+1} ... \aleph_{\omega+\omega} ... \})))$$

10.4 哲学方案 PP：事实即命题

上述 WSP 解决方案因为将世界和语言的有穷预设修改为无穷预设，因此笔者将之命名为诉诸无穷的"数学方案"（Mathematische Plan，以下简称 MP）。[②] 那么，除此之外，还可能有别的拯救之道吗？或者，如果"上帝"命令我们决不可修改有穷预设的话，我们还有别的办法去"救赎"WSP——甚至《逻辑哲学论》本身吗？

回顾 10.2 节整个 WSP 的论证，也许我们唯一能做的就是修改另一个隐含预设了。这个预设就是：语言在世界中的绝对补集不是空集（W\S ≠ Ø）也即"确有"一些非基本命题的基本事态。现在我们尝试将此预设修改为：语言在世界中的绝对补集是空集（W\S = Ø）；也即根本"没有"不是基本命题的基本事态。质言之，不仅每一个基本命题同时是一个基本事态，而且每一个基本事态同时也就是一个基本命题。世界或语言中的每一个元素同时既是一个基本事态又是一个基本命题。根据 ZFC "外延公理"（Axiom of Extensionality）[③]，设若世界和语言的诸

---

① 无论如何我们都要纪念：康托尔最伟大的"数学-哲学"贡献之一就是令人信服地证明了"无穷也是可以比较大小的"。

② 当然归根到底数学方案也同时是"哲学的"方案。根本没有不是哲学的数学。

③ 参见 H. B. Enderton, *Elements of Set Theory*, New York: Academic Press, 1977, p. 17。

元素完全相同，那么这两个集合（在外延上）就完全等同，进而它们自然也就完全等势了。

$$\forall W \forall S (\forall x ((x \in W) \leftrightarrow (x \in S)) \rightarrow (W = S))$$
$$(W = S) \rightarrow (|W| = |S|)$$

如是 WSP 将被一次性地彻底解决。虽然《逻辑哲学论》从未直接说过"基本事态即基本命题"，而且总有一些不是基本命题的基本事态"存在"看起来也的确符合许多人的日常直觉，但实际上，借助更深入的某种"先验"分析，我们可以看到：这个如此简单实用的"事实即命题"[①]的天才洞见，不仅多次直接显示在维氏《逻辑哲学论》文本自身当中（比如 TLP 3.1431, 4.01–4.016），并且完全可以和我们的日常直觉协调融贯起来。该化解方案因为涉及对语言和世界或者事实与命题之本质的重新领悟，因此笔者将之命名为诉诸事实即命题的"哲学方案"（Philosophische Plan，以下简称 PP）。

> TLP 3.1431 如果我们设想命题记号是由一些空间对象（例如桌子、椅子和书本）构成，而不是由一些书写指号构成，那么命题记号的本质将会被看得很清楚。
> 于是这些东西的相对的空间分布就表达出这个命题的意义。

也就是说，在一个特定的语境中，我们完全可以把教室中桌椅

---

① 笔者在牛津访学时，Peter Hacker 教授曾善意提醒笔者："任何事实本身绝不是命题，只是有可能被'用作'命题。"笔者以为在《逻辑哲学论》的限度内，Hacker 教授的提醒是十分准确到位的。本章所谓的"事实即命题"中的"即"其实也就是"用作"（used as）的意思。不过换一个方向来看，我们为何一定要完全局限在《逻辑哲学论》或者维特根斯坦的"限度"内呢？

板凳的一个特定排列方式作为一个真正的命题记号，它将和其他的我们习以为常的命题记号——比如当下正显示在我的电脑屏幕上的某一句话——拥有完全等效的构造一个"命题意义"（Sinn des Satzes）也即一个"可能事况"（mögliche Sachlage）的力量。表达一个思想的、与某一个其他事实有着投影关系的、能够为我们感官感知的拥有各异物理感性材质的命题记号方式是多种多样的：可以是留声机唱片、音乐思想、乐谱、声波，也可以是童话里的两个少年、他们的两匹马或者他们的两朵百合花（TLP 4.014）；可以是此刻当下我用中文大声对你喊出的"我喜欢你"，也可以是书本、电脑屏幕、报纸、平板电脑或者手机上用不同外语书写的"我喜欢你"；可以是音乐、绘画、雕塑、舞蹈、广播、电影、诗歌、话剧或者行为艺术；可以是对视、微笑、握手、拥抱、亲吻或者性爱等等；还可以是 2015 年 6 月 6 日在柏林举行的巴塞罗那和尤文图斯的欧冠决赛，2015 年 3 月 31 日敦煌沙尘暴，2015 年 5 月 7 日英国大选，更可以是 2015 年 5 月 1 日太阳系内土星附近开放了一个地球人类可能利用和穿越的虫洞——只要我们可以构想某一个合适情境的话。在各个不同的情境中，上述每一个事实都可以被"视为-用作"一个有意义的命题——一个"分环勾连的"（artikuliert，也即由诸部分合乎逻辑-语法地排列嵌套构成的）、与其他某个事实有着相同的"逻辑的（数学的）多样性"（logische［mathematische］Mannigfaltigkeit）从而有着"镜像-映射"（mirroring-mapping）关联的特定事实。（TLP 4.04）这须要我们打开一种"生活世界现象学"（Phänomenologie der Lebenswelt）甚或"佛法"（Buddha Dharma）的别开生面的观看原初情境的智慧视野，如是我们才能"正确看待世界"（TLP 6.54）：原来每一个（基本）事实同时是一个（基本）命题，每一个（基本）命题也同时是一个（基本）事实；世界即语言，语言即世界也。即便是远在土星附近的虫洞开放事件，它也当然是朝着我（们）显现的、归属于我（们）的实际生活世界-语言世界。任何事实（世界）都不可能与命题（语言）"绝缘"而生-灭。实际上《逻辑哲学论》已经隐藏-显示着如是这般的思想识度了，只不过维氏没有直接言明，没有把它说透罢了。

10.5 抉择：MP 还是 PP？

通过以上分析我们可以认为：单独实施 MP 和 PP 中的任何一个，或者同时实施 MP 和 PP（因为二者毫无矛盾，可以并行不悖），都可有效化解 WSP。但显然它们在许多方面是有重大差异的，本章最后将对二者做一简要比对评估。

（1）MP。采用 MP 的好处是可以保全"有些事实不是命题"或者"语言只是世界之真子集"的日常直觉，不必过强预设世界和语言在外延上的等同关系，毕竟《逻辑哲学论》并未如是直言。但其缺点亦是显而易见的。首先，在数学基础领域，虽然"主流的"数学（哲学）家接纳无穷数学对象（比如无穷集合、超穷基数和超穷序数等）作为合法的数学研究对象，但并不是所有数学（哲学）家都赞同无穷，各种"有穷主义"（finitism）虽承认有穷数学对象（比如某一个自然数），但对诸无穷数学对象则有程度不同的质疑。我们应该重温有穷主义代表人物克罗内克（Leopold Kronecker）之伟大箴言："上帝创造了整数，其余一切皆人类之作（Die ganzen Zahlen hat der liebe Gott gemacht, alles andere ist Menschenwerk）。"[1] 其次，

---

[1] 参见 H. Weber, „Leopold Kronecker", *Jahresbericht der Deutschen Mathematiker-Vereinigung* 2, 1893, S. 19。

实际上《逻辑哲学论》本身并未显示出对无穷的任何偏好。[①] 笔者将《逻辑哲学论》理所当然地视为某种有穷主义。再次，遵照《逻辑哲学论》奉行的奥卡姆剃刀式的极简主义，断言事实或命题的数目乃超穷基数甚至是某一个特定的超穷基数比如 $\aleph_0$，是毫无意义的。[②]

（2）PP。采用 PP 的优势是完全可以避开对世界或语言基数之大小、有穷或无穷、可数或不可数的一切妄断纠缠，从而一劳永逸地从根本上消解 WSP。其劣势则是必须预设语言在世界中的绝对补集是空集（$W\backslash S = \varnothing$），也即任何事实其实都是命题。此识极其深刻，虽非《逻辑哲学论》明言，但依照上节之分析显示，它实际上有着《逻辑哲学论》文本的充分根据，并非凭空杜撰，从而可与《逻辑哲学论》文本整体融贯不悖。

（3）因此，两种方案各有利弊。如果二者只能择其一的话，笔者将会选择或者偏好 PP。并且笔者相信，维氏本人也应会有同样的偏好选择。因为，简单地说，维氏似乎永远都是一位有穷主义者，尽管他总是在修正或变更他的有穷主义。[③] 此外若换一个方向来看，

①　参见 H. Wang, *Beyond Analytic Philosophy: Doing Justice to What We Know*, Cambridge, MA: The MIT Press, 1986, pp. 98-99。笔者在牛津访学时，Adrian Moore 教授（2017 年 3 月 2 日牛津数学所）曾善意提醒笔者"没有足够证据能够表明维氏在《逻辑哲学论》时期奉行的是'有穷主义'"，笔者认为 Moore 教授的提醒是相当有价值的。但另一方面，似乎我们也不易找到"铁证"可以证明《逻辑哲学论》是持无穷主义立场的。

②　我们必须注意的是：实际上维氏在《逻辑哲学论》中笃信对于对象、事实和命题这样的"形式概念"（formale Begriffe）都是不能言说其数目。谈论所有对象的数目，比如，说"有 100 个对象"或者说"有 $\aleph_0$ 个对象"都是没有任何意义的。（TLP 4.1272）

③　参见 P. Frascolla, *Wittgenstein's Philosophy of Mathematics*, London: Routledge, 2006, pp. 142-156; M. Potter, "Wittgenstein on Mathematics", in *The Oxford Handbook of Wittgenstein*, pp. 122-137; M. Marion, "Wittgenstein and Finitism", *Synthese* 105 (2), 1995, pp. 141-176; J. P. Van Bendegem, "A Defense of Strict Finitism", *Constructivist Foundations* 7 (2), 2012, pp. 141-142; L. Wittgenstein, Werkausgabe 2: *Philosophische Bemerkungen*, Frankfurt am Main: Suhrkamp, 1984, S. 146; L. Wittgenstein, Werkausgabe 4: *Philosophische Grammatik*, Frankfurt am Main: Suhrkamp, 1984, S. 460-470; L. Wittgenstein, Werkausgabe 6: *Bemerkungen über die Grundlagen der Mathematik*, Frankfurt am Main: Suhrkamp, 1984, S. 264。

遵照《逻辑哲学论》6.54 节，这一切 —— 无论是断言"世界或语言的基数是超穷基数"，还是断言"事实即命题"——归根到底又都是毫无意义的了。但无意义或许也是有大小之别的，正如无穷亦可比较大小一般。质言之，或许断言前者较之断言后者将会生产"更多的"无意义……

11. 归藏：是与兴有

归藏者，莫不归藏于其中。

—— 郑玄

归藏者，万物莫不归而藏于其中者，此归藏易以纯坤为首；坤为地，故万物莫不归而藏于中，故名为归藏也。

—— 贾公彦

前面两章分别尝试了完全相反的思想游戏：从"是者"到"是"（将寻常日用是者比如一个讲台或一把扫帚还原到原始的时机化的情境格局）；从"是"到"是者"（逼问是者总合 —— 世界-语言之集合论悖论）。那么，思想游戏是否还有别的可能性？比如"彻底"跳出"是的诸怪圈/是的诸圈套"（loops of Being）？本章暨下一章正是对该"跳出"的不同进路尝试。本章将循着某种海氏后期思路对"作为""是"之"隐秘来源"从而"给予"（gibt）"是"的 —— 那个 Ereignis 做一有趣探讨：不仅直涉 Ereignis 汉译之深入讨论，且将直逼 Ereignis 本身以及 Ereignis 与 Lichtung 之天命关系。

本章起名"归藏"，灵感自然源自《归藏易》。自从 1993 年王家台秦简《归藏》出土以来，关于《归藏》的各路研究可谓如火如荼。虽然仍存有诸多重大争议（比如《归藏》到底是不是殷易，到底是不是孔子所谓之《坤乾》），但至少学界目前对于不同于《周易》的《归藏易》之"客观存在"或"实存"已经可谓达成了某种"（铁证）共识"。① 据说相比《周易》，《归藏》最大的特点在于以纯阴地坤为首卦，强调万物皆出于暨归于地阴也。而海氏后期思想乃至毕生思想之终极大词 Ereignis 或 Lichtung 亦对某种"自行遮蔽""自行隐逸"或"自行密藏"极为强调，甚至海氏曾明言后者实乃前者之"心脏 / 核心"（Herz）也。正因此，笔者尝试将海氏 Ereignis 暨 Lichtung"比"于中华古代思想文化之瑰宝"归藏"。但限于本书主旨，本章并不欲全面展开二者之比较研究，而是仍然集中于对海氏 Ereignis 暨 Lichtung 本身之探讨。

笔者对海氏毕生哲思终极大词 Ereignis 之中译原则设想如下：（1）必须尽量照顾 Ereignis 的德文字面意义，尤其是海氏本人对该意义的溯源、挖掘和重构；（2）正因此，须将 Ereignis 的两个部分即前缀 er- 和词根 eignis 分别明确地翻译出来；（3）并且须让中译名与 Ereignis 的两个构成部分前后顺序对照一致，也即用来对译 er- 的中文字也须放在中译词的前面部分；（4）最后，这样也才有便于翻译和理解包含 er- 和 eignis 在内的海氏相关德文词族游戏。循此原则，笔者尝试将 Ereignis 译为兴有，即分别以兴和有对译 Ereignis 之前缀 er- 和词根 eignis。兴-有即有-兴，此乃后-后物理学原始二元（如天-地、神-人、是-时、显-隐、兴有-去有、疏敞-稠密等）之对生-共属格局也。该格局也即"兴见"（Eräugnis），兴见亦即"疏敞地"（Lichtung）。兴有即"自行兴有"（sich ereignen），它意味的正是"自行兴见"（sich eräugen），也即"自行疏敞"（sich lichten）也。此亦可谓海氏"是（之历）史"（Geschichte des Seyns）之"另一开端"（der andere Anfang）也。

---

① 参见辛亚民："'《归藏》殷易说'考辨"，载《中国哲学史》2017 年第 1 期，第 47-53 页；翟奎凤："易学史上的三易说"，载《中国典籍与文化》2009 年第 2 期，第 45-52 页。

11.1 序幕：是史

是之历史（*Die Geschichte des Seyns*）

是（Seyn）

涌现（physis）

相（idea）

在场（ousia）

实现（energeia）

活动（现实性）（actus［Wirklichkeit］）

　被知觉性（向前-被置性）　　　　　　　主体性 a.

　（perceptum［Vor-gestelltheit］）　　（Subjectivität a.）

　对象性

　（objektum［Gegenständlichkeit］）

　现实性（Wirklichkeit）

　（实现-主动的原始力，莱布尼茨）

　（energeia-*vis* primitiva activa，Leibniz）　主体性 b.

　意志和理性（德国唯心论）　　　　　　（Subjectivität b.）

　（Wille und Vernunft［deutscher Idealismus］）

强力（尼采的求强力意志）（Macht［Nietzsches Wille zur Macht］）

力轴（Machenschaft）

是之被遗弃态（Seinsverlassenheit）

弃绝（Verweigerung）　来临（das Kommen）

去-有化（Ent-eignung）

　　　决-断（Ent-scheidung），"通道？"（„Übergang?"）

兴-有化（Er-eignung）

兴有（Ereignis）

分解（Austrag）

历史（Geschichte）

　　该历史之道说即刻立于被长期滋养出来的基于某种报道和宣讲的误解之中；对此，该语词①仅当它**是**（*ist*）是之历史性的（seynsgeschichtlich）之时才"适用"（gilt）。②

——海德格尔

　　海德格尔曾画出多幅相互家族相似着的"是史-是象图"，这里提供的是其中一幅。我们可以看到所有本质性的"哲学思想语词-概念"或者"哲学家-思想家"依照"海氏逻辑"都被"纵横交错地"放进"是"（Seyn）或"是史"（Geschichte des Seyns）的两个"开端"（Anfänge）及其"转渡"（Übergang）了。然而——笔者在这里想要发问的是——这个"是"或"是史"本身的"源头"又在何方呢？我们可以合理地或有意义地追问"是史"或"是"本身之源头吗？如果"有"源头的话，那么这个源头就是海氏后期反复念叨之 Ereignis 吗？……

11.2 Er-eignis: 兴-有

　　对于海氏 Ereignis③，已见的中译名不下十余种，如"在将起来"

---

① 指"历史之道说"。

② M. Heidegger, GA 69, S. 26—27.

③ Ereignis 在日常德语中表示"事件""大事""不寻常的事情"和"发生"等相

（熊伟）、"本有"或"大道"（孙周兴）、"自身的缘构发生"或"缘构发生"（张祥龙）、"自成（事件）"（洪汉鼎）、"本然"（倪梁康、张灿辉）、"庸"（姚治华）、"本是"（陈嘉映）、"原在"（陈春文）、"发生"（宋祖良）、"自在起来"（王庆节）、"有化"（张汝伦）、"生成"（彭富春）、"本成"（赖贤宗）、"成己"（邓晓芒）和"会成"（王均江）等等。[①] 诸位先生的理解和翻译对笔者都有过不同的启发帮助，本章也正是对上述中译实践的一种学习思考和回应。笔者对于 Ereignis 中译的原则设想如下：第一，必须尽量照顾 Ereignis 的德文字面意义，尤其是海氏对该意义的溯源、挖掘和重构；第二，正因此，须将 Ereignis 的两个部分 er- 和 eignis 分别明确地翻译出来；第三，并且须让中译名与 Ereignis 的两个构成部分前后顺序对照一致，也即用来对译 er- 的中文字也需放在中译名的前面部分[②]；第四，这样也才便于翻译和理解包含

（接上页）关意思。比如 Das Konzert war ein Ereignis (etwas ganz Besonderes) für unsere Stadt。（该音乐会对我们城市来说是一件大事［全然与众不同的东西］。）参见 Dudenredaktion, ed., „Ereignis", in Duden 01。

① 参见孙周兴："大道与本有：再论海德格尔的 Ereignis 之思"（作者惠赠电子文稿）；孙周兴："海德格尔《哲学论稿》译名讨论"，《世界哲学》2009 年第 4 期，第 101-109 页；洪汉鼎："作为自成事件（Ereignis）的诠释学理解和真理"（作者惠赠电子文稿）；倪梁康："论海德格尔中期哲学的本体论与方法论——关于《哲学论稿》核心概念的中译及其思考"，《南京大学学报》（哲社版）2014 年第 3 期，第 100-106 页；紫愚："翻译与思想——以马丁·海德格尔全集第 65 卷 128 节为例"，《科学·经济·社会》2013 年第 1 期，第 13-18、24 页；王庆节："也谈海德格尔'Ereignis'的中文翻译和理解"，《解释学、海德格尔与儒道今释》（北京：中国人民大学出版社，2004 年）；张汝伦："论《哲学贡献》在海德格尔哲学中的地位"，《复旦学报》（社科版）2006 年第 5 期，第 40-48 页；彭富春："无之无化——论海德格尔思想道路的核心问题"，上海：上海三联书店，2000 年；《世界哲学》2008 年第 3-4 期关于 Ereignis 理解与翻译的一组专题文章（邓晓芒的"论作为'成己'的 Ereignis"，张祥龙的"海德格尔后期著作中的 Ereignis"，柯小刚的"道路与 Ereignis——兼论中文翻译对于《通往语言之途》的意义"和王均江的"论海德格尔思想主导词 Ereignis"等）。

② 遗憾的是，笔者目前已见到的 Ereignis 中译名大都未做到这一点。按照第 2 条和第 3 条标准，大概只有邓晓芒先生的"成己"完全满足条件。

er- 和 eignis 在内的海氏相关德文词族游戏。其实第 1 条标准早已由孙周兴等多位先生提出，笔者提供的第 2、3、4 条（尤其是第 3 条）原则可以说是第 1 条原则的细化和深入。遵循这样的翻译原则，笔者尝试将 Ereignis 译为"兴有"，即试图分别用"兴"译前缀 er- 和以"有"译词根 eignis。

　　前缀 er- 在德文中有以下相关互联的几层意思：引发、造成、成就、导致某东西（etwas bewirken, machen）；让某东西出现形成、带出、产生某东西（etwas entstehen lassen, hervorbringen）；经由千辛万苦而获得、达成某东西（etwas durch Mühe oder Anstrengung bekommen）；招致、导致一结果（ein Ergebnis herbeiführen）；命名一短促动作或一动作之开头（zur Bezeichnung einer kurzen Handlung oder des Beginns einer Handlung）。[1] 因此 er- 是个动词-动作，它意指的就是"开端、发动、开动、促成、产生、增强、达成、导致和道说命名（某东西或短促动作）等"连带意蕴。并且，er- 通 ur-（原初-开头）[2]，故从源头说来 er- 就是那个动词的"开端、起头、发动、勃兴"的意思。而汉字"兴"（阴平）原意即"起"。《说文》云："兴，起也。"[3] 引申为"起兴、兴起、兴作、兴立、兴造、勃兴、兴盛、兴旺和兴（阴平）致等"动词义。"兴字的甲骨文、金文、篆文，它们的基本结构类似，都是用手举起一个什么东西，四人共举一重物，它的原义是'共举'，因此后来又获得了'发端'、'发动'、'创作'、'流行'、'趣味'、'喜悦'等意思。"[4]

　　此外，我们还可留意念作去声的作为"作诗"（Dichten）方式的

---

① 参见《瓦里希德语词典》，第 425 页。
② 参见上书，第 1314 页。
③ 参见《辞源》（合订本 1-4），第 1408 页。
④ 参见张祥龙：《孔子的现象学阐释九讲——礼乐人生与哲理》，上海：华东师范大学出版社，2009 年，第 83 页。

"兴"，它是所谓的诗歌即景生情的表现方法。《朱熹集传》有云："兴者，先言他物以引起所咏之词也。"我们亦可思念《诗经·国风·周南·关雎》的头两句："关关雎鸠，在河之洲。窈窕淑女，君子好逑。"诗文上下句之间表面上看似无关、突兀、跳跃，但实际上它正是那个（经历过长时准备、彼此来回激荡激发的）"兴"——"开端-勃兴-原跳-缘起"，"起兴"本即"突兀"之"原跳"，"兴"（阴平）通"兴"（去声）亦即原初之作诗、道说和命名也。由此可见，以"兴"译解 er- 是可能可行的。笔者同时也想到过"启"[①]"起"[②]等可能译法，但相比而言它们都未若"兴""中节"甚或"兴（阴平）""兴（去声）致"。

　　词根 eignen 则是"本己特有、原本就有、独有、适合、归有、给予"的意思。[③]加之海氏的确十分强调过 Ereignis 与 Es gibt（"有"即"它给予"）之间的亲密关联（也因此笔者设想最好要在 Ereignis 的中译里保留一个"有"字）[④]，因此笔者试图确定以"有"[⑤]来译解 eignen。而在确定了 eignen 的翻译后，就可以根据 eignen 之前前缀的变化来进行分别的翻译，如将 ereignen、zueignen、übereignen、

---

① 参见《辞源》（合订本 1-4），第 282 页。

② 参见上书，第 1622 页。

③ 参见《瓦里希德语词典》，第 387 页。孙周兴先生的"本有"无疑是非常好的译名选择，尤其与词根 eignis 的意思非常贴切，只可惜"本有"将前缀 er- 的意思漏掉了（这是孙先生自己的说法，"本"和"有"对应的都是"后面"的 eignis。其实，以"本"来译解前缀 er-，似乎也是很好的选择呢！这个"本"首先是个动词，就是"溯本-本生-兴本"的连带意蕴，正好与 er- 或 ur- 的意思相呼应呢。所以，在所有可能的 Ereignis 中译名里，"本有"无疑是一项极佳的可能选择）。正因此，"兴有"的译名倒可以认为是"起兴-本有"的缩写呢。"兴有"这个译法的最大优点就在于把前缀 er- 比较妥帖地明确显示出来了，这样就可以方便地对接翻译其他以 er- 开头的相关语词如 eröffnen 等。参见孙周兴："大道与本有：再论海德格尔的 Ereignis 之思"（作者惠赠电子文稿）；孙周兴："海德格尔《哲学论稿》译名讨论"，《世界哲学》2009 年第 4 期，第 101-109 页。

④ 参见 M. Heidegger, „Zeit und Sein, Protokoll zu einem Seminar über den Vortrag ‚Zeit und Sein'", in GA 14.

⑤ 参见《辞源》（合订本 1-4），第 798 页。

vereignen、aneignen 和 enteignen 等分别译为"兴有""献有""转有""归有""获有"和"去有"等。同理，在确定了以"兴"译 er- 后，我们就可以把如 ereignen、eräugen、erfragen、erdenken、erspringen、erblicken、ereinigen、erlichten、erschweigen 和 eröffnen 等分译为"兴有""兴见""兴问""兴思""兴跳""兴看""兴合""兴疏""兴默"和"兴开"等等。①

《朝向哲学的诸文献（从 Ereignis 而来）》的英译者 Parvis Emad 和 Kenneth Maly 用 enowning 译 Ereignis 即分别以前缀 en-（enabling 即"使可能"的意思）译 er-，以 owning 译词根 eignis，笔者认为也是相对比较可行的（至少比 appropriation 更中节）。② 那么 eignung 是否可以考虑译为"有化"也即把 Ereignung 译为"兴有化"呢？eignis 和 eignen 又该如何区分呢？是否可以把 Ereignen 译为"兴有"，而将 Ereignis 译为"兴有者"呢？海氏也曾说过："Das Ereignende ist das Ereignis selbst－und nichts außerdem."（兴有者是兴有者自身——除此无它。）③ 如是像 Das Ereignis ereignet④ 这样的句子就可对译为"兴有者兴有（着）"。但"者"字总让人感觉有较多后物理学的名词化-实体化倾向，因此最理想的或许还是将 Ereignen 和 Ereignis 都译为"兴有"。只可惜如此单从中译名上就看不出它们原先的重要差异了。三思而定，本书暂将

① 我们在这里的确感受到了用汉语翻译德语哲学-思想多变的、时机化的语词游戏是十分困难的：比如汉语实在是太"灵活"了，灵活得单从"字面"上根本看不出动词与名词的区分，名词在性、数和格上的特征，以及动词在时态、数、性、主动和被动意义上的特征，等等。但反过来又何尝不是呢？（古）汉语的诗词-歌赋-对联中做的多变的、时机化的语词游戏，德语等西方语言难道又能原原本本地对照翻译妥帖吗？因此，这只能说是不同语言游戏或生活形式或世界图象之间的巨大差异，它们本身并无高低优劣之别——汉语一样可以做出十分有趣、灵活多变的哲学-思想游戏来！"翻-译"即"转-置"（über-setzen）越是不易，就越彰显出诸生活形式差异之巨大。

② 参见 M. Heidegger, *Contributions to Philosophy (From Enowning)*, pp. xix, xxxvii。

③ M. Heidegger, GA 12, S. 247.

④ 参见 M. Heidegger, GA 14, S. 29。

Ereignen 和 Ereignis 都译作"兴有"。

11.3 Er-eignis: Er-äugnis（兴-有：兴-见）

那么，Ereignis 即"兴有"究竟是什么意思呢？本章只能做一个非常初略的探讨。在探讨它的意义之前，我们必须先行提醒自己：海氏对于 Ereignis 的讨论一直试图行走在更为本源和多元的"后-后物理学"（Meta-Metaphysik）或者"后-是学之是思"（meta-ontologisches Denken des Seins）的诗语道路之间。因此，我们必须竭尽所能克服所有习以为常的后物理学或者是学的思维-言语方式。[①]可参见《兴有》（GA 71）中海氏自己的说法：

> 如是"表-达"（Dar-stellung）既不描述（beschreibt）也不报道（berichtet）；它既非"体系"（System）亦非"格言"（Aphorismus）。它徒具"表-达"之象。它是某种应答着的、奠基着的语词之尝试（ein Versuch des antwortenden, gründenden Wortes）；分解之道说（die Sage des Austrages）；但为某林间路上之一道（ein Gang auf einem Holzweg）。
>
> 自《朝向哲学的诸文献（从兴有而来）》始一切皆转入如是道说。[②]

那么，海氏究竟是在怎样的林间道上来溯源 Ereignis 的呢？我

---

① 其实这只是初始的功夫，对于最终目标说来，正因此也是远远不够的。不仅须要连续的功夫，也须要关键的"一跃"。

② M. Heidegger, GA 71, S. 3.

们再以《兴有》里备受关注 ① 的 184 节中的第一段话来感受一二：

Das Ereignis sagt die eigens sich lichtende Anfängnis des Anfangs. Die anfanghafte Wahrheit des Seyns wahrt in sich als anfängliches Ereinigen die anfanghafte Einheit des Ereignens und des Ereigneten. Das Wort »anfänglich« bedeutet stets: aus dem Anfang ereignet und der Anfängnis übereignet. Nicht aber meint das Wort das Anfängerhafte im Sinne des bloßen Beginns. Das Sein beginnt und endet nicht, es besteht auch nicht »fortwähren« in der Dauer des Seienden. Das Sein fängt an und dies wesenhaft: Es *ist* der eignende Anfang. Das Ereignis erlichtet die Lichtung des Anfangs dergestalt, daß er nicht nur aufgeht und mit ihm Anfängliches zum Scheinen kommt wie im ersten Anfang, sondern daß der Anfang als der Anfang sich der also gelichteten Wahrheit seiner Anfängnis übereignet.

兴有——道说着具身地自行疏敞着的开端之开端性。具有开端特征的是之真理作为开端的兴合在自身中持守着兴有与被兴有的具有开端特征的合一性。"开端的"一词恒久意味着：出于开端被兴有和被转有到开端性。但该词并非意指单纯开始意义上的诸开端特征。是无始无终，它也并不"连续地"持存于是者之持留中。是如此这般本质开端着：它**是**有着的开端。兴有如此这般兴疏着开端之疏敞地，并非——开端单单升起，且捎带着开端，开端的东西

---

① 参见 M. Heidegger, GA 71, „184. Das Ereignis Der Wortschatz seines Wesens" (Das Ereignis, Das Ereignen (die Er-eignung), Die Ver-eignung, Die Übereignung, Die Zu-eignung, Die An-eignung, Die Eigentlichkeit, Die Eignung, Die Geeignetheit, Die Ent-eignung, Das Eigentum), S. 147–170。海氏在该书 184 节首次展开了 Ereignis 自身的上述 11 个彼此内在关联着与钩连着的本生方式（die elf Wesungsweisen des Ereignisses in deren Bezügen und Zusammenhängen）。

才来到光耀之中，如同在第一开端中那般，——而是——开端作为开端将自身转有于被疏敞的开端之开端性的真理。①

这难道就是传说中的"后-后物理学的"或者"后-是学之是思的"作为"某一林间道"的"诗思道说"吗？我们对此暂且不论，而将目光投向海氏本人早已为 Ereignis 做出过的更简单和更直接的应答。

Er-eignen heißt ursprünglich er-äugen, d.h. erblicken, im Blicken zu sich rufen, aneignen.（兴-有原本叫作兴-见，即兴看，在看中唤起自己，获有。）②

Ereignis ist eignende Eräugnis.（兴有是有着的兴见。）③

在海氏看来，"兴有"（Ereignis）其实就是"兴见"（Eräugnis）④，

---

① M. Heidegger, GA 71, S. 147.

② M. Heidegger, GA 11, S. 45.

③ A. a. O., S. 121.

④ 海氏作为 Er-äugnis（兴-见）的 Er-eignis（兴-有）似乎与胡塞尔的作为 Ichpol（我极）的 Ur-Ich（原-我）有着某种深刻的同构的镜像关联。二者都可谓是某种"最原始的（让）看或（让）显示"。Er-äugnis（让）看到的正是以 Dickung（密林／稠密）为心脏的 Lichtung（林间空地／疏敞地），或者以 Enteignis（去有／归隐）为中心的 Ereignis（兴-有），而 Ichpol（让）看到的却是原-我与"原素"（Urhyle）交媾缠绵在一起的"先验主观性"（transzendentale Subjektivität）或绝对意识。所以，先验主"观"性的译名的确很有意思！的确，最原始的、最底层的不再被构造的、自身构造着自身的先验主观性正是最原始的"（让）看"或"（让）显现"之域。一方面，内嵌着某种原始眼睛的海氏 Er-äugnis 仍旧含藏着某种严格的、坚硬的、不可化解的、绝对的"主观性或主体性"（Subjektivität），质言之，海氏——包括后期海氏实际上从未能克服主观性或主体性，海氏思想仍旧是彻头彻尾的作为某种主观性或主体性哲学的形而上学，海氏所预言广告的那个思的另一开端其实从未开端。另一方面，胡塞尔的先验主观性或绝对意识却因本质含藏着绝对匿名的、被动的、异质的、原非-我的原素，从而在绝对主体性的最核心暨最底层处埋藏着自行解构的终极核弹。若实事本身果真如此，后期胡氏与后期海氏的本质关系亦须重头梳理了。换言之，海氏与胡氏一样，他们的复杂褶皱思想内部都含藏着十分丰富多彩的诸异质可能性向度。

也即"让某物被肉眼看到，让某物自行显现"。"眼睛"（Augen）一定是"肉"的、"身体"的。原始的"观看"或者"让显现"一定是原始的"心身二分"之先的"肉动"或者"身（体活）动"。此谓之"世界之眼"暨"世界之肉"也。而笔者为 Er-eignis 设想的中译名"兴-有"中的"兴"和"有"都是后-后物理学的"原肉的"或者"原身的"动作。"兴"原本就是"诸身体-诸手共举大事（是之历史）"——"诸身体-诸肉互属互予，彼此差异化地、纷争着地共属一体"。而"有"从字形上看原本就是"在原肉之上生长出原手，而唯有通过此原肉-原手，诸是者才可能是其所是或者自行显隐起来"。（图 35）无论是眼还是手，乃至心，都是原肉上生长出来的新肉。正因此，"兴-见"即"兴-有"也："兴-开"（er-öffnen）出让诸物之可能显隐的"林间空地"（Lichtung）。实际上，按照《杜登词源词典》，Ereignis 中的 eignis 与 eignen（本有）或者 eigen（本己）原本就是没有什么关系的，er-eignen 的古写法就是 er-äugen 或者 er-äugnen，只是一些方言将 äu "去圆化"为 ei 了（Das Wort [ereignen] wurde unrichtig an eignen' [eigen] angelehnt, weil einige Mundarten äu zu ei entrundet hatten）。① 正因此，与 Ereignis 最

---

① 参见 Dudenredaktion, ed., „Ereignis, ereignen, eräugen, eräugnen, eignen", in Duden 07.
ereignen, sich: Älter nhd. eräugnen (bis ins 18. Jh.) ist Nebenform zu älter nhd. eräugen, ereigen (mhd. [er]öugen, ahd. [ir]ougen vor Augen stellen, zeigen; vgl. Auge) und hat aus sich zeigen die heutige Bed. geschehen entwickelt. Das Wort wurde unrichtig an eignen' (eigen) angelehnt, weil einige Mundarten äu zu ei entrundet hatten. Abl.: Ereignis (18. Jh.; für älteres Eräugnung, Ereignung; ahd. aroungnessi Sichzeigen war untergegangen).
eignen: Das gemeingerm. Verb mhd. eigenen, ahd. eiganen, got. (ga) eiginon, engl. to own, schwed. ägna bedeutete als Ableitung von eigen zunächst in Besitz nehmen, haben, geben, wie es noch die nhd. Bildungen sich aneignen, zueignen, übereignen, enteignen'zeigen. Die heute allein übliche Verwendung im Sinne von sich zu oder für etwas eignen, geeignet sein setzt sich seit etwa 1800 für sich qualifizieren' durch. Die Bed. passend sein, sich ziemen ist schon frühnhd. bezeugt. Abl.: Eigner Besitzer (17. Jh.; jetzt, außer in Schiffseigner', veraltet); Eignung (älter nhd. für Widmung; jetzt für Geeignetsein). Nicht verwandt ist ereignen' (s. d.).

匹配的中译名其实正是"兴见"呢。十分有趣的是，海氏虽然对此显然是完全了然的，但另一方面他却又故意明摆着用 zueignen、übereignen、vereignen、aneignen 和 enteignen 等来展开 ereignen 的意义勾连。而在这些词中的词根 eignen 又明显非"看见–眼睛–开眼"的意思，而是"本有–本己"的意思了。这应该是海氏蓄意之新鲜发明了，但好在还算可以理解："起兴–本己之有"（er-eignen）即"起兴–见闻会思"（er-äugen）也。

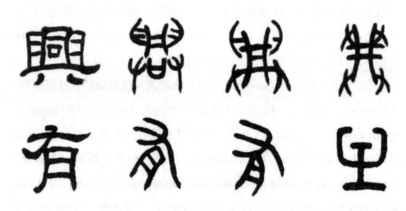

图 35 "兴"与"有"的隶书、小篆、金文和甲骨文

"兴–有"（er-eignen）也即"兴–见"（er-äugen）——"兴开–兴发–兴起–勃兴–兴（阴平）致""见–问–闻–会–思–诗"（Sehen-Fragen-Hören-Verstehen-Denken-Dichten），即人与是互属互予的"时间–游戏–空间"（Zeit-Spiel-Raum）或"疏敞地即林閒空地"（Lichtung）或"閒"（Da）或"閒–是"（Da-sein）。这个"互属互予"就是："兴起–兴开–勃兴–兴（阴平）致""有"，反过来即"有""兴起–兴开–勃兴–兴（阴平）致"，"兴"（er-）与"有"（eignen）相互对撑做成、缘构相生，"兴–有"即"有–兴"也。"兴有"就是"（自行）兴–有（起来）"——自行"兴开–勃兴–给予–归属–涌现–开路–发生–出场–

隐蔽-道说-命名"。"兴有"（ereignen）就是"起始-开端"（anfan-gen），"起始-开端"系"突兀-短促"之"动作"——"兴有"亦自行为此"突兀-动作"命名。此谓之"兴有"之"道说"（Sagen）即"诗-思"（Dichten-Denken）也。"兴有"以"道说""自行开路"（sich bewëgen），"兴有"亦即"开路化"（Bewëgung）也。

"兴有"自行兴开为 Welt-Erde（世界-大地）、Mensch-Götter（人-诸神）相互"争执"（Streit）的"时间-游戏-空间"（Zeit-Spiel-Raum），也即"闻"（Da）或"疏敞地"（Lichtung）也。海氏自绘之"集四"（Geviert）① 亦可与"兴"之小篆、金文和甲骨文等字形字象比较：它们都是"四元共举大事"或者"大事分解为四元"，这个大事就是 Ereignis（兴有）或者 Sein/Seyn/Seyn，该大事即四元之两两"相生-互构"的原始游戏格局。（图 35）

那么，我们能否进一步说：Ereignis（兴有）其实就是这个独一无二的 Lichtung（疏敞地），而 sich ereignen（自行兴有）意味的其实也正是 sich lichten（自行疏敞）呢？

11.4 Er-eignis: Lichtung（兴-有：疏敞地）

为了领会 Ereignis，我们须重新折回到 Lichtung。通过本书 3.13 节的考察，我们清晰地知道晚期海氏在演讲"哲学的终结和思的任务"（1964 年）和"赫拉克利特讨论班"（1966/1967 年）中明确表示 Lichtung 与光没有任何必然的先天关联，仅仅只有可能的经验事实上的关联，但 Lichtung 真的可以完全脱开与光的纠结吗？笔者发现，在海氏更早的一些文献（比如 1949 年不莱梅演讲"转向"）中，

① 请参考本书 4.16 节引用的数幅海氏自绘"集四图"（图 11、12、13）。

Lichtung 似乎明显与光勾结。

> Darum müssen wir beachten: Die Kehre der Gefahr ereignet sich jäh. In der Kehre lichtet sich jäh die Lichtung des Wesens des Seins. Das jähe Sichlichten ist das Blitzen. Es bringt sich selbst in die mit- und eingebrachte eigene Helle. Wenn in der Kehre der Gefahr die Wahrheit des Seins blitzt, lichtet sich das Wesen des Seins. Dann kehrt die Wahrheit des Wesens des Seins ein. （因此我们必须注意：危机之转向突然兴有自身。在转向中，是之本生的 Lichtung 突然 lichtet sich。这种突然的 Sichlichten 乃是闪烁。它把自身带入那携带来的和被引进的本己光亮中。当是之真理在危机之转向中闪烁时，是之本生就 lichtet sich。于是，是之本生的真理便入转矣。）
>
> „Blitzen" ist dem Wort und der Sache nach: blicken. Im Blick und als Blick tritt das Wesen in sein eigenes Leuchten. （闪烁在语词和实事上来看正是：观看。在目光中并且作为目光，本生进入它本己的闪耀之中。）
>
> Einblitz ist Ereignis im Sein selbst. （入闪是是自身中的兴有。）
>
> Ereignis ist eignende Eräugnis. （兴有是有着的兴见。）[①]

根据这些文本，我们可以尝试对海氏所宣称的另一开端所思（念）的 Ereignis 和 Lichtung 做一连带思考。Ereignis 和 Lichtung 都是"带光"的或者"发光"的。Ereignis（兴有）即 Eräugnis（兴

---

① M. Heidegger, GA 11, S. 120–124.

见），原本就是一种原始的（让）观看。^① 这个原始的、突发的闪耀－敞亮，正是 Lichtung（疏敞化）或者 sich lichten（自行疏敞）。

因此，这里留下的永恒问题就是：究竟是"光"在先，还是"空"在先呢？^② 海氏为此似乎不断纠结着。但在以"哲学的终结和思的任务"为代表的海氏晚期文本中，我们可以认为是"空"在先的。或者，在究极意义上说，我们还是可以认为是"空"在先的，也即"兴见"（Eräugnis）或"兴有"（Ereignis）或"疏敞地"（Lichtung）先于"见"（Sehen）与"光"（Licht）——不兴见、不兴有、不疏敞，何以光、何以见呢？海氏"兴见－兴有－疏敞地"先于一切原始时、空、静、音、闻、见、光、是、天、地、神与人等等。"兴见－兴有－疏敞地"其实就是"开路化"（Bewëgung）——"自行开路"（sich bewëgen）——海氏所谓"思或是史之另一开端"也。

海氏毕生运思可概括为是史之思：本源的"是"（Seyn）就是本源的"史"（Geschichte），本源的史就是本源的是。是之历史（Geschichte des Seyns）是由"两个开端"即"第一开端"（der erste Anfang）和"另一开端"（der andere Anfang）构成的。^③ 所谓"第一开端"就是指"后物理学"（Metaphysik），第一开端的历史就是后物理学的历史，就是从"涌现/Aufgang"（巴门尼德－赫拉克利特－阿纳克西曼德）开端，经过"相/Idee"（柏拉图），完成于"力轴/Machenschaft"（也即"作为现代技术之本质的集置"）的历史，它思（量）的是"是者"（Seiende）或"作为是者的是者"（Seiende

---

① "兴见"（Eräugnis）或"兴有"（Ereignis）或"疏敞地"（Lichtung）实际仍是承袭西方哲学正宗（柏拉图以降）的对于原初光亮下之原初形象－外貌－形式的执着吗？海氏真的能够如其自身所宣称地那样实际地从思之第一开端（后物理学或是学）转向思之另一开端（兴有）吗？这一切依旧是谜……

② 抑或这个"光"就是——正是——只是——这个"空"呢？！光－空！

③ 参见 M. Heidegger, GA 69, S. 27。

als Seiende）或"是者性"（Seiendheit）等。而"另一开端"则是指"是史之思"，它思（念）的是"是之历史"（Geschichte des Seyns）或"是之真理"（Wahrheit des Seyns）或"是本身"（Seyn selbst）或"兴有"（Ereignis）或"疏敞地"（Lichtung）或"道说"（Sagen）或"开路化"（Bewëgung）等等。海氏认为这另一开端之思必将起兴，西方思想正居于朝向另一开端之转渡中……

然而 —— 事情本身果真如海氏之预言？这一切依旧是谜……[1]

笔者亦尝试将后期海氏"是之地志学或拓扑学"（Topologie des Seyns）粗描如下：[2]

Ereignis: sich ereignen. 兴有: 自行兴有。	
Eräugnis: sich eräugen. 兴见: 自行兴见。	
Lichtung: sich lichten. 疏敞地: 自行疏敞。	Seyn（是）
Bewëgung: sich bewëgen. 开路化: 自行开路。	
Anfang: sich anfangen. 开端: 自行开端。	

11.5 尾声：密林-稠密（黑洞-白洞-灰洞）—— 第三个海德格尔？

让我们再度折回海氏在其1964年演讲"哲学的终结和思的任务"结尾处发出的被笔者称为"海德格尔最后之问"（Heideggers letzte Frage）的问题。

---

① 是原本就是最大之谜……

② 关于"是之地志学或拓扑学"，可回顾本书6.1节所绘之图"兴有地志学"（图17）。

但疏敞地从何而来，又如何有疏敞地呢（Woher aber und
wie gibt es die Lichtung）？在这个有（Es gibt）中什么在说话？

那么，思的任务就应该是：放弃以往之思，而去规定思事
（die Preisgabe des bisherigen Denkens an die Bestimmung der
Sache des Denkens）。①

主流的海氏专家们自然都将这里的 Es gibt（有 / 它给予）以及
Sache des Denkens（思事）明确地与 Ereignis（兴有）关联起来：
Ereignis 就是这里最后终极之问的明确"答案"。笔者以为根据上下
文以及我们对整个（后期）海氏思想的整体把握，这自然是合情合
理的解读。但——笔者此刻还想发问的是——这里我们究竟有没有
完全别样一种的理解可能性呢？

比如，我们或许可以把这"海氏最后之问"理解为——
"Ereignis 或者 Es gibt 或者 Lichtung 又从何而来"的更深层问题？
海氏大肆说过"林间空地"（Lichtung）之"心脏"（Herz）其实就是
"密林 / 稠密"（dichte Wald/Dickung），Lichtung 实乃"自行遮蔽着
的庇护之疏敞地"（Lichtung des sich verbergenden Bergens）②；亦大
肆说过作为"兴有"之本性的"自行隐逸"（Sich-entziehen）或"自
行去有或归隐"（Sich-enteignen）③。质言之，如果我们可以合理地说
Sein（是）"归藏"于 Lichtung 或 Ereignis 的话，那么，我们可以
进一步合理地说 Lichtung 或 Ereignis "归藏"于某种绝对意义之纯

---

① M. Heidegger, GA 14, S. 90.

② 参见 a. a. O., S. 88。

③ 参见 a. a. O., S. 27-29。

粹"遮蔽""归隐"或者"稠密"吗？^①我们有可能"完全脱离""疏敞化"或"兴有"来逼近纯粹的或曰绝对的"遮蔽-稠密-去有"吗？"完全脱离""疏敞化"或"兴有"的绝对的"遮蔽—稠密—去有"就是那个"隐藏的第三个海德格尔（The Third Heidegger）"吗？——如果我们有理由把 Sein 作为"第一个海德格尔"并且把 Ereignis 作为"第二个海德格尔"的话……抑或——究竟"有没有"绝对的完全脱离了"显示"或"在场"的"遮蔽——密林"呢—即便"我（们）"永远没有办法让其显示自身的话？抑或——究竟"有没有"绝对的完全脱离了"显示"或"在场"的"遮蔽-密林"呢——即便"我（们）"永远没办法让其显示自身的话？我们终究有可能完全脱离"阳"来思纯粹的"阴"吗？"有"完全脱离阳的纯阴^②吗？这在太极易道的阴阳两仪格局里似乎完全是不可想象和不可接受的，实际上，似乎类似这样的提问方式本身就完全是"不合语法"或者"毫无意义"的呢！倘若换个方向-姿态来看，似乎我们也可以接着海氏晚期之追问思路在褶皱隐卷、光闪幽暗的林閒道上继续朝着海氏业已廓清之"遮蔽-稠密-密林-去有"的方向上折行

---

①　与此相类的难题是：对胡塞尔来说，我们可以把 Ur-Ich（原-我）最终"归藏"于某种绝对的 urtümliches Nicht-Ich（原非-我）吗？为什么我们一定要把原非-我或"原素"（Urhyle）最终归结于某种我或主体性呢？为何不可倒过来把原我归藏于某种原非-我呢？是先验自我主体性现象学，还是（绝对）他者现象学，这似乎唯在一念之间。只追问原非-我的来源是不够的，还得追问原-我的来源。原我的来源难道不可以是某种原-我吗？而原非-我不可以是或者不可以来自作为某种绝对他者的神或上帝吗？难道我极、原素比上帝更易被直观到？要说直观，上帝难道不是更容易被直接看到吗？……思到这里，已经不再关乎现象学还原或者现象学直观的哲学问题了——而是关乎某种信仰抉择的问题了。信仰终究还是在哲学之先？……

②　这里必须提醒的是——易道（涵盖"三易"）里六爻俱阴的坤地绝非笔者这里所谓的"完全脱离阳的纯阴"。在易道的基本格局中，阴阳相合相摄、你中有我我中有你，实不可分也。因此，笔者完全相信即便在以坤地为首卦的《归藏易》中，坤地阴柔亦是"须臾不离"乾天阳刚的了……

下去……

此外，倘若考虑对比天体物理学里的理论模型"黑洞"（schwarze Loch/black hole，"物质能量信息只进不出"）、"白洞"（weiße Loch/white hole，作为黑洞的反面，与黑洞通过某种虫洞连接，"物质能量信息只出不进"）和"灰洞"（graue Loch/grey hole，"综合"黑洞与白洞两种相反模型的某种"均衡"模型，"物质能量信息可进可出"）。虽然海氏"密林-稠密"与其中任一模型都有着根本性差异，但似乎与后三者也分享着某种有趣之相似性——它们都持守着某种神秘"（绝对）他性"，它们都保持为某种神秘"（绝对）他者"而拒绝为任何"我（们）"或"主体"去蔽-探索-认知-逼near-切近，正是在此等相似意义上，笔者尝试将海氏"密林-稠密"喻作海氏"黑洞-白洞-灰洞"。[①]

《道德经》曰："道生一，一生二，二生三，三生万物。万物负阴而抱阳，冲气以为和。"如果我们把这里的"二"训为阴阳两仪、把这个"一"训为太极或易的话，那么似乎我们也可以把这个"道"理解为某种"无-阴阳"或"在-阴阳-之先"的无极或混沌了。而这样的"不可道之道"（无极-混沌）似乎就可与笔者所谓的"完全脱离阳的纯阴本身"或者"完全没有或不依赖林闿空地的密林本身"发生一些有趣之共鸣或比对了……

然而，这样的"故事"竟然是可以道说的吗？

质言之，究竟"路在何方"？（前面）还有路吗？"密林-稠密"

---

① 请比对参考本书4.1节（尤其是4.11和4.17节）对海氏"虫洞"（时-空通道或另一开端）的相关探索。此外，笔者亦须借此时机对霍金（S. W. Hawking）先生道一声："一路走好！"原本笔者有幸抽签分配到霍金于2017年1月18日在牛津数学所"彭罗斯牛津数学公开讲座系列之开幕讲座"（the Inaugural Roger Penrose Oxford Mathematics Public Lecture）"诸黑洞"（Black Holes）的入场券，但由于霍金突然生病，讲座不得不被不定时推迟。后来该讲座虽于2017年10月27日原地重启（笔者之前分配到的入场券依然有效），但无奈笔者此时已经回国。而这很可能就是霍金生前最后一次公开讲座了。

竟是"死路"？！

这一切依旧是谜……

因此，在本章的最后，唯有请大家自由想象：

黑夜 ——

闪电 ——

黑夜 ——

"闪电化／疏敞化"（Blitzung/Lichtung）撕开着"黑夜化／稠密化"（Nachtung/Dickung）……

12. 连山：親親与是

连山者，象山之出云，连连不绝。

——郑玄

连山易，其卦以纯艮为首，艮为山，山上山下，是名连山；云气出内于山，故名易为连山。

——贾公彦

在上一章，我们尝试与海德格尔一道重新追问"是"（Seyn）之"源头"，一路艰辛最后追到了"自行归藏"着的"兴有"（Ereignis）暨"林閒空地"（Lichtung），而"这时"我们才与海氏一道发出了这样的"终极之问"——兴有或林閒空地又从何而来呢？或者兴有或林閒空地又"归藏"于何呢？密林？还是道？这一切依旧不可道也。

在本书的最后一章（第十二章），笔者尝试另起炉灶，从另一条道路出发追问是之终极源头。这条道路尝试通过追思-回顾整个现象学的自身衍化历史来把是之源头还原到"親親"之上。笔者尝试将现象学的实际辩证发展历程划分为五阶：意识-是-身体-他者-親親。身体即意识与是之合题，而親親亦可视作身体和他者之真理。与电影《星际穿越》共鸣-互启的親親-现象学以本源地显示親親现象为目标。親親含藏着"親親的原始横向空间结构关系"（QINQIN-Beziehung der ursprünglichen horizontalen räumlichen Struktur）（阴-阳／夫-妇）即"親偶关系"（Mann-Frau Beziehung）和"親親的原始纵向时间发生关系"（QINQIN-Beziehung der ursprünglichen

longitudinalen zeitlichen Genesis)（孝-慈 / 親-子）即"親子关系"
(Eltern-Kinder Beziehung)。親親现象作为诸细密源头种子化成-构
造-给予着有诗有乐、有情有礼、有仁有义的天下世界。（西方的）
现象学如果真要往前发展，或许的确主动需要一些时中的（东方的）
儒家资源的帮助。但须注意的是：传统儒家的親親思想并非直接就
是现象学第五阶；"经历"过前四阶现象学的親親-现象学和单纯的
儒家親親思想是"根本不同"的东西；这里的确需要引入某种黑格
尔式的历史眼光。

　　本章命名为"连山"，自然源出于《连山易》之启发。作为"三
易"之"首"的《连山易》或为汉民族最初、最原始之易道，其易理易
象自可谓最为原始辽阔、透彻深刻也。据说《连山易》以艮山为首卦，
彰显山山相连不绝、山上山下相连不绝的原初易象。这山山相连中的每
一座山难道不正是一个"家（庭 / 族）"或"親親"吗？親親相连、诸
家或亲近或疏离着的山山不绝、出云入云、若隐若现之易象①，这难道不
正是"是"或"是史"之"（最初）源头"吗？

12.1 楔子

　　克里斯托弗·诺兰（Christopher Nolan）执导的伟大电影《星
际穿越》（Interstellar）（2014 年）为我们身体力行的不仅是有关
虫洞、黑洞和五维空间等的科幻历险，更可谓是一种终极的现象学
实践——"親親"是也。原本的现象学就是原本的"亲-见"（親

---

　　① 借用海氏术语 Da 或"Dasein 之 Da"，我们亦可将"连山"描画为 ...Da-Da-Da-
Da-Da-Da-Da-Da-Da-Da-... 之易象也。每一个 Da 就是一个"親親"着的"家庭"或"家
族"；诸 Da 交织互错，连绵不绝也。

親）；親親实乃现象学之原本现象也；现象学还原之最终剩余即親親；親親作为原本的对构-互生之"横向空间结构关系（阴-阳／夫-妇）即親偶关系"和"纵向时间发生关系（孝-慈／親-子）即親子关系"，含藏着-构造着-化成着我们诸层诸面、隐卷舒展、荡气回肠、朝思暮想、喜怒哀乐的"大千世界"——"仁仁"着、既相親近又相疏间着的诸家（族）之"天下"世界。为了让现象学"紧跟"现象本身之步伐，现象学总是不断调整着自身"观看"（让……自身显示）的目光或者"活动"（让……自身被给予）的姿势。着眼于现象学目光或姿势之嬗变，笔者尝试将百余年（广义）现象学之实际发生历史大致看作四阶：第一阶，意识-现象学；第二阶，是-现象学；第三阶，身体-现象学；第四阶，他者-现象学。四阶现象学之间以及各阶内部诸成员之间，都绝非任何简单的线性更替或辩证发展关系，而是错综复杂、相互交叠的"诸家族親近性"（Familienähnlichkeiten）[1]。四阶现象学分别都未能实际"跟紧"现象本身之节奏（总归是跟丢了），现象学总是不断让自己陷入更深远的危机之中。那么，可能"有"现象学第五阶吗？如果有的话，与《星际穿越》互启-共鸣的親親-现象学可被纳入现象学第五阶吗？可以親親的源发姿态去重新直观-构造-奠基意识、是、身体和他者等诸现象吗？作为第五阶的親親-现象学就能完全"追上"现象本身了吗？第五阶和其余四阶是如何的本质关系？意识-是-身体-他者-親親，这是双重的否定之否定吗？身体即意识与是之合题吗？而親親亦可视作身体和他者之真理？或者，这并非"先后高低有别"的辩

---

[1] 这个后期维特根斯坦的关键术语 Familienähnlichkeiten，汉语学界通常将之译为"（诸）家族相似性"（本书亦采用此译），本章尝试将之改译为"诸家族親近性"。它与儒家親親着、仁仁着、既相親近又相疏间着的诸家（族）之天下观确有着颇多可对勘或比较之处。

证发展圆圈，而是"众生平等"的彭罗斯阶梯（Penrose stairs）？再或者，这根本就不是任何连续的、同一性的圆圈或阶梯，而是作为或断或续之"千高原"的"诸"现象？现象学与现象到底是如何的本质关系？现象学本身究竟是否可能？……本章将对这些连带追问做一可能而简略之应答。

12.2《星际穿越》的现象学描述：亲亲

以下标注的时间为该台词情景出场的大致电影放映时间。

12:29 Cooper："他们过去造的'没用机器'里有一种叫作核磁共振仪，倘若有一台剩余，医生就能及时发现我妻子脑内的囊肿，而不至让她死去，那么来这里听讲的就会是她，而不是我……"

《礼记·中庸》曰："君子之道，造端乎夫妇。及其至也，察乎天地。"所有高科技之意义的终极源泉或归宿即"亲亲"（家庭生活）也。"亲亲"（家庭生活）就是最原初的生活世界。亲亲即原本的对构-互生之横向空间结构关系（阴-阳／夫-妇）和纵向时间发生关系（孝-慈／亲-子），也即亲偶关系和亲子关系。夫不能没有妇，子不能没有母。空乏的位置，总是亟待充实。

63:24 Doyle："Cooper，我们身负使命！"Cooper："是的，Doyle，我们的确身负使命，A计划就是要找到一颗适宜当下地球人居住的星球。"Doyle："你不能只想着你自己的家，你应该把目光放得更远大。"Cooper："我想的就是我自己的家和成千上万的其他人的家，好吗？如果完成计划时，地球人都灭绝了，A 计划就无效了。"Doyle："对，的确无效了。可这正是我们还有 B 计划的原因。"Cooper："……"

无论 A 计划还是 B 计划都根植于親親，但有个价值排序的难题，到底是现时的親子关系更重要（不管有没有找到宜居新星球，Cooper 无论如何都要竭尽全力返回地球和女儿等地球人类共生死），还是未来的親子关系（Cooper 彻底放弃存活概率为零的现在地球上的女儿等人，竭尽全力在飞船资源耗尽之前找到宜居新星球，确保诸受精卵变现成人）更重要？质言之，在親子原始时间的三相交织结构（曾在-现在-将在或者滞留-原印象-前摄）里，到底应以现时为根，还是应以将来时为根？这关涉我们究竟该如何去领悟原始親子时间关系。

76:10 Cooper："我女儿才十岁，我走之前，我没法教给她爱因斯坦的理论。"Brand："你就不能跟她说你是去拯救世界吗？"Cooper："不行。等你有朝一日为人父母，有一件事情将会变得十分清楚。那就是你必须确保自己的孩子们有安全感。"

親子关系两面中的一面，父母親对子女的慈爱。《诗经·小雅·蓼莪》曰："父兮生我，母兮鞠我。拊我蓄我，长我育我，顾我复我，出入腹我。欲报之德，昊天罔极。"

110:35 Mann："我们的生存本能是我们最伟大的灵感来源，比如说，你（指 Cooper，笔者按），一个父親，你的生存本能延伸到了你的孩子身上。你知道研究表明人死前最后看到的是什么吗？是你的孩子们，是他们的脸。"

在某个特殊的现身情态中（比如"将死"，人之将死，其言也善，其见亦真），会自动触发现象学的终极还原，这个瞬间看到的就是不可排除的现象学的终极剩余：孩子们（的脸）。脸对脸的、身身的、活生生的亲子关系，即现象学还原之最终剩余也。人生在世最幸福的"大事/兴有"（Ereignis）莫过于：出生时最先见到的是父母亲微笑着的欢迎我的脸；死去时最后见到的是儿女亲微笑着的欢送我的脸。除生死，无大事；除亲亲，亦无大事也。而我亦是儿女亲。我继续活在儿女亲的相对他者之中。在儿女亲中，在亲子关系中，我赢获了朝向诸相对他者不断转渡的长生或者无限。我是一个有限的、有死的他者。但在朝向作为儿女子孙的不同相对他者的赠予转渡中，我获得了明见的无限。有限与无限：诸他者的否定辩证法。

150:28 Cooper："我一定能获得找到 Murphe 的方法。"Tars："怎么做？ Cooper。"Cooper："爱，Tars，爱。就像 Bland 说的，我和 Murphe 的关系是可以量化的。这是关键！"

亲子之爱贯通着-织构着我们的整个宇宙大全（诸世界-诸视域-诸地平线）！亲亲的纵向时间发生关系，亦即亲子关系：孝-慈/亲-子。

153:35 Cooper："你还没有明白吗，Tars？他们不是'那些家伙'。他们就是我们。我对 Murphe 做的这一切，正是他们对我做的，对我们所有人做的。"Tars："Cooper，人类不能造出这个！"Cooper："是的，现在还不能！但总有一天可以！不是你或我，而是人类！一个进化到超越我们所知的四维时空的文明……"

只有親親、親爱、仁爱、仁仁或者人人才能拯救我们，只有我们自己才能拯救我们自己！父母親拯救子女（我对 Murphe 做的）！子女拯救父母親（他们对我做的）！根本不能指望虚无缥缈的外星生命或者哪一尊天外大神来拯救我们！海德格尔说的"只有一位神才能拯救我们"（Nur noch ein Gott kann uns retten）[①] 终究是难以成立的。因为，唯有親親才可能化解所有 Gestell（集置 / 阴谋诡计）。

　　161:04 Murphe："没有人相信我。但是我知道你会回来的。"Cooper："怎么知道的？"Murphe："因为我爸爸答应过我。"Cooper："嗯，我现在就在这里，Murphe。我在这里。"Murphe："不，没有哪个父母親应该看着自己的孩子死去。现在我有我自己的孩子在这儿。你走吧。"

親子关系两面中的另一面：子女对父母親的孝爱。百善孝为先也。Murphe 生命的最后一刻还在念着尽孝！她是多么热爱她的爸爸呀！《论语·为政》曰："孟武伯问孝。子曰：'父母唯其疾之忧。'"白发人送走黑发人，人世间之大悲事也！生，原本是父母親对儿女之恩典-馈赠；死，原本就是父母親为儿女腾空间-挪时间。而子女竟先于父母親而亡，则是对原本親子时间关系的"乱伦""错置"或"异化"。儿女尽孝之一种事业即为保重父母親馈赠的活下去的、传下去的他者親身。《孝经·开宗明义》曰："身体发肤，受之父母，

---

　　① 参见 M. Heidegger, „Spiegel-Gespräch mit Martin Heidegger", in GA 16: *Reden und Andere Zeugnisse Eines Lebensweges*, Frankfurt am Main: Vittorio Klostermann, 1966, S. 671。

不敢毁伤，孝之始也。"

　　<u>161:45</u> Murphe："你走吧。"Cooper："去哪儿？"Murphe：
"Brand。她还远在那里……搭建基地。独自一人……在一个陌
生的星系。或许现在她正准备去长久地睡一觉……沐浴在我们新
的阳光下……"

　　《诗经·周南·关雎》曰："关关雎鸠，在河之洲；窈窕淑女，
君子好逑。"《周易·系辞传下》曰："男女构精，万物化生。"《道德
经》曰："万物负阴而抱阳，冲气以为和。"《周易·系辞传上》曰：
"一阴一阳之谓道。"《周易·系辞传下》曰："天地之大德曰生。"
《周易·系辞传上》曰："生生之谓易。"親親的横向空间结构关系，
亦即親偶关系：阴-阳／夫-妇。如果没有夫妇，那么就没有親親，
就没有親子，就没有诸家园（家庭-家族-家系-家谱），就没有"诸
家族親近性"，也就没有"天下"了——什么都没有了。没有親親
的横向空间结构关系，就没有親親的纵向时间发生关系；反之亦然。
关关雎鸠，在河之洲（某河外星系）；窈窕 Brand，Cooper 好逑。故
Brand 需要 Cooper，Cooper 需要 Brand。儿女对丧偶父母再偶的期
愿，亦是尽孝之一种。Murphe 生命的最后一刻还在念着尽孝！她是
多么热爱她的爸爸呀！

　　无论如何，親親着的电影《星际穿越》毕竟让我们看到人类未
来的星火希望……

12.3 现象学四阶：意识-是-身体-他者

　　广义现象学是胡塞尔现象学以及来自胡塞尔的各种异变

（hérésies）的集合。

在很大程度上现象学可说是胡塞尔之种种异变的历史。[①]

　　　　　　　　　　　　　　　　　　　　——利科

在这些研究中，我将按需要而尽可能地进行我们必须瞄向的这种明见，即这样一种明见：意识（Bewußtsein）本身具有其本己之是（Eigensein），在其绝对的本己本质（Eigenwesen）上并未受到现象学排除（phänomenologische Ausschaltung）的影响。因此它仍保留为"现象学剩余"（phänomenologisches Residuum），作为一种本质上独特的是之区域（Seinsregion），这个区域注定可成为一门新型科学——现象学的领地。[②]

　　　　　　　　　　　　　　　　　　　　——胡塞尔

这个在-该-世界-是的结构（Die Struktur des In-der-Welt-seins）昭示了閒是之本质特性：閒是对自己预先向前抛出了一个世界，这种抛出不是后起的，不是偶然的；而是这种对世界的预先向前抛出归属于閒是之是（Sein des Daseins）。在这种预先向前抛出中，閒是早已**从自身走了出来**（*aus sich heraus*

---

①　P. Ricoeur, *A l'école de la phénoménologie*, Paris: Vrin, 1986, pp. 9, 156. 我们可以想象，如果胡塞尔享有足够长的人间寿命，他完全有可能将紧随意识-现象学之后的三阶现象学（是-身体-他者）全部明确地开显出来，而他生前实际上早已把它们全都含藏起来了。当然，至少当下笔者很难想象胡塞尔式的第五阶親親-现象学。親親-现象学是身体-现象学和他者-现象学的必然合题或真理，它是未来-现象学，但它的实际充实或许的确需要中国现象学家的独特贡献了。親親虽是人类实际生活的"普遍现象"（既可以美国电影《星际穿越》为印证，也可以中国电影《流浪地球》为印证），但毕竟中国人在这方面确实有着古往今来独一无二的体验优势："原始儒家"（ursprüngliche Konfuzianismus）或者"原活儒家"（urlebendige Konfuzianismus）。西方人与中国人之诸家族亲近性，古代人与现代人之诸家族亲近性——多元多端地——交织交汇、纷争缠斗在一起……

②　E. Husserl, Hua Ⅲ（1）: *Ideen zu Einer Reinen Phänomenologie und Phänomenologischen Philosophie. Erstes Buch: Allgemeine Einführung in die Reine Phänomenologie*, Den Haag: Martinus Nijhoff, 1976, S. 68.

getreten），绽放-出来（ex-sistere），它是（ist）在一个世界之中。因此它从来不是什么主观内在领域之类的东西。[1]

———— 海德格尔

　　我们重新学会了感知我们的身体，我们在客观的和与身体相去甚远的知识中重新发现了另一种我们关于身体的知识，因为身体始终和我们在一起，因为我们就是身体。应该用同样的方式唤起向我们呈现的世界的体验，因为我们通过我们的身体在该世界是，因为我们用我们的身体感知世界。但是，当我们在以这种方式重新与身体和世界建立联系时，我们将重新发现我们自己，因为如果我们用我们的身体感知，那么身体就是一个自然的我和知觉的主体。[2]

———— 梅洛-庞蒂

　　他者之脸时刻都在毁灭着和超溢着它给予我的已成型的形象，这种观念在我自己的尺度和它的观念原料的尺度内存在，它是一种充足的观念。它展现自己所依靠的不是这些性质，而是亲身（kath' auto）。它表达着它自身。脸带来某种真理的观念，这种观念与当代的是学相比，并非是对于某种无人称的中性物的揭示，而是表达：生存者冲破了是的一切裹夹和普遍性。[3]

———— 列维纳斯

　　为了让"现象-学"（Phänomeno-logie）"紧跟""现象本身"（Phänomen selbst）之步伐，现象学总是不断调整着自身"观看"

---

[1]　M. Heidegger, GA 24, S. 241–242.

[2]　M. Merleau-Ponty, *Phénoménologie de la perception*, Paris: Gallimard, 1945, p. 239.

[3]　E. Lévinas, *Totalité et Infini: essai sur l'extériorité*, La Haye: Martinus Nijhof, 1971, p. 51.

（让……自身显示）的目光或者"活动"（让……自身被给予）的姿势。着眼于现象学目光或姿势之嬗变，笔者尝试将百余年（广义）现象学之实际发生历史 ① 大致看作 ② 以下四阶 ③。

第一阶：意识-现象学（Bewußtsein-Phänomenologie）。代表人物：胡塞尔（Edmund Husserl, 1859-1938）④、普凡德尔（Alexander

---

① 想想海德格尔对"是史"（Seynsgeschichte）和"历史学"（Historie）的本质区分，"现象学的实际发生历史"也可谓是从"是史"而来道说的。现象学五阶（意识-是-身体-他者-親親）的划分，完全着眼于现象学目光自由转移的"内在逻辑"或者"辩证法"，正因此，它是最真实的分阶路径，它是现象学的具体历史——即便也许从作为经验科学之历史学的角度看来，各阶涉及的抽象现象学家或现象学事件会多有出入和分歧。所以分阶是最本质重要的，而某位现象学家被划入哪一阶并不是最重要的。

② 任何"分类学"都不过是"简单粗暴"的"权宜之计"，唯愿粗暴中仍葆有丝丝温柔吧。

③ 按说为了全面标示百廿年来世界现象学的进阶谱系，笔者本应具体提及数位中国现象学家。事实上，时至今日，中国现象学家族毫无疑问早已发展成为世界现象学大家族谱系中的重要一员。但由于时间和空间距离的"太近"，以及笔者的孤陋寡闻和浅薄学识，这个任务只能留待将来矣。无论如何，不管被抽象提及的是哪几位中国现象学家，这些符号所具体"指引通达"（anzeigen）的都是那一个可敬可爱、纵横交错的中国现象学家族世界了。

④ 胡塞尔本身是足够多元和异质的，我们绝不可用某一个单独的抽象标签（比如意识-现象学）来对其统统概括。从某种意义上说，胡塞尔已经包孕了所有后来现象学发生发展的所有种子。因此，我们似乎也完全可将"现象学的实际发生历史"合法地描述为：第一阶意识-现象学，胡塞尔等；第二阶是-现象学，胡塞尔等；第三阶身体-现象学，胡塞尔等；第四阶他者-现象学，胡塞尔等……在过去，胡塞尔与其他现象学家之间的深刻一致和深刻差异或许被同时低估了。如果将此情形与广义分析哲学对照观看，我们可以发现与胡塞尔最相类似的人物竟然是维特根斯坦，而不是弗雷格或者罗素。在整个广义分析哲学传统中，唯有维氏才可能含藏如此这般丰富异质的诸开端性种子（逻辑斯蒂的、非-逻辑斯蒂的、日常语言的、非-日常语言的、实用主义的、非-实用主义的、经验主义的、非-经验主义的、先验主义的、非-先验主义的、神秘主义的、非-神秘主义的、现象学的、非-现象学的、本质主义的、非-本质主义的、分析哲学的、非-分析哲学的、形而上学的、非-形而上学的、哲学史的、非-哲学史的、语言哲学的、数学哲学的、心灵哲学的、知识学的、实践哲学的、美学或诗学的、宗教或神学的等等）。再反向观之，与广义分析哲学中维氏位置最相匹配的现象学家似乎更应是胡塞尔，而非海德格尔等其他现象学家了。

Pfänder，1870-1941）、舍勒（Max Scheler，1874-1928）[①]、盖格尔（Moritz Geiger，1880-1937）、尼古拉·哈特曼（Nicolai Hartmann，1882-1950）、阿道夫·莱纳赫（Adolf Reinach，1883-1917）、康拉德-马蒂乌斯（Hedwig Conrad-Martius，1888-1966）、贝克尔（Oskar Becker，1889-1964）、艾迪特·施泰因（Edith Stein，1891-1942）、芬克（Eugen Fink，1905-1975）、舒茨（Alfred Schütz，1899-1959）、兰德格雷贝（Ludwig Landgrebe，1902-1991）、耿宁（Iso Kern，1937-　）、霍伦施泰因（Elmar Holenstein，1937-　）、贝尔内特（Rudolf Bernet，1946-　）、卢卡奇（György Lukács，1885-1971）、茵加登（Roman Ingarden，1893-1970）、古尔维奇（Aron Gurwitsch，1901-1973）、弗莱斯达尔（Dagfinn Føllesdal，1932-　）、莫汉蒂（Jitendra Nath Mohanty，1928-　）、扎哈维（Dan Zahavi，1967-　）和维特根斯坦（Ludwig Wittgenstein，1889-1951）[②] 等。

　　现象学就是"回返诸实事本身"（auf die Sachen selbst zurückgehen）。如何回返？唯有通过现象学的看。现象学的看说到底即"现象学的还原"（phänomenologische Reduktion）。而还原说到底即选择性地观看。这样的选择性还原-观看排除了所有非-现象学的、非-内在的、非-自身被给予的、非-当下的、非-绝然的、非-明见的东西，而剩余的则是"现象学的"（phänomenologische）、"内在的"（immanente）、"自身被给予的"

────────────

[①]　舍勒本可作为价值的、伦理的、精神的、爱的、神学或者神性的现象学之开端人物，从而自成其为与胡塞尔、海德格尔分庭抗礼的独特一家。对舍勒来说，现象学还原之剩余即对上帝之爱（精神）。精神活动构造价值。实践活动奠基认知活动。虽然他并不赞同意识是现象学的原始劳作领域，但基于其对胡塞尔"明见性-直观-描述"等初阶现象学方法的基本同情、应和或者共鸣，笔者还是粗暴将之归入现象学第一阶。与此相类的情形还有尼古拉·哈特曼（参见其代表作《存在学的新道路》，庞学铨、沈国琴译，上海：同济大学出版社，2007 年）等等。

[②]　回顾本书 8.3 节可知，将维氏前期哲学读解为某种"先验主体性的-意识现象学"是可能的。

（selbstgegebene）、"当下的"（gegenwärtige）、"绝然的"（apodiktische）、"明见的"（evidente）东西。这样的东西最终只能是纯粹的、绝对的"先验意识"（transzendentale Bewußtsein）。任何对象、他者、经验主体、视域和世界等等说到底都只能是意识的诸构造成就。[1] 超越性[2]奠基于"意向性"。外在性奠基于内在性。没有意识，就什么都没有了。[3] 这个意识从一开始就是"先验的交互诸意识–主体间性"。

第二阶："是–现象学"（Sein-Phänomenologie）。代表人物：海德格尔（Martin Heidegger，1889-1976）、胡塞尔[4]、雅斯贝尔斯（Karl

---

[1]　参见 E. Husserl, Hua VI: *Die Krisis der europäischen Wissenschaften und die transzendentale Phänomenologie. Eine Einleitung in die Phänomenologische Philosophie*, Den Haag: Martinus Nijhoff, 1976, § 58, S. 208。

[2]　我们应该注意明见四阶–现象学之"超越"（Transzendenz）的不同意义。就意识–现象学而言，意识总是超越的、构造多出意识实际当下明见之成就的、看到比实际看到更多之东西的，超越性即"非实项的东西却被包括在内"，但总的说来，所有意识的超越成就仍然完全是内在于意识或者"先验主体性"的。因为"万法唯识"。对是–现象学说来，閒是之是总是超越的，彻底超越出閒是意识之外，超越到世界的整体视域，超越到上到手头或现成在手之物，超越到另一个或另一些与閒是共同在–该–世界–是的其他閒是，但总的来说，閒是之超越仍归属于閒是之是的范畴、閒是–主体之内在范畴。身体–现象学的超越，即超越到另一个身体，超越到诸身体–主体间性，但这一切仍最终隶属于该身体–主体之内领域。唯有对他者–现象学而言，超越才是真正面对绝对外在他者之绝对他性的超越。超越即我这个他者向着脸对脸的另一个绝对他者之负责、尽责、献身或者鞠躬尽瘁等等。因此，意识–、是–和身体–现象学的超越说到底都是内在于主体的，而唯有他者–现象学的超越才是真正超越到外在之绝对他者的。

[3]　想想唯识学的"万法唯识"，或者王阳明的"心外无物"。"外境随情而施设，故非有如识，内识必依因缘生故，非无如境，由此便遮增、减二执。境依内识而假立，故唯世俗有，识是假境所依事故，亦胜义有。"（《成唯识论校释》，玄奘译，北京：中华书局，1998年，第2页）亦可参见倪梁康："赖耶缘起与意识发生——唯识学与现象学在纵–横意向性研究方面的比较与互补"，《世界哲学》2009年第4期，第43-59页。

[4]　方向红先生大作《时间与存在——胡塞尔与海德格尔现象学的基本问题》（北京：商务印书馆，2014年）认为倘若剥去胡塞尔与海德格尔名相系统的表皮差异，二者之核心概念"意识"和"存在"其实有着高度的同构性。这虽然看起来是一个很强的论断，但笔者以为此识甚深。另，着眼整个人类思想史，对于似曾相识的某种同构情形我们从不陌生，就比如胡塞尔与唯识学。当然我们对之须得格外小心地梳理澄清。此外，依笔者浅见，海氏不仅与胡塞尔，其实也与柏拉图、亚里士多德、康德、谢林、黑格尔、

Theodor Jaspers，1883-1969）、布尔特曼（Rudolf Karl Bultmann，1884-1976）、略维特（Karl Löwith，1897-1973）、马尔库塞（Herbert Marcuse，1898-1979）、列奥·施特劳斯（Leo Strauss，1899-1973）、伽达默尔（Hans-Georg Gadamer，1900-2002）、阿伦特（Hannah Arendt，1906-1975）、珀格勒（Otto Pöggeler，1928-2014）、图根特哈特（Ernst Tugendhat，1930-　）、黑尔德（Klaus Held，1936-　）、汉斯·斯鲁格（Hans Sluga，1937-　）、马塞尔（Gabriel Honoré Marcel，1889-1973）、萨特（Jean-Paul Sartre，1905-1980）、波伏娃（Simone de Beauvoir，1908-1986）、加缪（Albert Camus，1913-1960）、德雷福斯（Hubert Lederer Dreyfus，1929-　）、舍汉（Thomas Sheehan，1941-　）、九鬼周造（ShuzoKuki，1888-1941）、曹街京（Kah Kyung Cho，1927-　）、熊伟（1911-1994）[1] 和维特根斯坦 [2] 等。

　　可惜这个纯粹的意识终究不是自身被给予的绝对明见之域。因为所有的意识活动说到底都奠基于"閜是"（Dasein）的超越的、绽出的"在-该-世界-是"（In-der-Welt-sein）。意向性奠基于超越性。内在性奠基于非-内在性或外在性。閜是从来就是提前超越到"意识外面"的是，而绝非从来就仅仅居住在"意识里面"的是。所有的意识活动都以閜是的世界视域或者閜是的在-该-世界-是为前提。[3] 世界或者在-该-世界-是，正是现象学还原之最后剩余。任何是者，

（接上页）尼采、荷尔德林等等有着各不相同的某种意义、某种方向或某种程度上的"同构关系"。当然，我们在"发现"类似同构关系的同时，自然更应警觉明见它们之间的根本性差异。

　　① 熊伟先生其实更应被纳入可能的未来的第五阶亲亲-现象学。我们只须回想熊先生之于 Dasein 的"親在"译名即可。详情可参见王庆节先生纪念熊先生的文章"亲在与中国情怀"（载熊伟：《自由的真谛——熊伟文选》，北京：中央编译出版社，1997 年，第 395-399 页）。

　　② 回顾本书 4.2 节可知，将维氏毕生思想整体视为某种"是-现象学"是可能的。

　　③ 参见 M. Heidegger, GA 15, S. 372, 379-386。

都只有在閒是的在-该-世界-是上才可能上到手头或者现成在手。而他者也正是与閒是共同在-该-世界-是的另一个閒是。这个在-该-世界-是是历史的、社会的、立足于诸解释学处境的"先验的交互诸閒是-主体间性"。

第三阶："身体-现象学"（Leib-Phänomenologie）。代表人物：梅洛-庞蒂、胡塞尔 ①、亨利·马勒迪奈（Henri Maldiney，1912-2013）、利科（Paul Ricoeur，1913-2005）、米歇尔·亨利（Michel Henry，1922-2002）、雅克·加勒里（Jacques Garelli，1931- ）、马克·里希尔（Marc Richir，1943- ）、陈德草（Tran Duc Thao，1917-1993）和赫尔曼·施密茨（Hermann Schmitz，1928- ）② 等。

因此，这个总是超越到外面的在-该-世界-是的家伙，只能是"综合"了意识主体和閒是主体的身体了。现象学还原之最终剩余实乃这个混沌不分的"身体-主体"（Leib-Subjekt），或者原初的"情绪震颤状态"（affektives Betroffensein），或者原初的"情境世界"（Situation），或者原初的"情-身主体性"，等等。所有的物或他者只有在身体的知觉活动中来照面。而他者无非是另一个和我相类的身体。身体乃综合，系现象学发展出来的"第一个"中道也。身体乃意识与是之"综合"（真理-大全-目的-合题），精神与物质之综合，内在（向内）与外在（向外）之综合，灵与肉之综合，主体与客体之综合，閒是与世界之综合，我与他者之综合，可见的与不可见的之综合，触摸着的与被触

① 胡塞尔对"身体"（Leib）现象的原始亲-见，不仅最直接地启发了梅洛-庞蒂等身体-现象学家，甚至还有可能超越后者探讨的范围或深度！参见方向红："从'幻影'到'器官'：胡塞尔 C 手稿中的身体构造学说"，《哲学研究》2012 年第 4 期，第 65-73 页。

② 值得一提的是，自庞学铨先生于 20 世纪 90 年代首次将赫尔曼·施密茨这位当代德国最重要的（身体）现象学家引介入中国以来（如庞学铨："新现象学述评"，《浙江学刊》1994 年第 2 期，第 51-55 页；赫尔曼·施密茨：《新现象学》，庞学铨、李张林译，上海：上海译文出版社，1997 年），国内的施密茨"新现象学"研究迄今已获得重要进展，其亲炙弟子冯芳博士的专著《新现象学概论》（上海：上海交通大学出版社）也于 2015 年正式出版。

摸着的之综合，等等。身体既是知觉着世界的小肉，亦是相互知觉着的诸肉，甚至是知觉着自身的世界本身之大肉、语言之大肉或者是之大肉也。这个身体"指引显示"（anzeigen）的其实也正是"先验的交互诸身体-主体间性"了。

第四阶："他者-现象学"（Andere-Phänomenologie）。代表人物：列维纳斯（Emmanuel Lévinas，1906-1995）[1]、胡塞尔[2]、拉康（Jacques Lacan，1901-1981）、阿尔都塞（Louis Althusser，1918-1990）、德勒兹（Gilles Deleuze，1925-1995）、福柯（Michel Foucault，1926-1984）、德里达（Jacques Derrida，1930-2004）、南希（Jean-Luc Nancy，1940-　）、马里翁（Jean-Luc Marion，1946-　）、阿多诺（Theodor Wiesengrund Adorno，1903-1969）、阿佩尔（Karl-Otto Apel，1922-　）、罗姆巴赫（Heinrich Rombach，1923-2004）、哈贝马斯（Jürgen Habermas，1929-　）、伯恩哈特·瓦尔登菲尔斯（Bernhard Waldenfels，1934-　）、维特根斯坦[3]和海德格尔[4]等。

---

[1]　关于列维纳斯对胡塞尔和海德格尔的超越关系，可参见 Jacques Taminiaux："列维纳斯与海德格尔——接近现象学诸论题的一条后海德格尔式道路"，李菁译，载杨大春、Nicholas Bunning、Simon Critchley 主编：《列维纳斯的世纪或他者的命运》，北京：中国人民大学出版社，2008 年，第 3-19 页。

[2]　胡塞尔对绝非任何"原-我"（Ur-Ich）之意识构造成就的作为某种"绝对他者"之"原非-我"（urtümliches Nicht-Ich）的原初奠基性位置的强调，甚至可以不输于列维纳斯！参见 E. Husserl, Hua XXVII: *Aufsätze und Vorträge (1922-1937)*, Dordrecht: Kluwer Academic Publishers, 1989, S. 48; E. Husserl, Hua IV: *Ideen zu einer reinen Phänomenologie und phänomenologischen Philosophie. Zweites Buch: Phänomenologische Untersuchungen zur Konstitution*, Dordrecht: Kluwer Academic Publishers, 1991, S. 375; V. De Palma, „Der Ursprung des Akts. Husserls Begriff der genetischen Phänomenologie und die Frage nach der Weltkonstitution", *Husserl Studies* 31 (3), 2015, S. 189-212。

[3]　回顾本书 6.2、8.4 节可知，把维氏后期思想看作某种"千高原的-他者现象学"是可能的。

[4]　回顾本书 11.4 节和 11.5 节可知，将海氏后期或"最后阶段"思为某种"密林-稠密化的"他者现象学是可能的。海氏后期对永远不可显现、在场、观看、理解、解释、公开、占有的作为"疏敞化/林間空地"（Lichtung）之心脏的"稠密化/密林"（Dickung）的格外

　　现象学所高扬的吞噬一切的同一性的主体性在这个身体-主体中达到了最极端的高潮或狂欢。可是，这个志得意满的身体-主体却在与（绝对）他者的"脸"（Gesicht）的照面瞬间"顿悟"（明心见性-明见-亲见）：原来本源的现象根本就不是我，我自己就是一个真正的他者，我从他者而来亦归入他者而去，我奠基于他者，我从他者那里得以规定、得以可能、得以成就。他者之脸，他者之眼正向我诉说着、召唤着作为现象学还原之最终剩余的最后真相：（绝对）他者之脸；（绝对）他者之（绝对）他性。他者是绝对陌异的，我（作为这个主体的意识-是-身体）永远不可能看穿、明见、直观、理解、解释、认识、算计、测量、熔化、霸占、强奸、同一化他者。作为无限性的"绝对他者"（absolute Andere）总已经超出了作为总体性的是。他者之脸是神圣不可侵犯的圣像，撒播着绝对的威权，命令我不要不对他负责、不要杀他、不要亏欠他、不要不怜爱他、不要不敬畏他、不要不献身于他、不要同化他，等等。原来他者并非另一个"他我"，反而我才是另一个"我他"呢！原本的主体间性根本就不是诸我之主体间性，而是诸他间性呢！

　　四阶现象学之间以及各阶内部诸成员之间，都绝非任何简单的线性更替或辩证发展关系，而是错综复杂、相互交叠的诸家族親近性关系。①

（接上页）强调，确可显示海氏对某种绝对他者的某种绝对尊重-敬畏-密藏。不论"是"（Seyn）还是"兴有"（Ereignis），都"管不了""稠密化/密林"！

　　① 　本章现象学五阶的说法只是尝试提供一种观看现象学本真历史的可能性视域罢了，笔者绝非是呆板地定要将所有现象学家无比精准地置入这五阶"抽屉"当中。实际上，我们完全可以想象现象学其他阶标签的可能性：时间的、空间的、形式的、质料的、自然的、物质的、主体的、历史的、解释学的、诗化的、情感的、语言的、科学的、技术的、宗教的、神学（神性）的、艺术的、伦理的、政治的、实践的、知识学的、认知科学的、马克思主义的、结构的、解构的、神经的、精神病理的、精神分析的、社会的、历史的、世界的、生命的——现象学，等等。

那么，绝对他者之脸或他性真的就是现象学还原之最后剩余了吗？在他者－现象学之后，还可能有别的"新现象－学"吗？我们还可以接着列维纳斯、马里翁、罗姆巴赫或者维特根斯坦等往下讲吗？

12.4 现象学第五阶：親親

他者－现象学其实并非最原初、最开端的伦理学。我和绝对他者的关系绝非最原始的伦理关系。在他者－现象学中，绝对他者被放置到至高至大的位置，而我则被彻底同化为他者、淹没在诸他者之中了。我们似乎可以设想一种综合了他者与我（身体－主体）的"新现象－学"，我们可以尝试将之命名为親親－现象学。[①] 親親乃"绝对他者"和"我（身体－主体）"之中道－综合。親親之"双非"：既非"绝对他者"，亦非"我（身体－主体）"。父母親不可能是绝对的他者。儿女親不可能是绝对的他者。爱人伴侣不可能是绝对的他者。兄弟姐妹朋友同事同学都不可能是绝对的他者。他们都只能是相对

---

① 虽然胡塞尔晚期也曾着重探讨过"家园世界"（Heimwelt）或"切近世界"（Nahwelt）（参见 D. Moran and J. Cohen, *The Husserl Dictionary*, London: Continuum, 2012, pp. 146-147），海德格尔更是把"家"（Heim，Heimat、Herd 和 Haus 等）放在了"是本身"（Seyn selbst）的原始位置（参见张祥龙："海德格尔与儒家哲理视野中的'家'"，载倪梁康主编：《中国现象学与哲学评论》第 16 辑"现象学与中国思想"，上海：上海译文出版社，2015 年，第 3-36 页），而列维纳斯在《总体性与无限性：论外在性》中实际上已经从绝对他者－现象学的视角深刻地洞察了親子（时间）关系（参见朱刚："生育现象学 —— 从列维纳斯到儒家"，载倪梁康主编：《中国现象学与哲学评论》第 16 辑"现象学与中国思想"，第 74-110 页）。但在笔者看来，这些往往西方现象学家的家学研究与根植于中国原始儒家的親親－现象学之间还是有着泾渭分明的"是学差异（差距）"（ontologische Differenz），它们相较于原始儒家说来，还是显得单薄抽象了许多。因此，我们甚至可以说，在 21 世纪，在未来，西方思想或文明其实是主动需要中国儒家的。親親是人类最本源性的生活之身根，親親是人类生活世界不可排除的现象学还原之最后剩余，因此更为原始的、本质性的儒家（親親－仁仁－天下）原本就应是世界性的思想－文化－实践，理应为未来世界人类生活做出更大的贡献。

的他者。随便哪一张脸，只要它是脸，它就不可能是一个绝对的他者，只能是相对的他者。如果它真的是绝对的他者，那么它就绝不可能以某一张脸的方式与我相遇了。我与这张脸是从根底里、从先天即钩连在一起的！只要这张脸能作为一张脸——无论什么样的脸（儿子的脸、一个不认识的孩子的脸、一只猩猩的脸、一只金鱼的脸、一朵向日葵的脸，甚至一块石头的脸等等）——与我遭遇，那么它对我来说就不可能是一个绝对的他者了，我与它在遭遇的一刹那——更正确的说法是——在这个刹那之先，相互间早就有了先天的相关性、理解或者领会了。如果我对这张他者之脸没有任何先行的领会理解，我怎么可能听到和听从它对我发出的绝对命令（比如"不要杀我！""不要不怜悯我！""不要不尊崇我！""不要不对我负责！"等等）呢？！"主体（意识、是或身体）-现象学"和"他者-现象学"各自都太极端了，从而未臻至极中道之真理。唯有親親-现象学才可能实践那个双非的中道之境。①

親親以三为五，以五为九。上杀、下杀、旁杀，而親毕矣。

---

① 可回想车田正美（Masami Kurumada）原著漫画《圣斗士星矢》（*Saint Seiya*）里处女座黄金圣斗士沙加（Shaka）的绝招"天舞宝轮"（Great Heaven Treasure Wheel）。天舞宝轮可逐层剥夺敌人的前五感（眼耳鼻舌身）、第六感（意识）、第七感（末那识），乃至第八感（阿赖耶识）！这不正好对应的是胡塞尔先验还原之终极历程吗？所以，从某个视角看来，这或许是一个反-人生世界的、反-親親的"恐怖"历险。《摩诃般若波罗蜜多心经》曰："舍利子，色不异空，空不异色，色即是空，空即是色，受想行识，亦复如是；是故空中无色，无受想行识，无眼耳鼻舌身意，无色声香味触法，无眼界，乃至无意识界；无无明，亦无无明尽，乃至无老死，亦无老死尽；无苦集灭道，无智亦无得。"如是我宁可不要还原，不要弥勒瑜伽宗，不要现象学，不要胡塞尔。做人（仁）多好啊！干嘛非要奢望成佛？！既然今世为人（仁），还是信儒家的好。唯识佛家、各路现象学都太"恐怖"了，不论是绝缘的（被剥夺前六感的）、无-时间的先验主体性或"原-我"（Ur-Ich），还是弃绝所有鲜活是者的是本身，抑或诡谲震颤的原肉身身体，再或永远陌异冷峻的绝对他者之脸——都太恐怖了！现象学的恐怖：恐怖的现象学！唯有親有情，有诗有乐，有仁有礼的实际人生世界才好！做人（仁）才好！原始儒家-原活儒家万岁！——即便"真理"却是弥勒瑜伽宗也！

（《礼记·丧服小记》）

　　親親，仁也。（《孟子·尽心上》）

　　仁者人也，親親为大。（《礼记·中庸》）

　　親親而仁民，仁民而爱物。（《孟子·尽心上》）

　　人人親其親，长其长，而天下平。（《孟子·离娄上》）

　　老吾老，以及人之老；幼吾幼，以及人之幼。天下可运于掌。（《孟子·梁惠王上》）

　　有天地然后有万物，有万物然后有男女，有男女然后有夫妇，有夫妇然后有父子，有父子然后有君臣，有君臣然后有上下，有上下然后礼仪有所错。夫妇之道不可以不久也，故受之以恒。（《易传·序卦传》）

　　这样中道双非的親親-现象学就绝非传统哲学架构中的单单作为"一门哲学二级学科"的那个伦理学了，而是哲学-形而上学本身，或者作为第一哲学-形而上学的大全伦理学本身，从它可以奠基-构造出传统哲学的各部门哲学或区域是学-现象学，尤其包括"親親的政治哲学-现象学-是学"也即"親親的天下学"等等 —— 从親親出发，通过仁仁，化成天下。伦理学当然是第一哲学，但这个伦理学早已不是作为"哲学普通二级学科"的那个区域伦理学了。

　　《说文》云："親，至也。从见，亲声。"《广雅》云："親，近也。"親即至爱、近爱，到底之爱，通透之爱，也即到底的、交构的爱或见，互见-互爱。这个本源的互见-互爱，就是夫妇男女和父母子女之间的互见-互爱。而身对身或者脸对脸的親親（親吻）亦是这种至爱-互爱的一种原始明见性或自身被给予性。我们可以再回忆下梁静茹的"轻轻的親親，紧紧闭着眼睛"（男女佳偶的親親关系）和周华健的"親親我的宝贝"（父子的親親关系）。一个时中的、恰到好处的親親（親吻），完全可以拯救一场爱情、一个父子亲情或者一个家庭等等！

　　親，又通新。唯有通过到底的互见-互爱，才可常新-维新-互新——爱情的、親子的、家庭的、家族的、社团的、民族的、国家的和天下的——常新-维新-互新等等。而唯有通过常新-维新-互新，才可更原始地互爱-互见。親親-现象学实乃一种到底的、本源的"关系"（动词）-现象学也。

　　形训親之字形，可见親即"亲-见"——親身地、原本地观看或直观也。因此，原本的现象学实即亲-见，亦即親親也。现象学的明见（直观-还原）就是亲见，就是親親！亲见就是明见！親親（亲见）就是现象学本身！而作为亲见的親親到底看到的是什么原始现象呢？親親看到的正是親親自身矣！想想《星际穿越》里 Mann 博士说过的："我们的生存本能是我们最伟大的灵感来源，比如说，你，一个父亲，你的生存本能延伸到了你的孩子身上。你知道研究表明人死前最后看到的是什么吗？是你的孩子们，是他们的脸。"这个親親本身正是親親的横向空间结构关系（阴-阳/夫-妇）暨親親的纵向时间发生关系（孝-慈/親-子）。我们亦可将前者唤作親偶关系，把后者叫作親子关系。親偶关系即"原始空间"（ursprüngliche Raum），而親子关系则是"原始时间"（ursprüngliche Zeit）。[1] 夫-妇或者阴-阳在任何空间之先，正如孝-慈或者親-子在任何时间之先一样。原始时间和原始空间一起依缘借境循次构造出世界时间、世界空间、日用时间、日用空间、科学时间和科学空间等诸层诸面的时间和空间。[2] 親偶关系和親子关系相互构成着-

----

[1]　抑或，親偶关系和親子关系一起构造着原始空间和原始时间？——不同的名相格局。

[2]　严格说来，正因为親偶关系和親子关系是相互构成的，所以任何一个"单独的"时间或者空间的构成缘起都不可能仅仅凭依親偶关系和親子关系中的单独一个。親偶关系和親子关系，从来都是"同时作业"的。

游戏着，缺一不可。二者是平权的、平等的，同等重要和原始的！ ① 二者之间的诸交构（媾）游戏，就是被含藏的最神秘、最深密的诸种子。这些种子依缘凭境地化成出-构造出有诗有乐、有情有礼、有仁有义的天下世界。

另，话说现象学如何才能跟得上现象？因为多了个学字，所以老是跟不上，学究气终究不够接地气。但没关系，保持点儿距离是应该的、合理的。现象学毕竟不是现象自身，不需要、也没必要等同于现象自身。这完全是合情合理的。回到亲亲吧，回到最真实的实际生活本身吧，那就是亲亲 —— 家-在家-出家-回家-念家-……这种念家性-亲亲性，绝非中国人所独有，从《星际穿越》等大量当代西方主流电影亦能明见到西方人实际生活中的普遍的、必然的，或曰先天的、本源的亲亲之身根性。

意识、是、身体和他者都有赖于亲亲种子（亲偶关系-亲子关系）的奠基，而非相反。如果没有本源的亲亲种子，就根本不可能"有"（发生）意识、是、身体和他者等次级诸现象。

当我们已经欣喜若狂地把现象学直观-还原的目光转落到、转回到纯粹意识之上时，可以再睁大眼睛竭力看看，看看周围还有什么比意识更为原初明见的领域。于是我们就看到了亲亲。意向性奠基于亲亲的横向暨纵向本质关系。意识都是关于某物的意识，而这个最原初的某物其实就不是任何的物，而只能是亲亲（关系），是父母亲，是儿女亲，是恋人爱人佳偶亲。出生时最先见到的是父母亲

---

① 一般说来，康德、胡塞尔和海德格尔实际上都把时间放在比空间更为原始的奠基位置之上了 —— 当然，这仅仅是个大致的粗糙说法，因为他们不同阶段-文本对此问题的看法是有着相当复杂的具体褶皱的。但亲亲-现象学却同等重视原始时间和原始空间。原始亲子时间发生关系和原始亲偶空间结构关系是同等原始的。二者是对构-相生之本源关系。

微笑着的欢迎我的脸；死去时最后见到的是儿女親微笑着的欢送我的脸；青春时见到的是爱人佳偶微笑着的親親我的脸。只有在親-親原初而本质的关系中，意识才获得了先天的自身被给予性或明见性。所有的意识现象都奠基于原初之親親。

当我们已经欣喜若狂地把现象学直观-还原的目光转落到、转回到在-该-世界-是之上时，可以再睁大眼睛竭力看看，看看周围还有什么比是更为原初明见的领域。于是我们就看到了親親。閒是之是奠基于親親的横向暨纵向本质关系。最原初之是，或者说最原初之閒是的在-该-世界-是，也即最原初之诸閒是的共同在-该-世界-是，只能是親親（親偶暨親子）之是（最原初的世界就是親親）——親親（親偶暨親子）之共是——共同-在-该-親親（親偶暨親子）-之中-是——与父母親之共是、与儿女親之共是暨与爱人佳偶之共是。其余的是或共是皆奠基于親親之是或共是。在-该-世界-是奠基于親親。是奠基于親親。

当我们已经欣喜若狂地把现象学直观-还原的目光转落到、转回到原始身体之上时，可以再睁大眼睛竭力看看，看看周围还有什么比身体更为原初明见的领域。于是我们就看到了親親。身体知觉或知觉身体奠基于親親的横向暨纵向本质关系。最原初的身体不是别的，只能是父母親转渡赠予我（作为儿女）的身体，我（作为父母）转渡赠予儿女親的身体，爱人佳偶親热与被親热着的、缠绵与被缠绵着的身体。活的身体就是親親之身体。所有的身体现象都奠基于親親（親偶关系暨親子关系）。

当我们已经欣喜若狂地把现象学直观-还原的目光转落到、转回到绝对他者之上时，可以再睁大眼睛竭力看看，看看周围还有什么比他者更为原初明见的领域。这时我们就看到了親親。（绝对）他者之（绝对）他性奠基于親親的横向暨纵向本质关系。我首先看到的他者之脸正是父母亲之脸、儿女亲之脸和爱人佳偶之脸，这些脸都不是与我绝对陌异、外在的绝对他者之脸，而是与我有着先天亲熟的相对他者之脸。而只有奠基于我和如此这般亲熟的相对他者之脸的照面之上，才可能发生我和其他逐次降低亲熟程度的诸相对他者之脸的照面，最终也才可能撞到与我完全不亲熟的绝对他者之脸！当然，若按照笔者之理解，绝对他者是没有脸的；如果他者有脸，则只能是相对的他者，也即他者和我多少有着某种先天的亲熟性。而我对所有他者之负责或献身，无论亲疏等级，说到底皆奠基于我对父母亲、儿女亲和佳偶亲之负责或献身。最原初的他者就是亲亲（父母亲、儿女亲和佳偶亲）。所有与他者的关系都奠基于亲亲（亲偶关系暨亲子关系）。

亲亲的横向空间结构关系与纵向时间发生关系互摄-对织着。而在亲偶关系内部和亲子关系内部，同样也是二元互生-对构的格局：比如夫-妇、阴-阳或者亲-子、慈-孝[①]等等。此外还可由这些原始对构格局派生或类比出各种不同层面、不同方面的对子关系（可参见《尔雅·释亲》），比如横向空间结构关系可派生或类比出左-右、上-下、前-后、远-近、大-小、兄-弟、姐-妹、兄-妹、姐-弟、友-悌、连襟-连襟、妯-娌、朋友-朋友、同学-同学、同事-同事、工友-工友、

[①]　慈爱对人类甚至不少动物说来都是非常"自然而然"的活动（可谓某种"被动综合"）。但孝爱相较于慈爱则似乎更少"一目了然"的"明见性"，是为更艰辛困难之事业（可谓某种"主动综合"）也！在对亲亲之原始纵向时间发生关系（三维原始时间）的领悟中，"以现在为身根"（如胡塞尔和唯识学）或许比"以将在为身根"（如海德格尔）容易，而"以将在为身根"较之"以曾在为身根"（如儒家）则或许又更显容易。曾在是最容易被忽视和遗漏的。若想深入领会（直观/亲见）曾在，尚须勤习现象学目光自由转移变更之伟大技艺。唯有深入地洞察曾在，才可能更圆融地体验将在与现在，才可能通达从原始亲子时间发生关系而来的完整透彻领会！对曾在的亲身领会，是中国人更为擅长的生存技艺（记忆）。在这一点上，或许也是中国人能为未来人类世界所贡献的一种重要思想、文化或实践之沉淀习性！唯有足够地、时中地尊崇祖先、通古而厚古，才可能究天人之际、通古今之变，赢获更美好的将在和现在之人类生活！

情人-情人、同性恋人-同性恋人[①]等诸层诸面的对子关系。而纵向时间发生关系亦可派生或类比出顾后-瞻前、滞留-前摄、快-慢、过去-未来、祖宗-后裔、祖-孙、叔-侄、姨-侄、君-臣、师-生、主人-奴隶、上级-下级、长辈-晚辈等诸层诸面的对子关系。

每一个关系就是一个维度，或者一个视域，因此我们可以设想如此这般的"无限维的亲亲球"（QINQIN-Kugel der unendlichen Dimensionen）（图 36）。不同维度的视域融合，融合为不同的世界。这个世界就是不可被对象化、课题化的背景，但背景之外还有背景，还有他者，是为稠密或暗黑。世界就是 Da，一个敞开域，其实也就是一个象限或者卦限，一个有界无限的敞开域。比如一个二维空间：夫-妇；一个三维空间：夫（父）-子（女）-妇（母）；一个四维空间：夫（父）-子-女-妇（母）；等等。

每一条坐标轴，都有正负极或两极性。正负极代表对子，比如阴阳、父子、父母、父女、兄妹、姐弟、妯娌、爷孙等等。而根据诸家族亲近性，不同的轴可以构成一个家族、视域、世界、晕、场、域、境或缘等等。比如 A1"夫-妇"，A2"母-子"，A3"父-子"就一起构成了一个三维空间或三维场"夫（父）-子（女）-妇（母）"。一个场就是一个 N 维空间，可以是一维，也可是二维、三维，乃至无穷维。整个亲亲球就是个无限维的场，由无穷多的对子关系构成。每个轴有正负两极，都是一个对子或关系。对子相互构成。随着现象

---

① 同性恋会对亲亲的原始横向空间结构关系（阴-阳/夫-妇）提出本质性的挑战吗？同性恋最大的问题可能是会破坏亲亲之原始纵向时间发生关系（孝-慈/亲-子），无法维系生生不息，无法滋养原始的家庭关系比如"夫（父）-子（女）-妇（母）"等。即便是依靠人工受精、代孕或者克隆等技术，或者通过领养等方式，也还是难以圆满化解该难题。因此笔者以为：在当下这个生活世界，同性恋或许只能作为一种非-主流现象而存在，但同时我们又必须对同性恋给予足够的、时中的理解、尊重和保护。我们应该小心守护"天下"原本的诸家族亲近性。切忌盲目抡起普遍性的大刀去一刀杀死看起来弱小或者边缘、偏僻的那些家族。

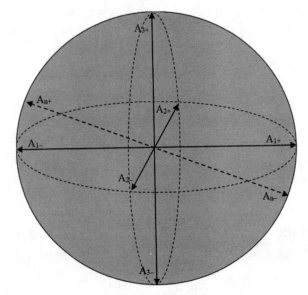

图 36　无限维的亲亲球

学目光的自由转移变更，可以看见这个场，也可以看见那个场，可以看见这个维，也可以看见那个维。不同的家族交叠更替、游牧迁徙。不同明暗之交替变化，中心边缘之交替变化，诸地平线之交替变化，在场与不在场之交替变化等等。不同的背景与主题。不同的背景与背景之背景。不断更变的"现象四重结构"："作为……结构"（as-structure）、"为了……结构"（for-struture）、"在……之中结构"（in-structure）和"从……而来结构"（from-structure）。[①] 整个坐标系的原点就是 Da，就是我的实际生活-生活世界，就是"我"（Ich）。但是这个我其实就不（止）是我，而是关系、发生、晕、场、境、域、缘、结构、非我、无意识、语言、世界和肉等等——就是"意识"，就是"在-该-世界-是"，就是"身体"，就是"我（这一个他者）"与

----

① 参见道恩·威尔顿：《另类胡塞尔：先验现象学的视野》，靳希平译，梁宝珊校，上海：复旦大学出版社，2012年，第50—54页。

"（另一个）他者"的"面对面"，就是"親親"，等等。

图 37　親親的天球仪

　　还可设想一个"天球仪"（Himmelsglobus）（图 37）。现象学家站在天球仪内部的地球面上，仰望苍穹，叩首问天。无论他处于何种立足点、视角，天球皆不可穷尽。这个天球的半径或直径也许是无穷长的，在无穷远的地方，被某个作为绝对他者的上帝盖上了一层天球幕。地球上的我无论怎么改变目光视域，总有背景或者背景的背景，以及明暗、疏密、清晰与模糊、解释与密释的交迭变更等等。无论我如何努力，我的视域综合或者世界视域还是没法超出这个天球幕。天球幕之外，我永远一概无知。目力所及皆无真正的他者，或曰绝对他者。当然也可以说绝对他者（对我来说）是根本没有意义的（unsinnig）。天外之天，天外有天，我永远无法看到大（球以）外的东西。我只能对目力所及的现象施以学，编织各种不同的坐标系、星座、经纬度、黄道赤道等，构造一个综合的形式的和内容的现象学体系。这个天球就是我的 Da，我的"球（囚）笼"①。

---

　　①　可对比本书 8.321 节所绘之诸球（囚）笼。

况且，天球外也许还有别的天球，不得而知。所谓天外有天也。永远不可见、不可在场化、不可解释、不可显示、不可现象的他天。天球仪告诉我们，现象学只能处理十分有限的现象。我（们）生活在"果壳中的宇宙"。著名的"模态实在论"（modal realism）倡导者David Lewis 所谓的"诸可能世界"（possible worlds）亦完全在天球"之内"——因为"我们"毕竟对它们还是已有不少独断之认知或设定了。比如从本体论上说，它们每一个都确实客观存在着，而且在因果暨时空上彼此完全独立、互不影响，因此，在我们这个可能世界之外的其他可能世界对我们来说都算不上"绝对他者"了……①

　　　　上帝啊！倘若不是我总做噩梦，那么即便把我关在一个果壳里，我也仍自以为是无穷空间之王。（O God, I could be bounded in a nutshell and count myself a king of infinite space, were it not that I have bad dreams.）（哈姆雷特语）

　　最多穷尽这一个天球，但别的天球呢？无论如何也达不到。这一个天球就是包裹着我（们）的极限-界限。其实这一个天球就是我或者我们的生活世界或者诸视域综合。设想有许多天球，每一个天球就像是儿童游乐场海洋球池里的一个海洋球。每一个海洋球都是一个果壳中的宇宙，都是一个天球。有许多天球，每一个天球就是一个世界。天球本身也是一个单子。诸天球间性，也即诸单子间性。或近或远，或连或断。親親生成、维系着诸天球、诸单子间性。一个天球就是一个 stellar，诸天球，就是 interstellar，星间性，星际性。一个星就是一个家族。家族内有诸多成员，每个成员复又是一个星-家族。

---

　　① 参见 D. Lewis, *On the Plurality of Worlds*。

Interstellar 直译应为"星际"或"星间"。但"星际穿越"的意译也是对的。诸他者的星际或星间就是我们的親親世界，就是我们的生活世界，先验主体间性。这里有相对他者，也有绝对他者，但绝对他者对我来说是毫无意义的，因为他没有脸，或者我永远也看不到他的脸。绝对他者无法介入我（们）的实际生活世界。

12.5 现象学五阶：辩证圆圈、彭罗斯阶梯 还是千高原？

因此，我们可将现象学五阶看作意识-是-身体-他者-親親。它们分别是各阶现象学所"看到"（直观/明见/亲见）[1]的现象学还原之后的最终剩余。那么，这些不同的剩余之间究竟是什么样的关系呢？

借用黑格尔式的历史眼光，笔者尝试将现象学五阶看作一个不断"向上"充实的辩证运动圆圈：肯定-否定-否定之否定。身体是意识与是之合题或真理。親親系身体与他者之合题或真理。我们的现象学事业一直都在进步中，并且还将继续进步下去。意识-是-身体-他者-親親，这或许是现象学最自然而然的自由目光转移路径。黑格尔或许才是最地道的现象学家，辩证法或许才是最地道的现象学。（西方的）现象学如果真要往前发展的话，或许的确主动需要适度的（东方的）儒家资源的帮助。親親实可谓身体暨他者之合题或真理也。（西方的）现象学目前已经走到他者现象学阶段，如果还想往前走，或许就应该是以親偶关系和親子关系为基本现象的親親现象学了。但是中国传统儒家的親親

---

[1]　何谓现象学的看（直观、明见或亲见）？这都是从最广义上、最本质上来说的，也就是涵盖了比海德格尔式的"理解"（Verstehen）或"道说"（Sagen），又比如瑜伽宗八识等的体验活动的。要之，所谓现象学的直观或亲见，其实就是现象自身被给予的诸通道或方式。参见 E. Husserl, Hua III (1), S. 51。

仁仁思想并非直接就是现象学第五阶，也即，"经历过"前四阶现象学的亲亲-现象学和单纯的中国儒家的亲亲仁仁传统思想是"根本不同"的东西！这里的确须要利用某种黑格尔式的辩证眼光。

再换一个方向来看：现象学五阶（意识-是-身体-他者-亲亲），其实正好对应着身体之五根或五识（眼-耳-鼻-舌-身）。现象学五阶的辩证发展历程，也即身体五根从上往下、从浅表到深层、从远到近、从局部到周身的自游（自由）历程，从视觉肉眼之单纯观看最终通向周身细密触觉之通感——意识之眼，是之耳，身体之鼻，他者之舌，亲亲之身。意识执着于直观、观看、静观、明见或者亲见等，沉思或者思辨原本就是通过亲眼去静观-亲见诸般色相、理念、概念、观念或者先天等等。因为是是不可见的、不在场的、非-对象化的世界、视域、发生、背景或密林等，我（们）只能亲耳去聆听是无声或希声之道说（大音）。只有进入足够亲近的距离——眼根之见和耳根之闻都太远了——我才可以嗅到这个身体的芳香味道，在对体味的亲鼻体验中，对身体的经验才第一次达到了高潮（中道-真理-全体-目的-合题）。嗅觉鼻识之后是亲舌之味觉：亲吻（包括舌吻）是人类乃至某些动物最普遍的、自然流露的、交心交情的一种身体交感活动，这样的亲吻可以克服、融化他者之"绝对他性"（absolute Andersheit），让他者之间不再是绝对的冰冷陌异。不管是恋人、夫妇、情人、朋友间的亲吻，还是父母、子女、兄弟、姐妹间的亲吻，都是融解他者之陌异冰冷他性、明见互爱-相爱的交感活动方式。而最后的亲身的、周身的和身根的细密触觉-身识（包括亲密无间的拥抱、抚摸乃至性爱交媾等）①——作为亲鼻

---

① 亲亲当然是触觉性的、全身心的细密触觉-身识（尤其性爱交媾）。试想恋爱男女的关系是仅仅相互直观（面面相觑-坐而论道）更为亲密透明无侧面非映射呢，还是高潮性爱更来得通彻到底、明心见性？从前者到后者（从调情前戏到性爱高潮）是一个辩证发展的本质关系。后者是预悬之目标、大全或真理，而前者之蓄势待发、将要而未要亦是无比美好之开端初恋。

嗅觉和親舌味觉之中道（真理-全体-目的-合题），才让親親-现象学彻底实现了它的作为明见性或者自身被给予性之原初目的——通达了现象学第二重或双重之高潮！

或者也可借用某种海德格尔式或尼采式的目光[①]，我们可将现象学五阶看作一个不断"下行"的"倒过来的"辩证圆圈：是、身体、他者和親親是对原初意识的不断脱落、跌离或异化，意识-现象学原初丰沛的诸开端种子可能性被逐步耗尽，作为形而上学的现象学已近乎完成或终结。作为胡塞尔诸弟子的海德格尔、梅洛-庞蒂和列维纳斯等现象学家终于把恩师胡塞尔的所有现象学资源-可能性给彻底耗尽榨干了！

抑或，意识-是-身体-他者-親親，这既非向上的辩证通道，也非向下的辩证通道，而是平权、平等的"彭罗斯阶梯"？！现象学自以为是一直在往上或者往下爬阶梯，但却终于发现原来是既没上也没下。根本没有最高层，也没有最底层，甚至没有更高层和更低层。现象学其实是不上不下的、平的彭罗斯阶梯！意识、是、身体、他者和親親，其中根本没有哪一个是更具奠基性的现象领域。从其中任意一个现象出发都可以依次经历其他任何一个现象，并最终返回到自身。现象学家既可以从親親出发来解决意识问题，也可以倒过来从意识出发去解释親親现象。

再或，五阶之间根本就不是任何同一性的关系，既非任何辩证圆圈，亦非任何彭罗斯阶梯。五阶之关系可用"千高原或者千块平台"（A Thousand Plateaus）（图38）来显示。五阶中的每一个其本身都是本源

---

① 海德格尔经常被用来与黑格尔比较，虽然海氏一再主动划清其与黑氏之明确界线。但若从某个绝对他者（比如德里达、维特根斯坦等）的眼光看来，他们之间确实又存有相当的親缘性。不管是向上的道路还是向下的道路，总归都是"绝对-之是"的同一性道路。在海氏和黑氏这里都没有真正的绝对他者。不过，另一方面，根据本书11.4节暨11.5节的分析，海氏后期或者海氏最后阶段也不无可能隐藏着或发展着某种作为"密林-稠密化"的他者-现象学。

性的独立他者，它们或相互交叠，或相互陌异，但无论如何，都不可用其中一个去奠基或解决另一个。现象学家既不可以从亲亲出发来解决意识问题，也不可以倒过来从意识出发去解释亲亲现象。亲亲和意识完全是彼此外在独立的绝对他者。现象学五阶的变迁只是现象学纯粹偶然的、随机的外向游牧，朝向不同绝对他者的差异游牧，没有目的，没有终点，没有辩证法，没有圆圈，没有阶梯，没有任何同一性的道路。诸现象学家其实都只是彼此外在和陌异的游牧人……

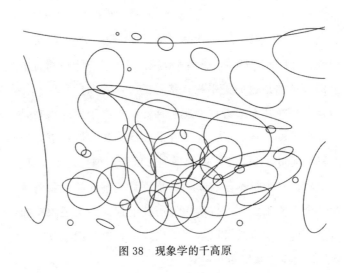

图 38　现象学的千高原

12.6 回音：诸现象学是如何不可能的？

12.61 现象学的地球仪

试想面前的书桌上摆放着一个现象学的地球仪（图 39），地球表面的不同位置代表不同的诸现象，如意识、是、身体、他者和亲亲等等。那么现象学家可以不断调整自身的观看姿势，或者转动地球仪，从而可以将任何一个现象（比如意识）推向眼前的中心位置，而把其他某个现象（比如親親）推向视域背景的边缘，乃至推向地球仪的背面，彻底推到现象学家的当下视域之外。但现象学家可以通过目光的自由转换，重新将地球仪背面的暗黑深密现象迎回视域内的正面光亮中心位置。因此，或许根本就没有什么终极的、最后的、绝对明见的、自身被给予的现象。现象学家可以随心所欲地观看、摆弄地球仪，可以画出不同的坐标系、经纬线、北极、南极和赤道等等。

图 39　现象学的地球仪

12.62 现象学的诸洞穴-迷宫

现象学家总想着从非-现象的洞穴或迷宫中突围出去，回到明见的、自身被给予的纯粹现象世界。但殊不知有可能洞穴外还是洞穴，迷宫外亦是迷宫。[①] 或许根本就找不到区分洞穴与洞穴外、迷宫与迷宫

---

① 　回想柏拉图洞穴喻以及电影《黑客帝国》(*The Matrix*)、《盗梦空间》(*Inception*)和《移动迷宫》(*The Maze Runner*)等可知，如何区分洞内和洞外、梦和非-梦、迷宫和非-迷宫，这或许是人类或我们或"我"总在执着追问、但又始终难以彻底解决之永恒难题⋯⋯

外的清晰标准。意识、是、身体、他者和亲亲，究竟哪个是非-现象的迷宫内，哪个是现象的迷宫外呢？！可参考下图（图40）来思考这个问题。①

图 40   黑点 p 在曲线之内还是之外？

我们暂时可以假设所谓"曲线"（即迷宫）之里面和外面的说法是完全有意义的，那么每次你穿过曲线之时，你必定要么是从里面穿到外面，要么是从外面穿到里面。因此，如果你想确定黑点 p 是在里面还是在外面，你需要做的事情仅仅是从 p 出发画一条线，连接到"明显"位于曲线外面的另一点 q。如果这条线和原曲线相交的次数是奇数次，那么 p 必定位于曲线里面，否则就位于曲线外面。于是按照这个方法，我们画出了明显位于曲线外面的点 q，并画出连接二点的直线段 pq。因为 pq 和原曲线相交 7 次，所以我们可以明见

---

① 参见 T. Gowers, *Mathematics: A Very Short Introduction*, Oxford: Oxford University Press, 2002, pp. 54–55。

p 在曲线里面。但问题的关键是，我们凭什么一定可以确定至少一个"明显"位于曲线外面的点 q 呢？很有可能，我们根本永远无法找到哪怕就这么一个点 q！原先以为 q 是明确在曲线之外，但通过新的不断的视域转换，我们却又发现：q 其实根本就在曲线之内 —— 或者我们根本无法判定 q 是否在曲线之内！正因此，我们将永远无法亲见 p 究竟是在曲线里面呢、还是在曲线外面……

12.63 现象学的高尔吉亚之问

（1）没有现象，根本就没有彻底明见的、自身被给予的实事或现象本身；

（2）即便有现象，任何现象-学也无法彻底直观（明见/亲见）它；

（3）即便能直观（明见/亲见）它，任何现象-学也无法彻底将之描述、解释或道说出来。

亲亲、他者、身体、是和意识，没有哪一个是彻底明见的、自身被给予的原初绝对现象。收拢整个现象学历史即可明见：现象学家们从未对"现象本身"达成过任何一致意见。

所有现象学①的直观-明见说到底都是反思性、理论性的，所以相对于其预设之目标来说，现象学终究是不可能的。现象学永远只是后思、反思，永远不可能直观"原活当下"，永远不可能回到实事本身。永远有一个现象学反思之鸿沟。不论从意识返回到是还是身体、他者或亲亲等等，这个现象学本身的反思难题，仍然无法解决。现象学永远的悖论：反思悖论。现象学永远也追不上现象，现象学

---

① 这里的"现象学"也可替换为"一般哲学"（Philosophie überhaupt）。

是不可能的。阿基里斯（Achilles）永远也追不上乌龟，永远差那么一点点，永远的间隔。现象就是现象学永远达不到的边界、界限、极限。但正是通过现象学的诸实践历程发现、明见了现象学的不可能性，从而可以让我们更好地回到后-反思、后-理论、后-现象学的实际生活中去。亲亲-学不是亲亲本身，他者-学不是他者本身，意识-学不是意识本身，是-学不是是本身，身体-学不是身体本身。所有的反思或理论或学，都是对原初现象的一种再造-再现，所以中间总会有差错出入。在这一点上，其实许多现象学家（比如胡塞尔、海德格尔、兰德格雷贝、舒茨、萨特、耿宁和瓦尔登菲尔斯等等）早就不断印证道说过了。[①]

语言从来就不是透明的，而是带有诸多预设前见的历史和社会沉淀下来的"诸生活形式"，因而很难无增减、无映射、无侧面地去显示现象本身。正因此，现象学家们梦寐以求的某种适合描述"终极或绝对现象本身"的"先验语言"或者"诗-思语言"说到底竟都是不可能的了——现象学家们实际使用的语言仍旧是某种"非-现象学的""自然语言"或者"形而上学语言"罢了。

因此，旨在无预设地亲见-道说现象自身的现象，竟是完全不可能的？！

或许，的确是不可能的，但现象学家们正是通过这些不可能的一次次的亲身的现象学实践，为我们一次次亲身地显示出如下之明见真理：

诸现象-学究竟是如何不可能的。

---

① 参见倪梁康：《自识与反思——近现代西方哲学的基本问题》，北京：商务印书馆，2006年，第402-404页。

而一旦明见到此真理，我们就可以更中道明智地亲见世界和更积极地投入"实际生活本身"（親親）了，就像《星际穿越》里 Cooper 和 Murphe 父女做的那样……

最后，在本书结尾（救渡-出口）处，我们须再度折回维特根斯坦《逻辑哲学论》6.54 节之箴言：

> 我的诸命题以如下方式阐明：理解我的人，当他通过这些命题 —— 踩上它们 —— 爬上它们之后，就会终于体认到它们是**毫无意义的**（*unsinnig*）。（可以说，在登上梯子之后，他就必须把它们扔掉。）
>
> 他必须克服这些命题，然后他就会正确看待世界。

在这里，维氏早已为我们指明了通向未来的现象学之路……①

---

① 的确，在笔者眼中，维特根斯坦就是个十足意义上的现象学家，虽然他没有成长在弗莱堡，没有生活在德国，虽然他与我们通常谈论的经典现象学人脉圈子"不熟"，但这些都不妨碍从某种实事本身看来，他就是个绝对地道的"正宗"现象学家。通过本书的相关重构梳理，维氏思想可以合理地被分别视为某种意识-现象学（参阅本书 8.3 节）、某种是-现象学（参阅本书 4.2 节）和某种他者-现象学（参阅本书 8.4 节）。至于可否把维氏思想考虑为某种身体-现象学，笔者目前尚无把握。但显然维氏是郑重思考过"身体"的（比如《逻辑哲学论》4.002 节曾说："日常语言是人类有机体的一部分，并且不会比后者更少复杂"）。在这一点上，海氏也相类。要之，从某种意义上说，本书的工作并非是在比较研究现象学与分析哲学的两位代表性人物，而只是在比较两位最伟大的现象学家罢了。当然，再转念一下，两位哲人也都是最本真的分析哲学家了，只要我们将"（广义）分析哲学"更合理地看作某种强调"清晰"暨"论证"的一般哲学方法论或哲学精神的话。海氏对思想、概念、语言、句子和语词的细腻分析功夫其实丝毫不逊于我们通常意义上所谓的"正宗"分析哲学家，海氏前后期都随处可见"教科书式的"精细分析杰作。限于本书主旨，笔者这里不能展开有关元-现象学和元-分析哲学的深入讨论。笔者将在未来（继续）致力于（广义-前沿）分析哲学与（广义-前沿）现象学的比较融合工作……

饱蠹楼·烟雨

烟雨牛津饱蠹门，白衣仙子抚琴深。

平沙落雁情高远，三弄梅花性本真。

流水密交天地见，高山知己鬼神闻。

欲随仙子回仙殿，一觉南柯梦醒嗔。

（2017 元旦 牛津饱蠹楼）

康桥

康河南北几多桥，王后撑篙碧水撩。

牛顿数学钉勿用，霍金宇宙閒无遥。

轻轻汝走挥衣袖，踉踉吾来叹柳梢。

忽落天鹅回首笑，康桥究竟是何桥？

（2017/08/06 康桥）

主要参考文献

一、海德格尔著述

德文部分

Heidegger, M., GA 1: *Frühe Schriften*, Frankfurt am Main: Vittorio klostermann, 1978.

Heidegger, M., GA 10: *Der Satz vom Grund*, Frankfurt am Main: Vittorio klostermann, 1997.

Heidegger, M., GA 11: *Identität und Differenz*, Frankfurt am Main: Vittorio klostermann, 2006.

Heidegger, M., GA 12: *Unterwegs zur Sprache*, Frankfurt am Main: Vittorio klostermann, 1985.

Heidegger, M., GA 14: *Zur Sache des Denkens*, Frankfurt am Main: Vittorio klostermann, 2007.

Heidegger, M., GA 15: *Seminare*, Frankfurt am Main: Vittorio klostermann, 1986.

Heidegger, M., GA 16: *Reden und Andere Zeugnisse Eines Lebensweges*, Frankfurt am Main: Vittorio Klostermann, 1966.

Heidegger, M., GA 2: *Sein und Zeit*, Frankfurt am Main: Vittorio klostermann, 1977.

Heidegger, M., GA 20: *Prolegomena zur Geschichte des Zeitbegriffs*, Frankfurt am Main: Vittorio klostermann, 1979.

Heidegger, M., GA 24: *Die Grundprobleme der Phänomenologie*, Frankfurt am Main: Vittorio klostermann, 1975.

Heidegger, M., GA 29/30: *Die Grundbegriffe der Metaphysik: Welt-Endlichkeit-Einsamkeit*, Frankfurt am Main: Vittorio klostermann, 1983.

Heidegger, M., GA 3: *Kant und das Problem der Metaphysik*, Frankfurt am Main: Vittorio klostermann, 1991.

Heidegger, M., GA 4: *Erläuterungen zu Hölderlins Dichtung*, Frankfurt am Main: Vittorio klostermann, 1981.

Heidegger, M., GA 40: *Einfürung in die Metaphysik*, Frankfurt am Main: Vittorio klostermann, 1983.

Heidegger, M., GA 5: *Holzwege*, Frankfurt am Main: Vittorio klostermann, 1977.

Heidegger, M., GA 54: *Parmenides*, Frankfurt am Main: Vittorio klostermann, 1992.

Heidegger, M., GA 56/57: *Zur Bestimmung der Philosophie*, Frankfurt am Main: Vittorio klostermann, 1999.

Heidegger, M., GA 60: *Phänomenologie des Religiösen Lebens*, Frankfurt am Main: Vittorio klostermann, 1995.

Heidegger, M., GA 61: *Phänomenologische Interpretationen zu Aristoteles. Einführung in die phänomenologische Forschung*, Frankfurt am Main: Vittorio klostermann, 1994.

Heidegger, M., GA 62: *Phänomenologische Interpretation*

ausgewählter Abhandlungen des Aristoteles zu Ontologie und Logik. Anhang: Phänomenologische Interpretationen zu Aristoteles (Anzeige der hermeneutischen Situation), Frankfurt am Main: Vittorio klostermann, 2005.

Heidegger, M., GA 63: *Ontologie (Hermeneutik der Faktizität)*, Frankfurt am Main: Vittorio klostermann, 1988.

Heidegger, M., GA 65: *Beiträge zur Philosophie (vom Ereignis)*, Frankfurt am Main: Vittorio klostermann, 2003.

Heidegger, M., GA 66: *Besinnung*, Frankfurt am Main: Vittorio klostermann, 1997.

Heidegger, M., GA 67: *Metaphysik und Nihilismus. 1. Die Überwindung der Metaphysik (1938/39). 2. Das Wesen des Nihilismus (1946-1948)*, Frankfurt am Main: Vittorio klostermann, 1999.

Heidegger, M., GA 69: *Die Geschichte des Seyns*, Frankfurt am Main: Vittorio klostermann, 1998.

Heidegger, M., GA 7: *Vorträge und Aufsätze*, Frankfurt am Main: Vittorio klostermann, 2000.

Heidegger, M., GA 70: *Über den Anfang*, Frankfurt am Main: Vittorio klostermann, 2005.

Heidegger, M., GA 71: *Das Ereignis*, Frankfurt am Main: Vittorio klostermann, 2009.

Heidegger, M., GA 73.1: *Zum Ereignis-Denken*, Frankfurt am Main: Vittorio klostermann, 2013.

Heidegger, M., GA 73.2: *Zum Ereignis-Denken*, Frankfurt am Main: Vittorio klostermann, 2013.

Heidegger, M., GA 9: *Wegmarken*, Frankfurt am Main: Vittorio klostermann, 1996.

Heidegger, M., *Gelassenheit*, Stuttgart: Neske, 1999.

Heidegger, M., *Nietzsche 2*, Stuttgart: Neske, 1998.

Heidegger, M., *Sein und Zeit*, Tübingen: Niemeyer, 1986.

Heidegger, M., *Unterwegs zur Sprache*, Stuttgart: Neske, 1997.

英译部分

Heidegger, M., *Contributions to Philosophy (From Enowning)*, Parvis Emad and Kenneth Maly, trans., Bloomington: Indiana University Press, 1999.

Heidegger, M., *Contributions to Philosophy (of the Event)*, Richard Rojcewicz and Daniela Vallega-Neu, trans., Bloomington: Indiana University Press, 2012.

Heidegger, M., *History of the Concept of Time: Prolegomena*, Theodore J. Kisiel, trans., Bloomington: Indiana University Press, 1985.

Heidegger, M., *Kant and the Problem of Metaphysics*, Richard Taft, trans., Bloomington: Indiana University Press, 1990.

Heidegger, M., *Supplements: From the Earliest Essays to* Being and Time *and Beyond*, John Van Buren, ed., New York: State University of New York Press, 2002.

Heidegger, M., *The Basic Problems of Phenomenology*, Albert Hofstadter, trans., Bloomington: Indiana University Press, 1982.

Heidegger, M., *The Events*, Richard Rojcewicz, trans., Bloomington: Indiana University Press, 2013.

中译部分

海德格尔：《存在与时间》，陈嘉映、王庆节合译，熊伟校，陈嘉映修订，北京：生活·读书·新知三联书店，2006年。

海德格尔：《海德格尔选集》（上、下卷），孙周兴选编，上海：上海三联书店，1996年。

海德格尔：《荷尔德林诗的阐释》，孙周兴译，北京：商务印书馆，2000年。

海德格尔：《林中路》，孙周兴译，上海：上海译文出版社，2004年。

海德格尔：《路标》，孙周兴译，北京：商务印书馆，2000年。

海德格尔：《面向思的事情》，陈小文、孙周兴译，北京：商务印书馆，1999年。

海德格尔：《尼采》（上、下卷），孙周兴译，北京：商务印书馆，2002年。

海德格尔：《讨论班》，王志宏、石磊译，北京：商务印书馆，2018年。

海德格尔：《同一与差异》，孙周兴、陈小文、余明锋译，北京：商务印书馆，2011年。

海德格尔：《现象学的基本问题》，丁耘译，上海：上海译文出版社，2008年。

海德格尔：《形而上学导论》，熊伟、王庆节译，北京：商务印书馆，1996年。

海德格尔：《形式显示的现象学：海德格尔早期弗莱堡文选》，孙周兴编译，上海：同济大学出版社，2004年。

海德格尔：《熊译海德格尔》，熊伟译，王炜编，上海：同济大学出版社，2004 年。

　　海德格尔：《演讲与论文集》，孙周兴译，北京：生活·读书·新知三联书店，2005 年。

　　海德格尔：《在通向语言的途中》，孙周兴译，北京：商务印书馆，2004 年。

　　海德格尔：《哲学论稿（从本有而来）》，孙周兴译，北京：商务印书馆，2012 年。

　　海德格尔等：《海德格尔与有限性思想》，刘小枫选编，孙周兴等译，成官泯、刘小枫审校，北京：华夏出版社，2002 年。

二、维特根斯坦著述

德文暨英文部分

　　笔者经剑桥大学三一学院 Wren 图书馆授权拍摄的维特根斯坦原始珍贵手稿照片（包括 101、102 和 103 等）。

　　Wittgenstein, L., "A Lecture on Ethics", *The Philosophical Review* 74 (1), 1965, pp. 3-12.

　　Wittgenstein, L., *Culture and Value*：*A Selection from the Posthumous Remains*, Oxford: Blackwell, 1998.

　　Wittgenstein, L., *Ludwig Wittgenstein: Letters to Russell, Keynes and Moore*, G. H. von Wright, ed., Oxford: Basil Blackwell, 1974.

　　Wittgenstein, L., *Notebooks: 1914-1916*, New York: Harper Torchbooks, 1969.

　　Wittgenstein, L., *Philosophical Investigations,* G. Anscombe, P. M. S. Hacker, and J. Schulte, trans., revised 4th edition by P. M. S. Hacker and

J.Schulte, Oxford: Basil Blackwell, 2009.

Wittgenstein, L., *Philosophical Remarks*, Oxford: Basil Blackwell, 1975.

Wittgenstein, L., *The Big Typescript*, in *Wiener Ausgabe* 11, Wien: Springer-Verlag, 2000.

Wittgenstein, L., *The Blue and Brown Books*, Oxford: Basil Blackwell, 1980.

Wittgenstein, L., Werkausgabe 1: *Tractatus logico-philosophicus; Tagebücher 1914-1916; Philosophische Untersuchungen*, Frankfurt am Main: Suhrkamp, 1989.

Wittgenstein, L., Werkausgabe 2: *Philosophische Bemerkungen*, Frankfurt am Main: Suhrkamp, 1984.

Wittgenstein, L., Werkausgabe 3: *Ludwig Wittgenstein und der Wiener Kreis: Gespräche, aufgezeichnet von Friedrich Waismann*, Frankfurt am Main: Suhrkamp, 1984.

Wittgenstein, L., Werkausgabe 4: *Philosophische Grammatik*, Frankfurt am Main: Suhrkamp, 1984.

Wittgenstein, L., Werkausgabe 5: *Das Blaue Buch; Eine Philosophische Betrachtung (Das Braune Buch)*, Frankfurt am Main: Suhrkamp, 1984.

Wittgenstein, L., Werkausgabe 6: *Bemerkungen über die Grundlagen der Mathematik*, Frankfurt am Main: Suhrkamp, 1984.

Wittgenstein, L., Werkausgabe 7: *Bemerkungen über die Philosophie der Psychologie; Letzte Schriften über die Philosophie der Psychologie*, Frankfurt am Main: Suhrkamp, 1984.

Wittgenstein, L., Werkausgabe 8: *Bemerkungen über die Farben; Über Gewißheit; Zettel; Vermischte Bemerkungen*, Frankfurt am Main:

Suhrkamp, 1989.

　　Wittgenstein, L., *Wittgenstein's Nachlass: The Bergen Electronic Edition*, The Wittgenstein Archives at Bergen, ed., Oxford: Oxford University Press, 2000.

　　Wittgenstein, L., *Zettel*, Oxford: Basil Blackwell, 1981.

中译部分

　　维特根斯坦:《逻辑哲学论》, 韩林合译, 北京: 商务印书馆, 2014 年。

　　维特根斯坦:《逻辑哲学论》, 贺绍甲译, 北京: 商务印书馆, 2002 年。

　　维特根斯坦:《数学基础研究》, 韩林合译, 北京: 商务印书馆, 2013 年。

　　维特根斯坦:《维特根斯坦全集》第 1-12 卷, 涂纪亮主编, 石家庄: 河北教育出版社, 2003 年。

　　维特根斯坦:《战时笔记: 1914-1917 年》, 韩林合译, 北京: 商务印书馆, 2005 年。

　　维特根斯坦:《哲学研究》, 陈嘉映译, 上海: 上海人民出版社, 2001 年。

三、海德格尔与维特根斯坦的比较研究文献

外文部分

　　Apel, K. O., „Wittgenstein und Heidegger: Kritische Wiederholung und Ergänzung eines Vergleichs", in *Der Löwe spricht... und wir können ihn nicht verstehen. Ein Symposion an der Universität Frankfurt anlässlich des hundertsten Geburtstags von Ludwig Wittgenstein*, Brian McGuiness, ed., Frankfurt am Main: Suhrkamp, 1991, S. 27–68.

Apel, K. O., *Transformation der Philosophie 1: Sprachanalytik, Semiotik, Hermeneutik; 2: Das Apriori der Kommunikationsgemeinschaft*, Frankfurt am Main: Suhrkamp, 1973.

Aylesworth, G. E., Dissertation, *From Grounds to Play: A Comparative Analysis of Wittgenstein and Heidegger*, State University of New York at Stony Brook, 1986.

Behl, L., "Wittgenstein and Heidegger", *Duns Scotus Philosophical Association* 27, 1963, pp. 70–115.

Boedeker, E. C., Dissertation, *The Concept of Showing in the Early Writings of Heidegger and Wittgenstein*, Northwestern University, 1998.

Braver, L., *Groundless Grounds: A Study of Wittgenstein and Heidegger*, Cambridge, MA: the MIT Press, 2012.

Chiodi, P., "Essere e linguaggio in Heidegger e nel 'Tractatus' di Wittgenstein", *Rivista di Filosofia* 46, 1955, pp. 170–191.

Crummett, V., Dissertation, *The Poetics of Immanence: Heidegger, Wittgenstein, and the Language of Modern Poetry*, The University of Wisconsin-Milwaukee, 1993.

Dubsky, R. S., Dissertation, *A Comparison of Heidegger and Wittgenstein's Departure from Traditional Formulations of World, Language and Truth*, Duquesne University, 1988.

Edwards, J. C., *The Authority of Language: Heidegger, Wittgenstein, and the Threat of Philosophical Nihilism*, Gainesville, Florida: University of South Florida Press, 1990.

Egan, D., Reynolds, S., and Wendland, A., eds., *Wittgenstein and Heidegger*, New York: Routledge, 2013.

Fay, T. A., "The Hermeneutical Phenomenology of Language in the Later Heidegger and Wittgenstein", *Dialogos* 27 (59), 1992, pp. 19–35.

Fay, T. A., "The Ontological Difference in Early Heidegger and Wittgenstein", *Kant-Studien* 82 (3), 1991, pp. 319–328.

Furuta, H., *Wittgenstein und Heidegger: „Sinn" und „Logik" in der Tradition der Analytischen Philosophie*, Würzburg: Königshausen und Neumann, 1996.

Glendinning, S., *On Being with Others: Heidegger-Derrida-Wittgenstein*, London: Routledge, 1998.

Guidi, L., "Moods as Groundlessness of the Human Experience. Heidegger and Wittgenstein on *Stimmung*", *Philosophia* 45 (4), 2017, pp. 1599–1611.

Habermas, J., *Wahrheit und Rechtfertigung: Philosophische Aufsätze*, Frankfurt am Main: Suhrkamp, 1999.

Livingston, P. M., "Wittgenstein Reads Heidegger, Heidegger Reads Wittgenstein: Thinking Language Bounding World", in *Beyond the Analytic-Continental Divide: Pluralist Philosophy in the Twenty-First Century*, Jeffrey A. Bell, Andrew Cutrofello, and Paul M. Livingston, eds., New York: Routledge, 2016, pp. 222–248.

Luchte, J., "Under the Aspect of Time 'Sub Specie Temporis': Heidegger, Wittgenstein, and the Place of the Nothing", *Philosophy Today* 53 (1), 2009, pp. 70–84.

Moten, F. C., Dissertation, *Ensemble: The Improvisation of the Whole in Baraka, Wittgenstein, Heidegger and Derrida*, University of California,

Berkeley, 1999.

Mulhall, S., "Wittgenstein and Continental Philosophy", in *A Companion to Wittgenstein*, Hans-Johann Glock & John Hyman, eds., West Sussex: Wiley Blackwell, 2017, pp. 757–770.

Mulhall, S., *Inheritance and Originality: Wittgenstein, Heidegger, Kierkegaard*, Oxford: Oxford University Press, 2001.

Mulhall, S., *On Being in the World: Wittgenstein and Heidegger on Seeing Aspects*, London: Routledge, 1990.

Rentsch, T., *Heidegger und Wittgenstein: Existential- und Sprachanalysen zu den Grundlagen philosophischer Anthropologie*, Stuttgart: Klett-Cotta, 2003.

Rohatyn, D. A., "A Note on Heidegger and Wittgenstein", *Philosophy Today* 15 (1), 1971, p. 69.

Rorty, R., "Wittgenstein, Heidegger, and the Reification of Language", in *The Cambridge Companion to Heidegger*, Charles B. Guignon, ed., Cambridge: Cambridge University Press, 1993.

Rudd, A., *Expressing the World: Skepticism, Wittgenstein, and Heidegger*, Peru, Illinois: Carus Publishing Company, 2003.

Standish, P., *Beyond the Self: Wittgenstein, Heidegger and the Limits of Language*, Newcastle upon Tyne: Athenaeum Press Ltd., 1992.

中文部分

爱德华兹："海德格尔和维特根斯坦论语言的权威"，为明摘译，《探索与争鸣》1992 年第 6 期。

陈嘉映："海德格尔与维特根斯坦"，载徐友渔、周国平、陈嘉映、尚杰：《语言与哲学：当代英美与德法传统比较研究》，北京：

生活・读书・新知三联书店，1996 年，第 279-295 页。

费依："早期海德格尔和维特根斯坦在本体论上的比较和对话"，曹晓平译，《社会科学动态》1993 年第 3 期。

基南："维特根斯坦和海德格尔之后的哲学"，季桂保译，《国外社会科学》1991 年第 8 期。

罗蒂："维特根斯坦、海德格尔与语言具体化"，刘琦岩译，《哲学译丛》1996 年第 Z3 期。

徐为民："'非之中'与'在之中'——维特根斯坦和海德格尔主体思想比较"，《浙江大学学报》（人文社科版）2006 年第 3 期。

张祥龙："维特根斯坦与海德格尔的象论"，载《从现象学到孔夫子》，北京：商务印书馆，2001 年。

张志扬："语义生成：维特根斯坦与海德格尔"，载《门：一个不得其门而入者的记录》，上海：同济大学出版社，2004 年。

赵敦华："海德格尔和维特根斯坦论哲学的'终极'"，载《西方哲学的中国式解读》，哈尔滨：黑龙江人民出版社，2002 年。

四、其他外文文献

Anscombe, G. E. M., *An Introduction to Wittgenstein's* Tractatus, London: Hutchinson, 1959.

Aristotle, *The Complete Works of Aristotle: The Revised Oxford Translation* 1, Jonathan Barnes, ed., Princeton: Princeton University Press, 1991.

Aristotle, *The Complete Works of Aristotle: The Revised Oxford Translation* 2, Jonathan Barnes, ed., Princeton: Princeton University Press, 1991.

Backer, G., *Wittgenstein, Frege and the Vienna Circle*, Oxford: Blackwell, 1988.

Bell, J. A., Culrofello, A., and Livingston, P. M., eds., *Beyond the Analytic-Continental Divide: Pluralist Philosophy in the Twenty-First Century*, New York: Routledge, 2016.

Biemel, W. and Herrmann, F. W. V., eds., *Kunst und Technik: Gedächtnisschrift zum 100. Geburtstag von Martin Heidegger*, Frankfurt am Main: Vittorio klostermann, 1989.

Bloor, D., *Wittgenstein, Rules and Institutions*, London: Routledge, 1997.

Brentano, F. C., *Psychology from Empirical Standpoint*, O. Kraus., ed., A. C. Rancurello, D. B. Terrell, and L. L. McAlister, trans., London: Routledge and Kegan Paul, 1874II.

Byers, W., *How Mathematicians Think: Using Ambiguity, Contradiction, and Paradox to Create Mathematics*, Princeton: Princeton University Press, 2007.

Cantor, G., „Beiträge zur Begründung der transfiniten Mengenlehre (1)", *Mathematische Annalen* 46, 1895, S. 481-512.

Cantor, G., „Beiträge zur Begründung der transfiniten Mengenlehre (2)", *Mathematische Annalen* 49, 1897, S. 207-246.

Carman, T., *Heidegger's Analytic: Interpretation, Discourse, and Authenticity in* Being and Time, Cambridge: Cambridge University Press, 2003.

Caygill, H., *A Kant Dictionary*, Oxford: Blackwell, 1995.

Conant, J., and Bronzo, S., "Resolute Readings of the *Tractatus*", in *A Companion to Wittgenstein*, Hans-Johann Glock and John Hyman, eds.,

West Sussex: Wiley Blackwell, 2017, pp. 175–194.

Copi, I. M., Cohen, C., and McMahon, K., *Introduction to Logic*, Essex: Pearson Education Limited, 2014.

Crary, A. and Read, R., eds., *The New Wittgenstein*, London: Routledge, 2000.

Dahlstrom, D. O., *Heidegger's Concept of Truth*, Cambridge: Cambridge University Press, 2001.

De Palma, V., „Der Ursprung des Akts. Husserls Begriff der genetischen Phänomenologie und die Frage nach der Weltkonstitution", *Husserl Studies* 31 (3), 2015, S. 189–212.

Deleuze, G. and Guattari, F., *Mille Plateaux*, Paris: Éditions de Minuit, 1980.

Diamond, C., "Disagreements: Anscombe, Geach, Wittgenstein", *Philosophical Investigations* 38 (1–2), 2015, pp. 1–24.

Edward, Z., *Intensional Logic and the Metaphysics of Intentionality*, Cambridge, MA: MIT Press, 1988.

Eldridge, R., *Leading a Human Life: Wittgenstein, Intentionality, and Romanticism*, Chicago: The University of Chicago Press, 1997.

Enderton, H. B., *Elements of Set Theory*, New York: Academic Press, 1977.

Frascolla, P., *Wittgenstein's Philosophy of Mathematics*, London: Routledge, 2006.

Frege, G., „Über Sinn und Bedeutung", *Zeitschrift für Philosophie und philosophische Kritik* NF 100 (1), 1892, S. 25–50.

Gardner, S., *Kant and the* Critique of Pure Reason, London: Routlege, 1999.

Glock, H-J. and Hyman J., eds., *A Companion to Wittgenstein*, West Sussex: Wiley-Blackwell, 2017.

Glock, H-J., *A Wittgenstein Dictionary*, Oxford: Blackwell.

Goldfarb, W., "Das Überwinden: Anti-Metaphysical Readings of the *Tractatus*", in *Beyond the* Tractatus *Wars: The New Wittgenstein Debate*, Rupert Read and Matthew A. Lavery, eds., London: Routledge, 2011, pp. 6-21.

Gowers, T., ed., *The Princeton Companion to Mathematics*, Princeton: Princeton University Press, 2008.

Gowers, T., *Mathematics: A Very Short Introduction*, Oxford: Oxford University Press, 2002.

Guignon, C. B., *The Cambridge Companion to Heidegger*, Cambridge: Cambridge University Press, 1993.

Guyer, P., ed., *The Cambridge Companion to Kant*, New York: Cambridge University Press, 1999.

Haack, S., *Philosophy of Logics*, Cambridge: Cambridge University Press, 2012.

Hacker, P. M. S., "Metaphysics: From Ineffability to Normativity", in *A Companion to Wittgenstein*, Hans-Johann Glock and John Hyman, eds., West Sussex: Wiley Blackwell, 2017, pp. 209-228.

Hacker, P. M. S., "Some Remarks on Philosophy and on Wittgenstein's Conception of Philosophy and its Misinterpretation", *Argumenta* 1 (1), 2015, pp. 43-58.

Hacker, P. M. S., "Wittgenstein, Carnap and the New American Wittgensteinians", *Philosophical Quarterly* 53 (210), 2003, pp. 1-23.

Hacker, P. M. S., "Wittgenstein's Legacy: The Principles of the Private

Language Arguments", *Philosophical Investigations* 41 (2), 2018, pp. 123–140.

Hacker, P. M. S., *Wittgenstein: Meaning and Mind*, Oxford: Blackwell, 1990.

Hacker, P. M. S., *Wittgenstein's Place in Twentieth-Century Analytic Philosophy*, Oxford: Blackwell, 1996.

Hegel, G. W. F., Hegel Werke (Theorie-Werkausgabe) 18: *Vorlesungen über die Geschichte der Philosophie I*, Frankfurt am Main: Suhrkamp, 1979.

Hegel, G. W. F., Hegel Werke (Theorie-Werkausgabe) 3: *Phänomenologie des Geistes*, Frankfurt am Main: Suhrkamp, 1979.

Hintikka, M. B. and Hintikka, J., *Investigating Wittgenstein*, Oxford: Basil Blackwell, 1986.

Husserl, E., Hua Ⅲ (1–2): *Ideen zu Einer Reinen Phänomenologie und Phänomenologischen Philosophie. Erstes Buch: Allgemeine Einführung in die Reine Phänomenologie*, Den Haag: Martinus Nijhoff, 1976.

Husserl, E., Hua IV: *Ideen zu einer reinen Phänomenologie und phänomenologischen Philosophie. Zweites Buch: Phänomenologische Untersuchungen zur Konstitution*, Dordrecht: Kluwer Academic Publishers, 1991.

Husserl, E., Hua Mat Ⅷ: *Späte Texte über Zeitkonstitution (1929–1934): Die C-Manuskripte*, Dordrecht: Springer, 2006.

Husserl, E., Hua VI: *Die Krisis der europäischen Wissenschaften und die transzendentale Phänomenologie. Eine Einleitung in die Phänomenologische Philosophie*, Den Haag: Martinus Nijhoff, 1976.

Husserl, E., Hua X: *Zur Phänomenologie des inneren Zeitbewu-*

sstseins (1893–1917), Den Haag: Martinus Nijhoff, 1966.

Husserl, E., Hua XXVII: *Aufsätze und Vorträge (1922–1937)*, Dordrecht: Kluwer Academic Publishers, 1989.

Husserl, E., Hua XXXIII: *Die Bernauer Manuskripte über das Zeitbewusstsein (1917/18)*, Dordrecht: Kluwer Academic Publishers, 2001.

Hutto, D. D., *Wittgenstein and the End of Philosophy: Neither Theory nor Therapy*, New York: Palgrave Macmillan, 2003.

Inwood, M., ed., *A Heidegger Dictionary*, Oxford: Blackwell, 1999.

Jech, T. J., *Set Theory* (the third millennium edition, revised and expanded), Berlin: Springer-Verlag, 2006.

Kahn, C. H., *Essays on Being*, Oxford: Oxford University Press, 2009.

Kahn, C. H., "Retrospect on the Verb 'To Be' and the Concept of Being", in *The Logic of Being: Historical Studies*, Simo Knuuttila and Jaakko Hintikka, eds., Dordrecht, Holland: D. Reidel, 1986, pp. 1–28.

Kant, I., Werkausgabe III–IV: *Kritik der Reinen Vernunft*, Frankfurt am Main: Suhrkamp, 1974.

Knuuttila, S. and Hintikka, J., eds., *The Logic of Being: Historical Studies*, Dordrecht: Reidel Publishing Company, 1986.

Körner, S., *Kant*, Middlesex: Penguin Books, 1987.

Kriegel, U., ed., *The Routledge Handbook of Franz Brentano and the Brentano School*, New York: Routledge, 2017.

Kunen, K., *Set Theory: An Introduction to Independence Proofs*, Amsterdam: Elsevier Science Publishers B. V, 1992.

Kuusela, O. and Mcginn, M., eds., *The Oxford Handbook of Witt-*

genstein, Oxford: Oxford University Press, 2014.

Kwan, Tze-Wan., "On the Fourfold Root of the Notion of 'Being' in Chinese Language and Script", *Journal of Chinese Philosophy* 44 (3-4), 2017, pp. 212-229.

Lévinas, E., *Totalité et Infini: essai sur l'extériorité*, La Haye: Martinus Nijhof, 1971.

Lewis, D., *On the Plurality of Worlds*, Cambridge, MA: Blackwell, 1986.

Magnus, B., *Heidegger's Metahistory of Philosophy: Amor Fati, Being and Truth*, The Hague: Martinus Nijhoff, 1970.

Malcolm, N., *Ludwig Wittgenstein: A Memoir*, Oxford: Oxford University Press, 1984.

Malcolm, N., *Nothing is Hidden: Wittgenstein's Criticism of his Early Thought*, Oxford: Basil Blackwell, 1986.

Marion, M., "Wittgenstein and Finitism", *Synthese* 105 (2), 1995, pp. 141-176.

Marx, K., *Thesen über Feuerbach*, in Marx-Engels Werke 3, Berlin: Dietz Verlag, 1969.

Matthen, M., "Greek Ontology and the 'Is' of Truth", *Phronesis* 28 (2), 1983, pp. 113-135.

Meinong, A., "The Theory of Objects", Isaac Levi, D. B. Terrell, and Roderick Chisholm, trans., in *Realism and the Background of Phenomenology*, Roderick Chisholm, ed., Atascadero, CA: Ridgeview, 1981, pp. 76-117.

Merleau-Ponty, M., *Phénoménologie de la perception*, Paris: Gallimard, 1945.

Moore, A., *The Evolution of Modern Metaphysics: Making Sense of Things*, Cambridge: Cambridge University Press, 2012.

Moran, D. and Cohen, J., *The Husserl Dictionary*, London: Continuum, 2012.

Morris, M., *Routledge Philosophy to Wittgenstein and the* Tractatus, London: Routledge, 2008.

Moyal-Sharrock, D., ed., *The Third Wittgenstein: The Post-Investigations Works*, London: Ashgate, 2004.

Moyal-Sharrock, D., "Introduction", *Philosophia* 37, 2009, pp. 557–562.

Moyal-Sharrock, D., "Wittgenstein on Knowledge and Certainty", in *A Companion to Wittgenstein*, Hans-Johann Glock and John Hyman, eds., West Sussex: Wiley Blackwell, 2017, pp. 547–562.

Munitz, M. K., *Contemporary Analytic Philosophy*, New York: Macmillan Publishing Company, 1981.

Munitz, M. K., *Existence and Logic*, New York: New York University Press, 1974.

Ostrow, M. B., *Wittgenstein's* Tractatus: *A Dialectical Interpretation*, Cambridge: Cambridge University Press, 2001.

Park, B. C., *Phenomenological Aspects of Wittgenstein's Philosophy*, Norwell: Kluwer Academic Publishers, 1998.

Parsons, T., *Nonexistent Objects*, New Haven: Yale University Press, 1980.

Pöggeler, O., *Martin Heidegger's Path of Thinking*, Atlantic Highlands, NJ: Humanities Press International, 1989.

Polt, R., *The Emergency of Being: On Heidegger's Contributions to Philosophy*, Ithaca and London: Cornell University Press, 2006.

Potter, M., "Wittgenstein on Mathematics", in *The Oxford Handbook of Wittgenstein*, Oskari Kuusela and Marie McGinn, eds., Oxford: Oxford University Press, 2011, pp. 122–137.

Potter, M., *Set Theory and its Philosophy: A Critical Introduction*, Oxford: Oxford University Press, 2004.

Priest, G., *Towards Non-Being: The Logic and Metaphysics of Intentionality*, Oxford: Clarendon Press, 2008.

Rhees, R., ed., *Recollections of Wittgenstein*, Oxford: Oxford University Press, 1984.

Ricoeur, P., *A l' école de la phénoménologie*, Paris: Vrin, 1986.

Ring, M., "Wittgenstein on Essence", *Philosophical Investigations* 42 (1), 2019, pp. 3–14.

Rorty, R., *Essays on Heidegger and Others: Philosophical Papers*, Cambridge: Cambridge University Press, 1991.

Rorty, R., *Philosophy and the Mirror of Nature*, Princetion: Princetion University Press, 1980.

Russell, B., *The Problems of Philosophy*, Oxford: Oxford University Press, 1961.

Safranski, R., *Martin Heidegger: Between Good and Evil*, Cambridge, MA: Harvard University Press, 1998.

Sluga, H. and Stern, D., eds., *The Cambridge Companion to Wittgenstein*, Cambridge: Cambridge University Press, 1996.

Smith, N. K., *A Commentary to Kant's "Critique of Pure Reason"*, Atlantic Highlands, NJ: Humanities Press International, 1992.

Stern, D., "The Bergen Electronic Edition of Wittgenstein's

Nachlass", *European Journal of Philosophy* 18 (3), 2010, pp. 455–467.

Strawson, P. F., *The Bounds of Sense: An Essay on Kant's* Critique of Pure Reason, London: Routlege, 1995.

Teghrarian, S. and Serafini, A., *Wittgenstein and Contemporary Philosophy*, Wakefield, New Hampshire: Longwood Academic, 1992.

Tugendhat, E., „Die Zeit des Philosophierens ist vorbei", 28. 07. 2007. http://www.taz.de/?id=digitaz-artikel&ressort=do & dig=2007/07/28/a0001.

Vallega-Neu, D., *Heidegger's* Contributions to Philosophy: *An Introduction*, Bloomington: Indiana University Press, 2003.

Van Bendegem, J. P., "A Defense of Strict Finitism", *Constructivist Foundations* 7 (2), 2012, pp. 141–149.

Wang, H., *Beyond Analytic Philosophy: Doing Justice to What We Know*, Cambridge, MA: The MIT Press, 1986.

Weber, H., „Leopold Kronecker", *Jahresbericht der Deutschen Mathematiker-Vereinigung* 2, 1893, pp. 5–31.

White, R. M., *Wittgenstein's* Tractatus Logico-Philosophicus, London: Continuum, 2006.

Williams, M., *Wittgenstein, Mind and Meaning: Toward a Social Conception of Mind*, London: Routledge, 1999.

Williamson, T., *Modal Logic as Metaphysics*, Oxford: Oxford University Press, 2013.

Wilson, B., *Wittgenstein's* Philosophical Investigations: *A Guide*, Edinburgh: Edinburgh University Press, 1998.

五、其他中文文献

《成唯识论校释》，玄奘译，北京：中华书局，1998 年。

《周易》，杨天才、张善文译注，北京：中华书局，2014 年。

阿佩尔：《哲学的改造》，孙周兴、陆兴华译，上海：上海译文出版社，2005 年。

巴特利：《维特根斯坦传》，杜丽燕译，上海：东方出版中心，2000 年。

比梅尔：《海德格尔》，刘鑫、刘英译，北京：商务印书馆，1996 年。

陈波、韩林合主编：《逻辑与语言：分析哲学经典文选》，北京：东方出版社，2005 年。

陈嘉映：《海德格尔哲学概论》，北京：生活·读书·新知三联书店，2005 年。

道恩·威尔顿：《另类胡塞尔：先验现象学的视野》，靳希平译，梁宝珊校，上海：复旦大学出版社，2012 年。

邓晓芒："论作为'成己'的 Ereignis"，《世界哲学》2008 年第 3 期，第 38-47 页。

丁耘："是与易 —— 道之现象学导引"，载《儒家与启蒙：哲学会通视野下的当前中国思想》，北京：生活·读书·新知三联书店，2011 年，第 217-300 页。

丁耘："是与有 —— 从译名之争看中国思想的哲学化与现代化"，《同济大学学报》（哲社版）2005 年第 1 期，第 71-76 页。

方向红："从'幻影'到'器官'：胡塞尔 C 手稿中的身体构造学说"，《哲学研究》2012 年第 4 期，第 65-73 页。

方向红：《时间与存在——胡塞尔与海德格尔现象学的基本问题》，北京：商务印书馆，2014年。

冯芳：《新现象学概论》，上海：上海交通大学出版社，2015年。

冯友兰：《中国哲学简史》，北京：北京大学出版社，1996年。

哈贝马斯：《后形而上学思想》，曹卫东、付德根译，南京：译林出版社，2001年。

海因里希-格姆科夫等：《马克思传》，易廷镇、侯焕良译，北京：人民出版社，2000年。

韩林合：《〈逻辑哲学论〉研究》，北京：商务印书馆，2000年。

韩林合：《维特根斯坦〈哲学研究〉解读》，北京：商务印书馆，2010年。

赫尔曼·施密茨：《新现象学》，庞学铨、李张林译，上海：上海译文出版社，1997年。

黑格尔：《精神现象学》，贺麟、王玖兴译，北京：商务印书馆，1997年。

黑格尔：《哲学史讲演录》（第一卷），贺麟、王太庆译，北京：商务印书馆，1997年。

洪汉鼎："作为自成事件（Ereignis）的诠释学理解和真理"，作者惠赠电子文稿。

胡奇光、方环海：《尔雅译注》，上海：上海古籍出版社，2004年。

胡塞尔：《纯粹现象学通论——纯粹现象学和现象学哲学的观念》（第1卷），李幼蒸译，北京：中国人民大学出版社，2014年。

胡塞尔：《逻辑研究》第1-2卷，倪梁康译，上海：上海译文出版社，2006年。

胡塞尔：《内时间意识现象学》，倪梁康译，北京：商务印书馆，

2009 年。

胡塞尔:《欧洲科学的危机与超越论的现象学》,张庆熊译,北京:商务印书馆,2005 年。

胡塞尔:《生活世界现象学》,克劳斯·黑尔德编,倪梁康、张廷国译,上海:上海译文出版社,2005 年。

胡塞尔:《现象学的方法》,克劳斯·黑尔德编,倪梁康译,上海:上海译文出版社,2005 年。

胡塞尔:《现象学的构成研究 —— 纯粹现象学和现象学哲学的观念》(第 2 卷),李幼蒸译,北京:中国人民大学出版社,2013 年。

江怡:"《逻辑哲学论》导读",作者惠赠电子书稿。

江怡:"思想的镜像",作者惠赠电子书稿。

江怡:《维特根斯坦:一种后哲学的文化》,北京:社会科学文献出版社,2002 年。

江怡:《西方哲学史》(学术版)第 8 卷,南京:江苏人民出版社,2005 年。

康德:《纯粹理性批判》,邓晓芒译,杨祖陶校,北京:人民出版社,2004 年。

康德:《任何一种作为科学出现的未来形而上学导论》,庞景仁译,北京:商务印书馆,1997 年。

柯小刚:"道路与 Ereignis——兼论中文翻译对于《通往语言之途》的意义",《世界哲学》2008 年第 4 期,第 31-36 页。

利科主编:《哲学主要趋向》,李幼蒸、徐奕春译,北京:商务印书馆,2004 年。

罗蒂:《后哲学文化》,黄勇编译,上海:上海译文出版社,2004 年。

马蒂尼奇主编:《语言哲学》,北京:商务印书馆,1998 年。

马尔康姆:《回忆维特根斯坦》,李步楼、贺绍甲译,北京:商务印书馆,1984 年。

马克思、恩格斯:《马克思恩格斯全集》(第 40 卷),北京:人民出版社,1982 年。

马克思、恩格斯:《马克思恩格斯全集》(第 42 卷),北京:人民出版社,1979 年。

马克思、恩格斯:《马克思恩格斯选集》(第 1-4 卷),北京:人民出版社,1995 年。

梅洛-庞蒂:《知觉现象学》,姜志辉译,北京:商务印书馆,2001 年。

尼古拉·哈特曼:《存在学的新道路》,庞学铨、沈国琴译,上海:同济大学出版社,2007 年。

倪梁康:《胡塞尔现象学通释》,北京:生活·读书·新知三联书店,1999 年。

倪梁康:"胡塞尔与海德格尔 —— 弗莱堡的相遇与背离",作者惠赠电子书稿。

倪梁康:"赖耶缘起与意识发生 —— 唯识学与现象学在纵-横意向性研究方面的比较与互补",《世界哲学》2009 年第 4 期,第 43-59 页。

倪梁康:"论海德格尔中期哲学的本体论与方法论 —— 关于《哲学论稿》核心概念的中译及其思考",《南京大学学报》(哲社版)2014 年第 3 期,第 100-106 页。

倪梁康:《现象学及其效应 —— 胡塞尔与当代德国哲学》,北京:生活·读书·新知三联书店,1994 年。

倪梁康:《自识与反思 —— 近现代西方哲学的基本问题》,北京:商务印书馆,2006 年。

倪梁康主编:《面对实事本身:现象学经典文选》,北京:东方出版社，2000 年。

聂敏里：《存在与实体 —— 亚里士多德〈形而上学〉Z 卷研究（Z1-9）》，上海：华东师范大学出版社，2011 年。

庞学铨：《存在范畴探源》，上海：上海三联书店，1994 年。

庞学铨："新现象学述评"，《浙江学刊》1994 年第 2 期，第 51-55 页。

庞学铨："也谈关于 Ontology 的翻译"，《浙江学刊》2002 年第 4 期，第 116-122 页。

彭富春：《无之无化 —— 论海德格尔思想道路的核心问题》，上海：上海三联书店，2000 年。

萨弗兰斯基：《海德格尔传》，靳希平译，北京：商务印书馆，1999 年。

施皮格伯格：《现象学运动》，王炳文、张金言译，上海：商务印书馆，1995 年。

宋继杰主编：《BEING 与西方哲学传统》（上、下卷），保定：河北大学出版社，2002 年。

宋祖良：《拯救地球和人类未来 —— 海德格尔的后期思想》，北京：中国社会科学出版社，1993 年。

孙周兴："本质与实存 —— 西方形而上学的实存哲学路线"，《中国社会科学》2004 年第 6 期，第 71-81 页。

孙周兴："存在与超越：西方哲学汉译的困境及其语言哲学意蕴"，《中国社会科学》2012 年第 9 期，第 28-42 页。

孙周兴："大道与本有：再论海德格尔的 Ereignis 之思"，作者惠赠电子文稿。

孙周兴："海德格尔《哲学论稿》译名讨论"，《世界哲学》2009 年第 4 期，第 101-109 页。

孙周兴："后神学的神思 —— 海德格尔《哲学论稿》中的上帝问题",《世界哲学》2010 年第 3 期,第 44-54 页。

孙周兴：《说不可说之神秘 —— 海德格尔后期思想研究》,上海：上海三联书店,1994 年。

塔米尼奥："列维纳斯与海德格尔 —— 接近现象学诸论题的一条后海德格尔式道路",李菁译,载杨大春、Nicholas Bunning、Simon Critchley 主编：《列维纳斯的世纪或他者的命运》,北京：中国人民大学出版社,2008 年,第 3-19 页。

涂纪亮：《维特根斯坦后期哲学思想研究》,南京：江苏人民出版社,2005 年。

王东、刘军："马克思哲学革命的源头活水和思想基因 —— '1844 年经济学哲学手稿'新解读",《理论学刊》2003 年第 3 期,第 25-29 页。

王均江："论海德格尔思想主导词 Ereignis",《世界哲学》2008 年第 4 期,第 37-47 页。

王力：《汉语语法史》,北京：商务印书馆,1989 年。

王路：《"是"与"真" —— 形而上学的基石》,北京：人民出版社,2003 年。

王路："Being 与系词",《求是学刊》2012 年第 2 期,第 37-46 页。

王路："论'是'的多义性",《云南大学学报》(哲社版)2016 年第 3 期,第 12-18 页。

王路："讨论'是'与'存在'的问题、方式与结论 —— 评倪梁康的'回应'",《世界哲学》2010 年第 4 期,第 81-92 页。

王路："西方哲学汉译的困惑与超越 —— 回应孙周兴教授的批评",《中国社会科学》2013 年第 4 期,第 28-39 页。

王路："哲学概念的翻译与理解 —— 以对'Being'的翻译为

例"，《哲学动态》2018 年第 3 期，第 60-68 页。

王庆节：《解释学、海德格尔与儒道今释》，北京：中国人民大学出版社，2004 年。

王庆节："亲在与中国情怀"，《自由的真谛 —— 熊伟文选》，北京：中央编译出版社，1997 年，第 395-399 页。

王晓朝："eimi—— 卡恩的希腊 ontology 的语言学导论 —— 与王路教授商榷"，《学术月刊》2004 年第 6 期，第 5-11 页。

王晓朝："读《'存在'和'是'》一文的几点意见"，载宋继杰主编：《BEING 与西方哲学传统》（上卷），保定：河北大学出版社，2002 年，第 48-54 页。

王晓朝："论'是'与'在'的可互换性 —— 以波埃修斯为例"，《清华大学学报》（哲社版）2006 年第 4 期，第 64-68 页。

王晓朝："用'存在'翻译 being 的合法性不能剥夺"，《江海学刊》2003 年第 3 期，第 207-212 页。

威廉·涅尔、码莎·涅尔：《逻辑学的发展》，张家龙、洪汉鼎译，北京：商务印书馆，1985 年。

辛亚民："'《归藏》殷易说'考辨"，《中国哲学史》2017 年第 1 期，第 47-53 页。

熊伟：《在的澄明 —— 熊伟文选》，北京：商务印书馆，2011 年。

熊伟：《自由的真谛 —— 熊伟文选》，北京：中央编译出版社，1997 年。

徐友渔、周国平、陈嘉映、尚杰：《语言与哲学：当代英美与德法传统比较研究》，北京：生活·读书·新知三联书店，1996 年。

许慎：《说文解字》，北京：中华书局，1985 年。

许慎：《说文解字》，北京：九州出版社，2001 年。

亚里士多德：《工具论》，余纪元等译，北京：中国人民大学出版社，2003年。

亚里士多德：《形而上学》，苗力田译，北京：中国人民大学出版社，2003年。

杨大春：《20世纪法国哲学的现象学之旅》，北京：社会科学文献出版社，2014年。

杨大春：《感性的诗学：梅洛-庞蒂与法国哲学主流》，北京：人民出版社，2005年。

杨祖陶，邓晓芒：《康德〈纯粹理性批判〉指要》，北京：人民出版社，2001年。

叶秀山：《哲学作为创造性的智慧——叶秀山西方哲学论集（1998-2002）》，南京：江苏人民出版社，2003年。

翟奎凤："易学史上的三易说"，《中国典籍与文化》2009年第2期，第45-52页。

张汝伦："论《哲学贡献》在海德格尔哲学中的地位"，《复旦学报》（社科版）2006年第5期，第40-48页。

张祥龙：《海德格尔传》，北京：商务印书馆，2007年。

张祥龙："海德格尔后期著作中的Ereignis"，《世界哲学》2008年第3期，第48-54页。

张祥龙：《海德格尔思想与中国天道——终极视域的开启与交融》，北京：生活·读书·新知三联书店，1996年。

张祥龙："海德格尔与孔子论诗的纯思想性——从'不可说'到'诗意之说'"，作者惠赠电子文稿。

张祥龙："海德格尔与儒家哲理视野中的'家'"，载倪梁康主编：《中国现象学与哲学评论》（第16辑"现象学与中国思想"），上海：上海译文出版社，2015年，第3-36页。

张祥龙："家与孝——从中西间视野看"，作者惠赠电子书稿。

张祥龙:《拒秦兴汉和应对佛教的儒家哲学》,桂林:广西师范大学出版社,2012 年。

张祥龙:《孔子的现象学阐释九讲 —— 礼乐人生与哲理》,上海:华东师范大学出版社,2009 年。

张祥龙:《思想避难:全球化中的中国古代哲理》,北京:北京大学出版社,2007 年。

张祥龙:《先秦儒家哲学九讲:从〈春秋〉到荀子》,桂林:广西师范大学出版社,2010 年。

张祥龙:《现象学导论七讲 —— 从原著阐发原意》(修订新版),北京:中国人民大学出版社,2011 年。

张志扬:"此行何处? —— 迷途问津",作者惠赠电子文稿。

张志扬:"大地、冥府:对显白技术之罪性的追问 —— 浅论希腊悲剧对海德格尔哲思的渗透",作者惠赠电子文稿。

张志扬:《一个偶在论者的觅踪:在绝对与虚无之间》,上海:上海三联书店,2003 年。

赵敦华:《西方哲学的中国式解读》,哈尔滨:黑龙江人民出版社,2002 年。

朱刚:"生育现象学 —— 从列维纳斯到儒家",载倪梁康主编:《中国现象学与哲学评论》(第 16 辑"现象学与中国思想",上海:上海译文出版社,2015 年,第 74-110 页。

紫愚:"翻译与思想 —— 以马丁·海德格尔全集第 65 卷 128 节为例",《科学·经济·社会》2013 年第 1 期,第 13-18 页,24 页。

六、常用工具书

Collins Latin Dictionary, New York: Harper Collins Publishers, 2005.

Deutsches Wörterbuch 29, Leipzig: S. Hirzel, 1854–1960.

Dudenredaktion, ed., Duden 01: *Deutsches Universalwörterbuch*, Mannheim: Dudenverlag, 2003.

Dudenredaktion, ed., Duden 07: *Das Herkunftswörterbuch: Etymologie der deutschen Sprache*, Mannheim: Dudenverlag, 2001.

Oxford Dictionary of Philosophy, New York: Oxford University Press, 1996.

Philosophisches Wörterbuch, Berlin: Walter de Gruyter, 1958.

The Cambridge Dictionary of Philosophy, Cambridge: Cambridge University Press, 1999.

The Oxford Companion to Philosophy, New York: Oxford University Press, 1995.

《辞源》（合订本 1–4 ），北京：商务印书馆，1998 年。

《古汉语常用字字典》，北京：商务印书馆，2005 年。

《古希腊语汉语词典》，北京：商务印书馆，2005 年。

《瓦里希德语词典》，北京：商务印书馆，2005 年。

《西方哲学英汉对照辞典》，北京：人民出版社，2001 年。

《现代汉语词典》，北京：商务印书馆，2016 年。

王力：《同源字典》，北京：商务印书馆，2002 年。

香港中文大学、人文电算研究中心：汉语多功能字库，http://humanum.arts.cuhk.edu.hk/Lexis/lexi-mf。

七、作者本人已独立发表的相关论文

Li, J., "A Promising Meta-Metaphysics. An Interview with Adrian Moore", *Studies in Logic* 12 (6), 2019, pp. 108–124.

Li, J., "Both Wittgenstein and Kant Beg the Question", *Philosophical Investigations* 42 (1), 2019, pp. 61-65.

Li, J., "The Hidden Set-Theoretical Paradox of the *Tractatus*", *Philosophia* 46 (1), 2018, pp. 159-164.

李菁："《逻辑哲学论》思想结构之谜 —— 从'语言的球（囚）笼'到'诸对象的逻辑建筑学'"，《哲学研究》2012 年第 1 期，第 85-90 页。

李菁："虫洞？ —— 海德格尔的存在之旅"，《世界哲学》2009 年第 2 期 "青年哲学家论坛"（编辑部约稿），第 70-84 页。

李菁："从形训看为何要把 Sein 译为是"，《现代哲学》2020 年第 2 期，第 79-85 页。

李菁："海德格尔与维特根斯坦比较研究述评"，《自然辩证法研究》2008 年第 5 期，第 83-87 页。

李菁："何谓 Ereignis？ —— 略论作为"兴有"的 Ereignis"，载倪梁康主编：《中国现象学与哲学评论》（第 16 辑 "现象学与中国思想"）（编辑部约稿），上海：上海译文出版社，2015 年，第 144-167 页。

李菁："另一种集合论悖论 WSP——《逻辑哲学论》之世界-语言悖论"，《世界哲学》2015 年第 6 期，第 15-22 页。

李菁："论 Being 汉译两派之共同预设"，《自然辩证法通讯》2020 年第 12 期。

李菁："论马克思对古典存在论的二重超越"，《上海交通大学学报》（哲社版）2007 年第 1 期，第 79-83 页。

李菁："论作为马克思主义之'真理'的科学社会主义"，《教学与研究》2012 年第 12 期，第 74-79 页。

李菁："親親：现象学第五阶"，载姚新中暨中国人民大学哲学院主编：《哲学家 2017》（编辑部约稿），北京：人民出版社，2018 年，第 149-162 页。

李菁："任何一种后-存在学的存在之思是如何可能的？—— 勘探维特根斯坦的存在历史位置"，载赵敦华主编：《外国哲学》第 23 辑 "北京大学纪念熊伟诞辰 100 周年现象学专号"（编辑部约稿），北京：商务印书馆，2012 年，第 341-360 页。

李菁："扫帚与讲台 —— 语言的和现象学的分析"，《浙江社会科学》2010 年第 6 期，第 71-76 页。

李菁："什么是真理？—— 海德格尔和维特根斯坦的不同应答"，《世界哲学》2011 年第 3 期，第 139-149 页。

李菁："维特根斯坦存在之思 ——《逻辑哲学论》的一种现象学素描"，《世界哲学》2008 年第 2 期，第 25-34 页。

李菁："维特根斯坦的 '千高原' ——《哲学研究》的一种现象学素描"，《现代哲学》2011 年第 4 期，第 84-91 页。

李菁："维特根斯坦与梅洛-庞蒂 '语言观' 的一种尝试比较"，《自然辩证法研究》2006 年第 1 期，第 48-52 页。

李菁："哲学与科学的可能性之间的循环证明 —— 从康德《纯粹理性批判》的视域看"，《同济大学学报》（哲社版）2007 年第 5 期，第 22-28 页。

关键词译名对照表 ①

$[\bar{p}, \bar{\xi}, N(\bar{\xi})]$，命题的一般形式，真值函数的一般形式

$N(\bar{\xi})$，一种基本真值运算，即对括弧里 ξ 取的所有值分别进行否定，并且对这些否定过的命题进行合取

$2^{\aleph_0}$，连续统的势

$\aleph$，阿列夫

$\aleph_0$，阿列夫零

$\aleph_1$，阿列夫一

ξ，一个变项

AC，选择公理，Axiom of Choice

BS，语言图象论，Bildtheorie der Sprache

LSZ，生活形式-语言游戏-显示，Lebensform-Sprachspiel-Zeigen

MP，数学方案，Mathematische Plan

MUP，形而上学-无意义悖论，Metaphysik-Unsinn Paradox

PP，哲学方案，Philosophische Plan

S 是，S ist

S 是 P，S ist P

WLS，世界图象-生活形式-语言游戏，Weltbild-Lebensform-Sprachspiel

---

① 由于本书所涉外文哲学文献多为德语，所以"关键词译名对照表"以"中-德对照"为主，必要时亦会涉及古希腊文、拉丁文、法文和英文等语种。

WSP，世界-语言悖论，Welt-Sprache Paradox

ZFC，含选择公理的策梅洛-弗兰克尔集合论，Zermelo-Fraenkel Set Theory with the axiom of choice

爱，lieben，Liebe

八种语言方式，Acht Sprachweisen

白洞，weiße Loch

摆置，Stellen

被动综合，passive Synthesis

背景，Hintergrund

悖论，Paradox

被疏敞者，Gelichtete

被兴有者／为兴有所兴有的东西，Ereignete

本己的，eigen

本生，wesen，Wesen

本生化，Wesung

本生者，Wesende

本生之语言／本质之语言，Sprache des Wesens

本体-游戏-拓扑学，Onto-Spiel-Topologie

本性／自然，Natur

本真的，eigentlich

本质，ti estin，essentia，Wesen，Was-Sein

比较，vergleichen

庇护，Bergen

边界／界线，Grenze

辩证法，Dialektik

表达，Darstellung

不可数的，unzählbar

不可说的，unaussprechlich

不可说者，Unaussprechliches

不在场者，Abwesende

布拉里－福尔蒂悖论，Burali-Forti's paradox

草绘／描画／抛投，entwerfen，Entwurf

曾在，Gewesen

曾在的，gewesend

曾在着的－当下化着的将来，gewesend-gegenwärtigende Zukunft

差异，Differenz

场／此／该／闻／境／親／缘／朕，Da

场在／此在／该在／闻在／境在／親在／缘在／朕在，Dasein

敞开之境，Offene

超穷基数，transfinite Kardinalzahl

超越，über-fahren

超越／超验，Transzendenz

超越的／超验的，transzendent

沉默，Schweigen

沉思，Besinnung

陈述，Aussage

持存，Bestehen

持留，bleiben

持续，währen

冲创／创建，stiften，Stiftung

虫洞，Einstein-Rosen bridge，Wurmloch

稠密（化）／密林（化），dichte Wald，Dickung

出神着－指派着的反转，entrückend-zuweisende Widerwendung

处境／情境，Situation

处所／地方／位置，topos，Ort

穿越，durch-fahren

传达，Mitteilung

传送／致戏，Zuspiel

纯粹的，rein

纯粹理性，reine Vernunft

纯粹理性批判哲学，Philosophie der Kritik der reinen Vernunft

纯粹理性之球（囚）笼，Sphäre der reinen Vernunft

纯粹数学，reine Mathematik

纯粹思想，reines Denken

纯粹现象，reines Phänomen

纯粹现象学，reine Phänomenologie

纯粹之我，reine Ich

纯粹自然科学，reine Naturwissenschaft

词／大词／语词，Wort

词源学／字源学，Etymologie

词源学的／字源学的，etymologisch

慈，CI

赐予／给予，geben，gibt

赐予者／给予者，Gebende

从……而来结构，from-structure

存，CUN，eimi，estin，einai，on，am，is，to be，being，bin，ist，sein，Sein，~~Sein~~

存　有，CUNYOU，eimi，estin，einai，on，am，is，to be，

being，bin，ist，sein，Seyn，~~Sein~~

　　存有本身，Seyn selbst

　　存有历史/存有之历史，Seynsgeschichte，Geschichte des Seyns

　　存有历史之思，Seynsgeschichtliche Denken

　　存有之本生，Wesen des Seyns

　　存有之本生化，Wesung des Seyns

　　存有之思，Denken des Seyns

　　存有之真理，Wahrheit des Seyns

　　存在（之）历史，Seinsgeschichte，Geschichte des Seins

　　存在，CUNZAI，eimi，estin，einai，on，am，is，to be，being，
bin，ist，sein，Sein，~~Sein~~

　　存在/实存，oti estin，existentia，existieren，Existenz，Daß-Sein

　　存在本身，Sein selbst

　　存在-大词，Sein-Wort

　　存在的，ontisch

　　存在地志学/存在拓扑学，Topologie des Seins

　　存在-神-逻辑学，Onto-Theo-Logik

　　存在思想/存在之思，Denken des Seins

　　存在思想三元结构/存在之思三元结构，Drei-Element-Struktur
des Denkens des Seins

　　存在思想（历）史，Geschichte des Denkens des Seins

　　存在问题，Seinsfrage

　　存在学，Ontologie

　　存在学差异，ontologische Differenz

　　存在学的，ontologisch

　　存在学的/实存学的，existenzial

存在学历史，Geschichte der Ontologie

存在者，Seiende

存在者之存在，Sein des Seienden

存在之思念，Andenken an das Sein

存在之天命，Geschick von Sein

存在之意义，Sinn von Sein

存在之真理，Wahrheit des Seins

达到，Reichen

大地，Erde

大有，DAYOU

单射的，injektiv

当下 / 现在，Gegenwart

当下的 / 现在的，gegenwärtig

到时方式，Zeitigungsweise

道，DAO，TAO

道路，Weg

道说，sagen，Sage

等式，Gleichung

等势的，equinumerous

等同者，Gleiche

地带，Gegend

地基 / 根基 / 根据 / 基础，Fundament，Grund，Grundlage

地平线 / 视野 / 视域，Horizont

地志学 / 拓扑学，Topologie

第三个海德格尔，The Third Heidegger

第三个维特根斯坦，The Third Wittgenstein

第三者，Drittes

第一开端，der erste Anfang

颠倒 / 掉头，Umkehrung

点，Punkt

奠基，gründen，Gründung，begründen，Begründung，Grundlegung

东西 / 某物，etwas

逗留，verweilen，Weilen

独一无二的 / 唯一的，einzig

断真 / 真是，wahrsein

对撑 / 对构 / 对织 / 互生 / 相生，einander bilden，einander formen

对冲，Hedging，Absicherung

对话，Gespräch

对立而站者 / 对象，Gegenstand

对象性，Gegenständlichkeit

对象性的，gegenständlich

二重性，Zwiefalt

发送，Schicken

翻-译 / 转-置，über-setzen

烦，sorgen，Sorge

反映 / 映射 / 映照，spiegeln

返回步伐，Schritt zurück

范畴，Kategorie

方法，Methode

非-我，Nicht-Ichliche

非真理，Unwahrheit

非主体之核心，nichtsubjektive Kern

分环钩连，Artikulation

分环钩连的 / 分音节的，artikuliert，gegliedert

分解，Austrag

分析，Analyse

分析的，analytisch

分析命题，analytische Satz

分析哲学，analytische Philosophie

风景速写 / 风景素描，Landschaftsskizze

佛法，Buddha Dharma

佛家 / 佛学，Buddhismus

夫，Mann

夫-妇 / 親偶，Mann-Frau

扶手椅哲学家，Sessel Philosoph

符号，Symbol

符 合 / 协 调 / 一 致，omoiosis，adaequatio，übereinstimmen，Übereinstimmung

妇，Frau

复合体 / 复合物，Komplex

概念，Begriff

概念文字，Begriffsschrift

感觉予料，sense-data

感性，Sinnlichkeit

感性的，sinnlich

高原 / 平台，Plateau

艮，GEN

工具，Instrument

公正性，Gerechtigkeit

共鸣，Anklang

构成／缘构成，bilden，Bildung

构造，Konstitution

顾及，Rücksicht

卦，GUA

关节／接缝，fügen，Fuge，Fügung

关联／关系／牵引，Beziehung，Bezug，Relation，Verbindung，Verhältnis

光，Licht

光亮，Helle

光亮的，hell

归藏，GUICANG

归有（化），vereignen，Vereignung

规定，bestimmen，Bestimmung

规则，Regeln

轨道，Bahn

过程，Vorgang

还原，Reduktion

海德格尔最后之问，Heideggers letzte Frage

含摄，enthalten

函数，Funktion

汉语是学／汉语本体论／中文是学／中文本体论，Chinesische Ontologie

合一性，Einheit

河，Fluß

河床，Flußbett

核心／心脏／中心，Herz

黑洞，schwarze Loch

黑皮书，Schwarze Hefte

黑夜化，Nachtung

后-存在学的，meta-ontologisch，post-ontologisch

后-存在学的存在之思，meta-ontologisches Denken des Seins，
post-ontologisches Denken des Seins

后-后物理学／后-形而上学，Meta-Metaphysik

后-后物理学的／后-形而上学的，meta-metaphysisch

后-神学之神思，meta-theologisches Denken Gottes

后-是学之是思，meta-ontologisches Denken des Seins，post-
ontologisches Denken des Seins

后物理学／形而上学，Metaphysik

后物理学的／形而上学的，metaphysisch

胡说／无意义，Unsinn

胡说的／无意义的，unsinnig

互摄，einander enthalten

互属，zueinander gehören

画集，Album

唤，rufen

灰洞，graue Loch

回返诸实事本身，auf die Sachen selbst zurückgehen

会／理解／领会，Verstehen

混沌，Chaos

活动，Tätigkeit

火，Feuer

获有（化），aneignen，Aneignung

积木，Bauklötzchen

基本命题，Elementarsatz

基本情调，Grundstimmung

基础存在学，Fundamentalontologie

基础是学，Fundamentalontologie

基数，Kardinalzahl

基之无基，Abgrund des Grundes

急迫，Not

集-恩 / 思想，Ge-danke

集缝 / 结构，Gefüge

集合，Menge

集合论，Mengenlehre

集合论悖论，Paradoxien der Mengenlehre

集环，Gering

集四，Geviert

集置，Gestell

集-置，ge-stellen

记号，Zeichen

寂静钟音，Geläut der Stille

家 / 家庭 / 家族，Familie

家 / 家乡 / 家园，Heim，Heimat

家园世界，Heimwelt

假，Falsche

假的，falsch

假是 / 假在，Falschsein

假说，Hypothese

假性，Falschheit

間，JIAN，Da

間是，Dasein

間-是，Da-sein

間是之是，Sein des Daseins

間-在，Da-sein

間在整体性之实存学-存在学建构，existenzial-ontologische Verfassung der Daseinsganzheit

間在之展开状态，Erschlossenheit des Daseins

简单的，einfach

见 / 看，Sehen

建构世界的，weltbildend

将来 / 将在，Zukunft

将来的 / 将在的，zukünftig

讲台，Katheder

讲台体验，Kathedererlebnis

交叠，überlappen

交往，Verkehr

铰链，Angel，hinge

铰链命题，hinge proposition

结构，Struktur

解释，Auslegung，Erläuterung

解释学，Hermeneutik

解释学的，hermeneutisch

解释学的直观，hermeneutische Intuition

解释学循环，hermeneutische Zirkel

近邻关系，Nachbarschaft

近性，Nahheit

经验 / 体验，erfahren，Erfahrung

镜子 / 映射，Spiegel

救渡，retten

居间，Inzwischen

居住 / 栖居，wohnen

句法的，syntaktisch

拒绝，Verweigerung

聚集，Versammeln，Versammlung

绝对他性，absolute Andersheit

绝对他者，absolute Andere

绝对知识，absolute Wissen

绝然的，apodiktisch

卡普兰悖论，Kaplan's paradox

开动 / 开端 / 启始 / 端 / 元，anfangen，Anfang

开端的，anfänglich

开端性，Anfängnis

开路 / 开辟道路，bewëgen

开路化，Bewëgung

开路者，Bewëgende

勘-探 / 兴-位，er-örtern

康托尔悖论，Cantor's paradox

康托尔-伯恩施坦-施罗德定理，Cantor-Bernstein-Schröder Theorem

科学，Wissenschaft

科学的，wissenschaftlich

科学的可能性，Möglichkeit der Wissenschaft

科学的哲学，wissenschaftliche Philosophie

可能世界，mögliche Welt

可能事况，mögliche Sachlage

可数的，zählbar

克服，überwinden，Überwindung

客体，Objekt

空（間），Raum

口语／日常语言，Umgangssprache

扣留，Vorenthalten

坤，KUN

离，LI

理论的，theoretisch

理论的东西，theoretisches Etwas

理论化，Theoretisierung

理想，Ideal

理性，Vernunft

力轴／阴谋诡计，Machenschaft

历史，Geschichte

历史性的／历史性地，geschichtlich

历史学，Historie

连山，LIANSHAN

连续统假设，continuum hypothesis

联结，verbinden

脸，Gesicht

裂缝 / 裂隙，Riß，Zerklüftung

林間空地 / 疏敞地 / 疏敞化，clairière，Waldlichtung，Lichtung

林間路，Holzweg

另一开端，der andere Anfang

六十四卦，LIUSHISIGUA

路标，Wegmark

伦理学，Ethik

轮-廓，Auf-Riß

论证，begründen

罗素悖论，Russell's paradox

罗素-麦西尔悖论，Russell-Myhill paradox

逻各斯，logos

逻辑（学），Logik

逻辑的（数学的）多样性，logische (mathematische) Mannigfaltigkeit

逻辑地说，logisch sprechen

逻辑空間，logische Raum

逻辑命题，Satz der Logik

逻辑实体，logische Substanz

逻辑属性，logische Eigenschaft

逻辑斯蒂，Logistik

逻辑图象，logische Bild

逻辑位置，logische Ort

逻辑形式，logische Form

逻辑原象，logische Urbild

逻辑之我，Ich der Logik

逻辑秩序，logische Ordnung

逻辑主义，Logizismus

满射的，surjektiv

矛盾式，Kontradiktion

美学，Ästhetik

蒙，MENG

迷宫，Labyrinth

迷误，Irre

名称，Name

明见的，evident

明见性，Evidenz

命名，nennen，Bezeichnung

命题，Satz

命题记号，Satzzeichen

命运，Schicksal

模态实在论，modale Realismus

目的，Ziel

内在，Immanenz

内在的，immanent

内在关系，interne Beziehung

能动的，tätig

能听，Hörenkönnen

欧陆哲学，kontinentale Philosophie

排除，Ausschaltung

判断，Urteil

配置，Konfiguration

碰撞，Anrennen

批判的，kritisch

普遍化，Verallgemeinerung

起兴 / 升起 / 涌现 / 绽开，physis，aufgehen，Aufgang

起因于，motiviert in

千高原 / 千块平台，Tausend Plateaus

千高原地志学 / 千高原拓扑学，Topologie von Tausend Plateaus

前-存在学的存在之思，vor-ontologisches Denken des Seins

前理论的东西，vortheoretisches Etwas

前摄，Protention

前世界的东西，vorweltliches Etwas

前瞻，Vorblick

乾，QIAN

强力，Macht

强力意志，Wille zur Macht

切近，Nähe

切近世界，Nahwelt

亲缘的，verwandt

亲缘关系，Verwandtschaft

轻柔的，leicht

情调，Stimmung

情绪震颤状态，affektives Betroffensein

親，QIN，Eltern，Kinder，Ehe，Familie，Verwandtschaft，verwandt，Sehen，sehen.

親偶关系，Mann-Frau Beziehung

親親，QINQIN，Eltern，Kinder，Ehe，Familie，Verwandtschaft，verwandt，Sehen，sehen.

親親的天球仪，QINQIN-Himmelsglobus

親親的原始横向空間结构关系，QINQIN-Beziehung der ursprünglichen horizontalen räumlichen Struktur

親親的原始纵向时間发生关系，QINQIN-Beziehung der ursprünglichen longitudinalen zeitlichen Genesis

親親-现象学，QINQIN-Phänomenologie

親-子，Eltern-Kinder

親子关系，Eltern-Kinder Beziehung

球（囚）笼，Sphäre

区别 / 区分，Unterschied

去蔽，entdecken，entbergen，Entbergung

去有 / 归隐，enteignen，Enteignis

去远，entfernen

缺乏世界的，weltarm

缺乏意义的，sinnlos

确实性，Gewißheit

让看的，apophantisch

让-任显示自身，sich zeigen lassen

让显现，erscheinen lassen，Erscheinenlassen，Scheinenlassen

让在场，Anwesenlassen

人，Mensch

人道，Menschentum

仁，REN

日，RI，Sonne

日正，RIZHENG

如何，Wie

儒家 / 儒学，Konfuzianismus

入闪，Einblitz

三个海德格尔，Three Heideggers

三个维特根斯坦，Three Wittgensteins

三元（素），Drei Elemente

扫帚，Besen

闪电化，Blitzung

闪烁，Blitzen

闪耀，Leuchten

善，SHAN，Gut

上到手头的 / 上手的，zuhanden

上到手头的存在者 / 上手存在者，zuhandene Seiende

上到手头的是者 / 上手是者，zuhandene Seiende

上到手头之是，Zuhandensein

上手事物，Zuhandenes

身体，Leib

身体-现象学，Leib-Phänomenologie

深思，Überlegung

什么，Was

神 / 上帝，Gott

神存在 / 上帝存在 Gott ist

神话，Mythologie

神秘的，mystisch

神是 / 上帝是，Gott ist

神思，Denken Gottes

神学，Theologie

神学的，theologisch

生成 / 转化，Werden

生活世界现象学，Phänomenologie der Lebenswelt

生活形式，Lebensform

剩余，Residuum

诗（化），Dichtung

诗 / 作诗，dichten

诗意的 / 诗意地，dichterisch

诗意地栖居，dichterisch wohnen

诗者 / 诗人，Dichter

十，SHI，Zehn

时（間），Zeit

时（間）-空（間），Zeit-Raum

时机化，Zeitigung

时間化 / 时間着，zeitigen

时間-游戏-空間，Zeit-Spiel-Raum

时間之球（囚）笼，Sphäre der Zeit

时中，SHIZHONG，Zeitigung

实，SHI

实际的，faktisch

实际生活经验，faktische Lebenserfahrung

实践，Praxis

实践-存在思想，Denken des Praxis-Seins

实践的，praktisch

实践-现象-学，Praxis-Phänomeno-logie

实践之我，Ich der Praxis

实情 / 实事 / 事 / 事情 / 事物 / 物，Sache

实事本身 / 事情本身，Sache selbst

实事领域，Sachgebiet

实数，reelle Zahl

实体，Substanz

实现，energeia

实证科学，positive Wissenschaft

使用 / 用法 / 运用，gebrauchen，Gebrauch

世界，Welt

世界地带，Weltgegend

世界观，Weltansicht，Weltanschauung

世界化 / 世界着，welten

世界图景，Weltbild

世界性质的东西，welthaftes Etwas

视域融合 / 视域综合，Horizontverschmelzung

势，Kardinalität

事件 / 发生 / 演历，Geschehen，Geschehnis，Vorkommnis

事况，Sachlage

事实，Tatsache，Fall

事态 / 基本事态，Sachverhalt

是（之）思，Denken des Seins

是（之 历）史，Seinsgeschichte，Geschichte des Seins，Seynsges-chichte，Geschichte des Seyns

是，SHI，eimi，estin，einai，on，am，is，to be，being，bin，

ist，sein，Sein，Seyn，~~Sein~~，~~Seyn~~

　　是被遗忘，Seinsvergessenheit

　　是本身，Sein selbst，Seyn selbst

　　是的，ontisch

　　是的诸怪圈 / 是的诸圈套，loops of Being

　　是－神－逻辑学，Onto-Theo-Logik

　　是史之思，Seynsgeschichtliche Denken

　　是－闶，sein-Da

　　是－现象学，Sein-Phänomenologie

　　是学，Ontologie

　　是学差异，ontologische Differenz

　　是学的，ontologisch

　　是者，Seiende

　　是者性，Seiendheit

　　是者之是，Sein des Seienden

　　是之，des Seins

　　是之地志学 / 是之拓扑学，Topologie des Seyns

　　是之逻辑学，Logik des Seins

　　是之千高原，Tausend Plateaus des Seyns

　　是之区域，Seinsregion

　　是之我，Ich des Seyns

　　是之真理，Wahrheit des Seins

　　手，Hand

　　手稿，Manuskript

　　疏敞，lichten

　　疏敞的，licht

疏敞地－兴有－道说，Lichtung-Ereignis-Sagen

疏敞地与遮蔽之原始争执，Urstreit von Lichtung und Verbergung

疏敞地之球（囚）笼，Sphäre der Lichtung

疏敞者，Lichte

述谓，Prädikation

述谓主义，Prädikativismus

数学，Mathematik

数学的，mathematisch

数学命题，mathematische Satz

数字，Zahl

双射的，bijektiv

顺序／秩序，Ordnung

瞬间，Augenblick

瞬间场境，Augenblicksstätte

思（想／维），denken，Gedanke

思辨的，spekulativ

思的事情／思事，Sache des Denkens

思念，Andenken

思想－通道，Gedanken-gang

思想之河床，Flußbett der Gedanken

思者／思人，Denker

四化，Vierung

四维的，vierdimensional

四元，Vier

素朴集合论，naive Mengenlehre

他性，Andersheit

他者，Andere

他者-现象学，Andere-Phänomenologie

它，Es

它存在，Es ist

它给予/有，Es gibt

它是，Es ist

太极，TAIJI

泰，TAI

提供地带，gegnen

提供地带者，Gegnende

体系，System

体验，erleben，Erlebnis

体验世界，Erlebniswelt

天（空），Himmel

天命，Geschick

天命性的，geschicklich

天舞宝轮，Great Heaven Treasure Wheel

调节性的，regulativ

跳跃，springen，Sprung

听/闻，Hören

通道，Gang

通生，durchwesen

通生化，Durchwesung

同时，Zugleich

同一的，identisch

同一者，Selbe

统觉，Apperzeption

投影，Projektion

突兀，Jähes

图象，Bild

脱弃生活，entleben，Entlebung

外观 / 外貌 / 相 / 象，eidos，idea，Idee，Aussehen，Form，Bild

外延公理，Axiom of Extensionality

完成，Vollendung

微观-政治学，Mikro-Politikwissenschaft

危机，Gefahr

为了……结构，for-struture

为自行遮蔽之疏敞地，Lichtung für das Sichverbergen

唯识学，Consciousness-Only School

唯我论，Solipsismus

唯一性，Einzigkeit

维度，Dimension

伪命题，Scheinsatz

未来之思，künftige Denken

畏，Angst

谓词，Prädikat

文献 / 贡献，Beitrag

问题体验，Frageerlebnis

我，Ich

我极，Ichpol

我执-超越，Ich-Transzendenz

无蔽，aletheia，Unverborgene，Unverborgenheit

无-底的／无-基的，ab-gründig

无基／深渊，Abgrund

无基的／深渊的，abgründig

无基性，groundlessness

无基之基，groundless ground

无极，WUJI

无穷，Unendlichkeit，infinity

无穷的，unendlich

无穷公理，Axiom of Infinity

无世界的，weltlos

无限维的親親球，QINQIN-Kugel der unendlichen Dimensionen

物，Ding

希尔伯特无穷旅馆，Hilbert's Infinite Hotel

系词，Kopula

先行于自身的-已经在……中的-作为寓于……的存在，Sich-vorweg-sein - im-schon-sein-in... - als Sein-bei...

先天，Apriori

先天的／先天地，a priori

先天认识，apriorische Erkenntnis

先天秩序，Ordnung a priori

先天综合判断，synthetische Urteile a priori

先验的，transzendental

先验还原，transzendentale Reduktion

先验科学，transzendentale Wissenschaft

先验理念，transzendentale Ideen

先验世界，transzendentale Welt

先验统觉，transzendentale Apperzeption

先验现象学，transzendentale Phänomenologie

先验意识，transzendentale Bewußtsein

先验主观性 / 先验主体性，transzendentale Subjektivität

先验主体性之球（囚）笼，Sphäre der transzendentalen Subjektivität

先验自我，transzendentale Ich

显示，zeigen

显示自身 / 自行显示，sich zeigen

显-隐二重性，Zeigen-Verbergen Zwiefalt

现成存在者，vorhandene Seiende

现成的 / 现成在手的，vorhanden

现成是者 / 现成在手的是者，vorhandene Seiende

现成在手之是，Vorhandensein

现成在手状态的存在学，Vorhandenheitsontologie

现成在手状态的语义学，Vorhandenheitssemantik

现身情态，Befindlichkeit

现实的，wirklich

现实性，Wirklichkeit

现象，phainesthai, phainomenon, Phänomen

现象本身，Phänomen selbst

现象学，Phänomenologie

现象学的，phänomenologisch

现象学的地球仪，Globus der Phänomenologie

现象学的东西，phänomenologische Etwas

现象学的高尔吉亚之问，Gorgias Probleme der Phänomenologie

现象学的彭罗斯阶梯，Penrose Treppe der Phänomenologie

现象学的千高原，Tausend Plateaus der Phänomenologie

现象学的诸洞穴，Höhlen der Phänomenologie

现象学的诸迷宫，Labyrinthe der Phänomenologie

现象学第二阶，zweite Familie der Phänomenologie

现象学第三阶，dritte Familie der Phänomenologie

现象学第四阶，vierte Familie der Phänomenologie

现象学第五阶，fünfte Familie der Phänomenologie

现象学第一阶，erste Familie der Phänomenologie

现象学构造，phänomenologische Konstitution

现象学还原，phänomenologische Reduktion

现象学排除，phänomenologische Ausschaltung

现象学剩余，phänomenologische Residuum

现象学五阶，fünf Familien der Phänomenologie

献有，zueignen

相互-达到，Sich-einander-Reichen

相互-面对，Gegen-einander-über

象，XIANG，bilden，Bild

小宇宙，Mikrokosmos

孝，XIAO

孝-慈，XIAO-CI

谢恩，danken，Danke

心，XIN

新-存在之思／新-存在思想，Neues-Denken des Seins

新维特根斯坦，The New Wittgenstein

星际（穿越），Interstellar

行动，Handeln，Handlung

形而上学主体，metaphysische Subjekt

形式，Form

形式的，formal

形式概念，formale Begriff

形式化，Formalisierung

形式指引，formale Anzeige

形式主义，Formalismus

兴，XING，er-，aufgehen，bewirken，herbeiführen，bekommen，hervorbringen

兴合，ereinigen

兴见，eräugnen，eräugen，Eräugnis

兴开，eröffnen

兴看，erblicken

兴默，erschweigen

兴疏，erlichten

兴思，erdenken

兴跳，erspringen

兴问，erfragen

兴有，ereignen，Ereignis

兴有地志学 / 兴有拓扑学，Topologie des Ereignisses

兴有化，Ereignung

兴有者，Ereignende

兴有之底片，photographische Negativ des Ereignisses

兴有之球（囚）笼，Sphäre des Ereignisses

性，XING

学，-logie，Logik

循环证明，zirkuläre Demonstration

言／语言，sprechen，Sprache

言说，sprechen

言谈，reden，Rede

言谈之所及，Beredete

言谈之所云，Geredete

颜色，Farbe

眼睛，Augen

扬弃，aufheben

阳，YANG

爻，YAO

一般东西，etwas überhaupt

一般生活，Leben überhaupt

一般哲学，Philosophie überhaupt

遗稿，Nachlaß

艺术作品，Kunstwerk

异化，Entfremdung

易，YI

易道，YIDAO

意见，doxa，Meinung

意识-现象学，Bewußtsein-Phänomenologie

意识之主体性，Subjektivität des Bewußtseins

意向性，Intentionalität

意向意识，intentionale Bewußtsein

意义，Sinn

意蕴，Bedeutsame

意志，Wille

因果律，Kausalitätsgesetz

阴，YIN

阴-阳，YIN-YANG

引导词 / 主导词，Leitwort

隐逸，entziehen

映射，mapping

映射-游戏，Spiegel-Spiel

用作，used as，verwendet als

游戏，spielen，Spiel

游戏规则，Spielregeln

游戏-空閒，Spiel-Raum

有，YOU，eimi，estin，einai，on，am，is，to be，being，bin，

ist，sein，Sein，~~Sein~~

有 / 本有，eignen

有化 / 本有化，Eignung

有穷的，endlich

有穷基数，endliche Kardinalzahl

有穷集合，endliche Menge

有穷主义，Finitismus

有色性，Färbigkeit

有限整体，begrenztes Ganzes

有意义的命题，sinnvolle Satz

与，und

语法，Grammatik

语言本生 / 语言本质，Sprachwesen

语言方式，Sprachweise

语言形式，Sprachform

语言游戏，Sprachspiel

语言哲学，Sprachphilosophie

语言之本生 / 语言之本质，Wesen der Sprache

语言之球（囚）笼，Sphäre der Sprache

语义的，semantisch

语义学悖论，semantische Paradox

元亨，YUANHENG

元素，Element

元-元-本体论的，meta-meta-ontologisch

原-敞开之境，Ur-offene

原非-我，urtümliches Nicht-Ich

原活当下，urlebendige Gegenwart

原活儒家 / 原活儒学，urlebendige Konfuzianismus

原始存在，ursprüngliche Sein

原始存在思想，ursprüngliche Denken des Seins

原始的 / 原（的），ur-，ursprünglich

原始-东西，Ur-etwas

原始空间，ursprüngliche Raum

原始儒家 / 原始儒学，ursprüngliche Konfuzianismus

原始时间，ursprüngliche Zeit

原始语言，primitive Sprache

原始语言形式，primitive Sprachform

原始争执，Urstreit

原始直观及其明见性，originäre Intuition und ihre Evidenz

原－事，Ur-Sache

原－是，Ur-Sein

原素，Urhyle

原跳，Ursprung

原－我，Ur-Ich

原我，urtümliches Ich

原－现象，Ur-phänomen

原－象，Ur-bild

原－形，Ur-form

原印象，Urimpression

原语言，Ursprache

原－在，Ur-Sein

圆环，Ring

圆舞，Reigen

晕，Hof

载体，Träger

在，ZAI，eimi，estin，einai，on，am，is，to be，being，bin，ist，sein，Sein，~~Sein~~

在……之中结构，in-structure

在场，anwesen

在场性，ousia，Anwesenheit

在场者，Anwesende

在－该－世界－存在 / 在世存在，In-der-Welt-sein

在－该－世界－是 / 在世之是，In-der-Welt-sein

赠礼，Gabe

赠予，Schenken

展示，Aufzeigung

绽－出的，ek-sistent

绽－出之自由，ek-sistente Freiheit

遮蔽 / 密藏 / 葆藏 / 隐卷，lethe，verbergen，Verbergung

哲（学）－思（想），Philosophie-Gedanke，philosophieren-denken

哲学 / 爱智 / 热爱智慧，Philosophie，philosophieren

哲学的，philosophisch

哲学家 / 哲人，Philosoph

哲学札记，philosophische Bemerkung

哲学之我，philosophische Ich

褶皱，Falten，wrinkles

真（理），Wahre

真的，wahr

真空之地，Leere

真理 / 真性，Wahrheit

真理－存在－语言，Wahrheit-Sein-Sprache

真是 / 真在，Wahrsein

真正的命题，authentische Satz

真值，Wahrheitswert

真值函数，Wahrheitsfunktion

争执，Streit，Streitfall

整数，ganze Zahl

整体，Ganze

正，ZHENG

诸对象之逻辑建筑学，logische Architektur der allen Gegenstände

诸家族親近性 / 诸家族相似性，Familienähnlichkeiten

诸将来者，Zukünftigen

诸命题的澄清，Klarwerden von Sätzen

诸神，Götter

诸神性者，Göttlichen

诸世界图象-诸生活形式-诸语言游戏，Weltbilde-Lebensform-en-Sprachspiele

诸他者-穿越，Anderen-Hindurchreisen

主词 / 主体，Subjekt

主动综合，aktive Synthesis

主观的 / 主体的，subjektiv

主观性 / 主体性，Subjektivität

主体间性，Intersubjektivität

转渡 / 通道，Übergang

转向，Kehre

转有，übereignen

子，ZI，Kinder

自行遮蔽着的庇护之疏敞地，Lichtung des sich verbergenden Bergens

自然律，Naturgesetz

自然数，natürliche Zahl

自身被给予的，selbstgegeben

自由，Freiheit，Freyheit

自由的，frei

自由之境，Freie

自在生活，Leben an sich

综合，Synthese

综合的，synthetisch

总体化，Generalisierung

最后之神，letzte Gott

最清白无邪之事业，unschuldigste aller Geschäffte

最危险之财富，Güter Gefährlichstes

作品／著作，Werk

作为，als

作为……结构，as-structure

人名译名对照表 ①

Achilles 阿基里斯

Adorno, T. W. 阿多诺

Althusser, L. 阿尔都塞

Ambrose, A. 安布罗斯

Anaximander 阿那克西曼德

Apel, K. O. 阿佩尔

Aquinas, T. 托马斯·阿奎那

Arendt, H. 阿伦特

Aristotle 亚里士多德

Augustinus, S. 奥古斯丁

Badiou, A. 巴迪欧

Bagaria, J. 巴加里亚

Bartley, W. W. 巴特利

Beaufret, J. 波弗勒

Beauvoir, S. D. 波伏娃

Becker, O. 贝克尔

Bell, J. A. 贝尔

Bernet, R. 贝尔内特

---

① 为方便读者查考，"人名译名对照表"自然包括本书直接谈及的"其他可能世界"中的"人物"（比如"孙悟空"）。

Derrida, J. 德里达

Descartes, R. 笛卡尔

Dewey, J. 杜威

Diamond, C. 黛蒙德

Doyle 道尔

Dreyfus, H. L. 德雷福斯

Dubsky, R. S. 杜布斯基

Edward, Z. 爱德华

Edwards, J. C. 爱德华兹

Egan, D. 伊根

Emad, P. 艾玛德

Enderton, H. B. 恩德顿

Engels, F. 恩格斯

Fay, T. A. 费依

Feuerbach, L. A. 费尔巴哈

Feyerabend, P. 费耶阿本德

Fichte, J. G. 费希特

Fink, E. 芬克

Føllesdal, D. 弗莱斯达尔

Foucault, M. 福柯

Fraenkel, A. 弗兰克尔

Frascolla, P. 弗拉斯科拉

Frege, G. 弗雷格

Furuta, H. 古田裕清

Gadamer, H-G. 伽达默尔

Gardner, S. 加德纳

Hertz, H. R. 赫兹

Hilbert, D. 希尔伯特

Hintikka, J. 辛提卡

Hintikka, M. B. 辛提卡

Hölderlin, F. 荷尔德林

Holenstein, E. 霍伦施泰因

Humboldt, W. V. 洪堡

Husserl, E. 胡塞尔

Hyman, J. 海曼

Ingarden, R. 茵加登

Inwood, M. 因伍德

Jaspers, K. T. 雅斯贝尔斯

Jech, T. J. 杰赫

Jünger, E. 恩斯特·荣格尔

Kahn, C. H. 卡恩

Kant, I. 康德

Kaplan, D. 卡普兰

Kern, I. 耿宁

Kierkegaard, S. A. 克尔凯郭尔

Knuuttila, S. 克努蒂拉

Körner, S. 科奈尔

Kriegel, U. 克里格尔

Kronecker, L. 克罗内克

Kuki, S. 九鬼周造

Kunen, K. 库宁

Kurumada, M. 车田正美

Mohanty, J. N. 莫汉蒂

Moore, A. 摩尔

Moore, G. E. 摩尔

Morris, M. 莫里斯

Moyal-Sharrock, D. 莫亚尔-夏洛克

Mulhall, S. 马尔霍尔

Munitz, M. K. 穆尼兹

Murphe 墨菲

Myhill, J. 麦西尔

Nancy, J-L. 南希

Natorp, P. G. 那托普

Nedo, M. 内多

Newton, I. 牛顿

Nietzsche, F. W. 尼采

Nolan, C. J. J. 诺兰

Ostrow, M. B. 奥斯特罗夫

Parmenides 巴门尼德

Parsons, C. 帕森斯

Parsons, T. 帕森斯

Penrose, R. 彭罗斯

Pfänder, A. 普凡德尔

Plato 柏拉图

Pöggeler, O. 珀格勒

Polt, R. 波尔特

Potter, M. 波特

Priest, G. 普里斯特

Sluga, H. 斯鲁格

Smith, N. K. 史密斯

Socrates 苏格拉底

Spinoza, B. 斯宾诺莎

Standish, P. 斯坦迪什

Stein, E. 施泰因

Stern, D. 施特恩

Strauss, L. 列奥·施特劳斯

Strawson, P. F. 斯特劳森

Strube, C. 斯特鲁布

Taminiaux, J. 塔米尼奥

Tars 塔斯

Taylor, C. 泰勒

Tolstoy, L. N. 托尔斯泰

Tran, D. T. 陈德草

Tugendhat, E. 图根特哈特

Uexküll, J. V. 于克斯屈尔

Vallega-Neu, D. 瓦莱加-诺伊

Van Bendegem, J. P. 范本德吉姆

Waismann, F. 魏斯曼

Waldenfels, B. 瓦尔登菲尔斯

Wang, H. 王浩

Weber, H. 韦伯

Welton, D. 威尔顿

Wendland, A. 文德兰德

Westphalen, J. L. V. 威斯特华伦

White, R. M. 怀特

Williamson, T. 威廉姆森

Wittgenstein, L. 维特根斯坦

Zahavi, D. 扎哈维

Zermelo, E. 策梅洛

后　记

用过午饭，刷完牙，坐回书桌前，继续听着刘珂矣的《风筝誤》；窗外天空继续飘着小雪，慢慢地、轻轻地落在远方朦胧的兰山上……

多美好的生活世界啊！为何一定要执着还原到原我和原非我呢？

眼前的美景、耳畔的音乐难道不就是我们梦寐以求的最后的现象本身吗？

……

最近又开始着迷胡子，所以在最后修订拙著时竟会（不）自觉地带上一点点锐利的胡式先验眼光。倘若邀请胡子加入海子与维子飙戏的原思舞台，那将会是多么精妙绝伦的原戏情景啊！当然，如果还能把周易儒道佛全部请动，那就只能是妙不可言了……

《在-是》这部耗时十数年的作品终于告一段落了（眼下实在没有精力继续修改了，但总不能一直拖着不交回修订稿吧，现在已经是除夕夜了……唯期待将来再版时有机会进一步改善吧，改无止境，善无止境也），我终于可以暂时告别 Sein/Being、暂时告别海子与维子（被 Sein/Being 暨二子拖累耽误了最青春的二十载光阴），我终于可以尝试作为"一线哲学家"投入"前沿哲学本身"的"自由研究"了——而这自然也包含作为《在-是》之自然接续的，计划中作为"在-是-易三部曲"之最后一部的《易现象学》。《在-是》是我的第一部哲学专著，作为作者，我不想评论，也不想吐槽心路历程，甚至之前也没打算写后记（后来陈小文先生建议还是写一个吧），因为我觉得这些东西对读者应该没有什么用，而作品亦有其独立于作者的自在自为生命，一切留待读者直接审阅批评吧。要之，须先行致谢所有读者或批评者！

　　拙著之所以能有幸入选商务印书馆"中国现象学文库"，首须感谢陈小文先生、倪梁康先生以及其他文库编委师友的大力支持！记得十多年前我第一次参加现象学年会作报告就是陈先生主持的，还清晰记得坐在我右手边的他因为我报告超时而两次打断提醒我的生动场景；此后他对我也是多有鼓励和帮助，比如我有听人说起陈先生曾主动把我的《虫洞？》推荐给《世界哲学》的新栏目"青年哲学家论坛"。我原本是应该在 2010 年跟随倪先生做二站博士后的，当时我的博士导师庞学铨先生已经主动帮我联系好倪先生了，可惜当时的我担心二站博士后出站后年纪更大，工作更难找，所以无奈放弃了这次绝好的学习机会；倪先生对胡子现象学、唯识学以及一般心性现象学的精深研究无疑对我生发着绵长悠远的启发意义。

　　须感谢两位匿名审稿人（审稿时是完全匿名的，评审通过后，我才被编委会通知审稿意见与审稿人信息）陈嘉映先生与张志伟先生极富启发力的评审意见。当然，我对一些具体意见也存有不少保留意见。因为正如陈先生所深刻道说的："……在这些基本问题上，分歧难以避免，谁也难以自恃拥有定于一尊的解读。"陈先生对哲学本身的精深研究，对海子与维子的分别精深研究，对我来说都极具启发意义；虽然与他在经验生活里很少碰面，但有时候却甚至有点儿莫名先验投缘之感了。平易近人、睿智随性的爱智论坛的张先生（logos 老师）其实是我认识最久的哲学老师之一了；虽然见面次数不多，但一直以来张先生对我的确是多有关心和帮助；而他对哲学（史）本身精深的问题式研究路径无疑对我也是极有启发的。

须感谢我的博士导师庞学铨先生；《在-是》发端于我的博士论文，没有先生当年的深度理解与支持，拙著的完成是不可想象的；书桌上自行显隐着的从先生家二楼书房"借来"的先生首著《存在范畴探源》，至今仍是我探源存在范畴的初始路标。

孙周兴先生是我学习海子的实际领路人；我对海子文本的汉化理解显然最受其益（比如，兴有自然是脱胎于本有，孙先生亦说过："[兴有的兴就是]孙周兴的兴。"）；之前在同济的三年快乐生活自然深得其庇佑关照，而之后能顺利"回返"同济起兴另一开端生活，亦是仰仗孙先生之转渡帮助。张志扬先生是探路中国现代哲学的先行者或夜行者；张先生不仅使用三种颜色的文字仔细审读过我第一次参加现象学年会宣读的论文《维特根斯坦存在之思》，而且此后对我一直多有激励："……在国内，尤其在你这样的青年学子中，弥足珍贵；你的虫洞是对的；我相信你一定会按照自己的心愿走出自己的路……"作为中国最早的哲学类洪堡学者，洪汉鼎先生是最早鼓动我出国留学的前辈大师，十余年前他热情推荐我申请洪堡德国总理奖学金的亲笔信函至今仍然躺在我的抽屉里，当时状态不佳放弃申请的我确实让他失望了；后来与洪先生的每次见面聊天都对我助益深远，我也喜欢听他讲述更老一辈中国哲学家们的感人故事。张祥龙先生是儒学现象学或现象学儒学的开端者；他对古今东西哲学思想极富穿透力的贯通研究，无疑曾给予我某种道路方向上的开启，亦促使我重新发现哲学乃至人生的积极美好意义（人活着、人生在世总得找点儿"意义"吧）；每次与他的当面交谈或往来邮件都令我深受助益、如沐春风；张先生也曾鼓励我说："你的兴有是我见过的Ereignis最上乘的那几个汉译名当中的一个。"王庆节先生学贯中西，涉猎建树极为广博微妙，为人却极为低调谦和，感谢王先生曾给予我的帮助鼓励。感谢靳希平先生给予我的所有鼓励批评；2008年杭州外哲年会初见他时的温暖情景至今令我十分怀念，茶歇时，他问起庞老师："李菁是谁？"，庞老师把我叫过来，靳先生微笑着大声对我说："（《虫洞？》）写得不错！"；也还记得2011年北大现象学年会后靳先生在清晨五点半及时回复我邮件请教的长篇谆谆教诲："……你和某某一样，对哲学的真诚与热情，以及用工甚勤，都是我十分钦佩的，并且寄予厚望，你们是西学在中国发展的未来……正因为如此，一旦发现什么小纰漏，我才迫不及待地跳出来，横加指责……"我对（当代）法国哲学其实一直极感兴趣，而精通法国哲学暨现象学的杨大春先生正是我学习梅子和法国哲学的实际领航人；在浙大生活期间杨先生也对我一直多有关心帮助，在此深表谢意。江怡先生则是真正的维子专家和分析哲学（史）家，实际上也是我学习维子和分析哲学（史）的国内导师；长久以来江先生对我的鼓励帮助无疑是意义巨大而悠远的；数次与江先生当面讨论《逻辑哲学论》诸细节问题也是我的美好记忆。

自由穿梭在牛津哲学系和诸学院的多彩课程、讨论班、晚宴、音乐会和舞会之间，这对我来说毫无疑问是十分幸福的"事件"（Ereignis）；而这个事件的绵延效应之一则是我的原创汉语古典诗歌暨摄影作品集《牛剑诗影》……John Hyman先生是当代欧美最顶尖的知识学家、行动哲学家暨美学家，他作为我的联系教授促成了我的牛津之行，在牛津期间亦对我各方面多有照顾和帮助，数次与John Hyman先生共坐王后学院晚宴高桌中央的不同情景（从维子聊到康子、从哲学聊到我创作的汉语古典诗歌……）至今仍是历历在目。我最早的几篇英文论文初稿皆由Peter Hacker先生近乎逐字逐句地审读修改把关，何其幸也；在我眼中，和蔼可亲的、微笑着的他就是当世最"权威"的维子专家与分析哲学家；而就坐在 Peter Hacker 先生身旁聆听他的数门维子课程，这无疑是我在牛津的珍贵回忆。作为当代欧美最智慧的（元）形而上学家，*Mind* 主编 Adrian Moore 先生对（元）形而上学有着不可替代的卓越研究；他在牛津数学所和我耐心地讨论我的两篇英文论文（论文还是他主动提前打印出来的），与他在圣休学院讨论他的（元）形而上学工作，以及和他较多的邮件来往，这些交流显然都对我极有启发和帮助。牛津逻辑学教椅 Timothy Williamson 先生主持的多门课程与讨论班都令我深深受益，让我切近见识了当代欧美最聪明的逻辑哲学家的清晰风采；他对我第一篇英文论文的长篇评论邮件无疑是极富启发和鼓舞意义的，他赠予我的巨著 *Modal Logic as Metaphysics* 亦是我未来学习参考的重点文本。而 Stephen Mulhall 先生则是当代欧美最杰出的同时深入研究海子与维子的哲学家，和他在新学院的愉悦谈话自然对我深有助益。此外，剑桥维子档案馆主任、Wiener Ausgabe 主编 Michael Nedo 先生亦引荐我如愿访问三一学院 Wren 图书馆并被授权查阅拍摄维子手书的若干珍贵原始手稿（包括 101、102 和 103 等），在此须对 Michael Nedo 先生深表谢意。

还须特别感谢作为本书责任编辑的商务印书馆的魏雪平老师为本书付出的辛勤劳作。

须感谢海子与维子等先师友……

须感谢尚未提及的其他重要师友。须知遮蔽的、隐匿的未必不如去蔽的、显现的重要。

须感谢天地神人，感谢诸他者。

……

须感谢我的家人。现象学还原的最后剩余，难道不应该是家吗？

最后，须感谢我自己（先验主体性或原我）。没有我，还会剩余什么呢？

隽连山
戊戌大寒午记于金城兰屋
戊戌除夕补记于金城兰屋
庚子大暑补记于沪上同济

清明雨上·康河

清明雨上落花纷，
金柳轻揉碧水纹。
若问天堂何处有，
康河诗唱在春深。

青花瓷·康水

仙子撑篙待下凡，
笑将康水比江南。
青花瓷映天青雨，
万里家国等我还。

（2017/04/04 丁酉年清明 康河/康水）